THE LEGAL SYSTEM OF CIRCULAR
ECONOMY IN GERMANY

德国循环经济
法律制度精解

（附德国新旧循环经济法典最新译本）

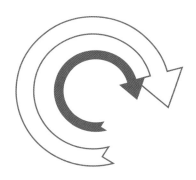

★ ★ ★ 翟　巍◎著 ★ ★ ★

中国政法大学出版社

2017·北京

图书在版编目（ＣＩＰ）数据

德国循环经济法律制度精解/翟巍著. —北京：中国政法大学出版社，2017.6
ISBN 978-7-5620-7587-5

Ⅰ.①德… Ⅱ.①翟… Ⅲ.①循环经济－法律－研究－德国 Ⅳ.①D951.622.9

中国版本图书馆CIP数据核字(2017)第150626号

出　版　者　中国政法大学出版社

地　　　址　北京市海淀区西土城路 25 号

邮寄地址　　北京 100088 信箱 8034 分箱　邮编 100088

网　　　址　http://www.cuplpress.com（网络实名：中国政法大学出版社）

电　　　话　010-58908524(编辑部)　58908334(邮购部)

承　　　印　固安华明印业有限公司

开　　　本　720mm×960mm　　1/16

印　　　张　27.5

字　　　数　520 千字

版　　　次　2017 年 6 月第 1 版

印　　　次　2017 年 6 月第 1 次印刷

定　　　价　76.00 元

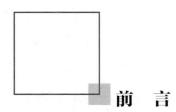

前 言

从语义解释层面分析，循环经济不只指代对资源进行循环利用的特定经济模式，而且具有对资源进行循环管理的内涵。从行业部门划分视角分析，循环经济是一种在经济意义上常常被低估的行业，它属于跨行业的环保产业的基础组成部分。在业务内容层面，它不仅包括经典的废弃物处置业务，而且涵盖技术服务与贸易活动。[1]

基于全球视野分析，消费模式转变、工业发展与城市化进程的加快都对传统的废弃物管理方式提出严峻挑战，而旧有的废弃物处置与回收利用系统已经无法有效应对这一挑战。由于这一原因，循环经济模式成为发达国家与发展中国家发展废弃物经济与保护环境的必由之路。[2] 在现今德国的循环经济行业中，约有 267 000 名员工就业，年营业额约为 700 亿美元。该行业已经成为德国环保产业最重要的经济部门之一，而且该行业的发展明显比德国整体经济的发展更加具有活力。

德国是世界上最早构建系统性循环经济法律制度的国家，该国循环经济法律制度是世界各国相关法律制度的模板与蓝图。德国循

---

〔1〕 BDE/ITAD/VDMA, Branchenbild der deutschen Kreislaufwirtschaft, https：//www. prognos. com/uploads/ tx_ atwpubdb/20160524_ Branchenbild–2016_ Prognos. pdf, Stand：26. 02. 2017, S. 12.

〔2〕 Bundesministerium für wirtschaftliche Zusammenarbeit und Entwicklung（BMZ）, Konzepte nachhaltiger Abfall– und Kreislaufwirtschaft, https：//www. giz. de/de/weltweit/15109. html, Stand：26. 02. 2017.

环经济法律构成了五层级的金字塔体系，由上至下依次为：国际法、欧盟法、联邦法、州法、市镇法规。[3] 其中，德国循环经济法律体系核心组成部分为国际法与联邦法。

在国际法律层面，德国循环经济法律体系主要包括以《控制危险废物越境转移及其处置巴塞尔公约》、《关于在国际贸易中对某些危险化学品和农药采用事先知情同意程序的鹿特丹公约》和《关于持久性有机污染物的斯德哥尔摩公约》为代表的相关国际法律。

在联邦法律层面，1994 年 9 月 27 日版的德国《促进循环经济和确保合乎环境承受能力废弃物清除法》（以下简称为 "1994 年旧版德国《循环经济法》"）是世界上第一部全面系统的循环经济法典。该法典已经被废止，取代该法典的是《促进循环经济和确保合乎环境承受能力废弃物管理法》。《促进循环经济和确保合乎环境承受能力废弃物管理法》具体条款体现了多元化的立法目标。该法第 1 条明确规定，该法目的是促进用以节约自然资源的循环经济，确保在废弃物产生与管理中人类与环境得到保护。基于《促进循环经济和确保合乎环境承受能力废弃物管理法》的立法宗旨，废弃物处置的技术后果、经济后果、生态后果与社会后果都应是循环经济立法、执法与司法的考量因素。《促进循环经济和确保合乎环境承受能力废弃物管理法》共分为九大部分与四项附录。该法典九大部分标题依次为："一般规定"、"废弃物产生者和持有者以及公法上的处置者的原则与义务"、"产品责任"、"规划责任"、"销售促进与废弃物咨询"、"监管"、"处置专业企业"、"企业组织、废弃物企业受托人和经审核后的公司享有的便捷化待遇"与 "最终条款"；四项附录标题依次为："附录 I：清除程序"、"附录 II：再利用程序"、"附录 III：现有技术确定的标准" 与 "附录 IV：依据第 33 条的废弃物减量化措施的实例"。

现行德国联邦循环经济法律体系以《促进循环经济和确保合乎环境承受能力废弃物管理法》为核心法律，还包括系统多元的其他循环经济法律、法规以及规范性法律文件；其中典型的循环经济法律条例包括《废弃物贮存条例》《废弃物目录条例》《废弃物管理方案与废弃物管理总结报告条例》《废旧汽车条例》《废弃木材处置条例》《废弃油条例》《电池条例》《关于具有监管需求的回收利用废弃物的认定条例》《生物废弃物条例》《填埋场条例》《填埋场开发利用条例》《处置专业组织条例》《商业性废弃物条例》《污泥条例》《废弃物处置核查条

---

[3] Vgl. Läpple, Dissertation, Heidelberg, 2007, S. 31 ff.

例》《PCB/PCT 废弃物条例》《运输授权条例》《包装条例》《矿山填埋条例》。

在德国循环经济法律制度框架下，德国废弃物得到全面、系统与高效的循环利用与最终清除。例如在 2013 年，德国共有 3 亿 9200 万公吨的废弃物在废弃物处理设施中得到处置。这些废弃物种类包括建筑废弃物（约 2.03 亿公吨，其中约 85% 为掘土废弃物）、开采与处理矿产产生的废弃物（约 2900 万公吨）、主要来自工商业领域的废弃物（约 5700 万公吨）、城市废弃物（约 4900 万公吨，其中约 3720 万公吨为家居废弃物）、二次废弃物（约 4700 万公吨）、进口废弃物（约 860 万公吨）[4] 又如，德国对于塑料废弃物的循环利用率已经接近百分之百。德国塑料行业遵循"生产→使用→循环利用"的基本原则。以 2015 年德国被收集的 592 万公吨塑料废弃物利用率为例，46% 的塑料废弃物（约 274 万公吨）获得物质性或原材料性质再利用，53% 的塑料废弃物（约 314 万公吨）获得能源性再利用，不到 1% 的塑料废弃物（约 44 000 公吨）被填埋处置。[5]

早在 20 世纪 90 年代中期，循环经济这一专业术语就经由环保界引介入我国。[6] 在依法治国战略下，构建与完善我国循环经济法律制度已经成为基本战略决策。《中共中央关于全面推进依法治国若干重大问题的决定》提出："用严格的法律制度保护生态环境，加快建立有效约束开发行为和促进绿色发展、循环发展、低碳发展的生态文明法律制度，强化生产者环境保护的法律责任，大幅度提高违法成本。建立健全自然资源产权法律制度，完善国土空间开发保护方面的法律制度，制定完善生态补偿和土壤、水、大气污染防治及海洋生态环境保护等法律法规，促进生态文明建设。"

当前我国循环经济法律体系包括《循环经济促进法》《清洁生产促进法》《环境保护法》《固体废弃物污染环境防治法》《环境影响评价法》等法律。此外，在法治框架下，我国在循环经济国家发展规划、废旧商品回收体系构建、再生资源产业发展等多个层面系统推行循环经济发展战略，现阐释如下：

第一，在循环经济国家发展规划层面，我国确定了定量化、明细化与系统化的循环经济宏观发展目标。依据我国《循环发展引领计划（公开征求意见稿）》的规划展望，到 2020 年，我国主要资源产出率应比 2015 年提高 15%。工业固

〔4〕 BDE/ITAD/VDMA, Branchenbild der deutschen Kreislaufwirtschaft, https：//www. prognos. com/uploads/tx_ atwpubdb/20160524_ Branchenbild-2016_ Prognos. pdf, Stand：26. 02. 2017, S. 5.

〔5〕 Das UBA, Kunststoffabfälle, https：//www. umweltbundesamt. de/daten/abfall-kreislaufwirtschaft/entsorgung-verwertung-ausgewaehlter-abfallarten/kunststoffabfaelle#textpart-4, Stand：21. 02. 2017.

〔6〕 李玉基主编、俞金香副主编：《中国循环经济政策与法制发展报告（2014）》，中国社会科学出版社2015 年版，第 5 页。

体废物综合利用率应达到 73%，农作物秸秆综合利用率应达到 85%，资源循环利用产业产值应达到 3 万亿元。75% 的国家级园区和 50% 的省级园区应开展循环化改造。

第二，在废旧商品回收体系构建层面，我国已经基本构建涵盖回收、运输、处理、利用各环节的废旧商品回收体系。依据我国《国务院办公厅关于建立完整的先进的废旧商品回收体系的意见》（国办发〔2011〕49 号），建立完整的先进的废旧商品回收体系的指导思想为："贯彻落实科学发展观，以节约资源、保护环境为目的，充分发挥市场机制作用，完善法规和政策配套措施，推广应用先进适用技术，健全废旧商品回收网络，提高废旧商品回收率，加快建设完整的先进的回收、运输、处理、利用废旧商品回收体系。"建立完整的先进的废旧商品回收体系的基本原则为："坚持市场主导与政府引导相结合，逐步形成政府推动、市场调节、企业运作、社会参与的废旧商品回收机制；坚持循环发展与科技创新相结合，提高废旧商品回收产业整体技术水平；坚持多渠道回收与集中分拣处理相结合，提高废旧商品回收率；坚持全面推进与因地制宜相结合，有重点、有步骤地推进废旧商品回收体系建设。"

第三，在再生资源产业发展层面，我国已经厘定绿色化发展、循环化发展以及高值化发展的具体实现路径。依据我国《工业和信息化部、商务部、科技部关于加快推进再生资源产业发展的指导意见》（工信部联节〔2016〕440 号），我国再生资源产业发展弊端主要表现为循环利用理念尚未在全社会普及，回收利用体系有待健全，产业集约化程度偏低，技术装备水平总体不高，再生产品社会认知度低，配套政策不完善，服务体系尚未建立，标准、统计、人才等基础能力薄弱。基于再生资源产业发展存在的弊端，我国确立了以下三项发展目标及各自的具体实现路径。

一、实现绿色化发展，保障生态环境安全

依据我国《工业和信息化部、商务部、科技部关于加快推进再生资源产业发展的指导意见》（工信部联节〔2016〕440 号），我国再生资源产业应当实现绿色化发展，保障生态环境安全。其具体实现路径为：将绿色化理念贯穿到再生资源产业链的各环节和全过程，从回收、分拣、运输，到加工、循环化利用、再制造以及废物处理处置，严格执行环保、安全、卫生、劳动保护、质量标准，推动再生资源综合利用企业完善环保制度，加强环保设施建设和运营管理，推进清洁生产，实现达标排放，防止二次污染，保障生态环境安全。

二、实现循环化发展，推进产业循环组合

依据我国《工业和信息化部、商务部、科技部关于加快推进再生资源产业发展的指导意见》（工信部联节〔2016〕440号），我国再生资源产业应当实现循环化发展，推进产业循环组合。其具体实现路径为：结合"一带一路"建设、京津冀协同发展、长江经济带发展，科学规划，统筹产业带、产业园区的空间布局，鼓励企业之间和产业之间建立物质流、信息流、资金流、产品链紧密结合的循环经济联合体，延伸再生资源产业链条，提升再生资源产品附加值，实现资源跨企业、跨行业、跨产业、跨区域循环利用。

三、实现高值化发展，促进产品结构升级

依据我国《工业和信息化部、商务部、科技部关于加快推进再生资源产业发展的指导意见》（工信部联节〔2016〕440号），我国再生资源产业应当实现高值化发展，促进产品结构升级。其具体实现路径为：提高资源利用效率，推动向高值化利用转变，确保再生产品质量安全。提高再生产品附加值，避免低水平利用和"只循环不经济"。修订完善再生资源产品相关标准体系，鼓励使用经过认定后的再生资源产品。采用再制造新品抵押，实施再制造工程。着力加强再生资源的深加工，提高产品附加值。

基于中德比较视角分析，德国循环经济法律制度具有概念精准性、体系自洽性、理念超前性、规划科学性的特征；反观我国循环经济法律制度，虽然近年来该制度取得长足进展，立法机关已经基本建成覆盖全面、层级多元的循环经济法律体系，但我国循环经济法律制度仍旧具有以下四项主要弊端：其一，循环经济概念体系缺乏精准性、系统性、全面性。现行法律体系对于循环经济、废弃物、废弃物产生者、废弃物持有者、废弃物收集者、废弃物运输者、废弃物经销商、废弃物经纪商、废弃物管理、废弃物收集、废弃物减量化、废弃物再使用、废弃物处置、废弃物再使用之预备、废弃物回收、废弃物清除、现有技术等概念缺乏精准定义。例如，我国循环经济法律对于概念"循环经济"中"经济"的含义界定较为模糊，在实践中引发分歧争议。又如，我国循环经济法律没有厘定概念"废弃物"与"副产品"之间的区分标准。其二，《循环经济促进法》《清洁生产促进法》《环境保护法》《固体废弃物污染环境防治法》《环境影响评价法》等循环经济法律之间存在规制领域交叉重叠的现象，容易产生法律适用的竞合冲突；迄今为止，我国仍旧缺乏一部提纲挈领、统摄全域的循环经济核心法律，这直接导致我国循环经济法律体系难以实现内容统一性与逻辑自洽性。其三，我国循环经济法律体系涵盖较多倡导性、目标性、宏观性条款，但较为缺乏科学性、执行性、微观性条款。基于这一原因，我国循环经济法律体系的执行效率与实践效用均难以达到预期效果。举例而言，由于缺乏科学与细化的废弃物循环利用法定标准，若干废弃物过度循环利用行为导致巨大的资源与能量浪费，其产生的循环经济负面影响大于正面影响，在实质意义上背离了循环经济法律制度立法宗旨。其四，我国循环经济法律体系尚没有构建完成一个涵盖社会各方主体的统一的循环经济权利、义务、责任体系。具体而言，虽然我国循环经济法律体系对于地方各级政府、环保组织、公法废弃物处置者、私法废弃物处置者、废弃物产生者、废弃物持有者、废弃物收集者、废弃物运输者、废弃物经销商、废弃物经纪商、消费者、用户等社会各方主体的循环经济权利、义务、责任作出了框架性规定，但在权利、义务、责任的分配层面缺乏均衡性与合理性。

德国是大陆法系法治国家的翘楚，该国法律体系在概念体系、精神理念、研究方法与演进路径等多个层面对于我国法律体系的构建与完善产生深远影响。作为最早进行循环经济立法的国家，德国循环经济法律制度的创立、发展与完善经历了一个具有明显阶段性特征的独特历史进程。德国循环经济法律制度对于欧盟各国乃至包括中国、日本在内的世界各国相应制度的创建、完善产生了持续与深远的影响。他山之石，可以攻玉。在我国《中共中央关于全面推进依法治国若干重大问题的决定》颁布之后，为了遵循循环经济法治战略，研究借鉴德国循环经济法律制度模式进而系统构建与完善我国自身的循环经济法律制度，成为我国经济与法律学者的必然选择。基于此，本书拟对德国循环经济法律制度进行系统阐析，希冀起到抛砖引玉之效果，为我国循环经济法律制度的理论与实践构建提供基本素材。

本书的初步写作构想发端于 2013 年。当时笔者接受华东政法大学曲阳副教授的邀请，参与其主持的国家社会科学基金一般项目"循环经济法律制度研究"（批准号：07BFX047）的研究工作。作为该项目主要成员，笔者承担的任务是系统翻译德国循环经济法律法规，并分析德国循环经济法律制度的产生背景、立法宗旨、法律属性、制度构成与演变趋势。通过这一项目研究工作，笔者搜集、翻译、整合了大量关于德国循环经济法律制度的最新专著、论文、案例与其他文档资料，为本书的撰写积累了丰富的前期资料与理论成果。

在具体内容层面，本书系统解析了德国循环经济法律制度以及附属配套制度的概念体系、产生背景、立法宗旨、法律属性、具体制度构成、基本特征、演进方向。在书中笔者依据德文版本全文翻译了《促进循环经济和确保合乎环境承受能力废弃物管理法》与 1994 年旧版德国《循环经济法》。其中，笔者的《促进循环经济和确保合乎环境承受能力废弃物管理法》中译本应当是该部法典首个中文译本；虽然国内之前已经出版 1994 年旧版德国《循环经济法》中译本，但该译本存在若干值得商榷之处，因此笔者在本书中全文重译了旧版德国《循环经济法》，以与循环经济法律学界同仁探讨商榷。此外，本书全面系统介绍了以下德国循环经济法律条例的立法依据、关键条款与主要内容：《废弃物贮存条例》《废弃物目录条例》《废弃物管理方案与废弃物管理总结报告条例》《废旧汽车条例》《废弃木材处置条例》《废弃油条例》《电池条例》《关于具有监管需求的回收利用废弃物的认定条例》《生物废弃物条例》《填埋场条例》《填埋场开发利用条例》《处置专业组织条例》《商业性废弃物条例》《污泥条例》《废弃物处置核查条例》《PCB/PCT 废弃物条例》《运输授权条例》《包装条例》《矿山填埋条例》。

本书还为借鉴德国模式完善我国循环经济法律制度厘清了价值导向、基本原则与发展路径。举例而言，依据绿色发展战略，我国循环经济法律制度应当从国民经济转型的战略视角为循环经济发展提供制度支撑。但从绿色发展视角审视，我国现有循环经济法律制度表现出一定的滞后性与不周延性。因此，在绿色发展战略视域下，通过借鉴德国先进经验修正与完善我国循环经济法律制度，既是推动绿色经济模式与产业形态发展的关键举措，又是我国实现建设生态文明型社会目标，确保"创新、协调、绿色、开放与共享"五大发展理念有机融合与无缝连接的内在需要。

笔者希望能够通过本书的撰写出版，为我国循环经济法律制度的进一步完善贡献微薄之力。由于笔者学术功底与实践经验的限制，本书肯定存在内容瑕疵与不足之处，欢迎各位学界同仁不吝赐教。关于指正本书观点与内容的信件请发往电邮 azhaiwei@hotmail.com，学界同仁的批评与建议将是笔者学术前行的动力。

是为序。

翟　巍
2017 年 3 月于上海

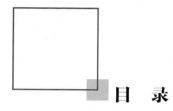

目　录

德国循环经济及相关概念解析

在德国循环经济法律制度框架下，循环经济概念以及其他相关概念都具有明确与清晰的界定。循环经济概念是德国循环经济法律制度的最核心概念。德国立法者通过对于这一概念的精确定义，厘定了德国循环经济废弃物管理模式与经济产业模式的基本理念与具体目标。德国立法者通过对于废弃物、废弃物产生者、废弃物持有者、废弃物收集者、废弃物运输者、废弃物经销商、废弃物经纪商、废弃物管理、废弃物收集、废弃物减量化、废弃物再使用、废弃物处置、废弃物再使用之预备、废弃物回收、废弃物清除、现有技术等概念的界定，细化了循环经济的权利、义务、责任分担机制，并确立了废弃物五层级处理机制的具体流程与实施步骤。

第一节　循环经济概念解析

《促进循环经济和确保合乎环境承受能力废弃物管理法》（Gesetz zur Förderung der Kreislaufwirtschaft und Sicherung der umweltverträglichen Bewirtschaftung von Abfällen）第3条第19款明确规定，在该法框架下，循环经济是指废弃物的预防（减量化）与再利用。德国循环经济概念在内涵上蕴含着实现自然材料循环利用的可持续发展的基本理念，[7] 外延包括"通过直接将废弃物作为材料的再利用而实现废弃物的抑制（减量化）"与"通过废弃物在生产中作为能源或材料再投入使用而实现废

---

[7] Nathani, Modellierung des Strukturwandels beim Übergang zu einer materialeffizienten Kreislaufwirtschaft, Heidelberg, 2003, S. 10.

弃物的再利用"。[8] 从立法层面而言，循环利用（Recycling）一词最迟从 20 世纪 70 年代开始就被应用于德国废弃物管理法律中，它是与循环经济（Kreislauf-wirtschaft）意义相类似的概念；[9] 但循环利用概念主要是在德国环境政策领域起步阶段被应用的，[10] 一般指代废弃物的分类回收与清除，尚无法全面体现循环经济概念所具有的可持续发展理念。

与循环经济概念类似的概念包括绿色经济（Green Economy）、蓝色经济（Blue Economy）等概念。绿色经济是指以"环境的可持续发展性、经济的盈利性、社会的包容性"为导向的经济发展模式。绿色经济术语拓展与深化了可持续发展理念。在 2012 年，联合国可持续发展大会（UNCSD）将绿色经济作为大会主要议题之一。[11] 蓝色经济概念是对绿色经济概念的进一步深化与发展。蓝色经济概念中的"蓝色"是指天空、海洋的颜色与在外太空视角下地球的颜色。该概念的创始人与推动者强调商业模式的环保性与可持续发展性，希望通过技术创新与经营模式革新的方式彻底消除废弃物。[12] 循环经济概念蕴含将自然材料循环利用的基本理念；[13] 在废弃物管理领域，循环经济概念包括"通过直接将废弃物作为材料的再利用实现的废弃物抑制（减量化）"与"通过废弃物在生产中作为能源或材料再投入使用实现的废弃物再利用"，在这种废弃物避免与利用的框架下，循环经济在市场领域存在三个子市场，即处置服务市场、再利用服务市场与避免性服务市场；所有子市场均处于剧烈变动过程中。[14]

在人类古代经济体系中，早已存在循环经济系统。在当今一些发展中国家的传统农业领域，也存在着循环经济模式。例如，从事传统农业生产的农民通过种植作物的方式获得食物，而食物为农民提供了进行耕作所需的能量；农民食用食物后所产生的排泄物又被作为生物肥料用于养育农作物。农作物在被收割后，无

---

[8] Läpple, Abfall – und kreislaufwirtschaftlicher Transformationsprozess in Deutschland und in China: Analyse – Vergleich – Übertragbarkeit, Dissertation, Heidelberg, 2007, S. 10; vgl. Nathani, Modellierung des Struktur-wandels beim Übergang zu einer materialeffizienten Kreislaufwirtschaft, Heidelberg, 2003, S. 10.

[9] Raedeker, Kreislaufwirtschaft, Herten, 2006, S. 2.

[10] Vgl. Raedeker, Kreislaufwirtschaft, Herten, 2006, S. 2.

[11] Wiki, Green Economy, Stand: 07. 11. 2015.

[12] Wiki, The Blue Economy, Stand: 07. 11. 2015.

[13] Nathani, Modellierung des Strukturwandels beim Übergang zu einer materialeffizienten Kreislaufwirtschaft, Heidelberg, 2003, S. 10.

[14] Läpple, Abfall – und kreislaufwirtschaftlicher Transformationsprozess in Deutschland und in China: Analyse – Vergleich – Übertragbarkeit, Dissertation, Heidelberg, 2007, S. 10; vgl. Nathani, Modellierung des Struktur-wandels beim Übergang zu einer materialeffizienten Kreislaufwirtschaft, Heidelberg, 2003, S. 10.

法食用的秸秆等废料又通过焚烧的方式转变为农作物生长所需的肥料。[15] 尽管循环经济系统古已有之，但是严格概念意义上的循环经济（德语：Kreislaufwirtschaft，英语：circular economy）最早是由英国学者大卫·皮尔斯（David W. Pearce）与凯瑞·特纳（R. Kerry Turner）于 1990 年在《自然资源与环境经济学》（Economics of natural resources and the environment）[16]一书第二章中提出，该概念系在鲍尔丁（Kenneth E. Boulding）"宇宙飞船理论"基础上由工业生态学概念演变发展而来。鲍尔丁认为，地球就如同一艘在宇宙中通过持续消耗自身能源而维系生存的宇宙飞船。如果人类不注意环境保护，滥用环境资源，大肆破坏生态环境，那么最终地球将如同已经耗尽自身能源的宇宙飞船一样走向灭亡。[17]

循环经济概念产生的基本理论假设是："虽然世界上资源是有限的，但有限资源可以经由循环利用的方式永续满足工业生产的原材料需求。"如果按照传统的工业消耗模式，现有的不可再生资源在几十年或几百年之后将被消耗殆尽。鉴于这一严峻形势，循环经济模式以自然界物质资源的循环过程为参考蓝图，试图通过零浪费（zero waste）与零排放（zero emission）的方式实现原材料的循环往复利用，从而既确保了世界经济的永续发展，又避免了经济发展所带来的环境损害。[18]

古典意义上的经济流程被称为开环型经济流程：资源→产品→污染物排放（Resource→Product→Cast off），该种经济模式具有单向线形特征。该经济流程运行过程具有资源高消耗、资源低利用与废弃物高排放三大特点。[19]循环经济流程被称为闭环型经济流程：资源→产品→再生资源（Resource→Product→Reuse）。该种经济模式具有反馈式环型特征。该经济流程运行过程具有资源低消耗、资源高利用与废弃物重复利用三大特点。[20]

从基本经济模式层面分析，循环经济概念最初是指在产品使用周期结束之后，将用于生产产品的原材料通过回收利用再次投入生产过程的经济模式。在该

---

〔15〕 Wiki, Kreislaufwirtschaft, Stand：07.11.2015.

〔16〕 Pearce and Turner, Economics of natural resources and the environment, Harvester Wheatsheaf, London, 1990.

〔17〕 参见李玉基主编、俞金香副主编：《中国循环经济政策与法制发展报告（2014）》，中国社会科学出版社 2015 年版，第 4 页。

〔18〕 Wiki, Kreislaufwirtschaft, Stand：07.11.2015.

〔19〕 李玉基主编、俞金香副主编：《中国循环经济政策与法制发展报告（2014）》，中国社会科学出版社 2015 年版，第 5 页。

〔20〕 李玉基主编、俞金香副主编：《中国循环经济政策与法制发展报告（2014）》，中国社会科学出版社 2015 年版，第 5 页。

经济模式框架下，废弃物在被回收后，应当作为辅助性原材料获得多领域与多梯级的利用。[21] 循环经济的相反概念是线性经济（一次性经济），[22] 线性经济是传统工业社会的基本经济模式。在线性经济模式框架下，在产品使用周期届满后，产品应当作为废弃物被填埋或焚烧。[23] 随着世界范围内原材料日益紧缺，经济界开始将废弃物视为潜在的原材料来源，并开始投资废弃物回收与循环利用行业。[24] 在此时代背景下，循环经济模式主要包括三层面内容：其一，在生产过程中实现对主要原材料的高效率利用；其二，实现材料的再利用；其三，实现对废弃物的物质回收利用与能源回收利用。[25] 由于循环经济一方面有利于德国企业节约资源，另一方面有利于德国企业减少对原材料进口的过度依赖，因而该经济模式在很大程度上体现了德国企业切身利益。[26]

从经济增长模式层面分析，循环经济是一种以资源的高效与循环利用为核心，以减量化、再使用化、再资源化为原则，以低投入、低消耗、低排放为特征，符合可持续发展理念的经济增长模式。[27] 循环经济概念描述了一种产业模式，在该模式框架下，物质流在性质、功用与用途三个维度依据高标准不断得到循环利用。根据循环经济理想模式，废弃物应得到循环利用，只有对环境无害的生物有机废弃物才应被允许进入生物圈分解消除。[28] 资源使用效率性是德国循环经济的基本要求之一。在循环经济框架下高效利用资源，不但为德国节省了数以百亿计的原材料进口成本，而且使德国能够有效应对由于原材料紧缺所导致的原材料价格上涨趋势。[29]

从运行模式层面分析，循环经济是一种仿照自然生态物质循环方式运行的经

---

[21] Wiki, Kreislaufwirtschaft, Stand：07.11.2015.

[22] 线性经济的德语翻译为 Linearwirtschaft。

[23] Wiki, Kreislaufwirtschaft, Stand：07.11.2015.

[24] Akademien der Wissenschaften Schweiz, Kreislaufwirtschaft, Die Bewirtschaftung natürlicher Ressourcen verbessern, S. 4.

[25] BDI, Ressourceneffizienz in der Kreislaufwirtschaft, http：//bdi.eu/artikel/news/ressourceneffizienz-in-der-kreislaufwirtschaft/#, Stand：22.12.2015.

[26] BDI, Ressourceneffizienz in der Kreislaufwirtschaft, http：//bdi.eu/artikel/news/ressourceneffizienz-in-der-kreislaufwirtschaft/#, Stand：22.12.2015.

[27] 何灵巧："国外循环经济立法比较分析及对我国的启示"，载《环境法论坛》2005 年第 3 期，第 121 页。

[28] Akademien der Wissenschaften Schweiz, Kreislaufwirtschaft, Die Bewirtschaftung natürlicher Ressourcen verbessern, S. 3.

[29] BDI, Ressourceneffizienz in der Kreislaufwirtschaft, http：//bdi.eu/artikel/news/ressourceneffizienz-in-der-kreislaufwirtschaft/#, Stand：22.12.2015.

济模式。它以环境保护、资源节约与循环利用为主要特征，在根本意义上消解了传统经济体系下环境与发展之间的严重冲突，为实现从传统经济向现代可持续发展经济的转变提供了理论范式。[30] 实现循环经济的一种途径是所谓的"从摇篮到摇篮"（Cradle to Cradle）产品生产模式。该模式在 20 世纪 90 年代由化学家迈克尔·布劳恩卡特（Michael Braungart）与建筑师威廉·麦克唐纳（William McDonough）创设。依据这两位专家的观点，"从摇篮到摇篮"的产品包含两种类型。第一种类型是指在生物界循环系统中能够被永续循环利用的生物性产品，第二种类型是指在技术性循环系统中能够被永续循环利用的产品。[31] 基于此，真正意义上具有可持续性的循环经济的目标是："在物理极限范围内尽一切可能循环利用物质。"[32] 基于这一目标，产品的生产者、销售者乃至消费者都必须承担起循环经济的义务与责任。产品与产品包装的设计以及原材料的选择都应当有利于生态资源循环利用与生态环境优化保护。[33]

从产品经济学层面分析，循环经济概念特指一个关于"工厂设备内部生产资料的循环使用与在产品中所包含的原材料与能源的重新获取"的封闭的物质循环过程。[34] 在废弃物经济学领域，循环经济概念是指"通过直接的材料回收利用避免产生废弃物"与"通过在生产中对废弃物进行能源的或材料方面的重复运用而充分利用废弃物"。循环经济的理念聚焦点在于：将产品、产品组件与原材料的使用周期尽可能延长。一方面，这可以节省新的生产中所需要的资源；另一方面，通过从使用后的旧产品中回收利用废弃物，可以降低废弃物的总量。[35] 实现废弃物回收利用的具体路径包括废弃物管理等活动类型。依据德国《促进循环经济和确保合乎环境承受能力废弃物管理法》第 3 条规定，废弃物管理是指废弃物的提供、传输、收集、运输、再利用和处分，其中包括对此进程的监督，对处分设施的善后处理以及交易商和经纪商进行的活动。

---

[30] 李玉基主编、俞金香副主编：《中国循环经济政策与法制发展报告（2014）》，中国社会科学出版社2015 年版，第 3 页。

[31] Wiki, Kreislaufwirtschaft, Stand: 07. 11. 2015.

[32] BDI, Ressourceneffizienz in der Kreislaufwirtschaft, http：//bdi. eu/artikel/news/ressourceneffizienz-in-der-kreislaufwirtschaft/#, Stand：22. 12. 2015.

[33] BDI, Ressourceneffizienz in der Kreislaufwirtschaft, http：//bdi. eu/artikel/news/ressourceneffizienz-in-der-kreislaufwirtschaft/#, Stand：22. 12. 2015.

[34] Wirtschaftslexikon 24, Kreislaufwirtschaft, http：//www. wirtschaftslexikon24. net/d/kreislaufwirtschaft/kreislaufwirtschaft. htm, Stand：20. 03. 2013.

[35] Wirtschaftslexikon 24, Kreislaufwirtschafts-und-abfallgesetz, http：//www. wirtschaftslexikon24. net/d/kreislaufwirtschafts-und-abfallgesetz/kreislaufwirtschafts-und-abfallgesetz. htm, Stand：20. 03. 2013.

从全球经济发展视角分析，循环经济的生成与发展是世界经济发展的应然结果。20 世纪下半叶以来，随着全球经济一体化的发展，世界各国对自然资源的消耗日益严重，自然资源的紧缺已经成为世界性难题。与此同时，伴随经济发展而产生的废弃物污染问题也日益严重，环境污染已经严重制约了经济与社会的可持续性发展。为了化解资源紧缺与环境污染二元难题，需要构建一种既可以充分降低资源消耗，又可以极大提高总体资源利用效率的经济发展模式。[36] 循环经济模式由此应运而生。

在循环经济概念产生初期，循环经济模式并没有得到充分与全面的执行。在这一时期，循环经济概念只是作为体现可持续发展理念多元概念中的一种类型。[37] 从 20 世纪 70 年代开始，由于经济与人口增长所导致的废弃物数量大幅增长逐渐成为以德国为代表的西方发达国家的社会问题。一方面，西方发达国家原有的少量垃圾填埋处置场所无法及时处置迅速增长的废弃物；另一方面，社会公众对废弃物处置所产生的环境影响具有日益增长的认识。基于这两种原因，西方发达国家开始将构建与发展循环经济模式提上政治议事日程。[38]

在 20 世纪 80 年代，社会公众认识到可以通过区分收集、分类整理与再次利用的方式实现资源的循环往复使用。具体而言，循环经济理念要求社会经济活动遵循 "3R 原则"，即减量化原则（reduce）、再使用原则（reuse）与再循环原则（recycle）。所谓减量化原则（又称为 "减少使用原则"）要求使用尽可能少的原材料与能源来达到既定的生产目的或消费目的，进而从经济活动源头就注意节约资源和减少污染。所谓再使用原则（又称为 "物尽其用原则"）要求制造产品和包装容器能够以初始的形式被反复使用。所谓再循环原则（又称为 "循环利用原则"）要求生产出来的物品在完成其使用功能后能重新变成可以利用的资源。再循环具有两种类型，一种是原级再循环，即废弃物被循环用来产生同种类型的新产品；另一种是次级再循环，即将废弃物资源转化成其他产品原料。[39]

在 1992 年的里约热内卢世界环境大会（die Welt – Umweltkonferenz von Rio de Janeiro）上，当时的德国联邦环境、自然保护和核安全部长克劳斯·特普费尔（Klaus

---

〔36〕 Akademien der Wissenschaften Schweiz, Kreislaufwirtschaft, Die Bewirtschaftung natürlicher Ressourcen verbessern, S. 2.

〔37〕 Akademien der Wissenschaften Schweiz, Kreislaufwirtschaft, Die Bewirtschaftung natürlicher Ressourcen verbessern, S. 4.

〔38〕 Akademien der Wissenschaften Schweiz, Kreislaufwirtschaft, Die Bewirtschaftung natürlicher Ressourcen verbessern, S. 4.

〔39〕 参见互动百科："'3R' 原则"，最后访问日期：2017 年 2 月 21 日。

Töpfer）提出将资源节约（Ressourcenschonung）作为废弃物管理的新目标，并为此采用了循环经济概念。[40]这一动议成为 1994 年旧版德国《循环经济法》（即 1994 年 9 月 27 日颁布的德国《促进循环经济和确保合乎环境承受能力废弃物清除法》，Gesetz zur Förderung der Kreislaufwirtschaft und Sicherung der umweltverträglichen Beseitigung von Abfällen）的立法动机。[41]该法律在法律名称与具体条款中都首次明确采用了循环经济概念，在欧盟废弃物法中迄今未采用循环经济这一概念。[42]虽然对德国循环经济法具有导向作用的欧盟废弃物法并不直接包含循环经济概念，但欧盟关于废弃物的核心框架指令完整阐释了关于避免产生与利用废弃物的循环经济目标。[43]

1994 年旧版德国《循环经济法》的诞生还具有深层次的历史背景。它在采用循环经济概念的同时，也促使德国废弃物管理与立法进入循环经济时代。德国循环经济模式的有序推行需要具备一系列前提要件，而循环经济法律制度为确定与厘清这些前提要件提供了法治保障。这些要件包括新的商业模式、接受过专业培训的人员、具有可类比性的相关指标、具有可靠性的监管控制体系以及相应的国际标准。[44]在 20 世纪 90 年代，1994 年旧版德国《循环经济法》系统规定了"3R 原则"。[45]依据该原则，德国产品生产商与销售商在生产与销售产品时应当符合以下三项标准：其一，尽量减少在生产与使用产品时所产生的废弃物数量；其二，确保对废弃物高品质与全面的再利用；其三，确保对无法再使用的废弃物部分实施无害于环境的处置措施。[46]

---

[40] Vgl. Flachenecker, Ziele und Instrumente des Kreislaufwirtschafts – und Abfallgesetzes, Munich, 2004, S. 1.

[41] Vgl. Flachenecker, Ziele und Instrumente des Kreislaufwirtschafts – und Abfallgesetzes, Munich, 2004, S. 1.

[42] Wolf, in：Giesberts/Reinhardt（Hrsg.），Beck OK KrW – /AbfG［aK］§ 1，Rn. 4.

[43] Wolf, BeckOK KrW–/AbfG［aK］§ 1, Rn. 4；EG, Richtlinie 2008/98/EG vom 19. November 2008, Amtsblatt der EU, L312/6, 22. 11. 2008.

[44] Akademien der Wissenschaften Schweiz, Kreislaufwirtschaft, Die Bewirtschaftung natürlicher Ressourcen verbessern, S. 5.

[45] Akademien der Wissenschaften Schweiz, Kreislaufwirtschaft, Die Bewirtschaftung natürlicher Ressourcen verbessern, S. 8.

[46] Akademien der Wissenschaften Schweiz, Kreislaufwirtschaft, Die Bewirtschaftung natürlicher Ressourcen verbessern, S. 8.

第二节　循环经济相关概念解析

循环经济相关概念包括废弃物、废弃物产生者、废弃物持有者、废弃物收集者、废弃物运输者、废弃物经销商、废弃物经纪商、废弃物管理、废弃物收集、废弃物减量化、废弃物再使用、废弃物处置、废弃物再使用之预备、废弃物回收、废弃物清除、现有技术等概念。

一、废弃物

依据德国《促进循环经济和确保合乎环境承受能力废弃物管理法》第 3 条第 3 款规定，废弃物（Abfälle）的外延应包含两种类型的物质或物体。第一种类型是指在能源转换、生产、处理或利用物质材料、产品或服务情况下产生的，不再具有任何使用目的的物质或物体。第二种类型是指其原来的使用目的落空或被抛弃，亦不存在一个新的使用目的来直接取代原有使用目的的物质或物体。基于该条款阐述，对于物质或物体使用目的的评判应在兼顾流通观念的情形下由废弃物产生者或持有人的见解确定。

从物质形态分析，废弃物包括固态、液态、气态与混合四种形态。[47] 从循环利用可行性分析，废弃物包括"能够回收利用"与"无法回收利用"两大类型。能够回收与循环利用的废弃物包括纸类、金属类、玻璃、聚合物类、衣物、废电池、厨余有机物、庭院废物、废旧家具、废旧电器、动植物残存等类型。无法回收利用的废弃物既包括无法通过循环经济技术产生纯净与可利用成分的废弃物，又包括分类回收成本过高的废弃物。为了分类回收与循环利用废弃物，需要制定关于废弃物种类的列表与目录。

从基本内涵分析，废弃物是指任何在产品生产、制造、使用过程中产生的残余物质。废弃物可能产生于产品和服务"生命周期"的几乎所有环节。依据欧盟《供水、能源、交通、邮政采购指令》第 2 条规定，"生命周期"是指所有连续的和（或）相互联系的阶段，其包括将被实施的研究与开发、制造、附带相关条件的贸易、运输、使用和维护诸阶段，它贯穿产品或建筑物的使用寿命期间或者服务供给期间，它从原材料的采集或者资源的处置阶段一直持续到废弃物处

---

〔47〕　须注意的是，我国法学界部分学者将"废弃物"定义为固态废物。在本书中，除非特别说明，概念废弃物都包括固态、液态、气态与混合四种形态。

置、净化阶段与服务或用益终止阶段。依据产生领域的不同，废弃物可以分为生活废弃物、农业废弃物、工业废弃物、服务业废弃物与矿渣废弃物等类型。例如，生活废弃物包括食品垃圾、厨余垃圾、废玻璃、废纸张、废包装、电子废器件、花园垃圾、废旧衣物、日常金属垃圾、家庭污染物等种类，工业废弃物包括家用型工业废料、放射性废料、生产性废料、屠宰业动物废料、金属废料等种类。医疗废弃物属于服务业废弃物的一种类型，其包括日常医患生活废弃物、伦理属性废弃物（如人体组成部分、胎盘）、需要监控的化学废弃物、医疗特有废弃物、具有病菌传播与感染风险的废弃物。[48]

依据《控制危险废物越境转移及其处置巴塞尔公约》第 2 条规定，"废物"（废弃物）是指处置的或打算予以处置的或按照国家法律规定必须加以处置的物质或物品。依据 1994 年德国旧版《循环经济法》第 3 条第 1 款规定，废弃物是指所有属于附录 I 所列类别的动产与被其持有人丢弃、有意愿丢弃或者必须丢弃的动产，再利用废弃物是指那些可被再利用的废弃物，不能被再利用的废弃物为被用于处分的废弃物。依据德国《促进循环经济和确保合乎环境承受能力废弃物管理法》第 3 条第 1 款规定，废弃物是指所有被其持有人丢弃、有意愿丢弃或者必须丢弃的物质或物体，再利用废弃物是指那些可被再利用的废弃物，不能被再利用的废弃物为用于处分的废弃物。依据该条第 2 款规定，废弃物丢弃行为是指持有人将物质或物体送交再利用设施或处分场所，或者在放弃任何其他目的的情形下抛弃对其实际控制权。

根据危险程度的不同，废弃物可以细分为危险废弃物与非危险废弃物两种类型。由于危险废弃物可能导致严重环境污染或人身、财产损失，因而危险废弃物的处置、监管受到法律的严格限制。依据《控制危险废物越境转移及其处置巴塞尔公约》第 1 条规定，基于该公约的目的，越境转移所涉下列废物即为"危险废物"（危险废弃物）：（a）属于附件 1 所载任何类别的废物，除非它们不具备附件 3 所列的任何特性；（b）任一出口、进口或过境缔约国的国内立法确定为或视为危险废物的不包括在（a）项内的废物。

依据 1994 年德国旧版《循环经济法》第 41 条规定，依据该法典的原则，应当对危险废弃物的处置以及监管提出特别要求。为了执行欧洲共同体的法律文件，德国联邦政府获得授权，它可以在听取相关方面意见并在征得德国联邦参议院批准的前提下，通过颁行法律条例的方式，确定废弃物名称以及危险废弃物，

---

[48] Wiki, Abfall, Stand: 22. 12. 2015.

并允许主管机构在个案情形下确定危险废弃物。依据德国《促进循环经济和确保合乎环境承受能力废弃物管理法》第48条规定，对危险废弃物的处置与监测须依据该法规定附加专门要求。为了执行欧盟法律文件，联邦政府在听取有关各方意见后，在联邦参议院同意情形下，有权通过法律条例形式来确定废弃物之描述以及危险废弃物，并通过主管机构在个案情形下对危险废弃物之确定予以许可。

根据废弃物的性质、构成与环境影响划分，废弃物还包含惰性废弃物、生物废弃物等子类型。依据德国《促进循环经济和确保合乎环境承受能力废弃物管理法》第3条第6款规定，该法意义上的惰性废弃物（Inertabfälle）是指符合以下特征的矿物废料：①其没有经受重大的物理、化学或生物变化；②其不溶解、不燃烧和未以其他方式发生物理的或化学的反应；③其不具生物降解性；④其不会以对人类与环境产生负面影响的方式对与其接触的其他材料造成妨碍。惰性废弃物总的可浸出性和污染物含量以及渗滤液的生态毒性必须是微不足道的，尤其不得损害地表水与地下水的质量。依据德国《促进循环经济和确保合乎环境承受能力废弃物管理法》第3条第7款规定，该法意义上的生物废弃物（Bioabfälle）是指可生物降解的植物性、动物性或来自真菌材料的现有的下列物品：①花园与公园废弃物；②园林绿化废弃物；③从家庭、餐厅和餐饮业、零售业产生的食品及餐厨废弃物和来自食品加工企业的可比照废弃物；④来自其他原产地的废弃物，其依据类型、质地或材料性质与在条目1至条目3所列的废弃物具有可比照性。

应当引起关注的是，在生产或生活领域产生的废弃物通过特定途径可以达到资源化目标，从而实现废弃物性状终结的状态。《促进循环经济和确保合乎环境承受能力废弃物管理法》第5条明确规定了废弃物性状终结的特征。依据该条第1款规定，一项物质或物体的废弃物性质终结，须当其通过一项利用程序而处于如下状态：①其通常被使用于特定的目的，②存在它的市场或它的需求市场，③它符合所有对它的各个目的适用的技术要求以及所有用于产品的法规和适用标准，④它的使用总体上不会产生对人类或环境的有害影响。由该条规定可知，如果原先作为废弃物的物质或物体通过循环经济利用程序而被再次资源化，并且这种资源化符合技术标准、法定标准与环保标准，那么该物质或物体将被剔除出废弃物范畴。由于废弃物类型非常多元，因此关于废弃物性状终结的标准也必然呈现出繁杂多样的状态。为了厘清与细化多元化的废弃物性状终结标准，从而为循环经济各参与方提供明晰行为指南，德国立法者设定了授权立法的模式。依据《促进循环经济和确保合乎环境承受能力废弃物管理法》第5条第2款规定，德国联邦政府获得授权，在听取有关各方意见并在联邦参议院的同意下，依据该条第 1 款所列的要求，以通过法律条例的形式具体确定条件。在此条件下特定物质与物体的废弃物性质终结。

二、废弃物产生者

依据 1994 年旧版德国《循环经济法》第 3 条第 5 款规定，废弃物产生者（Erzeuger von Abfällen）是指任何自然人或法人，通过其经营活动产生废弃物；或者是指任何人，通过其预处理、混合或其他处理，使废弃物自然属性或组成发生变化。依据德国《促进循环经济和确保合乎环境承受能力废弃物管理法》第 3 条第 8 款规定，废弃物产生者是指两类自然人或法人：其一，是通过经营活动产生废弃物的自然人或法人（原始生产者）；其二，是通过预处理、混合或其他处理，使废弃物质地或组成发生变化的自然人或法人（第二生产者）。

三、废弃物持有者

依据 1994 年旧版德国《循环经济法》第 3 条第 6 款规定，废弃物持有者（Besitzer von Abfällen）是指对废弃物具有实际控制权的任何自然人或法人。依据德国《促进循环经济和确保合乎环境承受能力废弃物管理法》第 3 条第 9 款规定，废弃物持有者是指对废弃物具有实际控制权的每个自然人或法人。依据持有废弃物的时间间隔，废弃物持有者可以分为初始持有人、中转持有人与最终持有人三种类型。

四、废弃物收集者

废弃物收集者（Sammler von Abfällen）是指对废弃物进行集中性回收的自然人与法人，其收集活动只是实现其他动机的手段，而非目的本身。依据德国《促进循环经济和确保合乎环境承受能力废弃物管理法》第 3 条第 10 款规定，废弃物收集者是指任何自然人或法人，其商业性地或在经济企业的框架内，出于从事有别于废弃物收集的另外的商业或经济活动的动机而收集废弃物。

五、废弃物运输者

依据德国《促进循环经济和确保合乎环境承受能力废弃物管理法》第 3 条第 11 款规定，废弃物运输者（Beförderer von Abfällen）是指任何自然人或法人，其商业性地或在经济企业的框架内，出于从事有别于运输废弃物的另外的商业或经济活动的动机而运输废弃物。

六、废弃物经销商

依据德国《促进循环经济和确保合乎环境承受能力废弃物管理法》第 3 条第 12 款规定，废弃物经销商（Händler von Abfällen）是指任何自然人或法人，其商业性地或在经济企业框架内，出于有别于经营废弃物的另外的商业或经济活动的动机或出于公共机构的动机以个人责任购买与转售废弃物。在此，对废弃物实际控制权的获得不是必需的。

七、废弃物经纪商

依据德国《促进循环经济和确保合乎环境承受能力废弃物管理法》第 3 条第 13 款规定，废弃物经纪商（Makler von Abfällen）是指任何自然人或法人，其商业性地或在经济企业框架内，出于有别于经纪废弃物的另外的商业或经济活动的动机或出于公共机构的动机为第三方管理废弃物；在此，关于废弃物实际控制权的获得不是必需的。

八、废弃物管理

依据德国《促进循环经济和确保合乎环境承受能力废弃物管理法》第 3 条第 14 款规定，废弃物管理（Abfallbewirtschaftung）是指废弃物的提供、传输、收集、运输、再利用和处分，其中包括对此进程的监督、对处分设施的善后处理以及交易商和经纪商进行的活动。

九、废弃物收集

依据德国《促进循环经济和确保合乎环境承受能力废弃物管理法》第 3 条第 15 款规定，废弃物收集（Sammlung von Abfällen）是指废弃物的收取与集中，包括基于运输至废弃物处理设施而进行的初步的排序与初步的存储。依据不同区分标准，废弃物又可细分为多种类型。依据该条第 16 款规定，分离收集（Getrennte Sammlung）是指一种收集，其在废弃物物流中依据废弃物的类型和质地而将废弃物分开处理，以使一项特定的处理行为得到简化或使之成为可能。依据该条第 17 款规定，非营利性的废弃物收集（Eine gemeinnützige Sammlung von Abfällen）是指一种收集，其通过依据《公司税法》当前有效版本的第 5 条第 1 款第 9 条目予以免税的公司、协会或资产组合来承担，并为了实现在《税务规则》第 52 至 54 条意义上的非营利的、慈善的或宗教的目的而助益于筹集资金。当公司、协会或资产组合依据该款第 1 句规定委托一家商业性收集者进行收集，并在扣除它的成本与合理利润后将出售所得款项偿付给公司、协会或资产组合，这亦是一种非营利性的废弃物收集。依据该条第 18 款规定，商业性废弃物收集（Eine gewerbliche Sammlung von Abfällen）是指以创收为目的实行的收集。在收集者与私人家庭之间合同关系基础上具有持续性架构的征集活动的实施并不与商业性收集相抵触。

十、废弃物减量化

基于废弃物减量化（Abfallvermeidung）原则，应当采取一切预防手段与措施降低废弃物产生量。相对于废弃物"循环利用"、"包括能量性利用与回填的其他利用"、"处分"而言，废弃物减量化具有优先适用性。从行为定性层面分析，废弃物减量化包含以下措施：其一，进行循环性的资源利用；其二，启用可多元使用的系统；其三，在产品—服务系统中，设计有利于产品多次使用的模式（如租赁、共享）；其四，通过替代品取代有毒物质材料或具有不良问题的其他物质材料；其五，在生产简单产品时，尽可能使用单一的原材料种类，或者使用尽可能少的原材料数量；其六，放弃使用复合材料；其七，放弃使用塑料。[49] 从行为定量层面分析，废弃物减量化包含以下措施：其一，减少所使用的大量物质材料；其二，在设计产品时，应当基于再利用与进一步使用的目的，确保产品具有较长使用寿命，并且保证产品具有可修复性、清洁性、耐洗性、再充型性等特征。[50]

依据 1994 年德国旧版《循环经济法》第 4 条第 1 款规定，废弃物减量化措施具有优先适用性，即"首先，应当避免废弃物的产生，特别是通过减少其数量和危害性的方式来实现这一目的；其次，应当对废弃物 a）进行物质性利用，或者 b）予以利用，以达到获得能量目的（能量性利用）"。依据 1994 年德国旧版《循环经济法》第 4 条第 2 款规定，避免废弃物产生的措施尤其应当包括系统内置式的材料循环回收利用措施，降低废弃物产生的产品设计措施以及以购买产生较少废弃物与包含较少有害物质产品为导向的消费者行为。依据德国《促进循环经济和确保合乎环境承受能力废弃物管理法》第 3 条第 20 款规定，废弃物减量化是指在物质、材料或产品已成为废弃物之前而采取的任何措施，其目的是减少废弃物数量、减少废弃物对人类或环境的有害影响或者减少材料和产品中有害物质的含量。这其中尤其包括物质在设备内部的循环利用，将产生较少废弃物的产品设计、产品的再使用或它们使用周期的延长以及以获取将产生较少废弃物与较少有害物质的产品为导向和以使用可重复使用包装为导向的消费行为。

德国《促进循环经济和确保合乎环境承受能力废弃物管理法》附录 IV 列举了三种关于废弃物减量化措施（抑制废弃物产生措施）的实例。

第一种措施为可能对与废弃物生产有关的框架条件产生影响的措施。它包括：①使用促进资源使用效率的规划措施或其他经济手段；②促进相应的研究与开发，其目标在于产生环境保护性的与较少产生废弃物的产品和技术，以及传播和使用研究和开发的结果；③为了减轻环境压力和减少废弃物产生而发展有效的

---

〔49〕 Wiki, Abfallvermeidung, Stand：21.02.2017.
〔50〕 Wiki, Abfallvermeidung, Stand：21.02.2017.

和有意义的指标，以助益于在各个层面防止废弃物的产生，此处所指的措施包括社区层面的产品比较、地方当局行动与国家措施。

第二种措施为可能对设计、生产和分销阶段产生影响的措施，它包括：①促进生态设计（将环境视角系统地整合入产品设计中，其附随目标为明显改善产品在其整个生命周期内的环境平衡性）；②提供技术信息以预防废弃物，其关涉领域为在工业中最佳可行技术的便利应用；③基于该法或《联邦污染防治法》或以《联邦污染防治法》为基础颁布的法律条例规定，主管机构考虑列入废弃物预防要求的情形下在签发许可时须进行的培训措施；④引入用于在依据《联邦污染防治法》第4条不需要授权的设备中防止废弃物产生的措施，如果有必要，用于评估废弃物预防和指定计划的措施可能属于此类措施；⑤在财政或决策中企业的重视宣传或支持措施；当一种措施针对中小型企业实施，为其量身定做并依靠被证明的经济生活网络，则这种措施可能是特别有效的；⑥重新使用自愿协议，重新启用消费者与生产者委员会或重新启用与行业部门相关的协商，以使各有关企业或行业部门可以确立自身的废弃物预防计划、目标或改进产生较多废弃物的产品或包装；⑦促进获得认可的环境管理系统。

第三种措施为可能影响消费和使用阶段的措施，它包括：①经济手段，例如对环保性购买的激励，或者引入将由消费者支付的关于包装产品或包装部件的附加费用，否则此类物品将被免费提供；②对公众或特定的消费者团体的宣传措施或信息提供；③促进生态标签；④与工业部门之协议，如关于以集成产品政策为模板重新启用产品面板的事项，或与零售商协商关于提供有关废弃物预防和环保型产品的信息的事项；⑤在由委员会于2004年10月29日发布的关于无害环境公共采购手册意义上的公共或私人采购的招标中应引入关于环境保护和废弃物预防的标准（欧共体官方性公示文件办公室，2005）；⑥促进适用的废弃产品或其部件的再使用和修理，尤其是通过使用教育的、经济的、后勤的或其他的措施，如支持或建立被委任的用于修理或再利用的中心和网络，尤其是在人口密集的区域应如此行。

十一、废弃物再使用

依据德国《促进循环经济和确保合乎环境承受能力废弃物管理法》第3条第21款规定，废弃物再使用（Wiederverwendung）是指在产品或组件未成为废弃物时，再次为了与它们原先使用目的相同的目的将其投入使用的任何程序。

十二、废弃物处置

废弃物处置（Abfallentsorgung）是指清除与回收利用废弃物的所有流程与活动。

废弃物再利用（Abfallverwertung）是指废弃物或废弃物组成部分的再利用、材料回收或热量回收利用。[51] 废弃物处置是 21 世纪最大的环境问题之一。[52] 从 2001 年 12 月起，德国所有种类的废弃物都在该国《废弃物目录条例》（Abfallverzeichnis-Verordnung）中得到了概念界定。[53]

依据 1994 年旧版德国《循环经济法》第 3 条第 7 款规定，废弃物处置包括废弃物再利用与废弃物处分。依据德国《促进循环经济和确保合乎环境承受能力废弃物管理法》第 3 条第 22 款规定，废弃物处置是包括利用或处分的前置预备措施在内的利用和处分程序。依据德国《促进循环经济和确保合乎环境承受能力废弃物管理法》第 3 条第 23 款规定，废弃物再利用是指任何程序——其主要结果是在设备内或在进一步的经济管理中使废弃物被用于一个具有效用的目的，其途径或者是以废弃物替代其他的材料，否则其他的材料将被用于完成一项特定的功能，或者废弃物将被预备用于完成这一功能。

十三、废弃物再使用之预备

依据德国《促进循环经济和确保合乎环境承受能力废弃物管理法》第 3 条第 24 款规定，废弃物再使用之预备（Vorbereitung zur Wiederverwendung）是指任何测试、清洗或修理的利用程序。在其中，已成为废弃物的产品或产品组件在没有进一步预处理的情形下再次被预备使用于与它们最初目的相同的目的。

十四、废弃物循环利用

依据德国《促进循环经济和确保合乎环境承受能力废弃物管理法》第 3 条第 25 款规定，废弃物循环利用（Recycling）是指任何利用程序，通过此程序，废弃物或者基于最初（使用）目的、或者基于其他的目的被制备为产品、材料或物质。它包括有机物质的处理，但不包括能源的利用与用做燃料或用于回填的材料的制备。

十五、废弃物再利用

《促进循环经济和确保合乎环境承受能力废弃物管理法》第 3 条第 23 款规定，再利用（Abfallverwertung）是指每项其主要结果为将该法附录中的或更广泛经济领域内的废弃物导向富有成效目标的程序；在具体方式上，或者可以通过废弃物替代某些材质的方式，否则这些材质将为实现一项特定功能而被使用；或者可以通过将废弃物预备用于实现此功能的方式。该法附录还包含了一份并非涵盖所

〔51〕 Wiki, Abfallentsorgung, Stand: 22. 12. 2015.
〔52〕 Wiki, Abfallentsorgung, Stand: 22. 12. 2015.
〔53〕 Wiki, Abfallentsorgung, Stand: 22. 12. 2015.

有相关内容的关于再利用程序的名单。

十六、废弃物清除

废弃物清除（Abfallbeseitigung）[54] 是指将废弃物以环境可以承受的方式排放到自然界，或者将废弃物置于特定设施永久保存。在前一种情形中，废弃物通常为液态与气态废弃物，在排放到自然界前需要进行化学转化与稀释。在后一种情形中，废弃物通常为固体废弃物，在最终置放前需要进行特定处理与包装。废弃物最终置放场所包括垃圾填埋场、废弃矿坑或其他符合环保要求的设施场所。[55]

依据 1994 年德国旧版《循环经济法》第 10 条第 1 款规定，不再被利用的废弃物应当永久不再进入循环经济利用状态，并且应当为了社会公共利益而被清除处分。依据旧版《循环经济法》第 10 条第 2 款规定，废弃物清除行为包括对预备清除处分的废弃物进行的提供、放弃、搜集、运输、处理、存放与贮存。通过废弃物处理行为，应当降低废弃物的数量与有害性质；应当尽可能利用在处理与贮存废弃物时所产生的能量或废弃物。如果在废弃物处理与贮存时所产生的能量或废弃物能够被利用，而且这种利用只是隶属于清除处分目的之附属目的，那么废弃物的处理与贮存行为亦可被视为废弃物清除处分行为。

依据德国《促进循环经济和确保合乎环境承受能力废弃物管理法》第 3 条第 26 款规定，废弃物清除（Beseitigung）是指非利用的任何程序，即使此程序会产生回收获取物质或能量的次生后果。依据德国《促进循环经济和确保合乎环境承受能力废弃物管理法》第 15 条第 1 款规定，只要该法第 17 条未做出另外规定，未被利用的废弃物的产生者或持有者负有将其处分的义务；通过对废弃物的处理，其数量与危害性应被降低；在处分中产生的能源或废弃物，应被高品质地利用。

依据德国《促进循环经济和确保合乎环境承受能力废弃物管理法》第 15 条第 2 款规定，废弃物应当在不损害公共利益的方式下被处分。该种损害情形包括：其一，人们健康受到损害；其二，动物或植物生长受到威胁；其三，水域或土壤受到有害影响；其四，产生空气污染或噪音等有害环境影响；其五，涉及空间规划的目标、原则与其他要求未被关注或者涉及自然保护、景观管理以及城市规划的利害关系未被引起注意；其六，公共安全或公共秩序以其他的方式被威胁或干扰。

在德国循环经济框架下，为了严格保护自然环境，无法再利用的废弃物最终

---

[54] 本书中，废弃物清除与废弃物处分为同义概念。

[55] Wiki, Abfallentsorgung, Stand：22. 12. 2015.

的清除方式具有多元、专业、细化的特征，具体内容可参见以下图表（图表来源：《促进循环经济和确保合乎环境承受能力废弃物管理法》附录 I):

德国循环经济框架下废弃物清除程序具体方式（D＋X 为编号）	
D 1：地下或地上堆放（如填埋场）	D 8：生物性处理
D 2：地下处理（如在地下对液态或污泥废弃物进行生物降解）	D 9：化学/物理处理
D 3：灌注法（如将可泵送废弃物注射到钻孔、盐矿或天然空洞中）	D 10：在陆地上焚烧
D 4：露天存放法（如将液态或污泥废弃物存放在坑、池或泻湖中）	D 11：在海洋上焚烧
D 5：特别设计填埋场（如堆放在密封的、分割的、相互隔离和与外界隔绝的独立空间中）	D 12：永久存储（如将容器放置在矿井中）
D 6：排放到水体中，海和洋除外	D 13：综合或混合使用在 D 1 至 D 12 列出的程序
D 7：排放到海和洋中，包括堆放到海床	D 14：改造使用在 D 1 至 D 13 列出的程序
D 15：存放直至使用在 D 1 至 D 14 列出的程序（不包括临时储存直至在废弃物产生区域的收集）	

十七、现有技术

依据德国《促进循环经济和确保合乎环境承受能力废弃物管理法》第 3 条第 28 款规定，该法典意义上的现有技术（Stand der Technik）是指先进的程序、设施或操作方法的发展状态，它在总体上保障一项措施的实际适用性，以实现以下诸目标：限制向空气、水与土壤的排放量，确保系统安全性，确保无害环境的废弃物处置或除此以外用于避免或限制对环境的影响，以实现一项整体性的对环境的高保护标准；在确定技术状态方面，该法典附录 III 所列的标准尤其应被考虑。

依据德国《促进循环经济和确保合乎环境承受能力废弃物管理法》附录 III 规定，在确定现有技术时，需考虑可能的措施成本与效益的比例关系及防范和预防的基本原则，尤其是以下标准应被考虑：①低废弃物含量技术之使用；②较少危险性材料之使用；③促进在各个单一程序中生产与使用的材料或者废弃物的回收和再利用；④可比照的程序、设施和操作方法，其在经营中已富有成效地被试用；⑤技术和科学知识的进步；⑥各种排放的种类、作用与数量；⑦新的或现有的设备投入使用的日期；⑧引入一个更好的、可使用的技术所需的时间；⑨原材料的消耗和在各个单一程序中使用的原材料种类（包括水）以及能源效率；⑩必要性，即尽可能地避免或减少排放整体影响和对人类和环境造成的危险；⑪必要性，即防止事故发生和减轻其对人类和环境所产生的后果；⑫相关信息，此信息或是由欧洲委员会依据 2008 年 1 月 15 日《关于综合污染预防与减少的欧洲议会和欧洲理事会的欧共体第 2008/1 号条例》（官方公报 L24，2008 年 1 月 29 日，第 8 页）第 17 条第 2 款的规定公开发布的信息（该条例通过欧共体第 2009/31 号条例做出修订）；或是由国际组织公开发布的信息。

综上所述，在德国循环经济法律制度框架下，循环经济概念以及相关系列概念都在法律层面得到了严格、清晰、精准的界定。这种系统性的概念界定避免了由于概念定义模糊而导致的循环经济法律解释歧义与执法司法缺乏统一标准的后果，因此为德国循环经济法律制度的有序施行奠定了基本前提。

第二章

德国循环经济立法背景

庇古手段与科斯手段是发达国家整治环境污染的主要手段。所谓庇古手段是指征税、补贴、押金等方式。实施庇古手段的前提是政府对环境治理过程中的私人成本与社会成本拥有充分的信息资源，可以确定合理的税率、补贴额度与押金数目。所谓科斯手段是指自愿协商、排污权交易等方式。实施科斯手段的前提是产权清晰、交易费用较低或为零、高度市场化等。[56] 在循环经济模式框架下，庇古手段与科斯手段是实现循环经济目标的双重路径，而循环经济立法则为这两种路径的施行提供了法定标准与制度保障。

在德国立法机关构建与完善循环经济法律体系的过程中，社会公众的环保意识与行动构成了一个重要的外部动因。当今德国社会公众具有强烈与清晰的关于废弃物收集与处置的环保意识，循环经济理念已经渗入生产与生活的各个领域。而这种自主性的环保意识的形成、培养、发展则经历了一个漫长的历史进程。它是德国废弃物经济、废弃物技术与废弃物法律长期发展后产生的自然结果。[57] 早在 19 世纪初期，德国的部分地区已经诞生了关于废弃物处置的相关法律法规。这类法律法规诞生的时代背景是：由于当时德国缺少城市卫生体系，导致霍乱等疾病的流行。为了改变这一局面，德国部分地区的公权力机关希望通过法治的方式规制城市的排水与废弃物处置事宜。[58] 这类法律法规是德国环保法律法规的初始形式，但它们的立法基本导向是"废弃物清除"，而非"废弃物循环利用"。

在 20 世纪下半叶，德国废弃物经济经历了重大改变，它的基本导向从"废

---

〔56〕 李玉基主编、俞金香副主编：《中国循环经济政策与法制发展报告（2014）》，中国社会科学出版社2015 年版，第 20 页。

〔57〕 Das UBA, Abfallwirtschaft in Deutschland, https：// www. umweltbundesamt. de/ themen/ abfall-ressourcen/ abfallwirtschaft, Stand：26. 02. 2017.

〔58〕 Das UBA, Abfallwirtschaft in Deutschland, https：// www. umweltbundesamt. de/ themen/ abfall-ressourcen/ abfallwirtschaft, Stand：26. 02. 2017.

弃物清除"转变为"废弃物循环利用"。这一基本导向转变的主要目的是为了更好地保护自然资源，并对废弃物进行环境友好型处理。这一基本导向转变的子目标包括持续改善环境与气候质量、加强资源利用效率。[59]

德国废弃物经济是一个新兴的经济部门。它涵盖了所有涉及废弃物预防、减量、回收与处置的运营活动与任务。从概念界定层面分析，废弃物经济概念中的"经济"实质上具有"管理"的内涵。从概念外延范畴分析，废弃物经济包括以下具体领域：①废弃物处理的法律规制。法律规制措施包括立法界定"废弃物"、"丢弃"、"处置"等涉及废弃物处理的概念定义，确定废弃物利用招标程序，明确废弃物回收义务，订立废弃物处理设施的审批程序等措施。②通过实证调查与毒理学分析的方式，确定废弃物的数量、种类、成分与来源。③制定涉及国家、州、地方市镇各个行政层级的战略性废弃物管理计划，明晰废弃物管理的规划事宜。④研究预防废弃物产生的方式与方法。⑤对混合型废弃物进行有效分离，利用其中的有效原料成分，隔离处置其中的有毒有害物质。⑥合理处置废弃物。具体措施包括：a. 通过集装箱系统、专业车辆、中转站收集与运输废弃物；b. 基于循环利用的目的处置废弃物；c. 通过生物、化学、机械与热处理的方式分解清除废弃物；d. 将受到环保处置的废弃物存放于垃圾填埋场。⑦通过分解利用废弃物的方式，开发与拓展废弃物循环利用市场。[60]

在废弃物经济领域，废弃物的循环利用应当得到合理规划、有效执行与严格管控。废弃物经济所涉及的废弃物范畴相当宽泛。它既包括在工业生产、贸易活动与服务消费领域产生的废弃物，又涵盖家庭厨余垃圾以及在公园、街道等公共场所产生的废弃物。[61] 在理论研究领域，废弃物经济也被视为一种具有应用性质的自然科学学科。在19世纪末，该学科具有土木工程科学性质，其主要研究领域是大型城市生活垃圾的系统清理、城市规划与污水处理。[62]

在20世纪80年代末，由于德国社会公众激烈反对新建废弃物填埋场与废弃物焚烧设施，德国的废弃物处置行业进入发展瓶颈阶段。[63] 在20世纪90年代初，德国社会各界探讨了制定《废弃物浪费税法》（Abfallabgabengesetz）的可行性与必要性。举例而言，依据拟议中的《废弃物浪费税法》，通过对被填埋的废弃

〔59〕 Das UBA, Abfallwirtschaft in Deutschland, https：//www.umweltbundesamt.de/themen/abfall-ressourcen/
      abfallwirtschaft, Stand：26.02.2017.

〔60〕 Vgl. Wiki, Abfallwirtschaft, Stand：10.11.2015.

〔61〕 Wiki, Abfallwirtschaft, Stand：10.11.2015.

〔62〕 Wiki, Abfallwirtschaft, Stand：10.11.2015.

〔63〕 Wiki, Kreislaufwirtschaftsgesetz, Stand：03.09.2016.

物实施收费的方式，可以促使生产企业与社会公众致力于废弃物的循环利用。因为一些类型的废弃物在循环利用后的价值低于循环利用产生的处理成本，致使企业与社会公众循环利用这类废弃物常常产生无利可图甚至亏损的情形。基于拟议中的《废弃物浪费税法》，通过对被填埋的废弃物实施收费的方式，使这类废弃物的最终处置成本远高于循环利用成本，因而使得循环利用这类废弃物成为企业与社会公众理性与必然的选择。[64]

在20世纪90年代初，德国在废弃物经济领域产生了新思路：关于原料提取、生产、使用与清除的线性的流程被打破，循环经济因此应运而生。[65]在20世纪90年代初，德国每年产生5百万至6百万吨包装废弃物，但只有约三分之一此类废弃物被利用。对循环使用废弃物存在多种理由，如节约资源与保护环境等。但还有一个实际因素是：废弃物必须被妥善安置，而废弃物填埋场空间稀缺，废弃物焚烧又未得到充分推广。[66]为了解决这一困境，当时德国的联邦环境部长克劳斯·特普费尔（Klaus Töpfer）委托一个专家小组起草关于包装废弃物条例的草案。[67]

在制定1994年通过并于1996年生效的1994年旧版德国《循环经济法》（《促进循环经济和确保合乎环境承受能力废弃物清除法》）时，负责起草法律的德国政府执政联盟在废弃物处理问题上，否决了采取统制性强制干预的方法，拒绝订立禁止特定类型产品包装的条款，而是采取理性灵活的具有市场经济特征的废弃物处理方案。[68]依据联邦环境部长克劳斯·特普费尔（Klaus Töpfer）的观点，如果通过立法方式给产品生产者设定义务，使其取代地方当局而承担清除处置产品废弃物的责任，那么产品生产者将被迫通过提高产品价格的方式将清除处置废弃物的成本转嫁到客户身上。由于价格竞争是市场竞争的核心要素，产品生产者为了在激烈的价格竞争中战胜竞争对手，将会采取一切高效与低价的废弃物处理

---

[64] Wiki, Kreislaufwirtschaftsgesetz, Stand：03. 09. 2016.

[65] Meilensteine, 90er Jahre - Wende zur Kreislaufwirtschaft, http：//www. remondis. de/aktuell/remondis-aktuell-archiv/2011/remondis-aktuell-032011/aktuelles/90er-jahre-wende-zur-kreislaufwirtschaft/, Stand：20. 03. 2013.

[66] Meilensteine, 90er Jahre - Wende zur Kreislaufwirtschaft, http：//www. remondis. de/aktuell/remondis-aktuell-archiv/2011/remondis-aktuell-032011/aktuelles/90er-jahre-wende-zur-kreislaufwirtschaft/, Stand：20. 03. 2013.

[67] Meilensteine, 90er Jahre - Wende zur Kreislaufwirtschaft, http：//www. remondis. de/aktuell/remondis-aktuell-archiv/2011/remondis-aktuell-032011/aktuelles/90er-jahre-wende-zur-kreislaufwirtschaft/, Stand：20. 03. 2013.

[68] Wiki, Kreislaufwirtschaftsgesetz, Stand：03. 09. 2016.

措施，以降低清除处置废弃物的成本，从而降低产品价格。举例而言，产品生产者为了降低废弃物处理成本，将通过改进产品设计的方式减少不必要的产品包装，更换难以回收利用的产品包装，并将在产品设计与制造过程中，采取易于废弃物拆卸与回收的产品包装方式。[69]

1994 年旧版德国《循环经济法》使德国大步踏入循环经济时代，"减量化、再利用、清除"由上至下的三层次位阶得以最终确立。[70] 依据该部法律，废弃物处理措施包括预防废弃物产生措施、废弃物再利用措施、废弃物消除措施（销毁毒害成分）与废弃物填埋措施。德国立法机关制定该部法律主要是为了解答以下两个问题：其一，谁必须处置废弃物？其二，废弃物应当如何被处置？

为了回答上述第一个问题，德国立法机关在 1994 年旧版德国《循环经济法》中系统引入了"污染者付费原则"（Polluter Pay's Principle）。[71] 该原则指一切向环境排放污染物的个人与组织，应当依据一定的标准缴纳一定的费用，以补偿其污染行为造成的损失。付费将促使污染者采取措施控制污染，或使政府等管理部门获得相应的收入以治理污染。[72] 依据 1994 年旧版德国《循环经济法》第 5 条第 2 款规定，废弃物的产生者或持有者具有义务将第 6 条规定的废弃物进行再利用。若该法未作其他规定，优先考虑废弃物再利用，然后才是处置。应当根据废弃物的种类与成分尽量考虑高价值再利用。若在达到第 4 条与第 5 条规定的要求后有必要的话，可以对再利用废弃物进行分类处理。依据 1994 年旧版德国《循环经济法》第 11 条第 1 款规定，若第 13 条与第 18 条未作其他规定，不再利用的废弃物产生者或持有者具有义务按照第 10 条规定的公共利益可承受的废弃物处置原则来处置废弃物。

为了回答上述第二个问题，德国立法机关在 1994 年旧版德国《循环经济法》中系统规定了涉及以下主题的条款：循环经济原则、循环经济基本义务、物质性与能量性利用、循环经济的要求基准、在农业施肥领域循环经济的要求基准、设施运营者的义务、合乎公共利益的废弃物处分的原则、废弃物处分的基本义务、废弃物处分的要求基准、交付义务、基于地产的容忍义务、公法处置者的义务、委任第三方、联盟组织职责履行、自治经济体职责履行、废弃物管理方案与废弃

〔69〕 Wiki, Kreislaufwirtschaftsgesetz, Stand：03. 09. 2016.

〔70〕 Meilensteine, 90er Jahre – Wende zur Kreislaufwirtschaft, http：//www. remondis. de/aktuell/remondis-ak-tuell-archiv/2011/remondis-aktuell-032011/aktuelles/90er-jahre-wende-zur-kreislaufwirtschaft/, Stand：20. 03. 2013.

〔71〕 Wiki, Kreislaufwirtschaftsgesetz, Stand：03. 09. 2016.

〔72〕 参见智库·百科："污染者付费原则"，最后访问日期：2016 年 9 月 3 日。

物管理总结报告、基于具体情形的指令规定、产品责任、收集与返还义务、收集后持有者义务、规划责任等。通过规定这些条款，德国立法机关构建了"减量化、再利用、清除处分"三层级的废弃物处置体系，并明确了废弃物产生者、持有者、处置者等各方主体的循环经济权利、义务与责任。

德国立法机关在制定与修订循环经济法律法规时，注重循环经济模式的实践应用价值，强调废弃物循环利用的经济性、管理性、效率性与可行性，尽力避免产生废弃物循环利用行为背离立法宗旨的情形。举例而言，为了保护自然环境与人类健康，德国环保组织曾经希望政府发布相关环保禁令，以禁止企业在生产产品时使用饮料罐与塑料袋。但环保组织的这一意图不具有环保实践价值，甚至会产生悖反的效果，导致技术上与法律上的负面问题，因而不应得到行政立法机构的支持。例如，如果企业被迫放弃传统的饮料罐，而改用玻璃制成的可重复使用的饮料包装，那么这种新的饮料包装虽然有利于生态保护，却不适宜长途运输，从而影响产品物流供应的效用。[73] 又如，如果一个啤酒生产厂商的产品销售市场不只局限于一个地区，而是涵盖多个地区，那么该厂商使用一次性的啤酒包装更具有环保意义。其原因在于，一次性啤酒包装质量较轻，而可重复使用的啤酒包装质量较重。在长途运输过程中，运送可重复使用的啤酒包装会比运送一次性包装消耗更多的汽油或柴油，因而造成更大的空气污染。[74]

为了在循环经济法律层面实现本国与欧盟的统一性与协调性，德国立法者又在废止 1994 年旧版德国《循环经济法》的前提下，颁行了《促进循环经济和确保合乎环境承受能力废弃物管理法》。该法构建了一个关于原材料循环利用与保护资源的法律监管框架。通过该法典，德国原先相关法律与欧盟（欧共体）法律（例如欧共体废弃物框架指令）的不一致之处被消除。例如，在废弃物、副产品等概念上，德国法律必须以欧盟指令的概念定义为基准，从而减少在概念界定上的主观因素。[75]

在循环经济模式下，虽然德国法律法规要求产品生产者与销售者承担循环经济义务，从而产生了一定经济成本，但该模式同样为德国带来了可观的经济效益。例如，在 2010 年，德国循环经济产业从业人员数量超过 25 万，年营业额超

---

[73] Wiki, Kreislaufwirtschaftsgesetz, Stand：03. 09. 2016.

[74] Wiki, Kreislaufwirtschaftsgesetz, Stand：03. 09. 2016.

[75] Vgl. Wirtschaftslexikon 24, Kreislaufwirtschafts-und-abfallgesetz, http：//www. wirtschaftslexikon24. net/d/kreislaufwirtschafts-und-abfallgesetz/kreislaufwirtschafts-und-abfallgesetz. htm, Stand：20. 03. 2013.

过 500 亿欧元。德国循环经济产业实际上已经成为推动德国经济发展的核心产业。[76] 在循环经济模式下，德国各个行业领域的循环经济设施得到持续性更新换代，从而在防范环境污染的前提下实现了废弃物高效性与经济性的管理。例如，在 1972 年德国首部废弃物管理法出台前，德国每个市镇都有自己所属的垃圾填埋场。[77] 在全德国境内，当时约有五万个垃圾填埋场。在 20 世纪 80 至 90 年代，德国垃圾填埋场的数量迅速下降，全国只剩不到 2000 个垃圾填埋场。迄今为止，德国只保有 160 个用于处置城市废弃物的垃圾填埋场。与之相对应，德国兴建了众多取代传统垃圾填埋场的垃圾焚烧设施。[78]

为使循环经济精神理念在实践中得到全面与具体的执行，德国立法机关在《促进循环经济和确保合乎环境承受能力废弃物管理法》基础上，还需创设、完善各种专门的循环经济专项立法。基于宏观视角分析，多层级、多领域的循环经济专项立法将成为未来主要的发展趋势，其原因有三：

首先，欧盟在循环经济理念的影响下，制定了一系列关于贯彻循环经济理念的欧盟次位法法律与法律性文件，如欧盟委员会于 2013 年 3 月发布《关于环境中塑料废弃物的欧洲战略的绿皮书》[79]。在欧盟循环经济专项立法的推动下，德国必须以《促进循环经济和确保合乎环境承受能力废弃物管理法》为基础，依照欧盟专项立法的框架制定各种循环经济专项法规，以执行欧盟循环经济的精神理念与具体规定。

其次，从宏观层面考察，《促进循环经济和确保合乎环境承受能力废弃物管理法》仅为德国循环经济的完善与发展规定了法律框架与范围，而在诸多细节领域，它仍然预留了法律规定的空白区域。按照该法规定，对这些空白区域相关法律规定的制定，可在将来通过联邦政府或联邦环境、自然保护、建筑和核安全部以制定各种具体执行《促进循环经济和确保合乎环境承受能力废弃物管理法》的法律条例的形式进行，以完善、发展德国循环经济法律制度。[80]

---

〔76〕 Akademien der Wissenschaften Schweiz, Kreislaufwirtschaft, Die Bewirtschaftung natürlicher Ressourcen verbessern, S. 8.

〔77〕 垃圾填埋场是指在地表或地下用于存放废弃物的处分设施（地上堆填区）或地下储藏区。用于存放废弃物的企业内部的废弃物处分设施也属于填埋场，在其中，废弃物产生者可以在产生地点进行废弃物处分。

〔78〕 Akademien der Wissenschaften Schweiz, Kreislaufwirtschaft, Die Bewirtschaftung natürlicher Ressourcen verbessern, S. 8.

〔79〕 Europäische Kommission, Grünbuch zu einer europäischen Strategie für Kunststoffabfälle in der Umwelt, Brüssel, den 7. 3. 2013, COM（2013）123 final.

〔80〕 Wirtschaftslexikon 24, Kreislaufwirtschafts-und-abfallgesetz, Stand: 20. 03. 2013.

再次，德国各行业领域对与循环经济相关的技术要求基准差异甚大。如陆地采矿行业与海底勘探行业关于废弃物处理的相关技术内容与标准便截然不同。基于此，德国循环经济立法部门在将来制定法律之时，势必需要根据各行业领域的不同特点制定富有针对性与效率性的行业或部门专项循环经济法规。

综上所述，从 20 世纪 90 年代初期开始，德国系统创设循环经济法律制度的原初动因是为了解决该国日益严重的废弃物处置问题，厘定废弃物处置的义务与责任主体范畴。随着该制度的不断更新与演进，迄今为止它已经发展成为以原材料循环利用与保护资源为核心要旨的法律制度。

第三章

德国循环经济立法宗旨

德国是人口密集的工业化发达国家，该国的生存与发展极度依赖于自然资源的有效供给，而该国获得自然资源供给的主要方式是从其他国家进口原材料与能源。因此，节约利用与循环利用资源对德国经济的可持续发展具有重要意义。在这一经济与社会背景下，实施体现可持续发展原则的废弃物管理与推行循环经济模式成为德国的必然选择。[81]

随着德国循环经济环保处理技术与管理技术的不断发展，循环经济产业逐渐成为德国的新兴朝阳产业，该国循环经济企业通过转让循环经济环保处理技术与管理技术的方式获利颇丰。在此背景下，德国废弃物政策的主要目标是减少废弃物的产生与回收利用废弃物，中期目标是通过环境友好型方式对于城市垃圾进行循环利用。为了实现上述目标，德国国家、企业与民众不但必须采取技术的、社会的与政治的对应措施，而且需要获得充分的法律保障。[82]

第一节　德国循环经济法律制度立法宗旨与具体目标

基于制度构成分析视角，德国循环经济法律制度与废弃物管理法律制度具有高度的重合性，后者构成了前者的核心部分，而前者拓展了后者的适用领域。涉及废弃物政策的德国法律体系涵盖国际法、欧盟法、联邦法、州法、市镇法等多层次法律法规与规范性法律文件。在欧盟法层面，德国涉及废弃物政策的法律体系受到多项欧盟法律文件的调整、规制与渗透。虽然欧盟条例（Verordnungen）可以直接适用于欧盟各成员国，但是欧盟指令（Richtlinien）必须通过转化为欧盟成

---

〔81〕　BMWi, Entsorgungs-und Kreislaufwirtschaft, www. bmwi. de, Stand：05. 09. 2016.

〔82〕　Umweltbundesamt, Abfallrecht, www. umweltbundesamt. de, Stand：05. 09. 2016.

员国国内法的方式才可适用于欧盟成员国。而在废弃物经济领域，最关键的欧盟指令为《关于废弃物的第 2008/98 号指令》（Richtlinie 2008/98/EG）。该指令界定了涉及废弃物的诸多关键术语，并规定了五层级废弃物处理等级序列。为了转化执行《关于废弃物的第 2008/98 号指令》，以《促进循环经济和确保合乎环境承受能力废弃物管理法》为代表的德国循环经济法律采纳与细化了该指令的主要内容。[83]

在德国联邦法律层面，1972 年颁布的《废弃物清除法》（Gesetz über die Beseitigung von Abfall）是最早的联邦废弃物法律。迄今为止，《促进循环经济和确保合乎环境承受能力废弃物管理法》是德国废弃物管理法律体系中最为核心的联邦法律。[84] 在州法律层面，联邦各州的废弃物法律补充与细化了《促进循环经济和确保合乎环境承受能力废弃物管理法》的内容。依据德国《基本法》第 74 条第 1 款第 24 项规定，联邦各州的废弃物法律只能适用于联邦废弃物法律未做规定的领域，在联邦废弃物法律已做规定的领域，各州的废弃物法律仅仅可以细化联邦废弃物法律的内容，而不得作出违反联邦废弃物法律的规定。[85] 在市镇法律层面，市镇的废弃物法规主要规定了家庭垃圾的搜集与处理以及垃圾清理收费问题。[86]

1994 年旧版德国《循环经济法》第 1 条规定："本法的目的是促进用以保护自然资源的循环经济，确保废弃物的处分能够合乎环境承受能力。"德国《促进循环经济和确保合乎环境承受能力废弃物管理法》承袭保留了 1994 年旧版德国《循环经济法》的主要内容。《促进循环经济和确保合乎环境承受能力废弃物管理法》第 1 条规定，该法的目的是促进用以保护自然资源的循环经济，确保在废弃物的生产与管理中保护人类与环境。具体而言，德国立法机关废弃旧法而制定《促进循环经济和确保合乎环境承受能力废弃物管理法》的基本宗旨是："通过加强废弃物减量化与废弃物回收利用的方式，确保持续性实现环境保护与气候保护的优化目标，并提升资源利用效率。"[87]

基于法律的体系解释与宗旨解释方法，《促进循环经济和确保合乎环境承受

[83] Umweltbundesamt, Abfallrecht, www. umweltbundesamt. de, Stand: 05. 09. 2016.

[84] Umweltbundesamt, Abfallrecht, www. umweltbundesamt. de, Stand: 05. 09. 2016.

[85] Umweltbundesamt, Abfallrecht, www. umweltbundesamt. de, Stand: 05. 09. 2016.

[86] Umweltbundesamt, Abfallrecht, www. umweltbundesamt. de, Stand: 05. 09. 2016.

[87] Bayerisches Staatsministerium für Umwelt und Gesundheit, Gesetz zur Förderung der Kreislaufwirtschaft und Sicherung der umweltverträglichen Bewirtschaftung von Abfällen (Kreislaufwirtschaftsgesetz – KrWG) – Erläuterungen, Erläuterungstext zum KrWG, Stand 9/2012, S. 1.

能力废弃物管理法》具体条款体现了多元化的立法目标。该法第 1 条明确规定，该法目的是促进用以节约自然资源的循环经济，确保在废弃物产生与管理中人类与环境得到保护。除了法典明确规定的一般立法目标外，参考德国法学理论界通行的观点，立法的具体目标还包括"执行欧盟法"[88]、"强化针对资源、气候和环境保护的循环经济构建"与"明晰废弃物法规以提高执法确定性和法律确定性"[89]。例如，该法第 8 条第 1 款规定，符合"为人类与环境保护提供最佳保障"目的的履行废弃物再利用义务的相关措施具有优先执行性，这一规定便直接体现了"强化针对资源、气候和环境保护的循环经济构建"这一具体目标。又如，第 41 条第 1 款规定，填埋场运营者有义务在第 2 款规定的条例中所确定的时间点向主管机构告知在一定期限内其设备产生的排放的类型、数量、空间和时间的分布以及排出条件（排放声明）。可以说，该规定以附加义务的方式体现了"强化针对气候和环境保护的循环经济构建"的目标理念。

　　基于上述内容，《促进循环经济和确保合乎环境承受能力废弃物管理法》立法目标之一是减少废弃物数量，尤其是减少最终需要被填埋处理的废弃物数量。依据这一目标，德国循环经济执法机关与企业、社会公众采取的首要措施应是预防与避免废弃物的产生。例如，生产企业可以通过放弃某些产品包装的方式，预防包装废弃物的产生。由于产品包装对食品等产品来说具有增加耐用性与方便储存的效用，因此生产企业无法轻易放弃这类产品包装。在这类情形下，生产企业可以采用可重复使用的产品包装的方式，避免产品包装废弃物的产生。[90]

　　从德国《促进循环经济和确保合乎环境承受能力废弃物管理法》的法典名称表述上分析，该法律似乎将"对无法避免产生的废弃物进行再利用"作为最优先考虑目标。但实际情况并非如此。在该法律框架下，在预防废弃物产生的前提下，循环经济义务主体应当优先对已经产生的废弃物进行无毒化与无害化处理。一方面，循环经济义务主体应当将废弃物中的毒害成分进行销毁处理；另一方面，在对无法进行销毁处理的废弃物毒害成分进行处置时，循环经济义务主体应当将这些成分从废弃物中予以分离，并尽最大可能对这类毒害成分实施隔离处置，防止这些成分外泄，从而污染环境。[91] 销毁处理废弃物毒害成分的最重要

---

〔88〕　Petersen, Entwicklungen des Kreislaufwirtschaftsrechts – Die neue Abfallrahmenrichtlinie – Auswirkungen auf das Kreislaufwirtschafts – und Abfallgesetz, NVwZ 2009, 1063, 1063 ff.

〔89〕　Schütte / Winkler, Aktuelle Entwicklungen im Bundesumweltrecht, ZUR 2011, 329.

〔90〕　Wiki, Kreislaufwirtschaftsgesetz, Stand：03. 09. 2016.

〔91〕　Wiki, Kreislaufwirtschaftsgesetz, Stand：03. 09. 2016.

措施是废弃物焚烧。通过焚烧处理,废弃物中的有机毒害成分将被销毁,实现无害化处置。而经过焚烧处理的废弃物中的重金属毒害成分必须在经过粉尘过滤处理后,被作为特殊废弃物进行最终填埋处置。[92]

在《促进循环经济和确保合乎环境承受能力废弃物管理法》框架下,生态环境保护是德国立法机关首要考虑的目标,但关于废弃物处理的经济、技术与社会后果也同样是立法者的考量因素。[93] 由于在不同行业与领域,废弃物的性质、构成、循环利用成本与效益迥然不同,因而德国立法机关在明确物质或物体的废弃物性质终结标准的前提下,赋予德国联邦政府关于废弃物性质终结细化标准的立法权,从而实现废弃物性质终结标准体系一性与特殊性的有机结合。《促进循环经济和确保合乎环境承受能力废弃物管理法》第5条是关于"废弃物性质的终结"的规定。该条第1款规定:"一项物质或物体的废弃物性质终结,须当其通过一项再利用程序而处于如下状态:①其通常被使用于特定的目的,②存在它的市场或它的需求市场,③它符合所有对它各个目的适用的技术要求以及所有用于产品的法规和适用标准,④它的使用总体上不会导致对人类或环境有害的影响。"该条第2款规定:"联邦政府获得授权,在听取有关各方意见后(第68条)并在联邦参议院批准的情形下,依据本条第1款所列的要求,通过条例的形式具体确定条件,在此条件下特定物质与物体的废弃物性质终结,并且在此条件下,为了保护人类与环境而提出的(特别是通过界定污染物极限值方式)的要求得以确定。"德国联邦政府在遵循废弃物性质终结统一标准的前提下,可以根据不同行业与领域、特定物质与物体的性质构成与基本特征,通过颁行法律条例的方式确定细则化与明晰化的废弃物性质终结构成要素。

在德国州法层面,联邦各州都构建了全面系统的循环经济法律体系。这类州际层面的循环经济法律体系基本承继了欧盟与德国联邦循环经济法律的立法宗旨。具体而言,州际层面的循环经济法律体系立法宗旨是通过加强废弃物减量化与废弃物回收利用的方式,确保持续性实现环境保护与气候保护的优化目标,并提升资源利用效率。州际层面的循环经济法律体系主要具有以下三方面功能。其一,该类法律体系细化了欧盟与德国联邦循环经济法律的基本条款,并规定了相应的实施细则。其二,该类法律体系填补了欧盟与德国联邦循环经济法律的立法空白之处。其三,在该类法律体系框架下,联邦各州循环经济立法机关可以基于

〔92〕 Wiki, Kreislaufwirtschaftsgesetz, Stand: 03. 09. 2016.

〔93〕 Das UBA, Abfallwirtschaft in Deutschland, https://www.umweltbundesamt.de/themen/abfall-ressourcen/abfallwirtschaft, Stand: 26. 02. 2017.

本州废弃物领域的具体特征与循环经济产业发展水准而作出宣示性或倡导性法律规定，确立与明晰本州循环经济的重点发展方向。例如，依据德国《下萨克森州废弃物法》第 1 条规定，下萨克森州在其管辖范围内，应重点实现以下四方面内容：其一，确保在产品生产、处理、加工与销售过程中较少产生废弃物；其二，提高产品的使用寿命与耐久性；其三，增强产品的可重复使用性；其四，制定与实施减少污染物含量与回收利用废弃物的相关程序。

第二节　德国循环经济法律制度根市价值导向

2012 年 6 月 1 日生效的德国《促进循环经济和确保合乎环境承受能力废弃物管理法》产生的一个直接法律效果是，经由该法典使新修订的欧盟《关于废弃物的第 2008/98 号指令》在德国法律层面得到具体执行。[94] 从历史发展脉络分析，德国循环经济法律制度从诞生起一直处于剧烈革新过程中。[95] 在《促进循环经济和确保合乎环境承受能力废弃物管理法》生效前后，德国循环经济法律制度体现的核心特征是以构建生态型社会市场经济（die Ökologisch – soziale Marktwirtschaft）为制度发展的根本价值导向。

德国循环经济制度创建发展的先驱人物克劳斯·特普费尔（Klaus Töpfer）始终倡导发展生态型的社会市场经济，该经济模式体现的是一种经济、环境和社会经济政治的理念，它主张将可持续发展与环境保护原则融入社会市场经济的政治范畴。[96]克劳斯·特普费尔（Klaus Töpfer）对循环经济发展的各种理念性探索与创新均是以构建生态型社会市场经济为根本导向与评判基准的。受构建生态型社会市场经济理念影响，联邦环境、自然保护和核安全部（BMUB）制定的 2011 年 10 月 11 日版《国家资源效率计划草案》(Entwurf eines nationalen Ressourceneffizienzprogramms) 的副标题即为"在一个生态社会市场经济中保护自然资源的计划"（Pro-

---

〔94〕　Beckmann, 6. Einführung in das neue Abfallrecht, in: Landmann/Rohmer, Umweltrecht, 2012, Rn. 18.

〔95〕　Vgl. Herbert, Zehn Jahre Kreislaufwirtschafts–und Abfallgesetz – Eine Bestandsaufnahme aus der Sicht der Rechtsprechung, NVwZ 2007, 617, 617 ff.

〔96〕　Vgl. DBU, Umweltpreis 2002 – Prof. Dr. Klaus Töpfer, 19. 05. 2013; Nutzinger und Zahrnt, Ökologisch – soziale Marktwirtschaft und Instrumente der Umweltpolitik, in: R. Kurz und A. Zahrnt (Hrsg.): Marktwirtschaft und Umwelt, Bonn: Economica, 1994, S. 1 – 25.

gramm zum Schutz natürlicher Ressourcen in einer ökologisch–sozialen Marktwirtschaft），[97] 其明确表明以生态型社会市场经济构建作为循环经济制度完善发展的核心出发点。

与之相对应，在 2011 年 1 月 26 日，欧盟委员会发布了通告《资源节约型的欧洲——2020 欧洲战略的一项指导方针》（Ressourcenschonendes Europa–eine Leitinitiative innerhalb der Strategie Europa 2020），[98] 提出了建设资源效率型欧洲的设想。由此可知，德国与欧盟几乎同步开始关于构建资源效率社会的规划，并都在计划方案中公布了实现各项具体目标的具体时间（路线图），二者在生态型社会市场经济构建方面存在良好互动关系。[99]

具体而言，德国制定《国家资源效率计划》以及《国家资源效率计划 II》是在国家层面将体现循环经济理念的可持续发展战略目标付诸实施的表现，该计划的目的被明确界定为："使德国经济摆脱对新的原材料的依赖，降低与原材料使用相关的环境污染风险。"[100]《国家资源效率计划草案》第二部分内容为"依托价值链之途径"（Handlungsansätze entlang der Wertschöpfungskette）；[101] 经文本分析可知，由于《国家资源效率计划草案》确定了实现资源效率所依托的价值链的"从可持续的原材料供应到生产、使用、消费直至循环经济"每一途径的具体内容，从而使其对传统循环经济法律调整领域做出重大扩展，实现了从废弃物管理到资源管理的转变，着重强调传统循环经济法所未调节的"原材料供应的可持续性"。由于它目标直指"降低与原材料使用相关的环境污染风险"，其对人类健康与环境的保护广度与深度明显强于只是要求"在废弃物减量化、再利用、清除过程中保护人类健康与环境"的传统循环经济法律目标。综上所述，德国《国家资源效率计划》以及《国家资源效率计划 II》的制定是对德国循环经济制度的革新与发展，该系列计划正文也明确将"持续发展与扩展循环经济"阐释为计划指导原则之一。[102] 由此，该系列计划的制定成为德国构建生态型社会市场经济的重要步骤。

此外，在 2009 年《里斯本条约》生效后，依据《欧盟条约》第 3 条第 3 款

---

[97] BMUB, Entwurf eines nationalen Ressourceneffizienzprogramms，http：//neress. de/fileadmin/media/files/Progress/ProgRess–Entwurf_ Version_3. 0_ final. pdf, Stand：14. 04. 2013.

[98] Europäische Kommission, KOM（2011）21, Mitteilung, Brüssel, den 26. 01. 2011.

[99] Müller, Das deutsche Ressourceneffizienzprogramm–Perspektiven der Kreislaufwirtschaft, Iserlohn, 13. 06. 2012, S. 5.

[100] BMUB, Heizöl News–Informationen zum aktuellen Heizölpreis und Ölpreis, Stand：31. 03. 2013.

[101] BMUB, Entwurf eines nationalen Ressourceneffizienzprogramms，Stand：14. 04. 2013.

[102] BMUB, Entwurf eines nationalen Ressourceneffizienzprogramms，Stand：14. 04. 2013.

第1段第2句规定，欧盟应致力于实现"欧洲的可持续发展"（die nachhaltige Entwicklung Europas）、"一个具有高度竞争性的社会市场经济"（eine in hohem Maße wettbewerbsfähige soziale Marktwirtschaft）与"高水平的环境保护与环境质量改善"（ein hohes Maß an Umweltschutz und Verbesserung der Umweltqualität）的目标。[103] 由于生态型社会市场经济的核心理念就是："在尊重市场调节机制的同时，强调社会责任、环境责任与可持续发展责任，以实现人类社会与自然环境的生态型可持续发展"，因此，基于《欧盟条约》第3条第3款第1段第2句规定可知，《欧盟条约》确立的欧盟这三项目标实际上统一体现了"构建生态型社会市场经济"的精神理念。由于构建生态型社会市场经济成为德国循环经济各项制度创建发展的基本导向性目标，同时《欧盟条约》的规定对德国循环法律制度又具有指引导向作用，所以德国循环经济法律制度的未来发展亦应在该导向型目标统摄的框架范围内系统与有序地进行。

迄今为止，《促进循环经济和确保合乎环境承受能力废弃物管理法》是德国循环经济法律制度的核心法律。但在该法典基础上，还需创设完善各种专门的循环经济专项立法，才可使循环经济精神理念在实践中得到全面、具体与深入的运用与执行。在未来相当长的时期内，多层级多领域的循环经济专项立法将成为德国循环经济法律制度发展的主要趋势。

第三节　德国《基本法》第20a条所体现的循环经济理念

从法律体系解释角度分析，德国循环经济法律制度的立法宗旨还系统涵摄了德国《基本法》第20a条的精神理念。基于此，德国循环经济法律制度是德国立法与行政机关为了跨世代可持续发展利益而构建与施行的保障自然生活根基的制度。德国《基本法》第20a条内容为："基于对未来世代的责任，国家在合乎宪法秩序的范围内，通过立法方式以及依据法律及法之规定通过行政与司法方式保障自然生活根基与动物。"该条款作为德国具有前瞻性的环境保护宪法性条款，具有自身的鲜明特征，在循环经济司法实践中亦备受瞩目。[104] 该条款主要具有

---

[103]　Zhai, Staatliche Wettbewerbsbeschränkungen in Bezug auf Dienstleistungen von allgemeinem wirtschaftlichem Interesse im Rahmen des EU – Kartellrechts, Hamburg, 2012, S. 129.

[104]　本部分关于德国《基本法》第20a条的内容曾由笔者在2010年9月7日发表于网络《法律图书馆·论文资料库》。

五项基本特征，现基于循环经济法律视角阐释如下：

第一，突出所保护客体的自然属性。德国《基本法》第20a条保护客体之一为人类之自然生活根基，[105] 而这一自然生活根基是德国循环经济法律制度的核心保护对象。从语义分析角度考察，"自然生活根基"概念与狭义语境下"环境"概念并无实质意义上的区别。[106] 德国《基本法》第20a条采用前者是为了更加明确地将文化、社会与政治视角下的泛义语境下的环境种类排除于该条款的适用范围之外。[107] 如前所述，德国《基本法》第20a条所保护之人类生活根基必须具有"自然"特性。基于此，日常生活中存在的心理与社会环境并不属于德国《基本法》第20a条所指之人类自然生活根基，其损害亦无法获得该条款之法律救济。[108]

第二，所保护客体存在交叉重叠现象。德国《基本法》第20a条规制国家保护对象为自然生活根基与动物。[109] 德国《基本法》第20a条草案原不包括保护动物内容，此内容乃后来添加。然而，此一添加使德国《基本法》第20a条关于自然生活根基与动物保护的表述产生语义上的重叠问题。因为"自然生活根基"概念外延极广，依社会公认标准，它不仅包括土地、水、空气等自然资源，还应包括动物世界与植物世界。[110] 当然，动物作为具有感知的自然生活根基种类，相较其他自然生活根基种类与人类具有更密切的联系，将其作为宪法保护的客体具有更为广泛的社会心理基础与更为迫切的现实需要。基于此，德国《基本法》第20a条将动物从自然生活根基中单列出来予以保护，可使对动物世界的宪法性保护具有更强针对性与明确性，从而有效避免因自然生活根基概念所涉种类过于庞杂而可能产生的对动物世界宪法性保护失之单薄的状况。依据德国《基本法》第20a条，德国循环经济法律制度的保护对象"自然资源、人类与环境"与自然生活根基具有高度重合性，而德国循环经济法律制度保护对象之一"环境"亦

[105] Sannwald, Art. 20 a, Rn. 18, in: Schmidt-Bleibtreu/Hofmann/Hopfauf, GG, Kommentar zum Grundgesetz, 11. Auflage, Köln/München 2008, S. 688.

[106] Vgl. Astrid Epiney, Art. 20 a, Rn. 16, in: v. Mangoldt/Klein/Starck, GG, Kommentar, Band 2, Art. 20—82, 5. Auflage, München 2005, S. 169.

[107] Vgl. Astrid Epiney, Art. 20 a, Rn. 16, in: v. Mangoldt/Klein/Starck, GG, Kommentar, Band 2, Art. 20—82, 5. Auflage, München 2005, S. 169.

[108] Sannwald, Art. 20 a, Rn. 20, in: Schmidt-Bleibtreu/Hofmann/Hopfauf, GG, Kommentar zum Grundgesetz, 11. Auflage, Köln/München 2008, S. 689.

[109] Hömig, Art. 20 a, Rn. 2, in: Hömig (Hrsg.), Grundgesetz, 8. Auflage, Baden-Baden 2007, S. 243.

[110] Sannwald, Art. 20 a, Rn. 21, in: Schmidt-Bleibtreu/Hofmann/Hopfauf, GG, Kommentar zum Grundgesetz, 11. Auflage, Köln/München 2008, S. 689.

应当包含动物。

第三，本质表现为宪法框架性条款。德国《基本法》第 20a 条为涵摄国家目标之宪法条款。[111] 更进一步分析，德国《基本法》第 20a 条所涵摄之保护条款并非宪法意义上的基本权利条款，而是国家目标宣示条款。[112] 德国《基本法》第 20a 条本质上为一条体现国家可持续发展目标的宪法框架性条款。其主要功能有二：其一是为基本法其他条款与包括循环经济法律法规在内的一般法律法规条款的解释提供一条有利于实现环境可持续性发展目标的客观判定标准；其二是为已经或将来制定的关于实现环境可持续发展与循环经济发展目标的法律法规提供明确的宪法性条款支撑。基于此，此条款并非授予自然环境与动物新型权利的授权条款。试图利用此条款将自然环境与动物确立为新的权利主体并行使环境诉讼的行为，不仅违背条款设计者的初衷，而且缺乏相对应的宪法条文支撑。

第四，存在破坏基本法诸条文相容性之可能。德国《基本法》第 20a 条有可能限制《基本法》其他条款所明确的个人基本权利的行使，从而造成德国《基本法》诸条款在适用上的矛盾竞合。[113] 由于德国《基本法》第 20a 条明确强调关于自然生活根基与动物之保护应基于为将来世代负责之目的，而依托循环经济模式的将来人类世代利益与当代人类群体利益在享有自然生活资源领域存在不可避免的矛盾冲突，因此第 20a 条的适用可能与"以保护当代人类群体利益为圭臬"的关于基本权利的《基本法》相关条款的适用产生矛盾。此种矛盾冲突虽然在理论上存在，但在德国《基本法》的实践应用过程中已经得以有效规避。由于第 20a 条只是框架性国家目标条款，而并非实际授权性条款，基于此，该条款缺乏由德国公民直接援引适用的现实可能性。德国公民依据德国《基本法》第 20a 条并不直接具有要求国家施行循环经济与环境法律保护措施的请求权。[114] 此请求权必须在适用德国《基本法》关于基本权利的其他条款的前提下参引德国《基

---

〔111〕 Vgl. Astrid Epiney, Art. 20 a, Rn. 32, in: v. Mangoldt/Klein/Starck, GG, Kommentar, Band 2, Art. 20—82, 5. Auflage, München 2005, S. 176.

〔112〕 Vgl. Hömig, Art. 20 a, Rn. 4, in: Hömig (Hrsg.), Grundgesetz, 8. Auflage, Baden-Baden 2007, S. 243 und 244.

〔113〕 Otto Model, Grundgesetz für die Bundesrepublik Deutschland: Taschenkommentar für Studium u. Praxis/begr. von Otto Model, Fortgef. v. Klaus Müller, 11., vollst. überarb. Auf., Köln; Berlin; Bonn; München; 1996; Art. 20a, S. 306.

〔114〕 Vgl. o. A., Rechtliche Bedeutung des Art. 20a GG, http://www.uni-trier.de/fileadmin/fb5/prof/OEF002/ SS_2009/Lehrveranstaltung_Graduiertenkolleg/Rechtliche_Bedeutung_des_Art._20_a_GG.pdf. besucht am 05.09.2010.

本法》第 20a 条方得行使。[115] 而一旦第 20a 条所间接关联的请求权须以德国《基本法》关于基本权利的其他条款的适用为前置条件，在司法实际操作中法院就可能在德国《基本法》条文限制范围内，通过调和平衡将来人类世代利益与当代人类群体利益在享有自然生活资源领域矛盾的方式达到双方某种妥协，从而客观上保障德国《基本法》相涉条文的相容性。

第五，顺应世界法律发展潮流。随着人类社会发展对自然环境造成的损害日益严重，世界各国的法律学者开始探讨由"人类中心主义"法律价值观到"非人类中心主义"法律价值观的转变，改变自然环境在既有法律价值体系中作为客体的被动受制状态，从而实现更加有效与系统保护自然环境的宏观目标。[116] 德国《基本法》第 20a 条正是顺应了这一世界法律发展潮流，它在基本不损害德国基本法原有框架的前提下为矫正过往的"人类中心主义"价值观创设了具有前瞻性的框架性指引内容，为已经或将要进行的环境保护与循环经济修法进程提供宪法性支撑。德国《基本法》第 20a 条还可在保护环境与人类未来世代利益的前提下实现联邦法律与州法律的协调一致性。例如，在下萨克森州州《宪法》第 1 条第 2 款中，保护自然生活根基亦被阐述为州应履行的义务之一。这一条款与德国《基本法》第 20a 条存在明确的相联对应性。

综上所述，德国循环经济法律制度的立法宗旨是为了促进循环经济发展，确保人类与环境的可持续发展利益。该宗旨还系统涵摄了德国《基本法》第 20a 条的精神理念。而在欧盟法律的影响下，德国循环经济法律制度的核心特征是以构建生态型社会市场经济为根本价值导向的。

---

[115] Vgl. o. A. , Rechtliche Bedeutung des Art. 20a GG, http：//www. uni–trier. de/fileadmin/fb5/prof/OEF002/SS_2009/Lehrveranstaltung_Graduiertenkolleg/Rechtliche_ Bedeutung_ des_ Art. _20_ a_ GG. pdf. besucht am 05. 09. 2010.

[116] 参见孙江："从'非人类中心主义'看动物权利的伦理基础", http：//law. law–star. com/txtcac/lwk/054/lwk054s104. txt. htm, 最后访问日期：2010 年 9 月 6 日。

第四章

德国循环经济法律属性与制度构成

人类进行循环经济活动的历史非常悠久，作为循环经济重要分支之一的废弃物管理的历史可以上溯到公元前 9000 年至公元前 8000 年。当时人们已经学会在定居点之外填埋废弃物，以远离恶臭、害虫和野生动物。[117] 在 19 世纪以及之前的历史阶段，包括普鲁士在内的德国境内各邦国的废弃物管理主要是为了保护环境卫生与防治疫病。[118]

德国现代意义上的废弃物管理开始于 20 世纪 60 年代中期。当时德国联邦政府以规定法律要求与条件的方式，将城市与区镇确定为清除废弃物的义务承担者。[119] 1965 年 10 月，德国联邦和各州在位于柏林的联邦健康局创设了"废弃物清除中央办事处"。德国废弃物管理经历了一个从"资源—产品—废弃物"物质单向流动的传统废弃物管理到可持续发展的循环经济的发展过程。[120]

第一节　德国循环经济法律属性

基于德国法律体系的宏观视角分析，德国循环经济问题涉及宪法、经济法、民法、刑法、行政法等多个部门法域。从部门法调整对象的微观视角分析，德国循环经济法律属于经济法体系。在德国，关于现代经济法的问题直到 20 世纪初才被提出，但到今天为止仍未有关于经济法问题的定论。[121] 来自 19 世纪已经过

---

[117]　Läpple, Dissertation, Heidelberg, 2007, S. 22.

[118]　Bilitewski/Härdtle/Marek, Abfallwirtschaft, Berlin, 2000, S. 1 ff.

[119]　Bilitewski/Härdtle/Marek, Abfallwirtschaft, Berlin, 2000, S. 3.

[120]　Läpple, Dissertation, Heidelberg, 2007, S. 11; vgl. Bilitewski/Härdtle/Marek, Abfallwirtschaft, Berlin, 2000, S. 3.

[121]　Rittner/Dreher, Europäisches und deutsches Wirtschaftsrecht, Heidelberg, 2008, S. 1.

时的法律体系未涉及经济法问题，它将所有法律划分为两大部分，即私法与公法。[122] 世界范围内最早的关于循环经济的法律规定出现在 20 世纪 70 年代的德国。

在德国法律体系下，调整废弃物管理的循环经济法可以被归类为公法（Öffentliches Recht）、环境法（Umweltrecht）或广义上的经济法（Wirtschaftsrecht）。如果进一步细分，德国循环经济法被学术界认为是公共经济法（Öffentliches Wirtschaftsrecht）的分支。在德国，公共经济法（Öffentliches Wirtschaftsrecht）是经济行政法（Wirtschaftsverwaltungsrecht）与经济宪法（Wirtschaftsverfassungsrecht）的上位概念。公共经济法（Öffentliches Wirtschaftsrecht）的对应区分概念是经济私法（Wirtschaftsprivatrecht）。公共经济法包括关于经济活动的框架性法律，关于国家经济经营活动的法律，关于国家对私人经济主体行使监督、干预和控制权力的法律以及环境法（环境法现在已基本发展为一个独立的部门法）。

依据德国法学界的权威定义，公法主要是指调整公权力主体（国家）与私权利主体（公民）之间社会关系的法律。除此以外，公法还包括调整公权力机关之间关系的法律以及涉及国家机构组成与功能效用的法律。德国公法包含国际法、欧盟法、国家法等分支。基于此，在德国公法体制框架下，属于公共经济法这一分支的循环经济法可以细分为国际法、欧盟法、国家法。德国环境法并非具有清晰外延界定的部门法体系，它涵盖所有旨在保护自然环境与维护生态系统功能的法律法规。德国环境法的宪法性法律依据是德国《基本法》第 20a 条。依据德国《基本法》第 20a 条的规定，德国国家具有保护自然生存根基（die natürlichen Lebensgrundlagen）的义务，这其中也隐含了国家的循环经济法律义务。需要引起注意的是，德国《基本法》第 20a 条不是赋予公民保护环境基本权利的宪法性条款，而只是宣示国家环境保护目标的宪法性条款。[123]

德国循环经济法律与欧盟循环经济法律既存在密切关联，又并非具有完全相同的内容与外延范围。一般来说，德国循环经济法律采纳的环保义务标准高于欧盟与其他欧盟成员国的同类标准。在欧盟循环经济法律的发展历程中，德国循环经济法律的精神理念与制度设计在相当程度上塑造与更新了欧盟循环经济法律；而德国又具有执行欧盟循环经济法律的相应义务，因此欧盟循环经济法律反过来进一步推动了德国循环经济法律的发展。

---

〔122〕 Rittner/Dreher, Europäisches und deutsches Wirtschaftsrecht, Heidelberg, 2008, S. 1 f.

〔123〕 Wiki, Umweltrecht, Stand: 05. 09. 2016.

德国循环经济法与废弃物法具有高度的外延重合性。德国废弃物法是指所有涉及处理、运输、处置以及其他应对废弃物措施的法律条款的总和。该法律属于环境法下属的子部门法。[124]德国《促进循环经济和确保合乎环境承受能力废弃物管理法》属于德国废弃物法的核心法律。除了《促进循环经济和确保合乎环境承受能力废弃物管理法》以外，德国废弃物法还包括所有细化与补充《促进循环经济和确保合乎环境承受能力废弃物管理法》的联邦法律法规以及所有涉及管理与处理废弃物的欧盟法律、德国各州法律及各市镇法律。[125]

德国的废弃物与循环经济法律制度构成分为五层级金字塔体系，由上至下依次为：国际法、欧盟法、联邦法、州法、关于公法废弃物处置者的市级法规。[126]其中，联邦法是德国循环经济法律制度的核心构成部分，包括当前有效的《促进循环经济和确保合乎环境承受能力废弃物管理法》等法律与各项条例以及废弃物管理行政法规。欧盟法主要包括欧盟《关于废弃物的第2008/98号指令》等欧盟次位法。[127]

从德国1972年6月7日版的《废弃物清除法》（Abfallbeseitigungsgesetz）至1986年8月27日版的《废弃物清除法》（Abfallbeseitigungsgesetz），期间经历了1976年、1982年、1985年与1986年的四次修订。其后，经过立法过程，又先后制定了1994年旧版德国《循环经济法》，即《促进循环经济和确保合乎环境承受能力废弃物清除法》（Gesetz zur Förderung der Kreislaufwirtschaft und Sicherung der umweltverträglichen Beseitigung von Abfällen）[128]与在2012年6月1日生效的《促进循环经济和确保合乎环境承受能力废弃物管理法》（Gesetz zur Förderung der Kreislaufwirtschaft und Sicherung der

---

[124] Wiki, Abfallrecht（Deutschland）, Stand：08.11.2015.

[125] Wiki, Abfallrecht（Deutschland）, Stand：08.11.2015.

[126] Vgl. Läpple, Dissertation, Heidelberg, 2007, S. 31 ff.

[127] Raedeker, Kreislaufwirtschaft, Herten, 2006, S. 10.

[128] 从1996年10月7日至2012年5月31日，《促进循环经济和确保合乎环境承受能力废弃物清除法》在其生效期间进行了一系列修订，增加了一些新的条款，它们包括第3a条"电子化交流"（Elektronische Kommunikation, 2003年2月1日生效），第29a条"废弃物管理计划的公众参与"（Öffentlichkeitsbeteiligung bei Abfallwirtschaftsplänen, 2006年12月15日生效），第36a条"排放声明"（Emissionserk-lärung, 2001年8月3日生效），第36b条"信息渠道"（Zugang zu Informationen, 2000年1月1日生效，2004年12月22日做出新修订），第36c条"有关对于填埋场要求的法律条例"（Rechtsverordnungen über Anforderungen an Deponien, 2001年8月3日生效），第36d条"废弃物填埋成本"（Kosten der Ablagerung von Abfällen, 2001年8月3日生效），第55a条"经审核后的公司享有的便捷化待遇"（Erleichterungen für auditierte Unternehmensstandorte, 2001年8月3日生效，后于2006年7月15日做出新修订），第63a条"关于行政程序的规定"（Bestimmungen zum Verwaltungsverfahren, 2006年12月15日生效，2010年8月11日做出新修订）。

umweltverträglichen Bewirtschaftung von Abfällen），这一系列法律变革体现了德国循环经济法律制度的产生、发展、更新的嬗变历程。[129]

1994 年颁布并于 1996 年生效的德国《促进循环经济和确保合乎环境承受能力废弃物清除法》（Gesetz zur Förderung der Kreislaufwirtschaft und Sicherung der umweltverträglichen Beseitigung von Abfällen），在法律名称与具体条款中首次明确采用循环经济概念。2012 年，1994 年版《促进循环经济和确保合乎环境承受能力废弃物清除法》被《促进循环经济和确保合乎环境承受能力废弃物管理法》（Gesetz zur Förderung der Kreislaufwirtschaft und Sicherung der umweltverträglichen Bewirtschaftung von Abfällen）所替代。《促进循环经济和确保合乎环境承受能力废弃物管理法》从法律层面对循环经济概念的具体内涵做出界定，同时，也从立法技术层面对德国学界关于循环经济概念的理论探讨成果进行确认与总结。

《促进循环经济和确保合乎环境承受能力废弃物管理法》的核心出发点为新的以预防为本的废弃物概念。依据该法，废弃物被作为可移动的物来界定。在这里，"可移动性"提供了一个法律意义上的裁判空间。[130] 为了贯彻落实循环经济理念，《促进循环经济和确保合乎环境承受能力废弃物管理法》采行了污染者付费的原则。依据该原则，产品生产的负面外部化影响应被作为生态缺失而内部化。[131] 依据该法典规定，废弃物的产生者与物主原则上负有利用与清除废弃物的义务，他们可以通过使用第三方服务的方式来履行这一义务。[132] 《促进循环经济和确保合乎环境承受能力废弃物管理法》的立法者将该法塑造为一部框架性法律，它预留了许多模糊空间，这些模糊空间将在今后通过法律条例的形式予以明晰化。[133]

---

〔129〕 Vgl. Runkel，BauGB §38，in：Ernst/Zinkahn/Bielenberg/Krautzberger，Baugesetzbuch，106. Ergänzungslieferung，2012，Rn. 154.

〔130〕 Wirtschaftslexikon 24，Kreislaufwirtschafts-und-abfallgesetz，http：//www. wirtschaftslexikon24. net/d/kreislaufwirtschafts-und-abfallgesetz/kreislaufwirtschafts-und-abfallgesetz. htm，Stand：20. 03. 2013.

〔131〕 所谓外部性是指在经济活动中生产者或消费者的活动对其他生产者或消费者产生的超越活动主体范围的利害影响。参见智库·百科："污染者付费原则"，最后访问日期：2016 年 9 月 3 日。

〔132〕 Wirtschaftslexikon 24，Kreislaufwirtschafts-und-abfallgesetz，http：//www. wirtschaftslexikon24. net/d/kreislaufwirtschafts-und-abfallgesetz/kreislaufwirtschafts-und-abfallgesetz. htm，Stand：20. 03. 2013.

〔133〕 Wirtschaftslexikon 24，Kreislaufwirtschafts-und-abfallgesetz，http：//www. wirtschaftslexikon24. net/d/kreislaufwirtschafts-und-abfallgesetz/kreislaufwirtschafts-und-abfallgesetz. htm，Stand：20. 03. 2013.

第二节 德国循环经济法律制度构成

德国循环经济法律构成了五层级的金字塔体系，由上至下依次为：国际法、欧盟法、联邦法、州法、市镇法规。[134]

一、德国循环经济国际法律体系

德国一直以来都是构建国际循环经济法律体系的倡导者、推动者与积极参与者。在国际法律层面，德国循环经济法律体系主要包括以《控制危险废物越境转移及其处置巴塞尔公约》（Das Basler Übereinkommen über die Kontrolle der grenzüberschreitenden Verbringung gefährlicher Abfälle und ihrer Entsorgung）、《关于在国际贸易中对某些危险化学品和农药采用事先知情同意程序的鹿特丹公约》（Das Rotterdamer Übereinkommen über den Handel mit gefährlichen Chemikalien sowie Pflanzenschutz–und Schädlingsbekämpfungsmitteln）和《关于持久性有机污染物的斯德哥尔摩公约》（Das Stockholmer Übereinkommen über persistente organische Schadstoffe）为代表的相关国际法律。国际主流观点认为，危险化学品和废物的管理作为环境治理问题被纳入国际政治议程，主要得益于《控制危险废物越境转移及其处置巴塞尔公约》、《关于在国际贸易中对某些危险化学品和农药采用事先知情同意程序的鹿特丹公约》和《关于持久性有机污染物的斯德哥尔摩公约》之间的"协同增效"进程。[135]

1989年3月22日，全权代表大会在瑞士巴塞尔通过了《控制危险废物越境转移及其处置巴塞尔公约》。该《公约》于1992年5月5日生效。截至2011年1月1日，《公约》共有175个缔约方。[136]从1995年7月20日开始，德国成为《控制危险废物越境转移及其处置巴塞尔公约》缔约方。

《控制危险废物越境转移及其处置巴塞尔公约》的总体目标是保护人类健康和环境免遭危险废物的污染。其适用范围包括因其来源和/或成分及其特性（第1条和附件1、附件3、附件8和附件9）被界定为"危险废物"的各种废物，以

---

[134] Vgl. Läpple, Dissertation, Heidelberg, 2007, S. 31 ff.

[135] "环境署"：《控制危险废物越境转移及其处置巴塞尔公约》，http：//www. basel. int/Portals/4/Basel%20Convention/docs/text/BaselConventionText–c. pdf，第7页，最后访问日期：2017年2月26日。

[136] "环境署"：《控制危险废物越境转移及其处置巴塞尔公约》，http：//www. basel. int/Portals/4/Basel%20Convention/docs/text/BaselConventionText–c. pdf，第5页，最后访问日期：2017年2月26日。

及被界定为"其他废物"的两类废物（家庭废物和焚化炉灰，参见第 1 条和附件 2）。《公约》的各项条款都围绕以下主要目标制定：其一，减少危险废物的产生并促进危险废物的无害环境管理，而无论其处置地点在何处；其二，限制危险废物的越境转移，除非其转移被认为符合无害环境管理的原则；其三，在允许越境转移的情况下，实行管制制度。[137]

2001 年，德国批准《关于在国际贸易中对某些危险化学品和农药采用事先知情同意程序的鹿特丹公约》。《关于在国际贸易中对某些危险化学品和农药采用事先知情同意程序的鹿特丹公约》由联合国环境规划署和联合国粮食及农业组织在 1998 年 9 月 10 日于鹿特丹制定，于 2004 年 2 月 24 日生效。这一《公约》是根据联合国《经修正的关于化学品国际贸易资料交流的伦敦准则》和《农药的销售与使用国际行为守则》以及《国际化学品贸易道德守则》规定的原则制定。[138] 依据该《公约》第 1 条规定，该公约的目标是通过便利就国际贸易中的某些危险化学品的特性进行资料交流，为此类化学品的进出口规定一套国家决策程序并将这些决定通知缔约方，以促进缔约方在此类化学品的国际贸易中分担责任和开展合作，保护人类健康和环境免受此类化学品可能造成的危害，并推动以无害环境的方式对此类化学品加以使用。基于该《公约》第 3 条规定，该《公约》适用于"禁用或严格限用的化学品"与"极为危险的农药制剂"，但不适用于以下产品：麻醉药品和精神药物；放射性材料；废物；化学武器；药品，包括人用和兽用药品；用作食物添加剂的化学品；食物及其数量不可能影响人类健康或环境的化学品。但以下列情况为限：①为了研究或分析而进口，或者②个人为自己使用而进口、且就个人使用而言数量合理的化学品。

2004 年 5 月 17 日，《关于持久性有机污染物的斯德哥尔摩公约》生效。依据该《公约》导言表述，持久性有机污染物具有以下四项特征：其一，毒性；其二，难以降解；其三，可产生生物蓄积；其四，往往通过空气、水和迁徙物种作跨越国际边界的迁移并沉积在远离其排放地点的地区，随后在那里的陆地生态系统和水域生态系统中蓄积起来。依据该《公约》第 1 条规定，其目标是："铭记《关于环境与发展的里约宣言》之原则 15 确立的预防原则，保护人类健康和环境免受持久性有机污染物的危害。"2002 年 4 月 25 日，德国批准《关于持久

---

[137]　"环境署"：《控制危险废物越境转移及其处置巴塞尔公约》，http://www.basel.int/Portals/4/Basel%20Convention/docs/text/BaselConventionText-c.pdf，第 5 页，最后访问日期：2017 年 2 月 26 日。

[138]　参见互动百科：《关于在国际贸易中对某些危险化学品和农药采用事先知情同意程序的鹿特丹公约》，http://www.baike.com，最后访问日期：2017 年 2 月 26 日。

性有机污染物的斯德哥尔摩公约》。

二、德国循环经济欧盟法律体系

由于欧盟法律对德国法律具有指引、矫正与更新的功能与作用，因此德国循环经济法律体系包含欧盟关于循环经济的法律、法规与其他规范性法律文件。

《欧盟条约》与《欧盟运作条约》是欧盟的宪法性条约。其中，《欧盟运作条约》第191条－193条是关于环境问题的基本条款。依据《欧盟运作条约》第191条（原《欧共体条约》第174条）第1款规定，欧盟的环境政策应当有助于实现以下诸项目标：其一，保存与保护环境，以及改善环境质量；其二，保护人类健康；其三，谨慎与合理利用自然资源；其四，为了应对区域性或全球性的环境问题，尤其是为了应对气候变化，而在国际层面促成对策措施。[139] 依据《欧盟运作条约》第191条第2款第1分款规定，欧盟在制定联盟环境政策时，应当在考虑欧盟各地区不同情况的情形下，追求高水平的保护水准。欧盟环境政策应当以下列三项原则为基本依据：其一，防范与预防原则；其二，优先从源头纠正环境损害行为的原则；其三，污染者付费原则。[140] 依据《欧盟运作条约》第191条第3款规定，在编制环境政策时，欧盟必须关注以下因素：其一，具有可使用性的科学与技术数据；其二，联盟各区域的环境条件；其三，采取相关行动或不采取相关行动而产生的收益与负担；其四，作为一个整体的联盟的经济与社会发展，以及各区域的均衡发展。[141]

在欧盟法层面，德国循环经济法律体系包括欧盟（欧共体）《关于废弃物的第2008/98号指令》（RICHTLINIE 2008/98/EG DES EUROPÄISCHEN PARLAMENTS UND DESRATES vom 19. November 2008 über Abfälle und zur Aufhebung bestimmter Richtlinien）。[142]

《关于废弃物的第2008/98号指令》的主要制定依据是《欧盟运作条约》第192条第1款（原《欧共体条约》第175条第1款）。依据《欧盟运作条约》第

[139] EU，Vertrag über die Arbeitsweise der Europäischen Union，https：//dejure. org/gesetze/AEUV/191. html，Stand：19. 03. 2017.

[140] EU，Vertrag über die Arbeitsweise der Europäischen Union，https：//dejure. org/gesetze/AEUV/191. html，Stand：19. 03. 2017.

[141] EU，Vertrag über die Arbeitsweise der Europäischen Union，https：//dejure. org/gesetze/AEUV/191. html，Stand：19. 03. 2017.

[142] EU，RICHTLINIE 2008/98/EG DES EUROPÄISCHEN PARLAMENTS UND DES RATES vom 19. November 2008 über Abfälle und zur Aufhebung bestimmter Richtlinien，http：//eur-lex. europa. eu/LexUriServ/LexUriServ. do? uri = OJ：L：2008：312：0003：0030：de：PDF，Stand：19. 03. 2017.

192 条第 1 款规定，欧盟议会与理事会可以依据一般立法程序，在咨询经济与社会委员会以及地区委员会的情形下，确定欧盟为了实现该条约第 191 条所定的目标而应采取的行为。[143] 依据《欧盟运作条约》第 193 条（原《欧共体条约》第 176 条）规定，基于该条约第 192 条采取的保护措施不得阻止"任何成员国维持或采取更加严格的保护措施"。成员国所采取的此类保护措施必须符合《欧盟条约》与《欧盟运作条约》的要求，并且成员国必须向欧盟委员会通告这类措施。[144]

《关于废弃物的第 2008/98 号指令》第 1 条是关于该指令规制对象与适用领域的规定。依据该条规定，基于该指令被确定的措施应当具有以下三项作用：其一，避免或降低在产生与管理废弃物过程中产生的有害影响；其二，减少资源利用的总体影响；其三，改善资源利用效率。而这些措施应当实现以下目标：保护环境与人类健康。[145] 在内容层面，《关于废弃物的第 2008/98 号指令》作出了重大革新，主要表现为以下方面：其一，确立五层级废弃物处置等级序列。该指令第 4 条第 1 款规定了在废弃物减量化与管理领域实施的新的五层级废弃物处置等级序列，这一新的废弃物处置等级序列使废弃物的"减量化"与"再使用的预备"取得了相对于"循环利用"、"包括能量性利用与回填的其他利用"、"处分"更为优先的地位。[146] 其二，明晰界定副产品（Nebenprodukte）概念。依据《关于废弃物的第 2008/98 号指令》第 5 条第 1 款规定，一项物质或物体在制造程序中产生，而制造程序的主要目的并非制造此物质或物体，则在符合以下情形的前提下，该物质或物体被作为副产品而不被作为废弃物看待：①这一物质或物体可以确保得到进一步的使用；②在被使用之前，一项进一步的、超出正常工业程序的预处理是不需要的；③这一物质或物体被作为一个制造过程的不可分割的部分被生产；④进一步的使用是合法的。这指此种情形：当这一物质或物体满足所有对其各种使用方式适用的生产、环境或健康保护要求，并总体上不会对环境与人类

〔143〕 EU, Vertrag über die Arbeitsweise der Europäischen Union, https：//dejure. org/gesetze/AEUV/192. html, Stand：19. 03. 2017.

〔144〕 EU, Vertrag über die Arbeitsweise der Europäischen Union, https：//dejure. org/gesetze/AEUV/193. html, Stand：19. 03. 2017.

〔145〕 EU, RICHTLINIE 2008/98/EG DES EUROPÄISCHEN PARLAMENTS UND DES RATES vom 19. November 2008, http：//www. wattzweipunktnull. de/fileadmin/content/pdf/Energiewerk/Abfallrahmenrichtlinie_ 2008 _ 98_ eg. pdf, Stand：19. 03. 2017.

〔146〕 EU, RICHTLINIE 2008/98/EG DES EUROPÄISCHEN PARLAMENTS UND DES RATES vom 19. November 2008, http：//www. wattzweipunktnull. de/fileadmin/content/pdf/Energiewerk/Abfallrahmenrichtlinie_ 2008 _ 98_ eg. pdf, Stand：19. 03. 2017.

健康造成有害影响。[147] 其三，厘清废弃物性状终结的基本特征。依据《关于废弃物的第 2008/98 号指令》第 6 条第 1 款规定，如果一项物质或物体通过一项回收利用程序而处于如下状态，那么该项物质或物体的废弃物性质终结：①其通常被使用于特定的目的；②存在它的市场或它的需求市场；③它符合针对它涵摄的特定目的适用的技术要求以及所有用于产品的法律条款和适用标准；④它的使用总体上不会产生对环境或人类健康的有害影响。[148] 其四，细化欧盟成员国在保护人类健康与环境方面的义务内容。依据《关于废弃物的第 2008/98 号指令》第 13 条规定，欧盟成员国应当采取必要措施，以确保对废弃物的管理不会损害人类健康或环境；欧盟成员国必须承担以下禁止性义务：①不得污染水、空气、土壤及危害动物、植物；②不得造成噪音或异味滋扰；③不得对于景观地或具有特殊利益的地块产生损害影响。[149]

三、德国循环经济联邦法律体系

联邦法是循环经济法律制度的核心部分，既包括当前有效的《促进循环经济和确保合乎环境承受能力废弃物管理法》等法律与各项条例以及废弃物管理行政法规，又涵盖以《国家资源效率计划》为代表的体现国家政策的纲领性法律文件。其中，《促进循环经济和确保合乎环境承受能力废弃物管理法》与《国家资源效率计划》是当前德国循环经济法律制度的两大支柱部分。在国际法层面，迄今尚未产生具有普遍影响力的国际条约或协议。欧盟法主要包括欧盟《关于废弃物的第 2008/98 号指令》等欧盟次位法。[150] 德国关于循环经济的州法与市级法规主要起到执行与补充联邦循环经济法律的作用。

在联邦法律层面，从 1972 年颁布的《废弃物清除法》至 1986 年颁布的《废弃物清除法》，该法经历了 1976 年、1982 年、1985 年与 1986 年的四次法律修订。这一系列前后相续的法律蕴含着较为初步的废弃物循环利用理念。其后，经过学界探讨与立法程序，又先后制定了 1994 年颁布的旧版德国《循环经济法》

---

〔147〕 EU, RICHTLINIE 2008/98/EG DES EUROPÄISCHEN PARLAMENTS UND DES RATES vom 19. November 2008, http：//www. wattzweipunktnull. de/fileadmin/content/pdf/Energiewerk/Abfallrahmenrichtlinie _ 2008 _ 98_ eg. pdf, Stand：19. 03. 2017.

〔148〕 EU, RICHTLINIE 2008/98/EG DES EUROPÄISCHEN PARLAMENTS UND DES RATES vom 19. November 2008, http：//www. wattzweipunktnull. de/fileadmin/content/pdf/Energiewerk/Abfallrahmenrichtlinie _ 2008 _ 98_ eg. pdf, Stand：19. 03. 2017.

〔149〕 EU, RICHTLINIE 2008/98/EG DES EUROPÄISCHEN PARLAMENTS UND DES RATES vom 19. November 2008, http：//www. wattzweipunktnull. de/fileadmin/content/pdf/Energiewerk/Abfallrahmenrichtlinie_ 2008_ 98_ eg. pdf, Stand：19. 03. 2017.

〔150〕 Raedeker, Kreislaufwirtschaft, Herten, 2006, S. 10.

与 2012 年生效的《促进循环经济和确保合乎环境承受能力废弃物管理法》，这两部法律的制定体现了德国循环经济法律制度的全面确立与发展更新的嬗变历程。[151] 此外，德国循环经济相关法律还包括《可再生能源优先法》《垃圾减量监控法》《碳排放权交易法》《生物燃料油比例法》《可再生能源供热法》等法律。[152] 德国循环经济相关条例包括《包装条例》《避免和回收包装品条例》《生物废弃物条例》《废弃木材处置条例》《废弃油条例》《节约能源条例》《矿山填埋条例》《填埋场开发利用条例》《电池条例》《废旧汽车条例》《污泥条例》《生物质发电条例》等。相关循环经济指南包括《废弃物管理技术指南》《城市固体废弃物管理技术指南》等。[153]

循环经济法是调整基于循环经济活动所形成社会关系的各种法律法规与法律的渊源。[154]

德国循环经济法律条例概览

	德文全称	德文简称
《废弃物贮存条例》	die Abfallablagerungsverordnung	AbfAblV
《废弃物目录条例》	die Abfallverzeichnis–Verordnung	AVV
《废弃物管理方案与废弃物管理总结报告条例》	die Abfallwirtschaftskonzept – und bilanzverordnung	AbfKoBiV
《废旧汽车条例》	die Altfahrzeugverordnung	AltfahrzeugV
《废弃木材处置条例》	die Altholzverordnung	AltholzV
《废弃油条例》	die Altölverordnung	AltölV
《电池条例》	die Batterieverordnung	BattV
《关于具有监管需求的回收利用废弃物的认定条例》	die Bestimmungsverordnungüberwachungsbedürftiger Abfälle zur Verwertung	BstüVAbf

---

[151] Vgl. Runkel，BauGB §38，in：Ernst/Zinkahn/Bielenberg/Krautzberger，Baugesetzbuch，106. Ergänzungslieferung，2012，Rn. 154.

[152] 孙佑海、李丹、杨朝霞：《循环经济法律保障机制研究》，中国法制出版社 2013 年版，第 427 页。

[153] 孙佑海、李丹、杨朝霞：《循环经济法律保障机制研究》，中国法制出版社 2013 年版，第 427 页。

[154] 何灵巧："国外循环经济立法比较分析及对我国的启示"，载《环境法论坛》2005 年第 3 期，第 121 页。

续表

	德文全称	德文简称
《生物废弃物条例》	die Bioabfallverordnung	BioAbfV
《填埋场条例》	die Deponieverordnung	DepV
《填埋场开发利用条例》	die Deponieverwertungsverordnung	DepVerwV
《处置专业组织条例》	die Entsorgungsfachbetriebeverordnung	EfbV
《商业性废弃物条例》	die Gewerbeabfallverordnung	GewAbfV
《污泥条例》	die Klärschlammverordnung	AbfKlärV
《废弃物处置核查条例》	die Nachweisverordnung	NachwV
《PCB/PCT 废弃物条例》	die PCB/PCT–Abfallverordnung	（PCBAbfallV）
《运输授权条例》	die Transportgenehmigungsverordnung	（TgV）
《包装条例》	die Verpackungsverordnung	（VerpackV）
《矿山填埋条例》	die Versatzverordnung	（VersatzV）

（一）德国《废弃物贮存条例》

德国《废弃物贮存条例》（Abfallablagerungsverordnung）全称为《对于城市居住区废弃物进行环境友好型贮存的条例》（Verordnung über die umweltverträgliche Ablagerung von Siedlungsabfällen）。该条例是依据 1994 年旧版德国《循环经济法》第 12 条第 1 款予以制定颁布的。1994 年旧版德国《循环经济法》第 12 条第 1 款是关于废弃物处分要求基准的规定。[155] 从部门法属性视角分析，《废弃物贮存条例》属于特别行政法与废弃物法范畴。[156] 该条例在 2001 年 3 月 1 日生效，最后修订版本在 2007 年 2 月 1 日生效。2009 年 7 月 16 日，该条例失效。《废弃物贮存条例》原先所规定的内容被《填埋场条例》（Deponieverordnung）与《废弃物回收条例》

---

〔155〕 依据该条款规定，德国联邦政府获得授权，它可以在听取相关方面意见后，并在征得德国联邦参议院批准的前提下，通过颁行法律条例的方式，根据技术水平并按照废弃物的来源领域、产生场所以及种类、数量与属性确定针对废弃物清除处分的要求基准，从而达到履行该法典第 11 条所规定的义务的目的。此处所指的要求基准尤其应当包括以下内容：①对于废弃物分类存放与处理的要求；②对于废弃物提供、放弃、搜集、运输、存放与贮存的要求；③依据该法典第 7 条第 3 至 5 款规定审查相关要求的程序。

〔156〕 Wiki, Abfallablagerungsverordnung, Stand：06. 03. 2017.

（Gewinnungsabfallverordnung）吸纳。[157]

依据《废弃物贮存条例》第 1 条第 1 款规定，该条例适用于规制以下两种废弃物处置情形：其一，在废弃物填埋场贮存"城市居住区废弃物以及可以视为城市居住区废弃物予以处置的其他废弃物"；其二，为了遵循废弃物填埋分配标准，对于"城市居住区废弃物以及可以视为城市居住区废弃物予以处置的其他废弃物"进行处理。依据《废弃物贮存条例》第 1 条第 4 款规定，该条例的施行不得影响 1994 年旧版德国《循环经济法》第 4 条与第 5 条关于循环经济基本原则与基本义务条款的效力。[158]

依据《废弃物贮存条例》第 1 条第 2 款规定，该条例适用于以下三种主体：其一，废弃物填埋场的运营者与业主；其二，以"城市居住区废弃物以及可以视为城市居住区废弃物予以处置的其他废弃物"为处理对象的相关设施的运营者；其三，用于清除处分的"城市居住区废弃物以及可以视为城市居住区废弃物予以处置的其他废弃物"的持有者。

依据《废弃物贮存条例》第 2 条关于概念定义的规定，城市居住区废弃物（Siedlungsabfälle）是指来自家居生活的废弃物以及在性质或构成层面类同于家居生活废弃物的其他类型废弃物；可以视为城市居住区废弃物予以处置的其他废弃物（Abfälle, die wie Siedlungsabfälle entsorgt werden können）是指以下两类废弃物：第一类是由于其性质或构成导致的与城市居住区废弃物一同被处置的废弃物，第二类是由于其性质或构成导致的能够视同城市居住区废弃物被处置的废弃物。可以视为城市居住区废弃物予以处置的其他废弃物包括来自于城市污水处理企业的污泥、具有低污染性的废水、粪便、粪便污泥、来自污水处理设施的残渣、水净化流程产生的淤泥、建筑废弃物与特定生产废弃物。热值丰富的废弃物（Heizwertreiche Abfälle）是指通过机械处理流程或机械生物处理流程而从"城市居住区废弃物"与"可以视为城市居住区废弃物予以处置的其他废弃物"中分离出来的废弃物，与之前投入处理流程的废弃物相比，这类分离出来的废弃物具有明显更高的热值，因而适用于能量性利用。机械生物处理（Mechanisch-biologische Behandlung）是指通过合并使用机械流程、其他物理流程（如粉碎、分类）与生物流程（如腐烂、发酵）的方式，而对于包含可生物降解有机物质的"城市居住区废弃物"

[157]　Wiki, Abfallablagerungsverordnung, Stand: 06.03.2017.

[158]　Verordnung über die umweltverträgliche Ablagerung von Siedlungsabfällen（Abfallablagerungsverordnung–AbfAblV）, Ein Service des Bundesministeriums der Justiz in Zusammenarbeit mit der juris GmbH–www.juris.de.

与"可以视为城市居住区废弃物予以处置的其他废弃物"进行加工或转化。[159]

《废弃物贮存条例》第 4 条提出了针对受到机械生物处理的废弃物的贮存要求。依据该条第 1 款规定，只有在符合四项前提条件的情形下，受到机械生物处理的废弃物才可以被贮存，这些前提条件包括：其一，用于贮存的填埋场或填埋场分支应达到 II 型填埋场标准；其二，被贮存的废弃物应符合《废弃物贮存条例》附录 2 列明的关于 II 型填埋场的分配标准；其三，不符合《废弃物贮存条例》附录 2 列明的分配标准的废弃物应被混合，对于已经沉积的含有较高生物可降解成分的废弃物（如未经处理的家居废弃物）的贮存不应妨碍对于这类废弃物所产生的废气的收集；为了维持这类废弃物的生物降解过程而进行的水渗透在技术层面应具有可能性，或者水渗透应不构成必需要件，并且其不应导致不可控制的气体泄漏；其四，在机械生物处理的框架下，应当将能够进行回收利用或热处理的高热值废弃物以及其他可回收利用或具有污染性的废弃物部分予以分离。

《废弃物贮存条例》第 5 条是关于调查义务与证明义务的规定。依据该条第 1 款规定，填埋场运营者在接收废弃物之前，必须能够对于废弃物作出基本描述，并确认废弃物关键参数。在废弃物受到集中处置的情形下，废弃物产生者在向填埋场运营者首次递交废弃物[160]之前，必须至少提交以下信息：其一，关于预处理的描述说明；其二，与担责声明内容相匹配的信息；其三，在涉及危险废弃物的情形下，与宣示性分析内容相匹配的附属信息，以及与贮存相关的固体成分的总含量信息；提交这类信息的前提是：该类信息是评估填埋场贮存能力的必需要素；[161] 其四，在涉及危险废弃物类别登记的情形下，关于相关危险特质的附属信息；其五，关于指定关键参数的建议。[162]

《废弃物贮存条例》第 7 条是关于行政违法行为的规定，违反该条例行为的行政处罚依据是 1994 年旧版德国《循环经济法》第 61 条第 1 款第 5 条目。凡是故意或由于过失而实施违反《废弃物贮存条例》行为的主体都必须承担行政法律责任。这些行政违法行为包括以下四种类型：第一种类型，相关主体违反《废

---

[159] Verordnung über die umweltverträgliche Ablagerung von Siedlungsabfällen （Abfallablagerungsverordnung–AbfAblV）, Ein Service des Bundesministeriums der Justiz in Zusammenarbeit mit der juris GmbH–www. juris. de.

[160] 《填埋场条例》第 8 条第 8 款所规定的废弃物不在此列。

[161] 《填埋场条例》第 8 条第 1 款第 4 句所规定的废弃物不在此列。

[162] Verordnung über die umweltverträgliche Ablagerung von Siedlungsabfällen （Abfallablagerungsverordnung–AbfAblV）, Ein Service des Bundesministeriums der Justiz in Zusammenarbeit mit der juris GmbH–www. juris. de.

弃物贮存条例》第 3 条第 1 款第 1 句、第 3 条第 3 款、第 3 条第 4 款第 1 句或第 4 条第 1 款第 1 句的规定，实施贮存或混合废弃物的行为；第二种类型，相关主体违反《废弃物贮存条例》第 4 条第 2 款第 1 条目的规定，没有达到该条目列明的要求；第三种类型，相关主体违反《废弃物贮存条例》第 4 条第 2 款第 2 条目第 1 分句的规定，没有履行"在向大气层排放填埋场废气之前应当将其予以氧化"的义务；第四种类型，相关主体违反《废弃物贮存条例》第 5 条第 2 款第 1 句或第 5 条第 3 款第 1、2 句的规定，没有或者没有正确地，或者没有全面地，或者没有及时地执行验收控制程序或控制分析程序。

（二）德国《废弃物目录条例》

德国《废弃物目录条例》（Abfallverzeichnis-Verordnung）立法宗旨是为了准确界定废弃物与依据监管需要类别化废弃物。该条例的制定实施具有三项功能：①为了履行成员国义务，具体实施欧盟《关于废弃物的第 2008/98 号指令》与《欧盟废弃物目录》（EAK）；②为废弃物的编码归类提供参考与指引；③明晰界定废弃物的危险性标准。依据《废弃物目录条例》与其他循环经济法律法规的要求，废弃物的产生者、持有者、收集者、运输者与处置者都具有实施废弃物分类化处理的法定义务。德国各层级的行政机关与废弃物监管机构负责监督执行《废弃物目录条例》。

在 2001 年 12 月 10 日，德国立法者为了具体执行欧盟《关于废弃物的第 2008/98 号指令》与《欧盟废弃物目录》（EAK）而颁布《废弃物目录条例》，该条例在 2002 年 1 月 1 日正式生效。

《欧盟废弃物目录》的重要创新之处在于：许多危险废弃物性质的界定取决于这类废弃物所含有害物质的数量。《欧盟废弃物目录》为在欧盟范围内实施统一废弃物管理提供了一套普遍使用的术语体系。由于这一原因，欧盟各成员国具有义务在本国国内法体系中植入《欧盟废弃物目录》主体内容，并使用该目录所确定的术语体系。[163] 依据《欧盟废弃物框架指令》，欧盟将废弃物分为危险性与非危险性两大类型。除此以外，《欧盟废弃物条例》还涵盖了所谓的"镜像条目"。在该条目所涉及的废弃物范畴下，每种废弃物应通过个案认定的方式被确定危险属性与程度。《欧盟废弃物框架指令》附录三规定了 15 种危险性标准。依据这些标准，属于"镜像条目"的废弃物的危险属性能够得以最终确定。

依据德国《废弃物目录条例》，废弃物处置记录制度、废弃物处理设施许可

---

[163] Wiki, Abfallverzeichnis-Verordnung, Stand：08. 11. 2015.

证制度、废弃物运输许可证制度以及其他涉及废弃物管理的制度都应作出相应革新。[164]

德国《废弃物目录条例》由三条基本条款与作为附录部分的废弃物目录组成。德国《废弃物目录条例》第1条规定了该条例的适用范围。依据该条规定，《废弃物目录条例》适用于"废弃物的标识"与"基于危险性实施的废弃物分类"两大领域。《废弃物目录条例》第2条包含关于废弃物标识的具体内容，依据该条与废弃物目录的规定，每种类型的废弃物都具有指定的六位数代码。《废弃物目录条例》第3条包含关于废弃物危险分类的具体内容。在《废弃物目录条例》附件中罗列了废弃物类型的总目录，并对每种废弃物种类予以编号。在该目录下，附带星号的废弃物是危险废弃物，对这类废弃物的处置将产生相应的法律规制后果；不附带星号的废弃物是非危险废弃物。

《废弃物目录条例》强调了"需要特别监管的废弃物"、"需要监管的废弃物"与"不需要监管的废弃物"之间的界限。通过比较德国废弃物法与欧洲废弃物法可知，德国废弃物法进一步深化与细化了欧洲废弃物法的内容。欧洲废弃物法只是区分了"危险废弃物"与"非危险废弃物"，而德国废弃物法从废弃物性质与需要监管程度视角对于废弃物进行了精细化区分。依据《废弃物目录条例》与其他相关循环经济法律法规的规定，危险废弃物是指各种可能损害人类健康或环境的废弃物。为了确保这类废弃物所包含的危险物质不会损害人类健康与环境，德国循环经济法律规定了特殊的危险废弃物处理方式与实施流程。

依据废弃物危险程度实施分类化管理是循环经济的基本要求。

《废弃物目录条例》包含了综合性的废弃物种类名单，涵盖危险废弃物与非危险废弃物两大类型。在《废弃物目录条例》罗列的839种废弃物类型中，共有404种废弃物被归类为危险废弃物。这些危险废弃物被以星号标注，并依据《废弃物目录条例》第3条第1款第1句被视为需要特别监管的废弃物。

《欧盟废弃物框架指令》与欧盟关于废弃物目录的决定中使用的危险废弃物分类标准主要借鉴与采纳了欧盟化学品监管法律中的危险分类标准。由于欧盟立法者已对化学品监管法律作出修订，所以《欧盟废弃物框架指令》与欧盟关于废弃物目录的决定也应作出相应的修订。在2014年底，欧盟公布了关于废弃物目录的新的条例与决定。从2015年6月1日起，原有的《欧盟废弃物框架指令》与关于废弃物目录的决定将被新公布的条例与决定取代。由于欧盟法律对于成员

---

[164]　Wiki, Abfallverzeichnis-Verordnung, Stand: 08.11.2015.

国法律具有导向作用，所以德国立法者正依据欧盟新的条例与决定拟议修订德国《废弃物目录条例》。不过，在正式的修订版《废弃物目录条例》颁布生效之前，德国现有《废弃物目录条例》将继续有效。

（三）德国《废弃物管理方案与废弃物管理总结报告条例》

德国《废弃物管理方案与废弃物管理总结报告条例》（Abfallwirtschaftskonzept-und bilanzverordnung）在 1996 年 10 月 7 日生效。该条例的立法依据是 1994 年旧版德国《循环经济法》第 19 条第 4 款第 1 与第 2 条目以及第 20 条第 1 款第 2 句。需要引起注意的是，作为该条例立法依据的 1994 年旧版德国《循环经济法》第 19 条其后被全面修改，[165] 而旧版德国《循环经济法》第 20 条则被废弃删除。最终，《废弃物管理方案与废弃物管理总结报告条例》在 2007 年被废止。

依据《废弃物管理方案与废弃物管理总结报告条例》第 1 条规定，该条例适用于规制以下三种对象：其一，1994 年旧版德国《循环经济法》规定的废弃物管理方案必需材料的形式与内容；其二，1994 年旧版德国《循环经济法》规定的废弃物管理总结报告必需材料的形式与内容；其三，涉及特定废弃物类型的例外情形。

《废弃物管理方案与废弃物管理总结报告条例》第 8 条是关于"废弃物管理方案与废弃物管理总结报告形式"的规定。依据该条第 3 款规定，具有制定废弃物管理方案与废弃物管理总结报告义务的主体可以通过数字化形式处理相关文件资料，并应确保所有被数字化记录的信息得到有序存储。依据该条第 4 款规定，主管机构可以与具有制定废弃物管理方案与废弃物管理总结报告义务的主体达成协议，确定信息数字化制备的结构以及数据传输的形式。

《废弃物管理方案与废弃物管理总结报告条例》第 9 条是关于"共同废弃物管理方案与共同废弃物管理总结报告"的规定。基于该条第 1 款规定，主管机构可以依据申请，准许若干个废弃物产生者制定一项共同的废弃物管理方案与一项相关联的共同废弃物管理总结报告；其予以准许的三项前提条件是：其一，这些废弃物产生者基本生产具有同一废弃物代码的废弃物；其二，这些废弃物产生者在同一州经营；其三，相关废弃物具有相似的来源领域，或者相关废弃物来自相似的经济活动。

---

[165] 修订后的第 19 条内容为："本法典第 15 条意义上的公法处置者必须制定关于在其所涉领域内生成的或向其递交的废弃物的利用与处分的废弃物管理方案与废弃物管理总结报告。德国各州负责确定对于废弃物管理方案与废弃物管理总结报告的要求。"

（四）德国《废旧汽车条例》

为了防止损害环境与促进废弃物的循环利用，德国废旧汽车的回收处理通常分为两个阶段。第一阶段，由专业人士对废旧汽车进行拆解。这些专业人士取出废旧汽车中的液体废弃物（如机油、冷却液），拆除废旧汽车有毒部件（如启动型蓄电池）、拆卸废旧汽车的备用零件与可回收材料（如轮胎）。第二阶段，由专业人士对经过拆解后剩余的废旧汽车构件进行机械粉碎，这种粉碎废料被出售给冶炼厂，由冶炼厂对废料进行回炉再造，使其作为新的金属材料得到回收利用。[166]

在欧盟法律层面，《欧盟废旧汽车指令》（Altfahrzeugrichtlinie 2000/53/EG）是德国处理废旧汽车的欧盟法律依据。而德国《废旧汽车条例》（Altfahrzeug-Verordnung）是在德国境内具体实施《欧盟废旧汽车指令》的法律文件。德国《废旧汽车条例》全称是《关于废旧汽车的转让、回收与环境无害化处置的条例》（Verordnung über die Überlassung, Rücknahme und umweltverträgliche Entsorgung von Altfahrzeugen），该条例适用于废弃的乘用车、轻型商用车、三轮汽车（不包括三轮摩托车）的回收利用与无害化处置事宜。[167] 依据《废旧汽车条例》，指定类型的废旧汽车应当在特定回收地点，用特定设施被回收处理。该条例是基于欧盟《关于废旧汽车回收的第 2000/53 号指令》与德国循环经济法而得以颁布施行。德国联邦各州废旧汽车联合委员会负责具体执行德国《废旧汽车条例》。这一委员会搜集废旧汽车拆解与回收处理的相关数据，并将数据公之于众。[168] 依据《废旧汽车条例》第 1 条规定，这一条例适用于汽车、废旧汽车以及它们的零部件与建造材料领域。废旧汽车的经营者、占有者、所有者与最后持有者都应当依据该条例履行相应义务。

依据《废旧汽车条例》第 2 条规定，废旧汽车是指依据《促进循环经济和确保合乎环境承受能力废弃物管理法》第 3 条第 1 款属于废弃物的汽车。基于《促进循环经济和确保合乎环境承受能力废弃物管理法》第 3 条第 1 款规定，废弃物是指所有被其持有人丢弃，有意愿丢弃或者必须丢弃的物质或物体；再利用废弃物是指那些可被再利用的废弃物，不能被再利用的废弃物为用于处分的废弃物。

在《废旧汽车条例》所确立的产品责任法律框架下，德国汽车制造商具有

[166] Das UBA, www. umweltbundesamt. de, Stand：19. 09. 2016.

[167] Das UBA, www. umweltbundesamt. de, Stand：19. 09. 2016.

[168] Wiki, Altfahrzeug-Verordnung, Stand：22. 12. 2015.

通过一个全国性网络无偿回收废旧汽车的义务。依据《废旧汽车条例》第 3 条第 1 款规定，汽车制造商具有从最终持有人处回收所有的自身品牌废旧汽车的义务，汽车制造商必须从核准的废旧汽车回收地点或由制造商指定的废旧汽车拆解地点无偿回收废旧汽车。依据《废旧汽车条例》第 3 条第 5 款规定，汽车制造商应当以合适的方式向废旧汽车最终持有人提供关于汽车回收地点的必要信息，从而使废旧汽车的最终持有人可以较为容易地将废旧汽车运往回收场所。

《废旧汽车条例》的具体执行机关是德国联邦各州废旧汽车联合委员会（德语全称为 Gemeinsame Stelle Altfahrzeuge der Bundesländer，简称为 GESA）。该联合委员会是由德国联邦各州设立与运营的机构。这一机构的主要职能是搜集全德国境内获得认证的关于废旧汽车拆解、粉碎销毁与进行其他处置的设备设施信息，并将所获数据信息提供给社会公众与执法机构。所有对于废旧汽车拆解、粉碎销毁与其他处置设备设施进行认证的专家，都必须在德国联邦各州废旧汽车联合委员会履行登记相关认证信息的义务。[169]

（五）德国《废弃木材处置条例》

《废弃木材处置条例》（Altholzverordnung）全称为《关于废弃木材回收利用与清除的条例》（Die Verordnung über Anforderungen an die Verwertung und Beseitigung von Altholz）。该条例规制内容为德国境内的废弃木材的物质与能量回收利用以及废弃木材处分事宜，它明晰规定了德国废弃木材的回收利用与处置程序。

《废弃木材处置条例》包括 13 条正文与 6 项附录。附录 1 是关于该条例第 3 条第 1 款的说明，其主题为"废弃木材物质性再利用之程序"；附录 2 也是关于该条例第 3 条第 1 款的说明，其主题为"为了生产木基材料而需满足的关于木片与木屑的极限值"；附录 3 是关于该条例第 5 条第 1 款的说明，其主题为"常见废旧木材分配基本规则"；附录 4 是关于该条例第 6 条的说明，其主题为"为了生产木基材料而需满足的关于木片与木屑的分析论要求"；附录 5 是关于该条例第 7 条的说明，其主题为"基于能量性再利用目的而对于废弃木材作出的调查"；附录 6 是关于该条例第 11 条的说明，其主题为"废弃木材提货凭证"。

《废弃木材处置条例》所指称的废弃木材是指符合《促进循环经济和确保合乎环境承受能力废弃物管理法》（原《促进循环经济和确保合乎环境承受能力废弃物清除法》）关于废弃物界定标准的在工业与消费领域产生的废弃木材。依据《废弃木材处置条例》第 2 条关于概念界定的规定，废弃木材（Altholz）是指基于

---

[169]　GESA, www.altfahrzeugstelle.de, Stand: 18.09.2016.

《促进循环经济和确保合乎环境承受能力废弃物管理法》第 3 条第 1 款规定的在工业与消费领域产生的废弃木材；工业废弃木材（Industrierestholz）是指在木材处理或加工过程中所产生的木材残留物（包括在木基材料行业所产生的木基材料残留物）以及以木质材料为主的废弃复合材料（木质材料质量分数超过 50%）；消费废弃木材（Gebrauchtholz）是指来源于实木、木基材料与以木质材料为主的复合材料（木质材料质量分数超过 50%）的废旧产物。

《废弃木材处置条例》第 2 条将废弃木材划分为不同类型，并规定了相对应的回收利用与废弃程序。

其中，第一种类型（A Ⅰ 型）的废弃木材是指未经处理加工或者被机械处理的废弃木材，该类型废弃木材不包含杂质以及混合物质。例如，无胶的废弃实木家具即属于这类型废弃木材。第一种类型（A Ⅰ 型）的废弃木材可以不经特殊处理而被直接予以物质性回收利用。例如，无胶的废弃实木家具可以被直接用于制作新的刨花板。[170]

第二种类型（A Ⅱ 型）的废弃木材是指在涂层中没有使用卤代有机化合物以及没有使用木材防腐剂的经过胶合、涂覆与涂漆处理的木材废弃物。这类型废弃木材包括废弃的实木板、不含 PVC 部件的家具、室内门与地板。与第一种类型废弃木材相同，该类型的废弃木材同样可被予以物质性回收利用。举例而言，废弃的实木板、不含 PVC 部件的家具、室内门与地板都可被用于制造新的刨花板。[171]

第三种类型（A Ⅲ 型）的废弃木材是指在涂层中使用卤代有机化合物但没有使用木材防腐剂的木材废弃物。这类型废弃木材包括废弃的使用 PVC 边缘或 PVC 部件的家具。这类型废弃木材需要通过特定设备进行热处理回收利用。[172]

第四种类型（A Ⅳ 型）的废弃木材是指经过木材防腐剂处理的废弃木材以及由于具有显著污染危害性而无法归类于前三种类型范畴的废弃木材。这类型废弃木材包括废弃的铁路枕木、电线杆、窗户、房屋外门、在花园使用的家具。与第三种类型废弃木材相同，这类型废弃木材需要通过特定设备进行热处理回收利用。[173]

第五种类型（PCB–Altholz 型）的废弃木材是指经过多氯联苯（polychlorierte

---

〔170〕 Wiki, Altholzverordnung, Stand：18. 09. 2016.

〔171〕 Wiki, Altholzverordnung, Stand：18. 09. 2016.

〔172〕 Wiki, Altholzverordnung, Stand：18. 09. 2016.

〔173〕 Wiki, Altholzverordnung, Stand：18. 09. 2016.

Biphenyle）处理的木材废弃物。这类型废弃木材包括废弃的隔热板、经过煤焦油浸渍处理的桅杆。这类型废弃木材需要在特定的废弃物填埋场进行填埋清除处理。[174]

《废弃木材处置条例》在 2003 年 3 月 1 日生效。德国立法机关制定《废弃木材处置条例》的背景是：在德国境内，每年产生巨量废弃木材；随着 1994 年旧版德国《循环经济法》（现《促进循环经济和确保合乎环境承受能力废弃物管理法》）的生效，德国需要在废弃木材处置领域制定条例，以细化 1994 年旧版德国《循环经济法》所规定的废弃物回收利用措施。[175]《废弃木材处置条例》第 1 条是关于该条例适用范围的规定。依据该条例第 1 条第 1 款规定，该条例适用于木材的物质性与能量性回收利用事宜以及废旧木材的清除事宜。依据该条例第 1 条第 2 款规定，该条例适用的主体类型包括：①废旧木材的产生者与持有者；②对于废旧木材进行回收利用或清除的设施的运营者；③公法认可的废旧木材处置者；④由 1994 年旧版德国《循环经济法》（现《促进循环经济和确保合乎环境承受能力废弃物管理法》）所确立的具有循环利用废弃木材义务的第三方主体、联盟组织以及经济自治主体。

依据《废弃木材处置条例》第 2 条关于概念术语的规定，废弃木材包括工业废弃木材（Industrierestholz）与消费废弃木材（Gebrauchtholz）两种类型。其中，工业废弃木材是指在加工处理木材过程中所产生累积的木材剩余物，它包括在木质复合材生产过程中所产生的残留物与以木材为主要成分的复合材料残留物（以质量计算，木材占据该复合材料的比重须超过 50%）。消费废弃木材是指由实木、木质复合材或以木材为主要成分的复合材料（以质量计算，木材占据该复合材料的比重须超过 50%）制成的产品的废弃物。

基于《废弃木材处置条例》的规定，不同类型的废弃木材具有各自不同的预处理与回收利用措施。总体而言，废弃木材具有两个层面的回收利用用途。一方面，废弃木材可以被物质性回收利用，也就是说，废弃木材可以被用于制造新的木质产品；另一方面，废弃木材可以被能量性回收利用，特定类型的废弃木材可以通过特定处理措施而转化为能量资源。[176]

依据《废弃木材处置条例》第 13 条关于行政违法行为的规定，违反该条例行为的行政处罚依据包括《促进循环经济和确保合乎环境承受能力废弃物管理

〔174〕 Wiki, Altholzverordnung, Stand：18.09.2016.
〔175〕 Wiki, Altholzverordnung, Stand：18.09.2016.
〔176〕 Wiki, Altholzverordnung, Stand：18.09.2016.

法》第 69 条第 1 款第 8 条目与第 69 条第 2 款第 15 条目。

（六）德国《废弃油条例》

德国《废弃油条例》（Altölverordnung）是规制德国境内废弃油物质性与能量性回收利用以及清除事宜的法律文件。该条例所指称的废弃油是指由矿物油、合成油与生物油的使用而产生的废弃油料残余物。该条例所指称的废弃油必须符合1994 年旧版德国《循环经济法》（现《促进循环经济和确保合乎环境承受能力废弃物管理法》）关于废弃物概念的界定标准。德国《废弃油条例》在 1987 年 11月 1 日生效，《废弃油条例》最新修订版本在 2012 年 6 月 1 日生效。在类比适用欧盟《废弃油指令》（EU-Altölrichtlinie）第 3 条第 1 款的前提下，最新修订版本的德国《废弃油条例》第 2 条作出了重大修订革新。依据该条第 1 款规定，如果没有技术的、经济的（包括组织的）约束条件排除废弃油再生处理加工流程的应用，那么相对于其他的废弃油处置流程，该再生处理加工流程应当获得优先适用。[177]

依据《废弃油条例》第 1 条关于适用领域的规定，该条例用于废弃油的物质性与能量性回收利用事宜以及废旧的清除事宜。依据《废弃油条例》第 1 条第 1款的规定，该条例适用于废弃油的物质性再利用、能源性再利用与清除处分事宜。依据《废弃油条例》第 1 条第 2 款的规定，该条例适用主体包括：其一，废弃油的生产者、持有者、收集者与运输者；其二，废弃油处置设施的运营者；其三，公法意义上的废弃油处置者；其四，基于 1994 年旧版德国《循环经济法》第 16 条第 2 款、第 17 条第 3 款或第 18 条第 2 款规定的被委托从事废弃油处置事务的第三方主体、联盟组织或自治经济体。不过，依据《废弃油条例》第 1 条第3 款规定，该条例不适用于规制含有 PCB/PCT 成分的废弃油，这类废弃油应当依据《PCB/PCT 废弃物条例》（PCB/PCT-Abfallverordnung）的规定得到清除处理。

依据《废弃油条例》的定义，废弃油（Altöle）是指全部或部分源自矿物油、合成油或生物油的废弃物；基础油（Basisöle）是指用于生产高品质的润滑油产品（如发动机油、变速箱油、涡轮机油与润滑脂）的原料油；处理加工（Aufbereitung）是指所有利用精炼工艺从废弃油中提炼基础油的流程与方法，这类处理加工通常是将废弃油中的污染物、氧化产物与添加剂予以分离清除，从而获得纯度

---

[177] BMUB, Altöl-Gesetzgebung, http：//www.bmub.bund.de/themen/wasser-abfall-boden/abfallwirtschaft/abfallarten-abfallstroeme/altoel/altoel-gesetzgebung/, Stand：04.03.2017.

较高的基础油。[178]

依据《废弃油条例》规定，如果润滑油的销售商（例如百货商场、大卖场、零售店）无法通过自身建立废弃油的回收设施，那么它们必须通过负担费用的方式委托第三方主体就近提供废弃油的回收设施使用服务。依据《废弃油条例》规定，废弃油只有在以下两种情形下才可以被处理加工：第一种情形是废弃油不包含有害物质，第二种情形是废弃物所包含的有害物质能够通过处理加工程序被分离或清除。[179] 在《废弃油条例》法律框架下，无法进行物质性回收利用的废弃油应当得到能源性利用或者应当在特殊的废弃物处置设施中得到清除销毁。[180]

为了简化废弃油的收集、运输与处理，德国《废弃油条例》将废弃油分为四大类别。第一类废弃油主要包括非氯化发动机油、齿轮油与润滑油；第二类废弃油主要包括无卤液压油；第三类废弃油主要包括卤化或氯化油；第四类废弃油主要包括生物可降解油、油水混合物、取暖油与柴油。依据《废弃油条例》第 4 条第 1 款规定，该条例第 1a 条第 1 款所列明的废弃油不得与其他废弃物相混合。

（七）德国《电池条例》

德国《电池条例》（Batterieverordnung）全称为《关于收集与处置废旧电池与蓄电池的条例》（Verordnung über die Rücknahme und Entsorgung gebrauchter Batterien und Akkumulatoren）。它是依据 1994 年旧版德国《循环经济法》第 12 条、第 23 条、第 24 条、第 57 条、第 59 条制定而成。[181] 该条例在 1998 年 4 月 3 日生效，在 2009 年 12 月 1 日失效。在 2009 年 12 月 1 日，《关于电池与蓄电池销售、回收与环境无害化处置的法典》（Gesetz über das Inverkehrbringen, die Rücknahme und die umweltverträgliche Entsorgung von Batterien und Akkumulatoren）生效。

《电池条例》第 1 条是关于废弃物管理目标的规定。依据该条规定，这一条例的目标是减少经由电池而产生的废弃物中的有害成分，实现该目标的途径分为三种：其一，禁止含有有害成分的特定类型电池被投放市场；其二，回收废旧电池，并且依据 1994 年旧版德国《循环经济法》的规定对于废旧电池进行合规与无害再利用，或者对于无法再利用的废旧电池通过符合社会公益的方式予以清除

---

[178] BMUB, Altöl-Gesetzgebung, http：//www. bmub. bund. de/themen/wasser-abfall-boden/abfallwirtschaft/abfallarten-abfallstroeme/altoel/altoel-gesetzgebung/, Stand：04. 03. 2017.

[179] BMUB, Altöl-Gesetzgebung, http：//www. bmub. bund. de/themen/wasser-abfall-boden/abfallwirtschaft/abfallarten-abfallstroeme/altoel/altoel-gesetzgebung/, Stand：04. 03. 2017.

[180] BMUB, Altöl-Gesetzgebung, http：//www. bmub. bund. de/themen/wasser-abfall-boden/abfallwirtschaft/abfallarten-abfallstroeme/altoel/altoel-gesetzgebung/, Stand：04. 03. 2017.

[181] 此处所列的 1994 年旧版德国《循环经济法》诸条款均是修订前的原始条款。

处分；其三，生产的电池应当符合重合使用性与技术耐用性的特征。

《电池条例》第3条至第5条规定了电池生产者与经销者的义务。依据该条例第3条规定，电池生产者与经销者只有在确保"最终用户能够依据该条例第4、5条规定标准交回电池"的情形下，才可以将电池或设备内置电池投放市场。《电池条例》第7条规定了电池最终用户的义务。依据该条第1款规定，电池最终用户具有义务将废旧电池退还经销者，或者将废旧电池送交公法处置者为此而构建的回收设施；依据该条第2款规定，如果电池最终用户是经营性企业或其他经济企业或公共机构，那么该用户可以在不遵循该条第1款规定的情形下，与共用收集系统单位或已经建立自身回收体系的生产者协商废旧电池的回收地点。《电池条例》第16条是关于行政违法行为的处罚规定。该处罚规定的立法依据是1994年旧版德国《循环经济法》第61条第1款第5条目。

（八）德国《关于具有监管需求的回收利用废弃物的认定条例》

德国《关于具有监管需求的回收利用废弃物的认定条例》（Bestimmungsverordnung überwachungsbedürftiger Abfälle zur Verwertung）的立法依据是1994年旧版德国《循环经济法》第41条第3款第2条目。[182]《关于具有监管需求的回收利用废弃物的认定条例》在1999年1月1日生效，并在2007年2月1日失效。

《关于具有监管需求的回收利用废弃物的认定条例》第1条是关于"废弃物认定"的规定。依据该条第1款规定，具有监管需求的废弃物是指在该条例附件中列明的标示六位数废弃物代码的可回收利用废弃物。依据该条第2款规定，该条例关于具有监管需求的回收利用废弃物的认定规定也适用于公法废弃物处置者所收集的废弃物。

（九）德国《生物废弃物条例》

德国《生物废弃物条例》（Bioabfallverordnung）全称是《基于农业、林业与园艺土壤领域的生物废弃物的回收利用》（Verwertung von Bioabfällen auf landwirtschaftlich, forstwirtschaftlich und gärtnerisch genutzten Böden）。它是依据1994年德国旧版《循环经济法》第8条第1与2款制定。依据1994年德国旧版《循环经济法》第8条第1款规定，德国联邦"环境、自然保护和核安全部"在与"食品、农业与消费者保护部"取得一致意见并听取相关方面意见后，有权在征得德国联邦参议院批准的前提下，通过颁行法律条例的方式，在农业领域确定符合该条第2款规定的以确保合规与无害利用为目标的要求基准。依据1994年德国旧版《循环经济法》

---

[182] 此处所列的1994年旧版德国《循环经济法》条款是修订前的原始条款。

第 8 条第 2 款规定，如果被利用的废弃物是被作为《肥料法》第 1 条意义上的二次原料肥料或经济型肥料而使用于农业、林业或花圃土壤区域，那么在依据该条第 1 款规定而被颁行的法律条例中，可以对于包含有害物质的废弃物的递交与应用作出相关规定。此规定尤其应当包含以下内容：①依据地产的特征标准，例如地产的类型与属性、应用地点、应用时间和自然地理位置，确定应予禁止或限制的内容；②确定涉及废弃物或经济型肥料或地产的调查行为，确定对于这类物质进行预处理的措施或者适宜的其他措施；③确定依据该法典第 7 条第 3 至 5 款规定对于相关要求进行审查的程序。如果《肥料法》第 1a 条 意义上的良好专业实践标准被超越，那么前述规定亦适用于经济型肥料。

依据 1994 年德国旧版《循环经济法》第 8 条第 1 与 2 款规定，由德国联邦环境、自然保护和核安全部制定的《生物废弃物条例》在 1998 年 10 月 1 日生效。该条例最新修订版在 2012 年 6 月 1 日生效。《生物废弃物条例》包括 14 条与 3 项附录。该条例规制对象是"在农业、林业与园艺领域作为肥料的未被处理的与已被处理的生物废弃物的再利用"。该条例主要内容分为六部分，即，其一，对于生物废弃物处理的要求；其二，有毒物质排放限值；其三，资源最大化应用；其四，调查义务；其五，关于应用的禁止性内容；其六，报告与证明义务。[183] 接受该条例规制的主体类型包括生物废弃物与混合物的产生者、持有者、处理者等主体。《生物废弃物条例》对于生物废弃物等概念作出明晰定义。生物废弃物是指具有动物或植物来源的在家庭生活与商业领域产生的有机废弃物，这类废弃物可以被微生物、土壤生物体或酶所分解。举例而言，生物废弃物包括食物残渣与草屑。依据《生物废弃物条例》附录 1 第 1 项的规定，生物废弃物包括以下类型：其一，来自农业与林业领域的植物废弃物与残余物；其二，在食品与饲料生产中产生的生物废弃物；其三，园林绿化废弃物与在花园与公园维护过程中产生的废弃物；其四，油脂分离器内存物与气浮污泥；第五，从含有有机废弃物的生活废弃物中单独分离收集的生物废弃物。[184]

从适用范围领域分析，《生物废弃物条例》并不规制"在住宅花园、菜园与小型花园区域产生的生物废弃物的再利用"。在这类区域，通常由住宅花园、菜

[183] Fachagentur Nachwachsende Rohstoffe e. V. （FNR）, Bioabfallverordnung （BioAbfV）, https：//bioenergie. fnr. de/rahmenbedingungen/gesetze-verordnungen-richtlinien/gesetzeslage/bioabfallverordnung/, Stand：04. 03. 2017.

[184] Fachagentur Nachwachsende Rohstoffe e. V. （FNR）, Bioabfallverordnung （BioAbfV）, https：//bioenergie. fnr. de/rahmenbedingungen/gesetze-verordnungen-richtlinien/gesetzeslage/bioabfallverordnung/, Stand：04. 03. 2017.

园与小型花园所有者或使用者自主进行生物废弃物的再利用。此外，如果已经存在其他法律条款对于特定类型生物废弃物再利用事宜进行规制，那么《生物废弃物条例》也不适用于规制此特定类型生物废弃物再利用事宜。[185]

（十）德国《填埋场条例》

德国《填埋场条例》（Deponieverordnung）全称为《关于填埋场与长期储存场所的条例》（Verordnung über Deponien und Langzeitlager）。该条例共分为 6 章 28 条以及 6 项附录。这一条例在 2009 年 7 月 16 日生效。

该条例第 1 条是关于适用领域的规定。依据该条第 1 款规定，这一条例适用于以下六种事项：其一，填埋场的建设、运营、关闭与善后处理；其二，基于将废弃物在填埋场贮存的目的，以及基于将废弃物作为填埋场替代建筑材料的目的而对废弃物进行处理；其三，在填埋场贮存废弃物；其四，将废弃物作为填埋场替代建筑材料使用，或者使用废弃物生产填埋场替代建筑材料；其五，长期储存场所的建设、运营、关闭与善后处理；其六，在长期储存场所放置废弃物。依据《填埋场条例》第 1 条第 2 款规定，该条例规制以下五种类型主体：其一，填埋场项目的承接主体；其二，填埋场的运营者与业主；其三，长期储存场所的运营者；其四，废弃物的产生者与持有者；其五，用于生产填埋场替代建筑材料设施的运营者。依据《填埋场条例》第 1 条第 3 款第 1 条目，该条例不适用于私人家居领域。

《填埋场条例》第 4 条内容是针对填埋场组织机构与人员的具体要求。依据该条规定，填埋场组织机构与人员必须符合以下五项要求：其一，填埋场在任何时候都必须具有足够数量的工作人员，这些工作人员必须掌握履行其职责所必需的专业技能与知识；其二，填埋场管理人员必须至少每隔 2 年参加由主管机构或机关认可的培训课程；其三，填埋场工作人员必须接受相应的培训，以获得履行其职责所必需的知识储备；其四，确保对于正在进行的废弃物管理活动进行必要的监测与控制；其五，避免事故发生，以及减低所发生事故最终后果的影响。

依据《填埋场条例》第 11 条第 1 款规定，填埋场运营者在填埋场关闭后，必须采取所有必需措施（尤其是《填埋场条例》第 12 条规定的控制与监测措施），以防止损害社会公共利益的情形发生。

《填埋场条例》第 27 条是关于行政违法行为的规定。依据该条规定，违反该

---

[185] Fachagentur Nachwachsende Rohstoffe e. V. （FNR）, Bioabfallverordnung（BioAbfV）, https：//bioenergie. fnr. de/rahmenbedingungen/gesetze-verordnungen-richtlinien/gesetzeslage/bioabfallverordnung/, Stand: 04. 03. 2017.

条例行为的处罚依据是《促进循环经济和确保合乎环境承受能力废弃物管理法》第 69 条第 1 款第 8 条目与第 69 条第 2 款第 15 条目。依据《促进循环经济和确保合乎环境承受能力废弃物管理法》第 69 条第 1 款第 8 条目，行政违法行为是指任何人有意或疏忽违反根据该法典第 10 条第 1 款，第 11 条第 2 款第 1 或 2 句或第 3 款条目 1、2 或条目 3，第 12 条第 7 款，第 16 条第 1 句条目 1 或条目 2，第 24 条，第 25 条第 1 款条目 1、2 或条目 3，第 2 款条目 1、3 或条目 4，第 28 条第 3 款第 2 句，第 43 条第 1 款第 1 句条目 2 至 5、7 或者条目 8 或者第 57 条第 2 句条目 1 至 7 或者条目 8 颁布的条例或者基于此条例的强制执行性指令，其适用前提是：此类条例对于特定的事实状态指定了适用的罚款规定。依据《促进循环经济和确保合乎环境承受能力废弃物管理法》第 69 条第 2 款第 15 条目，行政违法行为是指任何人有意或疏忽违反基于该法典第 10 条第 2 款条目 1 字母 a、条目 2 至 7 或条目 8 亦关联第 11 条第 3 款条目 4，第 16 条第 1 句条目 3 或第 43 条第 5 款，和基于第 25 条第 1 款条目 4 或条目 5，第 43 条第 1 款第 1 句条目 6 或条目 9，第 52 条第 2 款条目 2 或条目 3，第 53 条第 6 款条目 1、2 或条目 4，第 54 条第 7 款条目 1、2 或条目 4 或第 57 条第 2 句条目 9 规定所发布的条例或基于此条例的执行性指令，其适用前提是：此条例对特定的事实状态指定了适用规定。

（十一）德国《填埋场开发利用条例》

德国《填埋场开发利用条例》（Deponieverwertungsverordnung）的全称是《关于在持久性填埋场中进行废弃物回收利用的条例》（Verordnung über die Verwertung von Abfällen auf Deponien über Tage）。该条例在 2005 年 9 月 1 日生效，并在 2009 年 4 月 29 日失效。

《填埋场开发利用条例》第 1 条是关于适用领域的规定。依据该条第 1 款规定，这一条例适用于两种情形。第一种情形为：利用废弃物生产填埋场替代建筑材料；第二种情形为：在地表填埋场与旧有填埋场对于作为填埋场替代建筑材料的废弃物进行回收利用；第二种情形又可以进一步细分为四种子情形，即①构建完成或改善地质屏障的情形；②建立地基密封系统的情形；③作为填埋场替代建筑材料的废弃物处于填埋场主体建筑之中的情形；④构建表面密封系统的情形。依据《填埋场开发利用条例》第 1 条第 2 款规定，该条例适用于以下三种类型主体：其一，废弃物产生者与持有者；其二，填埋场运营者；其三，用于生产填埋场替代建筑材料设施的运营者。依据《填埋场开发利用条例》第 1 条第 3 款规定，该条例不适用于私人家庭，也不适用于依据 1994 年旧版德国《循环经济法》第 36 条第 3 款规定而截至 2005 年 9 月 1 日最终关闭的填埋场。

《填埋场开发利用条例》第 7 条是关于行政违法行为的规定，该条的立法依据是 1994 年旧版德国《循环经济法》第 61 条第 1 款第 5 条目。依据《填埋场开发利用条例》第 7 条规定，违反该条例的行政违法行为共分为以下五种类型：其一，相关主体由于故意或过失而违反该条例第 3 条第 1 款第 2 句第 1、2 条目，或者第 3 条第 2 款，或者第 4 条，使用填埋场替代建筑材料或废弃物；其二，相关主体由于故意或过失而违反该条例第 3 条第 4 款规定，利用稳定性的或固化的废弃物；其三，相关主体由于故意或过失而违反该条例第 3 条第 5 款第 2 句规定，对于废弃物实施混合行为；其四，相关主体由于故意或过失而违反该条例第 5 条规定，实施废弃物销售行为；其五，相关主体由于故意或过失而违反该条例第 6 条第 1 句或第 2 句规定，没有或者没有正确地，或者没有全面地，或者没有按照规定的方式进行文档登记。

（十二）德国《处置专业组织条例》

德国《处置专业组织条例》（Entsorgungsfachbetriebeverordnung）全称是《关于处置专业组织的条例》（Verordnung über Entsorgungsfachbetriebe）。该条例的立法依据是 1994 年旧版德国《循环经济法》第 52 条第 2 款。德国制定该条例的外部原因是为了执行欧洲经济共同体第 75/442 号《关于废弃物的指令》（Richtlinie 75/442/EWG）。该条例属于环境法与废弃物法范畴。这一条例在 1996 年 10 月 7 日生效，最新修订版本将在 2017 年 6 月 1 日生效。[186]

《处置专业组织条例》分为 5 部分 19 条。它主要规定了针对处置专业组织的相关要求。此处所指的处置专业组织包括企业与公共机构，它们的业务领域包括收集、运输、贮存、再利用、清除废弃物业务或者废弃物经销与经纪业务。该条例对于处置专业组织的组织架构、设备、人员专业知识、操作者可靠性、管理人员以及其他人员提出了具体的标准要求，以确保处置专业组织达到高质量水准。[187]

《处置专业组织条例》第 1 条是关于该条例适用领域的规定。依据该条规定，这一条例针对特定类型的处置专业组织提出相关要求，这类组织依据《促进循环经济和确保合乎环境承受能力废弃物管理法》第 56 条规定，[188] 已经与技术监测组织签署监测合同，或者希望获得授权，以使用"被公认的处置者联合体的监测

---

〔186〕 Wiki, Entsorgungsfachbetriebeverordnung, Stand：11. 03. 2017.

〔187〕 Wiki, Entsorgungsfachbetriebeverordnung, Stand：11. 03. 2017.

〔188〕 依据《促进循环经济和确保合乎环境承受能力废弃物管理法》第 56 条第 1 款规定，处置专业组织依据相关有效的法律条款在生产和管理废弃物过程中对促进循环经济和确保人类与环境保护发挥影响。

标志"。除此以外,《处置专业组织条例》还规定了基于监测合同的关于处置专业组织的监测与认证事宜。在由处置者联合体对于处置专业组织实施监测与认证的情形下,《关于处置者联合体活动与承认的指令》应当得到适用。

《处置专业组织条例》第 2 条是关于概念界定的规定。依据该条第 1 款规定,处置专业组织是指符合以下三项特征的运作主体:其一,商业性运作主体,或者在经济性企业或公共机构框架之下运作的主体,这类主体所从事业务包括废弃物收集、运输、储存、处理、再利用或清除处分;其二,运作主体由于具有组织、人力与技术方面的资源,而能够独立开展下述一项或多项活动:废弃物收集、运输、储存、处理、再利用或清除处分;其三,在涉及废弃物收集、运输、储存、处理、再利用或清除处分中的一项或若干项活动的情形下,运作主体符合该条例对于"组织机构、设备、业务活动以及业主与运营操作人员的可靠性、专业技能与知识"的要求。依据该条第 2 款规定,处置专业组织也可以是符合该条第 1 款列明的要求的企业分支,这类处置专业组织可以将其专业运营活动局限于以下领域:其一,特定废弃物类型,或者来自特定来源领域的废弃物;其二,特定的再利用或清除处分流程;其三,特定地理位置。

(十三) 德国《商业性废弃物条例》

德国《商业性废弃物条例》(Gewerbeabfallverordnung) 全称是《关于商业性城市废弃物、特定建筑废弃物与拆迁废弃物的处置条例》(Verordnung über die Entsorgung von gewerblichen Siedlungsabfällen und von bestimmten Bau-und Abbruchabfällen)。该条例属于行政法与环境法范畴。这一条例在 2003 年 1 月 1 日生效,最新修订版本将在 2017 年 6 月 1 日生效。[189]

《商业性废弃物条例》的主要立法目的是:促使企业在废弃物的产生源头将废弃物予以分类,从而确保对于废弃物进行最高品质的循环利用。[190] 该条例具有以下两项立法依据:第一项依据为 1994 年旧版德国《循环经济法》第 7 条第 1 款第 2、3 条目,第 7 条第 3 款第 1 句第 1、2 条目,第 12 条第 1 款;第二项依据为 1994 年旧版德国《循环经济法》第 7 条第 1 款第 4 条目以及第 59 条。

《商业性废弃物条例》第 1 条是关于该条例适用领域的规定。依据该条第 1 款规定,这一条例适用于以下废弃物的再利用与清除处分:其一,商业性城市废弃物;其二,建筑与拆迁废弃物;其三,在该条例附录中所列的其他废弃物。依

[189]　Wiki, Gewerbeabfallverordnung, Stand:11. 03. 2017.

[190]　Wiki, Gewerbeabfallverordnung, Stand:11. 03. 2017.

据该条第 2 款规定，《商业性废弃物条例》规制的主体类型分为两种：其一，商业性城市废弃物、建筑与拆迁废弃物、在该条例附录中所列的其他废弃物的产生者与持有者；其二，预处理设施运营者；在这些预处理设施中接受预处理的废弃物类型包括混合性商业性城市废弃物、在该条例第 8 条第 4 款第 1 句第 1 项列明的混合性建筑与拆迁废弃物或者在该条例附件中列明的其他类型废弃物。依据《商业性废弃物条例》第 1 条第 4 款规定，该条例不适用于由公法处置者依据《促进循环经济和确保合乎环境承受能力废弃物管理法》第 17 条第 1 款规定而接收的废弃物。《促进循环经济和确保合乎环境承受能力废弃物管理法》第 17 条第 1 款规定："与本法第 7 条第 2 款与第 15 条第 1 款不同的是，生活废弃物的产生者或持有者有义务将这些废弃物交付给州法赋予处置义务的法人（公法处置者），其适用前提条件是：这些废弃物在私人生活领域在它们被使用过的地产上无法被再利用或前述主体不具再利用意愿。第 1 句也适用于基于处分目的来源于其他领域的废弃物的产生者与持有者，前提是他们并非在自身设施内处分废弃物。依据第 2 句，如果基于压倒性的公共利益将废弃物交付给公法处置者是必需的，那么在自身设施内处分废弃物的授权不再存在。"

《商业性废弃物条例》第 2 条是关于概念界定的规定。依据该条规定，商业性城市废弃物（gewerbliche Siedlungsabfälle）是指并非来自于私人家庭，而是具有其他来源领域的城市废弃物；这类废弃物在《废弃物目录条例》附件第二十章中予以列明。典型的商业性城市废弃物包括以下两种类型：第一种是商业性与工业废弃物，这种废弃物与来自私人家庭的废弃物具有性质或构成层面的相似性；第二种是在一般情形下，来自私人机构与公共机构的废弃物。来自私人家庭的废弃物（Abfälle aus privaten Haushaltungen）是指基于私人生活框架，在私人家居领域产生的废弃物。典型的来自私人家庭的废弃物包括在住房以及相关联土地或建筑物组成部分以及其他相似的地点（如宿舍或辅助生活设施）产生的废弃物。

《商业性废弃物条例》第 11 条是关于行政违法行为的规定。依据该条规定，违反该条例行为的处罚依据是《促进循环经济和确保合乎环境承受能力废弃物管理法》第 69 条第 1 款第 8 条目与第 69 条第 2 款第 15 条目。依据《促进循环经济和确保合乎环境承受能力废弃物管理法》第 69 条第 1 款第 8 条目，行政违法行为是指任何人有意或疏忽违反根据该法典第 10 条第 1 款，第 11 条第 2 款第 1 或 2 句或第 3 款条目 1、2 或条目 3，第 12 条第 7 款，第 16 条第 1 句条目 1 或条目 2，第 24 条，第 25 条第 1 款条目 1、2 或条目 3，第 2 款条目 2、3 或条目 4，第 28 条第 3 款第 2 句，第 43 条第 1 款第 1 句条目 2 至 5、7 或者条目 8 或者第 57

条第2句条目1至7或者条目8颁布的条例或者基于此条例的强制执行性指令，其适用前提是：此类条例对于特定的事实状态指定了适用的罚款规定。依据《促进循环经济和确保合乎环境承受能力废弃物管理法》第69条第2款第15条目，行政违法行为是指任何人有意或疏忽违反基于该法典第10条第2款条目1字母a、条目2至7或条目8亦关联第11条第3款条目4，第16条第1句条目3或第43条第5款，和基于第25条第1款条目4或条目5，第43条第1款第1句条目6或条目9，第52条第2款条目2或条目3，第53条第6款条目1、2或条目4，第54条第7款条目1、2或条目4或第57条第2句条目9规定所发布的条例或基于此条例的执行性指令，其适用前提是：此条例对特定的事实状态指定了适用规定。

（十四）德国《污泥条例》

污泥（Klärschlamm）是德国废弃物的一种重要类型。农用处理、填埋处理、热处理、超声波处理是环保处理污泥的通用方式。由于污泥通常含有重金属与合成有机物，因而需要对于污泥进行系统的无害化处理，以抑制其对环境的损害影响。对于污泥的环保处理行业属于德国循环经济领域的重要行业。在通常意义上，污泥是指一种固体与液体的混合物质，它是在废水处理过程中产生的沉淀物质。污泥分为生污泥与经处理污泥两种类型。生污泥是指从污水处理厂沉淀池中被析分出来的沉淀物或悬浮物。经处理污泥是指通过厌氧消化、热处理、超声波处理等方式进行处理的污泥。[191]

德国《污泥条例》（Klärschlammverordnung）规制污水污泥的回收利用事宜。该条例具有10项基本条款与2项附录。附录1的主题为"对于污泥与土壤的取样、样品制备与调查"，附录2的主题为"污水处理设施"。

依据《污泥条例》第1条第1款规定，该条例适用于规制三类主体应用污水污泥的行为，这三类主体包括：①运营污水处理厂的主体；②基于应用目的，具有意向或者采取实际行动将污泥运送至农业或园艺土壤领域的主体；③具有意向或者采取实际行动在农业或园艺土壤领域应用污泥的主体。依据《污泥条例》第1条第2款规定，德国关于肥料的相关法律规定的效力不受《污泥条例》的限制影响。基于《污泥条例》第2条规定，污水处理厂、污泥、生污泥、污泥堆肥、牧草等概念获得清晰界定。例如，依据该条第1款规定，污水处理厂是指对于污水进行处理的单位设施，该设施的最大处理能力以及处理污水的方式均不影

[191]　Vgl. Wiki, Klärschlamm, Stand: 22. 09. 2016.

响对其污水处理厂性质的认定。依据该条第 2 款规定，污泥是指在污水处理厂进行污水处理过程中产生的淤泥沉淀物。依据该条第 3 款规定，牧草是指在耕地上被栽培种植的特定种类植物，该类植物的营养部分被用作动物饲料；不过，在该条款意义上，玉米种植不被视为牧草种植。

《污泥条例》第 9 条是关于行政违法行为的规定，违反该条例行为的行政处罚依据包括《促进循环经济和确保合乎环境承受能力废弃物管理法》第 69 条第 1 款第 8 条目与第 69 条第 2 款第 15 条目。

（十五）德国《废弃物处置核查条例》

德国 2006 年版的《废弃物处置核查条例》（Verordnung über die Nachweisführung bei der Entsorgung von Abfällen）是德国立法者为了具体实施 1994 年旧版德国《循环经济法》而颁布施行的条例。依据危险废弃物类型的区别，《废弃物处置核查条例》规定了废弃物处置核查的方式与范围。

基于《废弃物处置核查条例》第 2 条第 1 款的规定，在以下两种情形下，废弃物产生者、运输者、回收利用者具有提供证明与接受核查的义务：

第一种情形是：废弃物产生者、运输者、回收利用者依据《促进循环经济和确保合乎环境承受能力废弃物管理法》第 50 条第 1 款规定具有处置危险废弃物的义务。基于德国《促进循环经济和确保合乎环境承受能力废弃物管理法》第 50 条第 1 款规定，危险废弃物的产生者、持有者、收集者、运输者与处置者必须或者对于主管机构或者彼此之间证明其进行合规的危险废弃物处置。该条第 1 款规定中的证明义务不适用于危险废弃物的处置，当废弃物的产生者或持有者在自有的废弃物处置设备中处置此类废弃物，而这些废弃物处置设备与废弃物产生的设备或场所存在紧密的空间上的和运营上的关联。该条第 1 款规定中的证明义务直至产品的回取或交回或依据该法第 25 条附有回取或交回要求的产品使用后剩余危险废弃物的回取或交回的完成并不具有适用效力。产品和产品使用后剩余废弃物的回取或交回最迟在经由设备接收以进行进一步处置时（在此对于废弃物进行临时中期贮存的设备被排除）作为达成完成状态，前提是指令交回或回取的法律条例没有确定更早的时间点。该条第 1 款规定中的证明义务也不适用于私人家庭。

第二种情形是：废弃物产生者、运输者、回收利用者依据德国《促进循环经济和确保合乎环境承受能力废弃物管理法》第 51 条第 1 款第 1 项规定具有处置非危险废弃物的义务。基于《促进循环经济和确保合乎环境承受能力废弃物管理法》第 51 条第 1 款第 1 项规定，只要不存在基于该法第 49 和 50 条的义务，主管机构可以指令不包括私人家庭的废弃物产生者、持有者、收集者、运输者、经销者、经纪者或处置者，要求他们必须实施和提交登记册或证明或通告来自登记册的信息。

基于《废弃物处置核查条例》第 2 条第 2 款的规定，如果废弃物产生者每年产生的废弃物重量不超过 2 吨，那么该废弃物生产者可以豁免第 2 条第 1 款所规定的提供废弃物处置证明与接受核查的义务。

依据《废弃物处置核查条例》，德国从 2010 年 4 月 1 日起开始实施强制性的废弃物处置电子登记程序（das elektronische Abfallnachweisverfahren）。这一登记程序主要适用于"危险废弃物"处置领域。危险废弃物这一术语来源于欧盟第 91/689 号指令。《欧盟废弃物目录》包含 839 种废弃物类型，其中 405 种被视为危险废弃物。危险废弃物包括废化学试剂、酸、碱、废涂料、过期农药、部分医院垃圾、重金属杂质等。依据废弃物的危险性质进行分门别类是废弃物管理制度的核心要求，它也是废弃物循环利用的重要前提。在《欧盟废弃物目录》中，所有危险废弃物的种类代号后都附加星号（＊）以示区分。除了危险废弃物与非危险废弃物以外，《欧盟废弃物目录》还包含所谓的"镜像条目"（Spiegeleinträge）。属于"镜像条目"的废弃物的危险属性一般经过个案认定的方式得以最终确定。[192] 依据《促进循环经济和确保合乎环境承受能力废弃物管理法》第 48 条规定，为了执行欧盟法律文件，德国联邦政府在听取有关各方意见后，在征得联邦参议院同意的情形下，有权通过法律条例形式来确定废弃物之描述以及危险废弃物，并通过主管机构在个案情形下对危险废弃物之确定予以许可。

在废弃物处置电子登记程序框架下，所有关于危险废弃物处置的文件都必须以电子化的方式接受核查与存档。例如，废弃物处置证明书（Entsorgungsnachweis）是用于证明废弃物将在循环利用设施得到合规处置的文件。以往的废弃物处置证明书是使用纸质文本，由此也产生了大量的纸张消耗与归档成本。从 2010 年 4 月 1 日起，废弃物处置证明书开始采用电子文本与在线登记模式。按照规划，废弃物产生者、运营商、处理企业、主管机构应当通过标准化连接系统进行相互之间的信息交换，以往废弃物处置证明书的手写签名应当由电子签名取代。从 2011 年 2 月 1 日起，德国所有处置危险废弃物的相关当事人都具有以合规电子签名取代手写签名的义务。

德国废弃物处置电子登记程序的实施具有显著的正面效果。一方面，它节省

---

[192]　UBA, Gefährliche Abfälle, Stand：29. 12. 2015.

了纸张消耗，优化了废弃物处置登记信息的准确度，有利于相关信息的分类、归档与查询；另一方面，它简化了废弃物产生企业、收集企业、运输企业、处理企业、主管机构相互之间的信息沟通程序。[193]

（十六）德国《PCB/PCT 废弃物条例》

德国《PCB/PCT 废弃物条例》（PCB/PCT-Abfallverordnung）全称为《关于多氯联苯、多氯三联苯、卤化甲基二苯基甲烷的处置条例》（Verordnung über die Entsorgung polychlorierter Biphenyle, polychlorierter Terphenyle und halogenierter Monomethyldiphenylmethane）。

《PCB/PCT 废弃物条例》条文共有 5 条。该条例第 5 条是关于行政违法行为的规定。该条的处罚依据是 1994 年旧版德国《循环经济法》第 61 条第 1 款第 5 条目与第 61 条第 2 款第 10 条目。

（十七）德国《运输授权条例》

《运输授权条例》（Transportgenehmigungsverordnung）的立法依据是 1994 年旧版德国《循环经济法》第 49 条第 3 款与第 50 条第 2 款第 1 条目。依据 1994 年旧版德国《循环经济法》第 49 条第 3 款的规定，德国联邦政府获得授权，它可在获得联邦参议院批准的前提下，通过颁行法律条例的方式，设定关于运输授权许可的申请材料以及形式与内容的条款；德国联邦政府通过颁行法律条例的方式，也可以规定对于基于该条第 2 款第 1 句规定的专门技能与专业知识的要求，预定以及确定义务条件，基于此，在特定情形下，授权许可的有效性取决于是否提交了由该条第 2 款第 3 句规定所列明的证明文件。依据 1994 年旧版德国《循环经济法》第 50 条第 2 款第 1 条目的规定，德国联邦政府获得授权，它可以在听取相关方面意见后，并在征得德国联邦参议院批准的前提下，通过颁行法律条例的方式，作出以下规定：收集或运输特定的再利用危险废弃物的主体在相应适用该法典第 49 条第 1 至 5 款的情形下，必须获得授权许可。

《运输授权条例》共计 13 条。该条例第 1 条第 1 款在 1999 年 1 月 1 日生效，而该条例的其他条款已在 1996 年 10 月 7 日生效。《运输授权条例》第 12 条是关于行政违法处罚的规定，该条的处罚依据是 1994 年旧版德国《循环经济法》第 61 条第 1 款第 5 条目。

（十八）德国《包装条例》

德国《包装条例》（Verpackungsverordnung）全称为《关于包装废弃物的防治与

---

[193] Wiki, Elektronisches Abfallnachweisverfahren, Stand: 29.12.2015.

回收条例》（Verordnung über die Vermeidung und Verwertung von Verpackungsabfällen）。1991年，在获得德国联邦议院与联邦参议院赞同的情形下，由基民盟/基社盟与自民党联合执政的德国政府颁布出台了《包装条例》。它明确规定了产品生产者应当为其产品的环保处置承担责任，该项规定在德国循环经济法律制度发展史上具有里程碑意义。依据《包装条例》的规定，消费者具有义务将产品包装交付给产品生产者，而产品生产者具有义务回收其产品包装。[194] 由于回收受到污染的产品包装会产生许多附随问题（例如卫生问题、存储空间需求问题），而产品生产者与零售商常常无法有效应对此类问题，因而它们可以委托特定的专业组织代为回收产品包装。这类特定组织可以直接从消费者处收取产品包装。[195]

《包装条例》共计四章17条，并包括6项附录。第一章主题为"废弃物管理目标、适用领域与概念界定"；第二章主题为"回收义务、押金收取义务与再利用义务"；第三章主题为"包装的生产、营销与标示"；第四章主题为"行政违法、过渡条款与最终条款"。附录1是对《包装条例》第6条作出说明，附录2是对《包装条例》第13条第2款作出说明，附录3是对《包装条例》第13条第3款作出说明，附录4是对《包装条例》第14条作出说明，附录5是对《包装条例》第3条第1款第1条目作出说明，附录6是对《包装条例》第10条第5款作出说明。

《包装条例》第1条是关于废弃物管理目标的规定。依据该条第1款规定，《包装条例》的制定宗旨是为了防止与减少包装废弃物对于环境的负面影响。其中，避免包装废弃物的产生是《包装条例》的第一要务；在环保处理包装废弃物过程中，应优先考虑再利用、物质性回收利用与其他形式的回收利用措施。《包装条例》第2条是关于该条例适用范围的规定。依据该条第1款规定，在《促进循环经济和确保合乎环境承受能力废弃物清除法》（现《促进循环经济和确保合乎环境承受能力废弃物管理法》）适用领域下通过市场交易所产生的所有包装废弃物的处理都应当适用《包装条例》。依据该条第2款规定，如果其他的法律对于产品包装、包装废弃物处置、经包装的产品或包装废弃物的运输提出特殊要求，那么这些法律规定继续有效，其效力不受《包装条例》规定的影响。

《包装条例》第3条对于相关系列概念作出界定。依据该条第1款第1条目规定，包装（Verpackungen）是指由任何材料所生产的物品，该物品具有接收、保

---

〔194〕 Wiki, Verpackungsverordnung, Stand：22. 09. 2016.

〔195〕 Wiki, Verpackungsverordnung, Stand：22. 09. 2016.

护、处理、交付或介绍产品功能，它们可以存在于从原材料使用到产品加工完成的整个生产过程中，并被生产商交付给销售商或最终消费者。在《包装条例》附录5中，条例制定者罗列了关于包装概念界定的相关标准，并列举了应用这些标准的范例。依据该条第1款第2条目规定，销售包装（Verkaufsverpackungen）是指作为单一销售单元（Verkaufseinheit）被提供的由最终消费者获取的包装；在《包装条例》意义上，销售包装也包括商贸包装、饮食包装、服务包装（Serviceverpackungen）、[196] 一次性餐具（Einweggeschirr）。依据《包装条例》第3条第3条目规定，外包装（Umverpackungen）是指作为销售包装的辅助构件的包装；但外包装对于实现以下诸种目的来说不具有必要性：在向最终消费者提供产品时，保障产品卫生、实现产品耐久性或者保护产品免受损害或污染。依据《包装条例》第3条第4条目规定，运输包装（Transportverpackungen）是指具有以下三种功能的包装：其一，使产品的运输便捷化；其二，保护产品在运输过程中免受损害；其三，具有安全保障功能。运输包装通常出现在产品生产者向分销商提供产品的过程中。公路、铁路、船舶、空运过程中使用的集装箱不属于运输包装范畴。

依据《包装条例》第3条第2款规定，饮料包装（Getränkeverpackungen）是指完全封闭式的或主要采取封闭式的用于储存流质食品的包装；此处所指的流质食品应当依据《食品和饲料法典》第2条第2款作出界定，它通常被界定为用于人类消费的饮料，但不应包含酸奶与酸牛奶。依据《包装条例》第3条第3款规定，可重复使用包装（Mehrwegverpackungen）是指在被使用之后可基于同一目标（功能）而被多次重复使用的包装。与此相对应，一次性包装（Einwegverpackungen）是指并非可重复使用包装的其他包装。依据《包装条例》第3条第4款规定，生态友好型一次性饮料包装（Ökologisch vorteilhafte Einweggetränkeverpackungen）包括饮料纸盒、饮料聚乙烯管袋包装与铝箔自立包装袋。依据《包装条例》第3条第5款规定，复合包装（Verbundverpackungen）是指由不同材料组成的包装，这种包装具有以下两项特征：其一，无法通过手工方式分离组成该包装的不同材料；其二，组成该包装的任何一种材料的质量分数不得超过95%。依据《包装条例》第3条第6款规定，清空包装（Restentleerte Verpackungen）是指内部容纳物已经按照预期被用完的包装。

《包装条例》还对涉及包装循环处理事宜的各类主体作出概念界定。依据《包装条例》第3条第8款规定，生产者（Hersteller）是指以下主体：其一，包装

---

[196] 服务包装的功能是确保或辅助经营者向最终消费者提供商品。

或包装材料的生产主体；其二，生产产品的主体，该主体在生产产品过程中直接生产出包装；其三，将包装输入到《包装条例》适用领域的主体。依据《包装条例》第3条第9款规定，经销者（Vertreiber）是指销售包装、包装材料、特定产品（在生产这类产品过程中直接生产出包装）或者包装好的产品的经营主体。此处的经销者包括邮购贸易经销者。依据《包装条例》第3条第11款规定，最终消费者（Endverbraucher）是指在获得以一定形式交付的产品之后不再继续出售该产品的主体。需要引起关注的是，《包装条例》意义上的私人性质最终消费者（Private Endverbraucher）的外延非常宽泛，它是指家庭或者其他可以类比的机构组织，这些可类比机构组织包括饭店、宾馆、食堂、政府机关、军营、医院、教育机构、慈善组织、自由职业主体、特定的文化机构（如电影院、歌剧院、博物馆）、娱乐设施企业（如旅游度假区、主题公园、体育场馆、休闲设施）。

依据《包装条例》第15条关于行政违法行为的规定，违反该条例行为的行政处罚依据包括《促进循环经济和确保合乎环境承受能力废弃物管理法》第69条第1款第8条目与第69条第2款第15条目。

依据《促进循环经济和确保合乎环境承受能力废弃物管理法》第69条第1款第8条目规定，行政违法行为是指任何人有意或疏忽违反根据该法典第10条第1款，第11条第2款第1或2句或第3款条目1、2或条目3，第12条第7款，第16条第1句条目1或条目2，第24条，第25条第1款条目1、2或条目3，第2款条目2、3或条目4，第28条第3款第2句，第43条第1款第1句条目2至5、7或者条目8或者第57条第2句条目1至7或者条目8颁布的条例或者基于此条例的强制执行性指令，其适用前提是：此类条例对于特定的事实状态指定了适用的罚款规定。依据《促进循环经济和确保合乎环境承受能力废弃物管理法》第69条第2款第15条目规定，行政违法行为是指任何人有意或疏忽违反基于该法典第10条第2款条目1字母a、条目2至7或条目8亦关联第11条第3款条目4，第16条第1句条目3或第43条第5款，和基于第25条第1款条目4或条目5，第43条第1款第1句条目6或条目9，第52条第2款条目2或条目3，第53条第6款条目1、2或条目4，第54条第7款条目1、2或条目4或第57条第2句条目9规定所发布的条例或基于此条例的执行性指令，其适用前提是：此条例对特定的事实状态指定了适用规定。

（十九）德国《矿山填埋条例》

德国《矿山填埋条例》（Versatzverordnung）全称为《关于地下废弃物的填埋条例》（Verordnung über den Versatz von Abfällen unter Tage）。该条例条文共计7条，同时包

含 4 项附件。

该条例第 1 条是关于适用领域的规定。依据该条第 1 款规定，该条例适用于特定废弃物的回收利用，这类废弃物被作为处于矿山监督范围内的采矿作业的回填材料使用；该条例不适用于作为放射性废弃物的最终地下存放场所的设施。依据《矿山填埋条例》该条第 2 款规定，该条例规制以下三类主体：其一，废弃物的产生者与持有者；其二，处于矿山监督范围内的采矿作业的运营者；其三，生产回填材料设施的运营者。

《矿山填埋条例》第 2 条是关于概念界定的规定。依据该条规定，回填材料（Versatzmaterial）是指基于矿山技术层面或矿山安全层面的目的，并依据其建筑物理性能而在地下被投入使用的废弃物。

《矿山填埋条例》第 3 条是关于"金属回收具有优先性"的规定。依据该条规定，如果从废弃物中回收金属具有技术可能性、经济合理性，并且关于这一回收利用的许可标准能够得到遵循，那么达到该条例附件 1 所列明的金属含量的废弃物既不得被用于生产回填材料，又不得直接被作为回填材料使用。

《矿山填埋条例》第 7 条是关于行政违法处罚的规定。该条的处罚依据是《促进循环经济和确保合乎环境承受能力废弃物管理法》第 69 条第 1 款第 8 条目。依据《促进循环经济和确保合乎环境承受能力废弃物管理法》该条目规定，行政违法行为是指任何人有意或疏忽违反根据《促进循环经济和确保合乎环境承受能力废弃物管理法》第 10 条第 1 款，第 11 条第 2 款第 1 或 2 句或第 3 款条目 1、2 或条目 3，第 12 条第 7 款，第 16 条第 1 句条目 1 或条目 2，第 24 条，第 25 条第 1 款条目 1、2 或条目 3，第 2 款条目 2、3 或条目 4，第 28 条第 3 款第 2 句，第 43 条第 1 款第 1 句条目 2 至 5、7 或者条目 8 或者第 57 条第 2 句条目 1 至 7 或者条目 8 颁布的条例或者基于此条例的强制执行性指令，其适用前提是：此类条例对于特定的事实状态指定了适用的罚款规定。依据《矿山填埋条例》第 7 条的规定，违反该条例的行政违法行为分为以下两种类型：其一，相关主体由于故意或过失而违反该条例第 3 条或第 4 条第 1 款第 1 句的规定，将废弃物用于生产回填材料，或者直接将废弃物作为回填材料使用；其二，相关主体由于故意或过失而违反该条例第 5 条规定销售废弃物。

四、德国循环经济各州法律体系

德国联邦各州也具有循环经济法律法规，这些法律法规是对《促进循环经济和确保合乎环境承受能力废弃物管理法》以及其他德国联邦循环经济法律法规的补充。德国联邦各州的循环经济法律法规包括循环经济法典、关于循环经济法典的补充性规定、行政法规、规章以及其他规范性法律文件。只有在国际环保法、欧盟循环经济法律与德国联邦循环经济法律没有明确规制的领域，德国联邦各州的循环经济法律法规才能做出独立与创新的规定。依据德国《促进循环经济和确保合乎环境承受能力废弃物管理法》第71条规定，由该法或基于该法所规定的行政程序法不得通过德国各州法被抵触违反。

五、德国循环经济市镇法规体系

德国循环经济市镇法规体系属于德国效力层级最低的循环经济法律体系，其主要由关于公法废弃物处置者职责、义务与权限的市级法规构成。该体系主要发挥以下三项功能。首先，该体系发挥具体化与精细化欧盟、德国联邦、联邦各州的循环经济法律法规内容的作用，确保了这类法律法规在市、镇、市镇联合体层面得到切实施行；其次，该体系包含关于市镇废弃物处置基础设施的建设、运营、维护与跨区域合作使用的规制法规，其目的是为市、镇、市镇联合体履行废弃物处置义务提供制度保障、参考指标与评判标准；最后，该体系包含涉及循环经济的倡导性与宣示性条款，其目的是为市、镇、市镇联合体所管辖区域的居民提供绿色消费的行动指南与激励措施，以促进循环经济模式在消费领域的推行。

综上所述，从法律属性层面分析，德国循环经济法可以被分别归类为公法、环境法或广义上的经济法。如果进一步细分，德国循环经济法应当归属于公共经济法范畴。从制度构成层面分析，德国循环经济法律构成五层级的金字塔体系，按效力层级高低依次排序为：国际法、欧盟法、联邦法、州法、市镇法规。在五层级体系框架下，上层法律体系为下层法律体系提供了立法原则与法律解释标准，而下层法律体系则为上层法律体系提供细化规定与实施细则。

第五章

1994 年旧版德国《循环经济法》精解

1994 年旧版德国《循环经济法》是世界上第一部全面系统的循环经济法典。它在 1996 年 10 月 6 日生效，在 2012 年 6 月 1 日被《促进循环经济和确保合乎环境承受能力废弃物管理法》取代。

第一节　1994 年旧版德国《循环经济法》概述

20 世纪 90 年代初，德国的废弃物管理主要存在两方面的现实困境：一方面废弃物必须被妥善安置；另一方面废弃物填埋场的空间稀缺，而废弃物的焚烧又未得到充分推广。为了解决这一困境，当时的德国联邦环境、自然保护和核安全部长克劳斯·特普费尔委托一个专家小组起草关于包装废弃物条例的草案。这一条例的制定是德国循环经济立法的一个起点，依据该条例，制造商与销售商首次被赋予了循环经济意义上的产品责任。此外，该条例还规定了运输型包装、外包装与销售型包装的投放回收义务。[197] 正是在这一时代背景下，德国立法机关以废弃物立法为契机，颁行了 1994 年旧版德国《循环经济法》，并将其界定为系统规制废弃物处置事务的基本法典。

1994 年旧版德国《循环经济法》属于德国联邦法典，隶属于特别行政法与环境法范畴。依据 1994 年旧版德国《循环经济法》第 1 条关于立法宗旨的规定，该法典制定宗旨是"促进用以保护自然资源的循环经济，确保废弃物的处分能够合乎环境承受能力"。依据 1994 年旧版德国《循环经济法》第 2 条关于适用范围的规定，该法典条款适用于废弃物的抑制、再利用和处分，但该法典条款不适用于以下物质或情形：其一，依据《食品与饲料法典》（前提是该法典效力及于食

---

[197]　Meilensteine, 90er Jahre – Wende zur Kreislaufwirtschaft, Stand：20. 03. 2013.

品、食品添加剂、化妆品、消费品和与食品具有相似性的产品)《暂定烟草法》《奶制品与人造黄油法》《动物流行病法》《植物保护法》和基于本法典颁布的法律条例应当予以处分的物质;其二,依据欧洲议会与理事会在 2002 年 10 月 3 日颁行的《涵盖涉及非用于人类食用的特定动物副产品的条款的第 1774/2002 号条例》(欧共体官方公报第 L 273 号,第 1 页)当前适用版本,依据为执行该条例而颁行的欧共体法律文件,以及依据《动物副产品清除法》,或者依据基于本法典而颁布的法律条例,应当予以提取、收集、运输、贮存、处理、加工、使用、处分或投放市场的动物副产品;其三,《原子能法》意义范围内的核燃料或其他放射性物质;其四,基于《辐射保护预防法》所颁布的法律条例所规制的应予处分的物质;其五,在勘探、开产、预处理与加工矿藏资源过程中,处于矿产监督机制之下的企业产生累积的废弃物;如果废弃物既非直接在本段前一分句所述的活动中产生,又在通常情形下并非仅仅在前一分句所述的活动中产生,那么这类废弃物不被前一分句所述的废弃物范畴所涵盖;其六,不是利用容器存储的气态物质;其七,将被排入或放入水体或废水处理装置的物质;其八,研制、隐藏、运输、存储、处理和销毁弹药。

第二节　1994 年旧版德国《循环经济法》废止原因

　　1994 年旧版德国《循环经济法》废止的原因表现为两方面。一方面,欧盟立法机关不断制定与修订循环经济法律法规,作为欧盟成员国德国的立法机关具有义务将欧盟新的循环经济法律法规的基本理念乃至制度构成纳入本国循环经济法律体系,并具有责任消除本国循环经济法律体系与欧盟循环经济法律体系在概念、原则、内容方面的冲突之处。另一方面,随着德国循环经济模式的革新以及循环经济科学技术的发展,1994 年旧版德国《循环经济法》作为法律固有的局限性与滞后性日益显露。例如,虽然 1994 年旧版德国《循环经济法》第 3 条第 1 款规定,该法典意义上的废弃物是指所有属于附录 I 所列类别的动产与被其持有人丢弃,有意愿丢弃或者必须丢弃的动产;再利用废弃物是指那些可被再利用的废弃物;不能被再利用的废弃物为被用于处分的废弃物;但 1994 年旧版德国《循环经济法》却没有能够厘清废弃物与副产品之间的区分标准。除此以外,1994 年旧版德国《循环经济法》第 3 条第 2 款规定:"本条第一款意义上的丢弃是指持有人将物质或物体送交附录 II B 意义上的再利用流程或附录 II A 意义上的处分流程，或者在放弃任何其他目的的情形下抛弃对其实际控制权。"该条款规定的"丢弃意愿"区分标准具有内容模糊性与难以操作性。

《促进循环经济和确保合乎环境承受能力废弃物管理法》法案于 2012 年 6 月 1 日正式生效。从立法的历史背景分析，依德国立法界与学界的主流观点，《促进循环经济和确保合乎环境承受能力废弃物管理法》的制定基于两项重要原因：从浅层次而言，该法的制定是在欧盟的推动下，德国必须履行成员国义务，执行欧盟《关于废弃物的第 2008/98 号指令》；从深层次而言，则是与德国政府制定的《国家资源效率计划》的目标相呼应，进一步革新发展已有 17 年历史的 1994 年旧版德国《循环经济法》。[198]

具体而言，废除 1994 年旧版德国《循环经济法》并制定《促进循环经济和确保合乎环境承受能力废弃物管理法》的基本原因是，加快从废弃物经济向珍惜资源与环境的材料流经济的发展，并执行来源于欧盟《关于废弃物的第 2008/98 号指令》的新的五层级废弃物处置等级序列，这一新的废弃物处置等级序列使废弃物的"减量化"与"再使用的预备"，取得了相对于"循环利用"、"包括能量性利用与回填的其他利用"、"清除（处分）"更为优先的地位。[199]

将《促进循环经济和确保合乎环境承受能力废弃物管理法》与 1994 年旧版德国《循环经济法》（全称为《促进循环经济和确保合乎环境承受能力废弃物清除法》）进行比较，在名称上，前者仅是将后者的"清除"（Beseitigung）改为了"管理"（Bewirtschaftung）一词，但在具体内容与现实效用方面，《促进循环经济和确保合乎环境承受能力废弃物管理法》与之前 1994 年旧版德国《循环经济法》相比，具有以下显著区别：

一、精细区分废弃物与副产品概念

基于《促进循环经济和确保合乎环境承受能力废弃物管理法》第 2、3 条规定，该法具有不同于旧法的适用领域，并且该法依据欧盟法律重新定义了诸多循环经济法律术语（例如"副产品"），防止了德国循环经济法律的内容与欧盟冲突，确保了法律内容的确定性与法律适用的便捷性。

长期以来，德国循环经济法律关于废弃物概念的定义存在内涵模糊与外延过于宽泛的缺陷。这导致两方面负面结果。一方面，一些不需要经过废弃物处理措

[198] Petersen, Doumet, Stöhr: Das neue Kreislaufwirtschaftsgesetz, NVwZ, 2012, 521.

[199] BMUB, Entwurf eines nationalen Ressourceneffizienzprogramms；Friedrich, EU erzwingt neues Kreislaufwirtschaftsgesetz, ZRP 2011, 108；Handelskammer, Hamburg, Merkblatt zum neuen Kreislaufwirtschaftsgesetz, S. 2.

施就可被无害利用的材料或物体常常被强行归入废弃物外延范畴，而依据德国严苛的废弃物处理标准与流程，产生、持有或利用这类材料或物体的循环经济义务主体被迫承担高昂的与完全没有必要的废弃物处理成本。另一方面，在产品设计、生产、销售、回收、处理等循环经济各个环节，废弃物与非废弃物的界限长期处于模糊不清状态，这严重妨碍了以"将废弃物转化为资源"为目标的循环经济模式的施行。

为了克服上述废弃物概念界定存在的弊端，《促进循环经济和确保合乎环境承受能力废弃物管理法》第 4 条精细区分了副产品与废弃物这两个概念。[200] 依据该条第 1 款规定，"一项材料或物体在制造程序中产生，而制造程序的主要目的并非制造此材料或物体，则在以下情形下，该材料或物体被作为副产品而不被作为废弃物看待，当①可以确保这一材料或物体得到进一步的使用，②对此，不需要一个进一步的、超出正常工业程序的预处理程序，③这一材料或物体是作为一个制造过程的不可分割的部分而被生产的，④进一步的使用是合法的，这是指此种情形，即这一材料或物体满足所有对其各种使用方式适用的生产、环境或健康保护要求，并总体上不会对人类与环境造成有害影响"。[201] 需要特别强调的是，材料或物体必须同时满足以上四项条件，才能被看成是副产品。[202] 基于这一规定可知，副产品实质上是在主要产品生产过程中附带产生的具有即时可用性的材料或物体。虽然获得该材料或物体并非企业生产的主要目的，但这类材料或物体具有资源的稀缺性特征。副产品与废弃物概念的外延范畴之间没有交集，两者互相独立。

事实上，德国法律对于副产品与废弃物概念区分的理念与规定是以欧盟法律为范本的。[203] 通过法律文本的对比分析可以发现，《促进循环经济和确保合乎环境承受能力废弃物管理法》第 4 条第 1 款关于"副产品"概念的界定基本上完全照搬欧盟《关于废弃物的第 2008/98 号指令》第 5 条第 1 款有关"副产品"概念

〔200〕 Vgl. Frenz, Grenzen des Abfallbegriffs nach dem neuen Kreislaufwirtschaftsgesetz, NVwZ 2012, 1590, 1591; Beckmann, 6. Einführung in das neue Abfallrecht, in: Landmann/Rohmer, Umweltrecht, 67. Ergänzungslieferung, 2012, Rn. 41; Petersen, Doumet, Stöhr: Das neue Kreislaufwirtschaftsgesetz, NVwZ, 2012, 521, 522.

〔201〕 Vgl. Beckmann, 6. Einführung in das neue Abfallrecht, in: Landmann/Rohmer, Umweltrecht, 2012, Rn. 41.

〔202〕 Land Brandenburg, Ministerium für Umwelt, Gesundheit und Verbraucherschutz, Neues Kreislaufwirtschaftsgesetz, Potsdam, den 30. Mai 2012, S. 5.

〔203〕 Beckmann, 6. Einführung in das neue Abfallrecht, in: Landmann/Rohmer, Umweltrecht, 67. Ergänzungslieferung, 2012, Rn. 41.

界定的内容。[204]

从法律的历史渊源来说，对废弃物和副产品概念做出明确区分的法律内容出自欧盟《关于废弃物的第2008/98号指令》，其概念区分的动机最早来自于欧洲议会。欧洲议会在2004年4月20日决议中，曾要求欧洲委员会澄清废弃物与非废弃物的区别。[205]根据欧盟《关于废弃物的第2008/98号指令》立法理由第22条的阐释，区分副产品与废弃物概念的主要目标在于避免源于不同层面的废弃物概念间的混淆，而为了避免这种混淆，需要采用适当的方式，一方面确定不是废弃物的副产品，另一方面确定废弃物何时不再被视作废弃物。[206]

《促进循环经济和确保合乎环境承受能力废弃物管理法》对于副产品概念（Nebenprodukt）与废弃物概念（Abfall）进行系统区分的做法具有重要的现实效用，主要表现在其弥补了1994年旧版德国《循环经济法》"丢弃意愿"区分标准的欠缺与不足。1994年旧版德国《循环经济法》对于副产品概念与废弃物概念并没有做出精细而系统的区分。因而在《促进循环经济和确保合乎环境承受能力废弃物管理法》颁布之前，德国法律界人士为区分副产品概念与废弃物概念，只能以1994年旧版德国《循环经济法》第3条第1款中规定的废弃物概念为依据，该法将废弃物概念界定为"所有可移动的、附录I中所列的、持有者丢弃的、想丢弃的或必须丢弃的物"。基于此，德国法律界人士将持有人不具有"丢弃意愿"的废弃物品作为"副产品"，而将持有人具有"丢弃意愿"的废弃物品作为"废弃物"。然而，此种界定存在着缺陷，一方面，这种单一的界定区分标准本身即具有模糊性，另一方面，持有者个体的意愿也具有多元性，因而最终导致循环经济法律的适用具有不确定性。

《促进循环经济和确保合乎环境承受能力废弃物管理法》则以四项标准精细而清晰地区分了副产品概念与废弃物概念，避免了"丢弃意愿"界定标准的模糊性与随意性，进而确保了循环经济法律在具体适用范围与适用效力上的确定性。由该法关于四项区分标准的规定可知，副产品概念与废弃物概念的区分主要在于副产品可低成本地、确定地、环保性地被利用，而废弃物的利用与清除通常需要较高的处理成本，而且可能会对环境造成现实或潜在的威胁。

此外，将副产品概念明确独立区分于废弃物概念，可以防止废弃物概念外延过于宽泛，从而避免企业因为废弃物概念的宽泛而负担超出合理范围的关于废弃

[204]　EG, Richtlinie 2008/98/EG vom 19. November 2008, Amtsblatt der EU, L312/6, 22. 11. 2008.

[205]　Europäisches Parlament, Entschließung vom 20. 04. 2004, ABl. C 104 E vom 30. 4. 2004, S. 401.

[206]　EG, Richtlinie 2008/98/EG vom 19. November 2008, Amtsblatt der EU, L312/6, 22. 11. 2008.

物抑制、再利用与处分的循环经济义务，同时还可提高与副产品相关的材料的利用效率，实现其利用途径的多元化。[207]

二、构建关于环境、气候、资源的系统保护机制

为了执行欧盟《关于废弃物的第 2008/98 号指令》，德国《促进循环经济和确保合乎环境承受能力废弃物管理法》在环境保护、气候保护、资源保护方面做出了重要规定。《促进循环经济和确保合乎环境承受能力废弃物管理法》在具体内容方面全面遵循执行了欧盟《关于废弃物的第 2008/98 号指令》的理念与要求。欧盟《关于废弃物的第 2008/98 号指令》规定欧盟目标是将欧盟建成一个"回收社会"（Recycling – Gesellschaft）[208]，其规定废弃物产生者和持有者应在高水平地确保环境保护与人类健康的情形下管理废弃物，[209] 并在第 4 条规定了五层级废弃物处置等级序列。[210] 该指令第 13 条规定了成员国关于保护人类健康与环境的义务，要求成员国必须采取必要措施，以确保在废弃物管理中不损害人类健康与环境。[211]

根据该指令，《促进循环经济和确保合乎环境承受能力废弃物管理法》规定了"废弃物处置之法定目标"、"废弃物处置之法定义务"、"引入五层级废弃物处理等级序列"与"制定废弃物避免计划之义务"等具体制度构成。

首先，该法典遵循欧盟《关于废弃物的第 2008/98 号指令》，在第 1 条规定了该法典目标为"促进用以节约自然资源的循环经济，确保在废弃物的产生与管理中人类与环境的保护"。基于此，废弃物处置的法定目标是遵守循环经济理念，确保人类与环境的保护。

其次，该法典依据欧盟指令规定了废弃物处置的具体义务内容与义务承担者。该法典第 7 条第 2 款第 1 句规定"废弃物的产生者或持有者负有利用其废弃物的义务"。[212] 该法典第 15 条规定了废弃物清除的基本义务，该条第 1 款规定"未被利用的废弃物的产生者或持有者负有将其清除的义务，只要在本法第 17 条未做出另外规定。"

---

[207] Vgl. Europäische Kommission, Mitteilung der Kommission zur Mitteilung zu Auslegungsfragen betreffend Abfall und Nebenprodukte, Brüssel, den 21. 2. 2007, KOM（2007）, 59, S. 5.

[208] EG, Richtlinie 2008/98/EG vom 19. November 2008, Amtsblatt der EU, L312/6, 22. 11. 2008.

[209] EG, Richtlinie 2008/98/EG vom 19. November 2008, Amtsblatt der EU, L312/6, 22. 11. 2008.

[210] EG, Richtlinie 2008/98/EG vom 19. November 2008, Amtsblatt der EU, L312/10, 22. 11. 2008.

[211] EG, Richtlinie 2008/98/EG vom 19. November 2008, Amtsblatt der EU, L312/14, 22. 11. 2008.

[212] Vgl. Häberle, KrWG § 7, in: Erbs/Kohlhaas, Strafrechtliche Nebengesetze, 192 Ergänzungslieferung, Rn. 1 ff.

再次，《促进循环经济和确保合乎环境承受能力废弃物管理法》直接移植了欧盟《关于废弃物的第 2008/98 号指令》关于五层级废弃物处理等级序列的具体规定。[213] 通过该法，一个新的五层级废弃物处理等级序列得以确立，其依次包括以下内容："减量化"、"再使用的预备"、"循环利用"、"包括能量性利用与回填的其他利用"、"清除（处分）"。[214]

最后，《促进循环经济和确保合乎环境承受能力废弃物管理法》依据欧盟《关于废弃物的第 2008/98 号指令》做出的最重要革新是在第 31 至 33 条全面系统规定了"制定废弃物减量化方案之义务"。它规定各州、乡镇、区以及它们各自的联合体和废弃物公法处置者应参与制定废弃物减量化方案；如果联邦政府创建废弃物减量化方案，各州可以参与废弃物减量化方案之创建；如果各州不参与联邦的废弃物减量化方案，那它们将创设自身的废弃物减量化方案。

该规定使废弃物减量化方案制定的参与者具有全面性与多层级特征。同时，在该法第 33 条中，对于废弃物减量化方案的创设与革新制定了明确的日程表，并确立了主管机构。按该规定，废弃物减量化方案首次须至 2013 年 12 月 12 日予以创设，每隔 6 年予以评估并依据需要更新。对于创设联邦废弃物减量化方案负有职责的是联邦环境、自然保护和核安全部或一个由其确定的机构。联邦废弃物减量化方案将在专业相关的联邦部委意见一致情形下获得创设。

第三节　1994 年旧版德国《循环经济法》历史定位

1994 年旧版德国《循环经济法》包括九编 64 条以及 4 项附录。九编主题分别为："一般规定"、"废弃物的产生者和持有者以及处置者的原则与义务"、"产品责任"、"规划责任"、"销售促进"、"信息告知义务"、"监管"、"企业组织，废弃物企业受托人和经审核后的公司享有的便捷化待遇"、"最终条款"。4 项附录主题分别为：附录 I 废弃物类别、附录 II A 清除程序、附录 II B 再利用程序、附录 III 现有技术确定的标准。虽然 1994 年旧版德国《循环经济法》已经被废止，但它深刻影响了德国、欧盟乃至世界多国的循环经济法律制度的创设与完善进程，是世界循环经济法律制度发展上具有里程碑意义的重要法典。1994 年旧

[213]　Friedrich, EU erzwingt neues Kreislaufwirtschaftsgesetz, ZRP 2011, 108.

[214]　Handelskammer, Hamburg, Merkblatt zum neuen Kreislaufwirtschaftgesetz, S. 2.

版德国《循环经济法》的历史性贡献主要体现为以下三方面：

第一，1994 年旧版德国《循环经济法》构成德国循环经济法律制度核心法律，它不但统一整合了既有的德国循环经济法律资源，而且为其后德国循环经济法律制度的完善发展确立了基本原则与框架结构。在德国循环经济法律制度发展史上，1994 年旧版德国《循环经济法》的颁布使《包装条例》所体现的循环经济立法理念扩展为德国整个废弃物法的立法理念基础。为了执行该法的精神理念，德国政府以《包装条例》为模板，先后制定了一系列具体执行 1994 年旧版德国《循环经济法》规定的条例，包括《废弃木材处置条例》、《电池条例》等。这些条例与 1994 年旧版德国《循环经济法》的诞生促使德国大步地踏入新的循环经济时代。[215]

第二，1994 年旧版德国《循环经济法》推动了欧盟循环经济法律体系的创设与革新进程，并塑造了欧盟循环经济法律制度的基本框架。1994 年旧版德国《循环经济法》在 1996 年生效之后，它提出的关于废弃物减量化、再利用与处理的循环经济标准要求远远超前于当时欧盟环保法律法规，因而它对于欧盟循环经济法律体系的创设与革新发挥了重要推动作用。[216] 进一步而言，1994 年旧版德国《循环经济法》的制度构成为欧盟循环经济法律制度的创设提供了基本范例与成熟模板。举例而言，1994 年旧版德国《循环经济法》第 3 编是关于产品责任的规定，而同时期欧盟相关法律并不包含严苛与系统的产品责任条款。依据 1994 年旧版德国《循环经济法》第 22 条第 1 款规定，凡是开发、生产、加工、处理或者销售产品的主体，都必须承担产品责任，以实现循环经济的目的；为了承担履行产品责任，应当尽最大可能使产品的构造符合以下情形：在产品的生产与使用过程中减少废弃物的产生，并确保对于产品使用之后生成的废弃物进行符合环境承受能力的利用与处分。从历史纵向视角分析，1994 年旧版德国《循环经济法》第三编关于产品责任规定对于欧盟相关法律的制定与修订提供重要启示。[217]

第三，1994 年旧版德国《循环经济法》为世界多国循环经济法典的制定提供了基本模式与总体蓝图。1994 年旧版德国《循环经济法》是首部具有世界影响的系统阐述循环经济原则的法典。该法典第 4 条确立了循环经济原则，明晰了废弃物不同处置方式的位阶，并细化了多元的循环经济实施措施。依据该条第 1

---

[215] Meilensteine, 90er Jahre – Wende zur Kreislaufwirtschaft, Stand: 20. 03. 2013.

[216] Wiki, Kreislaufwirtschaftsgesetz, Stand: 13. 03. 2017.

[217] Wiki, Kreislaufwirtschaftsgesetz, Stand: 13. 03. 2017.

款规定，首先应当避免废弃物的产生，特别是通过减少其数量和危害性的方式来实现这一目的，其次应当对于废弃物进行物质性利用，或者通过利用以达到获得能量目的（能量性利用）。依据该条第 2 款规定，避免废弃物产生的措施尤其应当包括系统内置式的材料循环回收利用措施，降低废弃物产生的产品设计措施以及以购买产生较少废弃物与包含较少有害物质产品为导向的消费者行为。

在 1994 年旧版德国《循环经济法》确立的循环经济原则引导下，欧盟其他成员国、日本、中国等国逐步制定了本国循环经济法律法规。由于 1994 年旧版德国《循环经济法》在概念体系、精神理念与内容构成等多个层面体现的概念精准性、体系自洽性、理念超前性、规划科学性的基本特征，因而欧盟其他成员国、日本、中国等国的立法机关在制定核心循环经济法律时，基本都移植了 1994 年旧版德国《循环经济法》的框架结构与制度构成。

第六章

《促进循环经济和确保合乎环境承受能力废弃物管理法》内容构成与基本特征

德国联邦议会与联邦参议院于 2012 年 2 月 9 日与 10 日一致通过《促进循环经济和确保合乎环境承受能力废弃物管理法》法案。2012 年 6 月 1 日，该法案正式生效。该法制定的直接原因是德国在欧盟的推动下，履行成员国义务，执行欧盟《关于废弃物的第 2008/98 号指令》；其深层次原因是与德国政府制定《国家资源效率计划》目标相呼应，进一步完善发展德国的循环经济法律制度。

该法九大部分标题依次为："一般规定"、"废弃物产生者和持有者以及公法上的处置者的原则与义务"、"产品责任"、"规划责任"、"销售促进与废弃物咨询"、"监管"、"处置专业企业"、"企业组织，废弃物企业受托人和经审核后的公司享有的便捷化待遇"与"最终条款"；四项附录标题依次为："附录 I：处分程序"、"附录 II：再利用程序"、"附录 III：现有技术确定的标准"与"附录 IV：依据第 33 条的抑制废弃物产生措施的实例"。

德国《促进循环经济和确保合乎环境承受能力废弃物管理法》的具体目标之一是减少废弃物的产生，尤其是减少需要最终填埋的废弃物的产生。为了减少废弃物产生，首要措施是防止在产品生产与销售过程中存在的不必要的资源浪费。例如，基于循环经济的要求，一方面，生产企业应当避免对于产品的过度包装，从而减少包装材质的浪费；另一方面，生产企业也可以在饮料等产品上使用可重复利用的包装，从而尽最大可能防止包装废弃物的产生。为了保证资源的可持续性利用，原材料、初级产品、副产品、废弃物应得到最大限度的充分使用与循环利用。

与 1994 年旧版《循环经济法》相比，《促进循环经济和确保合乎环境承受能力废弃物管理法》做出了重大改变，它规定了新的抑制废弃物产生与废弃物管理措施的位阶顺序："减量化"、"再使用之预备"、"循环利用"、"其他的利用，尤其是能源利用与回填"与"处分"。在考察废弃物对人类和环境影响时，《促进循环经济和确保合乎环境承受能力废弃物管理法》认为应根据废弃物的整个生命周期，对于以下因素特别考虑："预期的排放量"、"保护自然资源的程度"、"将被使用或将获取的能源"以及"在产品中，用于利用的废弃物中或由之获取的产品中有害物质的积聚"。

具体言之，《促进循环经济和确保合乎环境承受能力废弃物管理法》在具体内容与立法技术上具有以下鲜明特征：

第一节　对于循环经济特定概念内涵及外延进行最新界定

在 1994 年旧版德国《循环经济法》的既有概念定义基础上，《促进循环经济和确保合乎环境承受能力废弃物管理法》对于与循环经济有关的若干重要概念都进行了明确的界定，这些概念的最新界定构成了德国循环经济法律制度改进与重构的基础与前提，也避免了以往因相关概念内涵模糊而导致的 1994 年旧版德国《循环经济法》在实践中执行不力的尴尬处境。《促进循环经济和确保合乎环境承受能力废弃物管理法》对于以下循环经济相关概念做出了明确具体的内涵及外延界定，其定义如下：

1. **废弃物**是指所有被其持有人丢弃、有意愿丢弃或者必须丢弃的物质或物体。**再利用废弃物**是指那些可被再利用的废弃物。**不能被再利用的废弃物**为用于处分的废弃物。

2. **丢弃**是指持有人将物质或物体送交附录 II 意义上的再利用或附录 I 意义上的清除，或者在放弃任何其他目的的情形下抛弃对其实际控制权。丢弃意愿关涉到下列物质或物体：在能源转换、生产、处理或利用物质材料或产品或服务情况下产生的，不再具有任何使用目的的物质或物体，或者其原来的使用目的落空或被抛弃，亦不存在一个新的使用目的来直接取代原有使用目的。对于使用目的的评判在兼顾流通观念的情形下由废弃物产生者或持有人的见解确定。持有人必须将物质或物体丢弃，如果它们不再匹配于原有使用目的被使用，而且依据其具体状态具有在现在或将来损害社会公共利益，尤其是损害环境的性质，并且其损害的潜在风险只有依据本法条款和基于本法颁布的法律条例通过一种符合规定的与无害的再利用或合乎公共利益的处分才能得以消除。

3. **"危险的"**意指通过法律条例或基于条例被确定的废弃物。该法意义上的"非危险的"指所有其他的废弃物。

4. **惰性废弃物**是指矿物废料,其没有经受重大的物理、化学或生物变化,或者其不溶解、不燃烧和未以其他方式发生物理的或化学的反应,或者不具生物降解性及不会以对人类与环境产生负面影响的方式对与其接触的其他材料造成妨害。废弃物总的可浸出性和污染物含量以及渗滤液的生态毒性必须是微不足道的,尤其不得损害地表水与地下水的质量。

5. **生物废弃物**是指可生物降解的植物性、动物性或来自真菌材料的现有的花园与公园废弃物,园林绿化废弃物,从家庭、餐厅和餐饮业、零售业产生的食品和餐厨废弃物和来自食品加工企业的可比照废弃物以及来自其他原产地的废弃物。

6. **废弃物产生者**是指任何自然人或法人,通过其经营活动产生废弃物(原始生产者)或通过预处理、混合或其他处理,使废弃物质地或组成发生变化(第二生产者)。**废弃物持有人**是指对废弃物具有实际控制权的任何自然人或法人。**废弃物收集者**是指任何自然人或法人,其商业性地或在经济企业的框架内,即出于从事有别于废弃物收集的另外的商业或经济活动的动机,而收集废弃物。**废弃物运输者**是指任何自然人或法人,其商业性地或在经济企业的框架内,即出于从事从事有别于运输废弃物的另外的商业或经济活动的动机,而运输废弃物。**废弃物经销商**是指任何自然人或法人,其商业性地或在经济企业框架内,即出于从事有别于经营废弃物的另外的商业或经济活动的动机或出于公共机构的动机以个人责任购买与转售废弃物;在此,关于废弃物的实际控制权的获得不是必需的。**废弃物经纪商**是指任何自然人或法人,其商业性地或在经济企业框架内,即出于从事有别于经纪废弃物的另外的商业或经济活动的动机或出于公共机构的动机为第三方管理废弃物;在此,关于废弃物的实际控制权的获得不是必需的。

7. **废弃物管理**是指废弃物的提供、传输、收集、运输、再利用和处分,其中包括对此进程的监督,对处分设施的善后处理以及交易商和经纪商进行的活动。**收集**是指废弃物的收集,包括基于运输至废弃物处理设施而进行的初步的排序与存储。**分离收集**是指一种收集,其在废弃物物流中依据废弃物的类型和质地而将废弃物分开处理,以使一项特定的处理行为得到简化或使之成为可能。**非营利性的废弃物收集**是指一种收集,其由依据《公司税法》予以免税的公司、协会或资产组合来承担,并为了实现在《税务规则》意义上的非营利的、慈善的或宗教的目的而助益于筹集资金。当公司、协会或资产组合委托一家商业性收集者进行收集,并在扣除它的成本与合理利润后将出售所得款项偿付给公司、协会或资产组合，这亦是一种非营利性的废弃物收集。

8. **商业性废弃物收集**，是指以创收为目的实行的收集。在收集者与私人家庭之间合同关系基础上具有持续性架构的征集活动的实施并不与商业性收集相抵触。

9. **循环经济**是指废弃物的减量化与再利用。**减量化**是指在物质、材料或产品已成为废弃物之前而采取的任何措施，其目的是减少废弃物数量，减少废弃物对人类或环境的有害影响或者减少材料和产品中有害物质的含量。这其中尤其包括物质在设备内部的循环利用，能够产生较少废弃物的产品设计、产品的再使用或它们使用周期的延长以及获取具有较少废弃物与较少有害物质产品以及以使用可重复使用包装为导向的消费行为。**再利用**是指任何程序，其主要结果是在设备内或在进一步的经济管理中使废弃物被用于一个具有效用的目的，其途径或者是以废弃物替代其他的材料，否则其他的材料将被用于完成一项特定的功能；或者废弃物将被预备用于完成这一功能。

10. **废弃物处置**是包括"再利用或处分的前置预备"在内的再利用和处分程序。该处置程序涵盖再使用之预备、循环利用、处分措施。**再使用之预备**是指任何测试、清洗或修理的利用程序，在其中，已成为废弃物的产品或产品组件在没有进一步预处理的情形下再次被预备使用于与它们最初目的相同的目的。**循环利用**是指任何利用程序，通过此程序，废弃物或者基于最初（使用）目的或者基于其他的目的被制备为产品、材料或物质；它包括有机物质的处理，但不包括能源的利用与用做燃料或用于回填的材料的制备。**处分**是指非利用的任何程序，即使此程序会产生回收获取物质或能量的次生后果。

11. **垃圾填埋场**是指在地表或地下用于存放废弃物的处分设施（地上堆填区）或地下储藏区。用于存放废弃物的企业内部的废弃物处分设施也属于填埋场，在其中，废弃物产生者可以在产生地点进行废弃物处分。

12. **现有技术**是指先进的程序、设施或操作方法的发展状态，它使一项措施的实际适用性在用以限制向空气、水与土壤的排放量，确保系统安全性，确保无害环境的废弃物处置或除此以外用于避免或限制对环境的影响，以实现一项整体性的对环境的高保护标准的诸方面显示出总体上获致保障性。

13. **副产品**的概念界定如下：一项物质或物体在制造程序中产生，制造程序的主要目的并非制造此物质或物体，则在以下情形下，该物质或物体是被作为副产品而不是被作为废弃物看待：一方面，当这一物质或物体可以确保得到进一步的使用，对此一个进一步的、超出正常工业程序的预处理是不需要的；另一方面，这一物质或物体被作为一个制造过程的不可分割的部分被生产，其进一步的使用是合法的；这特指此种情形，当这一物质或物体满足所有对其各种使用方式适用的生产、环境或健康保护要求，并总体上不会对人类与环境造成有害影响。此外，德国联邦政府获得授权，在听取有关各方意见后，在联邦参议院的同意下，以通过条例的形式确定标准，据此标准特定的物质或物品可被作为副产品看待。

14. **废弃物性状的终结**的概念界定如下：一项物质或物体的废弃物性质终结，当其通过一项利用程序而处于如下状态：①其通常被使用于特定的目的，②存在它的市场或它的需求市场，③它符合所有的对它的各个目的适用的技术要求以及所有用于产品的法规和适用标准，以及④它的使用总体上不会导致对人类或环境的有害影响。联邦政府获得授权，在听取有关各方意见后，并在获得联邦参议院批准的情形下，可以通过颁行法律条例的形式具体确定条件；在此条件下特定物质与物体的废弃物性质终结。

第二节　确立循环经济的基本义务与基准要求

《促进循环经济和确保合乎环境承受能力废弃物管理法》开宗明义，具体罗列了确立循环经济的基本义务与要求，包括"废弃物减量化与再利用的义务"、"再利用措施的排名与高品质性"、"出于利用目的的废弃物分类"、"关于有机废弃物与淤泥领域的循环经济的基本要求"、"促进循环利用与其他的物料利用目标"与"废弃物处分的基本义务与要求基准"。

一、规定废弃物减量化与再利用的义务

循环经济的基本义务包括废弃物减量化的义务与废弃物再利用的义务，废弃物减量化的义务以该法典以及根据该法典颁布的条例为基准。依据《促进循环经济和确保合乎环境承受能力废弃物管理法》规定，废弃物的产生者或持有者负有利用其废弃物的义务，废弃物的利用优先于其处分。同时，《促进循环经济和确保合乎环境承受能力废弃物管理法》规定了例外情形，即废弃物利用的优先性不适用于直接地与通常地通过研究与开发活动产生的废弃物。废弃物的再利用，尤其是通过将其纳入产品中的利用，必须符合规定地与无害地进行；再利用的进行必须是无害的，依据废弃物的特性，污染的程度和利用的类型应当不会预期产生对公众利益的损害，尤其是在回收过程中不会产生有害物质的集聚。

此外，只要其技术上是可能的，经济上是可以承担的，尤其是对于在再利用时获取的原料或获取的能源来说已存在市场或可以创建市场，那么废弃物的再利用义务必须得到履行。当为了实现废弃物的再利用目标而必须进行预处理时，此废弃物再利用亦被认为在技术上具有可能性。经济上的可承担性是指再利用所造成的成本与废弃物处分所需成本未处于不相当状态。

二、明确阐释再利用措施的排名与高品质性

在依据《促进循环经济和确保合乎环境承受能力废弃物管理法》履行再利用义务过程中，当这些措施依据废弃物的类型与特性，并在考虑该法所确定的标准情形下，可以为人类与环境的保护提供最佳保障，那么利用措施就具有优先性。在若干个相同位阶的利用措施之间，废弃物的生产者或持有者具有选择权。在设计将被实施的利用措施时，必须重点关注可以为人类与环境的保护提供最佳保障的高品质的利用。

同时，联邦政府在听取有关各方的意见和获得联邦参议院的同意后，有权依据《促进循环经济和确保合乎环境承受能力废弃物管理法》所确立的标准以法律条例的形式对于特定废弃物类型确定一项利用措施的优先性或同等级性和对于利用高品质性的要求。通过法律条例可以特别确定以下情形：废弃物的再利用在与其种类、特性、数量和成分相适合的情形下必须通过多层级的、上下级之间具有连接性的材质性的和紧密相连的能源性利用措施（级联利用）予以实施。

如果能源性利用的优先性或同级性没有依据《促进循环经济和确保合乎环境承受能力废弃物管理法》在一项法律条例中得以确定，那么当每个废弃物的热值在未与其他材料混合的情况下至少达到每千克 11 000 千焦耳，就可推定此能源性利用与材质性利用依据《促进循环经济和确保合乎环境承受能力废弃物管理法》第 6 条第 1 款条目 2 与条目 3 是同等级的。此外，联邦政府至 2016 年 12 月 31 日需基于废弃物经济之发展审查：是否以及在多大程度上热值对于有效与具有法律安定性地实施废弃物处置等级序列而言仍然是必需的。

三、划定出于利用目的的废弃物分类

依据《促进循环经济和确保合乎环境承受能力废弃物管理法》规定，包括稀释在内的危险废弃物与其他类别危险废弃物或其他废弃物、物质或材料的混合是不被允许的。在例外情形下，一项混合可以得到豁免而被允许，前提是当它在一个依据该法或依据《联邦污染防治法》获准的设施内得以执行；或者依据《促进循环经济和确保合乎环境承受能力废弃物管理法》对于一项符合规定的与无害的再利用的要求可以得到遵循，并且废弃物管理对于人类和环境的有害影响未通过混合而被加强。只要对确保符合规定的与无害的利用是必需的，并且分离技术上是可能的，经济上是可承担的，那么如果有害废弃物以未经允许的方式被混合，其就需要被分离。

依据《促进循环经济和确保合乎环境承受能力废弃物管理法》规定，德国联邦政府在听取有关各方的意见并征得联邦参议院的同意后，有权以发布条例的形式规定以下内容：依据废弃物的种类、特性或成分限制或禁止特定废弃物在产品中的整合使用或存留，确定废弃物分类，混合准许以及运输和存放的要求，确定废弃物提供、转让、收集和聚集的要求；上述行为通过取送体系，需要在一个统一的回收站或通过一种与其他同类产品或与以同样方式回收的产品共同实施的具有质量可比照性的统一的回收方式进行。对于特定的废弃物，如果它们的利用必须依据其种类、特性或数量而采用合适的特殊方法，那么要依据其来源、产生单位或最终产品来确定"其废弃物只允许以特定的量或特性或只用于特定目的才可进入流通或被利用"或者"其废弃物因具有特定的特性而不允许流通"。

四、规定关于有机废弃物与淤泥领域的循环经济的基本要求

《促进循环经济和确保合乎环境承受能力废弃物管理法》具体规定了关于有机废弃物与淤泥领域的循环经济的基本要求。联邦政府在听取有关各方的意见并征得联邦参议院同意后，有权通过条例的形式基于促进有机废弃物与淤泥利用的目的特别确定以下内容："何种废弃物作为有机废弃物或淤泥"，"对于有机废弃物的分离式收集具体有哪些要求"，"是否以及通过何种方式处理有机废弃物与淤泥，何种程序在此将被应用和何种其他措施在此将被采取"，"对于未被处理的，将被处理的和已被处理的有机废弃物与淤泥的种类与特性具有何种要求"。

此外，为了促进循环经济，并为了确保在有机废弃物与淤泥的产生与管理过程中对于人类与环境的保护，依据对此有效适用的法律条款，质量保证人和质量标签持有人可作出一个定期性的质量保证。质量保证人需要得到主管机构的承认。质量标志的颁发需以法令、监管合同或一个其他的对于质量标志持有人具有约束力的规定为基础，该规定特别需要确定对质量标志持有人，对由持有人产生、处理或利用的有机废弃物或淤泥和对其的监测提出的要求。

依据《促进循环经济和确保合乎环境承受能力废弃物管理法》规定，质量保证人必须基于核查质量标志持有人的目的使用专家，该专家需具有为执行监管所必需的可靠性、独立性以及专业技能与知识。联邦政府在听取有关各方的意见，并获得联邦参议院同意后，有权通过条例的形式对于有机废弃物与淤泥的质量保证规定要求。在条例中特别是以下内容可以得到确定："对于质量保证措施的要求，包括其规模"；"对于组织、人员性的、器件技术性的与其他的装备和质量标志持有人的职业的要求"；"对于质量标志持有人和在其处所雇用的人的要求，尤其是对于专业技能与知识和可靠性以及对其的证明的要求"；"对于质量保证人的活动的要求，尤其是对于其组成、解散、组织和运作方式，包括委任、监督机构的任务与权能的要求以及对监督机构成员的最低要求"；"对于为质量保证人工作的专家以及他们的委任、工作与管控的最低要求"；"对于质量标志的要求，尤其是对于形式与内容以及对于它的颁发，它的取消，它的废除与它的吊销的要求；质量保证人获致承认的专门条件、程序、颁发与撤销"。

五、阐明促进循环利用与其他的物料利用目标

依据《促进循环经济和确保合乎环境承受能力废弃物管理法》规定，基于符合规定的、无害的与高品质的回收的目标，只要在技术上是可行的，在经济上是合理的，废纸张、废金属、废塑料与废玻璃最迟从 2015 年 1 月 1 日起必须分离收集。涉及居民区废弃物的再利用准备与回收措施所处置的废弃物应当最迟从 2020 年 1 月 1 日起总计达到至少 65% 的重量比率。对非危险性建筑与拆卸废弃物（不包括自然中产生的材料）进行的再利用准备、循环回收和其他材质性利用措施所处置的废弃物应当最迟从 2020 年 1 月 1 日起至少达致 70% 的重量比率。至 2016 年 12 月 31 日，联邦政府必须在建筑经济发展与建筑废弃物利用条件背景下检验此一目标的实施。

六、明晰废弃物处分的基本义务与要求基准

《促进循环经济和确保合乎环境承受能力废弃物管理法》明晰了废弃物处分的基本义务与要求基准。依据该法规定，未被利用的废弃物的产生者或持有者负有将其处分的义务；通过对于废弃物的处理，其数量与危害性应被降低；在处分中产生的能源或废弃物，应被高品质地利用。

废弃物应当在不损害公共利益的方式下被处分。该种损害尤其在以下情形下产生，当①人们健康受到损害，②动物或植物被威胁，③水域或土壤受到有害影响，④通过空气污染或噪音，有害环境的影响被造成，⑤涉及空间规划的目标或原则与其他的要求未被关注或者涉及自然保护、景观管理以及城市规划的利害关系未被引起注意或者⑥公共安全或公共秩序以其他的方式被威胁或干扰。

《促进循环经济和确保合乎环境承受能力废弃物管理法》赋予德国联邦政府立法权，联邦政府在听取有关各方意见后，在联邦参议院同意下，基于履行法定义务的目的并在与现有技术相适应的情形下，有权通过法律条例的形式依据来源、集聚点以及种类、数量和特性确定要求，特别是确定对于废弃物分离与处理的要求，对废弃物提供、转递、收集与集聚、运输、存放和贮存的要求以及依据本法为了监测此类要求而行使的程序。

具体言之，依据《促进循环经济和确保合乎环境承受能力废弃物管理法》授权，德国联邦政府可通过法律条例做出以下规定："特定的废弃物，对其的处理、收集、集聚、运输、存放和贮存需根据它们的种类、特性或数量提出特别的要求"；"将这类废弃物带入流通领域或处分的人士，必须对此予以申明与提供一个许可证，并且必须满足对于他的可靠性的特别要求或者必须在一个被详细设置的程序中证明他的必要的专业知识或技能"。

第三节　实现产品责任主体宽泛化与责任内容类型化

《促进循环经济和确保合乎环境承受能力废弃物管理法》规定了外延范围十分宽泛的产品责任主体，并对于各种责任主体所承担的责任的具体内容进行了类型化与精细化。通过构建废弃物管理计划体系，该法进一步划分与明晰了循环经济所关涉各个领域内的相关义务主体与责任主体，并着重强调了废弃物管理处置过程中的公众参与的必要性，同时，对于多层级政府机关参与废弃物管理规定了执行程序与权限内容。

首先，《促进循环经济和确保合乎环境承受能力废弃物管理法》全面系统地规定了产品责任的责任主体及其承担的责任的内容与类型。依据该法规定，凡是开发、生产、处理或加工或销售产品的人，都必须基于实现循环经济目的承担产品责任。而且，产品开发、生产、处理或加工或销售的责任主体，应确保产品的构成须尽最大可能使其在生产与使用过程中减少废弃物的形成，并保证产品使用后产生的废弃物能合乎环境承受能力地得到利用或处分。

在具体操作层面，《促进循环经济和确保合乎环境承受能力废弃物管理法》规定了产品责任所关涉的五大重要领域，即①开发、生产和流通适宜于重复使用的、技术上具有长久性的和使用后能合规地、无害地与高品质再利用以及合乎环境承受能力予以处分的产品；②在生产产品时，优先使用可利用的废弃物或二次原材料；③对含有有害成分的产品进行标示，以确保产品使用后留下的废弃物能够以合乎环境承受能力方式被再利用或处分；④通过产品标志提示回收、再使用与再利用的可能性或义务和典押规定，以及⑤产品和产品使用后遗留下的废弃物之回收以及此后的合乎环境承受能力的再利用或处分。

其次，《促进循环经济和确保合乎环境承受能力废弃物管理法》的一大创新是，以法律条文的形式从宏观角度详细规定了德国联邦与地方政府、社会公众多层级参与实施的废弃物管理计划。在《促进循环经济和确保合乎环境承受能力废弃物管理法》统摄下，德国各州必须在自身管辖范围内以跨区域视角提出废弃物管理计划。废弃物管理计划需说明以下内容："废弃物减量化、再利用，尤其是再使用预备和循环回收，以及废弃物处分之目标"，"废弃物管理现状"，"改善废弃物再利用与废弃物处分的必需措施，包括对其实现目标能力之评估"，以及"废弃物处置设备，其对于在国内保障废弃物处分以及来自私人家庭的混合废弃物包括那些在其他来源领域被收集的废弃物之再利用是必需的"。此外，废弃物管理计划还需确定"废弃物处置设备细节"，以及"用于垃圾填埋场，其他废弃物处分设备以及废弃物处置设备的合适面积"。该计划可以进一步确定："哪一个处置者是预定的"和"处置义务人须使用何种废弃物处置设备"。

为了使废弃物管理计划具有可操作性与现实效用，《促进循环经济和确保合乎环境承受能力废弃物管理法》明确要求，废弃物管理计划必须至少包括以下具体内容：①关于在区域内产生的废弃物或预计来自或将被带入德国领土的废弃物的种类、数量及来源的说明，以及对于废弃物流将来发展的评估；②关于现有的废弃物收集体系与主要的处分与利用设备的说明，包括对于废油、危险废弃物和废弃物流的特别预防措施，对此依据本法或基于本法颁布的条例中的特别规定有效适用；③对于新的收集体系之必要性，现有的体系之关闭或建设之额外废弃物处置设备之评估，如果必要，亦包括对于相关投资的评估；④关于位置定位之确定标准与将来处分设备或主要利用设备产能的足够信息；⑤一般的废弃物管理政策，包括计划的废弃物管理技术与程序，或者对于构成特别管理问题的废弃物之政策。

为了使废弃物管理计划能得以高效、合理、有序地制定与执行，《促进循环经济和确保合乎环境承受能力废弃物管理法》将废弃物管理计划可能的内容范围做出了进一步的拓展，认为该计划还可进一步包括："关于废弃物管理组织方面的说明（涉及对于执行废弃物管理过程中公共和私营部门职责分工的描述）"，"关于使用经济或其他手段来应对不同的废弃物问题的效用与适用性的评估，在此须考虑维护内部市场顺利运作的必要性"，"运用意识宣传活动以及提供信息给大众或一个特定消费者团体"，"关于关闭的受污染的废弃物处分地点与其重建措施的说明"。

关于废弃物管理计划的具体制定程序事宜，《促进循环经济和确保合乎环境承受能力废弃物管理法》要求各州应相互协调其各自制定的废弃物管理计划；并且明确要求，在有必要制定一项跨州的规划的情形下，德国有关各州应在制定废弃物管理计划时相互协调确定要求与措施；在制定废弃物管理计划时，乡镇、区以及它们各自的联合体和公法处置者都必须参与。关于废弃物管理计划的呈报与修订程序事宜，《促进循环经济和确保合乎环境承受能力废弃物管理法》要求公法处置者须在主管机构要求下，将由其创建与续编的废弃物管理方案和废弃物审计报告出于评估废弃物经济计划的目的提交；各州规定制定计划与具约束力解释的程序。计划须至少每六年被评估，并根据需要更新。

再次，为了强调发展循环经济过程中公众参与的必要性与重要性，《促进循环经济和确保合乎环境承受能力废弃物管理法》全面详尽规定了在废弃物管理计划制定与实施过程中，公众参与该进程的权利内容与具体方式以及相关限制。依据该法典规定，在制定或修改废弃物管理计划的过程中，包括在制定或修改特别的篇章或独立的子计划过程中，如果涉及关于处置危险废弃物、废电池和蓄电池或包装或包装废弃物事宜，那么公众必须经由主管机构获得参与该决策过程权利。并且，废弃物管理计划的制定或修改以及关于参与程序的信息必须以一个官方公告或以其他合适的方式予以公示。为了保证公众对于废弃物计划内容的监督权利得以有效施行，《促进循环经济和确保合乎环境承受能力废弃物管理法》要求：新的或修订后的废弃物管理计划的草案以及草案所依据的原因和考虑因素，必须出于查阅目的于一个月间作出陈列；在陈列期限结束后两周内，相关意见可以书面形式向主管机构提交。此外，期限届满的日期将以通知形式予以告知；合乎期限收到的意见，将被主管机构在决定采纳计划时作适当考虑。

最后，为了实现公众对于废弃物管理计划监督的全面性与时效性，《促进循环经济和确保合乎环境承受能力废弃物管理法》要求废弃物管理计划的通过由主管机构以官方公告形式或在一个可公共访问的网站上公开宣示，在此须以摘要形式对于参与程序之进程与所做决定所依据的原因或考虑因素予以通报。而且，被采用的计划须出于查阅目的向公众陈列；德国各州必须向公众通告废弃物管理计划的状态；此通告应在符合现有保密规定情形下包括关于废弃物管理计划的总括性介绍与评估，与过往的比较以及对于此后通知期限的预告。

第四节　系统规定抑制废弃物产生方案的目标与基准

抑制废弃物产生是对于废弃物进行循环经济管理的首要步骤，也是防范环境污染的前置性与基础性措施。《促进循环经济和确保合乎环境承受能力废弃物管理法》对于废弃物减量化方案的目标与基准做出了专门规定，并确立了创设该方案的日程表与更新周期。

首先，废弃物减量化方案作为废弃物管理计划的前置方案，在《促进循环经济和确保合乎环境承受能力废弃物管理法》中也得到了系统规定，该法同样强调联邦与地方政府对该方案制定实施过程的全程参与。该法规定，联邦政府创建废弃物减量化方案，各州可以参与废弃物减量化方案的创建；在这种情况下，它们为它们各个主管区域承担自我责任性的贡献。并且此种贡献将在联邦的废弃物减量化方案中予以记录。《促进循环经济和确保合乎环境承受能力废弃物管理法》还做出补充规定，在各州不参与联邦的废弃物减量化方案的情形下，将由各州创设自身的废弃物减量化方案。

其次，《促进循环经济和确保合乎环境承受能力废弃物管理法》对于废弃物减量化方案的内容做出了详尽与多层次的规定。该方案必须确定废弃物抑制目标，此类目标应在其定位中将经济增长与由废弃物产生带来的对人类和环境的影响相脱钩；同时，该方案需要表明现有的废弃物减量化措施，并评估所指定的或其他适当的废弃物抑制措施的合目标性。此外。在有必要的情形下，废弃物减量化方案必须确定其他的废弃物减量化措施和预定合乎目标的、专门的、定性或定量的关于被确定的废弃物减量化措施的基准。依据《促进循环经济和确保合乎环境承受能力废弃物管理法》规定，各州所做贡献或各州废弃物减量化方案可在废弃物管理计划中予以记录或作为独立的环境政策方案或作为其中的部分被创设。如果一项贡献或一项废弃物减量化方案在废弃物管理计划或一个其他的方案中被添加，那么废弃物减量化措施须明确被规定。

最后，《促进循环经济和确保合乎环境承受能力废弃物管理法》明确要求：废弃物减量化方案首次须至 2013 年 12 月 12 日予以创设，每隔 6 年予以评估并依据需要更新。在建立或修订废弃物减量化方案时，公众经由主管机构获致参与。对于创设联邦废弃物减量化方案负有职责的是联邦环境、自然保护、建筑和核安全部或一个由其确定的机构。联邦废弃物减量化方案将在专业相关的联邦部委意见一致情形下获得创设。

第五节　强调废弃物公法处置的主导性与委托第三方处置的必要性

《促进循环经济和确保合乎环境承受能力废弃物管理法》强调了废弃物公法

处置的主导性与委托第三方处置的必要性。它详细规定了"废弃物交付义务"、"废弃物收集的申请程序"、"基于地产的容忍义务"与"废弃物公法处置者的义务"的具体内容。

一、废弃物交付义务

《促进循环经济和确保合乎环境承受能力废弃物管理法》规定了废弃物产生者或持有者向废弃物公法处置者交付废弃物的义务。只要这些废弃物在私人生活领域在它们被使用过的地产上无法被再利用或不具再利用意愿，生活废弃物的产生者或持有者依法有义务将这些废弃物交付给州法赋予处置义务的法人（公法处置者）。该义务也适用于基于处分目的来源于其他领域的废弃物的产生者与持有者，前提是他们并非在自身设施内处分废弃物。此外，如果基于压倒性的公共利益将废弃物交付给公法处置者是必需的，那么在自身设施内处分废弃物的授权不再存在。

《促进循环经济和确保合乎环境承受能力废弃物管理法》规定了交付义务的豁免情形。对下列废弃物而言，交付义务不存在：①根据该法颁布的法律条例附有循环利用或交回义务的废弃物，前提是公法处置者依据该法的规定不介入回收工作。在此情形下，特别是一个统一的回收站或一个具有可比照质量的统一的可回收物收集能够被预定，由此来自私人家庭的有价值的废弃物以有效方式得以收集并得以实现高品质的利用；②依据该法在行使产品责任中被自愿回收的废弃物，前提是循环利用的生产者或分销商已获得依据本法发放的豁免或确定通知；③通过非营利性的收集而服务于一个合规与无害的利用目标的废弃物；④通过商业性收集而服务于一个合规的与无害的利用目标的废弃物，前提是压倒性的公共利益未与此项收集发生抵触。

当履行由该法产生的处置义务时由于经济均衡条件而受阻或规划安全与机构责任受到严重损害，那么一项对公法处置者与由其委托的第三方功效产生的损害被确认。当通过商业性收集①废弃物被收集，为此收集公法处置者或由其委托的第三方实行一项家用的或其他的高品质性的分离式废弃物收集与利用，②费用的稳定性被威胁，或者③非歧视性的与透明的废弃物处置服务的采购在竞争中被严重困难化或破坏，那么一项对公法处置者的规划安全与机构责任的严重损害被确认。此外，在评价"由商业性收集者提供的废弃物收集与利用"与"由公法处置者或由其委托的第三方已经提供的或具体规划的服务"相比是否具有显著的功效优势时，不仅与循环经济目标相关的关于废弃物收集与利用的质量、效率、范围和持续期应被用于评估的标准，而且基于所有私人家庭视角在公法处置者领域被用于评估的关于服务的公益导向的服务正义性也应作为评判标准。超出直接收集与利用服务范围的服务，尤其是薪酬支付，在评判功效时不予考虑。德国联邦各州可以基于确保环境无害化处分的目的规定处分危险废弃物的投标与交付义务。对于利用危险废弃物的投标义务，如果各州至 1996 年 10 月 7 日已经对其做出规定，那么保持不变。

二、废弃物收集的申请程序

《促进循环经济和确保合乎环境承受能力废弃物管理法》规定了废弃物收集的申请程序的整个流程与各环节内容。非营利性收集与商业性收集必须最迟在它们被预定开始前 3 个月通过其主管机构予以公告。商业性收集的公告必须附随以下信息：①关于收集公司规模与组织的说明；②关于收集的种类、程度和持续时间，特别是关于最大程度范围与最短持续时间的说明；③关于将被用于利用的废弃物种类、数量与留存处的说明；④一份关于在所公告的周期内预定的利用方式，包括为了确保其能力而采取的必要措施的声明；以及⑤关于如何在所定利用方式框架内确保对所收集的废弃物进行合规与无害利用的说明。

非营利性收集公告必须包含以下信息：关于非营利性收集者以及被委托收集的第三方的规模与机构的说明，以及关于收集的种类、程度和持续时间的说明。主管机构应当敦促进行商业性或非营利性收集的公法处置者对其管辖范围在两个月期限内提交意见。如果在期限终了之时，公法处置者仍未提交意见，那么可认为该处置者不愿表达意见。

主管机构可对公告收集规定限制性条件，使其具有时间限制或预设义务，前提是这对确保达成《促进循环经济和确保合乎环境承受能力废弃物管理法》的条件而言是必需的。主管机构须禁止经公告的收集的开展，当事实显示经公告者或对收集负有管理或监督责任的人的可靠性存在值得怀疑之处，或者《促进循环经济和确保合乎环境承受能力废弃物管理法》中所列前提条件的遵循无法通过它法予以确保。主管机构可以确定，一项商业性收集至少在一个特定的期间内被开展，此期间不得超过 3 年。如果商业性收集在第一句所确定的最短期限结束前中止或在此期限内由于其类型与程度方面不符合由主管机构依据《促进循环经济和确保合乎环境承受能力废弃物管理法》确定的条件或者义务履行被显著阻碍，那么商业性收集者对受影响的公法处置者基于补偿额外支出的目的负有义务，此额外支出对到目前为止由商业性收集所收集的废弃物的集聚与利用而言是必需的。为了确保补偿请求权，主管机构可以对商业性收集者施加一项安全确保职能要求。

《促进循环经济和确保合乎环境承受能力废弃物管理法》还进一步规定，如果一项商业性收集在该法生效之日已获开展，且到目前为止未对公法处置者、由公法处置者所委托的第三方或者根据该法所颁条例设置的回收采集系统产生危害，那么在依据该法产生的指令中，相称性原则尤其是对于收集者对收集进一步进行的信赖期望的保护必须得到明确关注。

三、基于地产的容忍义务

《促进循环经济和确保合乎环境承受能力废弃物管理法》附加给地产所有者与持有者关涉循环经济的容忍义务。地产所有者与持有者对在自己地产上产生的具有交付义务的废弃物，基于对废弃物分离进行集聚与监测和对废弃物利用之目标，负有义务容忍在其地产上搭建收集所必需的容器以及进入地产。主管机构的工作人员或被委托人，只有在为了防止紧急危险危害公共安全与秩序时，才可在正常工作时间以外进入商业和营业用地与商业和营业空间，以及在未经屋主同意的情况下进入居住空间。住宅不受侵犯的基本权利（《基本法》第13条第1款）将在一定程度上受到限制。

四、废弃物公法处置者的义务

《促进循环经济和确保合乎环境承受能力废弃物管理法》规定，公法处置者必须对其管辖范围内产生并已交付的来自私人家庭的废弃物与来自其他领域用于处分的废弃物进行处分。公法处置者可在主管机构批准下将废弃物排除于处置程序之外，前提是其受回收义务约束并已有实际的相应回收设备存在。这种情形也可适用于非私人家庭的、其他来源的废弃物处置，前提是这些废弃物根据其种类、数量或特性不能与私人家庭产生的生活废弃物在一起处置，或者依据各州的废弃物经济计划，由其他的公法废弃物处置者或第三方来承担处分工作能保障合乎环境承受能力处分的安全性。此外，公法处置者可以在征得主管部门同意后取消不处置状态，前提是那里提及的对不处置的前提条件不复存在。

《促进循环经济和确保合乎环境承受能力废弃物管理法》进一步做出明晰规定，即公法处置者必须制定关于在其管辖范围产生或将交付给其的废弃物的再利用，尤其是再使用预备与循环回收和处分的废弃物管理方案与废弃物管理总结报告。对废弃物管理方案与废弃物管理总结报告的要求必须以联邦各州州法为根据。负有再利用与处分义务者可以将其义务的履行委托给第三方。他们对履行义务的责任仍然保持不变并一直持续，直到处置最终性与合规性地被完成。被委托的第三方必须具有必需的可靠性。

五、构建非官僚化的循环经济官方监管机制

《促进循环经济和确保合乎环境承受能力废弃物管理法》（第六编第47条至

第 55 条）规定了非官僚化的高效的循环经济官方监管机制。在具体内容层面，《促进循环经济和确保合乎环境承受能力废弃物管理法》内化与细化了欧盟《关于废弃物的第 2008/98 号指令》（《废弃物框架指令》）的相关要求，提高了循环经济官方监管效率。基于《促进循环经济和确保合乎环境承受能力废弃物管理法》第 47 条第 2 款规定，主管机构应定期与在合理范围内检查危险废弃物的产生者，用于处理废弃物的设备与公司，以及废弃物的收集者、运输者、经销商和经纪商；对废弃物收集者和运输者所履行职能活动的检查亦延伸至被收集的和运输的废弃物的来源、种类、数量和目的地。由于《促进循环经济和确保合乎环境承受能力废弃物管理法》第 69 条规定拓展了行政罚款措施的适用范围，重新建构了行政罚款机制，因而该规定也发挥了提高循环经济官方监管效率的效用。[218]

《促进循环经济和确保合乎环境承受能力废弃物管理法》第 53 条是关于"废弃物的收集者、运输者、经销者和经纪者"的规定。该条第 1 款规定，废弃物的收集者、运输者、经销者和经纪者在经营活动开始前必须向主管机构申报其经营活动，除非这项经营具有第 54 条第 1 款规定的一项许可，主管机构应毫不迟延地书面通知申报者其申报已到达。具有管辖权的是申报者主场登记地所在的州的机关。该条第 2 款规定，对运营管理负有责任的业主，对运营的管理和监督负有责任的人员和其他工作人员必须具备实施其活动所必需的专业知识技能。该条第 3 款规定，主管机构可以对申报的活动附加时间限制条件或规定义务，前提是这对保障公众利益而言是必需的。它可以要求提供关于申报者可靠性的证明与专业知识技能的文件。它必须禁止申报的活动，当有事实显示业主的可靠性或负有管理和监督运营责任的人存在可怀疑之处，或者当依据第 2 款第 2 句规定必需的专业知识技能没有被证明。

《促进循环经济和确保合乎环境承受能力废弃物管理法》第 54 条是关于"危险废弃物的收集者、运输者、经销者与经纪者"的规定。该条第 1 与 2 款规定，危险废弃物的收集者、运输者、经销者和经纪者需要获得许可。如果没有事实表明业主或负有运营管理和监督责任的人的可靠性存在可怀疑之处，以及对运营管理负有责任的业主，对运营的管理和监督负责的人员和其他工作人员具有行使其活动必要的专业知识技能，那么主管机构必须颁发许可。主管机构可对于此许可附加配套规定，前提是这对保护公共利益是必需的。

---

[218]　BMUB, Eckpunkte des neuen Kreislaufwirtschaftsgesetzes, Stand: März 2012.

第六节　预留法律规制空白区域

从宏观层面考察，《促进循环经济和确保合乎环境承受能力废弃物管理法》仅是为德国循环经济的完善发展规定了法律框架与范围；在诸多细节领域，它预留了法律规定的空白区域。按照《促进循环经济和确保合乎环境承受能力废弃物管理法》规定，对这些空白区域的相关法律规定的制定，可在将来通过联邦政府或联邦环境、自然保护、建筑和核安全部以制定法律条例的形式进行。[219] 此类授权性条款包括《促进循环经济和确保合乎环境承受能力废弃物管理法》第 4 条第 2 款、第 5 条第 2 款、第 8 条第 2 款、第 10 条第 1 款、第 11 条第 2 款、第 12 条第 7 款、第 16 条第 1 句、第 23 条第 4 款、第 24 条第 1 款、第 25 条第 1 款、第 26 条第 1 款、第 38 条第 1 款、第 41 条第 2 款、第 43 条、第 48 条、第 52 条第 1 款、第 53 条第 6 款、第 54 条第 7 款、第 55 条第 2 款、第 60 条第 3 款、第 61 条、第 65 条。

例如，《促进循环经济和确保合乎环境承受能力废弃物管理法》第 16 条第 1 句规定：联邦政府在听取有关各方意见并在联邦参议院同意下，基于履行依据第 15 条产生义务的目的并在与现有技术相适应的情形下，有权通过法律条例的形式依据来源、集聚点以及种类、数量和特性确定要求，尤其是：①对废弃物分离与处理的要求，②对废弃物提供、转递、收集与集聚、运输、存放和贮存的要求以及③依据该法典第 10 条第 2 款条目 1 至条目 9 和第 3 款为了监测此类要求而行使的程序。

综上所述，《促进循环经济和确保合乎环境承受能力废弃物管理法》与 1994 年旧版德国《循环经济法》相比，具有重大的内容革新。一方面是应欧盟循环经济法律文件的要求对德国循环经济法律做出了重大革新，另一方面也是德国循环经济法律制度历史发展进程中的里程碑，是德国循环经济法律理念与实施手段日益成熟化与专业化的标志。基于此，《促进循环经济和确保合乎环境承受能力废弃物管理法》将对欧盟乃至全世界各国的循环经济立法产生持续与深远的影响。

---

[219]　Wirtschaftslexikon 24, Kreislaufwirtschafts–und–abfallgesetz, http：//www. wirtschaftslexikon24. net/d/kre-islaufwirtschafts–und–abfallgesetz/kreislaufwirtschafts–und–abfallgesetz. htm, Stand：20. 03. 2013.

· 99 ·

第七章

德国废弃物二元化处置责任制度精解

废弃物处置（Abfallentsorgung）是指涉及废弃物清除（Abfallbeseitigung）与废弃物再利用的所有程序与活动，它包括废弃物清除与废弃物再利用两个下位概念。[220] 其中，废弃物清除（处分）包括两种情形：第一种情形是指在符合法定限制值的前提下，将废弃物投放到环境之中。这类废弃物主要是指液体或气体废弃物。在被投放到环境中之前，该类废弃物必须经过化学转化或稀释程序的处理。第二种情形是指将废弃物转移到最终保存设施（例如废弃物填埋场、废弃矿山、盐丘）中。这类废弃物主要是指固体废弃物。在被转移到最终保存设施中之前，该类废弃物必须接受处理与包装。[221] 废弃物再利用（Abfallverwertung）是指废弃物的再使用、循环利用与热回收。除此以外，如果废弃物被用于填补采矿留下的空洞，以防止或减轻采矿造成的破坏性影响，那么该填补行为也被认为是废弃物再利用的一种类型。[222]

第一节　德国废弃物处置路线图

废弃物处置是 21 世纪最大的环境问题之一。[223] 在德国，处置专业公司负责废弃物处置事宜。这类公司既可以属于公法企业（依据公法设立或认可的企业），又可属于私人性质的企业。基于此，德国实施私营与公营相结合的废弃物二元化处置机制。例如，在废弃物物质性与能源性再利用领域，德国已经构建了网状分布的高水准的废弃物处理基础设施。其中，约有 4300 家对废弃物进行分

---

[220]　Wiki, Abfallentsorgung, Stand: 28.03.2017.

[221]　Wiki, Abfallentsorgung, Stand: 28.03.2017.

[222]　Wiki, Abfallentsorgung, Stand: 28.03.2017.

[223]　Wiki, Abfallentsorgung, Stand: 28.03.2017.

类、配置与处理的设施，约有 870 家对废弃物进行热回收与清除处分的设施。约 50% 的德国城市废弃物收集与预处理业务量由市政企业与私人企业承担实施。关于城市、商业与工业废弃物的分类、配置业务主要由私人废弃物处置企业承担实施。[224]

早在 1994 年旧版德国《循环经济法》中，德国立法者已经勾画了关于废弃物处置的三种路线图。

基于第一种路线图，德国必须确立以下基本原则（污染者自付原则）：所有废弃物持有者都必须自行处置其所持有的废弃物。也就是说，废弃物持有者必须尽最大可能分离、再利用以及在预处理之后填埋其所持有的废弃物。废弃物持有者既可以利用自身的废弃物处置设备分离、再利用以及清除其所持有的废弃物，又可以委托特定处置企业代为处置其所持有的废弃物。德国各州可以规定由特定的地区性处置垄断企业对不易处置的特殊类型的废弃物进行处置。[225]

第二种路线图属于第一种路线图的例外情形。基于第二种路线图，由于私人家庭通常无法有效处置家居生活产生的废弃物，因而依据德国传统，一般应由市镇主体负责家居生活废弃物以及其他相类似的废弃物（例如餐馆或医院的食品包装）的处置事宜。为了有效处置辖区内废弃物，德国市镇可以通过联合的方式组建跨地区的废弃物处置垄断企业。在废弃物处置的具体执行环节，德国市镇不仅可以指令其自身创办的公法企业具体执行处置辖区内废弃物的任务，而且可以委托私营废弃物处置企业代为执行该任务。进一步而言，德国各级行政主体可以通过与废弃物处置企业合作的方式，委托后者代为履行废弃物处置义务。例如，在 2012 年 4 月中旬，由环境部长弗朗茨·温特斯代勒（Franz Untersteller）代表的德国巴登-符腾堡州与拜仁特殊废弃物处置有限责任公司（GSB）以及黑森工业废料有限责任公司（HIM）签署了关于处置该州可燃特殊废料（如旧漆、废弃溶剂）的合作协议。[226] 从废弃物处置设施类型层面分析，在 20 世纪 90 年代以前，大多数德国市镇主体就已经具有处置绿色废弃物（堆肥）的回收设施。但在 20 世纪 90 年代初期，包括废弃物焚烧设施与废弃物填埋场在内的德国废弃物处置设施出现了发展瓶颈，无法满足废弃物处置要求。[227]

---

[224] BDE/ITAD/VDMA, Branchenbild der deutschen Kreislaufwirtschaft, https：//www. prognos. com/uploads/ tx_atwpubdb/20160524_Branchenbild-2016_Prognos. pdf, Stand：26. 02. 2017, S. 10.

[225] Wiki, Abfallentsorgung, Stand：28. 03. 2017.

[226] Wiki, Gefährliche Abfälle, Stand：26. 02. 2017.

[227] Wiki, Abfallentsorgung, Stand：28. 03. 2017.

第三种路线图又属于第二种路线图的例外情形。第三种路线图是根据德国联邦环境、自然保护和核安全部长克劳斯·特普费尔（Klaus Töpfer）的建议而得以制定完成。依据该路线图，包装以及其他产品的生产者与销售者具有义务回收成为废弃物的包装以及其他产品，并自行处置这类废弃物。德国立法者认为，通过这种义务性规定，可以促使生产企业在产品设计过程中更多地考虑环保因素。其原因在于，环保型产品的使用可以不产生或者较少产生废弃物，因而可以降低生产企业必须承担的废弃物处置成本。[228]

第二节　德国废弃物二元化处置责任制度实施机制

从历史纵向视野分析，德国系统化的二元化处置责任制度发端于 20 世纪 90 年代初。1991 年，在获得德国联邦议会与联邦参议院同意情形下，德国联邦政府审议通过了《包装条例》（Verpackungsverordnung），并于当年年底施行该条例。这是德国首部明确规定制造商具有产品废弃物回收责任的法律文件，它对德国循环经济法律制度的构建产生了深远影响。[229] 在生产者责任延伸原则的框架下，企业有义务回收自身产生的包装废弃物。但诸多中小企业无力独自建立与运营废弃物回收系统，因此它们需要具有资质与能力的专业回收企业代其履行回收义务。

在这一时代背景下，为了应对《包装条例》的颁布施行，德国日用品行业与包装行业的多家企业共同创设了德国二元系统有限责任公司（DSD）。德国二元系统有限责任公司创建于 1990 年 9 月 28 日，公司住所地为德国科隆。该公司是德国最主要的经营垃圾分类业务的企业主体。由于在二元系统有限责任公司创设之前已经存在公共废弃物处理系统（öffentlich-rechtliches Abfallbeseitigungssystem），所以私营性质的二元系统被视为公共废弃物处理系统的补充与辅助，这也是前述公司被命名为"二元系统"的原因所在。最初，德国二元系统有限责任公司被定位为非盈利性公司，其创设目的是减轻生产商与销售商回收利用废弃物的负担，逐步在德国联邦构建起一个具有全国影响的包装分类回收与循环利用的系统。这家公司的经营资金来源于向产品制造商授予"绿点"（Der Grüne Punkt）标志时所收取的注册许可费。1997 年，该公司被转制成为股份公司。2005 年底，这一公

---

[228]　Wiki, Abfallentsorgung, Stand：28.03.2017.

[229]　Wiki, Verpackungsverordnung（Deutschland）, Stand：26.12.2015.

司又由股份公司转制成为有限责任公司。[230] 德国《包装条例》在颁行后经过多次修订。通过修订，德国二元系统有限公司在垃圾分类处理领域的垄断地位被废止。依据 2009 年修订后的《包装条例》，电子商务经销商亦被要求承担回收商品包装或加入废弃物处理二元系统的义务。

依据《包装条例》第 6 条第 3 款规定，德国二元系统有限责任公司在全国范围内建立了获得审批的二元系统，该系统被用于回收与循环利用包装废弃物。德国消费者依据包装废弃物的种类进行分类处理。例如，废玻璃与废纸张应被置放于公共回收容器中，废塑料、废金属与轻质废旧包装应被装于黄色袋子中予以回收。在二元系统框架下，德国制造商与销售商通过交纳许可费的方式，将回收与循环利用包装废弃物的义务转嫁给了德国二元系统有限责任公司。德国二元系统有限责任公司统一处理全国包装废弃物，可以发挥规模经济优势，从而以更少的社会资源成本实现包装废弃物的系统回收与高效再利用。在全德国领域内，德国二元系统有限责任公司经常通过公开招标的方式，按照德国州、县、市的行政区域划分将包装废弃物的搜集、运输与分类业务委托给其他专业循环经济运营公司。[231]

二元系统有限责任公司提供关于"使用'绿点'标志以及加入二元系统"的合同书，德国企业可以通过签署合同书的方式与二元系统有限责任公司达成包装废弃物处置协议。德国企业依据自身所使用包装的数量、体积与材质向二元系统有限责任公司提出申报，委托德国二元系统有限责任公司回收利用它们的包装废弃物。这些企业在产品包装上标示"绿点"标志，并向二元系统有限责任公司交纳"绿点"标志注册许可费。需要注意的是"绿点"标志不是环保标志，而是许可使用标志。依据包装废弃物处置协议要求，二元系统有限责任公司接受德国企业的委托，收取"绿点"标志许可使用费，系统收集与分类处理各种包装废弃物，然后再将初步处理的废弃物送往循环利用企业进行分解利用。[232] 二元系统有限责任公司经常根据德国各州与各城市的地理边界划分废弃物处置业务的公开招标区域。中标的废弃物处置企业既包括经营区域性循环经济业务的企业，又包括经营跨区域性循环经济业务的企业。基于《包装条例》规定，德国二元系统有限责任公司从 1991 年开始即成为全德国领域内从事包装垃圾搜集与循环利用的专业公司。在 2013 年初，德国二元系统有限责任公司获得了包装废弃物处

[230] Wiki, Duales System Deutschland, Stand：26.12.2015.

[231] Wiki, Duales System Deutschland, Stand：05.09.2015.

[232] Wiki, Duales System Deutschland, Stand：26.12.2015.

理市场 50% 以上的市场份额。其他的包装废弃物处理市场份额由 ELS 有限责任公司、Interseroh Dienstleistungs 有限责任公司、Landbell 股份公司等企业分享。[233]

从制度构成层面分析，在《促进循环经济和确保合乎环境承受能力废弃物管理法》生效前，德国依据《包装条例》与 1994 年旧版德国《循环经济法》，已经系统施行了私营与公营相结合的废弃物"二元化处置责任"制度，[234] 它可细分为两方面。一方面，产品生产商依据"污染者付费原则"，必须承担处置清理其自身所产生的废弃物的义务；另一方面，市镇社区作为公法处置者，应依据"公共服务原则"处置清理由私人家庭产生的废弃物。[235]

实践证明，这种废弃物二元化处置责任制度颇具成效，《促进循环经济和确保合乎环境承受能力废弃物管理法》也在一定程度上对这一制度加以了确认。[236]例如，该法第 7 条第 2 款第 1 句规定了包括产品生产商在内的废弃物的产生者或持有者负有循环利用其废弃物的义务。[237] 该法第 20 条明确了废弃物公法处置者的义务，即公法处置者基本上以其管辖的范围为界限，再利用或处分废弃物。此外，该法系统还规定了废弃物交付的具体要求与承担者。但该法第 17 条第 1 款对二元化处置责任制度做出了重大革新。该条款规定，家居生活废弃物的产生者或持有者有义务将这些废弃物投送给州法赋予处置义务的法人（公法认可处置者），其适用前提是：这些废弃物在私人生活领域在它们被使用过的地产上无法被再利用或生产者或持有者不具再利用的意愿。依据该规定，如果家居生活废弃物的产生者或持有者在私人生活领域具有再利用这些废弃物的意愿与可能性，那么他们可以自主利用这些废弃物。在这种情形下，传统废弃物处置的公营与私营明确区分的这一特征将不复存在。[238]

为了全面、高效地协作处置废弃物，德国《促进循环经济和确保合乎环境承受能力废弃物管理法》在废弃物二元化处置责任制度框架之下，进一步细化了地产所有者与持有者以及公法认可的废弃物处置者的义务。

例如，德国《促进循环经济和确保合乎环境承受能力废弃物管理法》第 19 条规定了基于地产的容忍义务。依据该条第 1 款规定，地产所有者与持有者应对

[233] Wiki, Duales System Deutschland, Stand: 26.12.2015.
[234] BMUB, Eckpunkte des neuen Kreislaufwirtschaftsgesetzes, Stand: März 2012.
[235] BMUB, Eckpunkte des neuen Kreislaufwirtschaftsgesetzes, Stand: März 2012.
[236] BMUB, Eckpunkte des neuen Kreislaufwirtschaftsgesetzes, Stand: März 2012.
[237] Vgl. Häberle, KrWG § 7, in: Erbs/Kohlhaas, Strafrechtliche Nebengesetze, 192 Ergänzungslieferung, Rn. 1 ff.
[238] BMUB, Eckpunkte des neuen Kreislaufwirtschaftsgesetzes, Stand: März 2012.

在自己地产上产生的具有交付义务的废弃物时，基于对废弃物分离进行集聚与监测和对废弃物再利用之目标，有义务容忍在其地产上搭建收集废弃物所必需的容器以及他人对于其地产的进入行为。而主管机构的工作人员或被委托人只有为了防止危害公共安全与秩序的紧急危险，才可在正常工作时间以外进入商业和营业用地与商业和营业空间，以及在未经屋主同意情形下进入居住空间。在前述情形下，住宅不受侵犯的基本权利（《基本法》第 13 条第 1 款）将在一定程度上受到限制。

又如，德国《促进循环经济和确保合乎环境承受能力废弃物管理法》第 20 条规定了公法认可的废弃物处置者的义务。依据该条第 1 款规定，公法认可处置者必须对其管辖范围内产生并已交付的来自私人家庭的废弃物与来自其他领域用于处分的废弃物依据该法典第 6 至 11 条进行再利用或者依据该法典第 15 至 16 条进行处分。如果因为该法典第 7 条第 4 款所列的原因，废弃物的再利用义务不必履行，并且在此情形下废弃物基于处分目的被交付，那么公法认可的处置者对于废弃物再利用负有义务。依据德国《促进循环经济和确保合乎环境承受能力废弃物管理法》第 21 条规定，该法第 20 条意义上的公法处置者必须制定关于在其管辖范围产生或将交付给其的废弃物的再利用（尤其是再使用预备与循环回收和处分）的废弃物管理方案与废弃物管理总结报告。对于废弃物管理方案与废弃物管理总结报告的要求须以州法为根据。

第三节　德国二元化处置所关联的欧盟反垄断规制机制

从创建伊始，德国二元系统有限责任公司在德国包装废弃物处置市场就占据主导地位。在 2001 年，欧盟委员会裁定德国二元系统有限责任公司在提供销售包装废弃物处置服务过程中，存在不公平对待客户与阻碍竞争对手进入相关市场的行为。欧盟委员会认定，尽管德国二元系统有限责任公司对于企业使用绿点标志提出全面收费要求，但部分使用绿点标志的废弃物的处置业务却不是由该公司本身提供，而是由该公司的竞争对手提供，因此在这种情形下，德国二元系统有限责任公司构成违反《欧共体条约》第 82 条（现《欧盟运作条约》第 102 条）

的滥用市场支配地位垄断行为。[239] 基于此，欧盟委员会要求德国二元系统有限责任公司不得对企业使用绿点标志进行全面收费，而应当依据其所提供的实际发生的废弃物循环利用与处置业务进行收费。[240]

除上所述，欧盟委员会还对德国在制定《包装条例》与1994年旧版德国《循环经济法》时未能充分贯彻竞争原则提出严厉批评。欧盟委员会认为，德国立法机关在制定上述条例与法律进程中，仅仅关注"理想化"的保护资源与环境的目标，而忽视了在循环经济与废弃物经济领域构建适宜的竞争规则。依据欧盟委员会观点，只有在循环经济与废弃物经济领域尽最大可能推行竞争这一根本性原则，才能鼓励在该领域的技术与管理创新，从而提高资源的使用效率。[241]

总体而言，在德国二元化处置责任制度框架下，循环经济服务通常属于公共经济利益服务范畴。在德国乃至欧盟的循环经济服务领域，循环经济公共企业承担供给循环经济服务的关键角色。德国政府为了推进循环经济模式发展，除给予循环经济公共企业国家援助外，还可能通过行政干预手段参与塑造公共企业的市场行为。在欧盟与德国双层级反垄断法执行机制框架下，如果德国循环经济公共企业实施的企业垄断行为产生跨越国境的排除与限制竞争影响，那么该类垄断行为应当依据《欧盟运作条约》第101条与102条受到欧盟反垄断法规制。此外，德国循环经济公共企业实施的排除与限制竞争行为还可能隐含政府行政干预的因素，而这同样可能触发欧盟反垄断法的规制机制。基于此，德国循环经济公共企业成为欧盟反垄断法重要的审查对象与规制主体。

一、欧盟反垄断法视角下的德国循环经济公共企业界定标准

在二元化处置责任制度框架下，德国公共废弃物处理系统与私营废弃物处理系统属于优势互补、相辅相成的两种废弃物处理主体。从企业所有制性质以及国家控制力层面分析，德国循环经济企业类型繁多，它既包括纯粹意义上的私营企业，又涵盖国家或地方所属企业以及混合所有制企业。其中，公共废弃物处理主体包括具有废弃物处置义务的市镇主体以及其他公权力主体。而市镇主体以及其他公权力主体一般通过构建循环经济公有企业、公有企业垄断集团的方式履行其废弃物处置义务。例如，在废弃物再利用领域，德国许多市镇拥有专业的废弃物

---

[239] Wiki, Duales System Deutschland, Stand: 05.09.2015.

[240] Monopolkommission, Wettbewerbsfragen der Kreislauf-und Abfallwirtschaft. Sondergutachten der Monopolkommission gemäß. § 44 Abs. 1 Satz 4 GWB, 2003, S. 2.

[241] Monopolkommission, Wettbewerbsfragen der Kreislauf-und Abfallwirtschaft. Sondergutachten der Monopolkommission gemäß. § 44 Abs. 1 Satz 4 GWB, 2003, S. 9.

焚烧企业机构，这些企业机构可被用于实施对于废弃物的能量性再利用。在废弃物再利用与处理领域，德国市政公有企业与私营企业存在着全面与充分的竞争。[242]

由于在德国循环经济领域企业呈现类型多元化特征，而德国循环经济公共企业又属于欧盟反垄断法重要的审查对象与规制主体，因而在欧盟反垄断法视角下确立德国循环经济公共企业界定标准，厘定循环经济公共企业与其他企业类型的区分界限，成为欧盟反垄断法在德国循环经济领域得以有效实施的重要前提。

在欧盟反垄断法框架下，循环经济公共企业概念本身尚需厘定与阐明。从概念语源层面分析，公共企业（德语：öffentliches Unternehmen）概念来源于盎格鲁撒克逊法律体系的"public corporation"以及"public enterprise"。[243]迄今为止，包括德国在内的欧盟各成员国对于公共企业概念如何界定存在较大分歧。[244]由于欧盟法与欧盟各成员国法相互独立，并且欧盟法比成员国法具有更高的法律位阶，所以欧盟法框架下的公共企业概念界定完全不受各成员国公共企业概念定义的制约。[245]

在欧盟法体系中，《欧盟运作条约》第106条第1款中明确使用公共企业概念，但是该条约并没有厘清该概念的内涵与外延。[246]欧洲经济共同体委员会于1980年6月25日发布的《关于成员国与公共企业之间财政关系透明化的欧洲经济共同体第80/723号指令》（以下简称《透明化指令》）第2条第1款规定，公共企业指满足以下特征的任何企业："公共部门基于财产权、资金参与、章程或关于控制企业活动的其他规定而对于企业可以直接地或间接地行使支配性影响"。《透明化指令》第2条第2款规定，施加支配性影响的行为在以下情形下被视为成立：当公共部门直接或间接地"持有企业的大部分认缴资本"或者"拥有与企业已经发行的股份相关联的大部分投票权"或者"能够任命企业行政、管理或监督机构的一半以上成员。"

尽管欧共体《透明化指令》第2条对于公共企业概念做出明确界定，但依据

[242] Wiki, Kreislaufwirtschaftsgesetz, Stand：29.03.2017.

[243] Hochbaum/Klotz, in：von der Groeben/Schwarze, EUV/EGV, 2003, Art. 86 EG, Rn. 7.

[244] Langen/Bunte, Kommentar zum deutschen und europäischen Kartellrecht, 2001, Art. 86, Rn. 15.

[245] Ehricke, in：Loewenheim/Meessen/Riesenkampf, Kartellrecht, Band 1, 2005, Art. 86 EGV, Rn. 40.

[246] Langen/Bunte, Kommentar zum deutschen und europäischen Kartellrecht, 2001, Art. 86, Rn. 15；Blum/Logue, State Monopolies under EC Law, 1998, p. 8；Hochbaum/Klotz, in：von der Groeben/Schwarze, EUV/EGV, 2003, Art. 86 EG, Rn. 7.

欧盟法院（原欧共体法院）观点，该概念界定只能适用于该指令的效力适用范围。[247] 欧共体法院在 1982 年 7 月 6 日第 188 至 190/80 号案件判决中明确指出，在欧共体《透明化指令》第 2 条中做出内涵界定的公共企业概念不具有普遍适用意义，该概念仅可以为确定公共企业提供参考标准。[248] 具体言之，《透明化指令》关于公共企业概念定义客观上为欧盟法层面内公共企业概念的界定划定了"负面"界限，即今后在上位法层面对于《欧盟运作条约》第 106 条中公共企业外延的界定应比下位法《透明化指令》中这一概念外延更为宽泛。[249]

列支敦士登公国并非欧盟成员国，但其《2009 年 11 月 19 日关于控制与监督公共企业的法典（公共企业控制法）》在德国等欧盟国家影响巨大，被认为是欧洲公共企业立法的典范之作。《公共企业控制法》第 2 条第 1 款 a 项规定："'公共企业'指符合下列情形之一的独立于其法律形式的任一企业：①列支敦士登公国基于所有权、金融参与、投票权、企业章程或其他的调整公司活动的规则而能够对于这一企业直接或间接地施加支配性影响；或者②专门性法律将这一企业评定为公共企业。"通过比较可知，《公共企业控制法》与《透明化指令》关于公共企业的概念界定基本相同。

在欧盟法学理论界，对于《欧盟运作条约》第 106 条中公共企业概念的权威定义为："公共企业是指其经营规划或经营能力可能受到主权主体直接或间接影响的从事经济业务的企业。"[250] 依据此权威定义，德国循环经济公共企业既包括依据公法创设的企业，又包括基于私法设立的企业。[251] 欧盟法学界主流观点认为，公共企业与私营企业之间最大的区别在于：公权力可以对公共企业的经营导向施加影响。[252] 举例而言，如果德国政府与其下属机构以及政府所属组织的分支从事循环经济经营业务，那么在此情形下它们也应被视为公共企业。[253] 如果德国

---

[247] von Weiß, Öffentliche Unternehmen und EGV, in：EuR 2003, S. 165；vgl. Jung, in：Calliess/Ruffert, EUV/EGV, Kommentar, 2007, Art. 86 EGV, Rn. 12；Frenz, Handbuch Europarecht, Band 2, 2006, S. 744.

[248] EuGH, U. v. 6. Juli 1982, Rs. 188 bis 190/80, Slg. 1982, 02545, Rn. 24-Französische Republik.

[249] van Vormizeele, in：Schwarze（Hrsg.）, EU-Kommentar, 2009, Art. 86, Rn. 16.

[250] Jung, in：Calliess/Ruffert, EUV/EGV, Kommentar, 2007, Art. 86 EGV, Rn. 13；vgl. Frenz, Handbuch Europarecht, Band 2, 2006, S. 744；Bellamy/Child, European Community Law of Competition, 2001, p. 1001；Faull/Nikpay, The EC Law of Competition, 1999, pp. 281-282；Cabau/Hancher/Jones/Kjølbye/Landes, EU Energy Law, Volume II, EU Competition Law And Energy Markets, 2007, p. 704.

[251] Vgl. Bechtold/Bosch/Brinker/Hirsbrunner, Kommentar zum EG-Kartellrecht, 2005, Art. 86 EG, Rn. 16.

[252] Hochbaum, in：Schröter/Jakob/Mederer（Hrsg.）, Kommentar zum Europäischen Wettbewerbsrecht, 2003, Art. 86, Rn. 7.

[253] Emmerich, in：Immenga/Mestmäcker, Wettbewerbsrecht：EG, 2007, Art. 81 Abs. 1 EGV, Rn. 34 f.

政府与其下属机构以及政府所属组织的分支仅仅从事主权活动，那它们不得被视为公共企业。当德国政府与其下属机构以及政府所属组织的分支作为公共企业从事经济经营活动时，其行为直接受到《欧盟运作条约》反垄断法条款第 101 条、102 条以及相关次位法规的规制；而专门规制国家行政垄断行为的《欧盟运作条约》第 106 条第 1 款规定适用于德国政府与其下属机构以及政府所属组织分支滥用公权力加强企业垄断的情形。[254]

欧共体法院在 1991 年 4 月 23 日第 C-41/90 号案件中宣称：在欧共体反垄断法框架下，企业概念涵盖每个从事经济活动的主体。[255] 在之后的判例中，欧盟法院（原欧共体法院）多次重申这一观点，[256] 强调认定一个主体的企业性质一般不需考虑该主体的组织形式或经济来源。[257] 欧盟委员会（原欧共体委员会）与欧盟法院（原欧共体法院）在法律实践中，均承认或确认了公共企业类型与组织形式的多元化。[258] 依据欧共体法院在第 C-340/99 号与第 188 至 190/80 号判例中观点，公共企业既包括公共经济机构，又涵盖国有独资公共企业；[259] 而公权力主体可以通过经济参与或法律规定的方式操控公共企业的经营运作。[260] 此外，欧共体法院在 1987 年 6 月 16 日第 118/85 号判例中确定，一家公共企业并不一定需要具有与国家法人资格相分离的独立法人资格。[261]

基于上述，依据欧盟法学理论界权威观点与司法判例，欧盟反垄断法框架下的循环经济公共企业界定标准非常宽泛，该企业类型外延极广。具体而言，无论循环经济企业的所有制性质如何，只要公权力可以对于特定循环经济企业的经营导向施加直接或间接影响，那么该特定企业就应当属于循环经济公共企业范畴。基于此，德国循环经济公共企业包括受德国政府控制或影响的循环经济私营企业、国家或地方所属循环经济企业、混合所有制经济企业，甚至在个别情形下涵

[254] Frenz, Handbuch Europarecht, Band 2, 2006, S. 748.
[255] EuGH, U. v. 23. April 1991, Rs. C-41/90, Slg. 1991, I-01979, Rn. 21-Klaus Hoefner und Fritz Elser.
[256] EuGH, U. v. 17 Februar 1993, Rs. C-159/91 und C-160/91, Slg. 1993, I-06637, Rn. 17-Christian Poucet; EuGH, U. v. 11. Dezember 1997, Rs. C-55/96, Slg. 1997, I-07119, Rn. 21-Job Centre coop. arl. ; EuGH, U. v. 25. Oktober 2001, Rs. C-475/99, Slg. 2001, I-08089, Rn. 19-Firma Ambulanz Glöckner.
[257] EuGH, U. v. 23. April 1991, Rs. C-41/90, Slg. 1991, I-01979, Rn. 21-Klaus Hoefner und Fritz Elser.
[258] Vgl. Blum/Logue, State Monopolies under EC Law, 1998, p. 9.
[259] Vgl. EuGH, U. v. 17. Mai 2001, Rs. C-340/99, Slg. 2001, I-04109, Rn. 39-TNT Traco SpA.
[260] EuGH, U. v. 6. Juli 1982, Rs. 188 bis 190/80, Slg. 1982, 02545, Rn. 26 - Französische Republik; vgl. Blum/Logue, State Monopolies under EC Law, 1998, p. 9.
[261] Vgl. EuGH, U. v. 16. Juni 1987, Rs. 118/85, Slg. 1987, 02599, Rn. 9 ff. -Kommission/Italienische Republik.

盖具有废弃物处置义务的市镇主体以及其他公权力主体。

二、欧盟反垄断法视角下循环经济公共企业垄断与行政垄断的系统规制机制

很长时期以来，包括德国循环经济公共企业在内的欧洲公共企业一直承受着被纳入私营性质经济体系的巨大压力。[262]欧盟（原欧共体）主要通过以下三种方式来实现对于公共企业的私营化改制与法律规制：①通过颁布欧盟（欧共体）法律的形式，实现部分行业领域的完全自由化与私营化；②对于公共企业严格适用《欧盟运作条约》中包括反垄断法在内的竞争法条款；③严格限制欧盟成员国与公共企业的经济联系，颁布《透明化指令》等相关法律文件，以控制欧盟成员国政府对于公共企业的经济影响。[263]

循环经济公共企业垄断行为与欧盟成员国行政垄断行为的关系是包括欧盟反垄断法在内的欧盟法律体系的重要规制对象之一。在欧盟反垄断法框架下，德国循环经济公共企业领域主要涉及以下法律问题：

（1）如果德国循环经济公共企业违反欧盟反垄断法的企业行为是以德国政府的行政垄断行为作为前提诱因或促进因素，那么德国政府此类国家行为是否应该受到欧盟反垄断法的规制？

（2）依据《欧盟运作条约》第106条第2款的规定，涉及循环经济公共经济利益服务的国家行政扶持行为可以得到反垄断豁免；如果德国为了推进循环经济模式发展，有效保障循环经济公共经济利益服务，而给予本国公共企业特许经营权等优惠措施，从而造成排除或限制竞争的影响，那么这种国家行政扶持行为通常应该得到反垄断法适用豁免。由此产生的基本问题是：在对于公共企业领域德国政府行政扶持行为适用反垄断豁免时，如何准确界定循环经济公共经济利益服务的具体内容与外延范围？

在循环经济领域，以德国为代表的欧盟成员国行政垄断行为包括两种类型，即"不具有附属性质的成员国行政垄断行为"与"具有附属性质的成员国行政垄断行为"；前者通常与企业垄断行为没有关联关系，而后者导致了企业垄断行为的产生或加强了企业垄断行为的影响。[264]不具有附属性质的成员国行政垄断行为通常包括在质量、安全、税收与价格领域欧盟成员国采取的行政管理行

---

[262] Schroeder, Europäisches Recht der öffentlichen Unternehmen, http: //www. cep. uni-passau. de/forschungsschwerpunkte/euRechtOeffUnternehmen. htm, Stand: 27. 10. 2013.

[263] Ibid.

[264] Kilian, Europäisches Wirtschaftsrecht, 2008, S. 181 f.

为。[265] 具有附属性质的成员国行政垄断行为一般指能够对于欧盟反垄断法条款适用的实际效力产生负面影响的政府行政行为。[266]

以德国为代表的欧盟成员国基于国家本位利益或社会公共利益考虑，常常会对包括循环经济公共企业在内的本国公共企业提供各种行政扶持措施或施加特定行政影响；欧盟成员国这些行为可能造成损害或限制竞争的影响，妨碍欧盟内部统一市场的建立。但依据《欧盟运作条约》第 101 条与 102 条的规定（原《欧共体条约》第 81 条与 82 条），只有包括公共企业在内的各种类型企业的垄断行为才应受到欧盟反垄断法规制。因此，欧盟反垄断法条款体系中就出现了一个明显规制漏洞：与公共企业垄断行为密切相关的成员国行政垄断行为没有受到这两条规定的直接禁止。[267]

具体而言，《欧盟运作条约》第 101 条与 102 条主要规制包括公共企业在内的各类企业的垄断协议行为与滥用市场支配地位垄断行为。[268] 依据《欧盟运作条约》第 101 条与 102 条规定的字面解释，如果国家等公法意义上的主体没有从事营利性业务，那么对于它们排除或限制竞争的相关行政垄断行为就无法直接适用这两条规定。[269] 即使欧盟成员国采取的行政垄断行为在显著程度上促使或导致了循环经济公共企业垄断协议行为与滥用市场支配地位垄断行为的产生，因而明显妨碍了《欧盟运作条约》第 101 条与 102 条适用的实际效力，但这类行为并不能直接受到第 101 条与 102 条规定的规制。[270]

依据欧盟法院（原欧共体法院）的司法判例，欧盟成员国这类促使或导致"公共企业实施违反欧盟反垄断法垄断行为"的国家行为主要表现形式为行政垄断，其既包括抽象行政行为（颁布行政法规、指令、规章），又包括行政管理与委托等具体行政行为。[271] 这类行政垄断行为细分为四大类型，包括"通过行政指令强制公共企业从事垄断行为"、"利用授予特许经营权等行政手段为公共企

---

[265]　Ibid.

[266]　Vgl. Kilian, Europäisches Wirtschaftsrecht, 2008, S. 182.

[267]　Becker, Die Wahrnehmung von Aufgaben der öffentlichen Verwaltung und der Wettbewerb im Binnenmarkt am Beispiel kommunaler Energieversorgungsunternehmen, in: NStZ 2009, 306, 308.

[268]　Bruhn, in: Danner/Theobald, Energierecht, 2008, Einführung zu den Art. 81 und 82 des EG-Vertrages, Rn. 11 ff.

[269]　Ibid, Rn. 13 f.

[270]　Vgl. Lange, Die Anwendung des europäischen Kartellverbots auf staatliche Eingriffe in das Marktgeschehen, in: EuR 2008, 3, 6.

[271]　Wiedemann, in: Wiedemann, Kartellrecht, 2008, §2, Rn. 12b; Jung, in: Calliess/Ruffert, EUV/EGV, Kommentar, 2007, Art. 86 EGV, Rn. 18.

业从事垄断行为提供便利"、"强化公共企业从事垄断行为产生的限制竞争影响"、"向私法性质的市场经营者转嫁国家公共义务"。[272] 欧盟反垄断法条款包括《欧盟运作条约》第101条、102条与106条[273]以及相关下位法条款。在循环经济领域，《欧盟运作条约》第106条第1款予以禁止的成员国行政垄断行为必须是专门针对循环经济公共企业或特权企业施加影响的行政垄断行为。[274]依据该条款内容，它禁止的行政垄断行为必须是针对已经存在的循环经济公共企业或特权企业施加影响的国家行为；举例而言，如德国通过投资或授予特许权等方式将一家循环经济普通企业转制为公共企业，这一国家行为只是建立循环经济公共企业的行为；这一公共企业转制行为本身不构成《欧盟运作条约》第106条第1款禁止的国家行政垄断行为，因为它不是针对已经存在的循环经济公共企业施加影响的国家行政行为。[275]

从1969年以来，欧盟法院（原欧共体法院）基于弥补欧盟（欧共体）反垄断法漏洞的目的，在司法实践中始终强调：依据《欧盟条约》第4条第3款第3句[276]与《欧盟运作条约》第101条、102条与106条[277]的规定，欧盟成员国的国家行政行为不得妨碍抵消欧盟反垄断法条款的"实际效力"（praktische Wirksamkeit）。[278]欧盟法院（原欧共体法院）为此发展出了"附属理论"（Akzessorietätsthese）来消弭欧盟反垄断法在规制"与公共企业垄断行为密切相关的行政垄断行为"领域存在的漏洞。

依据此理论，《欧盟条约》第4条第3款第3句规定所有欧盟成员国都具有

---

[272] Vgl. Lange, Die Anwendung des europäischen Kartellverbots auf staatliche Eingriffe in das Marktgeschehen, in：EuR 2008，3，6；Reinstadler, Staatliche Wirtschaftsregulierung und europäisches Kartellrecht, in：ZeuS 2005，479，483；Korah, An Introductory Guide to EC Competition Law and Practice, 2007, pp. 218~224.

[273] 《欧盟运作条约》第106条内容如下：①成员国在涉及公共企业与获授特许权与独占权的企业时，不得采取或维持违反诸条约（《欧盟条约》与《欧盟运作条约》），尤其是违反《欧盟运作条约》第18条、第101至109条规定的措施。②对于受委托从事公共经济利益服务的企业或具有财政垄断性质的企业，适用《欧盟条约》与《欧盟运作条约》的条款，尤其是竞争规定，只要这些条款的适用没有在法律上或事实上妨碍这些企业承担转嫁给它们的特定任务。贸易关系的发展不得在违背欧盟利益的范围程度上受到损害。③委员会应关注本条规定的适用，并在必要的情况下，对成员国发布适当的指令或决定。

[274] Jung, in：Calliess/Ruffert, EUV/EGV, Kommentar, 2007, Art. 86 EGV, Rn. 18.

[275] Reinstadler, in：Calliess/Ruffert, EUV/EGV, Kommentar, 2007, Art. 86 EGV, Rn. 29 ff. ; Frenz, Handbuch Europarecht, Band 2, 2006, S. 746 f.

[276] 原始条款为《欧共体条约》第3条第1款g项与第10条第2款。

[277] 原始条款为《欧共体条约》第81条、82条与86条。

[278] Kling/Thomas, Kartellrecht, 2007, S. 26.

"不得采取任何有损于欧盟目标实现的国家措施"的义务。如果循环经济公共企业采取了违反《欧盟运作条约》第 101 条与 102 条的企业垄断行为，而促使循环经济公共企业采取此类垄断行为的原因是行政垄断行为；那么这类行政垄断行为由于对欧盟建立内部统一市场的目标明显造成损害，妨碍了《欧盟运作条约》第 101 条与 102 条的实际效力，就必须被严格禁止。由于《欧盟运作条约》第 106 条第 1 款是《欧盟条约》第 4 条第 3 款第 3 句规定的具体化条款，所以最新的欧盟法院判例日益强调《欧盟运作条约》第 106 条在适用附属理论规制国家行政垄断行为情形下具有核心条款的作用。[279]

基于附属理论，欧盟反垄断法对于德国循环经济公共企业领域行政垄断与行政扶持行为的区别规制表现在两个层面：

第一层面，基于《欧盟运作条约》第 106 条第 1 款与第 101 条、102 条规定，德国政府采取的可能导致循环经济公共企业垄断行为发生或强化公共企业垄断行为负面影响的各种行政垄断措施被欧盟反垄断法明令禁止。具体而言，《欧盟运作条约》第 106 条第 1 款的立法目的不仅包括"保证循环经济公共企业与其他企业获得平等对待"，而且还涵盖"防止欧盟成员国滥用其对公共企业的影响力以规避《欧盟运作条约》规定的成员国义务"。[280]因此依据该条规定，如果德国政府行政垄断行为妨碍了规制循环经济企业垄断行为的反垄断法条款（《欧盟运作条约》第 101 条与 102 条）在适用过程中的实际效力，那么该类行为就应该被禁止。[281]

第二层面，依据欧共体委员会（现欧盟委员会）2004 年《关于公共利益服务的白皮书》的规定，欧盟与以德国为代表的各成员国均有保障公共利益服务的义务。[282]依据该白皮书规定，欧盟成员国有权独立决定公共利益服务的具体内容与范围；[283]欧盟法院与欧盟委员会只有在成员国对于"公共利益服务"与"公共

---

[279] Beispielsweise EuGH, U. v. 23. April 1991, Rs. C–41/90, Slg. 1991, I–01979–Klaus Hoefner und Fritz Elser；EuGH, U. v. 10. Dezember 1991, Rs. C–179/90, Slg. 1991, I–05889–Merci Convenzionali Porto Di Genova Spa；EuGH, U. v. 19. Mai 1993, Rs. C–320/91, Slg. 1993, I–02533–Strafverfahren/Paul Corbeau；EuGH, U. v. 25. Oktober 2001, Rs. C–475/99, Slg. 2001, I–08089–Firma Ambulanz Glöckner.

[280] Pause, Daseinsvorsorge im Unionsrecht, 2010, S. 17.

[281] Vgl. Lange, Die Anwendung des europäischen Kartellverbots auf staatliche Eingriffe in das Marktgeschehen, in：EuR 2008, 3, 22 f.

[282] Kommission, Weißbuch, KOM（2004）374 endgültig, 12. 05. 2004, S. 4.

[283] Ibid.

经济利益服务"的内容确定存在明显错误时才会采取干预与矫正措施。[284] 在这一背景下，基于《欧盟运作条约》第106条第2款例外条款规定，在不损害欧盟贸易发展的前提下，如果德国通过授予特许经营权等行政扶持方式委托公共企业提供循环经济公共经济利益服务，那么即使这种行为客观上会促成公共企业的垄断行为，也应得到欧盟反垄断法的豁免适用。

欧盟对于循环经济公共企业领域政府行政扶持行为实行反垄断豁免，表层原因是在反垄断法框架下依法保障社会公众获得公共经济利益服务，深层原因则是欧盟法深受黑格尔法哲学传统熏染的结果。学者尼古拉斯·加纳姆（Nicholas Garnham）与罗宾·曼塞尔（Robin Mansell）认为，基于黑格尔法哲学传统，国家是社会理性与市民社会公共利益的最高表现形式，而市场竞争领域的私人利益位阶低于市民社会公共利益，所以代表了民众共同利益的欧洲国家具有合理依据对于市场进程进行干预与管理。[285] 基于此，德国为保障公共经济利益服务而对循环经济公共企业实行行政扶持，具有法理上的正当性与必要性。

包括循环经济服务在内的公共经济利益服务对于维持与发展欧盟经济的整体竞争效能具有重要意义。[286] 但是在"普遍适用欧盟反垄断法"与"为有效保障公共经济利益服务实现反垄断豁免"之间始终存在着紧张关系。[287] 其原因在于，欧盟成员国采取的有效保障公共经济利益服务的国家措施常常被认为构成行政垄断行为，因而可能受到欧盟反垄断法的禁止与规制。而依据《欧盟运作条约》第106条第2款规定，公共经济利益服务领域的诸多具有行政垄断性质的行政扶持行为对于保障公共经济利益实现不可或缺。因此这些行为应在一定范围内得到反垄断豁免。[288]

自从1969年以来，欧盟法院（欧共体法院）基于《欧盟运作条约》第106条（原《欧共体条约》第86条）发展出了具有鲜明特征的关于公共企业领域成员国行政垄断行为反垄断规制的裁判标准，主要表现在三个方面：

[284] Krajewski, Dienstleistungen von allgemeinem Interesse im Vertrag von Lissabon, in: ZögU 2010, S. 75, S. 81.

[285] Bruhns, Dienste von allgemeinem wirtschaftlichem Interesse im europäischen Binnenmarktrecht, Inauguraldissertation, Heidelberg, 2001, S. 32.

[286] Vgl. Kommission, Mitteilung, Leistungen der Daseinsvorsorge in Europa, KOM（2000），580 endgültig, 20. 09. 2000, Zusammenfassung, S. 3.

[287] von Wogau, Die Wettbewerbspolitik im Europäischen Heimatmarkt, in: Schriften zur Europäischen Integration, 02/02, Daseinsvorsorge und Wettbewerb in der Europäischen Union, 8, 9.

[288] Zhai, Staatliche Wettbewerbsbeschränkungen in Bezug auf Dienstleistungen von allgemeinem wirtschaftlichem Interesse im Rahmen des EU-Kartellrechts, 2012, S. 28.

（一）避免精确区分公共企业与特权企业

虽然《欧盟运作条约》第 106 条第 1 款规定了公共企业与获授特许权及独占权的企业三种企业类型，但欧盟法院在反垄断裁判实践中并不寻求对于公共企业与获授特许权及独占权的企业进行精细区分。基于循环经济服务规制视域，其避免精确区分的原因有二。一方面，循环经济公共企业可以同时成为获授特许权与独占权的企业。因为不仅私营企业，而且公共企业都可能被欧盟成员国授予特许权与独占权。[289] 在实践当中，德国等欧盟成员国授予公共企业特许权与独占权的情形并不罕见；[290] 在此背景下，欧盟成员国可以通过授予特许权与独占权的方式对于获授权利的循环经济私营与公共企业施加特定影响。[291] 另一方面，在《欧盟运作条约》第 106 条第 1 款框架下对于循环经济公共企业与获授特许权及独占权的循环经济企业进行精细区分缺乏实际意义，因为循环经济公共企业与获授特许权及独占权的循环经济企业所涉及的欧盟成员国行政垄断行为的反垄断法规制后果是完全相同的。[292]

（二）弱化《欧盟运作条约》第 106 条第 2 款的例外条款性质

《欧盟运作条约》第 106 条第 2 款与第 1 款规定构成欧盟反垄断法对于公共企业领域成员国行政扶持行为予以豁免的核心条款。依据欧共体委员会 2004 年《关于公共利益服务的白皮书》的规定，欧盟（前身欧共体）与各成员国的公共机构具有保障公共利益服务（包括循环经济公共利益服务）的责任；[293] 因此成员国一般通过行政扶持措施委托公共企业提供公共经济利益服务，而这些行政扶持措施通常具有行政垄断的性质。

《欧盟运作条约》第 106 条第 2 款规定在字面意义上仅是作为第 106 条第 1 款的例外条款予以适用的。依据早期欧洲反垄断法司法实践，对于例外条款的适用一般应予以严格限制。[294] 但是随着《里斯本条约》生效后欧盟经济宪法的内容革新，实现社会市场经济已被明确确定为欧盟的目标之一；而保障公共经济利益服务构成实现社会市场经济的主要途径与手段。因此，《欧盟运作条约》第 106 条第 2 款作为例外条款的色彩日益淡化，它已逐渐成为在循环经济公共企业领域

[289] Kommission, Bekanntmachung der Kommission, ABl. C 39 vom 06.02.1998, S. 2 ff., Punkte 4.1; vgl. Schroeder, Grundkurs Europarecht, 2009, S. 355.

[290] Grabenwarter/Griller/Holoubek, Europäisches und öffentliches Wirtschaftsrecht I, 2008, S. 209.

[291] Schroeder, Grundkurs Europarecht, 2009, S. 355.

[292] Mestmäcker/Schweitzer, Europäisches Wettbewerbsrecht, 2004, S. 851.

[293] Kommission, Weißbuch, KOM (2004) 374 endgültig, 12.05.2004, S. 4.

[294] EuGH, U. v. 17. Mai 2001, Rs. C–340/99, Slg. 2001, I–04109, Rn. 56–TNT Traco SpA.

以德国为代表的欧盟成员国行政扶持行为得以反垄断豁免的普适性条款；在欧盟法院最新的司法裁判过程中该条款一直得到宽泛解释与普遍适用。[295]

（三）明晰公共经济利益服务的构成要件与外延范围

公共经济利益服务通常是指公共部门社会义务框架下的产品与服务供给；但由于欧盟各成员国法律传统的不同，各国自始至终没有统一的"公共经济利益服务"概念。[296] 它们使用的与"公共经济利益服务"同质或类似的概念表述包括"öffentliche Dienstleistungen"、"Leistungen der Daseinsvorsorge"、"service public"、"Dienste und Dienstleistungen von allgemeinem wirtschaftlichem Interesse"、"servicio público"等。[297] 在欧盟法律传统框架下，这些概念具有不容忽视的共同特征，即均阐释了一种特定发展模式，该模式的主导目标是促进"经济效率、社会凝聚力、竞争力与社会和谐"。[298] 虽然各成员国法律中几乎没有关于公共经济利益概念的明确定义，[299] 但公共经济利益概念不应被纯粹认定为"欧盟公共经济利益"；其原因在于，实现公共经济利益是欧盟反垄断法中成员国行政扶持行为得到反垄断豁免的重要理由，而德国等成员国的行政扶持行为通常主要体现本国的公共经济利益。[300]

欧盟法院（原欧共体法院）在关于公共企业领域成员国行政扶持行为反垄断豁免的司法裁判中，确立了公共企业所提供的公共经济利益服务的三项构成要件：①公共经济利益服务必须立足于社会整体利益，而非根基于特定群体的利益；②公共经济利益服务无法由非公共经济利益服务所替代，后者只能对于前者起到辅助与补充作用；③公共经济利益服务与公权力之间具有紧密联系，而非公共经济利益服务通常没有此种关联性。[301] 例如，欧共体法院在 1993 年 5 月 19 日第 C-320/91 号案件判决中认为，如果一项企业服务仅仅满足特定市场参与者的特定需求，并且服务内容具有辅助性与补充性特征，那么该服务不属于公共经济

[295] Knauff, Die Daseinsvorsorge im Vertrag von Lissabon, in: EuR 2010, 725, 726.

[296] Bruhns, Dienste von allgemeinem wirtschaftlichem Interesse im europäischen Binnenmarktrecht, Inauguraldissertation, Heidelberg, 2001, S. 21.

[297] Ibid.

[298] Ibid.

[299] Hochbaum/Klotz, in: von der Groeben/Schwarze, EUV/EGV, 2003, Art. 86 EG, Rn. 60.

[300] Mestmäcker/Schweitzer, in: Immenga/Mestmäcker, Wettbewerbsrecht: EG, 2007, Art. 86 Abs. 2, Rn. 65.

[301] EuGH, U. v. 19. Mai 1993, Rs. C-320/91, Slg. 1993, I-02533, Rn. 19 ff. -Strafverfahren/Paul Corbeau; EuGH, U. v. 14. 07. 1971, Rs. 10/71, Slg. 1971, 00723, Rn. 8 ff. -Staatsanwaltschaft von Luxemburg gegen Madeleine Muller.

利益服务，而应属于专门性经济利益服务。[302]值得注意的是，欧盟法院（原欧共体法院）在确认公共经济利益服务时，通常将服务涉及的地域范围作为重要考量因素。如果单纯对于公共经济利益服务进行解释，这类服务应该是在经济领域对于社会公众福利来说不可或缺的服务。

基于上述，公共经济利益服务与非经济性公共利益服务共同构成公共利益服务的子概念。其中，公共经济利益服务包括欧盟性质与成员国性质两种类型；非经济性公共利益服务包括政治性、文化性与社会性三种类型。欧盟委员会与欧盟法院在法律实践中不断扩展公共经济利益服务领域的范围；迄今为止，几乎所有关系到国计民生的重要经济行业（包括循环经济行业）都被欧盟确认为属于公共经济利益服务行业；在欧盟法院（原欧共体法院）的司法裁判中，属于循环经济服务范畴的垃圾处理被认定为属于公共经济利益服务领域。[303]

综上所述，因为德国系统实行私营与公营相结合的废弃物二元化处置责任制度，并构建了以德国二元系统有限责任公司为代表的全国性的废弃物循环经济处理体系，所以该国在废弃物再利用与资源化领域获得显著成效。由于在废弃物二元化处置责任制度框架下，德国政府诱发或推动循环经济公共企业垄断行为的行政干预行为可能导致在欧盟内部市场排除或限制竞争的结果，因而这类具有因果关联的循环经济公共企业垄断行为与德国政府行政垄断行为应当受到欧盟反垄断法的系统规制。

---

[302] EuGH, U. v. 19. Mai 1993, Rs. C–320/91, Slg. 1993, I–02533, Rn. 19 ff. –Strafverfahren/Paul Corbeau.

[303] EuGH, U. v. 23. Mai 2000, Rs. C–209/98, Slg. 2000, I–3743, Rn. 75–Entreprenørforeningens Affalds；EuGH, U. v. 30. April 1973, Rs. 155/73, Slg. 1974, 409, Rn. 15–Giuseppe Sacchi；EuGH, U. v. 23. April 1991, Rs. C–41/90, Slg. 1991, I–1979, Rn. 24–Höfner und Elser；EuGH, U. v. 11. 12. 1997, Rs. C–55/96, Slg. 1997, I–7119, Rn. 26–Job Centre；EuGH, U. v. 19. Mai 1993, Rs. C–320/91, Slg. 1993, I–2533, Rn. 15–Paul Corbeau；EuGH, U. v. 11. April 1989, Rs. 66/86, Slg. 1989, 803, Rn. 55–Ahmed Saeed.

第八章

德国循环经济废弃物分类管理
与产品责任制度解析

德国循环经济废弃物分类管理与产品责任制度属于废弃物循环经济处置制度的配套与关联制度。基于制度效用视角分析，德国循环经济废弃物分类管理制度为德国废弃物经济产业的创建与发展提供制度性支持，而产品责任制度则通过拓展生产者责任内容与拓宽责任主体范畴的方式促进了德国循环经济模式的系统推行。

第一节　德国废弃物分类管理与产品责任制度的功能定位

在欧盟循环经济法律的深度影响下，德国确立了最新的以五层级废弃物处置等级序列为标志的废弃物循环经济处置制度。依据德国《促进循环经济和确保合乎环境承受能力废弃物管理法》第6条第1款规定，抑制废弃物产生以及处置废弃物的措施按照以下排列顺序依次实施："减量化"→"再使用之预备"→"循环利用"→"其他的利用（尤其是能源利用与回填）"→"处分"。而德国《促进循环经济和确保合乎环境承受能力废弃物管理法》第6条第2款又对上述五项措施的优先顺位作出限制性解释，规定了位序调整的例外情形。依据该款规定，符合以下特征的废弃物应对措施或处置措施具有优先适用性："在考虑预先防范和可持续发展原则情形下，该措施在废弃物产生和管理过程中可以为人类和环境保护提供最佳保障。"在考察上述措施对人类和环境影响时，应当根据废弃物的整个生命周期考量，需要特别考虑以下因素：①预期的排放量；②保护自然资源的程度；③将被使用或将获取的能源；④用于利用的废弃物中或由其获取的产品中有害物质的积聚。

从制度功能层面分析，循环经济废弃物分类管理与产品责任制度均属于上述以五层级废弃物处置等级序列为标志的废弃物循环经济处置制度的配套与关联制度，这表现为两方面。一方面，由于废弃物循环利用措施、其他利用措施（尤其是能源利用与回填）、处分措施得以有效施行的基本前提是"废弃物得到全面与系统的分类收集"，因此废弃物分类管理制度构成废弃物循环经济处置制度得以施行的前置制度，废弃物分类管理制度的执行效率与实践效果直接关联废弃物循环经济处置制度的实施效率与效益。另一方面，产品责任制度确立了在废弃物循环经济处置过程中循环经济义务与责任的分配，确保了废弃物循环经济处置成本与费用的合理分摊，减轻了国家、社会、消费者的循环经济成本。基于此，产品责任制度为确保废弃物循环经济处置制度的有效实施厘清了权利主体、义务主体、责任主体的范畴，前者属于后者的配套保障制度。

第二节　德国废弃物分类管理制度基市内容与主要特征

基于文义解释视角，废弃物分类（即通俗意义上的垃圾分类）是指对于来自所有行业与领域的不同种类的废弃物进行分类收集。依据污染者类型的不同，废弃物可以分为"在家居领域的生活垃圾类型"与"在商业与工业领域的产品垃圾类型"。[304] 根据废弃物成分与来源的不同，废弃物可以细分为生活废弃物、大件废弃物（如大件家具与电器）、商业废弃物、建筑废弃物等类型。

为了更好组织废弃物与可回收资源的收集工作，原联邦德国在 1961 年创建德国废弃物管理联邦联合会。大约在同一时期，原民主德国创设了在其所辖领域收集废弃物的系统 SERO，该系统一直存续到 1990 年。[305] 从 20 世纪 60 年代发展至今，德国在废弃物分类管理与回收利用领域成效卓著。例如，近年以来，德国对于废旧汽车的拆解与回收利用率已经高达 99% 以上。将来，如果德国循环经济企业能够进一步提升对于废旧汽车所含塑料、玻璃与金属的回收效率，那么德国废旧汽车回收利用率可能达到 100% 的理论极限值。[306]

一、德国废弃物分类管理制度基本内容

德国关于废弃物分类管理的主要法律文件为《废弃物目录条例》、《促进循

---

〔304〕　Wiki，Mülltrennung，Stand：19. 09. 2016.

〔305〕　Wiki，Mülltrennung，Stand：19. 09. 2016.

〔306〕　UBA，Altfahrzeuge in Deutschland fast vollständig verwertet，Stand：28. 12. 2015.

环经济和确保合乎环境承受能力废弃物管理法》以及其他相关规范性法律文件。
从 2001 年 12 月起，德国所有类型的废弃物都在《废弃物目录条例》中得到界
定。由于德国立法者在《废弃物目录条例》中依据废弃物的监管需求与危险性
对于废弃物做出全面分类，因而该条例成为德国废弃物分类管理与处置的基本法
律依据。[307]

从法律功能角度分析，《促进循环经济和确保合乎环境承受能力废弃物管理
法》是德国废弃物分类管理制度最为系统的核心法律。该法典规定了关于废弃物
分类管理的量化目标、义务主体、豁免情形，现详述如下：

第一，针对特定类型废弃物制定量化分类管理目标。德国立法机关在《促进
循环经济和确保合乎环境承受能力废弃物管理法》中针对特定类型废弃物制定量
化分类管理目标。例如，德国《促进循环经济和确保合乎环境承受能力废弃物管
理法》第 14 条是关于"促进循环利用与其他的物料利用"的法律规定。依据该
条第 1 款规定，为了符合规定的、无害的与高品质的回收的目标，只要符合技术
可行性与经济合理性的前提，废纸张、废金属、废塑料与废玻璃最迟从 2015 年 1
月 1 日起必须分离收集。[308]

第二，厘定义务主体范畴与履行义务前提条件。德国废弃物分类管理制度厘
定了宽泛的义务主体范畴。例如，依据《废弃物目录条例》与其他循环经济法
律法规的要求，废弃物的产生者、持有者、收集者、运输者与处置者都具有实施
废弃物分类化处理的法定义务。

除上所述，德国废弃物分类管理制度还界定与阐释了履行废弃物分类化处理
义务的前提条件。例如，德国《促进循环经济和确保合乎环境承受能力废弃物管
理法》第 9 条是关于废弃物分类管理与禁止混合的基本法律条款。基于该条款规
定，为了履行循环经济的基本义务，废弃物必须被分开维护与处理。具体而言，
只要符合以下一项或多项前提条件，那么废弃物的产生者、持有者以及管理者就
具有对于废弃物进行分类管理的义务：①废弃物的产生者或持有者依据现有法律
负有利用其废弃物的义务；②废弃物利用具有合规性与无害性。所谓废弃物利用

---

[307] Wiki, Abfallentsorgung, Stand：28. 03. 2017.

[308] 在确立特定类型废弃物量化分类管理目标的前提下，该条还进一步规定了特定类型废弃物处置的量
化目标。依据该条第 2 款规定，最迟从 2020 年 1 月 1 日起，涉及居民区废弃物的再利用准备措施与
回收措施所处置的废弃物应当总计达到至少 65% 的重量比率。依据该条第 3 款规定，对非危险性建
筑与拆卸废弃物（不包括自然中产生的材料）的再利用准备、循环回收和其他的的材质性利用措施
（其在《废弃物目录条例》的附件中以废弃物编码 170504 所标示）所处置的废弃物应当最迟从 2020
年 1 月 1 日起至少达致 70% 的重量比率。

合规性是指其遵守《促进循环经济和确保合乎环境承受能力废弃物管理法》和其他公法条款。所谓废弃物利用无害性是指依据废弃物的特性、污染程度和利用的类型，不会预期产生对公众利益的损害，尤其是在回收过程中不会产生有害物质的积聚；③废弃物利用具有技术可行性与经济可承担性。当为废弃物的利用必须进行预处理时，此废弃物利用被认为具有技术可行性。经济上的可承担性是指利用所造成的成本与废弃物处分所需成本相比较未处于不相匹配状态。

第三，明晰废弃物分类管理义务豁免情形的法律要件、后果要件与技术要件。《促进循环经济和确保合乎环境承受能力废弃物管理法》第9条是关于废弃物分类与禁止混合的条款。依据该条第1款规定，只要对于满足该法第7条第2至4款和第8条第1款的要求而言是必需的，则废弃物必须被分开维护与处理。[309] 依据该条第2款规定，在例外情形下，危险废弃物与其他类别危险废弃物或其他废弃物、物质或材料的混合可以得到允许，这一例外情形必须符合以下前提条件：①法律要件：混合是在一个获得《促进循环经济和确保合乎环境承受能力废弃物管理法》或《联邦污染防治法》准许的设施内得以执行；②后果要件：混合满足合规性与无害性，并且废弃物管理对于人类和环境的有害影响未通过混合而被加强；③技术要件：混合过程适应于现有技术。

二、德国废弃物分类管理制度主要特征

德国废弃物分类管理制度是德国执行效率最高与社会效益最好的循环经济法律制度类型之一。该制度具有以下两项主要特征：

第一，通过分类管理措施确保实现对于废弃物合规处置的源头控制。基于德国废弃物分类管理制度框架，德国废弃物分类主管机构通过分类管理措施确保实现对于废弃物合规处置的源头控制。虽然《促进循环经济和确保合乎环境承受能力废弃物管理法》以循环利用废弃物作为主要目标，但它绝非要求循环利用一切分类处理的废弃物。基于德国废弃物分类管理制度的规定，处置主体不应对于"具有严重环境危害性与污染性"的废弃物采取循环利用的方式，而是应在分类收集之后将该类废弃物进行严密的隔离储存，消除该类废弃物中的有机毒害成分，进而对于最终无法无害化处理的此类废弃物中的重金属成分采取筛检、深埋等专业化处理措施。迄今为止，最有效的有机毒害废弃物的清除方式被认为是焚烧措施。[310]

---

[309] 请参见本书《促进循环经济和确保合乎环境承受能力废弃物管理法》（中文译本）第7条第2至4款和第8条第1款内容。

[310] Vgl. Wiki, Abfallentsorgung, Stand：31.03.2017.

第二，依据需要接受监管的程度而精细化区分废弃物。德国废弃物分类管理制度从废弃物性质与需要监管程度视角对于废弃物进行了精细化区分。例如，《废弃物目录条例》立法宗旨就是为了准确界定废弃物与依据监管需要类别化废弃物。为了实现这一宗旨，该条例移植欧盟《关于废弃物的第 2008/98 号指令》与《欧盟废弃物目录》（EAK）的主要内容，为废弃物的编码归类提供参考与指引，并强调"需要特别监管的废弃物"、"需要监管的废弃物"与"不需要监管的废弃物"之间的界限，明晰界定废弃物的危险性标准。在《废弃物目录条例》附件中罗列了废弃物类型的总目录，并对每种废弃物种类予以编号。在该目录下，附带星号的废弃物是危险废弃物，对这类废弃物的处置将产生相应的法律规制后果；不附带星号的废弃物是非危险废弃物。

第三节　产品责任制度基本理念、细化类型与核心构成

近二十多年以来，产品责任（Produktverantwortung）成为欧盟与德国循环经济法律体系的重要内容构成。[311] 基于制度功能视角分析，产品责任制度属于废弃物循环经济处置制度的配套与关联制度，该制度通过拓展生产者责任内容与拓宽责任主体范畴的方式促进了德国循环经济模式的系统推行。

一、产品责任制度基本理念

在废弃物管理领域，德国产品责任制度的基本理念是：在产品被出售之后，产品用户、国家或社会不应长久为产品废弃物处置承担责任，而应当由产品开发者、生产商、销售商为产品废弃物处置承担责任。[312] 简而言之，德国产品责任制度具有以下三项目标：其一，进行更加环保的产品设计，以使产品产生更少的废弃物或者包含更少的有害物质。为了遵循循环经济基本原则，在产品的设计、生产、使用与处置阶段都要实行减量化原则；其二，提高废弃物的物质性与能量

---

[311] 例如，1994 年德国旧版《循环经济法》第 22 条第 1 款规定："凡是开发、生产、加工、处理或者销售产品的主体，都必须承担产品责任，以实现循环经济的目的。为了承担履行产品责任，应当尽最大可能使产品的构造符合以下情形：在产品的生产与使用过程中减少废弃物的产生，并确保对产品使用之后生成的废弃物进行符合环境承受能力的利用与处分。"该条款是最早阐明产品责任制度基本理念与目标的德国基本法律条款。

[312] Thärichen, Holger , Die Rolle der Kommunen und der Hersteller im Rahmen der Produktverantwortung, http://www.vivis.de/phocadownload/2014_evv/2014_EvV_29_36_Thaerichen.pdf, Stand: 02. 03. 2017, S. 29.

性再利用率，促进原材料的循环利用；其三，针对包含危险物质的废旧产品提出特殊的处置要求，实现危险废弃物的分类处置。[313]

二、产品责任细化类型

依据 1994 年德国旧版《循环经济法》第 22 条第 2 款规定，产品责任尤其包括以下内容：①产品的开发、生产与流通应当使其符合以下特征：产品可重复使用，具有技术层面上的较长使用寿命，并且在使用后可进行符合规定的、无害的利用与合乎环境承受能力的处分；②在产品生产过程中优先使用可利用性废弃物或二次辅助性原材料；③对于含有有害成分的产品进行标示，以确保能够对于产品使用后残留的废弃物进行合乎环境承受能力的利用或处分；④通过在产品上做出标示的方式对其回收、再使用与利用可能性或义务以及押金规定做出提示；⑤对于产品与产品使用之后残留的废弃物进行回收，以及进行后续的利用或处分。

德国《促进循环经济和确保合乎环境承受能力废弃物管理法》基本承袭了1994 年德国旧版《循环经济法》关于产品责任内容的规定。[314] 从历史纵向发展视角分析，德国《促进循环经济和确保合乎环境承受能力废弃物管理法》拓展与深化了循环经济生产者责任延伸制度，明确要求所有开发、生产、处理、加工或销售产品的经营者都必须对所涉及产品的环境影响承担法律责任。举例而言，德国《促进循环经济和确保合乎环境承受能力废弃物管理法》第 23 条第 1 款规定："凡开发、生产、处理或加工或销售产品的人，都得基于实现循环经济目的承担产品责任。产品的构成须尽最大可能使其在生产与使用过程中减少废弃物的形成，并保证产品使用后产生的废弃物能合乎环境承受能力地得到利用或处分。"

近二十多年以来，欧盟在废弃物立法领域先后制定了涉及废旧包装、废旧电子设备、废旧汽车、废旧电池等废旧物类型的关于产品责任的法律条款。在欧盟循环经济法律框架下，欧盟产品责任制度在本质上聚焦于以下目标：确定产品生

---

[313] Thärichen, Holger , Die Rolle der Kommunen und der Hersteller im Rahmen der Produktverantwortung, http：//www. vivis. de/phocadownload/2014_ evv/2014_ EvV_29_36_ Thaerichen. pdf, Stand：02. 03. 2017, S. 29.

[314] 德国《促进循环经济和确保合乎环境承受能力废弃物管理法》第 23 条第 2 款规定："产品责任尤其包括：①开发、生产和流通适宜于重复使用的、技术上具有长久性的和使用后能合规地、无害地高品质再利用以及合乎环境承受能力予以处分的产品，②在生产产品时，优先使用可再利用的废弃物或二次原材料，③对含有有害成分的产品进行标示，以确保产品使用后留下的废弃物能够以合乎环境承受能力方式被再利用或处分，④通过产品标志提示回收、再使用与再利用的可能性或义务和典押规定，以及⑤产品和产品使用后遗留下的废弃物之回收以及此后的合乎环境承受能力的再利用或处分。"

产者必须实现并且必须予以证明的对于废旧物质材料进行收集、再利用或循环利用的比率。而包括德国在内的欧盟各成员国有权自主实施实现这一目标的举措。[315] 为了具体执行欧盟制定的一系列关于产品责任的法律指令，德国立法者构建了在德国领域内具体推行产品责任的法律框架，确定了在公法处置者、生产商、经销商与集体系统组织之间的责任分配。根据不同的废弃物物质流类型，这一责任分配细分为以下三种类型：

第一种，生产商与销售商全面承担产品责任类型。在生产商与销售商全面承担产品责任的法律框架下，生产商与销售商不但必须负责产品废弃物的收集与回收，而且必须承担再利用与循环利用产品废弃物的责任。依据德国循环经济法律法规，在德国的废旧销售包装、废旧汽车以及废旧电池循环利用领域应当基本推行生产商与销售商全面承担产品责任的机制。[316] 在这一责任承担机制下，产品生产商与销售商应当自行构建或者通过提供经济支持的方式推动构建关于废弃物循环利用的集体系统组织或网络结构。这类集体系统组织或网络结构的职能应当是组织与协调废弃物物质流的收集与再利用。此外，产品生产商与销售商还可以自主决定构建个体性质的废弃物回收系统。[317]

第二种，分担式产品责任类型。在分担式产品责任类型框架下，产品生产商与销售商只是部分承担处置产品废弃物的义务与责任，而作为地方公权力主体的市镇也应部分承担处置产品废弃物的义务与责任。例如，在德国废旧电子电气设备循环利用领域，市镇具有义务建立全面的废旧电子电气设备收集回收系统。在此情形下，对于废旧电子电气设备的收集被视为公权力主体的义务，这一收集行为获得官方关于废弃物处理援助资金的资助。[318] 而产品生产商与销售商具有两项义务：其一，通过在市镇建立的收集回收系统取回废旧电子电气设备的义务；

---

[315] Thärichen, Holger, Die Rolle der Kommunen und der Hersteller im Rahmen der Produktverantwortung, http://www.vivis.de/phocadownload/2014_evv/2014_EvV_29_36_Thaerichen.pdf, Stand: 02. 03. 2017, S. 30.

[316] Thärichen, Holger, Die Rolle der Kommunen und der Hersteller im Rahmen der Produktverantwortung, http://www.vivis.de/phocadownload/2014_evv/2014_EvV_29_36_Thaerichen.pdf, Stand: 02. 03. 2017, S. 30.

[317] Thärichen, Holger, Die Rolle der Kommunen und der Hersteller im Rahmen der Produktverantwortung, http://www.vivis.de/phocadownload/2014_evv/2014_EvV_29_36_Thaerichen.pdf, Stand: 02. 03. 2017, S. 30.

[318] Thärichen, Holger, Die Rolle der Kommunen und der Hersteller im Rahmen der Produktverantwortung, http://www.vivis.de/phocadownload/2014_evv/2014_EvV_29_36_Thaerichen.pdf, Stand: 02. 03. 2017, S. 30 f.

其二，对于被取回的废旧电子电气设备进行进一步再利用的义务。[319] 市镇也可以直接对于废旧电子电气设备进行处理与再使用，并将由此获得的盈利作为收集废旧电子电气设备行为的资金支持来源。[320]

第三种，基于生产商经济参与前提下的市镇主体承担责任类型。在基于生产商经济参与前提下的市镇主体承担责任类型框架下，公权力主体与商业主体混合实施废弃物循环利用措施。例如，在德国废旧纸张循环利用领域，公权力主体主要负责处置作为家居生活废弃物的纸张（如报纸），而商业主体主要负责处置以废旧包装纸为代表的其他类型废旧纸张。在此情形下，公权力主体与商业主体可以达成关于共享使用公有与私营废弃物循环利用系统的经济合作协议。[321]

三、产品责任制度核心构成

德国产品责任制度核心构成是生产者责任延伸制度。产品责任主体包括生产者（生产商）、销售商、公权力主体等类型。从概念外延层面分析，生产者责任属于产品责任的一种子类型，而生产者责任延伸制度是对于传统的生产者责任制度的修订、革新与拓展。生产者责任延伸制度的思想可以溯源到瑞典 1975 年关于废弃物循环利用与管理的议案。该议案主张，产品生产前生产者有义务了解"当产品废弃后，如何从保护环境与节约资源的角度，以适当的方式处理废弃产品"的问题。[322]

生产者责任延伸概念（Extended Producer Responsibility，简称 EPR）是由瑞典学者托马斯·林德奎斯特（Thomas Lindhqvist）首次提出的。[323] 基于生产者责任延伸概念内涵，产品生产者不仅需要对产品生产与出厂时的环境影响承担责任，而且应当对产品的整个生产周期承担环保责任。环保责任包括环境损害责任、经济责任、物质责任、所有权责任、信息披露责任。产品生产企业必须负责产品废

---

[319] Thärichen, Holger, Die Rolle der Kommunen und der Hersteller im Rahmen der Produktverantwortung, http：//www. vivis. de/phocadownload/2014_ evv/2014_ EvV_29_36_ Thaerichen. pdf, Stand：02. 03. 2017, S. 31.

[320] Thärichen, Holger, Die Rolle der Kommunen und der Hersteller im Rahmen der Produktverantwortung, http：//www. vivis. de/phocadownload/2014_ evv/2014_ EvV_29_36_ Thaerichen. pdf, Stand：02. 03. 2017, S. 31.

[321] Vgl. Thärichen, Holger, Die Rolle der Kommunen und der Hersteller im Rahmen der Produktverantwortung, http：//www. vivis. de/phocadownload/2014_ evv/2014_ EvV _ 29 _ 36 _ Thaerichen. pdf, Stand：02. 03. 2017, S. 31.

[322] 黄锡生、张国鹏："论生产者责任延伸制度"，载中国环境法网，http：//www. riel. whu. edu. cn/article. asp？id＝27717，最后访问日期：2016 年 4 月 4 日。

[323] Thomas Lindhqvist & Karl Lidgren, "Models for Extended Producer Responsibility", in Sweden, October 1990.

弃物的回收、循环利用与最终处置。[324] 在废弃物管理领域，生产者责任延伸是一项旨在将产品全生命周期产生的环境成本整合入产品市场价格的战略。[325]

废弃物政策是德国环境政策的重要组成部分，而生产者责任延伸制度是废弃物政策体系的核心组成部分。依据 1994 年旧版德国《循环经济法》以及《促进循环经济和确保合乎环境承受能力废弃物管理法》的规定，生产者责任主要包括以下内容：其一，生产企业在设计产品时必须考虑在产品的生产及使用过程中尽可能减少废弃物产生；其二，生产中优先使用再利用的废弃物及再生的材料；标明产品中所含污染物数量，以保证使用后的废弃物可以进行环境友好型的回收再利用或处置；其三，通过产品说明书提供关于产品返还、再使用和回收再利用等信息；其四，接收产品使用后的废弃物及对这些产品与废弃物进行回收利用或处置。[326]

在生产者责任延伸制度框架下，德国产品生产企业必须采用环境友好型的设计方案与原材料，并使用有助于保护环境的工艺流程制造环境友好型产品。所谓环境友好型产品包括以下基本类型：①采用对于环境有益的原材料生产的或资源能源利用率高的产品；②生产过程中产生较小环境污染的产品；③使用后产生较小环境污染的产品；④能显著改善环境质量的产品。环境友好型产品不仅包括物质形态的产品，而且包括非物质形态的服务。[327] 除此以外，以德国为代表的欧美发达国家还制定关于生产者强制回收产品废弃物法律，其立法宗旨包括：①鼓励企业设计出有利于再利用、再循环与降低原材料消耗的产品；②通过将废弃物管理成本纳入产品价格，向消费者传达环保消费的市场信号；③促进循环经济领域的技术革新。[328] 依据关于生产者强制回收产品废弃物法律的规定，在产品被使用废弃之后，产品生产企业具有重复使用、回购、回收、循环利用与最终环保处置产品废弃物的义务。

总体而言，德国生产者责任延伸制度具有以下两项基本特征：

第一，从时间纵向上分析，生产者责任贯穿从产品设计、原材料采用、产品

---

[324] 孙佑海："循环经济法的基本框架和主要制度论纲"，载《法商研究》2007 年第 3 期，第 36 页。

[325] OECD (2001), Extended Producer Responsibility: A Guidance Manual for Governments, Paris, France.

[326] 参见牛睿："生产者责任延伸制度的不足与完善"，载《人民论坛》2012 年第 17 期，人民网转载，最后访问日期：2016 年 4 月 4 日。

[327] 李玉基主编、俞金香副主编：《中国循环经济政策与法制发展报告（2014）》，中国社会科学出版社 2015 年版，第 57 页。

[328] Wiki, Extended Producer Responsibility, Stand: 04.04.2016.

制造到产品废弃物循环利用与最终处置的产品全生命周期。[329] 近代以来，工业污染是地球环境污染与气候恶化的主因之一。工业污染主要来源于两方面。一方面，生产企业在产品原材料采集、产品加工与制造过程中产生大量废水、废气、废物等废弃物质，这类物质产生较为严重的环境损害影响；另一方面，企业生产的产品通过销售渠道进入消费领域后，产品用户在使用产品的过程中与使用之后会产生废弃包装、废弃消费物等废弃物质，这类物质同样会导致损害环境的不良后果。由上述可知，生产企业是工业污染的直接产生者与主要肇因者；同时，生产企业也具有降低乃至消除产品环境损害因素的控制力与执行力。[330] 因此，德国构建与发展了生产者责任延伸制度。依据该制度的设立宗旨，德国生产企业应当承担起在产品全生命周期推行循环经济模式的法定义务。在产品的设计、生产阶段，生产企业应当尽可能采纳有利于环保的产品设计与包装方案，采购环境友好型的原材料、能源，并使用环保型的工艺流程生产产品。在产品的消费阶段，德国生产企业应当承担起系统回收、循环利用与环保处置产品废弃物的义务。[331]

第二，从成本分担视角分析，生产者的责任成本最终将通过提升产品价格的方式由全社会分担。[332] 从法理层面分析，享有利益者亦应承担损失。一项产品的全生命周期包括设计、制造、消费、环保处置等各过程，其中从产品制造与流转获得利益者包括设计企业、生产企业、销售企业、消费客户、回收处置企业等多种主体。基于此，生产者责任延伸制度将原先由政府所负担的废弃物管理成本转嫁给产品生产企业、进口企业与销售企业，迫使这些企业将废弃物管理成本内化为产品价格的有机组成部分。[333] 例如，德国产品生产企业为了实现产品全生

〔329〕 Vgl. Wiki, Extended Producer Responsibility, Stand：04. 04. 2016.

〔330〕 Vgl. Wiki, Extended Producer Responsibility, Stand：04. 04. 2016；BMUB, Produktverantwortung–Kurzinfo, http：//www. bmub. bund. de/themen/wasser – abfall – boden/abfallwirtschaft/abfallpolitik/produktverantwortung/, Stand：31. 03. 2017；黄锡生、张国鹏："论生产者责任延伸制度"，载中国环境法网，http：//www. riel. whu. edu. cn/article. asp？id =27717，最后访问日期：2016 年 4 月 4 日。

〔331〕 Vgl. Wiki, Extended Producer Responsibility, Stand：04. 04. 2016；BMUB, Produktverantwortung–Kurzinfo, http：//www. bmub. bund. de/themen/wasser – abfall – boden/abfallwirtschaft/abfallpolitik/produktverantwortung/, Stand：31. 03. 2017.

〔332〕 Vgl. Wiki, Extended Producer Responsibility, Stand：04. 04. 2016；BMUB, Produktverantwortung–Kurzinfo, http：//www. bmub. bund. de/themen/wasser – abfall – boden/abfallwirtschaft/abfallpolitik/produktverantwortung/, Stand：31. 03. 2017.

〔333〕 Vgl. Wiki, Extended Producer Responsibility, Stand：04. 04. 2016；BMUB, Produktverantwortung–Kurzinfo, http：//www. bmub. bund. de/themen/wasser – abfall – boden/abfallwirtschaft/abfallpolitik/produktverantwortung/, Stand：31. 03. 2017；黄锡生、张国鹏："论生产者责任延伸制度"，载中国环境法网，http：//www. riel. whu. edu. cn/article. asp？id =27717，最后访问日期：2016 年 4 月 4 日。

命周期环保责任成本的公平分担，可以通过合理提高产品售价的方式，将己方承担的环保责任成本适度转嫁给销售企业、消费客户以及其他相关主体。由于德国生产企业囿于地域与技术限制通常不具备在德国全境范围内系统回收与循环利用所生产产品的废弃物的能力，因而德国产品生产企业一般并不直接从事产品废弃物的系统回收、循环利用与最终处置业务，而是通过付费方式委托生产者责任组织（producer responsibility organization）或通过其他第三方代理的方式履行自身的循环经济义务。[334]

综上所述，德国循环经济废弃物分类管理与产品责任制度属于废弃物循环经济处置制度的配套与关联制度。基于制度功能视角分析，德国循环经济废弃物分类管理制度为德国循环经济模式的推行提供前置性制度保障，而产品责任制度则通过将废弃物管理成本内化为产品价格的方式促进了德国循环经济模式的推广与优化。

---

[334] Vgl. Wiki, Extended Producer Responsibility, Stand: 04. 04. 2016.

第九章

德国联邦州循环经济职责权限、
制度特征与发展趋向

德国联邦州是德国第一级的行政区划。德国共有 16 个联邦州，它们分别为：巴登-符腾堡（Baden-Württemberg）、巴伐利亚（Bayern）、柏林（Berlin）、勃兰登堡（Brandenburg）、不来梅（Bremen）、汉堡（Hamburg）、黑森（Hessen）、梅克伦堡－西波美恩（Mecklenburg-Vorpommern）、下萨克森（Niedersachsen）、北莱茵－威斯特法伦（Nordrhein-Westfalen）、莱茵兰－普法尔茨（Rheinland-Pfalz）、萨尔（Saarland）、萨克森（Sachsen）、萨克森-安哈尔特（Sachsen-Anhalt）、石勒苏益格－荷尔斯泰因（Schleswig-Holstein）、图林根（Thüringen）。[335]

在欧盟与德国循环经济法律制度框架下，德国联邦各州不但是欧盟与德国循环经济法律、法规、其他规范性法律文件的关键立法参与者、主要执行者以及革新推动者，而且各州自身也制定了涉及多元领域与行业的循环经济法律、法规、其他规范性法律文件。为了实现循环经济发展目标，德国联邦各州依法履行循环经济职责权限，构建具有前瞻性与科学性的州级循环经济法律制度，并依据国际、欧盟、联邦循环经济技术、产业、法治的最新发展，适时更新与优化该法律制度。

第一节　德国联邦州循环经济职责权限

基于循环经济职责权限视角，德国联邦各州采取以下四种措施，推进循环经济模式在其各自所管辖领域的构建、修正与发展，并履行欧盟与德国循环经济法

---

[335]　Wiki, States of Germany, Stand：22. 03. 2017.

律制度所规定的联邦各州的义务与责任。

一、通过州级立法方式补充与细化德国联邦循环经济法律内容

迄今为止，德国联邦各州制定了覆盖面广与可执行性强的循环经济法律、法规与其他规范性法律文件。这些法律、法规与其他规范性法律文件具有两项功能。

其一，它们填补了德国联邦循环经济法律规制的空白领域，[336] 因而它们可以更加有效地在州层面规制违反循环经济基本原则的行为，进而建立涉及循环经济的权限、义务与责任体系。其二，这些法律、法规与其他规范性法律文件细化了德国联邦循环经济法律制度的框架性内容，并为德国联邦循环经济法律涵盖的若干倡导性条款制定了执行细则，从而确保了德国联邦循环经济法律在联邦州层面的实施效果。

值得关注的是，德国联邦立法者在联邦循环经济法律中预留了部分规制空白区域，由于在这类区域不适宜制定全国性规制标准，因而该类区域的规制立法权被明确授予联邦各州。例如，基于德国《促进循环经济和确保合乎环境承受能力废弃物管理法》第 28 条第 3 款规定，德国联邦各州政府可以通过条例的形式允许特定废弃物或特定种类的废弃物在没有经过审批的废弃物处分设备中进行处分，其适用前提是具有此种需要且又不必担忧损害公共利益。在此种情形下，联邦各州政府不仅可以通过条例形式规定处分的前提条件、类型与方式，而且可以通过条例形式将此权力全部或部分地委托给其他管理机构。

二、参与创建与更新联邦层级与州级废弃物减量化方案

德国联邦各州具有参与创建废弃物减量化方案的两类法定途径。第一类途径是：在联邦政府主导之下，由德国联邦各州代表各自主管区域，参与研讨与确定联邦层级废弃物减量化方案的具体目标、执行措施、参考指标、评判基准等内容。具体而言，依据德国《促进循环经济和确保合乎环境承受能力废弃物管理法》第 33 条第 1 款规定，联邦政府应当主导创建废弃物减量化方案，而各州可以参与废弃物减量化方案的创建。在这种情况下，它们应当为它们各个主管区域承担自我责任性的贡献，此种贡献应当被记录在联邦的废弃物减量化方案中。第二类途径是：在特定德国联邦州不参与创建联邦层级废弃物减量化方案的前提下，由该类德国联邦州依据德国《促进循环经济和确保合乎环境承受能力废弃物管理法》第 33 条第 2 款规定，独立与自主创设自身的废弃物减量化方案。在这

---

[336] Wiki, Abfallrecht（Deutschland）, Stand: 31.03.2017.

种情况下，该类德国联邦州可以在遵循德国联邦废弃物减量化总体目标与基本原则的前提下，自主确定自身废弃物减量化方案的具体目标、执行措施、参考指标、评判基准等内容。

基于德国《促进循环经济和确保合乎环境承受能力废弃物管理法》第33条第3款规定，德国联邦各州参与制定的联邦层级废弃物减量化方案与主导制定的州级废弃物减量化方案都应当包含以下四方面内容：其一，确定废弃物减量化目标，此类目标应在其定位中将经济增长与废弃物产生关涉的对人类和环境的影响相脱钩；其二，表明现有的废弃物减量化措施；其三，在具有必要性的前提下，确定其他的废弃物减量化措施；其四，预定合乎目标的、专门的、定性或定量的关于被确定的废弃物减量化措施的基准。

三、在相互协调前提下主导订立废弃物管理计划

德国《促进循环经济和确保合乎环境承受能力废弃物管理法》第31条规定了废弃物管理计划的制定程序。依据该条规定，在横向层面，德国联邦各州应当相互协调制定其废弃物管理计划。如果有必要制定一项跨州的规划，有关各州应在制定废弃物管理计划时相互协调确定具体要求与执行措施。在纵向层面，德国联邦各州下辖的乡镇、区以及它们各自的联合体和公法处置者必须参与由所属联邦州主导制定废弃物管理计划的进程。

德国《促进循环经济和确保合乎环境承受能力废弃物管理法》第30条是关于废弃物管理计划的基本条款。依据该条规定，德国联邦各州必须在自身管辖范围内以跨区域视角提出废弃物管理计划。废弃物管理计划需要说明以下内容：其一，废弃物减量化、再利用，尤其是再使用预备和循环回收，以及废弃物处分之目标；其二，废弃物管理现状；其三，改善废弃物再利用与废弃物处分的必需措施，这包括对其实现目标能力之评估；其四，特定废弃物处置设备。此外，联邦各州必须在废弃物管理计划中确定以下内容：其一，被批准的废弃物处置设备；其二，用于垃圾填埋场、其他废弃物处分设备以及废弃物处置设备的合适面积。

在废弃物管理计划中，必须考虑到空间规划的目的和空间规划的原则与其他要求。[337]

四、依据自身实际情况确立特别废弃物处置企业类型

在德国联邦州层面，各州核心要务之一是对于具有危险性的特别废弃物予以循环经济处置。联邦各州根据在各自管辖地理领域中的特别废弃物分布状况、循环经济企业服务水准以及收支预算情况，确立了两种不同类型的特别废弃物处置企业。其中，以不来梅、汉堡、梅克伦堡-西波美恩、北莱茵-威斯特法伦、萨克森为代表的一部分德国联邦州授权私人企业处置特别废弃物，而另一部分德国联邦州则授权本州所属的企业实体处置特别废弃物。在后一种情形下，私人企业可以被接纳成为州所属企业实体的组成部分，进而适度承担特别废弃物处置业务。[338]

第二节　德国联邦州循环经济法律制度基市特征

依据德国《基本法》第 74 条第 1 款第 24 项的规定，德国联邦州与德国联邦在废弃物经济领域（循环经济领域）具有并行的立法权限，但德国联邦州只能立法规制在德国联邦循环经济法律中还没有作出规定的循环经济事项；除此以外，德国联邦州还可以通过立法方式规定以《促进循环经济和确保合乎环境承受

---

[337] 依据德国《促进循环经济和确保合乎环境承受能力废弃物管理法》第 30 条规定，德国联邦各州制定的废弃物管理计划应当至少包括以下内容：其一，关于在区域内产生的废弃物或预计来自或将被带入德国领土的废弃物的种类、数量及来源的说明，以及对于废弃物流将来发展的评估；其二，关于现有的废弃物收集体系与主要的处分与利用设备的说明，包括对于废油、危险废弃物和废弃物流的特别预防措施，对此依据该法或基于该法颁布的条例中的特别规定有效适用；其三，对于新的收集体系之必要性，现有的体系之关闭或建设之额外废弃物处置设备之评估，如果必要，亦包括对于相关投资的评估；其四，关于位置定位之确定标准与将来处分设备或主要利用设备产能的足够信息；其五，一般的废弃物管理政策，包括计划的废弃物管理技术与程序，或者对于构成特别管理问题的废弃物之政策。除上所述，德国联邦各州制定的废弃物管理计划还可进一步包括以下内容：其一，关于废弃物管理组织方面的说明，包括对于执行废弃物管理过程中公共和私营部门职责分工的描述；其二，关于使用经济或其他手段来应对不同的废弃物问题的效用与适用性的评估，在此须考虑维护内部市场顺利运作的必要性；其三，运用意识宣传活动以及提供信息给大众或一个特定消费者团体；其四，关于关闭的受污染的废弃物处分地点与其重建措施的说明。

[338] BMUB, Abfallentsorgung, http://www.bmub.bund.de/themen/wasser-abfall-boden/abfallwirtschaft/auskunftsstellen/, Stand: 31.03.2017.

能力废弃物管理法》为核心的德国循环经济法律的州级执行机制。[339]

综合而言，德国联邦州循环经济法律制度是德国循环经济法律制度的重要组成部分，构成德国联邦循环经济法律制度与市镇循环经济法律制度的中间层级。该制度具有两方面效用。一方面，它确保了德国联邦循环经济法律制度在州级层面的实施；另一方面，它也为市镇循环经济法律制度的构建与完善提供了纲领依据与行动指南。德国联邦州循环经济法律制度具有以下四项基本特征：

一、主导性法律形式为联邦州法典与条例

德国联邦州循环经济法律制度的主导性法律形式为联邦州制定的各类法典与条例。以柏林州为例，该州循环经济法律制度的核心法典为《柏林促进循环经济与确保进行合乎环境承受能力的废弃物清除之法律》（Gesetz zur Förderung der Kreislaufwirtschaft und Sicherung der umweltverträglichen Beseitigung von Abfällen in Berlin）；而该制度的主要组成部分为循环经济条例，其代表性条例为《关于组织处置危险废弃物的核心机构费用的条例》（Verordnung über die Gebühren der zentralen Einrichtung für die Organisation der Entsorgung von gefährlichen Abfällen）、关于《来自家居、商业、工艺、贸易领域的问题废弃物处置的条例》（Verordnung über die Entsorgung von Problemabfällen aus Haushaltungen, Handel, Handwerk und Gewerbe）等。值得注意的是，在德国联邦州循环经济法律制度框架下还存在数量众多的不具有直接适用法律效力的文件。这些文件的表现形式包括通告、通知、建议书等，[340] 它们具有以下两种效用：其一，它们可以为相关企业主体、机构与社会公众提供关于实施循环经济模式的可行性目标、行动指南与技术信息资源；其二，由于循环经济法典与条例的制定与修订周期过长，这导致这类法典与条例不适宜规定具有定期更新需求的循环经济收费标准、补贴额度等内容，而通告、通知、建议书等文件具有制定周期极短与修订流程简洁的特征，因此它们可以克服法典与条例的缺陷，系统规定与适时修订具有定期更新需求的循环经济标准与指标。

二、关于循环经济义务标准的规定具有前瞻性与严苛性特征

基于与德国《促进循环经济和确保合乎环境承受能力废弃物管理法》以及其他联邦循环经济法律法规比较的视角，德国联邦各州关于循环经济义务标准的规定具有前瞻性与严苛性特征，这体现为两方面。一方面，若干德国联邦州的循

---

[339] BMUB, Landesrecht, http://www.umweltbundesamt.de/themen/abfall-ressourcen/abfalwirtschaft/abfall-recht, Stand: 31.03.2017.

[340] Senatsverwaltung für Umwelt, Verkehr und Klimaschutz, Abfallrecht im Land Berlin, http://www.stadtentwicklung.berlin.de/umwelt/abfallwirtschaft/de/abfallrecht/berlin.shtml, Stand: 31.03.2017.

环经济法律拓展了联邦循环经济法律中义务主体的范围，并规定了更为全面与系统的循环经济义务内容。例如，依据德国《下萨克森州废弃物法》第2条规定，包括自然人与法人在内的所有人都必须负有两元化的循环经济义务。具体而言，不但下萨克森州所有人都必须避免实施"产生本可预防的废弃物"的行为；而且所有人都必须避免实施给"合乎环境承受能力的废弃物管理进程"增加不必要困难的行为。另一方面，在公法人主体履行循环经济义务领域，若干德国联邦州的循环经济法律规定了示范性义务要求与强制性配套措施，依据权责相当原则为公法人与私法人主体提出了不同内容的义务标准，体现了立法科学性与前瞻性特征。例如，依据德国《下萨克森州废弃物法》第3条第1款规定，下萨克森州、市、镇以及其他公法人主体都必须在履行循环经济义务中发挥示范性作用。依据德国《下萨克森州废弃物法》第3条第2款规定，除非产生过高的额外成本，否则下萨克森州、市、镇以及其他公法人主体必须履行循环经济义务。具体而言，下萨克森州、市、镇以及其他公法人主体在履行职责时，应当优先保障具有长期使用性、经济可修复性、可再生性产品的生产经营，给予"产生较少废弃物"或"适宜进行合乎环境废弃物管理"以及"本身由废弃物生产而来"的产品优惠待遇。

三、普遍构建具有可操作性的绿色采购制度

基于德国《反对限制竞争法》第97条第4款第3句的规定，虽然德国联邦具有制定采购规则的主导性权力，但是德国联邦各州也可以通过立法方式，制定关于环境友好型产品的规格标准。迄今为止，德国所有联邦州已经利用这一立法权限，系统厘定了关于环境友好型产品的界定标准，并普遍构建具有可操作性的关于环境友好型产品采购（绿色采购）的制度。[341] 该制度主要由联邦各州涉及绿色采购的法典、法律条例与行政条款组成。[342] 例如，德国巴登-符腾堡州绿色采购制度的核心条款是该州《废弃物法》第2条第2款。依据该款规定，在涉及

---

〔341〕 Schmidt, Vanessa/Dubbers, Elisabeth, Regelungen der Bundesländer auf dem Gebiet der umweltfreundlichen Beschaffung, https：//www. umweltbundesamt. de/sites/default/files/medien/376/publikationen/texte_44_2014_regelungen_der_bundeslaender_beschaffung_korr. pdf, Stand：31. 03. 2017, S. 3.

〔342〕 Vgl. Bremisches Ausführungsgesetz zum Kreislaufwirtschafts-und Abfallgesetz（BremAGKrW-/AbfG）vom 02. 02. 2010（GBl. Nr. 7 vom 09. 02. 2010 S. 125）：http：//bremen. beck. de/? bcid = Y-100-G-BrAbfallG-name-inh；Bremisches Gesetz zur Sicherung von Tariftreue, Sozialstandards und Wettbewerb bei öffentlicher Auftragsvergabe-Tariftreue-und Vergabegesetz（Tariftreue-und Vergabegesetz）vom 24. 11. 2009；http：//www. wirtschaft. bremen. de/sixcms/media. php/13/Gesetzblatt% 20der% 20FHB% 20Seite% 20476-2009. pdf.

关于工作材料、使用品、消费品的采购与建设项目采购以及其他委托性采购的情形下，应当优先采购具有环境友好型特征的产品。[343] 此处所指的环境友好型产品包括以下类型：其一，由废弃物制造的产品；其二，采用"资源节约型生产流程"或"能够产生较少废弃物生产流程"而制造出来的产品；其三，由可再生能源生产的产品；其四，具有特殊耐用性的产品以及具有"便于维修"和"重复使用"特征的产品；其五，与其他产品相比，"能够产生更少数量废弃物的产品"或者"所产生废弃物含有较少有害物质的产品"；其六，"特别适用于合规与无害再利用的产品"或者"能够进行符合公益要求的清除处分的产品"。[344] 又如，德国巴伐利亚州绿色采购制度的核心构成包括《巴伐利亚废弃物管理法》第 2 条第 2 款第 1 项[345]与《关于在公共采购领域重视环境因素的指令》。[346] 其中，《巴伐利亚废弃物管理法》第 2 条第 2 款第 1 项是对 1994 年旧版德国《循环经济法》涵摄的绿色采购理念予以具体化与明晰化的条款。[347]

四、整体制度构成呈现去中心化特征

与德国联邦以及欧盟循环经济法律制度相比，德国联邦州循环经济法律制度的整体构成呈现明显的去中心化特征，其表现形式有二。一方面，在德国联邦州循环经济法律实践层面，直接适用的循环经济法律条款主要来源于德国联邦以及欧盟制定的法律、法规及其他规范性文件。其中，德国《促进循环经济和确保合乎环境承受能力废弃物管理法》属于在联邦州领域得以直接适用的核心循环经济

---

[343] Gesetz zur Neuordnung des Abfallrechts für Baden – Württemberg（Landesabfallgesetz – LAbfG）vom 14. 10. 2008（GBl. Nr. 14，S. 370），zuletzt geändert durch Artikel 4 des Gesetzes vom 17. 12. 2009（GBl. Nr. 23，S. 802），in Kraft getreten am 24. 12. 2009：http：//www. landesrecht-bw. de.

[344] Schmidt, Vanessa/Dubbers, Elisabeth, Regelungen der Bundesländer auf dem Gebiet der umweltfreundlichen Beschaffung, https：//www. umweltbundesamt. de/sites/default/files/medien/376/publikationen/texte_ 44_ 2014_ regelungen_ der_ bundeslaender_ beschaffung_ korr. pdf, Stand：31. 03. 2017，S. 4.

[345] Gesetz zur Vermeidung, Verwertung und sonstigen Entsorgung von Abfällen in Bayern（Bayerisches Abfall-wirtschaftsgesetz–BayAbfG）in der Fassung der Bekanntmachung vom 9. August 1996（GVBl S. 396），letzte berücksichtigte Änderung：mehrfach geändert（Gesetz vom 24. 7. 2013，S. 461）：http：//www. gesetzebay-ern. de/jportal/portal/page/bsbayprod. psml? showdoccase = 1&doc. id = jlrAbfGBY1996 rahmen&doc. part = X.

[346] Richtlinien über die Berücksichtigung von Umweltgesichtspunkten bei der Vergabe öffentlicher Aufträge（Um-weltrichtlinien Öffentliches Auftragswesen–öAUmwR）vom 28. 04. 2009 mit Gültigkeit vom 15. 05. 2009：ht-tp：//www. gesetze – bayern. de/jportal/portal/page/bsbayprod. psml? nid = 0&showdoccase = 1&doc. id = VVBYVVBY000021621&st = vv.

[347] Vgl. Schmidt, Vanessa/Dubbers, Elisabeth, Regelungen der Bundesländer auf dem Gebiet der umweltfreun-dlichen Beschaffung, https：//www. umweltbundesamt. de/sites/default/files/medien/376/publikationen/texte_ 44_ 2014_ regelungen_ der_ bundeslaender_ beschaffung_ korr. pdf, Stand：31. 03. 2017，S. 6.

法律。与之相对应，德国联邦州制定的循环经济法律、法规及其他规范性文件不但涉及领域狭窄，数量有限，而且它们在一般适用情形下，只是被定性为德国联邦以及欧盟制定的循环经济法律、法规及其他规范性文件的配套规则或实施细则，不具有核心的法律执行效力。另一方面，德国联邦州立法机关囿于立法权限与规制领域的限制，只能在采纳德国联邦以及欧盟循环经济法律制度基本原则与核心内容的前提下制定新的循环经济法律、法规及其他规范性文件，这决定了德国联邦州循环经济法律制度相对于德国联邦以及欧盟循环经济法律制度具有附属与补充性质。

第三节　德国联邦州循环经济法律制度发展趋向

近年以来，德国循环经济技术、产业与合作机制得到较快发展，而德国联邦与欧盟的循环经济法律制度也得到优化与革新。这两项因素共同促使德国联邦州立法机关开始逐步改革德国联邦州循环经济法律制度。从宏观视角分析，德国联邦州循环经济法律制度具有以下三项发展趋势：

一、州际合作立法将成为常态形式

由于德国循环经济产业非常发达，该产业内的大多数企业都属于跨州域企业甚至跨国企业。因此，为了有效规制循环经济企业的经营行为以及州公权力主体给予这类企业的援助行为，德国联邦各州的立法机关已经越来越倾向于采取州际合作的立法形式。所谓州际合作立法是指若干联邦州的立法机关在各自制定相同或类似性质的循环经济法律、法规或其他规范性法律文件时，可以通过事先相互协商的方式，防止各自制定的法律文件之间发生内容抵触、规制对象重合以及适用效力冲突的情形。在州际合作立法情形下，德国联邦立法机关可以发挥居中协调与统筹规划的效用。

二、循环经济法律制度与气候保护法律制度将呈现交融趋势

迄今为止，若干德国联邦州已经颁行气候保护基本法律，初步构建了气候保护法律制度。[348] 德国联邦州构建气候保护法律制度的宗旨是确立长期的环境政策目标与规则，防止温室效应的产生，确保经济、生态与社会的和谐发展。由于

---

[348] Das Umweltbundesamt, Klimaschutz-und Energierecht, http：//www. umweltbundesamt. de/themen/klima-energie/klimaschutz-energiepolitik-in-deutschland/rechtliche-instrumente/klimaschutz-energierecht，Stand：31. 03. 2017.

循环经济模式同样能够实现防止温室效应产生、环境保护与和谐发展的目标,并且循环经济措施与气候保护措施具有较高的重合度,[349] 因而循环经济法律制度与气候保护法律制度将日益呈现交融趋势。具体而言,这种交融趋势将体现在两方面。一方面,"气候保护"将被逐步界定为联邦各州循环经济法律立法宗旨之一,而"实现循环经济、低碳经济、绿色经济"亦将被逐步界定为联邦各州气候保护法律立法宗旨之一。另一方面,德国联邦各州不仅可能制定统一规制循环经济与气候保护事宜的法律,而且可能设立统一的循环经济与气候保护执法机构。

三、将系统植入科学性标准、专业性公式以及相关计量指标

德国《促进循环经济和确保合乎环境承受能力废弃物管理法》以及其前身1994年旧版德国《循环经济法》都基于科学性标准,清晰界定了废弃物清除程序、再利用程序等废弃物处置措施的具体类型,并在法典文本中植入以能源效率公式为代表的专业性公式以及相关计量指标。这类科学性标准、专业性公式以及相关计量指标有效增强了前述两部法典的内容精准性与可执行性。基于上述两部德国联邦法典对于联邦各州循环经济法律制度的辐射影响与引领作用,若干州立法机关已经借鉴联邦立法模式,在循环经济法律中系统植入科学性标准、专业性公式以及相关计量指标。为了提升联邦州循环经济法律的内容精准性与执行效率,进而增强德国联邦与州所属循环经济法律制度之间内容同质性与功能互补性,系统植入科学性标准、专业性公式以及相关计量指标应当成为联邦州循环经济法律的未来标准制定模式。

综上所述,德国联邦各州基于循环经济职责权限视角,推进循环经济模式在其各自所管辖领域的构建、修正与发展,并履行欧盟与德国循环经济法律制度所规定的联邦各州的义务与责任。在制度构成层面,德国联邦各州通过构建州循环经济法律制度,细化与补充了德国联邦以及欧盟循环经济法律制度的内容。随着外部技术、经济与法治因素的推动,德国联邦州循环经济法律制度势将与气候保护制度实现有机融合,而德国联邦州立法机关将采取州际合作立法模式,并在法律中系统植入科学性标准、专业性公式以及相关计量指标。

---

[349] BDE/ITAD/VDMA, Branchenbild der deutschen Kreislaufwirtschaft: Kompetent · Leistungsstark · Zukunftsorientiert, https://www.itad.de/information/studien/201605_ BranchenbildderdeutschenKreislaufwirtschaft.pdf, Stand: 31. 03. 2017, S. 38.

■ 第十章

德国 《可再生能源法》 渊源、 定位与利弊

可再生能源（Erneuerbare Energien）是指在人类发展时间维度下，在实质意义上取之不尽的能源或者能够相对快速实现自我更新的能源。由于化石能源必须经过数以百万计的年限才能得以再生，因而化石能源不属于可再生能源范畴。[350] 通常而言，可再生能源外延涵盖生物质能源、地热能、水能、海洋能、太阳能、风能等类型。可再生能源的应用不但可以提高能源利用效率，而且它本身构成可持续发展能源政策最重要的支柱。[351]

德国是着力推广可再生能源生产与应用的代表性国家，该国可再生能源产业具有门类齐全、技术先进、效益显著的特征。截至 2015 年底，德国发电总装机1.9 亿千瓦，其中风电 4461 万千瓦，太阳能发电 3933 万千瓦，占德国总装机容量的 43%；在整个 2015 年度，德国总发电量为 6518 亿千瓦时，其中风电 880 亿千瓦时，太阳能发电 384 亿千瓦时，约占总发电量五分之一。[352]

德国在可再生能源领域取得卓著成果的关键原因之一是该国构建了以绿色发展、激励导向、公平竞争为准则的可再生能源法律体系。从法律属性层面分析，以《可再生能源法》为代表的德国可再生能源法律不属于纯粹意义上的循环经济法律，而应归属于能源法范畴，但德国可再生能源法律与循环经济法律的环保宗旨具有高度一致性，规制对象又具有明显的交叉与重合，因而以《可再生能源法》为代表的德国可再生能源法律隶属于广义的循环经济法律范畴。

总体而言，德国可再生能源法律体系具有系统化与可操作性强的特征。其中，德国《可再生能源法》（Erneuerbare-Energien-Gesetz）主要适用于电力领域；而从 2009 年起生效的德国《供热领域可再生能源促进法》（Erneuerbare-Energien-

---

[350] Wiki, Erneuerbare Energien, Stand: 26.03.2017.

[351] Wiki, Erneuerbare Energien, Stand: 26.03.2017.

[352] 王彩霞："德国《可再生能源法》修订之路及启示"，http://solar.ofweek.com/2016-09/ART-260009-8420-30043091.html，最后访问日期：2017 年 3 月 26 日。

Wärmegesetz）推动了在供热领域可再生能源的应用与推广。从 2007 年开始生效的德国《生物燃料配额法》（Biokraftstoffquotengesetz）则取代了之前为了促进生物燃料应用而推行的税收优惠政策。除此以外，2009 年 4 月 23 日版的《欧盟可再生能源指令》（EU-Richtlinie zu den erneuerbaren Energien）对于包括德国在内的欧盟成员国提出了义务性要求。依据该要求，欧盟成员国必须颁行国内法律规定，以促进可再生能源在电力、供热、供冷以及交通领域的应用，最终实现截至 2020 年欧盟域内总能源消耗量中可再生能源的份额达到 20% 的目标。[353]

德国《可再生能源法》（Erneuerbare-Energien-Gesetz）全称为《可再生能源拓展法》（Gesetz für den Ausbau erneuerbarer Energien）。该法典原先名称为《可再生能源优先法》（Gesetz für den Vorrang Erneuerbarer Energien），它属于德国联邦法律范畴。该法典在 2000 年 4 月 1 日生效，最新修订版本（该版本简称为 EEG 2017）在 2017 年 1 月 1 日生效。依据《可再生能源法》的规定，产生自可再生能源领域的电力应当被并入电网，并且这类电力的供应商应当能够通过稳定的并网电价而获利。[354]

第一节　德国《可再生能源法》的历史渊源与嬗变进程

德国《可再生能源法》的前身是从 1991 年开始生效的《电力入网法》（Stromeinspeisungsgesetz）。《电力入网法》的全称为《将基于可再生能源产生的电力并入公共网络的法律》（Gesetz über die Einspeisung von Strom aus erneuerbaren Energien in das öffentliche Netz），它是世界上首部绿色电力供应法。

《电力入网法》的诞生具有特定的时代背景。在《电力入网法》诞生前，德国除了水电以外的可再生能源电力基本都由小企业生产，而控制电网的大型企业常常拒绝将小企业生产的可再生能源电力并入其电网，进而禁止小企业通过电网分配传送可再生能源电力；即使控制电网的大型企业允许将小企业生产的可再生能源电力并入其电网，也常常附加苛刻条件。[355] 大型企业的这种行为不但损害了小企业的合法利益，而且阻碍了可再生能源产业的发展。由于这一原因，德国立法机关通过制定《电力入网法》的方式，要求电网经营者承担义务，它们必

---

[353]　Wiki, Erneuerbare Energien, Stand：26. 03. 2017.

[354]　Wiki, Erneuerbare-Energien-Gesetz, Stand：17. 03. 2017.

[355]　Wiki, Erneuerbare-Energien-Gesetz, Stand：17. 03. 2017.

须允许将可再生能源电力并入其电网，并应当确保可再生能源电力生产者能够得到法定最低水准的报酬。[356]

在 2000 年 3 月 29 日，《电力入网法》被 2000 年版的《可再生能源法》所取代。与《电力入网法》相比，2000 年版《可再生能源法》适用范围更加宽泛，并规定了更加系统与全面的关于可再生能源生产的权利与义务，从而能够更加有效地激励与促进可再生能源产业的发展。其后，《可再生能源法》得到五次大规模修订，形成 2004 年、2009 年、2012 年、2014 年、2017 年版本。德国各版本《可再生能源法》的基本内容如下：

第一，2000 年版《可再生能源法》，有效期限为 1991—2003 年。

该法律代表了德国在可再生能源立法领域新的专业水准，其主要内容是确定了以固定上网电价为主的可再生能源激励政策。[357] 它被视为德国可再生能源产业发展的主要驱动力量。[358] 该法律第 1 条明确规定立法目标，该目标具体内容为："基于气候保护与环境保护的利益考量，使能源供应的可持续发展具有可能性，显著提高可再生能源对于电力供应的贡献，从而在遵循欧盟与联邦德国目标的情形下，实现截至 2010 年可再生能源在能源消费总量中的份额至少翻番的目标。"[359] 该法律第 2 条规定了适用领域。依据第 2 条第 1 款规定，该法律规制的是在该法律适用领域或德国专属经济区域纯粹通过水力、风力、太阳辐射能、地热、废弃物填埋场气体、污气、矿井瓦斯或生物质而获取的电力的接收入网与报酬补偿事宜，这类电力应由运营普遍性供应网络的电力公司予以接收与补偿；德国联邦环境、自然保护和核安全部获得授权，它可以在得到德国联邦消费者保护、食品与农业部以及德国联邦经济与技术部同意的前提下，并在获得德国议会批准后，通过法律条例的形式，颁布法律条款规定以下内容：哪些涉及生物质的物质与技术程序适用本法律，以及哪些环境要求应当得到遵循。[360]

第二，2004 年版《可再生能源法》，有效期限为 2004—2008 年。2004 年版

[356] Wiki, Erneuerbare-Energien-Gesetz, Stand：17. 03. 2017.

[357] 王彩霞："德国《可再生能源法》修订之路及启示"，http：//solar. ofweek. com/2016-09/ART-260009-8420-30043091. html，最后访问日期：2017 年 3 月 26 日。

[358] BMWi, Erneuerbare Energien, https：//www. bmwi. de/Redaktion/DE/Dossier/erneuerbare-energien. html, Stand：28. 03. 2017.

[359] Bundestag, Gesetz für den Vorrang Erneuerbarer Energien, http：//www. gesetze-im-internet. de/bundesrecht/eeg/gesamt. pdf, Stand：26. 03. 2017.

[360] Bundestag, Gesetz für den Vorrang Erneuerbarer Energien, http：//www. gesetze-im-internet. de/bundesrecht/eeg/gesamt. pdf, Stand：26. 03. 2017.

《可再生能源法》规定了推广应用可再生能源的确定目标，进一步改进了可再生能源促进政策。依据该法律第1条第2款规定，该法律所追求达致的目标是："截至2010年，可再生能源电力在总电力供应量中的份额至少达到12.5%；截至2020年，该份额至少提高到20%。"该法律明确规定了控制普遍性电力供应网络的运营企业的义务。这类运营企业必须立即将利用可再生能源或矿井瓦斯生产电力的设备优先联接到其网络，并且必须优先接收与传输由这些设备生产的来源于可再生能源或矿井瓦斯的全部电力。[361]

第三，2009年版《可再生能源法》，有效期限为2009—2012年。该法律建立了基于新增容量的固定上网电价调减机制，并首次提出市场化条款。[362] 依据该法律第1条第2款规定，截至2020年，电力供应中新能源电力的份额至少应当达到30%，并且在此之后该份额应当持续上升。[363] 该法律保留了2004年版《可再生能源法》的基本结构，但对于后者的条款进行重新编号，并大幅度增添了条款数目。[364]

第四，2012年版《可再生能源法》，有效期限为2012—2014年。该法律完善了基于新增容量的固定上网电价调减机制和自发自用激励机制。[365] 它规定了新的对于发展生物能源予以激励的机制，并修改了上网电价。该法律通过系统化规定市场溢价模型的方式，以促进可再生能源电力的直接销售。[366]

第五，2014年版《可再生能源法》，有效期限为2014—2016年。该法律首次提出针对光伏地面安装系统的招标制度试点机制。[367] 依据该法律第1条第2款规定，德国应当持续与低成本地提高由可再生能源生产的电力在总电力消费量中的份额，具体目标为：其一，截至2025年，由可再生能源生产的电力额度提高至40%-45%；其二，截至2035年，由可再生能源生产的电力额度提高至

[361] Bundestag, Gesetz für den Vorrang Erneuerbarer Energien, https://www.clearingstelle-eeg.de/files/private/active/0/eeg04_061107.pdf, Stand: 26.03.2017.
[362] 王彩霞："德国《可再生能源法》修订之路及启示"，http://solar.ofweek.com/2016-09/ART-260009-8420-30043091.html，最后访问日期：2017年3月26日。
[363] Bundestag, Erneuerbare-Energien-Gesetz, https://www.clearingstelle-eeg.de/files/EEG_2009_juris_Stand_110721.pdf, Stand: 25.03.2017.
[364] Wiki, Erneuerbare-Energien-Gesetz, Stand: 17.03.2017.
[365] 王彩霞："德国《可再生能源法》修订之路及启示"，http://solar.ofweek.com/2016-09/ART-260009-8420-30043091.html，最后访问日期：2017年3月26日。
[366] Wiki, Erneuerbare-Energien-Gesetz, Stand: 17.03.2017.
[367] 王彩霞："德国《可再生能源法》修订之路及启示"，http://solar.ofweek.com/2016-09/ART-260009-8420-30043091.html，最后访问日期：2017年3月26日。

55%-60%；其三，截至 2050 年，由可再生能源生产的电力额度至少提高至 80%。依据该法第 1 条第 3 款规定，第 1 条第 2 款第 2 句第 1 项规定的目标（即：截至 2025 年，由可再生能源生产的电力额度提高至 40%-45%）也服从于以下目标的实现：截至 2020 年，从整体层面而言，可再生能源在总的最终能源消耗量中的额度应当至少提高到 18%。[368] 总体而言，2014 年版《可再生能源法》具有以下四项重要革新：其一，确立了具有约束力的可再生能源电力发展路径；其二，通过注重采用成本友好型的风力与光伏发电技术而显著降低发电成本；其三，规定新的大型企业必须自担责任销售其自身生产的电力，以更好实现电力市场的整合；其四，阻止了电力价格的快速增长。[369]

第六，2017 年版《可再生能源法》，有效期限从 2017 年起算。2017 年版《可再生能源法》开启了德国能源革命的一个新阶段，它在可再生能源发电领域规定了根本意义上的政府干预范式转变，即从"政府固定上网电价模式"转变为"招标模式"。具体而言，德国可再生能源电力价格不再由国家直接确定，而是通过市场招标的方式予以确定。[370] 事实上，在 2014 年版《可再生能源法》中，德国立法者已经在光伏地面安装系统领域规定了作为试验项目的招标程序。[371] 而 2017 年版《可再生能源法》则将之前的试验性质的招标程序变革为全面性与主导性的可再生能源电力价格确定程序。

德国 2017 年版《可再生能源法》共分为七章与四项附件。依据该法律，德国全面实施可再生能源发电招标制度，正式结束由政府主导固定上网电价的机制，将市场竞争机制系统引入可再生能源发电领域。[372] 依据德国 2017 年版《可再生能源法》第 3 条第 21 项规定，可再生能源涵盖以下类型：其一，水电（包括波浪能源、潮汐能源、盐梯度能源、流量能源）；其二，风能；其三，太阳辐射能量；其四，地热；其五，生物质能源（包括沼气、生物甲烷、废弃物填埋场

[368] Bundestag, Erneuerbare-Energien-Gesetz, http：//www. bmwi. de/Redaktion/DE/Downloads/G/gesetz-fuer-den-ausbau-erneuerbarer-energien. pdf？ _ _ blob = publicationFile&v = 1, Stand：17. 03. 2017.

[369] BMWi, Die richtigen Weichen gestellt, https：//www. bmwi. de/Redaktion/DE/Dossier/erneuerbare-energien. html, Stand：28. 03. 2017.

[370] BMWi, Die richtigen Weichen gestellt, https：//www. bmwi. de/Redaktion/DE/Dossier/erneuerbare-energien. html, Stand：28. 03. 2017.

[371] Wiki, Erneuerbare-Energien-Gesetz, Stand：17. 03. 2017.

[372] 王彩霞："德国《可再生能源法》修订之路及启示", http：//solar. ofweek. com/2016-09/ART-260009-8420-30043091. html, 最后访问日期：2017 年 3 月 26 日。

气体、污气以及产生自生活与工业废弃物生物降解部分的气体）。[373] 依据该条第
4 项规定，招标的定义是"用于确定'申请受益者与投资价值'的透明的、无歧
视的与具有竞争性的程序"。[374]

德国 2017 年版《可再生能源法》第 1 条规定了该法的制定宗旨与目标。依
据该条第 1 款规定，该法律的制定宗旨是："主要基于气候保护与环境保护的利
益考量而使能源供应的可持续发展成为可能，通过纳入长期外部效应的方式降低
能源供应的国民经济成本，节约化石能源资源，促进来自可再生能源领域的电力
生产技术的进一步发展。"依据该法第 1 条第 2 款第 1 句规定，该法律的制定目
标是"提高由可再生能源生产的电力在总电力消耗量中的份额"，具体目标为：
其一，截至 2025 年，由可再生能源生产的电力额度提高至 40%－45%；其二，截
至 2035 年，由可再生能源生产的电力额度提高至 55%－60%；其三，截至 2050
年，由可再生能源生产的电力额度至少提高至 80%。依据该法第 1 条第 2 款第 2
句规定，以上各项目标的实现应当符合连续性、成本效益性、网络兼容性标准。
依据该法第 1 条第 3 款规定，第 1 条第 2 款第 1 句规定的目标也服从于以下目标
的实现：截至 2020 年，从整体层面而言，可再生能源在总的最终能源消耗量中
的额度应当至少提高到 18%。[375]

德国 2017 年版《可再生能源法》第 2 条规定了该法律的四项基本原则，即：
其一，由可再生能源与矿井瓦斯产生的电力应当被电力供应系统并网接纳；其
二，基于市场整合目的，由可再生能源与矿井瓦斯产生的电力应当获得直接销
售；其三，对于由可再生能源产生的电力的支付金额应当通过招标方式予以确
定；在此情形下，在由可再生能源产生电力过程中参与者多样性的状态应当得到
保持；其四，由可再生能源与矿井瓦斯产生电力的成本应当被减少，在引入污染
者自付原则的情形下，并基于总体经济视角与能源经济视角，前述成本应当得到

[373] Bundesministerium der Justiz und für Verbraucherschutz, Gesetz für den Ausbau erneuerbarer Energien (Er-
neuerbare-Energien-Gesetz-EEG 2017), http：//www.gesetze-im-internet.de/eeg_2014/__1.html,
Stand：25.03.2017.

[374] Bundesministerium der Justiz und für Verbraucherschutz, Gesetz für den Ausbau erneuerbarer Energien (Er-
neuerbare-Energien-Gesetz-EEG 2017), http：//www.gesetze-im-internet.de/eeg_2014/__1.html,
Stand：25.03.2017.

[375] Bundesministerium der Justiz und für Verbraucherschutz, Gesetz für den Ausbau erneuerbarer Energien (Er-
neuerbare-Energien-Gesetz-EEG 2017), http：//www.gesetze-im-internet.de/eeg_2014/__1.html,
Stand：25.03.2017.

适当分配。[376]

第二节　德国《可再生能源法》历史定位与利弊解析

从 2000 年至今，德国系列版本《可再生能源法》不但系统推进了德国可再生能源产业的创建与发展，而且成为世界多国制定类似法律的诱发因素与参考蓝本。这使德国系列版本《可再生能源法》在世界范围内获得广泛认可，但同时也引发了一定的质疑与批评。

一、德国《可再生能源法》历史定位

迄今为止，从 2000 年版到 2017 年版的德国系列版本《可再生能源法》代表了世界可再生能源法律的最高立法水准。绿色和平组织、德国联邦可再生能源协会、德国联邦环境、自然保护和核安全部都将《可再生能源法》视为世界范围内最为有效的促进可再生能源产业发展的工具。德国经济研究所、欧盟委员会、国际能源署以及能源企业 EnBW 都认为《可再生能源法》具有高效益性与经济高效率性。[377]

截至 2012 年初，世界上已经有 65 个国家采纳了德国《可再生能源法》确定的基本原则。法国、西班牙、日本、中国都在制定关于可再生能源应用法律时借鉴了德国模式。在德国系列版本《可再生能源法》的制度保障框架下，德国电力行业逐渐呈现"绿色化"趋势。截至 2016 年，德国可再生能源电力占总电力生产量的比例为 29%。[378] 可再生能源的发展为德国带来显著的经济、政治与社会效益，这主要表现为两方面。一方面，蓬勃发展的德国可再生能源产业成为德国实现能源模式转换的一项核心支柱，它使德国的能源产业发展能够符合循环经济与环保理念，从而实现经济效益、生态保护、社会和谐三项目标的有机融合；另一方面，德国可再生能源产业的发展使德国经济逐步摆脱了对于化石能源进口

---

[376]　Bundesministerium der Justiz und für Verbraucherschutz, Gesetz für den Ausbau erneuerbarer Energien（Erneuerbare-Energien-Gesetz-EEG 2017）, http：//www. gesetze-im-internet. de/eeg_ 2014/_ _ 1. html, Stand：25. 03. 2017.

[377]　Wiki, Erneuerbare-Energien-Gesetz, Stand：26. 03. 2017.

[378]　BMWi, Erneuerbare Energien, https：//www. bmwi. de/Redaktion/DE/Dossier/erneuerbare-energien. html, Stand：28. 03. 2017.

的依赖，从而保障了德国的国家经济安全。[379]

二、德国《可再生能源法》利弊解析

虽然德国系列版本的《可再生能源法》获得世界赞誉，但其也受到一定程度的质疑与批判。对于 2000 年到 2014 年系列版本《可再生能源法》的批评主要集中在以下两种观点：

第一种观点认为，德国从 2000 年到 2014 年系列版本《可再生能源法》扭曲市场竞争机制，造成社会资源浪费，不利于实现气候保护目标。由于在德国这一系列版本《可再生能源法》框架下，可再生能源技术的应用可以获得补贴，这可能导致可再生能源的生产并非纯粹基于"市场需求以及由市场需求而确定的市场价格水准"，而是根源于追逐补贴的动机。由于可再生能源技术应用者具有获得补贴等优惠措施的特权，并由此获得市场竞争优势，这将限制该技术应用者的市场合作伙伴的选择自由，进而导致不具有效率性与经济性的分配效应（Allokationseffekte）。[380] 例如，根据德国联邦经济与能源部科学顾问委员会的评估意见，在可再生能源电力生产领域，光伏产业虽然消耗了 55% 的资助成本，但却仅仅贡献了 20% 的可再生能源电力。[381] 此外，支持实施德国 2000 年到 2014 年版《可再生能源法》的机构与学者一直将该系列法律视为进行气候保护的有效工具。但持批评意见的机构与学者主张，德国 2000 年到 2014 年版《可再生能源法》并非进行气候保护的有效工具；事实上，通过传统电工企业的现代化改造与清洁发展机制的创建可以更有效率地实现气候保护的目标。[382]

第二种观点认为，虽然德国《可再生能源法》极大推动了可再生能源电力行业的发展，但它也导致一定程度的负面影响。这主要表现在，从 2000 年到 2014 年版德国《可再生能源法》规定的固定上网电价机制导致德国居民消费电价与工业电价上涨过快，影响了德国贫困家庭生活与工业投资发展。[383] 此外，从 2000 年到 2014 年版德国《可再生能源法》规定的对于可再生能源的大量补贴

[379] BMWi, Erneuerbare Energien, https：//www. bmwi. de/Redaktion/DE/Dossier/erneuerbare–energien. html,
        Stand：28. 03. 2017.

[380] Wiki, Erneuerbare–Energien–Gesetz, Stand：26. 03. 2017.

[381] Stellungnahme des Wissenschaftlichen Beirats beim Bundesministerium für Wirtschaft und Technologie vom
        Februar 2012, Wege zu einer wirksamen Klimapolitik（PDF；574 kB）；zuletzt abgerufen im April 2012；
        vgl. Wiki, Erneuerbare–Energien–Gesetz, Stand：26. 03. 2017.

[382] Wiki, Erneuerbare–Energien–Gesetz, Stand：26. 03. 2017.

[383] 张丹红："削减补贴：德国改革可再生能源法", http：//opinion. caixin. com/2014–04–09/1006
        62525. html, 最后访问日期：2017 年 3 月 27 日。

使相关德国企业失去开发新技术的紧迫感与使命感，德国企业在光伏领域的技术水准开始落后于美国等其他发达国家。[384]

笔者认为，上述对于2000年到2014年系列版本《可再生能源法》的批判观点具有合理性。这两种观点敏锐指出了2000年到2014年系列版本《可再生能源法》规定的固定上网电价机制的内在弊端，即该机制的创设者仅仅考虑通过并网与补贴的方式推动可再生能源电力行业发展，而排斥正常的市场竞争机制，并且忽视了可再生能源电力供应衍生的经济与社会成本，最终导致市场机制失灵与创新失去动力的局面。

依据德国理论界权威观点，促进可再生能源电力行业发展的模式分为固定上网电价模式（EEG-Mindestpreissystem）、配额模式（Quotenmodelle）、招标模式（Ausschreibungsmodelle）等类型。基于固定上网电价模式的框架，国家可以为可再生能源电力确定最低上网电价，进而通过国家援助的形式鼓励企业投资可再生能源电力行业。基于配额模式的框架，国家可以规定电力企业必须生产一定配额的可再生能源电力；为了审查电力企业是否充分履行配额生产任务，国家还可以为可再生能源电力服务配发证书。而电力企业之间可以合法交易这类证书。[385] 基于招标模式的框架，国家将对于一定数量的可再生能源电力供应服务进行招标，中标者将获得附有期限的国家购买该服务的承诺保障。[386]

作为德国可再生能源产业经典发展模式的固定上网电价模式具有内容简单、操作性强的特点，但正如前文所述，该模式缺乏弹性，排斥有效竞争机制，可能导致变相垄断与不当补贴，进而损害市场资源的合理配置机制。相对于固定上网电价模式，配额模式与招标模式具有明显优势。由于在固定上网电价模式下，可再生能源电力生产量与供应量是由电价决定，因而其生产量与供应量可能超过国家控制规模，进而导致居民消费电价与工业电价上涨过快。与之形成鲜明反差的是，在配额模式与招标模式下，由于国家可以预先决定可再生能源电力生产量与供应量，因而它能够有效管控可再生能源电力产业的发展规模与速度，避免失序发展带来的负面经济影响。[387] 基于上述原因，德国《可再生能源法》确立的固定上网电价模式给德国经济带来的负面效应日益显著，并且导致可再生能源企业

---

[384] 张丹红："削减补贴：德国改革可再生能源法"，http://opinion.caixin.com/2014-04-09/100662525.html，最后访问日期：2017年3月27日。

[385] Wiki, Erneuerbare-Energien-Gesetz, Stand：26.03.2017.

[386] Wiki, Erneuerbare-Energien-Gesetz, Stand：26.03.2017.

[387] Wiki, Erneuerbare-Energien-Gesetz, Stand：26.03.2017.

单纯追求丰厚国家援助，拒绝向新技术研发领域投资，最终扼杀技术进步，损害市场的公平竞争机制。

因此，在循环经济理论界与实务界的持续推动下，德国立法者逐步通过修订法律的方式，将德国《可再生能源法》规定的促进可再生能源电力行业发展模式从"固定上网电价模式"转变为"招标模式"。这种模式的根本转换，不仅满足了来源于德国可再生能源产业内部的良性发展需求，而且是对欧盟可再生能源政策的积极反馈。具体而言，从 2000 年到 2012 年版的德国《可再生能源法》主要规定的是固定上网电价模式，立法者希冀通过该模式推动可再生能源电力行业的发展。由于固定上网电价模式的弊端逐渐显现，德国立法者在 2014 年版德国《可再生能源法》中规定了招标试点机制。2014 年 4 月 9 日，欧盟委员会发布《2014 环境保护与能源国家资助指南》对以德国为代表的欧盟成员国可再生能源政策提出调整要求，其主要内容是逐步降低可再生能源补贴，激励可再生能源提高自身竞争力，同时强调以市场溢价逐步取代固定电价补贴，即在电力市场价格基础上，给予可再生能源发电一定比例补贴，但补贴数额应当比采取固定电价补贴情形下有所下降。除此以外，该指南还要求各成员国实施可再生能源发电项目竞争性招标制度。[388] 该指南成为德国修订 2014 年版《可再生能源法》的外在动因，也强力推动了德国固定上网电价模式的消亡。在 2017 年版德国《可再生能源法》中，德国立法者系统消解了固定上网电价模式，遵循欧盟的要求系统规定了关于可再生能源发电的招标模式。

综上所述，德国系列版本《可再生能源法》极大地推动了可再生能源电力行业的生成与发展。为克服固定上网电价模式导致的排斥竞争与阻碍创新的弊端，新颁行的 2017 年版《可再生能源法》开启了德国能源革命的一个新阶段，它在可再生能源发电领域实现了根本意义上的政府干预范式转变，即从"政府固定上网电价模式"转变为"招标模式"。

---

[388] 王彩霞："德国《可再生能源法》修订之路及启示"，http://solar. ofweek. com/2016-09/ART-260009-8420-30043091. html，最后访问日期：2017 年 3 月 26 日。

第十一章

德国循环经济领域欧盟国家援助规制机制精解

在循环经济领域，德国立法机关与行政机关通过立法及行政措施，为循环经济企业、行业、产业提供多种形式的国家援助。这类国家援助的主要目的是为了推动德国国民经济的绿色化发展，保障社会公众获得持续与高效的循环经济服务供给。然而，在特定情形下，这类德国国家援助行为可能损害德国乃至欧盟内部市场的竞争机制，因而其必须受到欧盟国家援助规制机制的审查与处理。

第一节　德国循环经济领域欧盟国家援助规制典型案例

2013 年底，欧盟委员会对 2014 年版的德国《可再生能源法》进行调查。由于该法案内容涉及为"由可再生能源以及煤矿瓦斯生产电力的活动"提供资助，并且希望通过减少附加费的方式来减轻集中使用能源的用户与自主发电主体的经济成本，因而引发德国通过该法案不当补贴新能源的质疑。[389] 在 2014 年 7 月 23 日，欧盟委员会审查批准了 2014 年版的德国《可再生能源法》。欧盟认为，该法案符合欧盟国家援助规制法律的规定，有效推动招标机制的施行，不会构成不当补贴与不正当竞争，反而有利于推动实现欧盟的环保与新能源目标。其依据在于，依据 2014 年版德国《可再生能源法》的规定，针对光伏发电设备的市场溢价与试点招标机制应当得到普遍推行；并且德国计划从 2017 年开始，将招标机制扩展运用到光伏发电设备以外的装机容量超过 100 千瓦的其他设备中。[390] 从 2017 年 1 月开始，招标机制将适用于德国的海上风力发电设备、装机容量超过

---

[389]　中国商务部："欧委会批准德国可再生能源法"，http://www.mofcom.gov.cn/article/i/jyjl/m/2014 07/20140700674808.shtml，最后访问日期：2017 年 3 月 26 日。

[390]　Europäische Kommission, Pressemitteilung, Staatliche Beihilfen: Kommission genehmigt Ausschreibungsrege-lung für erneuerbare Energien in Deutschland, Brüssel, 20. Dezember 2016.

750 千瓦的陆上风力发电设备、装机容量超过 750 千瓦的光伏发电设备、装机容量超过 150 千瓦的生物能源与沼气发电设备。[391]

　　2016 年，德国要求欧盟委员会在欧盟国家援助规制机制下对 2017 年版的德国《可再生能源法》文本进行合法性审查。该审查的关键点是 2017 年版的德国《可再生能源法》是否符合欧盟委员会 2014 年版的《关于环境保护与能源的国家援助诸种准则》（Leitlinien für staatliche Umweltschutz–und Energiebeihilfen von 2014）。[392] 德国在重修旧法基础上制定 2017 年版《可再生能源法》的宗旨是"通过采用一般招标程序的方式选择能够获得国家资助的绿色电力生产商"，而依据旧的《可再生能源法》，招标程序只适用于在试点项目框架下光伏地面安装系统的施工领域。[393] 在 2016 年 12 月，欧盟委员会得出审查结论，认为 2017 年版的德国《可再生能源法》符合欧盟国家援助规制法律的要求。在解释这一审查结论时，欧盟竞争政策专员玛格莉特·维斯塔格（Margrethe Vestager）认为："招标程序有助于可再生能源的发展，与此同时，它还可以确保消费者需要负担的电力成本得到限制。我们今天予以批准的《可再生能源法》的修订可以确保以下情形的实现：招标程序成为在欧盟领域适用最广泛的诸种可再生能源资助规则的其中一项的根基。这一决定也使德国具有为了生产绿色电力而针对不同的技术进行单独招标的可能性，以确保其稳定掌控电网，而这一决定也使德国具有以下义务：在试点项目框架之下尝试具有替代性的招标形式。"[394] 基于前述，从 2017 年开始，在可再生能源领域的德国国家援助将主要通过招标程序赋予相关主体。这一变革将推动德国可再生能源产业的稳定拓展，并且不会损害德国能源市场上的竞争机制。[395]

[391] Europäische Kommission, Pressemitteilung, Staatliche Beihilfen：Kommission genehmigt Ausschreibungsregelung für erneuerbare Energien in Deutschland, Brüssel, 20. Dezember 2016.

[392] Europäische Kommission, Pressemitteilung, Staatliche Beihilfen：Kommission genehmigt Ausschreibungsregelung für erneuerbare Energien in Deutschland, Brüssel, 20. Dezember 2016.

[393] Europäische Kommission, Pressemitteilung, Staatliche Beihilfen：Kommission genehmigt Ausschreibungsregelung für erneuerbare Energien in Deutschland, Brüssel, 20. Dezember 2016.

[394] Europäische Kommission, Pressemitteilung, Staatliche Beihilfen：Kommission genehmigt Ausschreibungsregelung für erneuerbare Energien in Deutschland, Brüssel, 20. Dezember 2016.

[395] Europäische Kommission, Pressemitteilung, Staatliche Beihilfen：Kommission genehmigt Ausschreibungsregelung für erneuerbare Energien in Deutschland, Brüssel, 20. Dezember 2016.

第二节　德国循环经济领域欧盟国家援助规制基本制度构成

依据《欧盟运作条约》第 107 条第 3 款字母 c 项规定，如果为促进某些经济行业或经济领域的发展而提供补助，并且这些补助对于贸易条件的改变不会抵触共同利益，那么该补助可被认定为与欧盟内部市场相一致的补助。依据欧盟委员会 2014 年版的《关于环境保护与能源的国家援助诸种准则》第 10 条目规定，欧盟委员会颁布该类准则的意图之一是为了规定与循环经济密切关联的能源援助与环保援助必须满足的前提条件，以确保在依据《欧盟运作条约》第 107 条第 3 款字母 c 项规定的情形下，能源援助与环保援助能够具有与欧盟内部市场的兼容性。[396] 依据《关于环境保护与能源的国家援助诸种准则》第 13 条目规定，在国家援助措施属于《关于环境保护与能源的国家援助诸种准则》文本第 1 章第 2 小节所列明的国家援助措施范畴的前提下，该类准则适用于在受到《欧盟运作条约》规制的所有领域的以促进环保与能源利用为目标而实施的所有国家援助措施。在欧盟专门性国家援助法律条款没有作出其他规定的前提下，《关于环境保护与能源的国家援助诸种准则》也适用于受到欧盟专门性国家援助法律条款规制的行业领域（如交通、煤炭开采、林业、渔业和水产养殖）。[397] 依据《关于环境保护与能源的国家援助诸种准则》第 14 条目规定，在农业、渔业与水产养殖领域，该类准则适用于针对加工与销售企业提供的环保援助，在满足规定情形的前提下，这类准则也适用于在初级生产领域经营的企业。《关于环境保护与能源的国家援助诸种准则》在农业、渔业与水产养殖领域的适用必须满足相应的前提条件。[398] 依据《关于环境保护与能源的国家援助诸种准则》第 15 条目规定，该类准则不适用于以下措施行为：其一，开发与生产特定的环保产品、机械、运输设

---

[396]　Europäische Kommission, Leitlinien für staatliche Umweltschutz–und Energiebeihilfen 2014–2020, http：// eur–lex. europa. eu/legal–content/DE/TXT/PDF/? uri = CELEX：52014XC0628（01）, Stand：21. 03. 2017.

[397]　Europäische Kommission, Leitlinien für staatliche Umweltschutz–und Energiebeihilfen 2014–2020, http：// eur–lex. europa. eu/legal–content/DE/TXT/PDF/? uri = CELEX：52014XC0628（01）, Stand：21. 03. 2017.

[398]　Europäische Kommission, Leitlinien für staatliche Umweltschutz–und Energiebeihilfen 2014–2020, http：// eur–lex. europa. eu/legal–content/DE/TXT/PDF/? uri = CELEX：52014XC0628（01）, Stand：21. 03. 2017.

备的措施，该类产品、机械、运输设备应当在利用较少自然资源的境况下获得运营；以及在生产企业或生产场所中为了提高安全性或改善卫生程度而采取的措施；其二，在涉及航空、公路、铁路、内河航运、海洋交通的基础设施领域对于环保措施实施融资的行为；其三，在《欧盟委员会关于与损失成本相关联的国家援助分析方法的通告》（Mitteilung der Kommission über die Methode für die Analyse staatlicher Beihilfen in Verbindung mit verlorenen Kosten）意义上的与损失成本相关联的国家援助措施；其四，基于研究、开发与创新目标而实施的国家援助措施，这类措施应当在关于以研究、开发与创新为目标的国家援助的共同体（联盟）框架下得到规制。其五，促进生物多样性的国家措施。[399]

依据《关于环境保护与能源的国家援助诸种准则》第 18 条目规定，欧盟委员会已经确定了一系列环保与能源措施，在满足前提条件的情形下，对于这一系列措施实施的国家援助行为被视为符合《欧盟运作条约》第 107 条第 3 款字母 c 项规定的合法援助行为。这类国家援助行为包括以下诸种类型：①对于企业提供援助的行为，这类援助行为的实施或者具有比欧盟标准更高的要求，或者在欧盟缺乏相关标准的情形下，这类援助行为有利于提升环境保护水准（包括为购买新车提供的援助）；②为了尽早遵循欧盟将来颁行的标准而实施的援助行为；③对于环境研究提供资助的国家援助行为；④为修复受污染场地而提供援助的行为；⑤为可再生能源提供国家援助的行为；⑥为提升能源效率措施（包括热电联产、区域供热、区域供冷）而提供国家援助的行为；⑦对于提升资源利用效率提供国家援助的行为，这种援助行为的典型实施领域为废弃物管理领域；⑧对于捕获、运输、储存二氧化碳措施而提供国家援助的行为；⑨以环保减税或环保免税形式而提供援助的行为；⑩通过减少来自可再生能源领域的电力融资费用的形式而提供援助的行为；⑪对于能源基础设施提供国家援助的行为；⑫对于有利于充足发电的措施提供援助的行为；⑬基于可交易的环保证书的形式而提供援助的行为；⑭为企业搬迁提供援助的行为。[400]

在欧盟竞争法视野下，[401]德国的循环经济国家援助是指德国采取的给予特定

[399] Europäische Kommission, Leitlinien für staatliche Umweltschutz-und Energiebeihilfen 2014-2020, http：// eur-lex. europa. eu/legal-content/DE/TXT/PDF/? uri = CELEX：52014XC0628（01），Stand：21. 03. 2017.

[400] Europäische Kommission, Leitlinien für staatliche Umweltschutz-und Energiebeihilfen 2014-2020, http：// eur-lex. europa. eu/legal-content/DE/TXT/PDF/? uri = CELEX：52014XC0628（01），Stand：21. 03. 2017.

[401] 欧盟竞争法包括欧盟国家援助规制法与反垄断法两大分支。

循环经济企业或行业经济利益并显著妨碍成员国之间市场竞争机制运行的行为。基于欧洲法院的司法实践，欧盟竞争法视野下的循环经济国家援助概念应做宽泛理解。此处的"国家"外延涵盖德国的联邦政府、州政府、市镇政府、公共机构、德国国家控制的金融机构以及国家控制的企业。[402] 德国循环经济国家援助行为一般受到欧盟国家援助规制法的调整，例外情形下也受到欧盟反垄断法的规制。

从外延范畴层面分析，德国循环经济国家援助行为属于广义上的国家限制竞争行为。在欧盟竞争法框架下，德国循环经济国家援助行为可以细分为积极补助与消极补助两种类型。所谓积极补助措施是指德国给予循环经济企业或行业在正常市场条件下无法获得的经济利益的举措。所谓消极补助措施是指德国采取的减免循环经济企业或行业正常运营成本或负担的措施。[403] 依据循环经济国家援助行为对于欧盟内部市场竞争机制影响程度，该类国家援助行为既可能构成间接限制竞争行为，又可能构成直接限制竞争行为，其主要形式包括：①国家税收优惠；②国家对国有企业投资；③国家低息贷款；④国家担保；[404] ⑤国家以低于市场价的价格向企业提供经营所需不动产；⑥国家以高于市场价的价格购买企业产品与服务；⑦国家通过补贴消费者等方式间接补贴企业。

依据《欧盟运作条约》第 107 条第 1 款规定，除《欧盟运作条约》与《欧盟条约》规定的例外措施外，如果德国"给予或利用国家财源以任何其他形式给予的"在优待某些循环经济企业或某些循环经济产品生产的情况下扭曲或威胁扭曲竞争的补助已阻碍影响到各成员国之间的贸易，则此项补助就与欧盟内部市场竞争机制相抵触。

基于该条款分析可知，如果一项发生在德国循环经济领域的援助措施同时符合以下六种条件，即构成《欧盟运作条约》第 107 条第 1 款意义上应予禁止的国家援助措施。这六种条件包括：①包括德国在内的欧盟成员国作出的国家资助行为；②一家企业获得这一国家资助；③该企业因此获得利益；④这一资助行为是具有选择性的；⑤资助行为导致或可能导致竞争机制的扭曲；⑥资助行为可能损害妨碍欧盟内部市场的贸易。[405]

---

[402]　Pogoda, BeihilfenR, https：//johannespogoda. files. wordpress. com/2013/06/skript-beihilfenr-2013-06-26. pdf, Stand：26. 06. 2013, S. 3 f.

[403]　Ibid, S. 2 f.

[404]　王晓晔：《反垄断法》，法律出版社 2011 年版，第 306-307 页。

[405]　Senatsverwaltung für Wirtschaft, Technologie und Forschung, Hilfestellung für die beihilferechtliche Beurteilung von Zuwendungen-Eine kurze Überblicksdarstellung-, Stand：05. 2013, S. 2.

依据欧盟立法、执法与司法实践，这六种条件具体内涵阐释如下：

第一，欧盟成员国做出国家资助行为。包括德国在内的欧盟成员国的国家资助行为是指成员国利用财源施行的任何形式的利益给予行为。在循环经济领域，该类资助行为既包括直接的资金给予行为，又涵盖间接的经济利益转移行为。

第二，一家企业获得国家资助。欧盟委员会在执法实践中倾向于宽泛界定"企业"的概念。依据欧盟委员会的观点，任何主体只要从事"经济活动"，就应被视为企业，该主体的法律组织形式对于企业性质的确认不产生任何影响。此处的"经济活动"是指在一个市场上提供商品或服务的所有活动。即使一个组织主体没有盈利目标或者被公认为慈善组织，该组织主体不应被当然排除于企业范畴之外。[406] 如果一个接受国家援助的循环经济组织主体规模较小，并且明显缺乏经济实力，那么该组织主体不被视为欧盟国家援助规制法意义上的企业。除此以外，个人与从事主权活动的成员国也不属于欧盟国家援助规制法意义上的企业范畴。[407]

第三，该企业因获得国家资助而获得利益。此处的企业获利泛指企业获得的任何没有相应给付对价的利益。这类利益具有多种表现形式，它包括税收优惠、利率优惠、低价转让或出售不动产等。例如，如果德国政府赠与循环经济公共企业一笔资金款项，而企业无须支付相应的对价，那么该款项赠与属于国家资助范畴。企业获得该项资助的行为构成《欧盟运作条约》第107条意义上的企业获利行为。[408] 如果德国为保障一项循环经济公共经济利益服务的供给，而向提供该服务的企业支付作为服务对价的具有透明度的市场价格，那么德国支付对价的行为不构成国家援助行为，企业也不具有《欧盟运作条约》第107条意义上的获利情形。[409]

第四，国家资助行为具有选择性特征。如果一项循环经济国家资助优先考虑对象是"一家特定的企业"或者"处于特定地区的企业"，并且受资助企业与行业因资助行为而在市场竞争中获得相比之前更优越的地位，那么该项国家资助行为具有选择性特征。相反，如果一项循环经济国家资助的现实或潜在受益者涵盖相关领域所有企业或绝大多数企业，那么该项国家资助行为不具有选择性

---

[406]　Ibid, S. 3.
[407]　Ibid, S. 3 f.
[408]　Ibid, S. 4.
[409]　Ibid, S. 4.

特征。[410]

第五，资助行为导致或可能导致竞争机制的扭曲。依据《欧盟运作条约》第 107 条，如果德国在公共经济利益服务领域实施一项循环经济国家资助行为，并且这一行为导致欧盟内部市场竞争机制产生扭曲或具有此种可能性，那么该行为可构成《欧盟运作条约》第 107 条意义上应予禁止的国家援助行为。由《欧盟运作条约》第 107 条第 1 款表述与欧盟委员会执法实践可知，如果德国实施的一项循环经济国家资助行为导致具有威胁性的妨碍竞争情形，那么该行为足以构成《欧盟运作条约》第 107 条意义上的国家援助行为。[411] 如果一项在公共经济利益服务领域实施的循环经济国家资助改善了受资助企业的市场地位，有助于受资助企业在与现实或潜在竞争对手竞争中获得优势，那么该项资助可被视为具有现实或潜在妨碍竞争影响的国家援助。[412] 与之相对应，如果一项在公共经济利益服务领域实施的循环经济国家资助直接导致了受资助企业所提供产品及服务的生产与销售条件的优化，而欧盟其他未获资助的企业没有获得同样的优化待遇，那么该项资助可被视为具有直接妨碍竞争影响的国家援助。[413]

第六，资助行为可能损害妨碍欧盟内部市场的贸易机制。依据欧盟法律实践，如果德国向一家本国企业提供循环经济国家资助，而该项资助增强了这家企业相对于欧盟其他成员国竞争对手的市场竞争地位，那么该资助行为可构成损害妨碍欧盟内部市场贸易机制的国家援助行为。[414]

基于上述内容，在欧盟国家援助法律规制框架下，《欧盟运作条约》第 107 条对于国家援助作出专门规制规定。依据以《欧盟运作条约》第 107 条至 109 条为代表的欧盟国家援助法律条款，欧盟一般明确禁止欧盟成员国实施国家援助行为。在循环经济领域，欧盟原则上禁止德国实施循环经济国家援助的主要依据是：如果德国给予一家企业循环经济国家援助，那么该企业在循环经济活动中将处于更有利境遇，这将直接或间接产生扭曲竞争机制的结果。但在包括循环经济行业在内的公共经济利益服务行业特定领域，以德国为代表的欧盟成员国为了社

---

[410]　Ibid, S. 4.

[411]　Ibid, S. 4.

[412]　Ibid, S. 4.

[413]　Ibid, S. 4 f.

[414]　Ibid, S. 5.

会公益而施行的特定类型的国家援助，可以得到欧盟国家援助规制法的豁免适用。[415]

欧盟委员会（原欧共体委员会）主张，如果成员国国家援助对于发挥公共经济利益服务功能是必要的，并且对商业交易的影响不至于达到损害联盟（共同体）利益的程度，那么在当前的内部市场（原共同市场）发展水平下，可以将符合《欧盟运作条约》第 106 条第 2 款（原《欧共体条约》第 86 条第 2 款）豁免规定的国家援助行为视为符合《欧盟运作条约》（《欧共体条约》）整体宗旨原则的行为。[416]

依据《欧盟运作条约》第 106 条第 1 款，在通常情形下，欧盟成员国在公共经济利益服务领域提供的国家援助是被欧盟明确禁止的。但依据《欧盟运作条约》第 106 条第 2 款规定，[417] 如果欧盟成员国在公共经济利益服务领域提供的国家援助符合预设前提条件，那么该类国家援助可得欧盟法律豁免。为获得欧盟反垄断法与国家援助规制法豁免适用，德国循环经济国家援助应当基于《欧盟运作条约》第 106 条第 2 款符合以下四项要件：①德国国家或其他公权力主体委托，一家企业承担与公共福利密切相关的循环经济任务；②包括禁止补助法律条款在内的欧盟竞争法律的施行将阻碍该企业执行受委托的循环经济任务；③豁免与准许循环经济国家援助不会显著妨碍欧盟内部市场贸易；④豁免与准许循环经济国家援助可以保障循环经济公共经济利益服务质量安全，确保循环经济公共经济利益服务供给安全，体现整体消费者长远利益。[418]

在欧盟司法实践中，"Altmark Trans"案是欧盟国家援助规制的里程碑式案例。欧洲法院在"Altmark Trans"案经典判决中，详细阐释了《欧盟运作条约》第 106 条第 2 款在公共经济利益服务领域适用必须满足的前提条件。欧洲法院在该案判决中认为，如果满足四项前提条件，那么成员国对于提供公共经济利益服务的经营者给予的补偿就不构成应被禁止的国家援助，不应适用《欧共体条约》

---

[415] Marnich, Das „ Almunia-Paket " aus kommunaler Sicht, http：//www. dstgb. de/dstgb/Home/Kommunal-report/Archiv% 202013/Europ% C3% A4isches% 20Beihilfenrecht% 20in% 20der% 20kommunalen% 20Praxis/DStGB - Vortrag% 20EU - Beihilfenrecht% 20DAWI - Almunia - Paket. pdf，Stand：04. 02. 2015，S. 10.

[416] 顾功耘主编：《当代主要国家国有企业法》，北京大学出版社 2014 年版，第 102 页。

[417] 《欧盟运作条约》第 106 条第 2 款规定："对于受委托从事公共经济利益服务的企业或具有财政垄断性质的企业，适用《欧盟约》与《欧盟运作条约》的条款，尤其是竞争规定，只要这些条款的适用没有在法律上或事实上妨碍这些企业承担转嫁给它们的特定任务。贸易关系的发展不得在违背欧盟利益的范围程度上受到损害。"

[418] Vgl. Marnich, Das „ Almunia-Paket " aus kommunaler Sicht, Stand：04. 02. 2015, S. 10.

第 87 和 88 条（现《欧盟运作条约》第 107 条与 108 条）的相关规定。

这四项条件包括：①受益企业必须是接受委托履行公共经济义务，而且该义务内容具有清晰的界定；②必须预先客观地、透明地设定据以计算补偿的参数，以防止该补偿给接受补偿的企业带来比竞争企业更优越的经济利益；③补偿应将企业从履行公共经济义务中获得的收入和适当利润计算在内，并且补偿额度不得超过企业全部或部分弥补该义务履行成本的必要范围；④在具体案件中，如果未按"可以确保选出以最低成本为公众提供同等服务企业的公共采购发布程序"选择受托履行公共经济义务的企业，必要补偿的额度应当在"分析一个平均水平的、经营良好的企业配备了适当的、可以满足公用经济要求的运输工具在履行相应的义务时产生的成本"基础上确定，此时还需要考虑企业在履行义务当中获得的收入和合理的利润。[419]

欧洲法院在"Altmark Trans"案判决意见中认为，只有当一项欧盟成员国国家措施为企业带来其在正常市场条件下所无法获得的利益，那么这项措施才可构成应当禁止的国家援助。如果德国对于提供循环经济公共经济利益服务的经营者给予的补偿不满足上述四项条件，并且符合《欧盟运作条约》第 107 条第 1 款（原《欧共体条约》第 87 条第 1 款）所规定的事实要件，那么该补偿就构成应予禁止的国家援助。[420] 在欧盟法律实践中，关于"一项国家援助符合上述第四项条件"的举证证明通常极为困难。[421]

第三节　德国循环经济领域欧盟国家援助"Almunia"规制制度构成

欧盟委员会为了简化与完善公共经济利益服务领域（涵盖循环经济公共经济利益服务领域）国家援助规制程序，在欧洲法院"Altmark Trans"案判决所确定的国家援助认定标准前提下，制定颁布了被称为"Monti"的系列法律文件。从2011 年 12 月开始，被称为"Almunia"的系列法律文件修订与更新了"Monti"系列法律文件。[422]

---

[419]　顾功耘主编：《当代主要国家国有企业法》，北京大学出版社 2014 年版，第 102 页。

[420]　顾功耘主编：《当代主要国家国有企业法》，北京大学出版社 2014 年版，第 102 页。

[421]　Vgl. Senatsverwaltung für Wirtschaft, Technologie und Forschung, Hilfestellung für die beihilferechtliche Beurteilung von Zuwendungen-Eine kurze Überblicksdarstellung-, Stand：05. 2013, S. 13.

[422]　Ibid, S. 13.

欧盟关于公共经济利益服务领域国家援助规制的次位法法律体系（"Almunia"系列法律文件）包括《委员会关于在公共经济利益服务供给补偿领域适用欧盟补助条款通告》、[423]《委员会关于向接受委托供给公共经济利益服务特定企业提供补偿形式国家援助之〈欧盟运作条约〉第 106 条第 2 款适用之决定》、[424]《欧盟关于公共服务供给补偿的国家援助框架》、[425]《委员会关于在给予公共经济利益服务供给企业微量补助情形下〈欧盟运作条约〉第 107 与 108 条适用之第 360/2012 号条例》[426] 与《委员会关于成员国与公共企业之间财政关系透明化以及关于特定企业内部财政透明化的第 2006/111 号指令》。[427] 此外，欧盟委员会还在 2013 年 4 月 29 日发布指南性法律文件，以指导"Almunia"系列法律文件的具体适用。

欧盟"Almunia"系列法律文件具有以下三项特征：

一、以明晰化与简洁化欧盟国家援助法律为立法宗旨

"Almunia"系列法律文件取代"Monti"系列法律文件是欧盟关于公共经济利益服务领域国家援助法律体系的重大改革，其目的是在公共经济利益服务领域明晰与简化国家援助规制法律条款所涉及的"概念界定、实践应用以及对于欧盟内部市场相关影响内容"，并确保法律规制符合比例原则。此次改革的具体子目标包括：①简化国家援助法律规制内容与形式；②避免因规制国家援助导致过重的行政负担；③对于所有社会服务施行国家援助豁免政策；④为特定类型的地方性公共经济利益服务提供便利；⑤具体化与确定化《欧盟运作条约》第 107 条所

[423] Kommission, Mitteilung der Kommission über die Anwendung der Beihilfevorschriften der Europäischen Union auf Ausgleichsleistungen für die Erbringung von Dienstleistungen von allgemeinem wirtschaftlichem Interesse, ABl. der EU C 8 vom 11. Januar 2012, S. 4 ff.

[424] Kommission, Beschluss der Kommission über die Anwendung von Artikel 106 Absatz 2 des Vertrags über die Arbeitsweise der Europäischen Union auf staatliche Beihilfen in Form von Ausgleichsleistungen zugunsten bestimmter Unternehmen, die mit der Erbringung von Dienstleistungen von allgemeinem wirtschaftlichem Interesse betraut sind, ABl. der EU L 7 vom 11. Januar 2012, S. 3 ff.

[425] EU, Rahmen der Europäschen Union für staatliche Beihilfen in Form von Ausgleichsleistungen für die Erbringung öffentlicher Dienstleistungen (2011), ABl. der EU C 8 vom 11. Januar 2012, S. 15 ff.

[426] Kommission, Verordnung (EU) Nr. 360/2012 der Kommission vom 25. April 2012 über die Anwendung der Artikel 107 und 108 des Vertrags über die Arbeitsweise der Europäischen Union auf Deminimis-Beihilfen an Unternehmen, die Dienstleistungen von allgemeinem wirtschaftlichem Interesse erbringen, ABl. der EU L 114 vom 26. April 2012, S. 8 ff.

[427] Kommission, Richtlinie 2006/111/EG der Kommission vom 16. November 2006 über die Transparenz der finanziellen Beziehungen zwischen den Mitgliedstaaten und den öffentlichen Unternehmen sowie über die finanzielle Transparenz innerhalb bestimmter Unternehmen, ABl. der EU L 318 vom 17. November 2006, S. 17 ff.

表述的关于国家援助的构成要件；⑥明确区分经济活动与非经济活动。[428]

二、秉承欧洲法院司法实践精神理念

欧盟关于公共经济利益服务领域国家援助规制的次位法法律体系总体遵循了欧洲法院在"Altmark Trans"案中所表达的精神理念与推理逻辑。在欧盟关于公共经济利益服务领域国家援助规制的次位法法律体系框架下，接受欧盟成员国委托生产或供给公共经济利益服务（例如循环经济公共经济利益服务）的企业应获得与其受委托事项关联的公共资助（包括国家援助）；这些资助应能够抵销此类企业从事受委托事项所支出成本，并可保证此类企业获得适当盈利。但是，如果欧盟成员国提供的公共资助超越了补偿的合理限度，或者公共资助交叉补贴了与受委托事项无关的企业的其他经营活动，那么这种资助将被欧盟竞争法律禁止。

三、确立各法律文件之间的关联性与互补性

从总体上分析，"Almunia"各法律文件规制对象之间没有冲突或重叠的情形。各法律文件既是对《欧盟运作条约》规制国家援助的基本法律条款的细化与补充，又在适用领域、功能定位、具体流程层面形成互为补充与相辅相成的紧密关联。

具体而言，欧盟关于公共经济利益服务领域国家援助规制的"Almunia"系列法律文件内容表述如下：

1. 《委员会关于在公共经济利益服务供给补偿领域适用欧盟补助条款通告》

《委员会关于在公共经济利益服务供给补偿领域适用欧盟补助条款通告》主要功能是界定欧盟国家援助规制法在公共经济利益服务领域的基本适用范围。依据《欧盟运作条约》第107条第1款规定，欧盟国家援助规制法适用的前提条件之一是"接受国家援助的主体应具有企业性质"。因此，一个公共经济利益服务供给主体是否具有企业性质，直接关系到欧盟国家援助规制法能否适用于涉及该主体的成员国国家援助行为。[429]

依据欧洲法院长期司法实践，企业是指任何从事经济活动的主体，该主体的法律组织形式与资金筹措方式不影响对于企业性质的确认。因此，一个主体是否

---

[428] Marnich, Das „ Almunia-Paket " aus kommunaler Sicht, Stand: 04. 02. 2015, S. 10.

[429] Kommission, Mitteilung der Kommission über die Anwendung der Beihilfevorschriften der Europäischen Union auf Ausgleichsleistungen für die Erbringung von Dienstleistungen von allgemeinem wirtschaftlichem Interesse, Ziffer 8.

具有企业性质，完全取决于其从事活动的性质。[430] 基于欧洲法院的观点，[431] 在欧盟国家援助规制法律框架下，两个独立的法人实体可能被视为一个统一的具有企业性质的经济实体。欧洲法院在将两个独立法人实体视为一个独立企业情形下，主要考量的因素是"两个法人主体的投资控制权是否具有同一性"以及"两者之间是否具有紧密的功能、经济或组织机构层面的关联性"。[432] 如果一个法人主体是另一个法人主体的投资者之一，但前者自身并不在市场上供给商品与服务，而只是行使对于后者的股东权利、成员权利以及获取红利收益的权利，那么前一个法人主体不应被视为欧盟法意义上的企业。[433]

依据《委员会关于在公共经济利益服务供给补偿领域适用欧盟补助条款通告》第 31 条目规定，《欧盟运作条约》第 107 条意义上的国家援助是指直接或间接通过国家财源所提供的经济利益。[434] 虽然由民间财源所提供的资助同样可能增强受资助循环经济企业的市场竞争地位，但是这类资助行为不属于《欧盟运作条约》第 107 条规制对象。

2.《委员会关于向接受委托供给公共经济利益服务特定企业提供补偿形式国家援助之〈欧盟运作条约〉第 106 条第 2 款适用之决定》

《委员会关于向接受委托供给公共经济利益服务特定企业提供补偿形式国家援助之〈欧盟运作条约〉第 106 条第 2 款适用之决定》适用范围涵盖除陆路交通以外的所有经济领域，其调整规制的是在公共经济利益服务领域以补偿形式存在的国家援助行为，成员国实施这类国家援助行为无须通告欧盟委员会。依照该规定，在符合两个前提条件情形下，欧盟成员国向特定企业提供循环经济国家补偿

---

[430]　Ibid, Ziffer 9.

[431]　EuGH, Urteil vom 16. 12. 2010, AceaElectrabel Produzione SpA/Kommission, Rechtssache C-480/09 P, Slg. 2010〔noch nicht in der Sammlung veröffentlicht〕, Rn. 47-55; EuGH, Urteil vom 10. 01. 2006, Ministero dell'Economia e delle Finanze/Cassa di Risparmio di Firenze SpA, Fondazione Cassa di Risparmio di San Miniato und Cassa di Risparmio di San Miniato SpA, Rechtssache C-222/04, Slg. 2006, I-289, Rn. 112.

[432]　Vgl. Kommission, Mitteilung der Kommission über die Anwendung der Beihilfevorschriften der Europäischen Union auf Ausgleichsleistungen für die Erbringung von Dienstleistungen von allgemeinem wirtschaftlichem Interesse, Ziffer 10.

[433]　EuGH, Urteil vom 10. 01. 2006, Ministero dell'Economia e delle Finanze/Cassa di Risparmio di Firenze SpA u. a., Rechtssache C-222/04, Randnrn. 107-118 und 125.

[434]　EuGH, Urteil vom 7. 05. 1998, Epifanio Viscido u. a./Ente Poste Italiane, verbundene Rechtssachen C-52/ bis C-54/97, Slg. 1998, I-2629, Rn. 13; EuGH, Urteil vom 22. 11. 2001, Ferring SA/Agence centrale des organismes de sécurité sociale (ACOSS), Rechtssache C-53/00, Slg. 2001, I-9067, Rn. 16. Siehe auch EuGH, Urteil vom 13. 03. 2001, Rechtssache C-379/98, PreussenElektra AG/Schleswag AG, Slg. 2001, I-2099.

的行为可得欧盟法律豁免。这两个前提条件是：①每年补偿额度不得超过 1500 万欧元；②特定企业必须接受成员国委托提供循环经济公共经济利益服务，该委托期限一般不得超过 10 年。

3. 《欧盟关于公共服务供给补偿的国家援助框架》

《欧盟关于公共服务供给补偿的国家援助框架》调整规制的是特定类型的在公共经济利益服务领域以补偿形式存在的国家援助行为，这些国家援助不属于《委员会关于向接受委托供给公共经济利益服务特定企业提供补偿形式国家援助之〈欧盟运作条约〉第 106 条第 2 款适用之决定》调整对象；这些补助得以实施的前提是必须在欧盟委员会处登记并获其授权。《欧盟关于公共服务供给补偿的国家援助框架》不但适用于循环经济公共经济利益服务行业，而且适用于除陆路交通与公共广播服务以外的几乎所有其他公共经济利益服务行业。[435]

4. 《委员会关于在给予公共经济利益服务供给企业微量补助情形下〈欧盟运作条约〉第 107 与 108 条适用之第 360/2012 号条例》

《委员会关于在给予公共经济利益服务供给企业微量补助情形下〈欧盟运作条约〉第 107 与 108 条适用之第 360/2012 号条例》规定的是向供给公共经济利益服务的企业提供微量补助的前提条件，这类微量补助由于数额较小而不归属于《欧盟运作条约》第 107 条第 1 款所涉及的国家援助范畴。《委员会关于在给予公共经济利益服务供给企业微量补助情形下〈欧盟运作条约〉第 107 与 108 条适用之第 360/2012 号条例》适用范围几乎涵盖包含循环经济行业在内的所有经济部门或行业。

5. 《委员会关于成员国与公共企业之间财政关系透明化以及关于特定企业内部财政透明化的第 2006/111 号指令》

依据《委员会关于成员国与公共企业之间财政关系透明化以及关于特定企业内部财政透明化的第 2006/111 号指令》的规定，欧盟成员国与公共企业或特殊性质的私营企业之间的财政关系应被透明化与公开化。基于该指令的规定，欧盟成员国应明晰其与两类企业的财政关系，这两类企业包括公共企业以及获得特别经营权、独占经营权或接受委托提供公共经济利益服务的私营企业。如果一个企业因提供一项循环经济公共经济利益服务而获得成员国补偿，与此同时该企业还从事上述公共经济利益服务以外的其他业务，那么这个企业原则上应实行账簿分

---

[435] Senatsverwaltung für Wirtschaft, Technologie und Forschung, Hilfestellung für die beihilferechtliche Beurteilung von Zuwendungen–Eine kurze Überblicksdarstellung–, Stand：05. 2013, S. 18.

立原则。基于《委员会关于成员国与公共企业之间财政关系透明化以及关于特定企业内部财政透明化的第2006/111号指令》规定，企业在实行账簿分立原则时，应明确"各项业务之间的差异"、"与每项业务相关联的成本与收益"以及"区分细化成本与收益的程序"。

基于上述内容，"Almunia"系列法律文件进一步明晰与简化了欧盟公共经济利益服务领域国家援助规制机制。不过，该系列法律文件客观上也存在不完善之处。例如，由于《欧盟关于公共服务供给补偿的国家援助框架》内容缺乏系统性与明晰性，该文件适用结果可能产生法律意义上的不确定性。又如，因为《委员会关于向接受委托供给公共经济利益服务特定企业提供补偿形式国家援助之＜欧盟运作条约＞第106条第2款适用之决定》的实施需要动用大量行政资源，所以该文件的适用势必导致行政执法成本的骤增。[436]

在循环经济领域，关于德国国家援助行为欧盟规制模式的基本特征主要表现在以下四方面：

第一，明晰界定国家援助构成要件与外延范围。为了系统性规制国家援助行为，欧盟明晰界定国家援助的构成要件与外延范围。在构成要件层面，德国循环经济领域国家援助行为应当具备以下四项基本要件：①施行主体为国家公权力主体；②接受补助主体为特定企业、特定行业或特定产品与服务的生产者；③补助客体涵盖多种形式的经济利益；④补助行为具有扭曲市场竞争机制的实际效果或潜在可能性。在外延范围层面，国家援助应当涵盖税收优惠、国家倾向性投资、国家低息贷款、国家担保、国家补贴等形式。

第二，系统区分公共经济利益服务领域国家援助的二元属性。基于欧盟模式考察，循环经济领域国家援助行为本质上具有二元属性。一方面，大部分国家援助行为可以克服市场机制失灵现象，有效保障循环经济公共经济利益服务的全面与持续供给，因而这部分补助行为具有必要性与合理性。另一方面，少部分循环经济领域国家援助行为超出了补助的合理限度，实质上成为补助名义掩盖下的行政垄断行为。由于这部分行为损害了市场竞争机制，因而应当严格禁止。

第三，确立反垄断法相较于国家援助规制法的优先适用性。基于国家援助的二元属性，欧盟反垄断法与国家援助规制法都将该补助行为作为规制对象。为了防止反垄断法与国家援助规制法之间的适用冲突，欧盟立法者基于《欧盟运作条约》的立法架构，确立反垄断法对于国家援助规制法的优先适用性。一项循环经

[436] Wüstneck, Das „Almunia"-Paket der Europäischen Kommission, EweRK, 3/2012, S. 117 (S. 116).

济领域国家援助行为即使符合国家援助规制法的合法性标准，只要其构成严重损害市场竞争机制的行政垄断行为，仍应依据反垄断法予以明确禁止。

第四，具体化与简洁化国家援助审查程序。鉴于国家援助的复杂性与多样性，国家援助的审查程序应当具有可执行性与高效性，否则国家援助审查机关将不堪重负。因此，基于欧盟"Almunia"国家援助规章制度的设计理念，通过颁布一揽子法律文件的方式，实现国家援助审查程序的具体化与简洁化。

综上所述，在德国循环经济领域得以适用的欧盟国家援助规制机制具有体系完整、内容明晰、程序简洁的特征。该机制确定了德国循环经济援助行为合法性判定标准，厘定了循环经济领域不当国家补贴行为的构成要件与基本特征，从而为德国实施合法、适度与精准的循环经济国家援助行为提供了参考依据与行动指南。

第十二章

德国 《联邦废弃物减量化方案》
构成、特征与缺陷

从 20 世纪 70 年代初开始，关于抑制废弃物产生的环保政策辩论与探讨已经出现。例如，罗马俱乐部（Club of Rome）在 1972 年发表研究报告《增长的极限》。该报告认为，资源具有有限性，而资源的有限性势必决定经济增长的有限性，因而经济不可能无限增长；如果有限的资源无法得到有效利用与节约，那么将产生世界性灾难。这一报告对包括欧盟成员国在内的西方发达国家的废弃物抑制战略产生深远影响，实行抑制废弃物产生以保护资源的政策成为欧盟成员国的必然选择。[437] 在这一时代背景下，依据欧盟经过修订的《关于废弃物的第 2008/98 号指令》的要求，欧盟成员国具有义务在 2013 年底之前制定废弃物减量化方案。

第一节 《联邦废弃物减量化方案》内容构成

废弃物减量化不仅可以节省资源，而且可以保护人类与环境。因而废弃物减量化构成德国废弃物经济最为优先考虑的目标。[438] 德国推行废弃物抑制政策（废弃物减量化政策）的实践分为两层面。[439] 在第一层面，公共部门与私营部门采取大量抑制废弃物产生的措施，并取得了良好效果；在第二层面，基于生态、经济与社会可持续发展的宗旨，德国逐步构建了具有系统性的经济与法律领域的框架性条件，以引导与规制政府在实现废弃物抑制目标过程中的相关行为。[440]

---

[437] BMUB, Hintergrund：Die Abfallrahmenrichtlinie, www. bmub. bund. de, Stand：17. 02. 2009.

[438] Umweltbundesamt, Ressourcenschonung und Schutz von Mensch und Umwelt, http：//www. umweltbundesa-mt. de/themen/abfall-ressourcen/abfallwirtschaft/abfallvermeidung, Stand：31. 03. 2017.

[439] 本书中，"废弃物抑制"与"废弃物减量化"为同义概念。

[440] BMUB, Hintergrund：Die Abfallrahmenrichtlinie, www. bmub. bund. de, Stand：17. 02. 2009.

德国联邦内阁在 2013 年 7 月 31 日审议通过了由德国联邦环境、自然保护和核安全部（BMUB）制定的德国《联邦废弃物减量化方案》（Abfallvermeidungsprogramm）。在基本理念层面，德国《联邦废弃物减量化方案》承袭了德国《促进循环经济和确保合乎环境承受能力废弃物管理法》第 6 条所规定的废弃物减量化优先理念。依据该条第 1 款规定，抑制废弃物产生与废弃物管理措施具有以下层级依次递减的优先顺位顺序：①减量化；②再使用之预备；③回收利用；④其他的利用，尤其是能源利用与回填；⑤处分。此外，《促进循环经济和确保合乎环境承受能力废弃物管理法》第 6 条第 2 款还为《联邦废弃物减量化方案》的实施提供了一系列参考指标与考量依据。按照《促进循环经济和确保合乎环境承受能力废弃物管理法》第 6 条第 2 款规定，如果一项目措施在废弃物产生和管理过程中，在考虑预先防范和可持续发展原则情形下，可以为人类和环境保护提供最佳保障，那么该项措施具有优先适用性；在考察一项措施对于人类和环境影响时，应根据废弃物的整个生命周期。在此，以下因素需要被特别考虑：①预期的排放量；②保护自然资源的程度；③将被使用或将获取的能源；④在产品中，用于利用的废弃物中或由之获取的产品中有害物质的积聚。除此以外，措施的技术可行性、经济合理性和社会后果都需要得到关注。

德国制定《联邦废弃物减量化方案》的直接法律依据是《促进循环经济和确保合乎环境承受能力废弃物管理法》第 33 条第 3 款。[441] 依据该条款规定，废弃物减量化方案应当具有以下效用：①确定废弃物减量化目标，此类目标应在其定位中将经济增长与废弃物产生关涉的对人类和环境的影响相脱钩；②表明现有的废弃物减量化措施，并评估在附录四中所指定的或其他适当的废弃物减量化措施的合目标性；③如有必要，确定其他的废弃物减量化措施；④预定合乎目标的、专门的、定性或定量的关于被确定的废弃物减量化措施的基准；基于此，在该类措施中被追求达致的进展获得监控与评估。指标或其他适当的专门的定性或定量目标可作为基准被提出。

在德国循环经济制度发展历史上，《联邦废弃物减量化方案》获得德国联邦政府内阁通过具有里程碑意义。该方案提供了关于抑制废弃物产生的具体手段与措施，是德国首个以抑制废弃物产生为目标的全面与系统的公共部门规划方案。在德国循环经济政策体系框架下，《联邦废弃物减量化方案》与《国家资源效率计划》以及《国家资源效率计划 II》之间存在相辅相成的内容互补关系，共同确

---

[441]　BMUB, Abfallvermeidungsprogramm, www. bmub. bund. de, Stand：02. 11. 2015.

立了德国政府的循环经济基本战略与行动纲领。在《联邦废弃物减量化方案》制定过程中，联邦各州是重要的参与制定方。德国联邦政府内阁审议通过该方案，标志着在废弃物抑制领域确立了德国联邦、州、市镇以及其他参与方之间的对话机制与合作关系。[442]

从内容构成层面分析，《联邦废弃物减量化方案》制定者分析了在产品生命周期的不同环节所应采取的迥异的抑制废弃物产生的方法。在这一分析过程中，《联邦废弃物减量化方案》制定者重点考量了实施方式、生产过程、产品设计、商业、贸易以及产品消耗使用等因素。[443] 在《联邦废弃物减量化方案》中，制定者不仅分析了关于废弃物抑制潜力与环境影响的相关标准，而且探讨了经济、社会与法律层面的相关标准。最终，方案制定者推荐使用被预估为具有正面影响的废弃物抑制相关标准。

从框架结构层面分析，《联邦废弃物减量化方案》包括五个章节与附录。第一章内容涵盖引言与基本依据。该章主要阐述了关于抑制废弃物产生的具体特征、机遇与挑战，并厘清了关于废弃物抑制的法律界限。第二章主要涉及关于激励推动、具体实施与建构废弃物减量化方案的内容。该章不但阐明了关于抑制废弃物产生的法律依据，而且明晰了制定《联邦废弃物减量化方案》的法律依据。第三章主要涉及废弃物抑制目标的内容。该章探讨了关于德国废弃物产生的现状，并阐明了废弃物抑制目标与关于废弃物抑制措施的评定标准。第四章主要涉及关于废弃物抑制具体措施的内容。该章既包含对于被特别推荐适用的废弃物抑制具体措施的汇总说明，又涵盖对于需要接受进一步评判审查的废弃物抑制具体措施的总体论述。第五章主要涉及德国联邦政府在施行《联邦废弃物减量化方案》过程中应当采取配套行动的内容。附录主要包括具体类别的废弃物抑制措施的内容以及对于这些措施的具体化与细节化评估。[444]

第二节　《联邦废弃物减量化方案》基市特征

为了施行《联邦废弃物减量化方案》，德国联邦环境、自然保护和核安全部（BMUB）与德国各州政府以及其他的废弃物抑制参与方建立了持续与全面的对话

[442]　BMUB, Abfallvermeidungsprogramm, www. bmub. bund. de, Stand: 02. 11. 2015.
[443]　BMUB, Abfallvermeidungsprogramm, www. bmub. bund. de, Stand: 02. 11. 2015.
[444]　BMUB, Abfallvermeidungsprogramm, www. bmub. bund. de, Stand: 02. 11. 2015.

与合作关系。这一对话与合作关系涉及四项主题，而每项主题都分别对应在《联邦废弃物减量化方案》作出规定的若干类型的废弃物抑制措施。这四项主题包括"促进废弃物再使用"（die Förderung der Wiederverwendung）、"获得优化的食品废弃物的减量化措施"（die verbesserte Vermeidung von Lebensmittelabfällen）、"获得强化关注的企业废弃物减量化视角"（die verstärkte Berücksichtigung abfallvermeidender Aspekte in Unternehmen）与"提升产品使用强度"（die Steigerung der Nutzungsintensität von Produkten）。[445]

综合而言，德国《联邦废弃物减量化方案》确立的减量化目标分为三个子目标，即：①减少废弃物数量；②减少废弃物对于环境与人类健康的有害影响；③在原材料与产品中减少有害物质的含量。[446] 在这三项子目标的统摄下，德国《联邦废弃物减量化方案》具有以下基本特征：

一、构成首份具有系统化与全面化特征的废弃物减量化政府法律文件

德国《联邦废弃物减量化方案》是德国第一份具有系统化与全面化特征的废弃物减量化政府法律文件。它通过提供建议的方式，阐明关于废弃物减量化的具体手段与措施，厘定政府机关实施废弃物减量化的途径与方法。该方案的实施机制具有纵向性特征，其主要实施主体是德国联邦政府，而德国各州政府是参与性实施主体。[447] 这一实施机制既可以确保德国联邦政府在废弃物减量化领域的统筹规划与统一行动，又可兼顾德国各州政府因地制宜推行废弃物减量化措施的自主权限。

二、确立废弃物减量化措施的多元化评判标准体系

德国《联邦废弃物减量化方案》制定主体分析了涉及产品各个生命周期阶段的不同类型的废弃物减量化措施。这些减量化措施包括在产品的设计、生产、贸易、消费、回收等各领域的预防废弃物措施或减少废弃物数量的措施。在分析过程中，《联邦废弃物减量化方案》制定主体采取了多元化的废弃物减量化评判标准体系。这一标准体系不但包括具有核心性质的废弃物减量化潜力标准、生态

---

[445] BMUB, Abfallvermeidungsprogramm, www. bmub. bund. de, Stand：02. 11. 2015.

[446] BMUB, Ressourcenschonung und Schutz von Mensch und Umwelt, http：//www. umweltbundesamt. de/themen/abfall-ressourcen/abfallwirtschaft/abfallvermeidung, Stand：31. 03. 2017.

[447] BMUB, Maßnahmenpaket zum Schutz der Umwelt vor negativen Auswirkungen der Abfallerzeugung, http：//www. bmub. bund. de/pressemitteilung/bundeskabinett-beschliesst-erstes-bundesweites-abfallvermeidung-sprogramm/, Stand：31. 03. 2017.

影响标准，而且涵盖经济、社会与法律标准。[448] 只有当一项措施通过上述所有标准审查，在预计将会产生积极影响的情形下，该项措施才应被纳入《联邦废弃物减量化方案》推荐措施目录。[449]

三、构建具有全面性与可操作性废弃物减量化实施路径体系

德国《联邦废弃物减量化方案》构建了具有全面性与可操作性的废弃物减量化实施路径体系。该方案所规定的减量化实施路径体系不但包括废弃物信息沟通、环保意识培养、废弃物减量化研究与开发等通用的实施路径，而且包括以下具有实践价值的专门化的实施路径：其一，在欧盟生态设计指令框架下，积极支持欧盟关于废弃物抑制标准的研究；其二，为促进产品再使用或重复使用的架构设施或维修中心提供组织或财政方面的支持；其三，推进"使用替代拥有"的观念意识的生成，以达到"使消费品能够被更密集的与更广大用户群消费使用"的目的；其四，在公共机构与工业或商业之间应当建立统一行动与协商机制，以减少沿着生产与供应链条而产生的食物废弃物；其五，将符合废弃物减量化目标的额外产品类别纳入蓝色天使投资组合范畴，为招标单位提供切实可行的业务辅助措施，以强化相关主体对于资源效率与废弃物减量化视角的应用。[450]

第三节　《联邦废弃物减量化方案》主要缺陷

虽然《联邦废弃物减量化方案》遵循了欧盟循环经济法律法规与德国《促进循环经济和确保合乎环境承受能力废弃物管理法》的基本理念与纲领目标，细化了德国联邦与各州政府的循环经济行动纲领，但该方案远未达到完善与成熟的程度，其在战略目标、具体内容与实施机制方面均存在缺陷，具体表现在以下方面：

---

[448] BMUB, Maßnahmenpaket zum Schutz der Umwelt vor negativen Auswirkungen der Abfallerzeugung, http：// www. bmub. bund. de/pressemitteilung/bundeskabinett－beschliesst－erstes－bundesweites－abfallvermeidung-sprogramm/，Stand：31. 03. 2017.

[449] BMUB, Maßnahmenpaket zum Schutz der Umwelt vor negativen Auswirkungen der Abfallerzeugung, http：// www. bmub. bund. de/pressemitteilung/bundeskabinett－beschliesst－erstes－bundesweites－abfallvermeidung-sprogramm/，Stand：31. 03. 2017.

[450] BMUB, Maßnahmenpaket zum Schutz der Umwelt vor negativen Auswirkungen der Abfallerzeugung, http：// www. bmub. bund. de/pressemitteilung/bundeskabinett－beschliesst－erstes－bundesweites－abfallvermeidung-sprogramm/，Stand：31. 03. 2017.

一、欠缺类型化与可计量化的废弃物减量化目标

在内容构成层面，《联邦废弃物减量化方案》没有规定类型化与可计量化的废弃物减量化目标，这具体体现为两方面。一方面，德国联邦政府与各州政府在制定《联邦废弃物减量化方案》过程中没有依据废弃物类型的不同而制定出分门别类的废弃物减量化目标；[451] 另一方面，虽然《联邦废弃物减量化方案》提出了具有宏观性与倡导性的废弃物减量化目标，但该目标不具有可计量性特征，并且缺乏相匹配的参考指标。因此，在具体实施《联邦废弃物减量化方案》进程中，德国联邦政府与各州政府一方面将无法依据废弃物类型差异而厘定不同行业领域废弃物减量化效果的差异性；另一方面它们将无法精细化审查废弃物减量化目标的实现程度。

二、缺少定性与定量的废弃物减量化措施审查标准

基于《促进循环经济和确保合乎环境承受能力废弃物管理法》第6条第1款的规定，抑制废弃物产生与废弃物管理的措施按照以下顺序排列：①减量化；②再使用之预备；③回收；④其他的利用，尤其是能源利用与回填；⑤处分。从内容构成层面分析，《联邦废弃物减量化方案》重申与深化了《促进循环经济和确保合乎环境承受能力废弃物管理法》第6条关于废弃物减量化具有优先位阶的规定。但依据《促进循环经济和确保合乎环境承受能力废弃物管理法》第6条第2款规定，关于废弃物减量化的优先位阶并非绝对意义上的"刚性"规定；[452] 如果在考虑预先防范和可持续发展原则情形下，在废弃物产生和管理过程中实施的一项措施可以为人类和环境保护提供最佳保障，那么该项措施即使不属于废弃物减量化措施范畴，它仍然应当获得优先适用。此外，依据《促进循环经济和确保合乎环境承受能力废弃物管理法》第33条第3款第1条目规定，《联邦废弃物减量化方案》应当确定废弃物减量化目标，此类目标应在其定位中将经济增长与由废弃物带来的对人类和环境的影响相脱钩。基于该规定，如果一项废弃物减量化措施不能从总体上减轻环境负担，那么该措施就不应被实施。[453]

基于上述内容，废弃物减量化措施具有优先位阶的基本前提包括：其一，在

---

[451] Der Naturschutzbund Deutschland（NABU）e. V., Zum Abfallvermeidungsprogramm des Bundes unter Beteiligung der Länder（Entwurf vom 25. 4. 2013）, http：//www. ebelt-beratung. de/Abfallvermeidungsprogramm_ NABU. pdf, Stand：31. 03. 2017, S. 3.

[452] BMUB, Abfallvermeidungsprogramm, http：//www. bmub. bund. de/fileadmin/Daten_ BMU/Pools/Broschueren/ abfallvermeidungsprogramm_ bf. pdf, Stand：31. 03. 2017, S. 18.

[453] BMUB, Abfallvermeidungsprogramm, http：//www. bmub. bund. de/fileadmin/Daten_ BMU/Pools/Broschueren/ abfallvermeidungsprogramm_ bf. pdf, Stand：31. 03. 2017, S. 18.

考虑预先防范和可持续发展原则情形下，除废弃物减量化措施以外的其他措施无法在废弃物产生和管理过程中为人类和环境保护提供最佳保障；其二，废弃物减量化措施能够从总体上减轻环境负担。由于这两项基本前提内容具有高度抽象性与模糊性，因而为了能够有效认定"一项废弃物减量化措施是否应当具有优先位阶"，《联邦废弃物减量化方案》本应确定符合循环经济目标的定性与定量的废弃物减量化措施审查标准，而这类标准应当厘清"为人类和环境保护提供最佳保障"与"总体减轻环境负担"等具体要求的量化参考指标与判定因素。但遗憾的是，《联邦废弃物减量化方案》并未包含专业化的定性与定量的废弃物减量化措施审查标准。

三、缺乏技术可行性、经济合理性、社会后果性标准的判定依据

如前所述，德国《联邦废弃物减量化方案》确立的减量化目标分为三个子目标，即：其一，减少废弃物数量；其二，减少废弃物对于环境与人类健康的有害影响；其三，在原材料与产品中减少有害物质的含量。[454] 为了实现这三个子目标，德国联邦、各州以及其他相关主体可以采取的措施类型包括：其一，在参考经济业绩、员工数目、总体人口数的情形下，尽可能大幅降低废弃物数量；其二，通过提升信息化水平的方式，培育与促进社会公众的废弃物减量化意识，并促使工业、商业、贸易、废弃物处置产业领域的相关企业主体与机构主体接纳废弃物减量化理念；其三，促成原材料在企业内部的循环利用；其四，改变消费者的消费习惯，促使消费者更多购买符合减量化目标的产品与服务；其五，在产品设计中植入废弃物减量化理念；其六，增加产品的使用寿命；其七，促进产品的再使用；其八，增加产品的使用强度。[455]

一般来说，上述八类措施有利于实现废弃物减量化目标。但从技术、经济与社会视角综合考量，这八类措施在个案情形下不但可能存在缺乏技术可行性与经济合理性的状况，而且可能具有负面性社会后果。依据《促进循环经济和确保合乎环境承受能力废弃物管理法》第 6 条第 2 款规定，如果一项废弃物处置措施缺乏技术可行性与经济合理性，或者具有负面性社会后果，那么该项措施不应得到实施。因此，为了厘清上述八类措施的准予实施标准，亟须德国联邦政府针对技术可行性、经济合理性、社会后果性三项标准制定适用于不同行业领域的量化指

---

[454] BMUB, Ressourcenschonung und Schutz von Mensch und Umwelt, http：//www. umweltbundesamt. de/themen/abfall-ressourcen/abfallwirtschaft/abfallvermeidung, Stand：31. 03. 2017.

[455] BMUB, Abfallvermeidungsprogramm, http：//www. bmub. bund. de/fileadmin/Daten _ BMU/Pools/Broschueren/abfallvermeidungsprogramm_ bf. pdf, Stand：31. 03. 2017, S. 20.

标、参考依据与判断标准。然而，德国联邦政府迄今为止不仅未在《联邦废弃物减量化方案》中细化与量化技术可行性、经济合理性、社会后果性三项标准内容，而且没有针对产品生命周期不同环节制定统一适用的三项标准纵向评判依据，这导致两方面弊端。一方面，由于缺乏关于技术可行性、经济合理性、社会后果性标准的判定依据，因而企业与消费者在涉及产品设计、开发、生产、销售、使用以及作为废弃物处置的任何一个环节中实施形式上符合废弃物减量化目标的措施时，无法有效判定该措施在这一单一环节中产生的实质效果与正负面影响。另一方面，在涉及产品设计、开发、生产、销售、使用以及作为废弃物处置的各个环节中，即使在其中某个环节实施的一项措施符合技术可行性、经济合理性、社会后果性标准，但如果该措施的实施将在其他若干环节导致不利的技术、经济与社会后果，那么该措施是否应当准予实施就将产生极大争议。由于缺乏处置这一争议的权威评判依据，因而在实践中这将导致企业与消费者在实施相关措施时处于进退失据、无所适从的境地，进而影响废弃物减量化目标的实现。

四、缺乏强制执行力与法律约束力

德国联邦政府在《联邦废弃物减量化方案》明确了废弃物减量化的目标，并依据《促进循环经济和确保合乎环境承受能力废弃物管理法》附录Ⅳ提出了促进废弃物减量化的措施类型。依据附录Ⅳ的规定，废弃物减量化措施可以分为以下三种类型：第一类措施是对于与废弃物生产有关的框架条件可能产生影响的措施；例如，促进资源使用效率的规划措施或促进相应的研究与开发的措施，其研究与开发目标在于产生环境保护性的与较少导致废弃物产生的产品和技术。第二类措施是可能对设计、生产和分销阶段产生影响的措施；例如，促进生态设计的措施（将环境视角系统地整合入产品设计中，其附随目标为明显改善产品在其整个生命周期内的环境平衡性）；又如，基于该法或《联邦污染防治法》或以《联邦污染防治法》为基础颁布的条例规定，主管机构在考虑列入废弃物预防要求的情形下在签发许可时须进行的培训措施。第三类措施是可能影响消费和使用阶段的措施；例如，对于环保性购买的激励措施与对于公众或特定的消费者团体的宣传措施或信息提供措施。

从执行力与约束力角度分析，德国联邦政府在《联邦废弃物减量化方案》提出的废弃物减量化措施只是倡导性与建议性措施，其对于企业、社会组织与消费者都没有强制执行力与法律约束力，这导致德国联邦政府及各州政府无法在产品设计、开发、生产、销售、消费、使用、回收利用的各环节构建与完善权责明确的废弃物减量化机制。同时，由于德国联邦政府在《联邦废弃物减量化方案》

中并没有提出系统的废弃物减量化经济激励措施（如补贴、税收优惠、特许经营权授予），因此它无法充分激励企业、社会组织与消费者实施废弃物减量化措施。基于上述，德国联邦政府在《联邦废弃物减量化方案》中既没有设定具有强制力的废弃物减量化义务，又没有提供能够带来经济效益的废弃物减量化经济激励措施，这势必严重影响其所提出的废弃物减量化措施的采纳比率与执行效率。

综上所述，德国联邦政府通过颁布《联邦废弃物减量化方案》，首次系统化与全面化地提出了废弃物减量化政策。德国联邦政府在该方案中通过提供建议方式，阐明关于废弃物减量化的具体手段与措施，厘定政府机关实施废弃物减量化的途径与方法，进而确立废弃物减量化措施的多元化评判标准体系，并构建具有全面性与可操作性的废弃物减量化实施路径体系。由于该方案具有理念超前性、规划科学性、体系自洽性的特征，因而它对于我国政府制定相关的废弃物减量化规划具有重要参考价值与借鉴意义。鉴于该方案在战略目标、具体内容与实施机制方面均存在固有缺陷，我国政府在借鉴该方案制定废弃物减量化规划时，应当注重确立类型化与可计量化的废弃物减量化目标，制定定性与定量的废弃物减量化措施审查标准，并厘清相关技术、经济、社会标准的判定依据，强化废弃物减量化措施的执行力与约束力。

第十三章

德国《国家资源效率计划》
内容、特征与发展趋向

欧盟在循环经济理念影响下，在《欧盟条约》关于欧盟目标规定的统摄下，制定了一系列关于贯彻循环经济理念的欧盟次位法法律与法律性文件。如欧盟委员会于 2013 年 3 月 7 日发布了《关于环境中塑料废弃物的欧洲战略的绿皮书》（Grünbuch zu einer europäischen Strategie für Kunststoffabfälle in der Umwelt）。[456] 在欧盟关于循环经济专项立法的推动下，德国必须在将来依照欧盟专项立法的理念与框架制定自身的各种循环经济专项法规，以执行欧盟循环经济的精神理念与具体规定。

2011 年 1 月，欧盟委员会发布《资源节约型的欧洲——2020 欧洲战略的一项指导方针》，[457] 提出了建设资源效率型欧洲的设想。在该方针基础上，欧盟委员会要求各成员国制定国家资源效率计划，[458] 建立以资源效率为导向的生态型社会。作为对于欧盟委员会提出的构建资源效率型社会要求的直接响应，德国起草制定了德国《国家资源效率计划》（das Deutsche Ressourceneffizienzprogramm）。2011 年 10 月，德国联邦环境、自然保护和核安全部颁布《国家资源效率计划草案》。

第一节　《国家资源效率计划草案》主要内容与基市特征

德国联邦环境、自然保护和核安全部 2011 年 10 月 11 日版的《国家资源效率计划草案》（Entwurf eines nationalen Ressourceneffizienzprogramms）的副标题为"在一

---

[456]　Europäische Kommission, Grünbuch zu einer europäischen Strategie für Kunststoffabfälle in der Umwelt, Brüssel, den 7. 3. 2013, COM（2013）123 final.

[457]　Europäische Kommission, KOM（2011）21, Mitteilung, Brüssel, den 26. 01. 2011.

[458]　BMUB, Überblick zum Deutschen Ressourceneffizienzprogramm, Stand：Juli, 2012.

个生态与社会市场经济中保护自然资源的计划"（Programm zum Schutz natürlicher Ressourcenin einer ökologisch-sozialen Marktwirtschaft）。[459]

该草案分为四大部分。

草案第一部分标题为"纲领性的基本陈述"（Programmatische Grundaussagen）。该部分分为三个章节。第一章节标题为"资源利用效率—挑战与机遇"（Ressourceneffizienz – Herausforderung und Chance）；第二章节标题为"我们处于何处？"（Wo stehen wir?）；第三章节标题为"指导原则与目标"（Leitideen und Ziele）。[460]

草案第二部分标题为"依托价值链之途径"（Handlungsansätze entlang der Wertschöpfungskette）。该部分分为五个章节，标题分别为"确保可持续性的原材料供应"（Nachhaltige Rohstoffversorgung sichern），"提高生产中的资源利用效率"（Ressourceneffizienz in der Produktion steigern），"指引在资源利用效率基础上的消费"（Konsum auf Ressourceneffizienz orientieren），"发展资源利用效率型的循环经济"（Ressourceneffiziente Kreislaufwirtschaft ausbauen）与"利用交叉型工具"（Übergreifende Instrumente nutzen）。[461]

草案第三部分标题为"具体化例子"（Konkretisierende Beispiele）。该部分分为两个章节，标题分别为"在部门研究层面的实例领域"（Beispielfelder in sektoraler Betrachtung）和"与资源保护相关的材料流的实例群"（Beispiele für ressourcenschutzrelevante Stoffströme）。[462]

草案第四部分为附录（Anhang）。该部分包括三个章节，即"联邦政府职能"（Aktivitäten der Bundesregierung），"州的职能"（Aktivitäten der Länder）与"协会和机构的职能"（Aktivitäten von Verbänden und Einrichtungen）。[463]

《国家资源效率计划草案》"纲领性的基本陈述"中的"资源利用效率—挑战与机遇"前言部分内容如下：[464]

[459] BMUB, Entwurf eines nationalen Ressourceneffizienzprogramms, http：//neress. de/fileadmin/media/files/Progress/ProgRess-Entwurf_ Version_ 3. 0_ final. pdf, Stand：14. 04. 2013.

[460] BMUB, Entwurf eines nationalen Ressourceneffizienzprogramms, http：//neress. de/fileadmin/media/files/Progress/ProgRess-Entwurf_ Version_ 3. 0_ final. pdf, Stand：14. 04. 2013.

[461] BMUB, Entwurf eines nationalen Ressourceneffizienzprogramms, http：//neress. de/fileadmin/media/files/Progress/ProgRess-Entwurf_ Version_ 3. 0_ final. pdf, Stand：14. 04. 2013.

[462] BMUB, Entwurf eines nationalen Ressourceneffizienzprogramms, http：//neress. de/fileadmin/media/files/Progress/ProgRess-Entwurf_ Version_ 3. 0_ final. pdf, Stand：14. 04. 2013.

[463] BMUB, Entwurf eines nationalen Ressourceneffizienzprogramms, http：//neress. de/fileadmin/media/files/Progress/ProgRess-Entwurf_ Version_ 3. 0_ final. pdf, Stand：14. 04. 2013.

[464] BMUB, Entwurf eines nationalen Ressourceneffizienzprogramms, http：//neress. de/fileadmin/media/files/Progress/ProgRess-Entwurf_ Version_ 3. 0_ final. pdf, Stand：14. 04. 2013.

"自然资源是全球性的自然资本与所有经济生活的基础。若没有自然资源，例如可再生的与不可再生的原材料，土壤、水、空气和食品以及能源，则既不能使我们的日常生活需求得到满足，亦不可能使繁荣得以创建。

然而，我们的资源利用已经历了一种发展（模式），它无法在不损害将来世代关于经济繁荣与社会凝聚力前景的情形下得以永久持续。它超出了我们星球为人类、动物和植物构设生存基础的能力。除此以外，对于原材料的开采与利用经由完整的价值链——从提取，经过加工和使用到废弃——伴随带来了废弃物与环境负担：温室气体排放，污染物进入空气、水和土壤，生态系统与生物多样性受到损害。

这不仅是一个生态的，而且是一个经济与社会的挑战：自然资源与原材料是必不可少的生产要素，它们只在一定范围内可以被替代。大部分自然资源是有限的与不可再生的。若干重要的原材料，例如石油、钴、铌、氧化铟，越来越难以从容易进入的来源渠道获取。通过"正常的"市场活动，投机和政治干预所导致的价格波动和获取原材料的不确定性，损害了（材料）交付国与接收客户国经济与社会的发展。

根据联合国预计，当前世界人口数目接近 70 亿，而到 2050 年，这一数目将增长至 90 亿以上。这种人口的增长与繁荣的获得已处于临界值状态，而发展中国家对于原材料与能源的需求仍在不断上升。当前，在工业国家，人均对自然资源的消耗量约四倍高于新近发展国家。因此，减少自然资源的消耗属于 21 世纪一个可持续发展社会最核心的挑战之一。

但是这一挑战本身也带有巨大的机遇：它处在我们手中，今天要确定的是以下方向，即在 2050 年，我们要生活在一个具有社会凝聚力的对所有人而言是经济繁荣的并同时保护自然生存根基的世界中。对自然资源给予珍惜并同时有效利用的处置，在 2050 年将成为未来社会的核心竞争力。

在社会与经济的转型过程中，德国具有最好的前提条件在成为一个资源效率型社会方面成为前导，并创建资源利用效率最高的国民经济：创新，一个现代工业结构，严格的环境标准与具有高水平环保意识的民众将为此提供助力。

早在 2002 年，德国联邦政府在国家可持续发展战略中就确立了以下目标：与 1994 年相比，到 2020 年，德国的原材料生产率应翻一番。伴随这一目标，德国成为国际先驱。资源利用高效率由此成为德国的商标与稳定的区位优势，加强了德国经济的竞争能力，可持续发展性地确保了就业。

基于上述内容分析可知，德国联邦政府认为在资源利用领域面临的挑战表现为三方面：其一，传统资源利用模式不具有可持续性，它超越了地球生态承受能力，威胁人类与动植物的基本生存基础；其二，原材料开采与利用损害了地球的生态系统与生物多样性；其三，由传统资源利用模式所导致的资源紧缺与枯竭引发市场动荡，进而损害资源输出国与输入国经济发展与社会稳定。为了应对这三项挑战，德国联邦政府确定的战略目标可以细分为三个层面。在第一层面，将减少自然资源的消耗确立为核心要旨；在第二层面，在国民经济领域构建资源利用效率最高化的模式，该模式的构成要素包括创新、优化的工业结构、环保标准、社会公众环保意识等；在第三层面，将资源利用高效率转化为德国的国家品牌优势、区位优势、竞争优势、就业优势。

《国家资源效率计划草案》第二部分共确立了二十项"依托价值链"的行动途径。其中，第四章标题为"发展资源效率型的循环经济"，该章确立了彰显循环经济理念的第 12 项至第 14 项行动途径，其正文内容如下：[465]

从生命循环视角观察，资源保护需要材料流的思维观念，该（观念）应涵摄从原材料取得开始的整个全球价值链。因此，在生产中除材料效率与商品的可持续消费之外，循环经济对于保护自然资源贡献甚巨。在 2009 年，二次原材料的供应可以满足德国工业对原材料需求的 13% 以上，并处于上升趋势。在 2009 年，德国居民区废弃物的回收率为 63%，其中包括能源的（回收）利用，其（回收）利用率甚至达到 77%。通过对原生原材料的取代，由于获取原生原材料而产生的有害环境影响也得以降低。如此，举例来说，一吨高品质的印刷电路板中的黄金浓度高出原生矿中黄金的 40 倍至 60 倍。通过回收与循环再造，德国经济持续的进口依赖性将得以减轻。由于原生原材料市场价格的易变性被抑制，规划的确定性得以提升。

每种从自然获取并进入生产与消费的原材料，最终都会成为废弃物。2009 年，在德国约有 3.37 亿吨废弃物，其中居民区废弃物约为 0.485 亿吨，施工和拆迁废料约为 1.95 亿吨。其环保性的利用与清除从技术组织与经济层面提出了关涉环境保护、资源保护与气候保护的可持续发展影响的高度挑战。

德国的废弃物经济已经接受这些挑战；自 20 世纪 80 年代以来，它已经发生了很大转变。1994 年版《循环经济法》中严格的法律预先规定，它的次位法规则，尤其是关于包装、报废车辆、电池、电气设备、图形废纸与建筑垃圾生产责

---

[465] BMUB, Entwurf eines nationalen Ressourceneffizienzprogramms, http：//neress.de/fileadmin/media/files/ Progress/ProgRess-Entwurf_Version_3.0_final.pdf, Stand：14.04.2013.

任的政治框架，从侧面反映出，从废弃物清除到循环经济的这一步骤揭示出重大的发展。伴随《循环经济法》当前的修订，从废弃物经济向珍惜资源与环境的材料流经济的发展进一步加快。这一修订的基本要素是执行来源自欧洲废弃物框架条例的新的五层级废弃物处置等级序列。它使废弃物的减量化、准备到再利用取得了相对于循环、其他利用以及无害化清除的优先地位。

再利用包括（以下）过程，在此类过程中产品或部件基于与将它们定制的最初目的相同的目的被再次投入使用。再利用的准备包括对废弃物进行测试、清洁或修理诸措施，从而使它们无须进一步的处理就能够被再次使用。再利用的准备基本上是低耗能的。鉴于在不同产品领域的不同条件，这一准备只是依托废弃物种类在相关的范围内得以实施，在此须存在一个产品市场。实例包括家具或汽车组件。

再利用的界限划分主要遵循以下两者的权衡：一方面是再利用准备的资源消耗、环境影响以及经济成本，另一方面是新的生产（考虑回收循环），二者必须进行比较。不再与技术水平相匹配的使用产品或部件所产生的间接影响（例如关于能源消耗）不能被忽略。此外，在确保技术设备安全性方面，再利用（作用）是有限的。然而，当与之相关的要求已经在产品设计过程中被考虑，产品的可再利用性可以得到显著改善。

明显更多的废弃物种类与数量被用于回收，而不是被用于再利用。回收的目的是，通过浓缩以及通过分离有害物与杂质，生成与资源相关的材料与材料流。回收的重要措施是分离化收集与转向适当的处理程序。与资源特别相关的是材料流，如木、常见金属、科技金属、塑料、纤维和矿物质，这些尤其可以从废弃物中被提取，这类废弃物包括废旧金属、旧电器、旧汽车、包装、纸张、纺织物，矿建废料与拆迁废料。材料流其中还包括从有机废物中产生的沼渣、堆肥以及来自城市污水污泥的磷酸盐。

当相关的成本与排放量超过原生原材料的采集时，回收适用的最终界限就被划定。基于废弃物进行的专门的生命周期评价可以为上述评估提供助益。此外，被使用的废弃物材料的潜在污染与其对新的回收利用替代方式的意义亦应被关注，它设置了资源利用的限制范围。

"其他利用"包括所有其他的利用选择，特别是包括来自高热量废弃物的替代燃料的能源性利用。此类利用可替代原生的能源原材料。

行动途径　12：

增强产品责任

依据《循环经济法》第 22 条，废弃物经济的产品责任是通过循环经济提高物质材料效率的重要工具。依此，为了履行产品责任，应该在产品的生产与使用中尽可能地减少废弃物的产生。生产者应在使用阶段对环境无害化的利用与清除负责。由此产生了预防（产生）废弃物的激励。例如，通过多重包装以及回收利用的方式设置产品。废弃物经济中的产品责任的最重要的手段包括使用者将成为废弃物的产品返还与分离的义务、生产者的回收义务以及收集和回收利用的配额。在废弃物经济意义上，产品责任已经通过不同的法规得以付诸实践，如在《包装条例》《电气法中》《废旧汽车条例》《电池法》以及《废弃油条例》中。

为了确保产品制造商与废弃物生产者在实践中满足这些要求，激励以及其他适当的控制与管理工具必须被创建。为此，联邦政府将进一步特别发挥现有的有关产品设计、开发、制造与销售要求的法定条例授权（的作用）。

此外，联邦政府意图在资源保护方面基于产品责任进一步发展现在已有的废弃物经济法律规定。特别是，《包装条例》应该进一步发展成普遍意义上的价值物（回收）条例。其目的是，为了回收，通过在全国范围内引入回收站的模式，将在废物中包含的可回收材料的潜能予以强化拓展。

特别是针对罕见与关键的金属，联邦政府调查对于特别包含价值物的产品进行有针对性收集的可能性。

行动途径 13：

优化对与资源相关的常见废弃物的收集与回收

常见金属，如铁、钢、铜或废铝或玻璃容器实际上可以没有质量损失的被回收。对于此类材料流已经存在运作良好的市场。为了进一步加强这种二次原材料市场，举例而言，联邦政府已经在欧洲层面赞同此种努力，并支持制定新的终结铁、钢与废铝废弃物性质的包含（相关）标准的法律条例（比较本草案实例领域 1：普通金属）。

此外，它也支持欧盟委员会发展具有可比照性的标准，这些标准被预计首先应用在废铜、废玻璃、废纸和塑料以及经处理的生物垃圾领域。在那些领域，被规制的、具有法律约束力的质量标准将提高材料的可接收性，并由此也持续性增强这一需求。

而且，居民区废弃物的回收应该被大大加强。对此，新的《循环经济法》草案首先预规定了占重量65%的回收率，它远高于欧盟水准，至 2020 年将实现。新的废弃物处置等级序列的应用，分类义务的强化和并非最不重要的统一的回收登记被作为改善回收的工具。最后，生物废料的利用也应得到加强。循环经济法草案包含以下义务：在联邦范围内，最迟从 2015 年 1 月 1 日起，生物废料应被基本分类。尽管当今，每年每位居民有超过 100 公斤的生物废料被分类收集，德国成为生物废料分类收集的领先者，但在此仍有进一步优化的潜力。举例而言，到目前为止，只有大约一半的德国人配备有生物（有机）垃圾桶。

来自于食品生产与加工的生物废料既可以是材质性的（饲料和肥料生产，脂质化学），又可以是能源性的，或者作为燃料生产的起始原料使用，现有的潜力在很大程度上将被用尽。然而，优化潜力仍然存在，例如，可以从污水污泥和动物副产品中回收磷。

每年约 2 亿吨的矿物废弃物（主要是土壤材料以及建造和拆迁废弃物）是德国数量最大的废物流。虽然，每年约 5000 万吨的矿物建造与拆迁废物中相当显著的比例被处置为再生性骨料，此材料被优先使用于街道和路径的建造。但到目前为止，只有一小部分作为高品质的混凝土骨料在建筑施工中被使用。此外，联邦政府进行了调查，调查内容为哪些措施对提升此类可再生建材的可接收性具有目的指向性。（参见本草案实例领域"可持续性建筑与住宅"）

在新的《循环经济法》中，对于矿物废弃物的物料回收预先规定了 70 ％重量的回收率，有基于此，在此领域高水平的回收将长期被确保。联邦政府正在测试该比率能否被进一步提高。

行动途径　14：

防止非法出口，发展新兴与发展中国家回收设施

在欧盟域外的非法出口，尤其是出口具有价值性与污染性的废弃物（特别是废旧电气电子设备），倾向于导致资源损失。此外，只要接收国缺乏有效的收集、处理与回收设施以及保护标准，则非法出口还包含对于人类与环境的重大危险。因此，从保护资源以及保护环境与公众健康角度揭示，废弃物出口应被严格监控。为了防止废旧电气电子设备的非法出口，创设一个更清晰的对废旧电气电子设备与具有功能性设备区分（标准）是重要的。在 WEEE 指令新版本框架下，一项法律化措施被预设。在此，将来有关具有功能性设备的证明将通过出口商提供。

在发展中与新兴国家，可持续发展性的且与当地条件相适应的用于收集旧产品的设施架构应得到发展，与资源相关的材料与面料的回收可能性应得到设置或提供，其目的尤其是为了在全球资源节约的理念下将在各个国家由产品产生的废弃物进行处理。同时，社会视角也应被考虑，例如普遍存在的童工或未受保护而暴露于有毒物质所引起的健康危险。

德国通过提供合作、信息交流、技术转让和在国际机构中的主题化（例如在电子废物非洲倡议，巴塞尔公约手机与电脑伙伴计划或 RE 技术倡议框架下）支持发展中国家建设适当的基础处理设施。

特别是，联邦政府将倡导与鼓励制造商自愿与自律的行动以及法规条例的引入。

通过对上述《国家资源效率计划草案》第二部分第四章"发展资源效率型的循环经济"内容的解析可知，德国联邦政府主张传统废弃物经济应当转变为珍惜资源与环境的材料流经济，而材料流经济属于循环经济范式，在该范式框架下，废弃物的处置措施具有等级序列，废弃物减量化、准备到再利用应当取得相对于循环、其他利用以及无害化清除的优先地位。为了构建资源效率型循环经济，德国联邦政府确立了纵向与横向的两种行动路径。在纵向层面，依据第 12 项行动路径"增强产品责任"，德国联邦政府要求生产者等相关主体在产品设计、生产、制造、销售、回收、分离、再利用、清除等各环节都应当遵循循环经济基本原则，实现废弃物减量化与资源利用效率化。在横向层面，依据第 14 项行动路径"防止非法出口，发展新兴与发展中国家回收设施"，德国联邦政府将自身承担的循环经济义务与责任从国内领域拓展到国际领域，这主要体现为两方面。一方面，德国联邦政府将主动采取管控措施，防范废弃物非法出口，以防止废弃物接收国民众健康与环境受到不法损害。另一方面，德国联邦政府将为发展中国家与新兴国家提供循环经济领域的援助，促进与支持这类国家构建适宜的废弃物处理设施。此外，德国政府还在第 13 项行动路径"优化对与资源相关的常见废弃物的收集与回收"的框架下，针对若干类常见废弃物提出了提升资源利用效率的对策，以实现最大限度再利用废弃物的目标。

第二节　《国家资源效率计划》创新表现与最新发展

2012 年 2 月 19 日，德国联邦内阁在草案基础上通过了德国《国家资源效率计划》（das Deutsche Ressourceneffizienzprogramm），使德国成为最早制定《国家资源效率计划》的欧盟成员国之一。德国《国家资源效率计划》基本承袭了《国家资源效率计划草案》框架结构与主要内容。德国《国家资源效率计划》制定的时代背景是，人类自然资源的消耗量已经超过地球的资源再生能力，如果这一状况持续下去，人类未来世代将失去生存与发展所需要的资源；因此，只有确定纲领规划，在保护自然资源前提下高效利用自然资源，才能实现人类经济与社会的可持续发展。[466] 德国《国家资源效率计划》确定的目标是："可持续性地获取与使用自然资源，尽最大可能减轻环境负担。"德国联邦政府希望通过该计划的实施，可以减轻环境损害，提高德国经济的竞争力，创造新的就业岗位，实现可持续发展。[467]

德国《国家资源效率计划》包含以下 4 项指导原则：其一，将生态必需性与经济机遇、创新导向以及社会责任有机结合；其二，将全球责任作为德国国家资源政策的核心导向；其三，使德国经济发展方式与生产方式逐步摆脱对于原材料的依赖性，进而持续发展与拓展循环经济模式；其四，通过确立质量型增长的社会导向，以长期确保可持续性的资源利用模式。

一、《国家资源效率计划》的创新表现

该计划不但直接吸收与融合了德国循环经济法律法规的概念术语、基本理念、主要内容，而且对于循环经济法律制度作出重要创新与补充。具体而言，该计划的创新之处主要表现在以下两方面：

（一）明确划分废弃物再利用与循环利用的界限

依据该计划规定，废弃物再利用（Wiederverwendung）包括以下过程：在这一过程中，作为废弃物的产品或产品部件是遵循"与将它们定制生产的最初目的相同的目的"被再次投入使用的；并且对于废弃物再利用需要采取相关准备措施，包括对废弃物进行测试、清洁或修理等，通过这些措施废弃物无需接受进一步的处理就能够被再次使用。[468]

依据该计划，废弃物再利用的界限的划分主要遵循以下两者的权衡：一方面是进行废弃物再利用所产生的资源消耗、环境影响以及经济成本，另一方面是新生产的成本与负担，二者必须进行综合比较；在做此种比较时，不应忽略"不再与现有技术相匹配的产品或产品部件的使用所产生的间接影响（例如关于能源消耗）"；此外，在权衡二者关系时还需充分考虑到"废弃物再利用在确保技术设

---

[466] BMUB, Deutsches Ressourceneffizienzprogramm （ProgRess）, http://www.bmub.bund.de/themen/wirtschaft－produkte－ressourcen－tourismus/ressourceneffizienz/deutsches－ressourceneffizienzprogramm/progress/, Stand：25.03.2017.

[467] Vgl. BMUB, Deutsches Ressourceneffizienzprogramm （ProgRess）, http://www.bmub.bund.de/themen/wirtschaft－produkte－ressourcen－tourismus/ressourceneffizienz/deutsches－ressourceneffizienzprogramm/progress/, Stand：25.03.2017.

[468] BMUB, Deutsches Ressourceneffizienzprogramm, S.48.

备安全性方面的作用是有限的"。[469]

基于上述规定，在循环经济法律框架下，废弃物的再利用不应是没有限制条件的。如果对于废弃物再利用产生的资源消耗、环境负面影响与经济成本大大高于生产新产品与能源而产生的在能耗、成本与环境影响领域的各项负担之和，那么，废弃物的再利用就应当避免。同样，如果再利用废弃物无法保证技术设备的安全性，那么再利用也应被避免。

依据德国《国家资源效率计划》规定，废弃物循环利用（Recycling）的目的是，通过浓缩以及分离有害物与杂质，生成与资源相关的材料与材料流；循环利用的重要措施是分离化收集与适当的处理程序；其生成的材料流包括木、常见金属、科技金属、塑料、纤维、矿物质、沼渣、堆肥和磷酸盐，这些材料可以从包括废旧金属、旧电器、旧汽车、包装、纸张、纺织物、矿建废料、拆迁废料、有机废物与城市污水污泥在内的废弃物中分离提取。[470]

依据该计划规定可知，当上述废弃物循环利用的相关的成本与排放量超过原生材料的采集时，对于废弃物应进行循环利用之外的能量性利用、回填或无害化处分。这种情形也即废弃物循环利用适用的最终界限。

（二）实现从废弃物管理到资源管理的目标转换

德国《国家资源效率计划》是德国政府的纲领性法律文件，属于循环经济法律体系的重要组成部分，它在国家战略层面首次明确了"实现资源效率"是循环经济法律的重要诉求。该计划的制定是对循环经济法律制度的重大革新，其宗旨被明确界定为："使德国经济摆脱对于新的原材料的依赖，降低与原材料使用相关的环境污染的风险"，[471]从而实现了循环经济法律目标从废弃物管理到资源管理的重大转变。[472]这一转变具体体现在两方面：

一方面，该计划第二部分内容为"依托完整价值链之途径"，[473]其中的完整价值链是指企业在生产产品与提供服务过程中，创造产品与服务的附加价值的一系列增值过程的序列集合。通过对该部分规定进行文本分析可知，由于该计划明晰了实现资源效率所依托的完整价值链——"从可持续的原材料供应到生产、使

---

[469]　BMUB, Deutsches Ressourceneffizienzprogramm, S. 48 f.

[470]　BMUB, Deutsches Ressourceneffizienzprogramm, S. 49.

[471]　BMUB, Heizöl News–Informationen zum aktuellen Heizölpreis und Ölpreis, Stand: 31. 03. 2013.

[472]　BMUB, Entwurf eines nationalen Ressourceneffizienzprogramms.

[473]　BMUB, Entwurf eines nationalen Ressourceneffizienzprogramms; BMUB, Deutsches Ressourceneffizienzprogramm.

用、消费直至循环经济"的具体内容，[474] 着重强调了传统循环经济法所未涉及的实现资源效率的途径方式，即"确保可持续性的原材料供应"，"提高生产中的资源利用效率"与"指引在资源利用效率基础上的消费"，从而将资源效率确立为产业界、商业界与消费者的共同行为标准，[475] 因此对传统循环经济法律调整领域做出重大的扩展，实现了从废弃物管理到资源管理的模式转换；由于德国《国家资源效率计划》的具体目标直指"降低与原材料使用相关的环境污染风险"，其对人类健康与环境的保护的广度与深度明显强于只是要求"在废弃物抑制、利用、处分过程中保护人类健康与环境"的传统循环经济法律目标。

另一方面，德国在该计划中突破了传统的以国界为限的循环经济范畴，宣示其将承担资源利用的国际责任。即德国在从外国进口原材料的同时，将与外国共同承担责任，以应对这一原材料需求在原产国产生的生态与社会后果；[476] 此外，在该计划中，德国明确表明不仅要减少进口原材料造成的负面生态后果，还将尽一切可能避免与消除德国废弃物出口造成的环境负担移转他国的影响。[477] 这表明德国准备在全球视野下以实际行动促成资源的节约、保护、有效利用与监控管理，其涵盖领域远远超出作为传统循环经济制度核心部分的以国界为限的废弃物管理制度涉及的领域。

二、《国家资源效率计划 II》更新优化与基本特征

依据德国《国家资源效率计划》，德国联邦政府具有下列义务："每隔 4 年报告德国资源利用效率的发展趋势，评估进展情况，并优化发展《国家资源效率计划》。"基于此，通过德国联邦环境、自然保护和核安全部长芭芭拉·亨德瑞克斯（Barbara Hendricks）的提议，德国联邦内阁在 2016 年 3 月 2 日表决通过德国《国家资源效率计划 II》（Deutsches Ressourceneffizienzprogramm II），该计划是对原先德国《国家资源效率计划》的更新与优化。[478]

在德国《国家资源效率计划 II》的制定过程中，政府、行业与社会公众得以全面参与。来自经济界、政治界、社会领域的各方主体在相互观点交流、交锋与融合过程中，最终确定与厘清了《国家资源效率计划 II》的框架与内容。例如，德国公民可以通过全国性的公民对话机制"资源节约式生活"（Ressourcenschonend

---

[474] BMUB, Deutsches Ressourceneffizienzprogramm, S. 44.

[475] BMUB, Deutsches Ressourceneffizienzprogramm, S. 44 f.

[476] BMUB, Deutsches Ressourceneffizienzprogramm, S. 25.

[477] BMUB, Deutsches Ressourceneffizienzprogramm, S. 25 f.

[478] BMUB, Deutsches Ressourceneffizienzprogramm II, S. 1ff. , www. bmub. bund. de, Stand：März 2016.

leben）参与《国家资源效率计划 II》的研讨与确定，并可通过公民建议的方式在
该机制下提交自己的相关观点。[479] 依据《国家资源效率计划 II》附录的阐述，
参与研讨与确定《国家资源效率计划 II》的主体不但包括上述对话机制下的公民
主体，而且包含德国联邦政府的 6 个部门、德国所有 16 个州、若干市镇以及 40
个组织与机构。[480]

与德国《国家资源效率计划》一样，德国《国家资源效率计划 II》也包含
四项指导原则，即：其一，将生态必需性与经济机遇、创新导向以及社会责任有
机结合；其二，将全球责任作为德国国家资源政策的核心导向；其三，使德国经
济发展方式与生产方式逐步摆脱对于原材料的依赖性，进而持续发展与拓展循环
经济模式；其四，通过确立质量型增长的社会导向，以长期确保可持续性的资源
利用模式。[481] 与德国《国家资源效率计划》相比较，德国《国家资源效率计划
II》体现了德国实施国家战略资源政策的现有成就与发展规划，该计划具有以下
四项基本的创新特征：

（一）清晰厘定自然资源概念外延

在德国《国家资源效率计划 II》前言中，自然资源的概念外延得以厘定。依
据前言表述，自然资源包含自然界的所有元素。它包括生物性与非生物性原料、
物理空间、环境介质（如水、土壤、空气）、流动性资源（如地热能、风能、潮
汐能、太阳能）以及具有多样性的所有生物。[482] 由于自然资源是维持现在与将
来地球生存基础的前提条件，而许多类型自然资源储量有限，因而保护自然资源
对于将来世代具有至关重要的意义。[483]

（二）拓展与优化原先目标与指标体系

德国《国家资源效率计划 II》规定了具有前后承继性与内部关联性的目标
体系与指标体系，并规定了涉及循环经济的一系列目标与指标。具体而言，在德
国国家可持续发展战略原有目标与指标的基础上，《国家资源效率计划 II》制定

[479] BMUB, Das Deutsche Ressourceneffizienzprogramm II, Zusammenfassung, www. bmub. bund. de, Stand：17. 09. 2016, S. 5.

[480] BMUB, Das Deutsche Ressourceneffizienzprogramm II, Zusammenfassung, www. bmub. bund. de, Stand：17. 09. 2016, S. 5.

[481] BMUB, Das Deutsche Ressourceneffizienzprogramm II, Zusammenfassung, www. bmub. bund. de, Stand：17. 09. 2016, S. 1.

[482] BMUB, Deutsches Ressourceneffizienzprogramm（ProgRess）II, http：//www. nachhaltige-beschaffung. ch/ pdf/deutsches_ ressourceneffizienzprogramm_ progress_ ii_ broschuere_ bf. pdf, Stand：31. 03. 2016, S. 8.

[483] BMUB, Deutsches Ressourceneffizienzprogramm（ProgRess）II, http：//www. nachhaltige-beschaffung. ch/ pdf/deutsches_ ressourceneffizienzprogramm_ progress_ ii_ broschuere_ bf. pdf, Stand：31. 03. 2016, S. 8.

者发展出了对于原有目标与指标来说具有补充属性的新的目标与指标。[484] 例如，"原材料生产率"（Rohstoffproduktivität）是德国《国家资源效率计划》的核心指标之一，而作为《国家资源效率计划》替代者的《国家资源效率计划 II》则规定了一个新的"总原材料生产率"指标（Gesamtrohstoffproduktivität），该指标是对于"原材料生产率"指标的替代与革新。"总原材料生产率"指标一般通过"欧元／每吨"的形式予以表述。该指标的设立具有重要创新意义，这主要体现在以下两方面：其一，该指标适用对象不但涵盖非生物性资源，而且包含生物性资源；其二，在"总原材料生产率"指标应用框架下，不仅应当确定进口商品现有的静态的原材料利用率，而且应当考量在生产进口商品的整个过程中所使用的原材料数量。通过这种跨域审查方式，可以科学评估进口商品在整个生产周期的资源利用效率，有效避免以下情形的发生："某种商品在生产过程中需要密集使用原材料，因而该商品事实上的原材料生产率较低；但由于该商品系在德国国外生产，然后被进口到德国，所以如果单纯依据德国具有国内属性的原材料生产率指标分析，该商品将在形式上具有较高的原材料生产率。"[485]

在采用新的目标与指标的前提下，德国《国家资源效率计划 II》规定的循环经济目标与指标体系具有定性化、定量化、精细化的特征，代表了国际最为先进的循环经济目标与指标体系制定水准。例如，依据该计划，德国循环经济目标之一是"从 2020 年开始，城市废弃物的再利用率应当被永久提升到超过 65% 的水准"，实现这一目标的途径是"提升城市废弃物的再利用率"，而实现这一目标的参考指标是"城市废弃物被回收利用的份额"。又如，依据该计划，德国另一项循环经济目标是"截至 2020 年，显著提高塑料废弃物再利用份额"，实现这一目标的途径是"在减少污染物质数量的前提下，促进塑料废弃物的回收利用事宜"，而实现这一目标的参考指标是"塑料废弃物的回收利用率"。[486]

（三）注重促进物质流与能量流之间协同的作用

与德国《国家资源效率计划》相比较，德国《国家资源效率计划 II》的一项显著进步是，它要求在强化与提升资源利用效率时，应当统一考量物质流与能量流（Material-und Energieströme），以促进两者之间的协同作用，及时发现两者发生

---

[484] BMUB, Das Deutsche Ressourceneffizienzprogramm II, Zusammenfassung, www. bmub. bund. de, Stand：17. 09. 2016，S. 2.

[485] BMUB, Das Deutsche Ressourceneffizienzprogramm II, Zusammenfassung, www. bmub. bund. de, Stand：17. 09. 2016，S. 2.

[486] BMUB, Deutsches Ressourceneffizienzprogramm（ProgRess）II，http：//www. nachhaltige-beschaffung. ch/pdf/deutsches_ressourceneffizienzprogramm_progress_ii_broschuere_bf. pdf, Stand：31. 03. 2016，S. 42.

目标冲突的情形，进而降低产生这类冲突的风险。[487] 从概念界定层面分析，物质流（Material Flow）是指经济系统中物质运动和转化的动态过程，[488] 而能量流是指能量在经济系统中转移、异化与耗解的动态过程。在资源利用过程中，物质流与能量流既可能具有交融情形，又可能具有相互抵触与冲突的情形。

（四）系统规定科学、多元、细化的循环经济执行措施

基于推行循环经济模式与提高资源利用效率的目标，德国《国家资源效率计划 II》规定了 2016–2019 年的十项行动领域。这些行动领域包括：确保可持续发展性的原材料供应（Nachhaltige Rohstoffversorgung sichern）、在生产过程中提升资源利用效率（Ressourceneffizienz in der Produktion steigern）、基于资源节约考量设计产品与消费服务（Produkte und Konsum ressourcenschonender gestalten）、拓展资源效率型的循环经济（Ressourceneffiziente Kreislaufwirtschaft ausbauen）、实施可持续性建筑与可持续性城市发展（Nachhaltiges Bauen und nachhaltige Stadtentwicklung）、实施资源效率型的信息与通讯技术（Ressourceneffiziente Informations–und Kommunikationstechnik）、采用通用性工具（Übergreifende Instrumente）、促进与其他政策领域的协同效应以及消解目标冲突（Synergien zu anderen Politikfeldern erschließen und Zielkonflikte abbauen）、在地方与区域层面支持资源利用效率政策（Ressourceneffizienzpolitik auf kommunaler und regionaler Ebene unterstützen）、在国际与欧盟层面强化资源政策（Ressourcenpolitik auf internationaler und EU–Ebene stärken）。[489]

在宏观层面，德国《国家资源效率计划 II》综合论述与分析了现有的提升资源效率的活动与倡议，并阐述了关于提升资源利用效率的行动范围与具体措施。该计划将整个价值链作为考察对象。为了提升整个价值链各个环节的资源利用效率，该计划提出以下具体要求：①确保原材料的可持续性供应；②在生产环节提升资源利用效率；③塑造高资源利用率的消费模式；④拓展适用高资源利用率的循环经济模式；⑤使用综合性的工具与手段。[490]

在微观层面，德国《国家资源效率计划 II》规定的新的循环经济与提升资源效率措施包括：扩大为中小企业提供的咨询服务范围；支持环境管理体系；增

[487] BMUB, Umwelt schützen und Wettbewerbsfähigkeit verbessern, www.bmub.bund.de, Stand：02.03.2016.

[488] 参见百度百科："物质流"，最后访问日期：2017 年 3 月 15 日。

[489] BMUB, Deutsches Ressourceneffizienzprogramm (ProgRess) II, http：//www.nachhaltige–beschaffung.ch/pdf/deutsches_ressourceneffizienzprogramm_progress_ii_broschuere_bf.pdf, Stand：31.03.2016, S. 44–86.

[490] BMUB, Das Deutsche Ressourceneffizienzprogramm II, Zusammenfassung, S. 2, www.bmub.bund.de, Stand：17.09.2016.

加公共部门对于资源节约型产品与服务的采购；优化为消费者提供的相关信息；在提升资源利用效率层面强化对于发展中国家与新兴国家的技术与知识转让。[491] 此外，德国《国家资源效率计划Ⅱ》规定了诸多在原材料采集与材料使用层面更加有效与更加环保的重要措施。[492]

虽然德国《国家资源效率计划Ⅱ》体现了德国国家最新资源利用战略，并宏观规划了德国资源利用的指导原则、行动方针与多层面的执行措施，具有先进性与系统性，但该计划内容本身也具有不完善之处。例如，该计划没有规定2020年之后的德国资源利用量化目标，因而它缺乏长期规划性与科学性。[493] 又如，该计划确定的目标体系缺乏内部统一性，[494] 并且其使用的诸多概念（例如物质流、能量流）与参考指标具有内容上的模糊性与不确定性，尚需得到进一步的界定与厘清。此外，依据德国《国家资源效率计划Ⅱ》规定，德国政府应当扩大为中小企业提供的咨询服务范围，增加公共部门对于资源节约型产品与服务的采购。这类政府措施属于对特定企业或行业的国家援助措施范畴，因而可能触发欧盟国家援助法与反垄断法的审查机制，而《国家资源效率计划Ⅱ》并未规定相应的欧盟法律风险防范机制。

综上所述，德国《国家资源效率计划》与《国家资源效率计划Ⅱ》不但承袭了德国循环经济法律法规的基本理念与内容构成，而且对于德国循环经济法律制度作出重要创新与补充。从功能角度分析，它们属于德国实施国家战略资源政策的框架性法律文件，在德国资源利用领域促成了生态需求与经济机遇、创新导向以及社会责任的有机结合。为了更加有效推行德国最新资源利用战略，德国联邦政府应当根据资源利用效率的发展趋势，修订《国家资源效率计划Ⅱ》欠缺之处，进而制定《国家资源效率计划Ⅲ》。

---

[491] BMUB, Umwelt schützen und Wettbewerbsfähigkeit verbessern, www. bmub. bund. de, Stand：02. 03. 2016.

[492] BMUB, Umwelt schützen und Wettbewerbsfähigkeit verbessern, www. bmub. bund. de, Stand：02. 03. 2016.

[493] Wiki, Deutsches Ressourceneffizienzprogramm, Stand：17. 09. 2016.

[494] Wiki, Deutsches Ressourceneffizienzprogramm, Stand：17. 09. 2016.

第十四章

德国动物副产品处置制度体系
构成与基本特征

　　从危害属性视角分析，动物副产品能够直接带来疫病，损害环境与人类健康；而且在动物副产品的使用过程中，有害残留物质（如二恶英）也可能被扩散，并通过进入人类食物链的方式而危害人类健康。因此，只有在循环经济框架下合理处置动物副产品，才能有效避免可能由动物副产品而导致的动物传染病（如口蹄疫、猪瘟、疯牛病）流行。基于此，依据德国循环经济法律法规，为了防范与消除由动物副产品导致的危害与风险，必须由合法处置主体对于动物副产品进行无害化利用、处理与清除。这种利用、处理与清除措施必须达到二元化目标：其一，确保处置后的动物副产品不会危害人类与动物的健康；其二，确保处置后的动物副产品不会危害环境。[495]

第一节　德国动物副产品概念界定

　　在德国循环经济法律制度下，作为生物废弃物类型之一的动物副产品（Tierische Nebenprodukte）是指所有来源于动物的不适宜于人类消费的残余物质。从概念外延分析，动物副产品包括被杀死的或由于其他原因死亡的动物完整尸体或尸体的一部分以及动物源性产品。它涵盖动物不用于育种目的的卵子、胚胎以及精子。[496]

---

〔495〕　BMEL, Tierische Nebenprodukte, http：//www. bmel. de/DE/Tier/Tiergesundheit/TierischeNebenprodukte/nebenprodukte_ node. html, Stand：17. 03. 2017.

〔496〕　BMEL, Tierische Nebenprodukte, http：//www. bmel. de/DE/Tier/Tiergesundheit/TierischeNebenprodukte/nebenprodukte_ node. html, Stand：17. 03. 2017.

依据动物副产品对于人类与动物健康的危害程度，德国以及欧盟立法者将动物副产品分为三种类型。

第一类动物副产品具有高风险性，举例而言，该类副产品包括以下客体：①可能或者已经确证感染传染性海绵状脑病的动物的尸首整体或部分；②在实施传染性海绵状脑病根除措施的情形下被杀死的动物尸首；③被怀疑感染了可传染给人类或动物疾病的家庭动物、动物园动物、马戏团动物以及野生动物；④指定的具有风险性的物质（即在由传染性海绵状脑病引发的动物屠宰的措施框架下必须被去除的物质）以及含有这类物质的被杀死的动物的尸首整体或部分；⑤残留超过最大允许值的违禁物质（例如生长促进激素）、兽药、污染物（如二恶英、PCB）的动物副产品；⑥在国际性运输中产生的餐饮垃圾。[497]

第二类动物副产品具有中等程度的风险性，举例而言，该类副产品包括以下客体：①通过其他方式而死亡的动物尸首，即它们并非由于为满足人类消费目的而被屠宰或杀死的动物尸首；这种动物副产品包括由于控制疾病目的而杀死的动物尸首；②不用于育种目的的动物胎儿、卵子、胚胎、精子和死在蛋壳中的家禽；③残留有高于允许阈值的物质或污染物的动物副产品；④含有来源不明动物尸首的产品；⑤动物胃肠内容物以及农场动物排泄物（粪便与固体肥料）以及作为第一类或第三类动物副产品的构成材料的其他动物副产品；⑥在废水处理时予以收集的动物副产品。[498]

第三类动物副产品具有低风险性，举例而言，该类副产品包括以下客体：①由于经济原因而不适宜于人类消费的被屠宰的动物尸首组成部分与可食用动物尸首组成部分，以及依据联盟法律不得适用于消费的动物尸首组成部分与可食用动物尸首组成部分，以上动物尸首组成部分与可食用动物尸首组成部分不得属于可传染人类与动物的疾病的传染源；这类动物副产品包括家禽头部、动物皮肤、动物角与脚、猪鬃、动物羽毛与血液；②水生动物、软体动物、甲壳类动物、无脊椎动物的构成材料，孵化与产蛋的副产品，蛋，被杀死的鸡苗，以上材料、副产品、蛋、鸡苗不得属于可传染人类与动物的疾病的传染源；③活体动物的身体组成部分，它们包括血液、羊毛、羽毛、头发以及原料奶；④传统的使用动物制

［497］ BMEL, Kategorisierung von tierischen Nebenprodukten, http：//www. bmel. de/DE/Tier/Tiergesundheit/TierischeNebenprodukte/_ texte/TierischeNebenprodukteKategorie. html#doc4022728bodyText2, Stand：18. 03. 2017.

［498］ BMEL, Kategorisierung von tierischen Nebenprodukten, http：//www. bmel. de/DE/Tier/Tiergesundheit/TierischeNebenprodukte/_ texte/TierischeNebenprodukteKategorie. html#doc4022728bodyText2, Stand：18. 03. 2017.

作的食品；⑤在生产供人类消费的产品过程中产生的动物副产品以及餐饮废弃物（不包括在国际性运输中产生的餐饮垃圾）。[499]

德国动物副产品的循环经济处置措施主要包括以下类型：其一，单独焚烧处理；其二，统一焚烧处理；其三，填埋处理；其四，作为燃料使用；其五，制造衍生产品。[500] 相关主体在利用动物副产品制造衍生产品过程中，必须遵循关于安全加工处理的前提条件。基于三类动物副产品风险性的差异，德国制定了各自不同的处理与处置措施。由于第一类动物副产品基本上不具有再利用可能性，因而应当对这类副产品进行无害化清除处分，其主要处置措施为焚烧与填埋处理。[501] 第二类动物副产品可以被制成堆肥，或者被转化成沼气，以及被用于生产有机肥料或土壤改良剂，以上诸种制品应当被应用于地表。在满足限制性前提条件的情形下，第三类动物副产品可以被加工处理，以用于生产家畜、毛皮动物与宠物的饲料。[502]

第二节　德国动物副产品处置制度体系构成与基市特征

德国处置动物副产品的法律体系主要分为欧盟法、联邦法、州法三个层面。

在欧盟法层面，德国处置动物副产品的主要欧盟法律依据是欧盟第1069/2009号条例。该条例规制的对象是依据欧盟法律不得用于食用消费的动物副产品与衍生产品。该条例规制客体还包括来源于动物的特定产品与原材料；由于这类产品与原材料是由于经营者的决定而被排除于人类食物链条之外，因而这类产品与原材料应被用于人类食用消费之外的其他用途。[503] 欧盟第1069/2009号条例确定了涉及以下事项的动物传染病预防措施与公共卫生应用措施：关于动物副

〔499〕　BMEL, Kategorisierung von tierischen Nebenprodukten, http：//www. bmel. de/DE/Tier/Tiergesundheit/TierischeNebenprodukte/_ texte/TierischeNebenprodukteKategorie. html # doc4022728bodyText2, Stand：18. 03. 2017.

〔500〕　BMEL, Beseitigung und Verwendung, http：//www. bmel. de/DE/Tier/Tiergesundheit/TierischeNeben-produkte/nebenprodukte_ node. html, Stand：18. 03. 2017.

〔501〕　STMUV, Tierische Nebenprodukte：Definition, Verwendung und Beseitigung, http：//www. stmuv. bay-ern. de/themen/gewerbe/lebensmittel/tierische_ nebenprodukte/index. htm, Stand：18. 03. 2017.

〔502〕　BMEL, Beseitigung und Verwendung, http：//www. bmel. de/DE/Tier/Tiergesundheit/TierischeNeben-produkte/nebenprodukte_ node. html, Stand：18. 03. 2017.

〔503〕　BMEL, Rechtsgrundlagen, http：//www. bmel. de/DE/Tier/Tiergesundheit/TierischeNebenprodukte/neben-produkte_ node. html, Stand：18. 03. 2017.

产品的提取、收集、运输、贮存、处理、加工、使用或清除事项以及动物副产品的销售、进口、转口、出口事项。为了执行欧盟第 1069/2009 号条例与第 97/78 号指令，欧盟颁布了第 142/2011 号条例。[504] 欧盟第 1069/2009 号条例与第 142/2011 号条例的主要目的是"保护人类与动物的健康，保护环境，确保食品链与饲料链的安全性"。[505]

在联邦法层面，德国处置动物副产品的主要国内法律依据是德国《动物副产品清除法》（Das Tierische Nebenprodukte-Beseitigungsgesetz）与执行该法的条例《动物副产品清除条例》（Tierische Nebenprodukte-Beseitigungsverordnung）。德国《动物副产品清除法》与执行该法的条例是欧盟法律的辅助与补充。[506] 依据德国《动物副产品清除法》第 1 条规定，该法的制定目的是为了执行欧盟第 1069/2009 号条例以及"在该条例框架下或为了执行该条例"而颁布的直接适用的欧共体或欧盟法律文件。依据《动物副产品清除法》第 2 条规定，在法律没有作出其他规定的前提下，德国各州法律所规定的主管机构负责执行第 1 条中列明的直接适用的欧共体或欧盟法律文件、该法典条款以及依据该法典颁布的法律条款；在联邦国防军体系内，由联邦国防军的主管机构负责执行第 1 条中列明的直接适用的欧共体或欧盟法律文件、该法典条款以及依据该法典颁布的法律条款。

除德国《动物副产品清除法》与执行该法典的指令以外，德国处置动物副产品的法律体系还包括以下法律以及规范性法律文件：其一，《促进循环经济和确保合乎环境承受能力废弃物管理法》；其二，2005 年 9 月 1 日版《食品与饲料法律之重修法》（Gesetz zur Neuordnung des Lebensmittel-und des Futtermittelrechts vom 01. 09. 2005）；其三，2006 年 7 月 15 日版《废弃物管理监控简化法》（Gesetz zur Vereinfachung der abfallrechtlichen Überwachung vom 15. 07. 2006）；其四，1998 年 9 月 21 日版《关于在农业、林业与园艺土壤领域使用生物废弃物的条例》（Verordnung über die Verwertung von Bioabfällen auf landwirtschaftlich, forstwirtschaftlich und gärtnerisch genutzten Böden vom 21. September 1998）；其五，2012 年 12 月 5 日版《关于肥料、土壤改良剂、生长介质与植物添加剂的销售条例》（Verordnung über das Inverkehrbringen von Düngemitteln, Bodenhilfsstoffen, Kultursubstraten und Pflanzenhilfsmitteln vom 05. 12. 2012）；其六，2010 年 7

---

[504]　BMEL, Rechtsgrundlagen, http：//www. bmel. de/DE/Tier/Tiergesundheit/TierischeNebenprodukte/neben-produkte_ node. html, Stand：18. 03. 2017.

[505]　STMUV, Tierische Nebenprodukte：Definition, Verwendung und Beseitigung, http：//www. stmuv. bayern. de/themen/gewerbe/lebensmittel/tierische_ nebenprodukte/index. htm, Stand：18. 03. 2017.

[506]　BMEL, Rechtsgrundlagen, http：//www. bmel. de/DE/Tier/Tiergesundheit/TierischeNebenprodukte/neben-produkte_ node. html, Stand：18. 03. 2017.

月 21 日版《关于经济型肥料的销售与运输条例》（Verordnung über das Inverkehrbringen und Befördern von Wirtschaftsdünger vom 21. Juli 2010）。[507]

在德国循环经济法律体系下，《促进循环经济和确保合乎环境承受能力废弃物管理法》与《动物副产品清除法》属于一般法与特别法的关系。依据《促进循环经济和确保合乎环境承受能力废弃物管理法》第 2 条第 2 款规定，在动物副产品处置领域，该法典适用范围受到严格限制，不适用于以下三类动物副产品：①特定动物副产品，这些副产品依据《"包含关于非用于人类食用的特定动物副产品的卫生法律规定与废弃欧共体第 1774/2002 号条例（关于动物副产品的条例）"的欧洲议会与理事会 2009 年 10 月 21 日版第 1069/2009 号欧共体条例》（官方公报 L300，2009 年 11 月 14 日，第 1 页）在当前适用版本，依据 2004 年 1 月 25 日的《动物副产品清除法》（联邦法律公报 I 第 82 页），其最后于 2010 年 12 月 9 日通过法典第 19 条（联邦法律公报 I 第 1934 页）予以修订，在当前适用的版本，或者通过基于《动物副产品清除法》所颁布的法律条例，被提取、收集、运输、贮存、处理、加工、使用、处分或投放市场，例外情形是那些可以用来焚烧、填埋或者用于沼气或堆肥设施的动物副产品；②非经屠宰死亡的动物尸体，其中包括为根除兽疫而杀死的动物，这些动物尸体依据条目二中所列的法律条款必须被处分或被处理；③未被第 1 项涵盖的粪便。

在州法层面，德国各州均有关于动物副产品处置的法律、法规以及其他规范性法律文件。以德国下萨克森州为例，该州关于动物副产品处置的法律、法规以及其他规范性法律文件的目录如下：其一，2004 年 6 月 24 日版《下萨克森州动物副产品清除法之实施法》（Niedersächsisches Ausführungsgesetz zum Tierische Nebenprodukte Beseitigungsgesetz vom 24. Juni 2004）；其二，《下萨克森州关于监控负责处理类型一与二材料的企业的执行法令》（Niedersächsischer Durchführung serlass zur Überwachung der Kategorie 1-und 2-Material verarbeitenden Betriebe），当前该法律正处于草案制定阶段；其三，1997 年 1 月 10 日版《关于动物尸首清除机构集水区的条例》（Verordnung über die Einzugsbereiche der Tierkörperbeseiti gungsanstalten vom 10. Januar 1997）；其四，2011 年 7 月 18 日版《关于在动物传染病防控法与动物副产品清除法领域的责任条例》（Verordnung über Zuständig keiten auf dem Gebiet des Tierseuchenrechts und des Rechts der Beseitigung tierischer Nebenprodukte vom 18. Juli 2011）；其五，2001 年 3 月 16 日版《下萨克森

---

[507] Niedersächsischen Landesamt für Verbraucherschutz und Lebensmittelsicherheit, http：//www. tierseuchen-info. niedersachsen. de/service/rechtsvorschriften/beseitigung_ tierischer_ nebenprodukte/rechtliche-bestim-mungen-und-leitlinien-zur-beseitigung-tierischer-nebenprodukte-21700. html, Stand：18. 03. 2017.

州狩猎法》（Niedersächsisches Jagdgesetz vom 16. März 2001）。[508]

基于德国循环经济法律法规的规定，德国所有处理动物副产品的企业都必须获得官方授权或进行官方注册，并且必须定期接受主管机构的风险监控。处理动物副产品的措施包括源头收集、运输、贮存、加工、焚化、共同焚化、作为燃料使用、生产宠物食品、转化为沼气或堆肥、生产有机肥料、装卸、贸易、分销、使用与处分。[509] 在涉及动物副产品处理的所有环节中，相关义务主体必须始终确保分离存放动物副产品与食品，并对动物副产品明确标示可以识别的标志。在动物副产品运输过程中，相关义务主体必须提供商业文档，该文档应当包括关于动物副产品来源、种类、数量的信息以及关于动物副产品载体与目的地的信息。[510]

在德国循环经济法律制度框架下，德国动物副产品处置制度不但具有独特的内容构成，而且配置了严苛的实施与监管机制。具体而言，该制度具有以下四项基本特征：

第一，确立关于动物副产品处理与处置的义务性基本原则。依据德国《动物副产品清除法》第 2a 条规定，欧盟第 1069/2009 号条例第 8 条意义上的第一类动物副产品、欧盟第 1069/2009 号条例第 9 条意义上的第二类动物副产品以及由这两类动物副产品所生产的产品在提取、收集、标示、运输、存储、处理、加工、使用或处分过程中，不得危害他人的生命或健康，也不得危害动物或损害他人所有的具有显著价值的财产。[511] 基于该条规定，处理与处置第一类与第二类动物副产品的主体具有绝对义务维护"他人生命或健康"、"动物"以及"具有显著价值的他人财产"这三项法益。在实质意义上，这三项法益的绝对不可侵犯性厘定了关于第一类与第二类动物副产品处理与处置事项的法定许可界限。

第二，采用"处分"措施优先的废弃物处置等级序列。在德国以及欧盟循环经济法律制度框架下，依据通行的废弃物处置等级序列，废弃物的"减量化"

[508] Niedersächsischen Landesamt für Verbraucherschutz und Lebensmittelsicherheit，http：//www. tierseuchen-info. niedersachsen. de/service/rechtsvorschriften/beseitigung_ tierischer_ nebenprodukte/rechtliche-bestimmungen-und-leitlinien-zur-beseitigung-tierischer-nebenprodukte-21700. html，Stand：18. 03. 2017.

[509] STMUV，Tierische Nebenprodukte：Definition，Verwendung und Beseitigung，http：//www. stmuv. bayern. de/themen/gewerbe/lebensmittel/tierische_ nebenprodukte/index. htm，Stand：18. 03. 2017.

[510] STMUV，Tierische Nebenprodukte：Definition，Verwendung und Beseitigung，http：//www. stmuv. bayern. de/themen/gewerbe/lebensmittel/tierische_ nebenprodukte/index. htm，Stand：18. 03. 2017.

[511] Bundestag，Tierische Nebenprodukte-Beseitigungsgesetz ，http：//www. gesetze-im-internet. de/tiernbg/_ 2a. html，Stand：31. 03. 2017.

与"再使用的预备"应当取得相对于"循环利用"、"包括能量性利用与回填的其他利用"、"处分"更为优先的地位。但在德国动物副产品处置制度框架下，由于动物副产品具有的危险性与致病性，因而立法者与执法者一般采用"处分"措施优先的废弃物处置等级序列制度。在该等级序列制度下，涉及动物副产品的主要处置措施是单独焚烧、共同焚烧、填埋或用作燃料。只有在确保安全的条件下，动物副产品才被允许用于生产特定产品。例如，第二类动物副产品可以被制成堆肥，或者被转化成沼气，以及被用于生产有机肥料或土壤改良剂；在满足限制性前提条件的情形下，第三类动物副产品可以被用于生产家畜、毛皮动物与宠物的饲料。[512]

第三，设定严苛的涉及动物副产品处置的实施与监管机制。依据在德国直接适用的欧盟第 1069/2009 号条例规定，关于动物副产品的提取、收集、运输、贮存、处理、加工、使用或清除事项以及动物副产品的销售、进口、转口、出口事项都应受到严格监管，以预防动物传染病与确保公共卫生安全。此外，依据欧盟第 1069/2009 号条例第 23 条与 24 条以及德国相关法律规定，意图从事动物副产品处置业务的企业必须接受主管机构的资质审查，只有在主管机构予以批准的前提下，这类企业才可从事动物副产品的处置事项。[513] 依据欧盟第 1069/2009 号条例第 25 条规定，从事动物副产品处置业务的企业必须采取一切法定必要措施，以确保公共卫生安全。[514]

第四，构建了行政法律责任与刑事法律责任并用的二元化责任机制。依据原始版本的《动物副产品清除法》第 14 条规定，违反关于动物副产品处置义务的主体只需要承担行政法律责任。但随后修订的《动物副产品清除法》增添了第 13a 条，依据该条规定，违反《动物副产品清除法》第 2a 条的主体由于危害了

[512] BMEL, Beseitigung und Verwendung, http：//www. bmel. de/DE/Tier/Tiergesundheit/TierischeNebenprodukte/nebenprodukte_ node. html, Stand：18. 03. 2017.

[513] EU, VERORDNUNG（EG）Nr. 1069/2009 DES EUROPÄISCHEN PARLAMENTS UND DES RATES vom 21. Oktober 2009 mit Hygienevorschriften für nicht für den menschlichen Verzehr bestimmte tierische Nebenprodukte und zur Aufhebung der Verordnung（EG）Nr. 1774/2002（Verordnung über tierische Nebenprodukte）, http：//eur－lex. europa. eu/legal－content/DE/TXT/？ uri ＝ CELEX：32009R1069&qid ＝ 1491311634845, Stand：31. 03. 2017.

[514] EU, VERORDNUNG（EG）Nr. 1069/2009 DES EUROPÄISCHEN PARLAMENTS UND DES RATES vom 21. Oktober 2009 mit Hygienevorschriften für nicht für den menschlichen Verzehr bestimmte tierische Nebenprodukte und zur Aufhebung der Verordnung（EG）Nr. 1774/2002（Verordnung über tierische Nebenprodukte）, http：//eur－lex. europa. eu/legal－content/DE/TXT/？ uri ＝ CELEX：32009R1069&qid ＝ 1491311634845, Stand：31. 03. 2017.

他人生命或健康、危害动物或损害他人所有的具有显著价值的财产，因而应当承担刑事法律责任（自由刑或刑事罚金）。德国立法者在《动物副产品清除法》中引入刑事法律责任类型，构建二元化责任机制的主要目的是为了更加有效地防范与处罚危害重要法益的动物副产品处理与处置行为，以防止动物源性疫病的传播流行，最终确保公共卫生安全与社会公众健康。

第三节　德国动物副产品处置制度对于我国的借鉴意义

　　2013 年，上海黄浦江水域发现大量死猪尸体的新闻，引起了社会公众广泛关注。2013 年 3 月，上海黄浦江松江段水域出现大量漂浮死猪的情况，出现的漂浮死猪来自于黄浦江上游的浙江嘉兴。黄浦江死猪事件中的死猪数量不断增加，2013 年 3 月 12 日，上海已累计出动打捞船只 233 艘，共打捞死猪 5916 具。[515]随着有关部门的深入调查，死猪来源的真相逐渐明晰。原因是浙江某些生猪养殖户将养殖过程中因各种原因死亡的猪尸体作为垃圾直接抛入江中处理，此行为最终引发了上海市民饮用水水源安全遭受威胁的危机。

　　"黄浦江死猪"问题牵涉民法、刑法与行政法等部门法诸种法律问题，但它引出的最直接的法律思考问题是：在生猪养殖过程中因各种原因意外死亡的猪的尸体应如何得到合法有效的处理？猪尸等非经屠宰死亡的养殖动物的尸体无疑是一种特殊的废弃物。对猪尸当前国内合法的处置模式主要是无害化填埋；如何合理有效处置这类废弃物，国内尚缺乏全面系统的处置体系与机制。这一问题也引起了社会人士的关注与探讨。

　　德国的循环经济理念一直在欧盟国家处于领先地位。在循环经济理念框架下，德国的废弃物处理制度对于如何处理猪尸等动物养殖产生的衍生废弃物品具有颇为具体与精细的规定，它无疑对于中国相关制度构建具有重要的启示意义。如前所述，德国对于由动物产生的衍生废弃物的处理问题制定了专门的《动物副产品清除法》。该法的制定目的是为了执行欧盟第 1069/2009 号条例以及"在该条例框架下或为了执行该条例"而颁布的直接适用的欧共体或欧盟法律文件。总体而言，德国《动物副产品清除法》对于养殖动物尸体或其他衍生物的处理规定具有鲜明的特点，主要表现为三个方面。

---

[515]　百度百科：上海松江死猪事件，最后访问日期：2017 年 3 月 18 日。

　　首先，该法以维护公共利益和循环经济理念为立法宗旨与基准。颇为明确的是，德国《动物副产品清除法》是以维护公共利益和循环经济理念为立法宗旨与基准的。它的一切规定的制定与执行都以不损害公共利益和环境利益为前提。例如，在《动物副产品清除法》第 3 条中规定，主管机构可以将具体处理动物衍生物品的义务移转给有关自然人与法人承担，但这一移转不得与主要公共利益产生抵触。《动物副产品清除法执行条例》第 25 条规定，德国《循环经济法》与相关的条例适用于在垃圾场堆放动物衍生副产品或相关加工物品的情形；在这里，垃圾处理中循环经济的理念得到了充分认可与施行。

　　其次，该法规定的义务类型与义务主体呈现多元化与体系化趋势。德国《动物副产品清除法》第 7 条规定，在相关区域出现动物衍生的副产品后，该区域的动物衍生物品所有者或持有者负有立即向专事负责清除衍生物的单位报告的义务；该法第 8 条规定，负责清除动物衍生物的单位必须毫不拖延地采集、汇总、运输与存储动物衍生物；该法第 9 条规定，对于不属于专门单位采集的动物衍生物，动物衍生物的所有者或持有者必须毫不迟延地向指定的处理企业、获准许的中转处置企业或指定的焚烧设施或联合焚烧设施送达动物衍生物品。

　　由上述的法条可以看出，德国法律对于动物衍生物的无害化的处理规定了颇为多元化与体系化的义务类型与义务主体。尤其值得关注的是，依据《动物副产品清除法》第 10 条规定，在专门单位采集动物衍生物或物主向有关机构递送衍生物之前，动物衍生物的物主还具有保管衍生物的义务。这条规定对物主的保管义务规定得全面而详尽，很值得中国立法者借鉴思考。依据这一规定，动物衍生物的物主在保管衍生物期间，必须将衍生物按不同类型进行分类管理，防止其受天气影响，并阻止未经授权的人士或动物接触这些物质；在动物衍生物被取走后，物主还必须对原先存放动物衍生物的地方立即进行清理和消毒。

　　最后，该法规定了全面与严厉的违法制裁措施。《动物副产品清除法》第 14 条规定了对于违反该法的各种行为的全面与严厉的罚款措施。对于负有处理动物衍生物品相关义务的各个主体，只要它们"没有或没有正确地或没有及时地"履行它们的义务，就将受到法律制裁；在这方面，采取的归责原则是过错责任原则，即在义务主体是出于故意或过失而未履行义务的前提下，它们才承担法律责任。此外，依据德国法律，养殖过程中产生的猪尸应当依据其对环境造成的不同风险性而采取迥异措施处理。与欧盟类似，在德国动物养殖衍生物品也分为三种主要类别。第一种类别主要包括残留有违禁物质的动物尸体或尸块。由于这类衍生物对于环境来说具有高风险性，所以这些物品必须完全作为废弃物进行无害处理。另外两种类别的动物养殖衍生物主要包括"为防止疫病扩散而捕杀的动物"或"由于商业原因或某种缺陷而不适合人类消费的动物尸体或尸块"；这两类的动物养殖衍生物在德国可以用于生产沼气、堆肥或者生产化肥。生猪养殖过程中非因疫病死亡的死猪尸体可归于第三种类别，因而可用于生产能源或肥料。

他山之石，可以攻玉。借鉴德国法律做法，国内立法者在处理养殖动物过程中产生的动物尸体或其他物品问题上，可以采取以下三项措施：

首先，要设立或指定专门的动物衍生物品主管机构与具体处置机构。国内目前虽然存在畜牧局与环保局等多个地方行政机构，它们可以管理包括生猪养殖在内的动物养殖产生的衍生物的处理问题，但缺乏像德国一样具有明确执法权限与执行机制的动物养殖衍生物主管机构。同时，国内现在对于养殖产生的猪尸基本采用无害化填埋的"一刀切"的做法，这既容易造成填埋场地不足的困境，又不能使猪尸物尽其用，发挥最大限度的利用价值。

基于上述原因，国内立法者应仿照德国做法，通过法律方式明确设立或指定专门的动物衍生物品主管机构；同时，中国应仿照德国模式，以垃圾处理的循环经济理念为宗旨，建立全方位、体系化的动物衍生物处置体系，处置机构应包括指定的具有特种技术的处理企业、获准许的中转处置企业或指定的具有焚烧设施的企业；对于养殖动物衍生物品应该根据其环境风险性进行分门别类，对不具有高风险性的动物衍生物品可以进行开发利用，发挥它们最大的潜在利用价值。

其次，必须明确规定多元化的义务主体与具体的义务内涵。国内动物衍生物品的持有者、收集者、主管机构、处置企业对于处理动物衍生物品应该各负其责，在对动物衍生物品进行处置的不同阶段承担其各自的特定义务；当前，与动物衍生物品处理相关的各义务主体存在具体义务内涵模糊的情况，因此有必要通过法律法规的形式予以明确化。尤其需要引起重视的是，应仿照德国模式以法条的形式明确规定，在专门单位采集动物衍生物或衍生物持有者向有关机构递送衍生物之前，动物衍生物品的持有者对于衍生物具有保管义务。这样可以最大限度地防止动物衍生物对环境产生危害。

最后，应当规定和完善全面系统的违法制裁措施。当前国内在制裁动物养殖衍生物不法处理行为问题上，只有一些松散的缺乏系统性与针对性的规定。针对这种现状，国内立法者可以参考德国动物养殖尸体处理制度的模式，制定与修订新的全面系统的违法制裁规定。在不法行为的认定问题上，应采取宽泛的标准，凡是没有正确地或没有及时地履行相关义务的行为，都应被认为具有法律上的可归责性与可制裁性。当前，国内动物养殖衍生物处理领域各种负面问题较为突出，只有采取严厉的责任认定标准，才可有效扭转现状的不利局面。

综上所述，德国以及欧盟立法者依据动物副产品对于人类与动物健康的危害程度，对动物副产品的处理与处置规定了层级化的义务与责任，并确立关于动物副产品处理与处置的义务性基本原则，采用"处分"措施优先的废弃物处置等级序列，构建二元化责任机制。鉴于我国在动物副产品处理与处置过程中存在的监管失控等问题，立法机关应当借鉴德国模式完善与重构我国动物副产品处置法律制度。

第十五章

我国循环经济法律制度构成、
特征与完善路径

中共十五大报告明确提出可持续发展战略，中共十七大报告明确提出建设生态文明的新要求，并将到 2020 年使我国成为生态环境良好的国家作为全面建设小康社会的重要目标之一。而中共十八大报告则进一步指出，应着力推进绿色发展、循环发展、低碳发展，形成节约资源和保护环境的空间格局、产业结构、生产方式、生活方式，从源头上扭转生态环境恶化趋势，为人民创造良好生产生活环境，为全球生态安全作出贡献。该报告亦明确主张，应发展循环经济，促进生产、流通、消费过程的减量化、再利用、资源化。十八届三中全会提出的《中共中央关于全面深化改革若干重大问题的决定》（以下简称《决定》）则基于国家经济发展战略视角将循环经济确定为重要关注领域。《决定》正文要求在促进社会主义市场经济、民主政治、先进文化与和谐社会的同时，加快发展生态文明，强调必须紧紧围绕建设美丽中国理念深化生态文明体制改革，加快建立生态文明制度，健全国土空间开发、资源节约利用、生态环境保护的体制机制，推动形成人与自然和谐发展的现代化建设新格局。基于此表述，《决定》实质上已将发展循环经济作为国家经济发展战略的重要目标之一。根据《决定》精神，在今后经济法治战略制定与实施过程中，循环经济精神与原则应得到贯彻与执行。

在执政党循环经济战略的指引下，2004 年中央经济工作会议首次明确提出将发展循环经济作为经济发展的长期战略任务；2005 年，中国政府正式将发展循环经济纳入"十一五"国民经济和社会发展规划之中，国务院发布了《关于加快发展循环经济的若干意见》。依据《循环经济发展战略及近期行动计划》前言表述，发展循环经济是我国的一项重大战略决策，是落实党的十八大推进生态文明建设战略部署的重大举措；是加快转变经济发展方式，建设资源节约型、环境友好型社会，实现可持续发展的必然选择。

第一节　我国循环经济国家战略的基本目标与实施机制

2013 年 1 月，国务院印发《循环经济发展战略及近期行动计划》。这是我国首部国家级循环经济发展战略与专项规划。《循环经济发展战略及近期行动计划》提出以下四项重点任务：一是构建循环型工业体系；二是构建循环型农业体系；三是构建循环型服务业体系；四是推进社会层面循环经济发展。依据《循环经济发展战略及近期行动计划》，我国循环经济发展的中长期目标是：循环型生产方式广泛推行，绿色消费模式普及推广，覆盖全社会的资源循环利用体系初步建立，资源产出率大幅提高，可持续发展能力显著增强。

依据《循环经济发展战略及近期行动计划》，我国将逐步实施循环经济十大示范工程，具体内容与分析阐释如下：

第一，资源综合利用示范工程。推动共伴生矿及尾矿、工业固体废物、道路和建筑废物综合利用以及非常规水源利用；建设 60 个矿产资源综合利用示范基地；建设 8 个煤系共伴生高岭土、铝矾土综合利用工程和 30 个煤层气、煤矸石、矿井水综合利用工程；建设 30 个黑色和有色金属共伴生矿及尾矿有价组分提取和综合利用工程；建设 2 ~ 3 个赤泥综合利用示范基地，3 ~ 5 个高铝粉煤灰综合利用基地，实施一批冶炼废渣、化工废渣、脱硫石膏和磷石膏等工业副产石膏综合利用工程；建设 6 个建筑和道路废物资源化利用示范工程；建设 20 个海水淡化示范项目，20 个雨水收集利用和再生水利用示范工程。

上述关于资源综合利用示范工程的规划体现了废弃物减量化与资源高效利用的基本理念。该规划具有以下四项重要创新：其一，在实质意义上区分了副产品与废弃物，对于煤系共伴生高岭土、铝矾土、黑色和有色金属共伴生矿等副产品提出了具有可行性与经济性的利用措施；其二，在制定副产品与废弃物利用措施时，强调资源利用的综合性与多元性，避免资源利用的单一性与单向性；其三，拓展循环经济模式下所利用资源的范畴，将其从废弃物、副产品拓展到具有现实或潜在开发价值的自然资源（如海水、雨水）；其四，注重对于高污染、低价值、难消解的废弃物（如冶炼废渣、化工废渣）的资源提取与综合利用。

第二，产业园区循环化改造示范工程。选择 100 家基础条件好、改造潜力大的国家级和省级开发区开展循环化改造示范。支持改造 30 个化工、纺织、制革等单一产业园区，推动延伸产业链；支持改造 60 个综合性园区和重化工集中的园区，推动产业间横向耦合、纵向延伸、循环链接；支持改造 10 个工农业复合型产业园区，推动农林产品及副产物深加工利用。通过示范，凝练和推广一批适合我国国情的园区循环化改造范式，提高园区主要资源产出率、土地产出率、资源循环利用率，基本实现"零排放"。

上述关于产业园区循环化改造示范工程的规划体现了以下三项创新：其一，实现从单一企业内部循环经济模式到立体化园区循环经济模式的转变；其二，实现从单一产业循环经济模式到跨产业与复合型的循环经济模式的转变，并注重构建多产业之间的循环经济实施机制，推动产业间横向耦合、纵向延伸、循环链接；其三，确立了进行产业园区循环化改造的参考指标体系，其具体指标包括主要资源产出率、土地产出率、资源循环利用率等。

第三，再生资源回收体系示范工程。建设 80 个左右网点布局合理、管理规范、回收方式多元化、重点品种回收率高的再生资源回收体系示范城市；规范建设 100 个废旧商品回收分拣集聚区；培育 100 个组织化规模化程度高、技术先进的龙头企业；推动一批商贸流通企业参与回收体系，促进再生资源交易和流通，提高再生资源回收率。

上述关于再生资源回收体系示范工程的规划阐明了废弃物再生资源回收的基本策略。从关于资源回收的地理空间视角分析，该规划希望通过构建再生资源回收体系示范城市的方式，以点带面，进而推动全国各省市再生资源回收体系的建设。此外，该规划倡导创建规模化与高标准的再生资源回收龙头企业，以促进再生资源回收体系的建设。这种再生资源回收龙头企业的创建可带来两方面益处。一方面，这类企业可以发挥示范效应，为其他再生资源回收企业的建立提供成熟模式；另一方面，生产产品与提供服务的中小企业由于经济实力与技术条件的限制，虽然负有对于自身产生的废弃物进行回收利用的义务，但通常缺乏进行再生资源回收的设施。而再生资源回收龙头企业可以为这类中小企业提供第三方废弃物回收利用服务，这既可以确保中小企业履行废弃物回收利用义务，又可促进再生资源回收产业的集约化与专业化。

第四，"城市矿产"基地建设示范工程。建设 50 个技术先进、环保达标、管理规范、利用规模化、辐射作用强的国家"城市矿产"示范基地；推动废钢铁、废有色金属、废塑料、废橡胶等再生资源集中拆解处理、集中治理污染、合理延伸产业链；促进"城市矿产"资源高值化利用和集聚化发展，切实解决再生资源利用中存在的经营分散、技术落后、利用水平低和二次污染等问题。

上述关于"城市矿产"基地建设示范工程的规划着重关注在"城市矿产"

领域存在的再生资源利用的非效率化问题。综合而言，这种非效率化体现为以下两个层面：其一，经营模式老化落后，难以有效收集、分离、再利用与无害化清除废钢铁、废有色金属、废塑料、废橡胶等再生资源；其二，再生资源利用技术落后。这一方面导致再生资源利用效益低下，甚至出现利用成本大于收益的局面，另一方面导致在再生资源利用过程中产生新的废弃物，导致二次污染，进而损害环境与社会公众健康。为了消解再生资源非效率化问题，关于"城市矿产"基地建设示范工程的规划厘定了以下两种解决路径：其一，通过创建示范基地的方式，为"城市矿产"领域再生资源利用引入新的技术、环保与管理标准；其二，在"城市矿产"领域实现再生资源利用的高值化、清洁化与集聚化发展。

第五，再制造产业化示范试点工程。建设 5 ~ 10 个国家级再制造产业示范基地，推动再制造业集聚发展；选择 30 家左右具有一定基础的汽车零部件再制造企业开展示范，重点支持建立发动机、变速箱等旧件回收、再制造加工、检测和质量控制体系；选择一批企业开展机床、工程机械、农业机械、矿山机械、办公用品等再制造试点；培育 20 家左右再制造专业化服务机构。

上述关于再制造产业化示范试点工程规划的主要关注对象为工业领域的废弃物再使用问题。从流程内容层面分析，废弃物再使用与废弃物再利用是两种不同的废弃物处置程序。具体而言，废弃物再使用是指不需要对于废弃物进行预处理或只需进行简单预处理就可对于废弃物进行资源利用的废弃物处置流程；而废弃物再利用是指对于废弃物进行资源利用的一般性处置流程，该流程实施的前置程序是对于废弃物进行系统性预处理。关于再制造产业化示范试点工程的规划对于工业领域废弃物再使用产业发展具有明显的促进作用，这体现为以下两方面：其一，政府通过确立示范性再制造企业与培育再制造专业化服务机构的方式，可以在工业领域培养与扶持专业化与集约化的废弃物再使用企业主体，促进废弃物再使用产业的良性发展；其二，政府通过支持建立旧件回收、再制造加工、检测和质量控制体系的方式，可以对废弃物再使用产业进行合理管控，剔除不具有专业资质与技术水准的企业主体，在该产业领域实现资源的优化配置。

第六，餐厨废弃物资源化利用和无害处理示范试点工程。选择 100 个城市作为开展餐厨废弃物资源化利用和无害化处理的示范试点，支持回收利用体系和能力建设；通过示范试点，建立符合我国国情的覆盖餐厨废弃物产生、收集、运输、处理全过程的管理制度，健全标准和规范，完善工艺技术路线，实现餐厨废弃物安全、高效利用和无害化处理。

上述关于餐厨废弃物资源化利用和无害处理示范试点工程规划主要应对餐厨

废弃物处理问题。我国现行餐厨废弃物处理体系还存在诸多弊端。例如，由于餐厨废弃物的处理缺乏集中化与集约化管理，因而导致餐厨废弃物的资源利用率极低，而且衍生了非法产业链（如提炼与销售地沟油产业链），损害社会公众健康与环境。为了消除此类弊端，该规划确立了餐厨废弃物循环经济处置的两项目标，即：资源化利用与无害化处理。为了实现这两项目标，该规划确立了以下三项具体措施：其一，构建餐厨废弃物回收利用体系，提升回收利用能力；其二，加强政府干预与管控，创设涵盖餐厨废弃物整个生命周期所有环节的管理制度，系统防范餐厨废弃物的不当利用与处置行为；其三，创设餐厨废弃物循环经济处置的行业标准与规范，优化技术流程，实现餐厨废弃物的绿色利用与无害化处理。

　　第七，生产过程协同资源化处理废弃物示范工程。发挥建材、钢铁、电力等行业消纳废弃物的功能；培育 60 家左右协同资源化处理废弃物示范企业，消纳铬渣、污泥、生活垃圾、危险废物等。通过示范，推动建立相关技术标准和规范，探索建立企业与政府在协同资源化处理废弃物方面的合作机制。

　　政府制定上述关于生产过程协同资源化处理废弃物示范工程规划的目的是依据建材、钢铁、电力等行业的特点，试图通过整合产品生产过程与废弃物处理过程的方式，一方面降低建材、钢铁、电力等行业的生产成本，另一方面实现对于特定类型废弃物的无害化资源再利用。为了实现这一目的，政府采取了两项执行措施。一是政府通过培育示范企业的方式，希望在协同资源化废弃物处理产业方面引领相关技术标准和规范的制定；二是政府希望在协同资源化处理废弃物方面构建公私合作机制，这种合作既可表现为 PPP 经济合作形式，又可表现为信息、技术、服务的共享合作形式。

　　第八，农业循环经济示范工程。在 13 个粮食主产区、棉秆等单一品种秸秆集中度高的地区以及交通干道、机场、高速公路沿线等重点地区，实施秸秆综合利用试点示范工程；支持建设一批农产品加工副产物资源化利用、稻田综合种养植（殖）、畜禽粪便能源化利用、工厂化循环水养殖节水示范工程；结合富营养化江河湖泊综合治理，支持建设水上经济植物规模化种植示范工程；实施以农村生活、生产废弃物处理利用和村级环境服务设施建设为重点的农村清洁工程。

　　上述关于农业循环经济示范工程规划体现了生态保护、经济发展与社会和谐三项目标的有机融合，它具有以下三项基本特征：一是通过实施秸秆综合利用试点示范工程，防止由于秸秆焚烧处理而导致的环境污染事故的发生，实现保护环境与废弃物资源利用目标的有机统一；二是将我国古已有之的稻田综合种养植

（殖）等循环经济模式予以推广与升华，构建立体化、多元化、跨产业的循环经济模式，实现废弃物资源利用的就近化与高效化；三是将循环经济打造为新农村建设的重要模式之一，在农村社会生活、生产废弃物利用与环境服务供给三方面植入循环经济理念，推动农村整体生态、经济与社会环境的优化改善。

第九，循环型服务业示范工程。选择100家左右管理水平较高的餐饮住宿企业开展绿色化改造示范工程；培育1000家零售业节能环保示范企业；选择一批物流企业作为开展绿色物流的示范试点；选择一批旅游景区实施旅游业循环经济示范工程；通过实施示范工程，推动服务行业实行清洁生产，推行绿色服务模式，引导消费者建立绿色消费方式。

上述关于循环型服务业示范工程的规划体现了政府在第三产业领域实施循环经济模式的基本目标与实践路径，它是对工业与农业领域循环经济模式的拓展与补充。该规划具有以下两项基本特征：一是将废弃物减量化作为优先考虑目标，希望在服务行业实施绿色化改造，以降低废弃物产生数量与能源消耗量；二是在服务业提供服务的途径与内容层面纳入循环经济模式，并通过绿色化服务供给培育消费者循环经济环保意识，以促进整个社会消费方式的绿色转型。

第十，资源循环利用技术产业化示范推广工程。选择基础较好、技术力量较强的科研单位或大型企业，支持建设一批循环经济重点工程实验室、技术中心、工程研究中心和质量检测中心；加强源头减量、循环利用、再制造、零排放、产业链接等循环经济关键共性技术研发；构建产学研对接平台和科研成果产业化机制，建设一批资源循环利用技术产业化示范基地和示范项目，加大先进适用技术的推广应用力度。

上述关于资源循环利用技术产业化示范推广工程规划的核心思想是研发与优化循环经济关键共性技术，为我国循环经济发展模式的创立与完善提供技术支撑。通过新型循环经济技术的研发与应用，不但可以较快提高我国废弃物资源利用效益，在源头环节实现废弃物减量化目标，而且可以形成新的循环经济技术产业，推动我国循环经济产业整体经济效益的提升。

第二节　我国现行循环经济法律体系基本构成

依据我国《循环发展引领计划》（公开征求意见稿），循环发展的基本原则之一是"坚持以制度建设为关键"。其实现路径为：健全促进循环发展的法规、标准、政策等制度体系，理清政府与市场的关系，发挥市场的决定性作用，明确政府、企业、个人在循环发展中的责任义务，建立激励与约束相结合的长效推进机制。具体而言，基于《循环发展引领计划》（公开征求意见稿）的规定，我国应当完善生产者责任延伸制度相关法律法规，制定《生产者责任延伸制度推行方案》，率先在电器电子产品、汽车、铅蓄电池、饮料纸基复合包装等领域推行；在部分地区和电器电子产品、汽车产品等领域应当开展生产者责任延伸试点，并应完善废弃电器电子产品处理基金制度。

在上述制度建设框架下，依据《循环经济发展战略及近期行动计划》第一章相关表述，我国迄今已经初步建立循环经济法律体系。该体系不仅涵盖《循环经济促进法》与《废弃电器电子产品回收处理管理条例》、《再生资源回收管理办法》等法律、法规、规章，而且包括二百多项循环经济相关国家标准以及一些地方循环经济促进条例。其中，《循环经济促进法》于 2009 年 1 月 1 日起施行，这标志着我国循环经济正式进入法制化管理轨道。

从法律体系纵向构成视角分析，我国现行循环经济法律体系包括宪法、基本法律、行政法规与部门规章、地方性法规与规章四个层级的法律文件或相关法律条款。现具体阐释如下：

一、宪法层面

《宪法》是我国循环经济法律体系中的最高位阶法律。《宪法》第 9 条与第 26 条是涉及循环经济的基本条款。《宪法》第 9 条确立国家保障自然资源合理利用的法定义务，而该义务内容与循环经济义务内容具有交叉重合之处。依据《宪法》第 9 条规定："矿藏、水流、森林、山岭、草原、荒地、滩涂等自然资源，都属于国家所有，即全民所有；由法律规定属于集体所有的森林和山岭、草原、荒地、滩涂除外。国家保障自然资源的合理利用，保护珍贵的动物和植物。禁止任何组织或者个人用任何手段侵占或者破坏自然资源。"《宪法》第 26 条是涉及循环经济基本理念的条款。该条规定："国家保护和改善生活环境和生态环境，防治污染和其他公害。国家组织和鼓励植树造林，保护林木。"值得注意的是，虽然《宪法》第 26 条体现了循环经济"保护环境、防治污染"的基本理念，但由于它不仅没有使用"循环经济"这一专业术语，而且没有提出直接、系统、清晰的循环经济基本原则与目标任务，因而它只能被视为宽泛意义上的循环经济宪法条款，无法为我国循环经济法律体系的构建、完善与发展提供宪政层面的有效保障。

二、基本法律层面

在基本法律层面，我国循环经济法律体系包含《环境保护法》《循环经济促进法》《固体废物污染环境防治法》《水污染防治法》《矿产资源法》《清洁生产促进法》《节约能源法》《环境影响评价法》《环境保护税法》等基本法律。其中，《环境保护法》《循环经济促进法》等法律属于适用于各行业领域的一般性循环经济法律，而《固体废物污染环境防治法》《水污染防治法》《矿产资源法》等法律属于适用于特定领域的单行性循环经济法律。

在我国循环经济法律体系中，《循环经济促进法》是我国最为核心与系统的循环经济法律文件。它厘定了我国循环经济法律体系的基本概念、宗旨目标、基本原则、实施主体等核心要素，确立了我国循环经济法律体系的基本发展趋向，并为实现我国循环经济法律体系内部的逻辑自洽性与统一性提供了基本法律依据。具体而言，《循环经济促进法》具有以下五项基本特征：

第一，精确界定循环经济相关概念内涵。在《循环经济促进法》颁行之前，我国循环经济法学理论界与实务界对于循环经济概念以及其他相关概念的界定始终存在分歧。由于循环经济的相关概念存在内涵的模糊性与外延的不确定性，因而我国循环经济决策机关、执行机关、相关企业、社会团体在推行或参与循环经济模式的进程中，常常面临基本概念层面的争议，由此导致无法权威界定循环经济模式的涵盖范围与适用对象。而《循环经济促进法》对于循环经济、减量化、再利用、资源化等循环经济相关概念进行了明确界定，在基本概念层面为我国循环经济法律体系的内部协调与完善发展提供了统一适用的精准定义。

例如，依据《循环经济促进法》第 2 条规定，该法所称循环经济是指在生产、流通和消费等过程中进行的减量化、再利用、资源化活动的总称。该法所称减量化是指在生产、流通和消费等过程中减少资源消耗和废物产生。该法所称再利用是指将废物直接作为产品或者经修复、翻新、再制造后继续作为产品使用，或者将废物的全部或者部分作为其他产品的部件予以使用。该法所称资源化是指将废物直接作为原料进行利用或者对废物进行再生利用。

第二，确立多元层次的循环经济宗旨目标。虽然《环境保护法》若干条款内容涉及循环经济的宗旨目标，但这些条款并没有系统确立全面、清晰、多元的循环经济宗旨目标，因而无法为我国循环经济法律体系的构建、完善、发展提供统摄性的宗旨指引。例如，依据《环境保护法》第 4 条规定，保护环境是国家的基本国策，国家采取有利于节约和循环利用资源、保护和改善环境、促进人与自然和谐的经济、技术政策和措施，使经济社会发展与环境保护相协调。基于文义分析可知，这一条款只是确立了循环经济的国策属性，而没有进一步阐明循环经济需要实现的价值目标。又如，《环境保护法》第 40 条规定："国家促进清洁生产和资源循环利用。国务院有关部门和地方各级人民政府应当采取措施，推广清洁能源的生产和使用。企业应当优先使用清洁能源，采用资源利用率高、污染物排放量少的工艺、设备以及废弃物综合利用技术和污染物无害化处理技术，减少污染物的产生。"虽然这一条款明确规定了清洁生产与资源循环利用的基本国策与执行措施，但没有厘定该国策蕴含的多元价值目标。

与《环境保护法》不同，《循环经济促进法》系统确立了全面、清晰、多元的循环经济宗旨目标。该法第 1 条规定："为了促进循环经济发展，提高资源利用效率，保护和改善环境，实现可持续发展，制定本法。"这一条款是关于《循环经济促进法》立法宗旨的规定。对该条规定分析可知，《循环经济促进法》的浅层次立法宗旨是"促进循环经济发展"，其中层次立法宗旨是"提高资源利用效率"与"保护和改善环境"，其深层次立法宗旨则是"实现可持续发展"。

第三，厘定循环经济的国家战略属性与基本原则。在"发展循环经济，实现可持续发展"的深层次立法宗旨统摄下，《循环经济促进法》进一步厘定了循环经济的国家战略属性与基本原则。依据《循环经济促进法》第 3 条规定，发展循环经济是国家经济社会发展的一项重大战略，应当遵循统筹规划、合理布局，因地制宜、注重实效，政府推动、市场引导，企业实施、公众参与的方针。基于该条规定分析可知，《循环经济促进法》将发展循环经济提升为具有宏观性、全局性、关键性的国家战略，该战略涵盖国民经济与社会发展两个领域，其实施主体外延包括政府、企业、社会公众等多元主体。依据《循环经济促进法》第 4 条规定，发展循环经济应当在技术可行、经济合理和有利于节约资源、保护环境的前提下，按照减量化优先的原则实施。在废物再利用和资源化过程中，应当保障生产安全，保证产品质量符合国家规定的标准，并防止产生再次污染。基于该条规定分析可知，《循环经济促进法》不仅确立了减量化措施优先适用的基本原则，而且规定了该原则得以适用的三项基本前提，即：技术可行性、经济合理性与环保性。此外，该条款还明确了在废物再利用和资源化过程中的生产安全义务、产品质量明示担保义务与防止二次污染义务，确立了循环经济生产的安全性与合规性原则。

与《循环经济促进法》不同，《环境保护法》仅仅确立了环境保护的国策性质与基本原则，而未能确立更具有针对性与专门性的循环经济的国家战略属性与基本原则。例如，依据《环境保护法》第 5 条规定，环境保护应当坚持保护优先、预防为主、综合治理、公众参与、损害担责的原则，但这些环境保护基本原则无法为循环经济发展提供理论指引与实践指南。

第四，构建纵向层级清晰、横向分工明确的循环经济发展监督管理机制。《循环经济促进法》构建了纵向层级清晰、横向分工明确的循环经济发展监督管理机制。依据《循环经济促进法》第5条规定，在中央层面，国务院循环经济发展综合管理部门在循环经济发展领域具有一般性全国管理权限，它负责组织协调、监督管理全国循环经济发展工作；国务院环境保护等有关主管部门则按照各自的职责负责有关循环经济的监督管理工作。在地方层面，县级以上地方人民政府循环经济发展综合管理部门具有一般性地方管理权限，它负责组织协调、监督管理本行政区域的循环经济发展工作；县级以上地方人民政府环境保护等有关主管部门则按照各自的职责负责有关循环经济的监督管理工作。

第五，确立循环经济政策相对于产业政策的优先位阶。

国家经济政策是指国家为了保障国民经济健康、有序、平稳发展，实现国家经济发展战略而在宏观经济层面采取的一系列指导、引导、管控、规制措施的总和。它是国家履行经济干预与管理职能的表现，其包含以下具体目标：一是保证国民经济的总量平衡；二是构建与保障市场竞争结构；三是维护与完善市场竞争机制；四是实现国家经济产业、行业、资源的合理布局与有效配置；五是实现国民经济的可持续性发展，避免经济发展的周期性危机。我国国家经济政策包括循环经济政策、产业政策、对外开放政策、社会保障政策、行业布局政策、竞争政策等具体类型。其中，产业政策包括产业组织政策、产业结构政策、产业技术政策、产业扶持政策、产业投资政策、产业布局政策等具体政策种类。

在一般情形下，循环经济政策与产业政策之间具有互为补充、相辅相成的关系，但在个别情形下，两种政策的适用会产生冲突与抵触。为了有效消解这种政策冲突情形，《循环经济促进法》确立了循环经济政策相对于产业政策的优先位阶，并将循环经济标准作为国家制定产业政策必须遵循的前置性标准。举例而言，依据《循环经济促进法》第6条规定，国家制定产业政策，应当符合发展循环经济的要求。县级以上人民政府编制国民经济和社会发展规划及年度计划，县级以上人民政府有关部门编制环境保护、科学技术等规划，应当包括发展循环经济的内容。

在我国循环经济法律体系中，虽然《循环经济促进法》以及《环境保护法》不是核心基本法律，但它们具有较为重要的地位与功能，而《固体废物污染环境防治法》《大气污染防治法》《水污染防治法》《矿产资源法》《清洁生产促进法》《节约能源法》《可再生能源法》《放射性污染防治法》《环境影响评价法》《环境噪声污染防治法》《环境保护税法》则从废弃物类型、行业领域、生产环节等多元层面细化与拓展了《循环经济促进法》以及《环境保护法》关于循环经济宗旨原则、基本义务与法律责任的相关规定。[516] 以《清洁生产促进法》为例，该法第1条规定了在清洁生产领域的循环经济立法宗旨，该宗旨包括六项要素：一是促进清洁生产；二是提高资源利用效率；三是减少和避免污染物的产生；四是保护和改善环境；五是保障人体健康；六是促进经济与社会可持续发展。其中，促进经济与社会可持续发展是《清洁生产促进法》的深层次立法宗旨。依据该法第2条规定，清洁生产是指不断采取改进设计、使用清洁的能源和原料、采用先进的工艺技术与设备、改善管理、综合利用等措施，从源头削减污染，提高资源利用效率，减少或者避免生产、服务和产品使用过程中污染物的产生和排放，以减轻或者消除对人类健康和环境的危害。这一条款通过对清洁生产概念的界定，厘清了相关主体在清洁生产领域所应承担的循环经济基本义务，并规定了系列循环经济实践措施。

除上述基本法律外，我国循环经济基本法律体系还包括《刑法》关于"破坏环境资源保护罪"的条款（第338～346条）。这一系列条款对于违反循环经济基本义务，造成公私财产重大损失或人身健康（人身伤亡）严重后果的行为规定了有期徒刑、拘役、管制、并处或者单处罚金、没收财产的刑事法律责任类型。基于法律功能视角分析，该系列条款属于我国循环经济法律体系中最具法律威慑力的刑事基本法律条款。[517]

三、行政法规与部门规章层面

我国循环经济行政法规、部门规章以及其他规范性行政法律文件包括《国家危险废物名录》《畜禽规模养殖污染防治条例》《城镇排水与污水处理条例》《防治船舶污染海洋环境管理条例》《规划环境影响评价条例》《防治海岸工程建设项目污染损害海洋环境管理条例》《危险废物经营许可证管理办法》《医疗废物管理条例》《排污费征收使用管理条例》《水污染防治法实施细则》《防治陆源污染物污染损害海洋环境管理条例》《防止拆船污染环境管理条例》《海洋倾废管理条例》《放射性废物安全管理条例》《废弃电器电子产品回收处理管理条例》《全国污染源普查条例》《再生资源回收管理办法》《控制污染物排放许可制实施方案》《热电联产管理办法》《生态文明体制改革总体方案》《国务院办公厅关于

---

[516] 参见中华人民共和国环保部官网，http：//www. zhb. gov. cn/gzfw_ 13107/zcfg/fl/，最后访问日期：2017年3月31日。

[517] 中华人民共和国环保部官网，http：//www. zhb. gov. cn/gzfw_ 13107/zcfg/fl/，最后访问日期：2017年3月31日。

推行环境污染第三方治理的意见》《放射性物品运输安全监督管理办法》《粉煤灰综合利用管理办法》等。[518]

在我国循环经济法律体系下，循环经济行政法规、部门规章以及其他规范性行政法律文件主要具有两方面功能。一方面，它们对于《宪法》关于环保基本条款以及《循环经济促进法》《环境保护法》《固体废物污染环境防治法》等循环经济基本法律内容作出细化与补充，确立在涉及不同行业领域或不同废弃物类型时应当采用的差异化循环经济义务实施细则与管理标准；另一方面，它们可以确保政府在制定与执行国家经济政策时严格遵循循环经济思想理念与基本原则，并在依法行政框架下履行循环经济基本义务，进而可以在循环经济领域促使传统的政府末端治理模式转换为政府源头治理与末端治理有机结合的模式。

在具体内容构成层面，循环经济行政法规、部门规章以及其他规范性行政法律文件主要规定的是具有行业针对性与可操作性的循环经济基本原则、义务主体、管理主体等内容。以《农药包装废弃物回收处理管理办法（试行）》征求意见稿为例，依据该征求意见稿第 4 条规定，农药包装废弃物回收处理，坚持谁生产谁负责、谁销售谁回收、谁使用谁交回的原则，通过政府引导、企业负责、农户参与、市场驱动，实现农药包装废弃物的减量化、资源化、无害化。基于法条功能视角，这条规定明确了应当在农药包装废弃物回收处理领域采行拓展化的循环经济产品责任原则，它通过将农药产品生产者、销售者、使用者均纳入循环经济义务主体范畴的方式，以实现促进农药包装废弃物减量化与资源利用高效化的目标。依据《农药包装废弃物回收处理管理办法（试行）》征求意见稿第 6 条规定，农药生产企业（含农药进口企业）负责其农药产品的包装废弃物的回收处理；农药经销者负责所销售农药的包装废弃物的收集与暂存；农药使用者应当及时将农药包装废弃物交回经销者，不得随意丢弃。基于法条功能视角，该条规定细化了农药产品生产者、销售者、使用者各自的循环经济义务内容，确立了农药产品生产企业的生产者延伸责任与最终的废弃物处置责任。依据《农药包装废弃物回收处理管理办法（试行）》征求意见稿第 11 条规定，国务院农药工业主管部门会同农业主管部门负责建立农药包装回收追溯体系；中国农药工业协会、中国农资流通协会负责制定农药包装物追溯编码标识准则，建立农药包装回收追溯信息数据库；农药生产企业应当依据农药包装物追溯编码标识准则，对农药包装

---

[518] 中华人民共和国环保部官网，http://www.zhb.gov.cn/gzfw_13107/zcfg/fl/，最后访问日期：2017 年 3 月 31 日。

建立产品编码标识，标识应当包含生产企业、农药产品、包装材料等可以追溯的相关信息。基于法条功能视角，该条规定确立了在农药包装回收追溯领域的管理主体。其中，国务院农药工业主管部门对于建立农药包装回收追溯体系具有一般性管理权限，农业主管部门具有辅助性管理权限，而作为社会中间层主体的中国农药工业协会、中国农资流通协会则负有制定农药包装物追溯编码标识准则的权限。

四、地方性法规与规章层面

我国循环经济地方性法规、规章与其他地方规范性法律文件是地方立法者基于各地经济、技术、社会发展状况，并依据国家循环经济法律而制定的具有区域性、专门性与可操作性的规范性法律文件。举例而言，它们包括《北京市大气污染防治条例》《北京市水污染防治条例》《北京市环境噪声污染防治办法》《北京市限制销售、使用塑料袋和一次性塑料餐具管理办法》《北京市环境保护局关于规范固体（危险）废物跨省转移审批事项的通知》《黑龙江省大气污染防治条例》《黑龙江省石化行业挥发性有机物综合整治推进方案》《上海市环境保护条例》《上海市市容环境卫生管理条例》《上海市废旧金属收购管理规定》《上海市畜禽养殖管理办法》《上海市餐厨垃圾处理管理办法》《上海市大气污染防治条例》《上海市排污许可证管理实施细则》《山西省循环经济促进条例》等。

我国大多数循环经济地方性法规、规章与其他地方规范性法律文件制定依据为国家循环经济基本法律、行政法规、中央政府部门规章，它们实质上属于国家循环经济基本法律、行政法规、中央政府部门规章的地方性实施细则。例如《山西省循环经济促进条例》属于《循环经济促进法》地方性实施细则；《北京市水污染防治条例》属于《水污染防治法》与《水法》的地方性实施细则；《上海市环境保护条例》属于《环境保护法》的地方性实施细则；《黑龙江省大气污染防治条例》与《上海市大气污染防治条例》属于《环境保护法》与《大气污染防治法》的细化规定与地方性实施细则；《北京市环境噪声污染防治办法》属于《环境噪声污染防治法》地方性实施细则。

第三节　我国现行循环经济法律体系功能缺陷

迄今为止，我国循环经济法律体系已经初步构建完成。不过，与代表国际循环经济立法先进水准的德国以及欧盟循环经济法律体系相比，我国现行循环经济法律体系仍具有系统性的功能缺陷，主要表现为以下四方面：

一、基本概念体系缺乏统一性与自治性

总体而言，我国循环经济基本概念体系缺乏统一性、自治性以及精准性，这主要表现为两方面。

一方面，在我国现行循环经济法律体系框架下，与循环经济相关联的废弃物、废弃物产生者、废弃物持有者、废弃物收集者、废弃物运输者、废弃物经销商、废弃物经纪商、废弃物管理、废弃物收集、废弃物减量化、废弃物再使用、废弃物处置、废弃物再使用之预备、废弃物回收、废弃物清除、现有技术等概念缺乏精准定义。

另一方面，若干循环经济基本概念的内涵与外延存在模糊性与争议性，而且循环经济相关概念混用与错用情形屡有发生。例如，依据《循环经济促进法》第2条规定，该法所称循环经济概念是指在生产、流通和消费等过程中进行的减量化、再利用、资源化活动的总称。虽然我国《循环经济促进法》这一条款明确界定了循环经济定义内涵，但却并未清晰界定循环经济模式的本质属性与基本内涵。因此，在我国循环经济实践中出现了关于循环经济模式本质属性与基本内涵的争议。该争议具有以下三种代表性观点：第一种观点认为，应当从人与自然关系视角界定循环经济模式，因而该观点支持者将循环经济的本质规定为尽可能少用资源和循环利用资源；第二种观点认为，应当从生产的技术范式视角界定循环经济模式，因而该观点支持者主张循环经济是一种新的生产方式；第三种观点认为，循环经济本质上是一种崭新的经济形态。[519]

从循环经济实践功能层面分析，上述三种观点都具有一定的理论合理性与实践可行性。但从循环经济概念语源与以德国为代表的先进法域国家循环经济立法理念分析，循环经济模式既不是一种新的生产方式，又不是一种崭新的经济形态，该模式本质上应当是一种资源利用方式以及以资源的高效利用和循环利用为核心的经济增长模式。事实上，这一关于循环经济模式本质界定的观点已经获得我国立法与行政机关负责人士的认同。例如，全国人大环境与资源保护委员会法案室主任翟勇认为，所谓循环经济的根本在于资源的综合利用，重点在于减少污染物的产生量和提高资源的利用效率，当前我国已将环境资源优化提升为国家战

---

[519] 中国节能在线："我国开展循环经济必须解决的几个问题"，载 http://www.cecol.com.cn/news/20161115/1116453615.html，最后访问日期：2017年3月31日。

略，循环经济所要解决的根本问题不是经济发展模式，而是资源利用方式。[520]
又如，国家发展与改革委员会主任马凯在全国循环经济工作会议上发表《贯彻和
落实科学发展观　大力推进循环经济发展》讲话，明确提出了循环经济定义。依
据马凯先生的观点，循环经济是一种以资源的高效利用和循环利用为核心，以
"减量化、再利用、资源化"为原则，以低消耗、低排放、高效率为基本特征，
符合可持续发展理念的经济增长模式，是对"大量生产、大量消费、大量废弃"
的传统增长模式的根本变革。[521]

在我国现行循环经济法律体系框架下，各部法律之间混用与错用循环经济相
关概念的状况比较严重。全国人大环境与资源保护委员会法案室主任翟勇曾对此
问题作出如下系统批判："如《循环经济促进法》引入了'废物再利用'概念，
而在 2004 年制定的《中华人民共和国固体废物污染环境防治法》及传统认知中，
可回收利用的再生资源被称为废品，这里废品与废物的概念被混为一谈。废品中
包含有可再生资源，产品废了，物质没废、资源没废。废品要处理，对经过处理
回收的资源要再生利用；而废物只能处置，如填埋、焚烧。"[522] 需要注意的是，
翟勇主任在上述批判论述中对于废物概念作出了不同于主流观点的限缩界定。国
内主流观点认为，"废物"是指废弃的物质或物体，它既包括可以再利用的废弃
物质或物体，又涵盖不能被再利用的废弃物质或物体；而翟勇主任则认为，不能
被再利用的废弃物质或物体才能被界定为"废物"。

二、循环经济立法理念、原则与技术落后于国际先进水准

当今德国与欧盟的循环经济立法理念、原则与技术代表了国际先进水准与发
展趋势。虽然我国曾经借鉴德国与欧盟模式构建循环经济法律体系，但是我国原
先借鉴的德国与欧盟模式内容已经呈现老化与弱化状态，已经无法满足我国循环
经济最新产业发展、技术进步与社会参与的需求。与德国、欧盟经过大幅革新的
循环经济法律体系相比较，我国现行循环经济法律体系在立法理念、原则与技术
方面都呈现出落后性与不合时宜性，这主要表现为以下三个层面：

（一）没有采纳更为系统与科学的五层级废弃物处置等级序列制度

我国现行循环经济法律体系采纳了循环经济"3R 原则"的基本理念。在我

---

[520]　翟勇："《中华人民共和国循环经济促进法》修订"，载搜狐网，http：//mt. sohu. com/20150910/n420
789093. shtml，最后访问日期：2015 年 12 月 20 日。

[521]　参见李玉基主编、俞金香副主编：《中国循环经济政策与法制发展报告（2014）》，中国社会科学出
版社 2015 年版，第 5 页。

[522]　翟勇："《中华人民共和国循环经济促进法》修订"，载搜狐网，http：//mt. sohu. com/20150910/n420
789093. shtml，最后访问日期：2015 年 12 月 20 日。

国现行循环经济法律体系框架下，社会经济活动必须遵循循环经济"3R 原则"，即减量化原则（Reduce）、再使用原则（Reuse）与再循环原则（Recycle）。所谓减量化原则，是要求用较少的原料和能源投入达到既定的生产目的或消费目的。所谓再使用原则，是要求制造的产品和包装容器能够以初始的形式被反复使用。所谓再循环原则，是要求生产出来的物品在完成其使用功能后能重新变成可以利用的资源。

虽然循环经济"3R 原则"代表了原初的循环经济立法理念，但随着欧盟与德国相继立法规定了相较于"3R 原则"更为系统与科学的五层级废弃物处置等级序列制度，我国关于"3R 原则"法律规定的粗糙性与滞后性日益显现。具体而言，欧盟在《关于废弃物的第 2008/98 号指令》中确立五层级废弃物处置等级序列。该指令第 4 条第 1 款规定了在废弃物减量化与管理领域实施的新的五层级废弃物处置等级序列，这一新的废弃物处置等级序列使废弃物的"减量化"与"再使用的预备"，取得了相对于"循环利用"、"包括能量性利用与回填的其他利用"、"处分"更为优先的地位。[523] 德国《促进循环经济和确保合乎环境承受能力废弃物管理法》第 6 条承袭了欧盟《关于废弃物的第 2008/98 号指令》关于五层级废弃物处置等级序列的规定。与循环经济"3R 原则"相比较，五层级废弃物处置等级序列制度具有系统性与科学性，一方面，该制度增加了"再使用的预备"与"处分"两项废弃物处置措施，因而它具有系统性与全面性，能够有效涵盖废弃物处置产业涉及的所有操作环节；另一方面，该制度明确罗列了各类废弃物处置措施的位阶顺序，突出了"废弃物减量化"措施的优先适用地位。该制度通过确立这种位阶顺序，体现出废弃物处置范式由末端控制向源头控制的转移，而这种范式转移体现了循环经济产业的最新发展趋向。

（二）从废弃物内涵厘定角度分析，没有厘清废弃物性状终结的基本特征

基于循环经济视角分析，废弃物性状具有产生与终结两个阶段：在产生阶段，由于产品或产品组成部分在使用或消费过程中性状发生改变，因而导致了废弃物的产生；在终结阶段，由于废弃物经过处置程序而发生性状改变，具有了经济适用性，这导致其原有废弃物性状终结，该类废弃物最终转变成为具有市场需求与符合相关标准的产品。

欧盟在《关于废弃物的第 2008/98 号指令》中作出重大革新，厘清了废弃物

---

[523]　EU, RICHTLINIE 2008/98/EG DES EUROPÄISCHEN PARLAMENTS UND DES RATES vom 19. November 2008, http：//www. wattzweipunktnull. de/fileadmin/content/pdf/Energiewerk/Abfallrahmenrichtlinie_2008_98_eg. pdf, Stand：19. 03. 2017.

性状终结的基本特征。依据《关于废弃物的第 2008/98 号指令》第 6 条第 1 款规定，如果一项物质或物体通过一项回收利用程序而处于如下状态，那么该项物质或物体的废弃物性质终结：一是其通常被使用于特定的目的；二是存在它的市场或它的需求市场；三是它符合针对它涵摄的特定目的适用的技术要求以及所有用于产品的法律条款和适用标准；四是它的使用总体上不会导致对环境或人类健康的有害影响。[524] 德国《促进循环经济和确保合乎环境承受能力废弃物管理法》第 5 条承袭了欧盟关于废弃物性状终结基本特征的规定。

与欧盟和德国相反，我国循环经济法律没有厘清废弃物性状终结的基本特征，这在实质上导致了我国废弃物内涵的不确定性。这种内涵不确定性严重影响了循环经济产业的发展，主要体现为三方面：其一，在一般情形下，企业主体无法对于由废弃物转变成的具有市场需求与符合相关标准的产品进行直接市场销售，因而阻碍了废弃物经济行业的发展；其二，废弃物内涵的不确定性直接导致了废弃物处置程序终结时间的不确定性，进而导致过度处置、逾期处置与不当处置情形的发生；其三，由于我国循环经济法律法规没有厘清废弃物性状终结的基本特征，因而我国循环经济管理机构不但无法精确统计与分析我国废弃物资源循环利用的转化率与实际收益，而且无法培育与发展由性状终结的原废弃物所组成的新兴产品市场。

（三）从废弃物外延厘定角度分析，没有明确区分废弃物与副产品概念

在我国现行循环经济法律体系框架下，立法者对于废弃物外延范畴缺乏清晰的厘定，并没有将副产品从废弃物外延范畴中分离与剔除出来，因而造成适用于废弃物处置事宜的循环经济法律不当规制副产品处置事宜的局面。

与我国截然相反，欧盟在《关于废弃物的第 2008/98 号指令》明确界定副产品（Nebenprodukte）概念。依据《关于废弃物的第 2008/98 号指令》第 5 条第 1 款规定，一项物质或物体在制造程序中产生，而制造程序的主要目的并非制造此物质或物体，则在符合以下情形的前提下，该物质或物体被作为副产品而不被作为废弃物看待：一是这一物质或物体可以确保得到进一步的使用；二是在被使用之前，一项进一步的、超出正常工业程序的预处理是不需要的；三是这一物质或物体被作为一个制造过程的不可分割的部分被生产；四是进一步的使用是合法的；这指此种情形：当这一物质或物体满足所有对其各种使用方式适用的生产、环境

---

[524]　EU，RICHTLINIE 2008/98/EG DES EUROPÄISCHEN PARLAMENTS UND DES RATES vom 19. November 2008，http：//www. wattzweipunktnull. de/fileadmin/content/pdf/Energiewerk/Abfallrahmenrichtlinie_ 2008_ 98_ eg. pdf，Stand：19. 03. 2017.

或健康保护要求，并总体上不会对环境与人类健康造成有害影响。[525] 德国《促进循环经济和确保合乎环境承受能力废弃物管理法》第 4 条承袭了欧盟《关于废弃物的第 2008/98 号指令》关于副产品定义的规定。

由于我国循环经济法律没有明确区分废弃物与副产品概念，因而在循环经济实践中产生了以下三个方面的负面影响：其一，相关循环经济义务主体对于可以进行直接资源利用的副产品实施不必要的废弃物预处理程序，导致预处理成本损失与资源利用低效率化；其二，由于相关循环经济义务主体对于总体上不会对环境与人类健康造成有害影响的副产品实施废弃物处置流程，因而可能导致二次污染，损害环境与人类健康；其三，由于我国没有明确副产品相对于废弃物的独立性与资源利用的直接性，因此在废弃物产生的源头环节人为增加了所谓的废弃物数量，违反了废弃物减量化原则。

三、提纲挈领、统摄全域的循环经济核心法律付之阙如

现行德国联邦循环经济法律体系以《促进循环经济和确保合乎环境承受能力废弃物管理法》为核心法律，同时包括系统多元的其他循环经济法律、法规以及规范性法律文件。在内容构成上，其他循环经济法律、法规以及规范性法律文件都属于对于《促进循环经济和确保合乎环境承受能力废弃物管理法》所规定的内容予以具体化与专门化的法律文件。

与德国模式不同，我国具有提纲挈领、统摄全域属性的循环经济核心法律依旧付之阙如，这直接导致我国循环经济法律体系难以实现内容统一性与逻辑自洽性。例如，由于缺少核心法律提供法理支撑与权威依据，我国《循环经济促进法》《清洁生产促进法》《环境保护法》《固体废弃物污染环境防治法》《环境影响评价法》等现行循环经济基本法律之间存在概念界定分歧、具体理念抵触、规制领域交叉重叠的现象，这经常导致法律适用的竞合冲突。

四、执行效率与实践效用难达预期效果

我国循环经济法律法规的执行效率与实践效用均难以达到预期效果，其原因有三。第一项原因是，我国循环经济法律法规涵盖较多倡导性、目标性、宏观性条款，但较为缺乏科学性、执行性、微观性条款，这导致我国循环经济法律的执行效率大打折扣。举例而言，由于缺乏科学与细化的废弃物循环利用法定标准，若干废弃物过度循环利用行为导致巨大的资源与能量浪费，其产生的循环经济负

[525] EU, RICHTLINIE 2008/98/EG DES EUROPÄISCHEN PARLAMENTS UND DES RATES vom 19. November 2008, http：//www.wattzweipunktnull.de/fileadmin/content/pdf/Energiewerk/Abfallrahmenrichtlinie_2008_98_eg.pdf, Stand：19.03.2017.

面影响大于正面影响，在实质意义上背离了循环经济法律制度立法宗旨。第二项原因是，我国大多数循环经济法律法规的制定目标是在工业领域确保循环经济模式的实施，而只有少量循环经济法律法规的制定目标是在农业或第三产业领域构建与推行循环经济模式，这导致我国循环经济法律体系难以在农业或第三产业发挥实践效用。第三项原因是，我国相当数量的循环经济法律法规依旧遵循废弃物末端治理为主的原则，而没有系统采纳废弃物减量化优先原则，这导致我国循环经济法律体系难以在废弃物源头控制环节发挥关键效用，进而影响了该法律体系的整体执行效率。

第四节　我国现行循环经济法律体系完善路径

由于我国现行循环经济法律体系具有系统性与多层面的功能缺陷，因而该体系不但执行效率与实践效用难达预期效果，而且它无法适应我国循环经济技术、服务、产业的最新发展需求，也无法为我国循环经济国家战略的全面推行提供有效制度保障。我国立法机关应当基于我国循环经济产业现状与发展趋向，在借鉴德国最新循环经济立法理念与技术的前提下，从体系架构、精神理念、概念界定、研究方法与演进路径等多个视角逐步完善我国循环经济法律体系。我国循环经济法律体系具体完善路径可以细分为以下四个层面：

一、通过修订《循环经济促进法》方式确立循环经济核心法律

由于我国现行循环经济法律体系缺乏具有提纲挈领、统摄全域属性的循环经济核心法律，因而我国立法机关应当通过修订《循环经济促进法》的方式，将该法律革新与升华成为我国循环经济核心法律，从而构建以《循环经济促进法》为核心法律，具有内容统一性与逻辑自洽性的循环经济法律体系。关于《循环经济促进法》的修订内容可以分为以下四个方面：

（一）重新确立该法律的立法宗旨、价值导向与适用范围

我国立法机关对于《循环经济促进法》的修订应当着重明确法律的立法宗旨、价值导向与适用范围等根本问题。[526] 新的《循环经济促进法》立法宗旨应当将该法律明确界定为循环经济核心法律，并将"实施循环经济，坚持可持续发

---

[526]　参见翟勇："《中华人民共和国循环经济促进法》修订"，载搜狐网，http：//mt.sohu.com/20150910/n420789093.shtml，最后访问日期：2015年12月20日。

展，塑造循环经济法律体系价值导向与整体架构"作为该法律立法宗旨的核心构成要件。在价值导向层面，新的《循环经济促进法》应当将循环经济明确界定为资源利用方式与基于资源利用的经济增长方式，它主要解决的问题是保护自然资源以及资源利用方式问题。[527] 正如全国人大环境与资源保护委员会法案室主任翟勇所述，修改《循环经济促进法》的战略目标应当是：为适应国家资源战略需要做重要支撑，将资源利用方式通过法律予以明确，以"减少污染物产生量、提高资源利用效率"这样简单易懂的思想作为立法的核心目的。[528] 在法律适用范围层面，新的《循环经济促进法》应当具有普适性与通行性，除法律规定的例外情形，它应当普遍适用于我国所有环境空间类型、行业、领域、生产环节，其规制的主体范畴应当包括所有与循环经济相关的企业、事业单位、政府主体、社会中间层主体以及社会公众。

（二）重新塑造循环经济概念体系

我国立法机关在修订《循环经济促进法》过程中，应当明确界定与循环经济相关联的基本概念。例如，在当前循环经济模式和理念下，诸多传统资源利用模式被打乱，导致废品与废弃物、处理与处置、再利用与再生利用等基本概念混淆。[529] 因此，新的《循环经济促进法》应当对于废品与废弃物、处理与处置、再利用与再生利用等容易混淆的循环经济基本概念予以明确定义与区分。又如，在我国现行循环经济法律体系框架下，废物（废弃物）概念具有内涵模糊性与外延不确定性的特征。基于此，我国立法机关在修订《循环经济促进法》过程中，应当仿照德国模式，将废弃物概念定义为"所有被其持有人丢弃，有意愿丢弃或者必须丢弃的物质或物体"，并将其细分为"再利用废弃物"与"不能被再利用的废弃物"两大类型。"再利用废弃物"应当是指那些可被再利用的废弃物。"不能被再利用的废弃物"应当是指不可被再利用而直接用于处分的废弃物。此外，我国立法机关还应借鉴德国立法经验，厘清废弃物性状终结的基本特征，并明确区分废弃物与副产品概念。

（三）植入五层级废弃物处置等级序列制度

我国立法机关在修订《循环经济促进法》过程中，应当借鉴欧盟与德国的

---

[527] 翟勇："《中华人民共和国循环经济促进法》修订"，载搜狐网，http：//mt. sohu. com/20150910/n420
789093. shtml，最后访问日期：2015 年 12 月 20 日。

[528] 翟勇："《中华人民共和国循环经济促进法》修订"，载搜狐网，http：//mt. sohu. com/20150910/n420
789093. shtml，最后访问日期：2015 年 12 月 20 日。

[529] 翟勇："《中华人民共和国循环经济促进法》修订"，载搜狐网，http：//mt. sohu. com/20150910/n420
789093. shtml，最后访问日期：2015 年 12 月 20 日。

模式，在现有循环经济"3R 原则"基础上系统植入的新的五层级废弃物处置等级序列。通过这一新的废弃物处置等级序列制度的设立，我国废弃物"减量化"与"再使用的预备"措施应当取得相对于"循环利用"、"包括能量性利用与回填的其他利用"、"处分"措施更为优先的地位。这将产生两方面积极效应。一方面，该制度新增"再使用的预备"与"处分"两项废弃物处置措施，因而它具有系统性与全面性，能够有效涵盖废弃物处置产业涉及的所有操作环节；另一方面，该制度通过确立各类废弃物处置措施的位阶顺序，突出了"废弃物减量化"措施的优先适用地位，体现出废弃物处置范式由末端控制向源头控制的转移。

（四）系统构建涉及公权力主体的循环经济法律责任机制

我国现行《循环经济促进法》规定的循环经济法律责任机制主要约束对象是企业主体，因而它无法有效管束以政府部门为代表的公权力主体实施的违反循环经济理念与原则的行为。[530] 这不但会损害循环经济领域的权责相当原则，而且不利于及时纠正公权力主体在循环经济领域存在的监管失职行为与非绿色采购行为，进而限制了循环经济资源利用模式的实施广度与推行力度。基于此，我国立法机关应当在新的《循环经济促进法》中系统构建涉及公权力主体的循环经济法律责任机制，使其能够成为统一约束企业主体与公权力主体所实施的循环经济行为的强行性法律。

二、更新与重构现行循环经济法律体系的单行性法律文件与实施细则

从制定依据与内容构成层面分析，德国循环经济法律条例基本都属于由《促进循环经济和确保合乎环境承受能力废弃物管理法》以及 1994 年旧版德国《循环经济法》所衍生的单行性法律文件与实施细则。德国代表性循环经济法律条例包括《废弃物贮存条例》《废弃物目录条例》《废弃物管理方案与废弃物管理总结报告条例》《废旧汽车条例》《废弃木材处置条例》《废弃油条例》《电池条例》《关于具有监管需求的回收利用废弃物的认定条例》《生物废弃物条例》《填埋场条例》《填埋场开发利用条例》《处置专业组织条例》《商业性废弃物条例》《污泥条例》《废弃物处置核查条例》《PCB/PCT 废弃物条例》《运输授权条例》《包装条例》《矿山填埋条例》等。这些法律条例不仅进一步具体化与精细化了《促进循环经济和确保合乎环境承受能力废弃物管理法》以及 1994 年旧版德国

---

[530] 王多："'零废弃'能否成真——《循环经济促进法》如何修订？"，载 http：//www.jfdaily.com/news/detail？id=47594，最后访问日期：2017 年 3 月 31 日。

《循环经济法》的相关规定，而且在一定程度上填补了《促进循环经济和确保合乎环境承受能力废弃物管理法》以及 1994 年旧版德国《循环经济法》的规制空白区域。

与德国循环经济法律体系不同，我国现行循环经济法律体系框架下的单行性法律文件与实施细则存在制定依据多元化的弊端，而且这些单行性法律文件与实施细则的规制领域存在交叉重合区域，在实践中容易导致相互之间的适用冲突。此外，在我国诸多循环经济技术领域、行业领域与生产环节，立法机关尚未颁行系统性的单行性法律文件与实施细则，形成为数众多的循环经济规制空白领域。基于这种现状，我国立法机关应当借鉴德国模式，通过以下三种方式更新与重构现行循环经济法律体系的单行性法律文件与实施细则。

首先，在将新的《循环经济促进法》界定为我国循环经济核心法律的前提下，我国立法机关应当遵循《循环经济发展战略及近期行动计划》规定的制度构建路径。[531] 通过主动立法与授权立法的方式颁行以新的《循环经济促进法》作为制定依据的单行性法律文件与实施细则，系统填补为数众多的循环经济规制空白领域。

其次，我国立法机关应当以新的《循环经济促进法》作为审查依据，全面清理、修订与更新现有的单行性循环经济法律文件与实施细则，最终在新的《循环经济促进法》框架下统一所有现行循环经济法律文件与实施细则的概念定义，剥离与消解这些法律文件与实施细则之间重叠规制的内容，实现所有现行单行性循环经济法律文件与实施细则的统一性与互补性。

最后，我国立法机关在制定与修订单行性循环经济法律文件与实施细则过程中，应当坚持统一性与差异性相结合的立法原则。在一些适宜制定全国统一标准的循环经济领域，全国性立法机关应当制定示范性的单行性循环经济法律文件与实施细则，交由各级地方机关贯彻执行。在一些不适宜制定全国统一标准的循环经济领域，各地立法机关应当以新的《循环经济促进法》作为制定依据，结合

---

[531] 依据《循环经济发展战略及近期行动计划》，应通过以下三种途径加快我国循环经济法律制度建设：其一，完善《循环经济促进法》相关配套法规规章；其二，研究制定限制商品过度包装条例、循环经济发展专项资金管理办法、汽车零部件再制造管理办法、再制造旧件和再制造产品进出口管理目录及管理办法、强制回收的产品和包装物名录及管理办法、餐厨废弃物管理及资源化利用条例、农业机械报废回收办法等法规规章；其三，加快修订报废汽车回收管理办法、商品零售场所塑料袋有偿使用管理办法。

本地情况制定差异化的单行性循环经济法律文件与实施细则。[532]

三、厘定循环经济立法的专业性、科学性与执行性标准

在我国现行循环经济法律体系框架下，相关法律、法规与其他规范性法律文件的制定较少采用具有专业性、科学性与执行性的标准。这导致我国诸多循环经济法律、法规与其他规范性法律文件成为纯粹意义上的"政策法"，它们只是宣示与倡导了循环经济精神理念、基本原则与规划目标，但却无法提供具有专业性与科学性的循环经济参考指标、评判依据与审查标准，也不具有执行效率与实践效果。

基于这种现状，我国立法机关应当借鉴德国模式，厘定循环经济立法的专业性、科学性与执行性标准，使具有专业性、科学性、执行性的循环经济法律、法规与其他规范性法律文件在我国循环经济法律体系中占据主导地位。为实现这一目标，我国立法机关应当采取以下两个层面的措施：

第一，我国立法机关应当借鉴德国《促进循环经济和确保合乎环境承受能力废弃物管理法》的立法模式，在新的《循环经济促进法》中科学界定废弃物清除程序、再利用程序等废弃物处置措施的具体类型，并引入以能源效率公式为代表的专业性公式以及相关计量指标。例如，我国立法机关可以借鉴德国《促进循环经济和确保合乎环境承受能力废弃物管理法》附录Ⅰ的规定，依据循环经济行业标准，在新的《循环经济促进法》中将我国废弃物清除程序细分为"地下或地上堆放（如填埋场）"、"地下处理（如在地下对液态或污泥废弃物进行生物降解）"、"灌注法（如将可泵送废弃物注射到钻孔、盐矿或天然空洞中）"、"露天存放法（如将液态或污泥废弃物存放在坑、池或泻湖中）"、"在特别设计的填埋场清除（如堆放在密封的、分割的、相互隔离和与外界隔绝的独立的空间）"、"排放到水体中，海和洋除外"、"排放到海和洋中，包括堆放到海床"、"生物性处理"、"化学/物理处理"等具体类型。

第二，我国立法机关应当借鉴德国《促进循环经济和确保合乎环境承受能力废弃物管理法》的立法模式，在新的《循环经济促进法》中制定用于确定"现有循环经济技术"的标准体系，该标准体系应当至少涵盖下列细化标准：一是可能的措施成本与效益的比例关系；二是低废弃物含量技术之使用；三是较少危险性材料之使用；四是促进"在各个单一程序中生产与使用的材料或者废弃物"

---

[532] 参见王多："'零废弃'能否成真——《循环经济促进法》如何修订？"，载 http：//www.jfdaily.com/news/detail？id=47594，最后访问日期：2017 年 3 月 31 日。

的回收和再利用；五是可比照的程序、设施和操作方法；六是技术和科学知识的进步；七是各种排放的种类、作用与数量；八是新的或现有的设备投入使用的日期；九是引入一个更好的、可使用的技术所需的时间。

四、基于绿色发展战略拓展循环经济义务主体范畴与实施领域

由于绿色发展已经被确立为我国基本战略，而该战略的实施需要得到循环经济法律体系的制度保障，因而我国立法机关应当借鉴德国以及欧盟模式，在新修订的《循环经济促进法》中提出系统明确的循环经济评价机制与保障措施，并纠正现有循环经济法律体系存在的两种错误倾向。一是仅仅确立企业主体的循环经济法律义务，厘定其相关法律责任，而未系统确立政府、中介组织、公民等其他社会主体的循环经济义务与责任；二是仅仅注重在工业领域内施行的循环经济系统的法治保障，而无视在农业、服务业、社会公众消费领域得以施行的循环经济模式的法治保障。

综上所述，我国循环经济法律体系为循环经济国家战略的实施提供法治保障，但我国现行循环经济法律体系具有系统性功能缺陷，落后于代表国际循环经济立法先进水准的德国循环经济法律体系。因此，我国立法机关应当借鉴德国模式，重新修订《循环经济促进法》，从体系架构、精神理念、概念界定、研究方法与演进路径等多个视角逐步完善我国循环经济法律体系。

第十六章

绿色发展视域下我国循环经济的
功能定位与法律规制

　　绿色发展是十八届五中全会提出的指导我国"十三五"时期乃至今后长期发展的科学理念与国家战略。我国绿色发展战略的制定具有一个循序渐进的过程。党的十八大首先明确了建设生态文明的战略部署，将生态文明建设纳入社会主义事业"五位一体"的总体布局，并要求着力推进绿色发展。十八届五中全会进一步提出"创新、协调、绿色、开放、共享"的五大发展理念，首次将绿色发展提升为国家根本战略。《国民经济和社会发展第十三个五年规划纲要》对于"绿色发展战略"作出如下阐释："绿色是永续发展的必要条件和人民对美好生活追求的重要体现。必须坚持节约资源和保护环境的基本国策，坚持可持续发展，坚定走生产发展、生活富裕、生态良好的文明发展道路，加快建设资源节约型、环境友好型社会，形成人与自然和谐发展现代化建设新格局，推进美丽中国建设，为全球生态安全作出新贡献。"

　　绿色发展战略的内涵是将环境资源内化为经济与社会可持续发展的根本要素，构建生态制度文明、生态意识文明与生态行为文明有机统一的经济与社会发展路径。从实现方式上分析，绿色发展战略包括循环经济、低碳发展、清洁发展、简约发展、均衡发展等多种子战略。在生态文明领域，循环经济被称为推动可持续发展的"绿色引擎"。它是物质闭环循环流动型经济的简称，其内涵是指以"减量化、再利用、再循环"为基本原则，仿照自然生态系统物质循环状态对资源进行高效、循环与永续利用的经济管理模式。由于循环经济理念体现了生态文明的宗旨，有利于实现社会经济系统与自然生态系统的和谐共生与良性互动，因此这一经济模式被公认为我国绿色发展战略的基本施行模式；而绿色发展战略反过来又为循环经济的发展指明了目标，并进一步拓展了循环经济的适用领域。

基于经济模式内涵分析，传统的循环经济模式只被视为是一种节省资源与减少环境损害的方式，而在绿色发展战略视野下，循环经济的功能效用需得到重新定位，它已经从传统的废弃物处理模式演变成为整体经济增长模式与发展模式。[533] 在这一背景下，我国现有的循环经济法律制度具有缺陷与不足，它无法为循环经济的内涵变革提供有效的法治保障。从比较法视角分析，德国是世界上首个创建循环经济法律制度的国家。该国循环经济法律制度不但具有内容全面与体系完整的特征，而且从多元角度充分体现了绿色发展战略。因此，我国应当借鉴德国先进模式与经验，重新构建与完善循环经济法律制度，进而建设生态文明型社会。

第一节　绿色发展视域下循环经济的功能定位

循环经济概念最初是指在产品使用周期结束之后，将用于生产产品的原材料通过回收利用再次投入生产过程的经济模式。在该经济模式框架下，废弃物在被回收后应当作为辅助性原材料获得循环与多梯级的利用。[534] 基于国家绿色发展战略，循环经济不再是仅仅局限于工业领域内部的涉及企业废弃物利用的经济管理形态，而是新常态下我国新的经济发展模式与创新路径。

具体而言，以前循环经济的主要功能是抑制与清除工业废弃物，保护自然环境。在绿色发展视域下，循环经济具有了新的二元化功能定位。一方面，循环经济依旧是以对环境友好方式处置废弃物的重要经济形态，它可以有效保护自然环境与民众居住环境；另一方面，由于"推进绿色发展"已被纳入国民经济和社会发展"十三五"规划，因此，循环经济成为整个国民经济体系运行的基本原则，它构成绿色经济发展模式与新的产业增长点。在绿色发展战略下，循环经济的性质与功能应被重新定位，这种定位变化主要体现在以下三个方面：

〔533〕　依据我国《循环发展引领计划（公开征求意见稿）》，循环发展的一项基本原则是"坚持以绿色转型为方向"。其具体实现路径为：落实绿色发展理念，把循环发展作为生产生活方式绿色化的基本途径，推进供给侧结构性改革，加快构建低消耗、少排放、能循环的现代产业体系，推动实现生产、流通、消费各环节绿色化、低碳化、循环化。

〔534〕　Wiki, Kreislaufwirtschaft, Stand：07. 11. 2015.

一、从单一的废弃物利用模式向普适性经济发展模式转变

循环经济概念蕴含将自然材料循环利用的基本理念。[535] 在废弃物管理领域，循环经济包括"通过直接将废弃物作为材料再利用实现的废弃物减量化"与"通过废弃物在生产中作为能源或材料再投入使用实现的废弃物再利用"，在这种废弃物减量化与再利用的框架下，循环经济在市场领域存在三个子市场，即处置服务市场、再利用服务市场与避免性服务市场。[536]

在绿色发展视域下，循环经济应当实现从原先单一的废弃物利用模式向普适性经济发展模式转变。我国政府应当逐步推动建立绿色低碳循环发展产业体系，并最终构建成型绿色经济体系。从横向层面分析，循环经济应从企业内部微型循环发展为经济体系大循环，包括工业、农业、第三产业在内的各个经济行业都应当构建"预防—减量—资源回收—清除"的反馈式资源处置模式，在消费领域也应全面推行绿色消费模式。从纵向层面分析，各个经济行业在"原材料开采—产品设计—预备生产—生产—销售—回收处置"的各环节都应推行循环经济基本原则，并厘定相关主体的循环经济义务与责任。[537] 基于此，我国应彻底摒弃以资源耗竭与环境污染为特征的黑色经济发展模式，并采纳以生态、绿色、循环、低碳为特征的绿色经济发展模式。

基于概念内涵分析，所谓绿色经济发展模式是指以环境可持续发展性、经济利益性与社会包容性为导向的经济模式。该概念主要在国际可持续发展研讨领域获得使用，它是对于可持续发展理念的重要补充。联合国环境规划署（UNEP）为"绿色经济"提出如下定义：绿色经济是促成提高人类福祉和社会公平，同时显著降低环境风险和生态稀缺的经济。[538] 2012 年联合国可持续发展大会（UNCSD）将绿色经济与可持续发展体制框架确定为会议两大主题。[539] 依据《迈向绿色经济：通向可持续发展和消除贫困的各种途径——面向政策制定者的综合报告》，绿化经济不仅会促进经济增长，特别是自然资本方面的增长，而且也会推动国内

---

[535] Nathani, Modellierung des Strukturwandels beim Übergang zu einer materialeffizienten Kreislaufwirtschaft, Heidelberg, 2003, S. 10.

[536] Läpple, Abfall – und kreislaufwirtschaftlicher Transformationsprozess in Deutschland und in China: Analyse – Vergleich – Übertragbarkeit, Dissertation, Heidelberg, 2007, S. 10; vgl. Nathani, Modellierung des Struktur- wandels beim Übergang zu einer materialeffizienten Kreislaufwirtschaft, Heidelberg, 2003, S. 10.

[537] 贾庆军："浅析发达国家循环经济法的构建及我国的借鉴"，载《经济前沿》2008 年第 7 期，第36～37 页。

[538] UNEP, http://www.unep.org/chinese/greeneconomy, Stand: 22.02.2017.

[539] Wiki, Green Economy（Deutsch）, Stand: 03.02.2017.

生产总值包括人均生产总值的增加，在向绿色经济过渡的过程中，新的就业机会将会不断涌现，最终超过从"褐色经济"中失去的工作岗位数量。[540] 依据联合国环境规划署（开发署）2011 年的定义，绿色经济是改善人类福利和社会公平，同时极大地降低环境危害和生态稀缺性的经济模式。简明而言，绿色经济是指注重低碳、资源效率与社会包容的经济。[541] 绿色产业是不以牺牲自然体系健康和人类健康为代价的工业生产和发展模式，该产业宗旨是将环境、气候和社会因素纳入企业活动考虑范畴。[542]

二、从封闭型链式经济形态向开放型网状经济形态转变

由于循环经济概念的最初含义是指工业企业内部的废弃物循环利用管理模式，所以它长期以来表现为一种封闭型链式循环经济形态，这一形态具有两项特征。其一，废弃物的循环利用发生在一个工业企业的内部，具有严格的内置性与封闭性；其二，废弃物的循环利用遵循"资源—废弃物—再利用—最终处置"的单一链式模式。依据绿色发展战略，循环经济应从封闭型链式形态向开放型网状形态转变。开放型网状循环经济形态表现为两方面。一方面，废弃物的循环利用已经不再局限于一家企业内部，而是具有显著的外向性与开放性，废弃物循环利用主体是在整个行业乃至整个经济体系层面进行废弃物的综合性再利用与清洁处理；另一方面，废弃物循环利用应当摆脱单向的链式结构，而采取多层次、多用途、全方位的网状利用模式，逐步建设清洁低碳、安全高效的现代资源与能源体系。例如，炼钢过程中产生的热能可以转化为电能，炼钢废气可以用于提炼有效成分，炼钢废渣可以用于生产建筑材料，而废气提炼与废渣处理过程中产生的热能又可转化为电能。

三、从行政主导型经济形态向法治保障型经济形态转变

在绿色发展战略提出以前，我国循环经济发展具有典型的行政主导特征。它的基本模式是，先由政府提出发展循环经济的系列政策，然后以行政主导的方式在经济领域推行这些政策。通过政府的强势推动与行政管理，循环经济模式可以得到迅速有效的推广复制，但行政主导型的循环经济形态也具有自身无法克服的弊端，其表现有二。其一，由于政府的政策无法明确界定循环经济相关主体的权利、义务与责任，也无权确立违反循环经济要求的企业行为的法定性后果，所以在践行循环经济理念过程中，各地政府机关常常根据自身理解采取参差不齐的政

---

[540]　UNEP, https：//web. unep. org/greeneconomy/⋯/GER_ summary_ zh. pdf, Stand：22. 02. 2017.

[541]　联合国工业发展组织：《工发组织绿色产业工业可持续发展倡议》，2011 年 10 月版，第 6 页。

[542]　联合国工业发展组织：《工发组织绿色产业工业可持续发展倡议》，2011 年 10 月版，第 7 页。

策执行标准，损害了循环经济发展的统一格局。其二，循环经济政策具有暂时性与易变性的特征，它们无法将循环经济推行过程中的成熟模式予以固定化与制度化，因而不能有效巩固与发展循环经济成果。

在绿色发展视域下，依据依法治国战略，循环经济应当实现从行政主导型向法治保障型转变，原先的行政管理手段应当逐步通过立法方式予以定型化与规范化。基于此，我国权力机关应将循环经济发展纳入法治保障范畴，逐步实行以法治保障为主导，行政推动为辅助的新的循环经济规制机制，从健全立法、加强执法、完善司法、倡导守法四个层面保障循环经济形态的有序发展。

第二节　现有循环经济法律制度的滞后性与缺陷性

《循环经济促进法》是我国具有相对主导地位的循环经济基本法律，这部法律确立了废弃物减量化、再利用与资源化原则。该法律的配套法律法规包括《废弃电器电子产品回收处理管理条例》《再生资源回收管理办法》等规范性法律文件。除《循环经济促进法》外，我国循环经济法律体系还包括《清洁生产促进法》[543]《水污染防治法》[544]《大气污染防治法》[545]《固体废物污染环境防治法》[546]《海洋环境保护法》[547] 等基本法律。

依据绿色发展战略，循环经济法律制度应当从国民经济转型的战略视角为循环经济发展提供行动指南与制度支撑。但从绿色发展视角审视，我国现有循环经济法律制度仍表现出一定的滞后性与不周延性。总体而言，我国循环经济法律制度还停留在粗浅的废弃物管理与环境保护层面，相关法律法规主要聚焦于减少废弃物数量与减轻环境污染的末端治理环节。现有循环经济法律制度的缺陷与不足主要表现在以下四个方面：

---

[543]《清洁生产促进法》的立法宗旨是："促进清洁生产，提高资源利用效率，减少和避免污染物的产生，保护和改善环境，保障人体健康，促进经济与社会可持续发展。"

[544]《水污染防治法》的立法宗旨是："防治水污染，保护和改善环境，保障饮用水安全，促进经济社会全面协调可持续发展。"

[545]《大气污染防治法》的立法宗旨是："保护和改善环境，防治大气污染，保障公众健康，推进生态文明建设，促进经济社会可持续发展。"

[546]《固体废物污染环境防治法》的立法宗旨是："防治固体废物污染环境，保障人体健康，维护生态安全，促进经济社会可持续发展。"

[547]《海洋环境保护法》的立法宗旨是："保护和改善海洋环境，保护海洋资源，防治污染损害，维护生态平衡，保障人体健康，促进经济和社会的可持续发展。"

一、基本法律缺乏普适性与实效性

在循环经济基本法律层面，现有的《循环经济促进法》具有适用范围狭窄与执行力不足的弊端。这部法律主要针对企业园区内的循环经济问题进行规制，而缺乏对整体经济层面与社会层面循环经济问题的系统规制。在很大程度上，《循环经济促进法》只是一部"应然法"与框架法，它提出了促进循环经济发展的战略方针与基本管理制度，但却缺乏具有强制执行力的施行细则与类型化措施，也不具备系统完善的配套法律法规。

由于上述原因，《循环经济促进法》已无法满足我国绿色发展战略的基本要求，这表现为两方面。一方面，该法律侧重"促进"循环经济，而忽视"保障"循环经济，虽然它规定了包含规划、投资、政府采购在内的循环经济优惠措施，但并没有将其细化为相关部门、地方政府的法定义务，因此该法律无法为我国循环经济从单一的废弃物利用模式向普适性经济发展模式转变提供全面有效的法律保障与战略指引；另一方面，这部法律主要规定工业与消费领域的废弃物利用规则，没有阐明各行业领域所普遍适用的循环经济基本原则，因此无法成为我国国民经济"绿色化"发展的核心性法律。

二、片面注重废弃物总量控制

在循环经济模式下，废弃物资源化产生大量再生资源，形成了各种类别的再生资源产业，但我国立法机关片面注重废弃物总量控制，还未厘清再生资源产业与原生资源产业的差异性标准，缺乏扶持与促进再生资源产业发展的法律顶层设计。此外，依据《循环经济促进法》《清洁生产促进法》与其他循环经济法律法规，循环经济的主要功能定位是实现废弃物的再利用，但对废弃物再利用的效率性与可执行性却置若罔闻。由于不注重废弃物再利用的合理方式与效率价值，这种片面追求废弃物再利用的行为可能导致再利用过程中的二次污染，最终使废弃物再利用所产生的环境损害成本大于废弃物本身产生的环境损害成本。

三、循环经济执法体系缺乏独立性、系统性、高效性

我国尚没有独立、系统与高效的循环经济执法体系，这主要表现为三个方面：首先，我国仍不存在独立与统一的循环经济执法机关，这严重影响了全国层面循环经济执法的同质化与均衡化，导致了各政府部门循环经济执法标准的参差不齐；其次，循环经济执法机构与相关职能机构之间缺乏清晰的权限划分。在我国循环经济执法实践中，循环经济执法机构与相关职能机构之间常常存在权限重叠与执法标准不统一的情形，造成了权力不明与责任不清的状况；最后，我国循环经济执法机关不但缺乏细化的执法流程与执法标准，而且缺少兼具循环经济专

业素养与较高执法素质的执法力量，因而其执法力度与效率较低。

四、循环经济施行机制缺乏义务均担性与多方联动性

依据《循环经济促进法》，我国现行循环经济法律制度采取"政府推动、市场引导、企业实施、公众参与"的循环经济发展方针。按照这一方针，循环经济义务主要由企业承担，且在生产过程中进行废弃物的末端治理。基于绿色发展战略，循环经济应当成为整个经济领域的发展模式，应从废弃物末端治理拓展到废弃物源头防范，产品开发者、产品生产者、产品销售者、产品使用者、社会中间层主体、各级政府以及其他公法人主体都应当具有保障循环经济实施的法律义务。由于我国立法机关还没有构建以社会各方主体义务均担与多方联动为基本特征的循环经济施行机制，因此这客观上阻碍了以绿色经济与循环经济为特征的生态文明型社会的建设。

第三节　绿色发展战略下德国循环经济法律制度借鉴意义

德国是世界上首个创建循环经济法律制度的国家。德国的循环经济法律制度构成分为五层级金字塔体系，由上至下依次为：国际法，欧盟法，联邦法，州法，关于公法废弃物处置者的市级法规。[548] 其中，联邦法是循环经济法律制度的核心部分，它包括《促进循环经济和确保合乎环境承受能力废弃物管理法》等法律、条例以及废弃物管理行政法规。

经过四十余年的发展，德国已经形成以绿色发展与协调发展为核心理念，内容完备、层次分明的循环经济法律制度，这一制度有效推进了以"环境的可持续发展性、经济的盈利性、社会的包容性"为导向的绿色经济发展模式。[549] 德国循环经济法治的成功经验对于我国具有重要的参考价值与借鉴意义。总体而言，德国循环经济法律制度具有以下基本特征：

一、注重法律制度的内在统一性与逻辑自洽性

《促进循环经济和确保合乎环境承受能力废弃物管理法》是德国循环经济核心法律。通过多次修订，这部法律立法宗旨已经从最初的"废弃物管理"转变为"保障资源、人类与环境"。它秉承绿色发展理念，不但针对产业园区内的循

---

[548] Vgl. Läpple, Abfall – und kreislaufwirtschaftlicher Transformationsprozess in Deutschland und in China: Analyse – Vergleich – Übertragbarkeit, Dissertation, Heidelberg, 2007, S. 31 ff.

[549] Wiki, Green Economy, Stand: 07. 11. 2015.

环经济问题进行规制，而且对整体经济层面与社会层面的循环经济问题进行系统规制。由于《促进循环经济和确保合乎环境承受能力废弃物管理法》提出了德国循环经济法律制度基本框架与立法指导思想，因而它有效整合了德国现行循环经济法律法规，消除了相关法律法规在内容构成与具体适用层面的冲突，保证了德国循环经济法律制度的内在统一性与逻辑自洽性。在该部法律统摄与指引下，德国循环经济相关法律还包括《可再生能源法》《垃圾减量监控法》《碳排放权交易法》《生物燃料油比例法》《可再生能源供热法》等法律，相关条例包括《废弃物贮存条例》《废弃物目录条例》《废弃物管理方案与废弃物管理总结报告条例》《废旧汽车条例》《废弃木材处置条例》《废弃油条例》《电池条例》《关于具有监管需求的回收利用废弃物的认定条例》《生物废弃物条例》《填埋场条例》《填埋场开发利用条例》《处置专业组织条例》《商业性废弃物条例》《污泥条例》《废弃物处置核查条例》《PCB/PCT 废弃物条例》《运输授权条例》《包装条例》《矿山填埋条例》等。[550] 德国联邦各州也具有循环经济法律法规，这些法律法规是对《促进循环经济和确保合乎环境承受能力废弃物管理法》以及其他德国联邦循环经济法律法规内容的细化、补充与阐释。

二、注重废弃物资源处置的多维性、效率性与环境友好性

德国循环经济是一种以资源的高效与循环利用为核心，以废弃物减量化、再使用化、再资源化为原则，以低投入、低消耗、低排放为特征，符合可持续发展理念的新型经济增长模式。[551] 基于德国《促进循环经济和确保合乎环境承受能力废弃物管理法》等法律的规定，循环经济描述了一种资源利用与经济发展模式，在该模式框架下，物质流（substance flow）在性质、功用与用途三个维度依据高标准不断得到循环利用，并最终接受合乎环境承受能力的处分措施。根据循环经济理想发展模式，废弃物资源应得到循环利用、高效再利用与环境友好型再利用，无法被利用的废弃物应当接受焚烧、填埋等无害化处分措施，只有对环境无害的生物有机废弃物或其他类似性质废弃物才应被允许进入生物圈分解消除。[552]

在德国循环经济法律框架下，循环经济模式主要包括三个方面内容：其一，在生产过程中实现对于主要原材料的高效率利用；其二，实现包装等材料的再利

[550] 孙佑海、李丹、杨朝霞：《循环经济法律保障机制研究》，中国法制出版社 2013 年版，第 427 页。

[551] 何灵巧："国外循环经济立法比较分析及对我国的启示"，载《科技与法律》2005 年第 3 期，第 121 页。

[552] Akademien der Wissenschaften Schweiz, Kreislaufwirtschaft, Die Bewirtschaftung natürlicher Ressourcen verbessern, S. 3.

用；其三，实现对于废弃物的物质回收利用与能源回收利用。[553] 为了提高废弃物资源利用的效率性，一方面，德国循环经济法律细化了废弃物与副产品的区分标准，明确二者的主要区别在于，副产品可以得到低成本与环保性利用，而废弃物的循环利用通常需要较高的处理成本，而且可能会对环境造成现实或潜在的威胁。这一细化区分可以避免企业因为废弃物外延的宽泛而负担超出合理范围的关于废弃物抑制、利用与处分的循环经济义务；[554] 另一方面，德国循环经济法律厘清了再生资源产业与原生资源产业的待遇差异性标准，使实行循环利用模式的再生资源产业能够获得各种优惠扶持措施，从而推动经济发展模式的转型，培育新的绿色经济增长点。[555]

三、构建联邦、州、市镇三层级规范化执法体系

德国循环经济执法体系分为联邦、州、市镇三个层级。其中，以德国联邦政府为核心的联邦执法力量统一领导州与市镇的循环经济执法工作。依据《促进循环经济和确保合乎环境承受能力废弃物管理法》规定，为了实现全国循环经济执法的均衡化与同质化，德国联邦政府有权在听取有关方面的意见，并征得联邦参议院批准的情形下，以颁布法律条例的方式规定循环经济法律的施行标准与基本要求。德国联邦政府在颁布循环经济执行条例和一般行政规定时，依法需听取各相关科学界人士、受影响者、经济界人士、主管废弃物经济的最高州机关、市镇（乡镇）和市镇联合会（乡镇联合会）等代表团体的意见。

德国循环经济执法具有鲜明的规范化与体系化特征，它体现为三个方面。其一，德国的循环经济执法机关分工明确、层级清晰，它们在原材料开采、环境友好型产品设计、企业清洁生产、绿色销售、绿色消费、循环经济设施建设、无害化排放、无害化填埋等各个领域全面监督循环经济的施行情况。其二，为了有效推进循环经济发展，联邦政府具有创建废弃物减量化方案的义务，各州可以独立创建或参与联邦废弃物减量化方案的创建。同时，各州具有在自身管辖范围内以跨区域视角提出废弃物管理计划的义务。其三，德国联邦各部门、受联邦监督的公法法人、特殊职能机构和其他部门在内部采购产品服务和安排工作流程时，也必须恪守绿色经济与循环经济基本原则。

---

[553] BDI, Ressourceneffizienz in der Kreislaufwirtschaft, Stand: 22. 12. 2015.

[554] Vgl. Europäische Kommission, Mitteilung der Kommission zur Mitteilung zu Auslegungsfragen betreffend Abfall und Nebenprodukte, Brüssel, den 21. 2. 2007, KOM（2007）, 59, S. 5.

[555] BDI, Ressourceneffizienz in der Kreislaufwirtschaft, Stand: 22. 12. 2015.

四、创设"污染产生者责任"制度

生产者责任延伸概念（Extended Producer Responsibility，简称 EPR）是由瑞典学者首次提出。基于德国生产者责任延伸概念内涵，产品生产者不仅需要对产品生产与出厂时的环境影响承担责任，而且应当基于产品的整个生产周期承担环保责任。环保责任包括环境损害责任、经济责任、物质责任、所有权责任、信息披露责任。为了贯彻落实绿色发展战略与循环经济理念，德国《促进循环经济和确保合乎环境承受能力废弃物管理法》采行了污染者付费的生产者责任延伸原则，从而使产品生产的负面外部化影响得到内部化。依据该法规定，废弃物的生产者原则上负有再利用与清除废弃物的义务，它们可以通过有偿使用第三方服务的方式来履行这一循环经济义务。[556] 也就是说，产品生产企业不仅必须在生产过程中对环境负责，而且必须对其所生产的产品在使用期间及产品报废之后对环境造成的负面影响负责。[557]

德国《促进循环经济和确保合乎环境承受能力废弃物管理法》还进一步拓展与深化了循环经济生产者责任延伸制度，使其成为"污染产生者责任"制度。它要求所有开发、生产、处理、加工、销售产品的经营者以及消费者都必须对所涉及产品的环境影响承担法律责任。依据该法典第 23 条规定，所有开发、生产、处理、加工、销售产品的人，都得基于实现循环经济的目的承担产品责任。产品的构成必须尽最大可能使其在生产与使用过程中减少废弃物的生成，并保证产品使用后产生的废弃物能在合乎环境承受能力范围内得到再利用或无害化处分。

第四节　绿色发展战略下循环经济法律制度的革新路径

依据绿色发展战略的要求，循环经济要成为自然环境保护、经济资源节约与社会生态发展有机统一的发展模式。当前我国经济处于"三期叠加"时期，推动绿色循环低碳发展是我国经济发展转型的关键所在，而革新循环经济法律制度将为我国绿色经济的发展与循环经济中长期目标的实现提供制度性保障。依据国家的依法治国与绿色发展战略，我国权力机关应将循环经济发展纳入法治保障范畴，逐步实行以法治保障为主导，行政推动为辅助的新的循环经济规制机制。在

---

[556]　Wirtschaftslexikon 24, Kreislaufwirtschafts-und-abfallgesetz, Stand：20.03.2013.

[557]　孙佑海："循环经济法的基本框架和主要制度论纲"，载《法商研究》2007 年第 3 期，第 36 页。

具体操作层面，我国应当结合当前国情，仿照德国循环经济法治模式，在绿色发展战略下系统革新既有的循环经济法律制度。制度革新路径可以分为以下四个层面：

一、基于绿色发展理念重构循环经济法律制度

我国立法机关应当依据绿色发展理念系统修订《循环经济促进法》。与原有的《循环经济促进法》相比较，新修订的《循环经济促进法》应当成为所有循环经济法律、行政法规、规章、条例及其他规范性法律文件的上位法。新修订的《循环经济促进法》应当提出系统明确的循环经济评价机制与保障措施，并纠正两种错误倾向。一是只注重确立企业循环经济法律义务，而忽视政府、事业单位、中介组织、公民等其他社会主体的循环经济义务与责任；二是只注重依法确保工业领域内的循环经济系统施行，而无视农业、服务业、消费领域等循环经济模式施行的法治保障。

在修订《循环经济促进法》的基础上，立法机关也应基于绿色发展理念重构循环经济法律制度，其方式有二。其一，立法机关应当依据绿色发展标准归纳、梳理、修正现行法律法规。如果现有循环经济规范性法律文件与绿色发展战略存在内容抵触或适用冲突的情形，那么相关规范性法律文件必须被废止或作出修订。其二，立法机关在制定新的法律法规时应当植入绿色发展理念，加强对循环经济产业的激励措施。新的循环经济法律制度应当确立环境、经济、社会利益有机统一的综合利益导向，这也是可持续绿色发展原则的具体表现。

二、整合与强化循环经济行政执法与保障体制

徒法不足以自行。为推行绿色发展战略，我国可以仿照德国执法模式，整合循环经济多层级执法资源，明确中央与省市县各层级的循环经济执法机关权限，由以中央相关部委为核心的执法力量统一领导地方的循环经济执法工作，并通过立法规范各级执法机关的目标、机构组成、具体任务与法律责任。循环经济执法机关应当确立执法的独立性、专业性与权威性，在原材料开采、环境友好型产品设计、企业清洁生产、绿色销售、绿色消费、循环经济设施建设、无害化排放、无害化填埋等各个领域全面监督循环经济施行情况，严格预防、管控与处罚各类违反循环经济义务与责任的行为。

除此以外，政府行政部门与其他公权力组织应当在公务采购与项目招标时遵循绿色发展战略与循环经济基本原则，逐步加强对循环经济产品的绿色采购力度，同时构建循环经济行政保障体制。在循环经济法律制度框架下，行政保障行为可以分为三种类型：其一，在循环经济行业直接进行国家投资，创设国有循环

经济企业；其二，通过财政补贴、税收优惠、特许经营等行政扶持措施激励企业实施循环经济模式与投资循环经济产业；其三，政府通过定向采购方式购买企业生产的循环经济产品与服务，再将其提供给社会民众。

三、制定各行业循环经济专项考核标准与评价机制

依据依法治国战略与《循环经济发展战略及近期行动计划》，我国一方面应当立法健全循环经济统计指标体系，确保各个经济行业在"原材料开采—产品设计—预备生产—生产—销售—回收处置"的各环节都能够有效推行循环经济模式，并建立循环经济统计核算制度和数据即时发布制度，另一方面应当在法治框架下制定循环经济评价指标体系，优化开放型网状循环经济形态，把资源产出率与废弃物再利用率作为评价循环经济发展成效的综合性指标。

在循环经济法律制度框架下，我国应当做好发展循环经济的法律顶层设计与长期规划，并依据地理区域、资源性质、所属行业与技术标准的不同，制定全面与细化的绿色发展与循环经济量化评价机制。各级政府与循环经济执法机关应当每年度对于所辖区域内企业单位、事业单位、社会团体、社区的循环经济施行情况予以检查与评估，并建立循环经济执法信息共享机制。

四、构建体现绿色发展战略的循环经济配套法律制度

我国立法机关应当构建以社会各方主体义务均担与多方联动为特征的循环经济施行机制，进一步构建与完善体现绿色发展战略的循环经济配套法律制度，推动以循环经济为特征的生态文明型社会的建设。其方式有三。其一，我国应当深化环境资源产品价格和税费改革，实行资源约束性使用制度与生态损害补偿制度。例如，依据十八届五中全会《中共中央关于制定国民经济和社会发展第十三个五年规划的建议》精神，我国应当建立健全排污权与碳排放权初始分配法律制度。构建这一初始分配制度的前提是明确排污权与碳排放权的绿色施行标准，排污与碳排放必须确保不会损害自然环境，并以环境可以承受的方式进入生物圈。其二，我国应当依据绿色发展战略，逐步完善污染物排放总量控制制度与循环经济信息公开查询制度，同时健全关于循环经济的产品回收标识制度、环境保护责任追究制度与司法保护制度。[558] 其三，我国应当仿照德国模式，将"生产者责任制度"转变为"污染产生者责任"制度，进一步立法明确政府、企业、社会组织与公民在推进循环经济发展中的责、权、利关系。

综上所述，在绿色发展视域下，通过借鉴德国模式修正与完善我国循环经济

〔558〕 参见国务院印发《法治政府建设实施纲要（2015～2020 年）》。

法律制度，既是推动绿色经济模式与产业形态发展的关键举措，又是我国实现建设生态文明型社会目标，确保"创新、协调、绿色、开放、共享"五大发展理念有机融合与无缝连接的内在需要。

第十七章

绿色发展视域下我国循环经济
PPP 模式的法律规制路径

公私合作（Public Private Partnership，以下简称 PPP）模式孕育于德国，发端于英国，如今已成为在各国得到普遍适用的循环经济合作模式。从历史纵向视野考察，PPP 模式原先主要适用于市政基础设施领域，其中只有市政污水处理等少部分行业属于传统的循环经济领域范畴。从比较法视野分析，无论在先进法域国家（例如德国、英国），还是在法治后发国家（例如我国），涵盖循环经济诸领域的 PPP 模式的构建与推行都处于探索创新阶段。它既缺乏成熟定型的类型构造，又缺乏全面系统的循环经济法律规制机制。

在绿色发展视域下，在循环经济领域发展 PPP 模式已经成为我国基本战略。依据我国《国家循环经济试点示范典型经验及推广指南》的要求，有条件的地方应当设立循环经济发展专项资金，推动建立循环经济产业投资基金、股权投资基金，积极发展 PPP 等新型政府社会资本合作模式，支持循环经济重大工程、重大制度、重要平台建设以及关键技术的研发和推广应用。

从功能视角分析，在绿色发展视域下推行循环经济 PPP 模式是我国克服循环经济资金短缺瓶颈与提升环保治理绩效的基本路径。鉴于 PPP 模式类型多元，而循环经济服务需求又纷繁多样，因而应明晰与细化循环经济 PPP 模式的类型构造，确立其基本架构、资金来源、运作机制与多元利益平衡方式。由于循环经济 PPP 模式的合同性质定性不明，而 PPP 模式固有的契约特质与政府方具有的行政优益权存在隐性冲突关系，这不但使社会资本方担忧政府方违约而对参与循环经济 PPP 项目心存疑虑，而且暴露出政府方在推行循环经济 PPP 模式过程中缺乏规范依据的现状。基于此，有必要借鉴德国、欧盟等先进法域国家与区域的经验，厘清宪法、民法、行政法等部门法在循环经济 PPP 领域的适用界限，消除现有法律之间的内容冲突，同时应立法填补循环经济 PPP 模式法律规制空白与漏洞，进而构建具有内容全面性与逻辑自洽性的循环经济 PPP 法律规制体系。

第一节　循环经济 PPP 模式基本内涵与外延

在我国循环经济领域方兴未艾的 PPP 是一个仍旧处于演进过程的缺乏统一定义的舶来概念。PPP 概念发端于英美法，其理论基础为公共产品理论与信息不对称理论，它代表的经济模式自 20 世纪 40 年代开始在德、英、美等国得到普遍适用。[559] 虽然国内外理论界与实务界关于 PPP 模式的定义呈现出纷繁多元的特征，但这些多元定义具有内容上的同质性，它们都主张 PPP 模式具有以下基本特征：PPP 是公共部门与社会资本之间进行的自愿、正式与长期的合作模式，在这一模式框架下，社会资本参与公共任务的履行进程，并且与公共部门共同承担公共责任。[560] 从广义上说，政府购买服务与特许经营是典型的 PPP 模式；从狭义上说，PPP 模式可被视为政府采购公共服务的一种特殊形式。[561]

在欧盟层面，《欧盟条约》与《欧盟运作条约》等欧盟基本法律条文中并没有出现 PPP 概念，但欧盟议会与欧盟委员会在其所颁布的法律文件中数次使用 PPP 概念。依据欧盟委员会《PPP 绿皮书》等文件的概念界定，PPP 模式具有以下四项基本特征：一是属于伙伴合作关系；二是发生在公共部门与私营部门之间；三是时间维度涵盖所属项目全生命周期；四是所属项目承担提供普遍经济利益服务的任务。[562] 从《欧盟条约》第 4 条第 3 款规定可引申出 "合作原则"，而 PPP 模式恰如其分地体现了 "合作原则"，所以欧盟一直采取鼓励 PPP 模式发展的联盟政策，这也进一步推动了以德国为代表的联盟各成员国 PPP 模式的发展。[563] 从欧盟《PPP 绿皮书》规定引申可知，循环经济 PPP 模式可以分为契约型与实体型两类。所谓契约型 PPP 模式，是指政府和社会资本合作的纯粹基于合

---

[559] Bonk/Neumann, VwVfG §54 Zulässigkeit des öffentlich-rechtlichen Vertrags, in：Stelkens/Bonk/Sachs, Verwaltungsverfahrensgesetz, 8. Auflage 2014, Rn. 43.

[560] Kühling, J. and Schreiner, T., Grundprobleme von Public Private Partnerships, in：ZJS 2/2011, S. 112f. (S. 112).

[561] Vgl. Wiki, Öffentlich-private Partnerschaft, Stand：06. 02. 2016.

[562] Tobias Haubner, Die Auswirkungen des Almunia-Pakets auf Public Private Partnerships, EuZW 2013, 816 (816).

[563] Bonk/Neumann, VwVfG §54 Zulässigkeit des öffentlich-rechtlichen Vertrags, in：Stelkens/Bonk/Sachs, Verwaltungsverfahrensgesetz, 8. Auflage 2014, Rn. 43.

同关系的 PPP 模式。所谓实体型 PPP 模式，是指通过政府与社会资本合作产生一个独立的法人实体的 PPP 模式，它分为两种情形：其一，政府与社会资本共同出资创建一个独立法人实体；其二，在政府协助下，社会资本有效控制一家公共企业。[564]

依据发改委 2014 年印发的《国家发展改革委关于开展政府和社会资本合作的指导意见》（发改投资［2014］2724 号），我国循环经济 PPP 模式可以分为经营性项目、准经营性项目、非经营性项目三种操作类型。经营性项目是指具有明确的收费基础，并且经营收费能够完全覆盖投资成本的项目。政府可通过授予特许经营权的方式，采用建设—运营—移交（BOT）、建设—拥有—运营—移交（BOOT）等模式推进经营性项目。准经营性项目是指经营收费不足以覆盖投资成本，需要政府补贴部分资金或资源的项目。政府可通过授予特许经营权附加部分补贴或直接投资参股等措施，采用建设—运营—移交（BOT）、建设—拥有—运营（BOO）等模式推进准经营性项目。非经营性项目是指缺乏"使用者付费"基础，主要依靠"政府付费"回收投资成本的项目。政府可通过购买服务方式，采用建设—拥有—运营（BOO）、委托运营等市场化模式推进非经营性项目。

由于绿色发展从一般的环保理念上升为我国经济发展根本战略，因而所有经济行业在发展中都必须嵌入与融合循环经济与环保因素，这极大拓展了循环经济服务的市场领域。与之相呼应，为实现经济、环境与社会的协同发展与可持续发展，我国政府制定了全面细致的"十三五"期间环境治理规划，准备系统治理雾霾、水系污染等跨区域的环境污染问题。而此类跨区域治理所需循环经济投入资金与环保资金数额极其巨大，远超政府财政资金所能承受范围，因而迫切需要通过系统引入 PPP 模式的途径充分利用社会资本及技术。除此以外，在 PPP 模式框架下，政府与社会资本还可以在循环经济与环境治理领域实现优势互补、分担风险，双方分别应对各自擅长处理的风险类型。基于此，在循环经济与环境治理领域利用 PPP 模式引入社会资本与专业技术，确保循环经济管理目标与环境保护目标的实现，让 PPP 模式成为我国政府在绿色经济发展与供给侧改革战略框架下的必然选择。

---

［564］　Grünbuch zu öffentlich-privaten Partnerschaften und den gemeinschaftlichen Rechtsvorschriften für öffentliche Aufträge und Konzessionen［KOM（2004）327 endg.］.

第二节　循环经济 PPP 模式适用基市前提

在绿色发展视域下，我国循环经济 PPP 模式的应用范围已经不再局限于工业企业内部、工业园区等传统循环经济范畴，而是进一步拓展到环保治理领域。例如，基于"十三五"环保规划纲要，我国环保领域的 PPP 模式应当主要聚焦于市政环境维护与区域环境治理领域。其中，市政环境维护包括城市生活污水处理、垃圾处理等循环经济行业。区域环境治理包括区域水环境治理、区域大气环境治理等行业，该类行业与循环经济行业也具有高度的外延重合性。基于此，我国循环经济 PPP 模式与环保 PPP 模式具有适用领域交叉与相互交融的特征。

从纵向视角分析，我国循环经济 PPP 模式可以细分为三个层次。第一层次为区域性单一循环经济 PPP 项目，例如苏州市吴中静脉园垃圾焚烧发电项目；第二层次为循环经济产业 PPP 模式，例如 PPP 大气污染防治基金；第三层次为跨区域性循环经济 PPP 项目，例如河流环境生态修复与综合整治 PPP 项目。[565]

从横向比较视角分析，我国循环经济领域项目合作模式包括 PPP、公公合作、混合合作等多种类型。循环经济 PPP 模式并非具有绝对的普适性与效益性。事实上，PPP 模式主要适用于具有一定预期收益，但收益不足以抵消成本的带有公益属性的循环经济项目。综合国内外理论界与实务界观点可知，只有在符合资格要求、二元属性与效益价值的情形下，循环经济 PPP 模式才具有理论研究与实践应用价值。在借鉴德国与欧盟模式的前提下，我国循环经济 PPP 模式应予适用的基本前提有三：

第一，双方主体具有适格性。循环经济 PPP 项目的一方主体恒定为政府，但并非任何政府主体都可成为循环经济 PPP 项目的当然主体。政府在循环经济领域负有宏观规划、监督处罚、环境治理等法定职责。由于宏观规划、监督处罚等公权力行政职责属于无法向其他私主体让渡的政府专有责任范畴，又不具有融资需求，因此政府在履行这类职责的情形下，不得通过 PPP 模式寻求社会资本方的合作与襄助。在工业污染防治、废弃物再利用、环境治理等私经济行政领域，政府作为福利型国家与保障型国家的代表，必须承担循环经济管理与环保职责，具有向社会公众提供全面、持续、有效的循环经济与环保服务的义务。但政府具有的

---

[565]　蓝虹："PPP 模式在环保运用中的三个层次"，载《上海证券报》2015 年 7 月 21 日，第 12 版。

循环经济与环保预算资金数量有限，无法满足社会公众日益增长的对于循环经济与环保公共服务的需求。只有在这一特定情境下，政府才可借力 PPP 模式，引入社会资本参与循环经济服务与环保公共服务的生产与供给，以克服与化解前述矛盾。

第二，项目兼具公益性与盈利性。在循环经济领域推行 PPP 模式，既要强调盈利性，又必须注重公益性。依据德国等国外先进法域经验，PPP 在循环经济领域并非普遍适用的运作模式。在特定情形下，公公合作制（Public Public Partnership）、混合合作是相较于 PPP 的更优选择。例如，工业污染防治属于工业企业的法定循环经济义务[566]，在工业污染防治领域政府亦具有监测与管理的职责，因而政府可以采用 PPP 模式，通过购买公共服务的方式，委托第三方企业代替政府行使循环经济的监管职责。但是，基于比例原则与效益原则，在跨区域的大型企业工业污染循环经济治理项目中，公公合作制通常更具执行效率与实践效益。其原因在于，在该公公合作制框架下，管辖大型企业生产与经营所横跨区域的多个地方政府部门可以通过公公合作制方式厘定各自的循环经济权限、义务、责任与风险，构建统一与高效的循环经济责任分担机制与绩效考核机制。

第三，项目须分别通过物有所值与财政承受能力的评估。由于诸种循环经济行业呈现管制标准多元化、技术需求多层次与行业之间差异性显著的特征，因而以引入社会资本化解循环经济资金短缺为主旨的循环经济 PPP 模式并非适宜所有环保服务生产与供给的普适性模式。依据德国与英国模式，实施循环经济 PPP 模式必须遵循物有所值（Value for Money, VFM）原则，并且需要兼顾考虑政府财政承受能力。具体而言，为了实现资源的最优化与集约化配置，政府在决定是否采用循环经济 PPP 模式时，必须对项目的成本、周期、效益等因素进行细致调查与审慎评估。在调查与评估过程中，传统国有企业的生产垄断与公公合作模式也应作为与 PPP 模式竞争的可能选项。

迄今为止，王小郢污水处理厂资产权益转让项目是我国循环经济 PPP 模式较为成功的范例。该 PPP 项目具有主体适格性和兼顾公益性与盈利性的特征，并符合物有所值原则。2003 年，合肥市政府在王小郢污水处理厂资产权益转让项目的招投标程序中坚持了公开、开放与竞争中立的原则，参与投标竞争的企业包括国有企业、民营企业与外资企业。最终，德资企业成为项目中标方，该项目也成

---

[566] 生产者责任延伸概念（Extended Producer Responsibility, 简称 EPR）是由瑞典学者首次提出。基于生产者责任延伸概念内涵，产品生产者不仅需要对产品生产与出厂时的环境影响承担责任，而且应当对基于产品的整个生命周期承担环保责任。

为具有典范意义的中德合作循环经济 PPP 项目。在该循环经济 PPP 项目中，特许经营项目协议涵盖了污水处理水价调整公式，从而使水价调整与电价、工资、化学药剂、税收利息、通货膨胀指数的变动态势形成关联关系。在具体操作过程中，合肥市先向市民收取污水处理费，然后再向 PPP 项目公司支付污水处理服务费。经过审慎运作，该循环经济 PPP 项目取得显著经济、生态与社会效益。不过，在该项目中存在监管主体职责不明的问题。具体而言，虽然监管主体包括环保部与合肥市政府参与方，但这二者之间缺乏监管范围的清晰界定。

在我国循环经济领域，为了精准评估与科学确定 PPP 模式的可行性与预期成本收益，政府或其他相关企业主体亟须获得具有针对性与系统性的 PPP 项目咨询服务，但我国现在仍旧缺乏循环经济 PPP 模式的辅助咨询机构与配套制度，进而限制了我国循环经济 PPP 产业的健康有序发展。因此，虽然当前循环经济 PPP 模式的推行得到政府行政力量的系统支持，但从已经付诸实施的循环经济 PPP 项目来看，成功实现 PPP 宗旨的项目并不多见。

在 2008 年，德国财政部与交通部主导成立了德国 PPP 股份公司，该公司的宗旨是促进 PPP 项目的开展，提高 PPP 项目中公共投资的比例。德国联邦政府、4 个州政府以及市镇联盟作为该公司的主要股东，占据 57% 的股份，代表 52 家企业与社会组织利益的社会资本股东占据 43% 的股份。[567] 从企业功能角度分析，德国 PPP 股份公司是一家独立的提供 PPP 项目服务的咨询公司。根据德国 PPP 模式的推广经验，PPP 模式虽然为公共部门提供了巨大机遇，但也可能存在模式内容与现实需求不匹配的情形。而通过长期的经营实践，德国 PPP 股份公司提供的专业咨询服务已经有效防止了不当采用或错误设计 PPP 模式的情形，并在相当程度上消除了德国 PPP 模式领域普遍存在的模式内容与项目需求的错位及冲突问题。

基于上述内容，在循环经济 PPP 模式辅助层级，我国可系统借鉴德国模式，由中央政府、地方政府、社会资本采用股权合作的方式共同创建独立的循环经济 PPP 咨询评估服务总公司，在各省创建分公司。其中，中央与地方政府拥有的股权比例应当超过 50%，从而使该公司成为国家控股的公共企业。该总公司的主要任务应是为了在"十三五"期间乃至未来更长期间给我国各种循环经济 PPP 项目提供专业咨询、风险评估、绩效考核、技术支持等有偿服务。

[567] Dreher, GWB § 99 Öffentliche Aufträge, in: Immenga/Mestmäcker, Wettbewerbsrecht, 5. Auflage 2014, Rn. 162.

第三节　循环经济 PPP 项目合同法律定性机制

基于合同内容而言，循环经济 PPP 项目合同是政府与社会资本方缔结的确立双方在 PPP 项目全生命周期权利义务关系的合同。关于循环经济 PPP 项目合同的法律性质，国内外学界存在私法合同说（民事合同说）、行政合同说、混合合同说等多种观点。论争各方界垒分明，互有攻守。在论证循环经济 PPP 项目合同属性之前，首先需要明确私法合同（民事合同）与行政合同这两项基本概念。私法合同（民事合同）概念界定殆无疑义，国内外学界与实务界均将其界定为平等主体之间缔结的以权利义务为内容的合意，但行政合同概念的界定则具有国别性与嬗变性特征。《最高人民法院副院长李国光在全国法院行政审判工作会议上的讲话》是国内最早界定行政合同概念的权威司法文件。该文件将行政合同定义为以实现行政管理为目的，在地位不平等的行政机关与行政相对人之间签订的合同。该定义应为我国行政合同概念的权威定义。

笔者认为，虽然各方关于循环经济 PPP 项目合同性质争议观点在表面上分歧很大，但诸种观点在实质意义上具有趋同性，只是关注侧重点略有不同。例如，持私法合同说学者主要强调循环经济 PPP 项目合同框架下政府与社会资本方地位的平等性，但一般并不否认政府具有的行政优益权。[568] 与之相对应，持行政合同说学者侧重强调循环经济 PPP 项目合同框架下政府具有为了社会公益而实施行政优益权的权限，但他们同样认为，行政优益权的行使必须遵循契约精神，充分尊重社会资本方的合法权益。而持混合合同说学者则倾向于调和与折中解释循环经济 PPP 项目合同的定性，主张其具有契约性与行政性的二元性质。

基于域外视角，由于循环经济 PPP 模式体现了市场经济视野下福利国家政府的职能转变以及政府权力与市场力量的交互渗透，因而它一直被欧美国家以及超国家联盟（例如欧盟）视为一种较为平和的民营化方式。[569] 在法治保障框架下，以德、英、法为代表的欧陆各国在循环经济领域着重施行 PPP 模式，其运作经验

---

[568] 行政优益权主要是指政府单方面解除或变更 PPP 合同的权利。循环经济 PPP 模式下政府行使行政优益权的前提条件有三。其一，秉承社会公益标准；其二，具有法定或约定依据；其三，行政优益权的行使须保障社会资本方的损害赔偿请求权益。参见叶必丰："行政合同的司法探索及其态度"，载《法学评论》2014 年第 1 期，第 72 ~ 73 页。

[569] Wiki, Öffentlich-private Partnerschaft, Stand：06.02.2016.

丰富、成果斐然。例如，在德国废弃物管理领域，政府通常采用 PPP 中的招投标模式，并在混合所有制公司的框架下来实现废弃物的收集与治理，取得了卓著成果。基于德国循环经济 PPP 模式，在实施招投标流程中，一方面需要确保政府对于项目公司的实质影响力与管控力，另一方面需要评估与确认私人企业适格的资金实力与专业水准。通过采用循环经济 PPP 模式，德国政府可以有效利用私人企业的资本实力与专业技术。[570]

基于德国法学巨擘萨维尼所阐释的"法的民族精神"理论，德、法、英、美、欧盟等先进法域国家或超国家联盟由于政府保障职责、公私法理论分野、公共福利体系、社会资本集中度的差异，对于循环经济 PPP 模式合同的法律定性、适用规则以及诉讼救济途径的选择具有一定的国别或区域差异性。然而，异中求同的是，先进法域国家或超国家联盟都认可 PPP 模式的功能定位是实现政府与私营企业的有效分工合作。具体而言，在循环经济 PPP 项目运作过程中，私营企业负责生产与提供质优价廉的循环经济服务，而政府确保在项目运行过程中社会福利目标的实现。[571]

在依法行政视域下，我国循环经济 PPP 项目合同的法律定性机制应在借鉴域外先进模式的前提下，根植于我国现有法制资源，并符合社会实践需求。总体而言，我国权力机关应当通过以下两种思路构建循环经济 PPP 项目合同的法律定性机制。

一、将双阶理论确立为创设法律定性机制的理论依据

横向考察世界先进法域国家 PPP 项目合同的法律定性可知，以英国为代表的英美法系国家理论界通常并不采行行政合同概念，而是将包括循环经济 PPP 合同在内的公益 PPP 合同界定为私法合同，而以德、法为代表的大陆法系国家理论界则一般将循环经济 PPP 合同界定区分为行政合同以及私法合同。[572] 大陆法系国家区分行政合同与私法合同的主要原因在于该法系国家公私法划分的理论传统与司法二元制的法制构造。[573]

在循环经济 PPP 模式类型界定上，作为大陆法系国家的我国可以参考德国、

---

[570] Gavia, AusAusschreibung von PPP – Modellen in der Abfallwirtschaft, http：//www. gavia – berlin. de/index. php/begleitung – oeffentlicher – vergabeverfahren/ppp – modelle – in – der – abfallwirtschaft, Stand：06. 02. 2016.

[571] Daniela Kirsch, Public Private Partnership；Schriften zur Immobilienökonomie, 4；Köln：Müller, 1999, zugleich Diss. Saarbrücken, 1996, S. 29.

[572] 蔺耀昌：《行政契约效力研究》，法律出版社 2010 年版，第 2 页。

[573] 蔺耀昌：《行政契约效力研究》，法律出版社 2010 年版，第 8 页。

欧盟的理论观点与立法模式。德国行政法上的双阶理论由学者依蒲生（H. P. Ip-sen）首次提出。依据该理论，政府的特定行政行为应根据特定时间节点或标准划分为不同阶段，并分别适用不同性质的法律法规。持双阶理论的学者主张，在循环经济 PPP 模式法律适用领域，应将政府在招投标阶段的行为定性为行政行为，该行政行为的相对人可以通过行政复议或行政诉讼的方式获得救济；而在循环经济 PPP 项目缔约之后的履约过程中，行政机关与社会资本方的关系为私法合同（民事合同）关系，应当受到民事法律的规制，社会资本方可以通过民事诉讼获得救济。依据德国学界主流观点，PPP 模式属于民法与行政法的共同规制对象。[574] 具体而言，基于循环经济 PPP 各个项目具体内容的差异，这些项目合同构造涉及买卖合同、租赁合同、借贷合同、承揽合同、劳务合同、保证合同等民事合同领域，属于民事法律规制范畴。与此同时，循环经济 PPP 模式的构建与实施通常又受到规划法、投资法、经济法、补贴法、税法等公法的调整。[575] 基于此，德国学者从严谨法理角度将 PPP 合同界定为"行政私法"（Verwaltungsprivatrecht）领域的合同。[576] 依据德国联邦最高法院（BGH）与德国联邦行政法院（BVerwG）的判决，PPP 合同由民法还是由行政法调整，主要取决于各个合同的标的与宗旨。[577]

在双阶理论框架下，德国 PPP 规制的重要法律依据为《行政诉讼法》涉及行政合同的第 54~62 条。依据合同双方之间的地位对比，德国行政合同分为协调性行政合同（Koordinationsrechtliche Verträge）与下位性行政合同（Subordinationsrechtliche Verträge）。所谓协调性行政合同是指合同双方均为行政主体因而处于同一层级的行政合同。所谓下位性行政合同是指合同一方为行政主体，而另一方为私人主体的行政合同。依据德国《行政诉讼法》第 54 条第 1 句规定，除非立法预先作出排斥性规定，否则合同法律关系可在公法领域得以缔结、修改或撤销。而德国《行政诉讼法》第 54 条第 2 句直接规制下位性行政合同。依据该句规定，

[574] Bonk/Neumann, VwVfG §54 Zulässigkeit des öffentlich-rechtlichen Vertrags, in：Stelkens/Bonk/Sachs, Verwaltungsverfahrensgesetz, 8. Auflage 2014, Rn. 43a.
[575] Bonk/Neumann, VwVfG §54 Zulässigkeit des öffentlich-rechtlichen Vertrags, in：Stelkens/Bonk/Sachs, Verwaltungsverfahrensgesetz, 8. Auflage 2014, Rn. 43b.
[576] 行政私法主要调整以下情形：政府所应承担的公共任务通过私法形式或私法手段得到履行。Bonk/Neumann, VwVfG §54 Zulässigkeit des öffentlich-rechtlichen Vertrags, in：Stelkens/Bonk/Sachs, Verwaltungsverfahrensgesetz, 8. Auflage 2014, Rn. 43b.
[577] Bonk/Neumann, VwVfG §54 Zulässigkeit des öffentlich-rechtlichen Vertrags, in：Stelkens/Bonk/Sachs, Verwaltungsverfahrensgesetz, 8. Auflage 2014, Rn. 43l.

行政机关可通过与行政相对人签订公法合同的方式来取代直接向行政相对人实施特定行政行为。基于德国双阶理论与关于行政合同的法律规定，在循环经济 PPP 模式法律适用领域，政府在招投标阶段可通过与私营企业签订行政合同的方式来取代直接向私营企业实施特定行政行为，而该合同应当归属于下位性行政合同范畴，它应是项目缔约之后履约过程中民事合同行为的基本前提与先置环节。

由于我国传统上属于大陆法系国家，并且法律制度的演进深受德国模式影响，因而基于制度路径依赖的考量，我国应当借鉴德国双阶理论经验，清晰厘定循环经济 PPP 合同具有行政合同与私法合同的二元属性，以保证法律体系内在统一性与逻辑自洽性。迄今为止，我国在公共行政实践中已经较为普遍采纳行政合同模式，立法与司法机关也已初步将 PPP 合同界定为行政合同。例如，2015 年 4 月 27 日，最高人民法院公布《关于适用〈中华人民共和国行政诉讼法〉若干问题的解释》。该法律文件第 11 条将政府特许经营协议明确认定为《行政诉讼法》第 12 条第 1 款第 11 项规定的行政协议。而我国《行政诉讼法》第 12 条第 1 款第 11 项规定，法院应当受理下列诉讼："认为行政机关不依法履行、未按照约定履行或者违法变更、解除政府特许经营协议、土地房屋征收补偿协议等协议的。"不过，我国权力机关也只是将循环经济 PPP 合同模糊界定为行政合同。由于我国权力机关没有系统借鉴德国双阶理论的理念，因而它们在立法与司法实践中还未依据项目周期的阶段性将循环经济 PPP 合同细分界定为双阶段的行政合同以及私法合同。

二、避免采行关于循环经济 PPP 项目合同性质的个案认定机制

值得注意的是，即使在以德国、英国为代表的先进法域国家，司法机关在判定循环经济 PPP 项目合同性质进而决定适用法律时仍未形成统一权威的裁判标准。换言之，学者所提出的包括双阶理论在内的任何一种理论学说都未经由司法机关的权威认可而成为具有普适性的司法裁判标准学说。以德国司法实践为例，法院在判定包括循环经济领域在内的各领域 PPP 项目法律属性时，更倾向于采用个案认定的方式透过相关理论学说所编织的推理逻辑面纱，进而直接根据单个 PPP 项目的宗旨与内容确定所适用的部门法。

毋庸置疑的是，在循环经济 PPP 模式的合同属性与法律适用问题上，采用个案认定方式在一定程度上可以保证裁判的精确性与时效性，但该方式对法官个人素质要求较高，且容易产生法律适用的不确定性。从综合层面考虑，我国在循环经济 PPP 项目合同定性与适用法律问题上，应当创设系统的法律规制机制，进而确立权威的理论学说与裁判标准，而不适宜仿照德国采行个案认定模式，其原因有二。其一,由于我国属于法治后发国家,法官专业素质的全面提升仍有待时日,因而采用个案认定模式所必需的司法人员专业素质仍有欠缺。其二,由于"十三五"期间我国循环经济资金缺口巨大,因此采用 PPP 模式吸引社会资本投入循环经济领域已成为政府的必然选择。但社会资本方愿意投入循环经济领域的基本前提之一就是 PPP 相关法律适用的确定性与可预期性,这使其可预估 PPP 项目风险,免除后顾之忧。而我国现有 PPP 相关法律的非体系性与内容模糊性导致法律适用结果的不确定性。基于此,我国全国人大应通过制定上位基本法律的形式,明确规定政府在包括循环经济 PPP 项目在内的各类 PPP 项目中必须遵循的基本原则与强制性法定义务,这可保证社会资本方在循环经济 PPP 项目缔约与履约过程中可以有效抵御政府违约或毁约风险,并获得强力法律救济。

除此之外,我国还可借鉴德国行政合同规制模式与 PPP 合同迅即执行机制。依据德国行政合同规制模式,在循环经济 PPP 合同框架下,政府与私营企业是地位平等的主体。政府不得通过自身行政行为来强制实现 PPP 合同所赋予的权利,而只能通过司法救济的途径来捍卫公共权益。而德国《行政程序法》第 61 条则确立了以自愿接受执行为前提条件的"迅即执行机制"。这一条款的宗旨是避免旷日持久的司法诉讼影响 PPP 合同的执行效力。通过借鉴德国行政合同规制模式,我国立法机关可以避免并且遏制政府在循环经济 PPP 项目框架下的行政越权与行政侵犯行为,防范行政权力对私营企业权益不当侵蚀的风险,发挥司法机关固有的对于行政行为的监督与矫正功能。通过构建 PPP 合同迅即执行机制,我国立法机关可以确保循环经济 PPP 合同的可执行性、盈利性与效果确定性,防止由于司法程序周期过长而导致项目被迫中止或招致撤销的后果。

第四节　域外借鉴视角下我国循环经济 PPP 立法模式选择

在我国现行 PPP 制度框架下,依据社会资本参与度,循环经济 PPP 模式可以分为特许经营类、私有化类与外包类三种类型。特许经营类的特征为:私人部门参与项目的投资或运营,公共部门与私人部门共担风险。私有化类的特征为:私人部门完全拥有项目所有权,负责项目的全部投资与运营,独立承担项目风险,政府只在服务价格与质量领域实施监管。外包类的特征为:政府购买私人部门提供的项目建设服务或经营服务,但项目风险全部由政府承担。迄今为止,我国立法机关已经初步建立以《政府采购法》《招标投标法》为代表的 PPP 法律制度框架，现在正在筹划特许经营法以及其他 PPP 特别规制法。为了在循环经济领域细化与补充 PPP 法律法规内容，我国政府已经颁行若干涉及循环经济 PPP 模式的政策性文件。例如，2015 年 4 月 9 日，财政部与环保部联合印发《关于推进水污染防治领域政府和社会资本合作的实施意见》（财建〔2015〕90 号），要求在饮用水水源地环境综合整治、河流环境生态修复与综合整治等 18 个水污染防治子领域推广应用公私合作制（PPP）模式。

基于体系解释视角，我国循环经济 PPP 模式涉及宪法、行政法、民法、经济法等诸多部门法域。它既导致了各部门法律法规在内容与适用层面的矛盾与冲突，又因而引发了各部门法律法规的综合、整合与融合问题。在构建循环经济 PPP 模式法律规章制度层面，我国立法机关应当借鉴域外先进模式，基于不同部门法之间效力层级、规制对象、基本原则的差异，构建与完善以宪法为根本归依的制度体系。在该体系框架下，既应明确厘清民法与行政法在规制循环经济 PPP 模式问题上的效力区分界限，又应基于经济法原则系统整合涉及循环经济 PPP 模式规制的预算法、财税法、竞争法、补贴法等法律法规。

依据我国《宪法》第 6 条规定，我国坚持公有制为主体、多种所有制经济共同发展的基本经济制度。该条款是我国包括循环经济领域在内的多领域 PPP 模式的宪法性依据，它从法律顶层设计角度赋予了循环经济 PPP 模式所体现的混合所有制性质以及混合经济成分格局的合宪性。

虽然循环经济 PPP 模式具有合宪性特征，但该模式的不当推行可能产生违反《宪法》精神与条款的后果，因此有必要为循环经济 PPP 模式的实施确定合宪性的边界，使其不得逾越违宪的红线。从域外借鉴视角考察，德国部分学者认为 PPP 模式具有违反德国宪法《基本法》的风险。他们认为，依据德国《基本法》第 20 条第 2 款规定，所有权力来源于人民。基于此，政府涉及公共资源的每项决定都应该可追溯到人民的授权，都必须体现社会公共利益目标。但在 PPP 框架下，政府在某些情形下对于公共资源使用与公共服务供给具有较小管控力与影响力，而私人企业却对于公共资源使用与公共服务供给具有显著管控力与影响力，这就会产生一种明显的危险：公共资源并没有基于社会公共利益被使用，而是被优先使用于实现私营企业的利益。[578]

我国是社会主义国家，《宪法》规定一切权力属于人民，政府代表人民管理国家与使用公共资源，并提供公共服务。因此，我国在推行循环经济 PPP 模式过

---

[578] Wiki, Öffentlich-private Partnerschaft, Stand：06.02.2016.

程中，一方面必须确保政府对于使用循环经济公共资源（如循环经济基金、循环经济财政补贴等）的合理支配力，另一方面必须体现政府保障循环经济服务的主导性地位。具体而言，在契约型循环经济 PPP 项目中，政府在合同框架之下，应当通过绩效考核等方式，在项目的全生命周期确保社会资本方所获得的国家基金支持、补贴、税收优惠等具有循环经济公共资源性质的扶持措施符合比例原则，具有合理性与适度性。在循环经济 PPP 项目缔结或变更过程中，政府应当加快建立明确自身权利义务的具有普适性的权利清单、责任清单与负面清单，并在遴选社会资本合作方时引入竞争机制，既要充分考虑社会资本合作方的资金实力与专业技术优势，又必须避免政府方被附加过度的与不合理的基金支持、补贴等扶持义务，从而有效防止国家循环经济公共资源的隐性流失，避免循环经济 PPP 项目沦为损害国家利益而纯粹谋求私营企业利益的工具。在实体型环保 PPP 项目中，政府应当通过所有权关系、资金参与、企业章程规定或企业高管任命权力等多元化途径，在不挫伤社会资本投资热情的前提下，确保己方对于公私合作创设的新的循环经济企业有直接或间接的支配力，从而实现有序分配循环经济公共资源与提供循环经济公共服务的目的。

虽然 PPP 模式诞生未逾一个世纪，但各国关于 PPP 模式的立法已呈现出丰富多彩的特征。从宏观层面考察，以德国、俄国为代表的大陆法系国家多采用统一立法的方式，通过创立单一的 PPP 法典系统规制 PPP 相关事宜，如德国《加速公私合作伙伴关系实施与优化公私合作伙伴关系法律框架法》（ÖPPBeschlG）、俄国《特许经营协议法》；而以英国为代表的普通法系国家受其判例法传统影响，则更倾向于采纳"零散法律条款 + PPP 指南"的方式规制 PPP 事宜，如英国政府创设多元化的 PPP 契约范本，适应不同 PPP 项目的特定需求。[579] 在大陆法系国家，依据传统发达国家与转型国家的差异，PPP 统一立法模式又可细分为"条款立法"与"综合立法"两种类型。德国是条款立法模式的杰出代表，俄罗斯是综合立法模式的代表国家。

俄罗斯规制 PPP 的法律包括《俄罗斯民法典》与《特许经营协议法》。其中，《俄罗斯民法典》债法编中规定了国家劳务合同等多种类型的标准合同，这些标准合同也适用于俄罗斯 PPP 领域；而俄罗斯《特许经营协议法》是规制 PPP

---

[579] 陈婉玲："公私合作制的源流、价值与政府责任"，载《上海财经大学学报》2014 年第 5 期，第 81 页。

的综合性法律，该法明确规定 PPP 的主要模式为特许经营模式。[580] 俄罗斯《特许经营协议法》的弊端在于，它规定了 PPP 框架下私营企业的多项义务，但却较少规定私营企业的权利内容。因此，这部法律的实践效果与立法宗旨背道而驰，它导致很多私营企业基于风险顾虑放弃了参与循环经济 PPP 项目的尝试。[581]

与俄罗斯 PPP 规制模式相比较，德国 PPP 条款立法模式实践效果显著，可以为我国循环经济 PPP 相关立法提供借鉴。德国《加速公私合作伙伴关系实施与优化公私合作伙伴关系法律框架法》采用的就是"条款立法"（Artikelgesetz）模式。所谓条款立法模式，是指德国该部法律的内容是由分散在《限制竞争法》《联邦预算规则》等不同法律中的涉及 PPP 的条款所汇总组成，该部法律对于涉及的各条款作出一定的修订与补充。[582] 随着 2015 年德国《加速公私合作伙伴关系实施与优化公私合作伙伴关系法律框架法》（ÖPPBeschlG）的颁布，德国涉及PPP 模式的其他法律法规得到修订，原有的法律障碍与模糊之处被系统清除。[583]由于我国《政府采购法》《招标投标法》中已经具有数量可观的涉及 PPP 的条款，因而我国具备借鉴德国条款立法模式的基本前提。在此基础上，我国应当借鉴德国先进法域的经验，通过循环经济 PPP "条款立法"方式，将分散在《政府采购法》《招标投标法》等现行不同法律中的涉及循环经济 PPP 的条款予以统一汇总，同时对于这类条款进行修订、补充与更新，以消弭现行法律条款之间存在的矛盾与冲突。

在循环经济 PPP "条款立法"内容构成上，我国立法机关可以借鉴前述的英国 PPP 契约范本规制机制，在循环经济 PPP 法律中植入多元化的 PPP 契约范本，以适应不同循环经济 PPP 项目的特定需求。同时，我国立法机关还可借鉴摩尔多瓦《公私合作制法草案》关于 PPP 的经典原则体系，[584] 构建作为循环经济 PPP法律立法依据与解释依据的基本原则体系。摩尔多瓦《公私合作制法草案》确立了关于 PPP 的以下经典基本原则，即：①平等原则。依据该原则，所有参与

---

[580] Wolfgang Tiede, Kiew und Sabina Krispenz, Überblick zum moldawischen Gesetzentwurf zu Public Private Partnerships im Lichte des europäischen, deutschen und russischen Rechts, WiRO 2008, 140 (135).

[581] Wolfgang Tiede, Kiew und Sabina Krispenz, Überblick zum moldawischen Gesetzentwurf zu Public Private Partnerships im Lichte des europäischen, deutschen und russischen Rechts, WiRO 2008, 140 (135).

[582] Wolfgang Tiede, Kiew und Sabina Krispenz, Überblick zum moldawischen Gesetzentwurf zu Public Private Partnerships im Lichte des europäischen, deutschen und russischen Rechts, WiRO 2008, 139 (135).

[583] Kühling, J. and Schreiner, T., Grundprobleme von Public Private Partnerships, in: ZJS 2/2011, S. 115 (S. 112).

[584] 摩尔多瓦是欧洲最为贫穷的经济体制转型国家。为了解决国家预算资金的不足，该国议会在 2008 年制定了《公私合作制法草案》。

PPP 项目投标申报的私营企业应受到政府的平等对待。政府负责挑选私营合作方的遴选委员会,不得歧视任何私营企业,也不得和参与遴选的私营企业存在利益输送关系。[585] ②透明原则。依据该原则,政府应当确保向所有申请 PPP 项目的私营企业提供全面信息。政府遴选委员会必须依据客观与公开的遴选程序确定私营企业合作方。[586] ③比例原则。依据这一原则,在 PPP 运营过程中,政府不得对私营企业合作方施加不当的压力或影响。只要政府施加压力或影响的行为不是为了实现项目的宗旨,就应当将这类行为视为不当行为,政府需要为此承担损害赔偿责任。[587] ④均衡原则。依据这一原则,政府与私营企业应当均衡分担 PPP 项目的风险。按照《公私合作制法草案》第 7 条规定,如果一个项目的所有风险都由政府承担,那么该项目不应被视为 PPP 项目。[588]

综上所述,我国立法机关应当借鉴以德国模式为代表的域外先进法律经验,厘定循环经济 PPP 的内涵、外延与适用基本前提,构建基于双阶理论的关于循环经济 PPP 项目合同的法律定性机制,并采用条款立法方式,确立 PPP 契约范本与原则体系,汇总、整合与修订我国现有的循环经济 PPP 法律条款。

[585] Wolfgang Tiede, Kiew und Sabina Krispenz, Überblick zum moldawischen Gesetzentwurf zu Public Private Partnerships im Lichte des europäischen, deutschen und russischen Rechts, WiRO 2008, 136 (135).

[586] Wolfgang Tiede, Kiew und Sabina Krispenz, Überblick zum moldawischen Gesetzentwurf zu Public Private Partnerships im Lichte des europäischen, deutschen und russischen Rechts, WiRO 2008, 136 (135).

[587] Wolfgang Tiede, Kiew und Sabina Krispenz, Überblick zum moldawischen Gesetzentwurf zu Public Private Partnerships im Lichte des europäischen, deutschen und russischen Rechts, WiRO 2008, 136 (135).

[588] Wolfgang Tiede, Kiew und Sabina Krispenz, Überblick zum moldawischen Gesetzentwurf zu Public Private Partnerships im Lichte des europäischen, deutschen und russischen Rechts, WiRO 2008, 136 (135).

附　录

《促进循环经济和确保合乎环境承受能力废弃物管理法》中译本 *

Gesetz zur Förderung der Kreislaufwirtschaft und Sicherung der umweltverträglichen
Bewirtschaftung von Abfällen

（Kreislaufwirtschaftsgesetz–KrWG）

2012 年 2 月 24 日版

翟巍　译

首译完成日期：2013 年 3 月 1 日
最新修正日期：2017 年 3 月 31 日

---

* 本翻译依据的《促进循环经济和确保合乎环境承受能力废弃物管理法》德语版本为 2012 年原始版本，译本个别条款根据该法典最新修订内容作出修正。——译者注

第一编　一般规定

第 1 条 法律目的

本法典目的是促进用以保护自然资源的循环经济，确保在废弃物的生产与管理中对人类与环境的保护。

第 2 条 适用范围

第 1 款

本法典条款适用于：

1. 废弃物的减量化以及

2. 废弃物的再利用，

3. 废弃物的处分和

4. 其他的废弃物管理措施。

第 2 款

本法典条款不适用于：

1. 被处置的物质

a) 依据 2011 年 8 月 22 日公告版的《食品和饲料法典》（联邦法律公报 I 第 1770 页）在当前适用版本中，只要它的效力及于食品、食品添加剂、化妆品、消费品和与食品具有相似

性的产品，

b）依据 1997 年 9 月 9 日公告版的《暂定烟草法》（联邦法律公报 I 第 2296 页），其最终通过法典第 4 条（联邦法律公报 I 第 1934 页）予以修订，在当前适用的版本，

c）依据 1990 年 7 月 25 日公告版的《奶制品与人造黄油法》（联邦法律公报 I 第 1471 页），其最终通过 2010 年 12 月 9 日通过法典第 22 条（联邦法律公报 I 第 1934 页）予以修订，在当前适用的版本，

d）依据 2004 年 6 月 22 日公告版的《动物流行病法》（联邦法律公报 I 第 1260 页，3588），其最终通过 2010 年 12 月 9 日法典第 18 条（联邦法律公报 I 第 1934 页）予以修订，在当前适用的版本，

e）依据 1998 年 5 月 14 日公告版的《植物保护法》（联邦法律公报 I 第 971 页，1527，3512），其最终通过 2010 年 12 月 9 日法典第 14 条（联邦法律公报 I 第 1934 页）予以修订，在当前适用的版本以及

f）依据基于上述 a 至 e 项所列法典所颁布的法律条例，

2. 动物副产品，只要这些副产品依据《"包含关于非用于人类食用的特定动物副产品的卫生法律规定与废弃欧共体第 1774/2002 号条例（关于动物副产品的条例）"的欧洲议会与理事会 2009 年 10 月 21 日版第 1069/2009 号欧共体条例》（官方公报 L 300，2009 年 11 月 14 日，第 1 页）在当前适用版本，依据 2004 年 1 月 25 日的《动物副产品清除法》（联邦法律公报 I 第 82 页）在当前适用的版本，其最终通过 2010 年 12 月 9 日对法典第 19 条（联邦法律公报 I 第 1934 页）予以修订，或者通过基于《动物副产品清除法》所颁布的法律条例，被提取、收集、运输、贮存、处理、加工、使用、处分或投放市场，例外情形是那些可以用来焚烧、填埋或者用于沼气设施或堆肥设施的动物副产品，

3. 非经屠宰死亡的动物尸体，其中包括为根除兽疫而杀死的动物，只要这些动物尸体符合条目 2 中所列的法律条款，则必须被处分或被处理，

4. 粪便，只要其未被条目 2 所包括，秸秆与其他的天然的非危险性的农业或林业材料，该类材料在农业或林业领域被使用，或该类材料来源于前述生物质能，并出于生产能源目的而通过特定程序与方式被使用，此处所指的特定程序与方式没有损害环境或没有危害人体健康。

5. 《原子能法》意义范围内的核燃料或其他放射性物质，

6. 基于 1986 年 12 月 19 日版《辐射保护预防法》（联邦法律公报 I 第 2610 页）当前有效版本所颁布的法律条例所规制的物质，该法最近一次修订是在 2008 年 4 月 8 日通过法典第 1 条（联邦法律公报 I 第 686 页）修订予以完成的，

7. 废弃物，其在直接勘探、开产、预处理以及与之相关的矿藏存储中于企业产生累积的，其处于矿产监督之下并依据最近于 2009 年 7 月 31 日通过对法典第 15a 条（联邦法律公报 I 第 2585 页）予以修订的 1980 年 8 月 13 日版的《联邦矿业法》（联邦法律公报 I 第 1310 页）的当前有效版本与基于该法典颁布的法律条例而于矿产监督之下被处置，

8. 不是利用容器存储的气态物质，

9. 物质，其将立即被排入或放入水体或废水处理装置，

10. 在原始产地（土壤原位）的土壤，包括未开挖的，受污染的土壤与建筑结构，其是与土地永久相连接的，

11. 未受污染的土壤物质和其他天然存在的物质，其在工程建造中被挖掘，只要这些物质在其自然状态在其被挖掘之地被用于建设目的，

12. 沉积物，其基于水体管理、水道维护或拓展以及防汛或降低洪灾与旱灾影响的目的，或者为了获取土地在地表水体中围积而成，其前提条件是：不明确该沉积物具有危险性，

13. 收集和转交船舶产生的废弃物与运载货物残余物，其前提条件是：基于国际的或超国家的协议，该事项是由联邦或州法律管辖的，

14. 研制、隐藏、运输、存储、处理和销毁弹药以及

15. 二氧化碳，其是为永久存储目的而集聚、运输和在二氧化碳存储设备中存储的，或者其在研究设施中予以存储的。

第 3 条　概念界定

第 1 款

本法典意义上的废弃物是指所有被其持有人丢弃、有意愿丢弃或者必须丢弃的物质或物体。再利用废弃物是指那些可被再利用的废弃物。不能被再利用的废弃物为用于处分的废弃物。

第 2 款

本条第 1 款意义上的丢弃是指持有人将物质或物体送交附录 II 意义上的再利用流程或附录 I 意义上的处分流程，或者在放弃任何其他目的的情形下抛弃对其实际控制权。

第 3 款

本条第 1 款意义上的丢弃意愿关涉到下列物质或物体：

1. 在能源转换、生产、处理或利用物质材料或产品或服务情况下产生的，不再具有任何使用目的的物质或物体，或者

2. 其原来的使用目的落空或被抛弃，亦不存在一个新的使用目的来直接取代原有使用目的。

对于使用目的的评判在兼顾流通观念的情形下由废弃物产生者或持有人的见解确定。

第 4 款

持有人在以下情形下必须将本条第 1 款意义上的物质或物体丢弃：如果它们不再匹配于原有使用目的而被使用，而且依据其具体状态具有在现在或将来损害社会公共利益，尤其是损害环境的性质，并且其损害的潜在风险只有依据本法典条款和基于本法典颁布的法律条例通过一种符合规定的与无害的再利用或合乎公共利益的处分才能得以消除。

第 5 款

本法典意义上的"危险的"意指通过第 48 条第 2 句所规定的法律条例或基于这一条例被

确定的废弃物。本法典意义上的"非危险的"指所有其他的废弃物。

第 6 款

本法典意义上的惰性废弃物是指矿物废料：

1. 其没有经受重大的物理、化学或生物变化，

2. 其不溶解、不燃烧和未以其他方式发生物理的或化学的反应，

3. 其不具生物降解性和

4. 其不会以对人类与环境产生负面影响的方式对与其接触的其他材料造成妨碍。

废弃物总的可浸出性和污染物含量以及渗滤液的生态毒性必须是微不足道的，尤其不得损害地表水与地下水的质量。

第 7 款

本法典意义上的生物废弃物是指可生物降解的植物性，动物性或来自真菌材料的现有的：

1. 花园与公园废弃物，

2. 园林绿化废弃物，

3. 从家庭、餐厅和餐饮业、零售业产生的食品和餐厨废弃物和来自食品加工企业的可类比废弃物以及

4. 来自其他原产地的废弃物，其依据类型、质地或材料性质与在条目 1 至 3 所列的废弃物具有可类比性。

第 8 款

本法典意义上的废弃物产生者是指每个自然人或法人：

1. 通过其经营活动产生废弃物（原始生产者）或

2. 通过预处理、混合或其他处理，使废弃物质地或组成发生变化（第二生产者）。

第 9 款

本法典意义上的废弃物持有人是指对废弃物具有实际控制权的每个自然人或法人。

第 10 款

本法典意义上的废弃物收集者是指任何自然人或法人，其商业性地或在经济企业的框架内，也就是说，出于从事有别于废弃物收集的另外的商业或经济活动的动机而收集废弃物。

第 11 款

本法典意义上的废弃物运输者是指任何自然人或法人，其商业性地或在经济企业的框架内，也就是说，出于从事有别于运输废弃物的另外的商业或经济活动的动机而运输废弃物。

第 12 款

本法典意义上的废弃物经销商是指任何自然人或法人，其商业性地或在经济企业框架内，也就是说，出于有别于经营废弃物的另外的商业或经济活动的动机或出于公共机构的动机基于个人责任购买与转售废弃物。在此，对于废弃物的实际控制权的获得不是必需的。

第 13 款

本法典意义上的经纪商是指任何自然人或法人，其商业性地或在经济企业框架内，也就

是说，出于有别于经纪废弃物的另外的商业或经济活动的动机或出于公共机构的动机为第三方管理废弃物。在此，关于废弃物的实际控制权的获得不是必需的。

第 14 款

本法典意义上的废弃物管理是指废弃物的提供、传输、收集、运输、再利用和处分，其中包括对此进程的监督、对处分设施的善后处理以及交易商和经纪商进行的活动。

第 15 款

本法典意义上的收集是指废弃物的收集，包括基于运输至废弃物处理设施而进行的初步的排序与初步的存储。

第 16 款

本法典意义上的分离收集是指一种收集，其在废弃物物流中依据废弃物的类型和质地而将废弃物分开处理，以使一项特定的处理行为得到简化或使之成为可能。

第 17 款

本法典意义上的非营利性的废弃物收集是指一种收集，其通过依据最近于 2011 年 6 月 22 日对法典第 8 条进行修订（联邦法律公报 I 第 1126 页）的 2002 年 10 月 15 日公告版《公司税法》（联邦法律公报 I 第 4144 页）当前有效版本的第 5 条第 1 款第 9 条予以免税的公司、协会或资产组合来承担，并为了实现在《税务规则》第 52 条至第 54 条意义上的非营利的、慈善的或宗教的目的而助益于筹集资金。当公司、协会或资产组合依据本款第 1 句规定委托一家商业性收集者进行收集，并在扣除它的成本与合理利润后将出售所得款项偿付给公司、协会或资产组合，这亦是一种非营利性的废弃物收集。

第 18 款

本法典意义上的商业性废弃物收集，是指以创收为目的实行的收集。在收集者与私人家庭之间合同关系基础上具有持续性架构的征集活动的实施并不与商业性收集相抵触。

第 19 款

本法典意义上的循环经济是指废弃物的减量化与再利用。

第 20 款

本法典意义上的减量化是指在物质、材料或产品成为废弃物之前而采取的任何措施，其目的是减少废弃物数量，减少废弃物对人类或环境的有害影响或者减少材料和产品中有害物质的含量。这其中尤其包括物质在设备内部的循环利用，具有较少废弃物的产品设计、产品的再使用或它们使用周期的延长以及以获取具有较少废弃物与较少有害物质产品以及使用可重复使用包装为导向的消费行为。

第 21 款

本法典意义上的再使用是指在产品或组件未成为废弃物情形下，再次为了与它们原先使用目的的相同的目的将其投入使用的任何程序。

第 22 款

本法典意义上的废弃物处置是包括再利用或处分的前置预备在内的再利用和处分程序。

第 23 款

本法典意义上的再利用是指任何程序，其主要结果是在设备内或在进一步的经济管理中使废弃物被使用于一个具有效用的目的，其途径或者是以废弃物替代其他的材料，否则其他的材料将被用于完成一项特定的功能；或者废弃物将被预备用于完成这一功能。附录 II 包含了一个并非囊括所有的再利用程序的名单。

第 24 款

本法典意义上的再使用之预备是指任何测试、清洗或修理的利用程序，在其中，已成为废弃物的产品或产品组件在没有进一步预处理的情形下再次被预备使用于与它们最初目的相同的目的。

第 25 款

本法典意义上的循环利用是指任何利用程序，通过此程序，废弃物或者基于最初（使用）目的或者基于其他的目的被制备为产品、材料或物质。它包括有机物质的处理，但不包括能源的利用与用做燃料或用于回填的材料的制备。

第 26 款

本法典意义上的清除（处分）是指非利用的任何程序，即使此程序会产生回收获取物质或能量的次生后果。附录 I 包括一个并非囊括所有的清除程序名单。

第 27 款

本法典意义上的垃圾填埋场是指在地表或地下用于存放废弃物的处分设施（地上堆填区）或地下储藏区。用于存放废弃物的企业内部的废弃物处分设施也属于填埋场，其中废弃物产生者可以在产生地点进行废弃物处分。

第 28 款

本法典意义上的现有技术是指先进的程序、设施或操作方法的发展状态，它在总体上保障一项措施的实际适用性，以实现以下诸目标：限制向空气、水与土壤的排放量，确保系统安全性，确保无害环境的废弃物处置或除此以外用于避免或限制对环境的影响，以实现一项整体性的对环境的高保护标准。在确定技术状态方面，附件 III 所列的标准尤其应被考虑。

第 4 条 副产品

第 1 款

一项物质或物体在制造程序中产生，但制造程序的主要目的并非制造此物质或物体。在以下情形下，该物质或物体被作为副产品而不被作为废弃物看待，当：

1. 这一物质或物体可以确保得到进一步的使用，

2. 对此，一个进一步的、超出正常工业程序的预处理是不需要的，

3. 这一物质或物体被作为一个制造过程的不可分割的部分被生产，

4. 进一步的使用是合法的。这是指当这一物质或物体满足所有对其各种使用方式适用的生产、环境或健康保护要求，并总体上不会对人类与环境造成有害影响。

第 2 款

德国联邦政府获得授权，在听取有关各方意见（第 68 条）并在联邦参议院批准的情形下，依据本条第 1 款所列的要求，通过法律条例的形式确定标准，据此标准，特定的物质或物体被作为副产品看待，并且用于保护人类与环境的要求亦得以确立。

第 5 条　废弃物性状的终结

第 1 款

一项物质或物体的废弃物性质终结，当其通过一项再利用程序而处于如下状态：

1. 其通常被使用于特定的目的，

2. 存在它的市场或它的需求市场，

3. 它符合所有的对它的各个目的适用的技术要求以及所有用于产品的法规和适用标准，以及

4. 它的使用总体上不会导致对人类或环境有害的影响。

第 2 款

德国联邦政府获得授权，在听取有关各方意见（第 68 条）并在联邦参议院批准的情形下，依据本条第 1 款所列的要求，通过条例的形式具体确定条件，在此条件下特定物质与物体的废弃物性质终结，并且在此条件下，为了保护人类与环境而提出的（特别是通过界定污染物极限值方式）的要求得以确定。

第二编　废弃物产生者和持有者以及公法上的处置者的原则与义务

第一章　废弃物减量化与管理的原则

第 6 条　废弃物优先顺位

第 1 款

抑制废弃物产生与废弃物管理措施按照以下顺序排列：

1. 减量化，

2. 再使用之预备，

3. 循环利用，

4. 其他的利用，尤其是能源利用与回填，

5. 清除（处分）。

第 2 款

依据第 1 款的序列可知，以下措施依据第 7 条与第 8 条具有优先性：该措施在废弃物产生和管理过程中，在考虑预先防范和可持续发展原则情形下，可以为人类和环境保护提供最佳保障。依据第 1 句考察对人类和环境影响时，应根据废弃物的整个生命周期。在此，以下因素需要被特别考虑：

1. 预期的排放量，

2. 保护自然资源的程度，

3. 将被使用或将获取的能源，以及

4. 在产品中，用于利用的废弃物中或由之获取的产品中有害物质的积聚。

措施的技术可行性、经济合理性和社会后果需要得到关注。

第二章 循环经济

第 7 条 循环经济的基本义务

第 1 款

废弃物减量化的义务是以本法典第 13 条以及根据第 24 条和第 25 条颁布的法律条例为基准。

第 2 款

废弃物的产生者或持有者负有再利用其废弃物的义务。废弃物的再利用优先于其处分。该优先性不再有效，当根据第 6 条第 2 款第 2 句和第 3 句废弃物之处分可以为人类与环境的保护提供最佳保障。该优先性不适用于以下废弃物：该类废弃物直接地与通常地通过研究与开发活动产生。

第 3 款

废弃物的再利用，尤其是通过将其纳入产品的方式再利用，必须符合规定与无害地进行。当再利用的进行遵守本部法典条款和其他公法条款时，是符合规定的。当依据废弃物的特性、污染的程度和利用的类型不会预期产生对公众利益的损害时再利用的进行是无害的，尤其是在回收过程中不会产生有害物质的积聚。

第 4 款

废弃物的再利用义务在以下情形下必须得到履行：只要其技术上是可能的，经济上是可以承担的，尤其是对于在再利用时获取的原料或获取的能源来说已存在市场或可以创建市场。当为了废弃物的再利用而需要进行预处理时，此废弃物再利用亦被认为是技术上具有可能性的。经济上的可承担性是指再利用所造成的成本与废弃物处分所需成本相比较，未处于不相当状态。

第 8 条 再利用措施的排名与高品质性

第 1 款

在依据本法典第 7 条第 2 款第 1 句履行再利用义务过程中，在本法典第 6 条第 1 款条目 2 至 4 中所列的再利用措施在以下情形下具有优先性，即：当这些措施依据废弃物的类型与特性，并在考虑本法典第 6 条第 2 款第 2 句和第 3 句所确定的标准情形下，可以为人类与环境的保护提供最佳保障。在若干个相同位阶的再利用措施之间，废弃物的产生者或持有者具有选择权。在设计依据第 1 句或第 2 句将被实施的再利用措施时，一项可以为人类与环境的保护提供最佳保障的高品质的再利用措施须被推崇。本法典第 7 条第 4 款规定应比照适用于第 1 句至第 3 句。

第 2 款

德国联邦政府在听取有关各方的意见（第 68 条）并获得联邦参议院的批准后，有权依据

第6条第2款第2句至第3句所确立的标准以法律条例的形式对于特定废弃物类型进行确定：

1. 一项利用措施的优先性或同等级性和

2. 对于利用高品质性的要求。

依据第1句，通过法律条例可以特别确定以下情形：废弃物的再利用在与其种类、特性、数量和成分相适合的情形下必须通过多层级的、上下级之间具有连接性的、材质性的和相互紧密相联的能源性再利用措施（级联利用）予以实施。

第3款

只要能源性再利用的优先性或同级性没有依据第2款在一项法律条例中得以确定，并且每个废弃物的热值在未与其他材料混合的情况下至少达到每千克11000千焦耳，则推定此能源性再利用与材质性再利用依据本法典第6条第1款条目2与条目3是同等级的。联邦政府截至2016年12月31日需基于废弃物经济之发展审查以下内容：是否以及在多大程度上热值对于有效地、具有法律安定性地实施在第6条第1款中所列的废弃物处置等级序列而言仍然是必需的。

第9条 出于再利用目的之废弃物分类，混合禁止

第1款

只要对于满足本法典第7条第2款至第4款和第8条第1款是必需的，则废弃物必须被分开维护与处理。

第2款

包括稀释在内的危险废弃物与其他类别危险废弃物或其他废弃物、物质或材料的混合是不允许的。在例外情形下，一项混合可以得到第1句豁免而被允许，当：

1. 它在一个依据本法典或依据《联邦污染防治法》获准的设施内得以执行，

2. 依据本法典第7条第3款对于一项符合规定的与无害的再利用的要求得到遵守，并且废弃物管理对于人类和环境的有害影响未通过混合而被加强。以及

3. 混合过程适应于现有技术。

只要有害废弃物以未经允许的方式被混合，其就需要在以下情形下被分离：如果这对确保依据第7条第3款施行的符合规定的与无害的再利用措施而言是必需的，并且这种分离技术上是可行的，经济上是合理的。

第10条 循环经济的要求基准

第1款

只要对于履行基于第7条第2款至第4款，第8条第1款与第9条的义务而言是必需的，尤其是对确保无害再利用是必需的，则德国联邦政府在听取有关各方的意见（第68条）并取得联邦参议院的同意后，有权以发布法律条例的形式规定：

1. 依据废弃物的种类、特性或成分限制或禁止特定废弃物在产品中的整合使用或存留，

2. 确定废弃物分类、混合准许以及运输和存放的要求，

3. 确定废弃物提供、转让、收集和聚集的要求，其各个要求均隶属于第25条规定的返回

要求，上述行为可以通过取送体系得以实施，其亦可在一个统一的回收站得以实施，或通过一种"同类产品或与以同样方式被回收利用的产品"共同采用的具有质量可类比性的统一的回收方式得以实施，

4. 对于特定的废弃物，其再利用必须依据其种类、特性或数量而采用合适的特殊方法，以不损害公共利益，特别是不损害第15条第2款第2句所提及的受保护对象，要依据其来源、产生单位或最终产品来确定以下内容：

a）其废弃物只允许以特定的量或特性或只用于特定目的才可进入流通或被利用，

b）其废弃物因具有特定的特性而不允许销售流通，

5. 确定在技术性建设单位对于矿物废弃物进行利用的要求。

第2款

通过根据第1款规定而颁布的法律条例可以确定用来审查上述所规定要求的程序，尤其是以下程序：

1. 证明或登记须在以下情形下被运作与提供：

a）亦无依据第51条的编排，或

b）偏离于基于第49条与第50条或基于依据第52条而颁行的法律条例产生的特定要求，

2. 废弃物的处置者必须在接收或转递过程中通过特定的种类与方式对其进行检查，并须将测试结果在证明或登记文件中做出记录，

3. 废弃物的运输者与处置者必须保有一个工作日志，在日志中对于那些未被登记文件列入的有关工作运行的特定信息必须做出标注，

4. 废弃物的产生者、持有者或处置者在接收或转递废弃物过程中，必须指明法律条例所规定的要求，或者以特定方式标记废弃物或对废弃物运输提供的集装箱设备，

5. 抽取样品，保留与存储参考样品和对此适用的程序，

6. 对于界定各个物质或物质组而言必需的分析程序，

7. 义务人在实施条目5与条目6中所列的样品收集和分析过程中必须委托一个由主管州机关公开宣示的专家，一个由此机关公开宣示的职员或其他的一位拥有所需要专业知识和技能的人，

8. 对于依据条目7的取样执行者的专业知识和技能需提出哪些要求，以及

9. 证明文件、登记文件与工作日志需依据条目1至3进行电子化运作，并依据《行政程序法》第3a条第2款第2句至第3句将电子形式的文件予以呈递。

第3款

由于第2款条目5至7的要求，任何人均可获知可供使用的通告。在此主要是指：

1. 在法律条例中注明通告的日期和详细标明依据来源，

2. 将通告按照建档要求在德国专利和商标局存档并在法律条例中对此予以标明。

第4款

依据第1款条目4的法律条例规定，如果任何人将特定废弃物投入流通或再利用，并且该

废弃物的无害化再利用需依据本法典第 7 条第 2 款至第 3 款、第 8 条第 1 款和第 9 条基于它们的种类、特性或数量而被附加特殊要求，则此人：

1. 必须对此予以表明，

2. 对此需要一个许可证，

3. 必须满足对其可靠性所提出的特定要求，或者

4. 必须在一个详细设置的程序中证明其具有必要的专业知识与技能。

第 11 条　有机废弃物与淤泥的循环经济

第 1 款

只要对于满足本法典第 7 条第 2 款至第 4 款与第 8 条第 1 款规定的要求而言具有必需性，则依据本法典第 17 条第 1 款附带交付义务的有机废弃物应当最晚不迟于 2015 年 1 月 1 日获得分离式收集。

第 2 款

如果对于履行本条第 1 款、第 7 条第 2 款至第 4 款与第 8 条第 1 款规定的义务而言具有必要性，那么德国联邦政府在听取有关各方的意见（第 68 条）并征得联邦参议院批准后，有权通过法律条例的形式，基于促进有机废弃物与淤泥再利用的目的特别确定以下内容：

1. 何种废弃物作为有机废弃物或淤泥，

2. 对于有机废弃物的分离式收集具有哪些要求，

3. 是否以及通过何种方式处理有机废弃物与淤泥，何种程序在此将被应用和何种其他措施在此将被采取，

4. 对于未被处理的、将被处理的和已被处理的有机废弃物与淤泥的种类与特性具有何种要求，以及

5. 特定种类的有机废弃物与淤泥，由于其涉及特定的起始原料、种类、特性、来源、数量、在土壤中聚集的种类或时间、土壤的特性、方位条件与使用类型，因而其不应当被投入流通或再利用，或者其只应以特定数量，或者其只应以特定特性，或者其只应为特定目的而被投入流通或再利用。

依据第 1 句规定，通过法律条例可在符合第 1 句条目 3 至 5 的情形下，亦确定对于有机废弃物与淤泥与其他废弃物、物质或材料的共同再利用的要求。只要有机废弃物与淤泥的符合规定的与无害的再利用通过《肥料法》的规定得到确保，基于第 1 句条目 4 至 5 与第 2 句规定的相关要求就不可被确定。

第 3 款

依据第 2 款第 1 句规定，用于审查对于有机废弃物与淤泥的再利用所规定的要求的程序亦可通过法律条例形式被确定，特别是：

1. 特定调查义务，该义务关联以下内容：处理有效性，未被处理与已被处理的有机废弃物与淤泥的特性，将被使用的程序或其他措施，

2. 调查方式，其对于条目 1 中措施的审查是必需的，

3. 土壤调查以及

4. 用于审查第 10 条第 2 款条目 1 至 9 与第 3 款所规定的要求的程序。

依据第 2 款第 1 句条目 1 可通过法律条例规定，如果有人将特定的有机废弃物或淤泥投入销售流通或再利用，那么依据本法第 7 条第 2 款至第 3 款、第 8 条第 1 款与第 9 条规定的标准，需基于其种类、特性或数量而对其无害的再利用提出特殊要求，即此人：

1. 必须对此予以证明，

2. 对此需要一个许可证，

3. 必须满足对其可靠性所提出的特定要求，或者

4. 必须在一个详细设置的程序中证明其具有必要的专业知识与技能。

第 4 款

德国联邦各州政府可以在第 2 款与第 3 款意义上为了再利用有机废弃物与淤泥和为了在土壤上聚集有机废弃物与淤泥的目的而颁布法律条例，其适用前提是：德国联邦政府未使用此立法授权。德国联邦各州政府可以将第 1 句的授权通过法律条例的形式全部或部分地向其他部门移转。

第 12 条 在有机废弃物与淤泥领域的质量保证

第 1 款

为了促进循环经济，也为了确保在有机废弃物与淤泥的产生与管理过程中对于人类与环境的保护，依据对此有效适用的法律条款，质量保证人和质量标签持有人可创建一个定期性的质量保证。

第 2 款

质量标志持有人是指一个自然人或法人，其：

1. 在经济企业或公共机构的框架内商业性生产、处理或再利用有机废弃物或淤泥，和

2. 对于被生成的、被处理的或被使用的有机废弃物或淤泥（亦包括与其他废弃物、物质或材料混合的情形）使用与支配质量保证人的质量标志。

第 3 款

质量标志只有在以下情形下可以被颁发，当质量标志持有人：

1. 满足为了确保有机废弃物或淤泥质量的目的而对于组织、人员性的配备、器件技术性装备或其他的装备以及对于其工作人员可靠性和专业知识技能所提出的必须要求，

2. 满足为了确保质量安全（特别是基于减少污染物目的，或者基于确保瘟疫与植物疫病的检验安全性的目的）而提出的要求，和

3. 具有在连续监测的框架下对于质量保证人进行解说的义务，解说内容为在条目 1 与 2 之中所规定的要求的履行情况。

第 4 款

只有在质量标志持有人是从质量保证人处获颁质量标志的情形下，质量标志持有人才可以运用质量标志。

第 5 款

一个质量保证人是由有机废弃物或淤泥的产生者或管理者、专业协会以及专门机构、院所或人员所组成的具有法律行为能力的集合组织。质量保证人需要得到主管机构的承认。质量标志的颁发需以法令、监管合同或一个其他的对于质量标志持有人具有约束力的规定为基础，该规定特别需要确定对于质量标志持有人提出的要求，对于由持有人产生、处理或利用的有机废弃物或淤泥和对其的监测提出的要求。

第 6 款

质量保证人须基于核查质量标志持有人的目的使用专家，该专家需具有为执行监管所必需的可靠性、独立性以及专业技能与知识。

第 7 款

德国联邦政府在听取有关各方的意见（第 68 条）并获得联邦参议院批准后，有权通过法律条例的形式对于有机废弃物与淤泥的质量保证规定要求。在法律条例中特别是：

1. 对于质量保证措施的要求，包括其规模，可以得到确定，

2. 对于组织、人员性的配备、器件技术性的装备与其他的装备和质量标志持有人的职业的要求可以得到确定，以及充足的责任保险可被要求，

3. 对于质量标志持有人和在其处所雇用的人的要求，尤其是对于这类人专业技能与知识和可靠性以及对其的证明的要求可以得到确定，

4. 对于质量保证人的活动的要求，尤其是对于其组成、解散、组织和运作方式，包括委任、监督机构的任务与权能的要求以及对监督机构成员的最低要求，可以得到确定，

5. 对于为质量保证人工作的专家以及他们的委任、工作与管控的最低要求可以得到确定，

6. 对于质量标志的要求，尤其是对于形式与内容以及对于它的颁发、它的取消、它的废除与它的吊销的要求，可以得到确定，

7. 质量保证人获致承认的专门条件、程序、颁发与撤销可通过主管机构予以规定，

8. 依据《行政程序法》的第 3a 条第 2 款第 2 句和第 3 句，对于必需的解释、证明文件、通知和其他的数据来说，它们的电子化管理事项与电子形式的文件版本可以得到编排设置。

第 13 条 设施管理者的义务

依据《联邦污染防治法》规定需要审批和不需要审批的设施管理者必须执行《联邦污染防治法》的相关条款规定，在这些设施建造和运作过程中，履行减量化、再利用或处分废弃物的义务。

第 14 条 促进循环利用与其他的物料利用

第 1 款

为了实现符合规定的、无害的与高品质的循环利用的目标，废纸张、废金属、废塑料与废玻璃最迟从 2015 年 1 月 1 日起必须实现分离收集，其适用前提是：只要在技术上是可行的，在经济上是合理的。

第 2 款

涉及居民区废弃物的再利用准备措施与循环回收措施所处置的废弃物应当最迟从 2020 年 1 月 1 日起，总计达到至少 65% 的重量比率。

第 3 款

对非危险性建筑与拆卸废弃物（不包括自然中产生的材料）实施的再利用准备、循环回收和其他的材质性利用措施（其在废弃物名录条例的附件中以废弃物编码 170 504 所标示）所处置的废弃物应当最迟从 2020 年 1 月 1 日起至少达到 70% 的重量比率。依据第 1 句的其他的材质性利用措施包括回填，在回填中废弃物作为其他材料的替代品而被使用。至 2016 年 12 月 31 日，联邦政府在建筑经济发展与建筑废弃物利用条件背景下检验此一目标的实施。

第三章 废弃物处分

第 15 条 废弃物处分的基本义务

第 1 款

只要在本法典第 17 条中未做出另外规定，未被再利用的废弃物的产生者或持有者负有将其处分的义务。通过对于废弃物的处理，其数量与危害性应被降低。在处分中产生的能源或废弃物，应被高品质地利用。本法典第 8 条第 1 款第 3 句对此适用。

第 2 款

废弃物应当在不损害公共利益的方式下被处分。该种损害尤其在以下情形下产生，当：

1. 人们健康受到损害，

2. 动物或植物被威胁，

3. 水域或土壤受到有害影响，

4. 通过空气污染或噪音，有害环境的影响被造成，

5. 涉及空间规划的目标、原则与其他要求未被关注或者涉及自然保护、景观管理以及城市规划的利害关系未被引起注意，或者

6. 公共安全或公共秩序以其他的方式被威胁或干扰。

第 3 款

只要对于满足依据第 1 款与第 2 款产生的要求而言是必需的，废弃物就应基于处分目的而被分离式地掌管与处理。本法典第 9 条第 2 款对此适用。

第 16 条　废弃物处分的要求基准

德国联邦政府在听取有关各方意见（第 68 条）并在联邦参议院批准的情形下，基于履行依据第 15 条产生义务的目的并在与现有技术相适应的情形下，有权通过法律条例的形式，依据来源、集聚点以及种类、数量和特性确定关于废弃物处分的要求，尤其是：

1. 对于废弃物分离与处理的要求，

2. 对于废弃物提供、转递、收集与集聚、运输、存放和贮存的要求以及

3. 依据本法典第 10 条第 2 款条目 1 至 9 和第 3 款为了监测此类要求而行使的程序。

依据第 1 句条目 1 与条目 2，可通过法律条例做出以下规定：特定的废弃物，对其的处

理、收集、集聚、运输、存放和贮存，需依据本法典第15条并根据它们的种类、特性或数量提出特别的要求。将这类废弃物带入流通领域或处分的人士：

1. 必须对此予以表明，

2. 对此需要一个许可证，

3. 必须满足对于其可靠性的特别要求或者

4. 必须在一个被详细设置的程序中证明其必要的专业知识或技能。

第四章　公法上的处置与委托第三方

第17条 交付义务

第1款

与本法典第7条第2款与第15条第1款不同的是，生活废弃物的产生者或持有者有义务将这些废弃物交付给州法赋予处置义务的法人（公法处置者），其适用前提条件是：这些废弃物在私人生活领域在它们被使用过的地产上无法被再利用或前述主体不具再利用意愿。

第1句也适用于基于处分目的来源于其他领域的废弃物的产生者与持有者，前提是他们并非在自身设施内处分废弃物。依据第2句，如果基于压倒性的公共利益将废弃物交付给公法处置者是必需的，那么在自身设施内处分废弃物的授权不再存在。

第2款

对于下列废弃物而言，交付义务不存在：

1. 根据本法典第25条规定颁布的法律条例附有循环利用或交回义务的废弃物，前提是公法处置者依据本法典第25条第2款条目4的规定不介入回收工作。在此情形下，特别是一个统一的回收站或一个具有可比照质量的统一的可回收物收集能够被预定，由此来自私人家庭的有价值的废弃物以有效方式得以收集并得以实现高品质的利用，

2. 依据本法典第26条，在行使产品责任中被自愿回收的废弃物，前提是循环利用的生产者或分销商已获得依据本法典第26条第3款或第6款发放的豁免或确定通知，

3. 通过非营利性的收集而服务于一个合规的与无害的再利用目标的废弃物，

4. 通过商业性收集而服务于一个合规的与无害的再利用目标的废弃物，前提是压倒性的公共利益未与此项收集发生抵触。

第1句条目3与条目4不适用于来自私人家庭的混合废弃物与危险性废弃物。依据本法典第10条、第16条与第25条以法律条例形式规定的关于交付义务的专门规定效力不受影响。

第3款

在以下情形下，基于第2款第1句条目4规定的压倒性公共利益与商业性收集发生抵触：当表现为具体形式的收集（也可与其他收集产生共同作用）损害公法废弃物处置者具有的功能，或者损害由公法处置者委托的第三方设置的或者基于第25条所颁布法律条例而设置的回收采集系统的功能。在以下情形下，一项对于公法处置者与由其委托的第三方功能产生的损害被确认：当履行由本法典第20条产生的处置义务时由于经济均衡条件而受阻或规划安全与机构责任受到严重损害。在以下情形下，一项对于公法处置者的规划安全与机构责任的严重

（附德国新旧循环经济法典最新译本）

损害被确认：当通过商业性收集：

1. 废弃物被收集，为此收集公法处置者或由其委托的第三方实行一项家用的或其他的高品质性的分离式废弃物收集与利用，

2. 费用的稳定性被威胁，或者

3. 非歧视性的与透明的废弃物处置服务的采购在竞争中被严重困难化或破坏。

在以下情形下，第 3 句条目 1 与条目 2 的规定不适用：如果由商业性收集者提供的废弃物收集与再利用相比由公法处置者或由其委托的第三方已经提供的或具体规划的服务具有显著的功效优势。在评价此功效时，不仅与循环经济目标相关的关于废弃物收集与再利用的质量、效率、范围和持续期被用于评估的标准，而且基于所有私人家庭视角在公法处置者领域被用于评估的关于服务的公益导向的服务正义性应作为评判标准。超出直接收集与再利用服务范围的服务，尤其是薪酬支付，在评判功效时不予考虑。

第 4 款

各州可以基于确保环境无害化处分的目的规定处分危险废弃物的投标与交付义务。对于利用危险废弃物的投标义务，如果各州截至 1996 年 10 月 7 日已经对其做出规定，那么保持不变。

第 18 条 收集的申请程序

第 1 款

在本法典第 17 条第 2 款第 1 句条目 3 意义上的非营利性收集与在本法典第 17 条第 2 款第 1 句条目 4 意义上的商业性收集须最迟在它们被预定开始前三个月通过其主管机构予以公告。

第 2 款

商业性收集的公告必须附随以下信息：

1. 关于收集公司规模与组织的说明，

2. 关于收集的种类、程度和持续时间，特别是关于最大程度范围与最短持续时间的说明，

3. 关于将被用于再利用的废弃物种类、数量与留存处的说明，

4. 一份关于在所公告的周期内预定的再利用方式，包括为了确保其能力而采取的必要措施的声明，以及

5. 关于如何在依据条目 4 所定再利用方式框架内确保对所收集的废弃物进行合规与无害再利用的说明。

第 3 款

非营利性收集公告必须包含以下信息：

1. 关于非营利性收集者以及被委托收集的第三方的规模与机构的说明，以及

2. 关于收集的种类、程度和持续时间的说明。

管理当局可要求：非营利性收集公告须附随依据第 2 款条目 3 至 5 所列文件。

第 4 款

主管机构敦促进行商业性或非营利性收集的公法处置者对其管辖范围在两个月期限内提

交意见。如果在期限终了之时，公法处置者仍未提交意见，那么可认为该处置者不愿表达意见。

第 5 款

主管机构可对公告收集规定限制性条件，使其具有时间限制或预设义务，前提是这对确保达成第 17 条第 2 款第 1 句条目 3 或条目 4 的条件是必须的。在以下情形下，主管机构须禁止经过公告的收集的开展：当事实显示，公告者或者对收集负有管理或监督责任的人的可靠性存在值得怀疑之处，或者本法典第 17 条第 2 款第 1 句条目 3 或条目 4 所列前提条件的遵循无法通过它法予以确保。

第 6 款

主管机构可以确定，一项商业性收集至少在一个特定的期间内被开展，此期间不得超过三年。如果商业性收集在第 1 句所确定的最短期限结束前中止，或在此期限内于其类型与程度方面不符合由主管机构依据第 5 款第 1 句确定的条件或者义务被显著阻碍，那么商业性收集者对于受影响的公法处置者基于补偿额外支出的目的负有义务，此额外支出须是对于到目前为止由商业性收集所收集的废弃物的集聚与利用是必需的。为了确保补偿请求权，主管机构可以对商业性收集者施加一项安全确保职能要求。

第 7 款

如果一项商业性收集，其在本法案生效之日已获开展，该收集到目前为止未对公法处置者、由公法处置者所委托的第三方或者根据本法典第 25 条所颁条例设置的回收采集系统产生危害，那么在依据第 5 款或第 6 款产生的指令中，相称性原则尤其是关于收集者关于收集进一步进行的信赖期望的保护必须得到关注。

第 19 条 基于地产的容忍义务

第 1 款

地产所有者与持有者对于在自己地产上产生的具有交付义务的废弃物负有容忍义务，基于对废弃物分离进行集聚与监测和对废弃物再利用之目标，有义务容忍在其地产上搭建收集所必需的容器以及对于地产的进入。主管机构的工作人员或被委托人，只有为了防止危害公共安全与秩序的紧急危险，才可在正常工作时间以外进入商业和营业用地与商业和营业空间，以及在未经屋主同意情形下进入居住空间。住宅不受侵犯的基本权利（《基本法》第 13 条第 1 款）将在一定程度上受到限制。

第 2 款

第 1 款亦适用于对于履行在基于本法典第 25 条颁布法律条例中规定的回收采集义务而言必需的回收采集与收集体系。

第 20 条 公法处置者的义务

第 1 款

公法处置者必须对其管辖范围内产生并已交付的来自私人家庭的废弃物与来自其他领域用于处分的废弃物依本法典第 6 条至第 11 条进行再利用或者依本法典第 15 条至第 16 条

进行处分。如果因为本法典第7条第4款所列的原因，废弃物的再利用义务不必履行，而且在此情形下废弃物基于处分目的而被交付，并且在公法处置者处不存在导致前述所列原因的因素，那么公法处置者对于废弃物再利用负有义务。

第 2 款

公法处置者可在主管机构批准下将废弃物排除于处置程序之外，前提是其根据本法典第25条规定颁布的条例受回收义务约束并已有实际的相应回收设备存在。第1句亦适用于非私人家庭的、其他来源的废弃物处置，前提是这些废弃物根据其种类、数量或特性不能与私人家庭产生的生活废弃物在一起处置，或者依据各州的废弃物经济计划，由其他的公法废弃物处置者或第三方来承担处分工作能保障合乎环境承受能力处分的安全性。公法处置者可以在征得主管部门同意后取消依据第1句与第2句产生的不处置状态，前提是那里提及的对于不处置的前提条件不复存在。

第 3 款

第1款中规定的义务亦适用于没有有效官方标志的卡车或挂车，当它们：

1. 停放在公用地面或建造地面的外围，

2. 没有证据表明存在失窃或合规使用，以及

3. 在车辆上放置明显可见的处理要求单后一个月内仍未被处理掉。

第 21 条 废弃物管理方案与废弃物管理总结报告

本法典第20条意义上的公法处置者须制定关于在其管辖范围产生或将交付给其的废弃物的再利用（特别是再使用预备与循环回收）和处分的废弃物管理方案与废弃物管理总结报告。对于废弃物管理方案与废弃物管理总结报告的要求须以州法为根据。

第 22 条 委任第三方

对于利用与处分负有义务者可以将其义务的履行委托给第三方。他们对于履行义务的责任仍然保持不变并一直持续，直到处置最终与合规性地被完结。被委托的第三方必须具有必需的可靠性。

第三编　产品责任

第 23 条 产品责任

第 1 款

凡开发、生产、处理或加工或销售产品的人，都得基于实现循环经济目的承担产品责任。产品的构成须尽最大可能使其在生产与使用过程中减少废弃物的形成，并保证产品使用后产生的废弃物能合乎环境承受能力地得到利用或处分。

第 2 款

产品责任尤其包括：

1. 开发、生产和流通适宜于重复使用的、技术上具有长久性的和使用后能合规地、无害

地高品质再利用以及合乎环境承受能力予以处分的产品，

2. 在生产产品时，优先使用可再利用的废弃物或二次原材料，

3. 对含有有害成分的产品进行标示，以确保产品使用后留下的废弃物能够以合乎环境承受能力方式被再利用或处分，

4. 通过产品标志提示回收、再使用与再利用的可能性或义务和典押规定，以及

5. 产品和产品使用后遗留下的废弃物之回收以及此后的合乎环境承受能力的再利用或处分。

第 3 款

在依据第 1 款和第 2 款规定的产品责任范围内，除了与本法典第 7 条第 4 款相应的相称性外，要注重其他法律条款关于产品责任与人类和环境保护的规定以及公共法中关于商品自由流通的规定。

第 4 款

德国联邦政府根据本法典第 24 条和第 25 条，以法律条例的方式规定哪些义务承担者须履行依据第 1 款和第 2 款规定的产品责任。同时，它规定对于哪些产品和以哪种类型与方式来承担产品责任。

第 24 条 对于禁止、限制与标示的要求基准

为了确定依据本法典第 23 条所提要求，联邦政府有权在听取有关方面的意见（第 68 条）并征得联邦参议院的批准后，以颁布法律条例的方式规定：

1. 特定产品，尤其是其包装和容器，仅具有特定特性或为了特定用途并且其产生的废弃物能保证合乎规定地再利用或处分，此类产品可以进入流通，

2. 在以下情形下，特定产品不允许进入流通：如果在进行处置时不能或只有投入不成比例的巨大成本才能阻止有害物质的释放，并且亦不能用其他方式保证其合乎环境承受能力地被处置，

3. 只有以特定的明显减轻废弃物清理工作的方式，特别是以有利于重复使用或再利用方式存在的特定产品可以进入流通，

4. 特定产品须以特定的方式进行标示，以保证或促进特别是依据本法典第 7 条第 2 款与第 3 款，第 8 条第 1 款与第 9 条产生的关联收集的义务的履行，

5. 特定产品由于在合规使用之后通常产生的含有有害成分的废弃物，只有在被标示后才可入流通，特别是应当提示生产者、销售者或特定第三方关于送回的必要性，

6. 对于特定产品，须在交货处或流通处提示产品的再使用性质或产品的处置途径，或在产品上做出相应的标示；

7. 对于特定产品，对其根据本法典第 25 条已规定收集与送回义务的，须在交货处或流通处提示送回的可能性或在产品上做相应的标示；

8. 对于根据本法典第 25 条规定收取抵押金的特定产品，须在产品上做相应标示，必要时注明抵押金金额。

第 25 条 对于收集与返还义务的要求基准

第 1 款

根据本法典第 23 条制定要求时，联邦政府在听取有关各方意见（第 68 条）并征得联邦参议院批准后，有权以颁布法律条例的形式规定生产者或销售者：

1. 只有在提供返还可能性时才可交付或流通特定产品，

2. 须回取特定产品或通过合适措施确保其返还，尤其是通过建造回取体系，参与回取体系或者通过收取抵押金，

3. 须在交货处或产生处回取特定产品，

4. 须为州、主管机构、本法典第 20 条意义上的公法处置者、工商业协会或者经其同意情形下为一个工商业协会的联合组织出具证明，证明进入流通的产品与其属性，废弃物之回取，对回取体系之参与，被收集的废弃物的种类、数量、利用与处分，以及

5. 须依据条目 4 出具、保留、存储证明文书，在基于请求时出示证明文书以及在机构、本法典第 20 条意义上的公法处置者、工商业协会或者在其同意下在工商业协会的联合组织保管证明文书。

第 2 款

依据第 1 款规定通过法律条例形式，可以为了确定本法典第 23 条规定的要求，以及在循环经济框架下为了补充确定废弃物生产者与持有者与公法处置者的义务，而进一步确定：

1. 谁必须承担被收集产品的收集、再利用与处分的成本，

2. 废弃物持有者须将废弃物交付给依据第 1 款规定负有义务的生产者、销售者或依据第 1 款条目 2 设置的收集体系，

3. 废弃物将被以何种类型与方式交付，包括提供、收集与运输以及条目 2 提及的废弃物持有者的送回义务；对于在上半句所提及的职能亦可以通过统一的收集站或具有可比照质量的统一的可收集物收集予以预定，

4. 本法典第 20 条意义上的公法处置者须将收集废弃物作为受委托的任务而参与收集工作并将收集的废弃物交付给第 1 款中规定的义务承担者。

第 26 条 自愿的收集

第 1 款

联邦环境、自然保护、建筑与核安全部在听取有关各方意见（第 68 条），在没有联邦参议院批准情形下，有权通过法律条例的形式对废弃物的自愿收集确定目标，该目标须在合理的期限内被实现。

第 2 款

如果自愿收集涉及危险废弃物，自愿收集产品和在产品使用后留存的废弃物的生产者与销售者必须在收集开始前到主管部门登记自愿收集。

第 3 款

依据第 2 款规定接收登记的主管机构应根据申请免除生产者或销售者（由其生产或销售

的产品在使用后作为危险废弃物在自身设备或设施或在由其委托的第三方的设备或设施中自愿收集）依据第 50 条具有的关于处置危险废弃物到完结收集废弃物的验证义务以及第 54 条规定的义务，当：

1. 自愿收集是为了承担本法典第 23 条意义上的产品责任，

2. 通过收集循环经济得以促进，和

3. 合乎环境承受能力的对于废弃物的再利用或处分得到保障。

依据第 1 句规定的收集之终结不迟于出于进一步处置目的在一设施中接收废弃物的时间点，其中暂时贮存废弃物的设施不包括在内，如果在义务免除中未有更早的时间点被指定，对于免除之申请可以依据第 2 款规定与登记一同提出。

第 4 款

第 3 款中所规定的免除适用于德意志联邦共和国，前提是没有限制性的有效性被申请或被指令。免除的主管机构应发送每一个免除通知的副本给废弃物在其领域内被收集的各州的主管机构。

第 5 款

危险废弃物的产生者、持有者、运输者或处置者直至第 3 款所规定的收集完结被免除本法典第 50 条所规定的证明义务，前提是其将废弃物交回给生产者或销售者或者在其委托下处置，而生产者或销售者依据第 3 款规定对于这些废弃物是免除证明义务的。主管机构可对交回或处置设置时间限制或预定义务，前提是其对确保合乎环境承受能力的再利用与处分是必需的。

第 6 款

第 2 款规定中所称主管机构应基于生产者或销售者申请确定：当依据第 3 款第 1 句的前提条件得到满足时，一项经公告登记的废弃物收集系按照本法典第 23 条承担产品责任。第 4 款规定相应适用。

第 27 条　收集后持有者责任

依据基于本法典第 25 条颁布的法律条例收集或自愿收集废弃物的产生者与销售者，均受废弃物持有者义务的约束。

第四编　规划责任

第一章 废弃物处分的规则与实施

第 28 条 废弃物处分的规则

第 1 款

基于处分目的，废弃物只可在经过审批的设备或设施（废弃物处分设备）进行处理、存放或堆放。第 1 句规定之适用可予以排除的特殊情形，如果处理使用之设备主要是为了实现有别于废弃物处分的其他目的，并且该处理需要根据《联邦污染防治法》第 4 条规定获致审批，那么在此类设备中废弃物处分之处理亦获准许。处置废弃物的存放或处理也被允许在基于此类目的提供服务的废弃物处分设备中进行，前提是此类设备依据《联邦污染防治法》由于其较低的潜在损害而无需进行审批，并在根据《联邦污染防治法》第 23 条颁布的法律条例中或在依据第 16 条颁布的法律条例中未做其他规定。并非废水的液态废弃物，可依据最近于 2011 年 10 月 6 日通过第 1 条（联邦法律公报 I 第 1986 页）予以修改的 2009 年 7 月 31 日版的《水资源法》（联邦法律公报 I 第 2585 页）第 55 条第 3 款规定的条件，依该法当前适用的版本，与污水同被处分。

第 2 款

主管机构可以在个别情况下，在保留撤销权的情形下批准第 1 款第 1 句规定的例外处理，其适用前提是：由此不会造成公共利益受损。

第 3 款

各州政府可以通过法律条例的形式允许特定废弃物或特定种类的此种废弃物在第 1 款第 1 句意义以外的设备中进行处分，前提是具有此种需要又不必担忧损害公共利益。在此种情形下，各州政府也可以通过法律条例形式规定处分的前提条件、类型与方式。各州政府可以通过法律条例形式将此权力全部或部分地委托给其他管理机构。

第 29 条 废弃物处分的实施

第 1 款

主管机构可对于废弃物处分设备的经营者附加义务，要求其因合用废弃物处分设备而向第 15 条规定的处分义务者以及第 20 条规定的公法处置者支付相应的费用，前提是其以其他的方式不能合目的地或只能以附随显著额外费用的情形处分废弃物，而且合用设备对于经营者来说是合理的。如果在费用问题上达不成一致意见，可基于申请由主管机构对此做出规定。基于第 1 句规定的义务人的申请，前述授权受益者可以不支付合理费用，但负有义务在指令原因消失后去接收同样种类与数量的废弃物。支付的义务只有在不与本法条款规定冲突的情况下才成立；依据本法第 15 条规定的基本义务的履行必须得到确保。主管机构须要求指令受益者提交废弃物经济理念方案并将其作为决策基本依据。

第 2 款

如果废弃物处分设备经营者能比公法处置者更经济地处分废弃物，那么根据其申请可将废弃物之处分委托给该设备经营者。此委托可以特别附加义务，即申请人须处分在原先由公法处置者收集区域内产生的所有废弃物并收取费用，前提是公法处置者无法处分剩余废弃物或只能以过高费用予以处分。如果申请人说明其不能承担处分剩余废弃物，那么这不适用于此种情况。

第 3 款

主管机构可要求矿山企业的开采者或经营者以及矿山开采地的所有者、持有者或以其他方式具有支配权者承担义务，即容忍在他的开采空地上或在其地产范围内进行废弃物处分，同时在正常的操作或营业时间提供准入可能性，并且，如果这是不可避免的，那么应提供现有的工作设备或设施或设备设施的部分供废弃物处分使用。依据第 1 句规定而使相关义务者产生的成本由处分义务人支付。对于成本费用支付不能形成统一意见的，由主管部门依据申请确定。相对于废弃物处分而言的矿山开采优先权不应受到损害。容忍义务人对于废弃物处分时产生的损害不负责任。

第 4 款

根据最近在 2006 年 10 月 31 日指令中（联邦法律公报 I 第 2407 页）通过第 72 条予以修订的 1998 年 8 月 25 日版的《公海倾倒法》（联邦法律公报 I 第 2455 页）的规定，禁止将废弃物倾倒入公海以及在公害焚烧废弃物。疏浚材料可在考虑其内含成分的情形下依据第 1 句所列的法律的规定倾倒入公海。

第二章 废弃物管理计划与废弃物减量化方案

第 30 条 废弃物管理计划

第 1 款

各州在自身管辖范围内以跨区域视角提出废弃物管理计划。废弃物管理计划需说明以下内容：

1. 废弃物减量化、再利用，尤其是再使用预备和循环回收，以及废弃物处分之目标，

2. 废弃物管理现状，

3. 改善废弃物利用与废弃物处分的必需措施，包括对其实现目标能力之评估，以及

4. 废弃物处置设备，其对于在国内保障废弃物处分以及来自私人家庭的混合废弃物，包括那些在其他来源领域被收集的废弃物之再利用是必需的。

废弃物管理计划需确定以下内容：

1. 在第 2 句条目 4 意义上被批准的废弃物处置设备，以及

2. 用于垃圾填埋场，其他废弃物处分设备以及在第 2 句条目 4 意义上废弃物处置设备的合适面积。

废弃物管理计划可以进一步确定：哪一个处置者是预定的和处置义务人须使用何种第 2 句条目 4 意义上的废弃物处置设备。

第 2 款

在说明需求时，须考虑到将来至少十年内可预期的发展。在说明需求时如有必要，须对废弃物管理方案与废弃物管理总结报告进行评估。

第 3 款

一项区域面积在第 1 款第 3 句条目 2 意义上将被视为合适，当其位置、大小和特性在考虑预设用途情形下与计划区域内的废弃物管理目标相一致，并且未与区域资格所涉及公共福祉利益产生明显冲突。第 1 款第 3 句条目 2 规定的区域面积之指定行为不是规划确定或批准在第 35 条所列的废弃物处分设备的前提条件。

第 4 款

第 1 款第 3 句条目 2 和第 4 句意义上的指定可以被宣示为对于处置义务者具有约束效力。

第 5 款

在废弃物管理计划中，必须考虑到空间规划的目的和空间规划的原则与其他要求。《空间规划法》的第 8 条第 6 款规定效力不受影响。

第 6 款

废弃物管理计划应至少包括：

1. 关于在区域内产生的废弃物或预计来自或将被带入德国领土的废弃物的种类、数量及来源的说明，以及对于废弃物流将来发展的评估，

2. 关于现有的废弃物收集体系与主要的处分与再利用设备的说明，包括对于废油、危险废弃物和废弃物流的特别预防措施，对此依据本法典或基于本法典颁布的条例中的特别规定有效适用，

3. 对于新的收集体系之必要性，现有的体系之关闭或依据第 1 款第 3 句建设之额外废弃物处置设备之评估，如果必要，亦包括对于相关投资的评估，

4. 关于位置定位之确定标准与将来处分设备或主要再利用设备产能的足够信息，

5. 一般的废弃物管理政策，包括计划的废弃物管理技术与程序，或者对于构成特别管理问题的废弃物之政策。

第 7 款

废弃物管理计划还可进一步包括：

1. 关于废弃物管理组织方面的说明，包括对于执行废弃物管理过程中公共和私营部门职责分工的描述，

2. 关于使用经济或其他手段来应对不同的废弃物问题的效用与适用性的评估，在此须考虑维护内部市场顺利运作的必要性，

3. 运用意识宣传活动以及提供信息给大众或一个特定消费者团体，

4. 关于关闭的受污染的废弃物处分地点与其重建措施的说明。

第 31 条 废弃物管理计划的制定

第 1 款

各州应相互协调其废弃物管理计划。如果有必要制定一项跨州的规划，有关州应在制定废弃物管理计划时相互协调确定要求与措施。

第 2 款

在制定废弃物管理计划时，乡镇、区以及它们各自的联合体和公法处置者必须参与。

第 3 款

公法处置者须在主管机构要求下，将由其创建与续编的废弃物管理方案和废弃物管理总结报告出于评估废弃物经济计划的目的予以提交。

第 4 款

各州规定制定计划与具约束力解释的程序。第 1 款至第 3 款与第 32 条不受影响。

第 5 款

计划须至少每六年被评估，并根据需要更新。

第 32 条 公众对于废弃物管理计划制定的参与，向公众通告

第 1 款

在依据第 30 条制定或修改废弃物管理计划，包括制定或修改特别的篇章或独立的子计划，尤其是关于处置危险废弃物、废电池和蓄电池或包装或包装废弃物的内容，公众必须经由主管机构获得参与。废弃物管理计划的制定或修改以及关于参与程序的信息必须在一个官方公告或以其他合适的方式予以公示。

第 2 款

新的或修订后的废弃物管理计划的草案以及草案所依据的原因和考虑因素，须出于查阅目的于一个月间作出陈列。在陈列期限结束后两周内，相关意见可以书面形式向主管机构提交。期限届满的日期将依据第 1 款第 2 句在通知内予以告知。合乎期限收到的意见，将被主管机构在决定采纳计划时作适当考虑。

第 3 款

计划的通过由主管机构以官方公告形式或在一个可公共访问的网站上公开宣示，在此须以摘要形式对于参与程序之进程与所做决定所依据的原因或考虑因素予以通报。被采用的计划须出于查阅目的向公众陈列，此种情况应依据第 1 句规定在公共的通告中予以指明。

第 4 款

在以下情形下，第 1 款至第 3 款的规定不得适用，即废弃物管理涉及的是以下计划：依据《环境影响评估法》的规定须对其进行一项战略环境性评估。

第 5 款

在不损害第 1 款至第 4 款的公众参与权情形下，各州得向公众通告废弃物管理计划的状态。此通告应在符合现有保密规定情形下包括关于废弃物管理计划的总括性介绍与评估，与过往的比较以及对于此后通知期限的预告。

第 33 条 废弃物减量化方案

第 1 款

联邦政府创建废弃物减量化方案，各州可以参与废弃物减量化方案的创建。在这种情况下，它们为它们各个主管区域承担自我责任性的贡献。此种贡献将在联邦的废弃物减量化方案中予以记录。

第 2 款

如果各州不参与联邦的废弃物减量化方案，那它们将创设自己的废弃物减量化方案。

第 3 款

废弃物减量化方案包括：

1. 确定废弃物减量化目标。此类目标应在其定位中将经济增长与由废弃物产生所关联的对人类和环境的影响相脱钩，

2. 表明现有的废弃物减量化措施，并评估在附录 IV 中所指定的或其他适当的废弃物减量化措施的合目标性，

3. 如有必要，确定其他的废弃物减量化措施，和

4. 预定合乎目标的、专门的、定性或定量的关于被确定的废弃物减量化措施的基准。基于此，在该类措施中被追求达致的进展需要获得监控与评估。指标或其他适当的、专门的、定性或定量目标可作为基准被提出。

第 4 款

基于第 1 款规定的各州贡献或基于第 2 款规定的各州废弃物减量化方案，可依据本法典第 30 条规定在废弃物管理计划中予以记录或作为独立的环境政策方案或作为其中的部分被创设。如果一项贡献或一项废弃物减量化方案在废弃物管理计划或一个其他的方案中被添加，那么废弃物减量化措施须明确被规定。

第 5 款

废弃物减量化方案首次须至 2013 年 12 月 12 日予以创设，每隔六年予以评估并依据需要更新。在建立或修订废弃物减量化方案时，公众经由主管机构依照第 32 条第 1 款至第 4 款规定获致参与。对创设联邦废弃物减量化方案负有职责的是联邦环境、自然保护、建筑和核安全部或一个由其确定的机构。联邦废弃物减量化方案将在专业相关的联邦部委意见一致情形下获得创设。

第三章 涉及废弃物处置设施的许可

第 34 条 合适地点的选定调查

第 1 款

地产所有者和有权使用者在主管部门的专员和公法处置者的人员为进行填埋场和公共废弃物处分设备所需的适宜地理位置考察时应容忍他们进入除住宅外的地产，并应容忍他们实行调查、土壤和地下水测查以及类似的措施。进入地产和执行这一类措施的意图需事先告知地产所有者和有权使用者。

第 2 款

主管机构和公法处置者须在工作结束后及时恢复原先状态。他们可以要求维持考察时建造的设施。此类设施应被拆除，前提是它们对于考察不再是必需的，或者如果一个有关于此的决定在设施建造后两年内未被做出，并且所有者与有权使用者对主管部门表示了反对设施继续存在的意向。

第 3 款

地产所有者和有权使用者可以要求主管部门对于第 1 款或第 2 款规定允许的措施产生的财产损失用现金进行赔偿。

第 35 条 规划确定程序与授权

第 1 款

建设和运营处置废弃物的设备以及对于此类设备的或其运营的重大改变，需要按《联邦

污染防治法》进行审批，依据该法它不需要其他的授权。

第 2 款

垃圾填埋场的建设和运营以及此类设备的或其运营的重大改变需要主管部门的规划批准。在规划审批程序中，必须要按照本法关于环境影响评估的规定进行环境影响评估。

第 3 款

《行政程序法》第 74 条第 6 款规定适用于此，但主管部门只能根据申请或者依据职权在规划批准决定中下达一项规划授权，如果：

1. 申请建造和运营一个不是十分重要的垃圾填埋场，如填埋场的建造和运营对于本法典第 2 条第 1 款第 2 句的关于环境影响评估所提及的保护对象不会产生重大的不利影响；

2. 申请垃圾填埋场或其运营做出重大改变，如果此改变对于本法典第 2 条第 1 款第 2 句关于环境影响评估所提及的保护对象不会产生重大的不利影响，或者

3. 申请建造和运营垃圾填埋场，其专门或主要用于新程序方法的开发和试验，批准期限最长应不得超过投入使用之后两年；如果此垃圾填埋场用于危险废弃物的填埋，那么批准期限最长不得超过设施投入使用后一年。

主管机构应当运作审批程序，如果重大改变不会对本法典第 2 条第 1 款第 2 句关于环境影响评估所提及的保护对象产生重大的不利影响，并能实现显著改善受保护对象的目的。依据第 1 句条目 1 规定所涉的规划批准不得给予：

1. 用于填埋危险废弃物的填埋场，

2. 用于填埋非危险性废弃物的填埋场，前提是其容量达到每天十吨或更多或者总容量为二万五千吨或更多；这不适用于惰性废弃物填埋场。

第 4 款

《联邦污染防治法》第 15 条第 1 款第 1 句至第 4 句与第 2 款规定相应适用。第 1 句亦适用于在第 39 条所列的填埋场。

第 5 款

对于第 4 款规定的需要申报的变更可由计划者申请规划确定或规划许可。

第 36 条 许可的颁发，安全保障，配套规定

第 1 款

只在以下情形下，依据第 35 条第 2 款规定的计划确定之决定可得发布，或依据第 35 条第 3 款规定的规划许可可得颁发，当：

1. 确保公共利益未受到损害，尤其是

a）不会引起对于第 15 条第 2 款第 2 句所列的保护对象产生的危险，

b）对于在第 15 条第 2 款第 2 句中所列的保护对象损害之预防，其首先通过结构性的、业务性的或组织性的措施在适应现有技术的情形下得以推行，和

c）能源被节约性地与有效率地使用，

2. 没有事实使人对于建造、管理或监督填埋场运作或对填埋场善后负责的人的可信度产

生怀疑，

3. 在条目 2 意义上的人员和其他工作人员具有对他们工作来说必需的专业知识技能，

4. 不会预期对其他人的权利产生不良影响，和

5. 具有约束力的已宣示的废弃物经济计划的结果确定不会与意愿背道而驰。

第 2 款

第 1 款条目 4 所列的对于其他人权利的不良影响应当不与颁发关于计划认定的决定书或计划批准书的行为相冲突，前提是这些不良影响可以通过附加义务或条件而被避免或补偿，或者遭遇者没有提出对于他的权利产生的不良影响的反对意见。第 1 款条目 4 不适用的前提是工作计划意愿是为公共利益服务的。如果在这种情形下下达计划认定决定书，应以现金形式对于由此受到财产损失的遭遇者进行赔偿。

第 3 款

主管机构应要求填埋场运营者在设备停用后，为了生态再造以及为了防止或排除对公共利益的损害而承担《德国民法典》第 232 条意义上的安全义务或提供一个同质性的安全装置。

第 4 款

第 1 款规定的计划认定决定书和计划批准可以附加义务和期限地予以下达，前提是为了保护公共利益这样做是必需的。主管机构必须定期以及出于特定动机检测第 1 款规定中的计划认定决定书与计划批准是否适应在第 1 款条目 1 至 3 与条目 5 中所列的要求的最新状态。在计划认定决定书或计划批准下达后，仍允许增加、改变或补充对填埋场或其运营等要求的附加义务。联邦政府在听取有关各方意见（第 68 条）并在联邦参议院同意情形下，有权通过条例形式确定何时主管机构必须开展检测与要求承担第 3 句中所提的义务。

第 37 条 事前开始实施的许可

第 1 款

在计划认定或批准程序中，主管计划认定或审批的机关在保留撤销权的情况下可在六个月的期限内批准已在计划认定或计划批准颁发前就开始的建设，包括为了测试填埋场的运营性能而采取的必要措施，前提是：

1. 判定此决定会对计划承担者有利；

2. 公共利益要求提前开始计划；

3. 计划承担者有义务补偿一切至做出决定前由实施计划所引起的损失，并且，如果没有得到计划认定或批准，须恢复其原先状态。

这一期限可以根据申请延长六个月。

第 2 款

主管机构必须要求安全保障，前提是这对计划承担者依据第 1 款第 1 句条目 3 规定履行其义务的保障来说是必要的。

第 38 条 计划认定程序与其他行政程序

第 1 款

《行政程序法》第 72 条至第 78 条适用于计划认定程序。联邦政府在征得联邦参议院同意后有权以发布法律条例的形式规定计划认定与批准程序的其余细节，尤其是：

1. 申请材料的类型与范围，

2. 依据第 35 条第 4 款规定的公示程序的详细细节，

3. 依据第 40 条第 3 款规定的最终关闭的确定程序的详细细节，以及

4. 依据第 40 条第 5 款规定的善后阶段结果的确定程序的详细细节。

第 2 款

审批程序范围内的不同意见可在法定期限内仅以书面形式提出。

第 39 条 现有的废弃物处分设施

第 1 款

主管机构可以对于在 1972 年 6 月 11 日前已在运营或已在开始建造的填埋场的建造和运营做出期限、条件和附加义务的规定。主管部门可以全部或部分地拒绝运营这些设备，前提是对于公共利益的重大损害通过期限、条件或附加义务无法被阻止。

第 2 款

在《德国统一条约》第 3 条所提及的区域，主管机构可对于在 1990 年 7 月 1 日前已在运营或已在开始建造的填埋场的建造和运营做出期限、条件和附加义务的规定。第 1 款第 2 句规定适用于此。

第 40 条 终止使用

第 1 款

填埋场经营者有意终止使用其设备时，应毫不迟延地向主管机构提出申请报告。申请报告应附上关于设备类型、范围和使用方式，以及恢复生态意图和其他保护公共利益的防护措施的文件。

第 2 款

如果相应的法律规定尚未在基于第 35 条第 2 款的计划认定书，在基于第 35 条第 3 款的计划批准，在基于第 39 条的条件和义务或者在适用于填埋场的环保法规中予以包含，那么主管机构须要求填埋场经营者承担以下义务：

1. 基于填埋场经营者的费用承担恢复第 1 款规定中被填埋场使用过的场地生态，

2. 基于填埋场经营者的费用承担采取所有其他的必要防护措施，包括在善后阶段的监测与控制措施，以满足在第 36 条第 1 款至第 3 款所罗列的对于设备终止使用后的要求，和

3. 向主管机构通告所有有证据显示对于人类和环境会造成重大不利影响的监测结果。

如果按照第 3 款规定一个永久封闭的填埋场被怀疑为产生了对于个人或公众有害的土壤改变或其他危险，那么在状态收集、调查、评估和整治方面适用《联邦地产保护法》的规定。

第 3 款

主管机构应确定终止使用的完成（终局性终止使用）。

第 4 款

第 1 款规定中的义务也适用于会产生危险废弃物的设备运营者。

第 5 款

主管机构须基于申请确定善后阶段的完成。

第 41 条 排放声明

第 1 款

填埋场运营者有义务在基于第 2 款规定的法律条例中确定的时间点向主管机构告知在一定期限内其设备产生的排放的类型、数量以及空间和时间分布以及排出条件（排放声明），它必须依据基于第 2 款规定的法律条例中对应的最新状态对排放声明做出补充。这并不适用于只在一个很小范围内进行排放的填埋场的运营者。主管机构可以背离第 1 句规定确定一个更短的期限，前提条件是：这在个别情形下基于特殊情况是必需的。

第 2 款

联邦政府在获得联邦参议院批准情形下，有权通过法律条例形式确定做出排放声明的义务适用于哪些填埋场与哪些排放，以及规定排放声明的内容、范围、形式和提交时间以及在调查排放时应遵循的程序。在法律条例中亦将确定哪些运营者依据第 1 款第 2 句规定获得免除提交排放声明的义务。

第 3 款

《联邦污染防治法》第 27 条第 1 款第 2 句、第 2 款和第 3 款规定相应适用。

第 4 款

第 1 款规定中的提交排放声明的义务与依据第 2 款规定的法律条例的生效同步产生。

第 42 条 信息咨询

依据第 35 条第 2 款的计划认定决定书，第 35 条第 3 款的计划批准，第 39 条的编排和所有的这些决定的拒绝与修改，以及向主管机构呈交的关于填埋场排放监测结果，必须依据《环境信息法》的规定在保留该法典第 12 条例外规定的情形下向公众开放。对于州机关适用州法的规定。

第 43 条 对于填埋区的要求

联邦政府在听取有关各方的意见（第 68 条），并获得联邦参议院批准的情形下，有权通过法律条例的形式规定，为了执行第 36 条第 1 款和第 39 条与第 40 条以及为了执行欧盟法律文件，填埋场的建设、特性、运营、终止使用后状态和运营者自我监管必须满足第 1 条所列目的特定要求，尤其是：

1. 其地点须符合特定要求，

2. 填埋场须满足特定的运营、组织和技术要求，

3. 在填埋场进行填埋的废弃物须符合特定要求。在此可以做出特别规定，即规定具有某

些金属含量的废弃物不得被填埋，并规定哪些废弃物属于惰性废弃物，

4. 来自填埋场的排放不得超过一定限度，

5. 运营者在运营阶段和善后阶段须采取或安排进行特定的测试和监测措施，

6. 运营者必须由专业人士进行特定测试：

a）在填埋场建设期间或其调试前，

b）在填埋场调试后或发生第 35 条第 2 款或第 5 款意义上的改变后，

c）在定期的时间间隔，或者

d）在终止使用期间或者之后，

7. 运营者只有在通过主管机构验收后才可以：

a）运营填埋场，

b）在运营中进行显著改变，或者

c）完成终止使用过程，

8. 防止发生意外或者限制其后果的措施必须被采取，

9. 运营者在运营中或在善后阶段必须毫不迟延地向主管机构通告关于重大不良环境影响证据线索的监测结果，以及可能产生这种影响的事故，并且须向主管机构定期提交关于在法律条例中规定的测试和监测措施结果的报告。在要求的确定过程中，尤其要考虑不良影响可能发生的从一个保护对象到另一个保护对象的转移；一个对于环境的高度保护水准须在总体上得到保障。

第 2 款

在基于第 1 款的法律条例中可以确定：在何种程度上依据第 1 款规定为了防止对于第 15 条第 2 款第 2 句所列的保护对象的损害所确定的要求在特定过渡期限届满后必须得到满足，其适用前提是在法律条例的生效时间点在计划认定决定书、计划批准书或州法的规定中更少的要求被提出。在关于过渡期的持续时间和需要满足的要求的确定过程中，尤其需要考虑被填埋废弃物的种类、特性和数量，由填埋场进行的排放的场地条件、种类、数量和危险性以及填埋场的使用期限和技术特征。第 1 句与第 2 句规定相应适用于在第 39 条第 1 款至第 2 款中所列的填埋场。

第 3 款

联邦政府在听取有关各方意见（第 68 条）并在获得联邦参议院批准情形下，有权通过法律条例规定对于建造、管理或监督填埋场运营的负责人员的可靠性与专业知识技能和其他工作人员专业知识技能的要求，其中包括对于负责人员和其他工作人员正在进行的培训的要求。

第 4 款

联邦政府在获得联邦参议院批准情形下，有权通过法律条例：

1. 确定特定填埋场的运营者须承担《德国民法典》第 232 条意义上的安全要求或须提供另一个其他的等效的安全手段，

2. 颁布关于基于第 36 条第 3 款规定须被承担的《德国民法典》第 232 条意义上的安全要

求或另一个其他等效安全手段的种类、范围和额度的法规，以及

3. 确定条目 1 中规定的安全要求须在多长期限内被承担，或另一个其他等效安全手段须在多长期限内被提供。

第 5 款

通过基于第 1 款规定的法律条例，关于验证被确定的要求的程序亦可以被规定，尤其是与第 10 条第 2 款条目 1 至 9 和第 3 款相适应的程序。

第 44 条 废弃物填埋的成本

第 1 款

由运营者为了废弃物填埋而入账的私法意义上的费用必须包括为了建造和运营填埋场而产生的所有成本，其中涵盖由运营者承担《德国民法典》第 232 条意义上的安全要求或由其提供一个等效安全手段产生的成本，以及对于填埋场终止使用与善后至少三十年期间的预估成本。只要这依据第 1 句的规定可以经由在 1991 年 3 月 22 日通过第 12 条（联邦法律公报 I 第 766 页，1928）予以修订的 1990 年 6 月 29 日版的《环境框架法》（法律公报 I 第 42 号，第 649 页）的第 4 大条第 3 小条的规定所产生的豁免规定得以确保，则一个相应的对于终止使用和善后成本以及计算在费用之内的信用保护成本的缴纳义务获致取消。

第 2 款

运营者必须对第 1 款中所列成本进行登记，并在一个由主管机构确定的期间内向其报告关于成本与收费的概要。

第 3 款

公法处置者的费用由州法予以确定。

第 4 款

第 1 款至第 3 款的规定可比照适用于在《联邦污染防治法》意义上的为填埋废弃物而产生的获授权许可设备的费用承担，前提是在这些设备中废弃物在其被处分前每隔一年以上期间或废弃物在其被利用前每隔三年以上期间被贮存。

第五编　销售促进与废弃物咨询

第 45 条 公共机关的义务

第 1 款

联邦各部门以及受联邦监督的公法法人，特殊职能机构和其他部门都有义务通过自身行为来履行实现第 1 条规定中的目的。特别是它们在考虑到第 6 条至第 8 条规定的情形下在安排工作流程、材料和家居用品的采购或使用，在安排建设计划和其他委托时，必须检查是否以及在何种程度范围内，

1. 产品能够被使用：

a）该类产品以耐用性、便于维修性和可重用性或可回收性而出类拔萃，

b）该类产品相比其他产品产生较少废弃物或含有害物质较少的废弃物，或者

c）该类产品是通过再使用预备或者循环利用由废弃物制造的，以及

2. 在产品使用后产生的废弃物在再使用预备与循环利用的特殊关注情形下能够被利用。

第 2 款

第 1 款第 1 句规定所提及的部门在各自可能的范围内致力于使自身所参加的私法团体遵守第 1 款规定的义务。

第 3 款

公共部门必须在其基于第 1 款与第 2 款规定的义务范围内依据其他法律条款关注关于产品与材料使用以及保护人类与环境的规定。

第 46 条　废弃物咨询义务

第 1 款

在第 20 条意义上的公法处置者在委托给他们的任务范围内进行自我管理时有义务就废弃物预防、利用与处分的可能性提供信息和咨询。工商协会、手工业商会和农业商会亦有义务提供咨询。

第 2 款

主管机构对依据本法负有处分义务的义务承担者须为其提供关于合适的废弃物处分设备的信息服务。

第六编　监管

第 47 条 一般监管

第 1 款

根据第 24 条与第 25 条规定颁布的法律条例所要求的废弃物减量化与废弃物管理事项受主管部门监管。为了执行依据第 24 条与第 25 条规定所颁布的法律条例，2011 年 11 月 8 日版的《产品安全法》（联邦法律公报 I 第 2178 页，2179）的第 25 条第 1 款和第 3 款、第 26 条第 2 和 3 款、第 27 条第 1 款、第 28 条第 1 款和第 2 款和第 4 款第 1 句和第 2 句的规定应比照适用。依照第 2 句规定负有义务的人有义务允许在正常营业时间之外对于商业和运营性地产与空间的进入，以及对于生活空间的进入，前提是这对于防止即将发生的对公共安全或秩序的危害是必需的。住宅不受侵犯的基本权利（《基本法》第 13 条第 1 款）在一定程度上受到限制。

第 2 款

主管机构应定期与在合理范围内检查危险废弃物的产生者，用于处理废弃物的设备与公司，以及废弃物的收集者、运输者、经销商和经纪商。对于废弃物收集者和运输者职能活动的检查亦延伸至被收集的和运输的废弃物的来源、种类、数量和目的地。

（附德国新旧循环经济法典最新译本）

第 3 款

下列人员和单位须基于要求向主管机构员工与职员报告运营、设备、设施和其他的受监管对象的情况：

1. 废弃物产生者与持有者，

2. 废弃物处置义务承担者，

3. 处置或已处置废弃物的公司或设备的运营者以及以前的运营者，即使其设备已终止使用，以及

4. 废弃物的收集者、运输者、经销商和经纪商。

依据第 1 句规定负有信息报告义务者必须允许主管机构所派出的员工和职员在正常营业时间进入其地产以及商业和运营场地，以检查第 7 条和第 15 条规定的义务的履行，进行对于文件的检查和进行技术性调查和检查。依据第 1 句规定负有信息报告义务者负有进一步的义务，即基于上述目的允许在非正常营业时间对其商业和运营地产与空间以及对于生活空间的进入，前提是这对于防止对公共安全或秩序产生的迫在眉睫的危险是必需的。住宅不受侵犯的基本权利（《基本法》第 13 条第 1 款）应在一定程度上受到限制。

第 4 款

废弃物再利用和废弃物处分设备或部分用于废弃物再利用或处分的设备的运营者，应使主管机构的员工或职员可以接近这些设备，为监管提供必要的劳动力、工具和文件，并根据主管机构的规定让人检查设备的状况和运营情况，并自身承担检查费用。

第 5 款

《刑事诉讼法》第 55 条可以对依据本条款负有信息报告义务者比照适用。

第 6 款

基于第 1 款至第 5 款规定的官方监管授权可延伸至对以下情况的检查：是否特定材料或物品依据第 4 条和第 5 条规定的前提条件已不是或不再被作为废弃物看待。

第 48 条 废弃物描述，危险废弃物

对于危险废弃物的处置与监测须依据本法典规定附加专门要求。

为了执行欧盟法律文件，联邦政府在听取有关各方意见（第 68 条）并在联邦参议院批准情形下，有权通过法律条例形式来确定废弃物的描述以及危险废弃物，并通过主管机构在个案情形下对危险废弃物的确定予以许可。

第 49 条 登记义务

第 1 款

依据附录 I 或附录 II 在一项程序中处置废弃物的设备或企业的运营者（废弃物处置者），必须实施一项登记，在其中应依据附录 I 或附录 II 基于进程将以下信息予以记录：

1. 数量、种类和来源，以及

2. 确定行为、收集频率、运输方式以及再利用或处分类型，包括再利用或处分之预备，其适用前提是这些信息对于保障一项合乎规定的废弃物管理是有意义的。

第2款

处理或贮存废弃物并在基于第52条第1款第1句规定的法律条例中得以确定的处置者，依据第1款的规定必须记录必要的信息，特别是被处理或贮存的废弃物的确定信息，亦包括进一步处理的信息，前提是这对于保障基于废弃物处理设备的目标实现是必需的。

第3款

依据第1款规定实施登记的义务亦适用于危险废弃物的生产者、持有者、收集者、运输者、交易者与经纪商。

第4款

基于主管机构的要求，登记册须被提交或来自登记册的信息须被通告。

第5款

废弃物的产生者、持有者、经销商、经纪商和处置者须从在登记册实施登记或储存各个时间点起至少三年时间内，废弃物的运输者在至少十二个月时间内，对于在登记册登记的信息或储存的证明于登记册中预期保存，前提是基于第52条规定的法律条例没有规定更长的期限。

第6款

基于第1款至第3款规定的登记义务并不适用于私人家庭。

第50条 证明义务

第1款

危险废弃物的产生者、持有者、收集者、运输者与处置者必须或者对于主管机构或者彼此之间证明其进行合规的危险废弃物处置。这一证明被实施：

1. 在处置开始前，以拟处置的废弃物的产生者、持有者、收集者或运输者的声明形式，以废弃物处置者的验收声明形式，以及通过主管机构做出的对于拟处置许可的确认，和

2. 关于被执行的处置或处置的部分情形，其形式为由依据第1句规定的义务者作出的关于被处置的废弃物去向的声明。

第2款

在以下情形下，第1款规定中的证明义务不适用于危险废弃物的处置：当废弃物的产生者或持有者在自有的废弃物处置设备中处置此类废弃物，而这些废弃物处置设备与废弃物产生的设备或场所存在紧密的空间上的和运营上的关联。第49条规定的登记义务保持不受影响。

第3款

第1款规定中的证明义务直至产品的回取或交回，或者依据第25条附有回取或交回要求的产品使用后剩余危险废弃物的回取或交回的完成并不具有适用效力。产品和产品使用后剩余废弃物的回取或交回最迟在经由设备接收以进行进一步处置时（在此对于废弃物进行临时中期贮存的设备被排除）作为达成完成状态，前提是指令交回或回取的法律条例没有确定更早的时间点。

第 4 款

第 1 款规定中的证明义务不适用于私人家庭。

第 51 条 基于具体情形的监管

第 1 款

主管机构可以指令不包括私人家庭的废弃物生产者、持有者、收集者、运输者、经销者、经纪者或处置者：

1. 必须实施和提交登记册或证明或通告来自登记册的信息，只要不存在基于第 49 条和第 50 条的义务，或者

2. 必须依据第 10 条第 2 款条目 2 至 3 以及 5 至 8 规定执行特定要求。

通过第 1 句中规定的指令亦可确定证明或登记册以电子形式运作并依据《行政程序法》第 3a 条第 2 款第 2 句和第 3 句规定以电子文件形式被提交。

第 2 款

如果废弃物的产生者、持有者、收集者、运输者、经销商、经纪商或处置者是第 56 条意义上的处置专业企业或第 61 条意义上的经审核的企业营业地，那么主管机构必须在依据第 1 款下达指令时对此予以关注，特别亦应考虑对于证明义务范围或内容的可能性限制。这首要包括对由环境鉴定专家所验证的和在参与欧盟生态管理与审核计划体系（EMAS）框架内所创建文档的关注。

第 52 条 对于证明与登记的要求

联邦政府在听取有关各方意见（第 68 条）并在联邦参议院批准的情形下，有权通过法律条例，基于履行第 49 条至第 51 条所义务的目的对于证明、登记册和来自登记册特定信息通告的形式、内容以及执行与提交程序确定具体要求以及确定依据第 49 条第 2 款负有义务的设备或企业。依据第 1 句规定通过法律条例亦可确定以下内容：

1. 依据第 50 条第 1 款第 2 句条目 1 规定的证明在指定期间届满后被确认或者确认被取消，其适用前提是合规的处置总是得到确保，

2. 在主管机构或先前持有者的要求下，关于执行处置的证据须向主管机构或先前持有者提交，

3. 对于特定小批量的依据废弃物类型和特性亦可以分别确定的物品，或者对于单项的废弃物管理措施，关于废弃物种类或废弃物群的特定要求并不适用或应当予以矫正适用，其前提是合规的处置总是得到确保，

4. 主管机构在保留撤销权情形下可基于申请或因职权全部或部分豁免义务者运作管理证明文件或登记册的义务，其适用前提是合规的处置得到保障，

5. 形式为依据内容与时间序列对规定的证明书或在处置实践中通行的证明文件进行有序集合的登记册需要被运行实施，

6. 证明文件和登记册须至指定期限届满前被保存，

7. 在运输废弃物时，出于监测的目的之合适的信息说明须伴随进行。

第 2 款

通过基于第 1 款规定的法律条例亦可对以下内容做出指令：

1. 证明文件与登记册须电子化运作，依据《行政程序法》第 3a 条第 2 款第 2 句和第 3 句规定电子数据形式的文件须提交，

2. 为了履行条目 1 所列的义务而必需的前提条件被创设与维持，以及

3. 向主管机构或相关证明义务承担者通告关于基于条目 2 规定的技术前提的特定说明，尤其是关于对于通信交流必需的设备的必要的接收通道以及障碍的信息。

第 53 条　废弃物的收集者、运输者、经销商和经纪商

第 1 款

废弃物的收集者、运输者、经销商和经纪商在经营活动开始前必须向主管机构申报其经营活动，除非这项经营具有第 54 条第 1 款规定的一项许可。主管机构应毫不迟延地书面通知申报者其申报已到达。具有管辖权的是申报者主场所登记地所在的州的机关。

第 2 款

在第 1 款规定意义上的运营业主以及对于运营负有管理和监督责任的人必须是可靠的。对运营管理负有责任的业主，对于运营的管理和监督负有责任的人员和其他工作人员必须具备实施其活动所必需的专业知识技能。

第 3 款

主管机构可以对申报的活动附加时间限制条件或规定义务，前提是这对保障公众利益是必需的。它可以要求提供关于申报者可靠性证明与专业知识技能的文件。它必须禁止申报的活动，当有事实显示对于业主可靠性或对于负有管理和监督运营责任的人存在可怀疑之处，或者当依据第 2 款第 2 句规定必需的专业知识技能没有被证明。

第 4 款

来自欧盟另一个成员国或来自欧洲经济区协定另一个签约国关于满足基于条款 2 规定的要求的证明文件等同于国内证明文件，其前提是：由其可知，签发国的相关的要求或基于目标具有显著可比照性的要求得到满足。依据第 1 句规定的同等效力证明文件须基于主管机构要求以原件或复制件形式被提交。复制件的认证以及经认证的德语翻译件可能是必需的。

第 5 款

对于基于第 2 款第 2 句规定的对来自另一个欧盟成员国或另一个欧洲经济区协定签约国的申报者所必需的专业知识技能的检测相应适用《商业守则》的第 36a 条第 1 款第 2 句、第 2 款和第 4 款第 4 句规定。在另一个欧盟成员国或另一个欧洲经济区协定签约国开业的服务提供者在其临时性的或只是偶尔性的活动中，关于必需的专业知识技能事项相应适用《商业守则》第 13a 条第 2 款第 2 句至第 5 句与第 3 款的规定。

第 6 款

联邦政府在听取有关各方意见（第 68 条），并在联邦参议院批准的情形下，有权通过法律条例，对于废弃物收集者、运输者、经销商和经纪商的申报与活动，对于废弃物收集者和

运输者，尤其是在考虑各个运输方式、道路或各个运输类型的情形下：

1. 颁布关于申报退还的形式、内容与程序，关于对于可靠性、专业知识技能和其证明的要求的法律条款，

2. 下令申报退还程序以电子形式运作，并且依据《行政程序法》第3a条第2款第2句至第3句规定电子化形式的文件须被提交，

3. 对于特定活动免除基于条款1规定的申报义务，只要一项申报就原因来说对于公共利益不是必需的，以及

4. 确定由欧盟法律条款产生的对于申报义务者与其活动的要求。

第54条 危险废弃物的收集者、运输者、经销商与经纪商

第1款

危险废弃物的收集者、运输者、经销商和经纪商需要获得许可。主管机构须颁发许可，当：

1. 没有事实表明业主或对于运营负有管理和监督责任的人的可靠性存在可怀疑之处，以及

2. 对于运营管理负有责任的业主，对于运营的管理和监督负责的人员和其他工作人员具有行使其活动必要的专业知识技能。具有管辖权的是申请提交者主场所登记地所在的州的机关。基于第1句规定的许可适用于德意志联邦共和国。

第2款

主管机构可对于此许可附加配套规定，前提是这对于保护公共利益是必需的。

第3款

以下主体被豁免于基于第1款第1句规定的许可义务：

1. 公法处置者，以及

2. 在第56条意义上的处置专业公司，只要它们为其附有许可义务的活动获得认证。

第4款

来自欧盟另一成员国或欧洲经济区协定另一签约国的许可与基于第1款第1句规定的许可具有同等效力，前提是它们具有同质性。在审查基于第1款第1句规定的许可申请中，来自欧盟另一成员国或来自欧洲经济区协定另一签约国的证明文件与国内证明文件具有同等效力，当由其可知申请提交者满足第1款第2句规定的相应要求或满足基于其目标具有显著可比照性的签发国的要求。基于第1句规定的关于同质性许可的文件与基于第2句规定的其他证明文件须以原件或复制件形式在活动开始前向主管机构提交。复制件的认证以及经认证的德语翻译件可能是必需的。

第5款

关于基于第1款第2句条目2的规定对于来自欧盟另一成员国或来自欧洲经济区协定另一签约国的申请提交者所需的专业知识技能的检测事项相应适用《商业守则》第36a条第1款第2句、第2款和第4款第4句的规定；在另一个欧盟成员国或另一个欧洲经济区协定的签约

国开业的服务提供者在其临时性的或只是偶尔性的活动中，关于必需的专业知识技能事项相应适用《商业守则》第 13a 条第 2 款第 2 句至第 5 句与第 3 款的规定。

第 6 款

基于第 1 款和第 4 款规定的许可程序可以通过一个统一的机构处理。《行政程序法》第 42a 条适用于基于第 1 款至第 4 款规定的程序，只要申请提交者是欧盟一个成员国或欧洲经济区协定另一签约国的公民或申请提交者作为法人在上述国家之一有其住所。

第 7 款

联邦政府在听取有关各方意见（第 68 条），在联邦参议院批准情形下，有权通过法律条例形式对于危险废弃物收集者、运输者、经销商和经纪商的获得许可的义务和活动，对于危险废弃物的收集者和运输者，尤其是考虑各个运输方式、道路或运输类型的特点的情形下，

1. 颁布法条，规定以下内容：有关申请文件，许可颁发的形式、内容和程序，对于可靠性、专业知识技能以及其证明的要求，重新检测前提条件存在与否的期限，

2. 指令要求许可程序以电子化形式予以运作和指令要求依据《行政程序法》第 3a 条第 2 款第 2 句和第 3 句规定的电子化形式的文件须被提交，

3. 特定的活动豁免基于第 1 款规定的许可义务，如果一项出于公共利益原因的许可不是必需的，

4. 确定基于欧盟法律条款的对许可义务承担者与其活动的要求，以及

5. 指令要求在废弃物运输过程中，出于监测的目的须附带适宜的文件材料。

第 55 条 车辆的标记

第 1 款

收集者和运输者须于行驶开始前在其用在公共道路上运输的车辆上，依据第 3 句规定挂上两块白色反光警示牌（A – 指示牌）。第 1 句规定不适用于在其经济业务领域内收集或运输废弃物的收集者与运输者。关于对车辆标记的要求的事项相应适用 2007 年 7 月 19 日版的《废弃物装运法》（联邦法律公报 I 第 1462 页）在当前适用的版本的第 10 条规定。

第 2 款

联邦政府有权在法律条例中依据第 53 条第 6 款或第 54 条第 7 款的规定对于基于第 1 款第 1 句的标记义务做出豁免。

第 3 款

基于安全原因对于危险货物运输颁布的法律条款效力不受影响。

第七编　处置专业企业

第 56 条 处置专业企业的认证

第 1 款

处置专业企业依据相关有效的法律条款在生产和管理废弃物过程中对于促进循环经济和

确保人类与环境保护发挥影响。

第 2 款

处置专业公司是一种企业，其：

1. 具有商业性质，在经济业务或公共机构范围内收集、储存、处置、再利用、处分，在此过程中伴随交易或经纪，

2. 由于从事在条目 1 中所列的一项或若干项活动，通过一个技术性监测组织或一家处置者联合体被作为处置专业企业予以认证。

第 3 款

只有企业满足为了正确合规履行其任务所必需的对其组织的要求，对其人员性、器件技术性和其他的装备的要求，对其活动以及可靠性和其工作人员专业知识技能的要求的情形下，认证书才得颁发。在认证书中，必须准确描述经认证的企业活动，尤其是关于其位置和设备以及废弃物种类的活动。认证书有时间限制，有效期不得超过十八个月。第 1 句中前提条件的存在需要至少每年由技术性监测组织或处置者联合体做出监测。

第 4 款

在授予证书时，由技术性监测组织或处置者联合体授予企业使用监测标志的权限，该标志显示"处置专业企业"标示并有关于经认证的活动和授予监测标志的技术性监测组织或处置者联合体的说明。

第 5 款

一个技术性监测组织是一个由若干专家组成的具有法人性质的联合体，这些专家的服务活动具有长久共同合作性。证书的颁发和使用监测标志的授权的给予需要通过技术性监测组织在监测协议的基础上进行，监测协议特别需要确定对于运营与监测的要求以及对于证书颁发与撤回及授权使用监测标志的要求。监测协议需要主管机构的批准。

第 6 款

处置者联合体是由在第 2 款规定意义上的处置专业企业所组成的具有法人性质的联合体。它需要获得主管废弃物的最高州当局或由其确定的机关的承认。由处置者联合体进行的证书的颁发与使用监测标志权利的授予须基于法规或其他规定开展，法规或其他规定特别需要确定对于获认证企业和其监测的要求以及对于证书颁发和撤回及授权使用监测标志的要求。

第 7 款

技术性监测组织和处置者联合体须为了审查企业聘请使用专家，这些专家需要具有为了实施监测所必需的可靠性、独立性以及专业知识技能。

第 8 款

如颁发证书的前提条件消失，技术性监测组织或处置者联合体须从企业撤销由其颁发的证书和使用监测标志的授权以及要求企业交回证书与不再使用监测标志。如果企业在由技术性监测组织或处置者联合体所确定的期限未执行这一要求，主管机构可撤销对于企业颁发的证书与对于使用监测标志的授权以及禁止对于"处置专业企业"标志的其他的进一步使用。

第57条 对于处置专业企业、技术性监测组织和处置者联合体的要求

联邦政府在听取有关各方意见（第68条）并在征得联邦参议院批准情形下，有权以法律条例方式规定对于处置专业企业、技术性监测组织和处置者联合体的要求。在法律条例中尤其是：

1. 对于处置专业企业的组织的要求，对于处置专业企业的人员性的、器件技术性的和其他的装备的要求，对于处置专业企业活动的要求可得确定，以及对于充分的责任保险保护提出要求，

2. 对于雇主和在处置专业企业被雇用的人员的要求，特别是对于专业知识技能和可靠性以及其证明的最低要求可得确定，

3. 对于技术性监测组织活动的要求，特别是对于监测协议以及其缔结、执行、废除和失效的最低要求可被确定，

4. 对于处置者联合体活动的要求，特别是对于其形成、解散、组织和运作包括监督机构的委任、任务和权限的要求以及对于监督机构成员的最低要求可被确定，

5. 对于为技术性监测组织或为处置者联合体工作的专家以及他们的委任、活动和控制的最低要求可被确定，

6. 对于监测标志和作为基础的证书的要求，特别是对于形式和内容的要求，以及对于其颁发、撤销、失效或撤回的要求可被确定，

7. 特殊的前提条件、程序、授予和撤销

a）其关于由主管机构对于监测协议进行批准的事项，可被规定，以及

b）其关于由主管机构对于处置者联合体进行承认的事项，可被规定。在此，处置者联合体的承认可在将发生限制竞争危险时被撤销，

8. 对于证书和使用监测标志授权的撤销的详细要求以及对于禁止其他进一步使用"处置专业企业"标志的要求可通过主管机构依据第56条第8款第2句的规定被确定，以及

9. 可为了必需的声明、证明、通知或其他的数据，基于《行政程序法》第3a条第2款第2句和第3句规定，对于电子化运作和电子化形式的文件提交做出指令。

第八编 企业组织、废弃物企业受托人和经审核后的公司享有的便捷化待遇

第58条 企业组织的通知义务
第1款

如果股份公司具有代表资格的机构由若干成员组成或者合伙公司有若干具有代表资格的股东，那么应向主管机构报告：依据商务职权规定，他们中何人应当为公司承担《联邦污染防治法》第4条规定意义上的需要审批的设备所有者的义务，或第27条意义上的设备持有者的义务。这些义务是根据本法典和基于本法典颁布的条例其应负的义务。所有机构成员或股东的总责任保持不变。

第 2 款

在《联邦污染防治法》第 4 条意义上的需要获得授权许可的设备的运营者，第 27 条意义上的持有者或者在它们的商务管理职权范围内依据第 1 款第 1 句规定应申报的人，须通告主管机构，以何种方式来保证旨在废弃物减量化、再利用和合乎环境承受能力的处分的法律规定和指令在企业中得到遵守。

第 59 条 废弃物企业受托人的任命

第 1 款

《联邦污染防治法》第 4 条意义上的需要获得授权许可的设备的运营者，通常会产生危险废弃物的设备的运营者，固定的分拣、利用或废弃物处分设备的运营者，第 27 条意义上的持有者以及回收系统与机构的运营者（该系统与机构是由第 27 条意义上的持有者所建立或由该类持有者所参与组成），在满足适用前提的情形下必须毫不迟延地聘任一位或若干位废弃物企业受托人，该适用前提是鉴于设备的类型或规模或废弃物管理活动的意义（特别是考虑到废弃物回收的种类或规模和与此相关联的持有者义务）并基于以下因素而有必要这样做：

1. 在设备中产生、被回收、被再利用或被处分的废弃物，

2. 减量化、再利用或处分的技术性问题，或者

3. 产品或产物的适用性，在按规定使用期间或使用后引起合规的和无害的再利用或合乎环境承受能力的处分方面的问题。

联邦环境、自然保护、建筑和核安全部在听取有关各方意见（第 68 条）并在征得联邦参议院批准的情形下，可以通过发布条例的形式确定第 1 句规定的设备的运营者，第 1 句规定的持有者以及第 1 句规定的回收系统与机构的运营者，前述主体必须聘任废弃物企业受托人。通过基于第 2 句规定的法律条例也可以对于以下内容作出规定：哪些受到第 1 句规制的废弃物持有者与回收系统与机构的运营者必须聘任废弃物受托人。

第 2 款

主管机构可以发布指令规定：对于第 1 款第 1 句规定的设备运营者，第 1 款第 1 句规定的持有者与第 1 款第 1 句规定的回收系统与机构的运营者而言，如果没有依据第 1 款第 2 句与第 3 句以法律条例形式规定其需要聘任废弃物受托人，那么其亦必须在满足以下适用前提的情形下聘任一位或若干位废弃物受托人，其适用前提是在个别情形下基于第 1 款第 1 句提及的观点具有聘任的必要性。

第 3 款

如果依据《联邦污染防治法》第 53 条规定聘任污染防治受托人或根据《水资源保护法》第 64 条规定聘任水体保护受托人，那么这些人员亦可依据本法典执行废弃物受托人的任务和义务。

第 60 条 废弃物企业受托人的任务

第 1 款

废弃物企业受托人应为运营者和企业人员提供关于与废弃物预防和废弃物管理相关联的重要事务的咨询。他有权利和义务：

1. 对于废弃物从产生、运达到利用或处分的路径进行监测，

2. 对于本法典规定和基于本法颁布的条例的遵循以及规定的条件和义务的满足进行监测，特别是通过定期控制生产场地和在设备中产生、被利用或被处分的废弃物的种类和特性的方式，并通过报告所发现的不足之处与提出消除不足之处建议的方式，

3. 向企业人员宣传：

a）在设备中产生、被利用或被处分的废弃物可能对公共利益的损害，

b）在考虑对于废弃物预防、利用或处分的有效的法典与条例情形下防止对公共利益产生损害的设施和措施，

4. 针对《联邦污染防治法》第 4 条意义上的需要获得授权许可的设备或经常性地产生危险废弃物的设备，

a）推动环保性的与低废弃物含量的程序的开发和引进，包括对于废弃物的减量化、合规与无害再利用或合乎环境承受能力的处分程序，

b）推动环保性的和低废弃物含量的产品的开发和引进，包括在停止使用后的再使用、再利用或合乎环境承受能力的处分程序，以及

5. 在开发和引进条目 4a 和 4b 所提及的程序中须发挥作用，特别是通过基于废弃物管理观点对于程序和产品予以评估的方式，

6. 对于再利用或处分废弃物的设备，亦应对于其程序的改进发挥作用。

第 2 款

废弃物受托人应每年将根据第 1 款第 2 句条目 1 至 5 规定所做出的和准备采取的措施向运营者做出书面报告。

第 3 款

《联邦污染防治法》第 55 条第 1 款，第 1a 款、第 2 款第 1 句至第 2 句、第 3 款至第 4 款和第 56 条至第 58 条相应适用于聘任义务者和废弃物受托人之间的关系。联邦环境、自然保护、建筑与核安全部在听取各方意见（第 68 条）并在征得联邦参议院批准的情形下，有权通过法律条例的形式规定对于废弃物受托人的专业性和可靠性具有哪些要求。

第 61 条 对于经审核后的公司享有便捷化待遇之要求

第 1 款

联邦政府在征得联邦参议院同意后，有权基于欧盟生态管理与审核计划体系（EMAS）联合系统位置的私人性自有责任的目的而以法律条例形式对于废弃物法定程序中申请材料内容做出便捷化处置以及做出监测法律方面的便捷化处置，这类立法措施得以实施的前提条件是：欧共体 2009 年 11 月 25 日第 1221/2009 号《"关于组织机构自愿参加生态管理与审核计划体系

并废止欧共体第761/2001号条例与欧共体委员会第2001/681号和2006/193号决议的"条例》（官方公报L342，2009年12月22日，第1页）的相应要求与依据本法典或依据基于本法典颁布的法律条例规定的关于监测与申请材料的要求具有同质性，或者如果这一同质性依据本条规定通过条例形式得到确保。

第2款

通过基于第1款规定的法律条例，可以确定使用和撤回便捷化处置或完全或部分中止便捷化处置案例情形的进一步的前提条件，在此类案例中，获致批准的前提条件已不复存在。

第3款

通过基于第1款的法律条例，规则的法律方面的便捷化，特别是：

1. 校准、调查、测试和测量，

2. 测量报告以及其他的关于调查结果的报告和通知，

3. 废弃物受托人的任务，

4. 经营组织的通知义务，和

5. 行政监测的频率。

只有在以下情形下可得授予：当《环境审计法》意义上的环境评估者已经检查环境法规的遵循情况，没有发现偏离法规情形，并在有效声明中对此予以认证。

第4款

通过基于第1款规定的法律条例，在遵守彼此所列的前提条件情形下，在审批程序中的便捷化措施以及对于处置专业企业提供的在监控法律方面的便捷化措施可得实施。

第九编　最终条款

第62条　个别情形下的指令

主管机构可在个别情形下为了执行本法典或基于本法典颁布的法律条例做出必需的指令。

第63条　保密与数据保护

关于保密和数据保护的法规效力保持不变。

第64条　电子通讯

如果基于本法典或根据本法典颁布的法律条例，书面形式获得指定，那么依据《行政程序法》第3a条电子形式亦是准许的。

第65条　欧盟法律文件的实施

第1款

为了实施欧盟法律文件，并且为了实现本法典第1条中提及的宗旨目的，联邦政府在征得联邦参议院批准后，可颁布关于保障合乎环境承受能力的废弃物减量化和管理事项，尤其是关于对废弃物进行合规的和无害的再利用以及合乎环境承受能力处分的法律条例。在法律条例中亦可规定如何向民众宣传事宜。

第 2 款

为了实施欧盟法律文件，联邦政府在征得联邦参议院批准后，可颁布法律条例规定以下内容：依据本法典或依照根据本法典所颁条例所实施的关于发出授权与许可或作出报告事项的行政程序。

第 66 条　在联邦军队领域的执行

第 1 款

在联邦国防部业务范围内，本法典和基于本法典颁布的关于再利用和处置军事财产废弃物以及具有特殊军事安全利益的废弃物的法律条例的执行，由联邦国防部和它所指定的部门负责。

第 2 款

如果出于国防的强制性原因或为了履行国家间义务具有例外处置的必要性，那么联邦国防部有权在联邦军队范围内，针对第 1 款规定意义上的废弃物再利用或处分行为而批准不符合本法典和根据本法典颁布的法律条例规定的例外处置事项。

第 67 条　在通过法律条例方面联邦议会的参与

根据第 8 条第 2 款、第 10 条第 1 款条目 1 和 4、第 24 条、第 25 条与第 65 条颁布的法律条例须报送联邦议会。在报送联邦议会前必须先报送联邦参议院。法律条例可以通过联邦议会的决议得到修改或被否绝。联邦议会的决定须报送联邦政府。如果联邦议会从收到条例时间点起算，在三个议事星期内未做处理，那么需要将未做修改的条例报送联邦参议院。

第 68 条　听取有关方面意见

如果规定在授权颁布法律条例和一般行政规定时需听取有关方面的意见，那么其是指听取各个有关的被选中的科学界、受影响者、有关经济界、主管废弃物经济的最高州机关、市镇和市镇联合会等代表团体的意见。

第 69 条　罚款条款

第 1 款

行政违法行为是指任何人有意或疏忽：

1. 违反第 12 条第 4 款或第 56 条第 4 款第 2 句规定而使用规定中所列的标志，

2. 违反第 28 条第 1 款第 1 句规定对于待处分废弃物进行处理、贮存或堆放，

3. 没有基于第 35 条第 2 款第 1 句的计划确定决议或没有基于第 35 条第 3 款第 1 句的计划批准而建立或大幅改变填埋场，

4. 未能履行基于第 36 条第 4 款第 1 句或第 3 句，第 39 条第 1 款第 1 句或第 2 款第 1 句，第 53 条第 3 款第 2 句或第 54 条第 2 款规定的强制执行性义务，

5. 未能履行一项与基于第 37 条第 1 款第 1 句批准授权相关的强制执行性义务，

6. 未能遵循基于第 53 条第 3 款第 3 句的强制执行性禁止要求，

7. 没有基于第 54 条第 1 款第 1 句的许可而收集、运输、从事贸易或经纪废弃物，或者

8. 违反根据第 10 条第 1 款，第 11 条第 2 款第 1 句或第 2 句或第 3 款条目 1、条目 2 或条

目 3，第 12 条第 7 款、第 16 条第 1 句条目 1 或条目 2，第 24 条，第 25 条第 1 款条目 1、条目 2 或条目 3，第 2 款条目 2、条目 3 或条目 4，第 28 条第 3 款第 2 句，第 43 条第 1 款第 1 句条目 2 至 5、条目 7 或条目 8，第 57 条第 2 句条目 1 至 7 或条目 8 颁布的法律条例或者基于此条例的强制执行性指令，其适用前提是此类条例对于特定的事实状态指定了适用的罚款规定。

第 2 款

行政违法行为是指任何人有意或疏忽：

1. 违反第 18 条第 1 款第 1 句，第 26 条第 2 款，第 40 条第 1 款第 1 句或第 53 条第 1 款第 1 句没有、没有正确地、没有全面地或没有及时地进行报告，

2. 违反第 34 条第 1 款第 1 句规定没有容忍允许地产进入或其他所述措施，

3. 违反第 41 条第 1 款第 1 句与基于第 41 第 2 款第 1 句的法律条例的规定没有、没有正确地、没有全面地或没有及时地提交排放声明或没有、没有正确地、没有全面地或没有及时地补充排放声明，

4. 违反第 47 条第 3 款第 1 句规定没有正确地、没有全面地或没有及时地发布信息，

5. 违反第 47 条第 3 款第 2 句或第 3 句规定没有允许对于地产或居住空间以及商业或营业空间的进入、对于文件的查阅或技术性调查的开展或检查，

6. 违反第 47 条第 4 款规定不准接触其中所述设备或不提供劳动力、工具或文件，

7. 违反第 47 条第 4 款、第 51 条第 1 款第 1 句或第 59 条第 2 款规定的执行性指令，

8. 违反第 49 条第 1 款与第 49 条第 3 款或基于第 10 条第 2 款条目 1b 的法律条例或第 52 条第 1 款第 1 句或第 2 句条目 3 或条目 5，没有、没有正确地或没有全面地进行登记，

9. 违反第 49 条第 2 款与基于第 52 条第 1 款第 1 句的法律条例没有、没有正确地、没有全面地或没有及时地记录说明，

10. 违反第 49 条第 4 款与基于第 10 条第 2 款条目 1b 的法律条例或第 52 条第 1 款第 1 句或第 2 句条目 3，没有、没有正确地、没有全面地或没有及时地提交登记册，或没有、没有正确地、没有全面地或没有及时地做出通知，

11. 违反第 49 条第 5 款与基于第 52 条第 1 款第 2 句条目 6 发布的法律条例规定，没有或没有在规定时期内保留信息或证明文件，

12. 违反第 50 条第 1 款与基于第 52 条第 1 款第 1 句发布的法律条例，亦违反基于第 10 条第 2 款条目 1b 或第 52 条第 1 款第 2 句条目 3 发布的法律条例规定，没有、没有正确地、没有全面地或没有及时地提供证明，

13. 违反第 55 条第 1 款第 1 句规定，在车辆上没有、没有正确地、没有全面地或没有及时地挂警示标志，

14. 违反第 59 条第 1 款第 1 句与基于第 59 条第 1 款第 2 句颁布的法律条例的规定，没有或没有及时地聘任废弃物受托人，或者

15. 违反基于第 10 条第 2 款条目 1a，条目 2 至 7 或条目 8 与第 11 条第 3 款条目 4，第 16 条第 1 句条目 3 或第 43 条第 5 款的法律条例，和基于第 25 条第 1 款条目 4 或条目 5，第 43 条

第1款第1句条目6或条目9，第52条第2款条目2或条目3，第53条第6款条目1、条目2或条目4，第54条第7款条目1、条目2或条目4或第57条第2句条目9规定所发布的法律条例或基于此法律条例的执行性指令，其适用前提是此法律条例对特定的事实状态指定了适用规定。

第3款

第1款规定的行政违法行为可处以最高达10万欧元的罚款，第2款规定的行政违法行为可处以最高达1万欧元的罚款。

第4款

如果发生第1款条目6至8或第2款条目1、条目7、条目8、条目10至条目13和条目15规定的行政违法行为，而且发生在国内既无驻地又无商业分支的企业使用运输货物车辆从事废弃物运输的与前述行为相关联的行为，并且如果受影响的人在国内没有住址，那么《行政违法法》第36条第1款条目1意义上的行政主管部门应为联邦物质流通管理局。

第70条 没收

如果发生本法典第69条第1款条目2至7或条目8规定的行政违法行为，那么以下物品可被没收：

1. 与行政违法行为有关联的物品，或者
2. 用于或准备用于行政违法行为或被确定具有这种情况的物品。

《行政违法法》第23条规定适用于此。

第71条 相抵触州法的排除

由本法典或基于本法典所规定的行政程序法不得通过州法被违反抵触。

第72条 过渡规定

第1款

基于最近于2011年10月6日通过该法第5条（联邦法律公报Ⅰ第1986页）予以修订的1994年9月27日版《循环经济与废弃物法》（联邦法律公报Ⅰ第2705页）第16条第2款、第17条第3款或第18条第2款规定的义务转让仍然适用。主管机构可以延长基于最近于2011年10月6日通过该法第5条（联邦法律公报Ⅰ第1986页）予以修订的1994年9月27日版《循环经济与废弃物法》第13条第2款与第16至18条规定的现有的义务转让期限。

第2款

对于商业性的与慈善性的收集，如其在本法典生效时已经获得实施的，须依据第18条第1款在本法典生效后三个月内予以申报告知。第18条第2款与第3款规定相应适用于第1句中的申报。

第3款

对于2011年12月31日以前开始的废弃物经济计划编制程序，适用1994年9月27日版的《循环经济与废弃物法》（联邦法律公报Ⅰ第2705页）至2012年6月1日的有效版本的第29条规定。

（附德国新旧循环经济法典最新译本）

第 4 款

对于在经济性企业范围内收集和运输废弃物的收集者和运输者，第 53 条第 1 款至第 5 款与第 54 条第 1 款至第 6 款须在本法于 2012 年 6 月 1 日生效后两年内得以适用。

第 5 款

基于最近于 2011 年 10 月 6 日通过该法第 5 条（联邦法律公报 I 第 1986 页）予以修订的 1994 年 9 月 27 日版的《循环经济与废弃物法》（联邦法律公报 I 第 2705 页）的第 49 条第 1 款规定并结合最近于 2007 年 7 月 19 日通过该法第 5 条（联邦法律公报 I 第 1462 页）予以修订的 1996 年 9 月 10 日版的《运输许可条例》（联邦法律公报 I 第 1411 页；1997 I 第 2861 页）第 1 条规定的运输许可在其期限届满后作为第 54 条第 1 款规定的许可继续有效。

第 6 款

基于最近于 2011 年 10 月 6 日通过该法第 5 条（联邦法律公报 I 第 1986 页）予以修订的 1994 年 9 月 27 日版的《循环经济与废弃物法》（联邦法律公报 I 第 2705 页）规定的对于经纪活动的授权在其时限届满后作为第 54 条第 1 款规定的许可继续有效。

附录 I　清除程序

（资料来源：联邦法律公报 I 2012，242）

D 1 地下或地上堆放（如填埋场）

D 2 地下处理（如在地下对液态或污泥废弃物进行生物降解）

D 3 灌注法（如将可泵送废弃物注射到钻孔、盐矿或天然空洞中）

D 4 露天存放法（如将液态或污泥废弃物存放在坑、池或泻湖中）

D 5 特别设计的填埋场（如堆放在密封的、分割的、相互隔离和与外界隔绝的独立的空间）

D 6 排放到水体中，海和洋除外

D 7 排放到海和洋中，包括堆放到海床

D 8 生物性处理，在本附录的其他地方没有规定并能产生用 D 1 至 D 12 列出的程序可以处置的化合物或混合物

D 9 化学/物理处理，在本附录的其他地方没有规定并能产生用 D1 至 D12 列出的程序可以处置的化合物或混合物（如蒸发，干燥，焙烧）

D 10 在陆地上焚烧

D 11 在海洋上焚烧（注解一）

D 12 永久存储（如将容器放置在矿井中）

D 13 综合或混合使用在 D 1 至 D 12 列出的程序（注解二）

D 14 改造使用在 D 1 至 D 13 列出的程序

D 15 存放直至使用在 D 1 至 D 14 列出的程序（不包括临时储存直至在废弃物产生区域的收集）（注解三）

注解一：依据欧盟法和国际协定禁止的程序。

注解二：如果没有其他的 D 代码适宜于这一分类，D 13 号程序亦可包括预备性程序，这类程序在包括预处理在内的处分措施之间进行，例如在 D 1 至 D 12 所列程序应用之前的分拣、粉碎、压实、造粒、干燥、碎末化、调理或分离。

注解三：临时性存储应被理解为在第 3 条第 15 款意义上的初步的存储。

附录 II 再利用程序

（资料来源：联邦法律公报 I 2012，243）

R 1 主要作为燃料原料或获取能源的其他材料使用（注解一）

R 2 溶剂回收与再生

R 3 不能做溶剂使用的有机物原料的循环利用和回收（包括堆肥和其他生物转化程序）（注解二）

R 4 金属和金属化合物的循环利用和回收

R 5 其他无机物原料的循环利用和回收（注解三）

R 6 酸和碱的再生

R 7 洗涤剂成分回收

R 8 催化剂成分回收

R 9 废油提炼或其他的石油重复使用

R 10 应用到地面上用于农业或生态改善

R 11 使用通过 R 1 至 R 10 列出的程序回收的废弃物

R 12 交换废弃物，以使废弃物通过 R 1 至 R 11 列出的程序得到处理（注解四）

R 13 储存废弃物，直到使废弃物通过 R 1 至 R 12 列出的程序得到处理（不包括临时储存直至在废弃物产生地的收集）（注解五）

注解一：

a）在此包括焚化设备，其目的是处理固定的居民区废弃物，只有当其效率至少为下列值：

aa）0.60 适用于在运营中的设备，如果其是至 2008 年 12 月 31 日前获得批准的，

bb）0.65 适用于在 2008 年 12 月 31 日后已被批准的或被批准的，

b）在依据字母 a 的计算中下列公式需被使用：

能源效率 =（Ep −（Ef + Ei））/（0.97 ×（Ew + Ef）），

c）在字母 b 规定所包含的公式框架下有下列说明：

aa）Ep 指每年作为热能或电能产生的能量。计算该值将通过电能加因子 2.6 与为了商业目的的生产的热能加因子 1.1（每年千兆焦耳）相乘，

bb）Ef 指每年对于用于生产蒸汽的燃料系统输入的能量（每年千兆焦耳），

cc）Ew 指每年在经过处理的废弃物中包含的能量数，其依据废弃物的净热值计算（每年千兆焦耳），

dd）Ei 指不包括 Ew 与 Ef 的每年进口的能量数，

ee）0.97 是一个用于计算通过炉排和锅炉灰渣以及通过辐射产生的能量损失的因子，

d）这个公式是按照用于废弃物焚烧的最佳可行技术的参考文件被使用。

注解二：这包括在使用化学品成分时所产生的气化和热解。

注解三：这包括导致土地利用和无机建筑材料循环回收的土壤清洁。

注解四：如果没有其他的合适的用于分类的 R 代码，R 12 程序可包括预备程序，该预备程序在包括预处理在内的利用程序之前进行，例如拆解、分拣、粉碎、压实、造粒、干燥、碎末化、调理、重新包装、分离、搅拌或混合这些在 R 1 至 R 11 所列出的程序应用之前的程序。

注解五：临时储存应被理解为第 3 条第 15 款意义上的初步储存。

附录Ⅲ　现有技术确定的标准

（资料来源：联邦法律公报 I 2012，244）

在确定现有技术时，需考虑可能的措施成本与效益的比例关系以及防范和预防基本原则，并聚焦于一个特定种类的设备，尤其是以下标准应被考虑：

1. 低废弃物含量技术之使用，

2. 较少危险性材料之使用，

3. 促进在各个单一程序中生产与使用的材料或者废弃物的回收和再利用，

4. 可比照的程序、设施和操作方法，其应在经营中已富有成效地被试用，

5. 技术和科学知识的进步，

6. 各种排放的种类、作用与数量，

7. 新的或现有的设备投入使用的日期，

8. 引入一个更好的、可使用的技术所需的时间，

9. 原材料的消耗和在各个单一程序中使用的原材料种类（包括水）以及能源效率，

10. 必要性，即尽可能地避免或减少排放整体影响和对人类和环境危险，

11. 必要性，即防止事故发生和减少其对人类和环境的后果，

12. 相关信息，此信息或是由欧共体委员会依据 2008 年 1 月 15 日《关于综合性污染预防与减少事宜的欧洲议会和欧洲理事会订立的欧共体第 2008/1 号条例》（官方公报 L24，2008 年 1 月 29 日，第 8 页）第 17 条第 2 款的规定公开发布的信息，该条例通过欧共体第 2009/31 号条例做出修订。此信息或是由国际组织公开发布的信息。

附录Ⅳ　依据第三十三条的废弃物减量化措施的实例

（资料来源：联邦法律公报 I 2012，245）

1. 对于与废弃物生产有关的框架条件可能产生影响的措施：

a）使用促进资源使用效率的规划措施或其他经济手段，

b）促进相应的研究与开发，其目标在于产生环境保护性的与较少导致废弃物的产品和技术，以及传播和使用研究和开发的结果，

c）为了减轻环境压力和减少废弃物产生而发展有效的和有意义的指标，以助益于在各个

层面防止废弃物的产生，此处所指的措施包括社区层面的产品比较、地方当局行动与国家措施。

2. 可能对设计、生产和分销阶段产生影响的措施：

a）促进生态设计（将环境视角系统地整合入产品设计中，其附随目标为明显改善产品在其整个生命周期内的环境平衡性），

b）提供技术信息以预防废弃物，其关涉领域为在工业中最佳可行技术的便利应用，

c）基于本法典或《联邦污染防治法》或以《联邦污染防治法》为基础颁布的法律条例规定，主管机构在考虑列入废弃物预防要求的情形下在签发许可时须进行的培训措施，

d）引入用于在依据《联邦污染防治法》第 4 条不需要授权的设备中防止废弃物产生的措施。如果有必要，用于评估废弃物减量化和指定计划的措施可能属于此类措施，

e）在财政或决策中企业的重视宣传措施或支持。当一种措施针对中小型企业实施，为其量身定做并依靠被证明的经济生活网络，则这种措施可能是特别有效的，

f）重新使用自愿协议，重新启用消费者与生产者委员会或重新启用与行业部门相关的协商，以使各有关企业或行业部门可以确立自身的废弃物预防计划或目标或者改进产生较多废弃物的产品或包装，

g）促进获得认可的环境管理系统。

3. 可能影响消费和使用阶段的措施：

a）经济手段，例如对于环保性购买的激励，或者引入将由消费者支付的关于包装产品或包装部件的附加费用，否则此类物品将被免费提供，

b）对于公众或特定的消费者团体的宣传措施或信息提供，

c）促进生态标签，

d）与工业部门之协议，如关于以集成产品政策为模板重新启用产品面板事项，或与零售商协商关于提供有关废弃物预防和环保型产品的信息的事项，

e）在由委员会于 2004 年 10 月 29 日发布的关于无害环境的公共采购的手册意义上的公共或私人采购的招标中应引入关于环境保护和废弃物减量化的标准（欧共体官方性公示文件办公室，2005），

f）促进适用的废弃产品或其部件的再使用和修理，尤其是通过使用教育的、经济的、后勤的或其他的措施，如支持或建立被委任的用于修理或再利用的中心和网络，尤其是在人口密集的区域应当施行。

《促进循环经济和确保合乎环境承受能力废弃物清除法》
（1994 年旧版德国《循环经济法》）中译本

Gesetz zur Förderung der Kreislaufwirtschaft und Sicherung der umweltverträglichen

Beseitigung von Abfällen

（Kreislaufwirtschafts–und Abfallgesetz–KrW–/AbfG）[1]

翟巍　译

首译完成日期：2013 年 3 月 1 日

最新修正日期：2017 年 3 月 31 日 *

---

〔1〕《促进循环经济和确保合乎环境承受能力废弃物清除法》（1994 年旧版德国《循环经济法》）现在已经失效。

　* 本翻译依据的《促进循环经济和确保合乎环境承受能力废弃物清除法》（1994 年旧版德国《循环经济法》）德语版本为 2007 年修订版本。——译者注

第一编　一般规定

第 1 条　法律目的

本法的目的是促进用以保护自然资源的循环经济，确保废弃物的处分能够合乎环境承受能力。

第 2 条　适用范围

第 1 款

本法条款适用于废弃物的：

1. 减量化，

2. 再利用，和

3. 处分。

第 2 款

本法条款不适用于：

1. 依据《食品与饲料法典》（前提是该法典效力及于食品，食品添加剂，化妆品，消费品和与食品具有相似性的产品）《暂定烟草法》《奶制品与人造黄油法》《动物流行病法》《植物保护法》和基于本法典颁布的法律条例应当予以处分的物质，

1a. 依据欧洲议会与理事会在 2002 年 10 月 3 日颁行的《涵盖涉及非用于人类食用的特定动物副产品的条款的第 1774/2002 号条例》（欧共体官方公报 第 L 273 号，第 1 页）当前适用版本，依据为执行该条例而颁行的欧共体法律文件，以及依据《动物副产品清除法》，或者依据基于本法典而颁布的法律条例，应当予以提取、收集、运输、贮存、处理、加工、使用、处分或投放市场的动物副产品，

2. 《原子能法》意义范围内的核燃料或其他放射性物质，

3. 基于《辐射保护预防法》所颁布的法律条例所规制的应予处分的物质，

4. 在勘探、开产、预处理与加工矿藏资源过程中，在处于矿产监督机制之下的企业产生累积的废弃物。如果废弃物既非直接在本段前一句所述的活动中产生，又在通常情形下并非仅仅在前一句所述的活动中产生，那么这类废弃物不被前一句所述的废弃物范畴所涵盖，

5. 不是利用容器存储的气态物质，

6. 将被排入或放入水体或废水处理装置的物质，

7. 研制、隐藏、运输、存储、处理和销毁弹药。

第 3 条　概念界定

第 1 款

本法典意义上的废弃物是指所有属于附录 I 所列类别的动产与被其持有人丢弃，有意愿丢弃或者必须丢弃的动产。再利用废弃物是指那些可被再利用的废弃物；不能被再利用的废弃物为被用于处分的废弃物。

第 2 款

本条第 1 款意义上的丢弃是指持有人将动产送交附录 Ⅱ B 意义上的再利用流程或附录 Ⅱ A 意义上的处分流程，或者在放弃任何其他目的的情形下抛弃对其实际控制权。

第 3 款

本条第 1 款意义上的丢弃意愿关涉到下列动产：

1. 在能源转换、生产、处理或利用物质材料或产品或服务情况下产生的，不再具有任何使用目的的物质或物体，或者

2. 其原来的使用目的落空或被抛弃，亦不存在一个新的使用目的来直接取代原有使用目的。

对于使用目的的评判在兼顾流通观念的情形下由废弃物产生者或持有人的见解确定。

第 4 款

持有人必须将本条第 1 款意义上的动产丢弃，如果它们不再匹配于原有使用目的被使用，而且依据其具体状态具有在现在或将来损害社会公共利益，尤其是损害环境的性质，并且其损害的潜在风险只有依据本法条款和基于本法颁布的法律条例通过一种符合规定的与无害的再利用或合乎公共利益的处分才能得以消除。

第 5 款

本法典意义上的废弃物产生者是指任何自然人或法人，通过其经营活动产生废弃物，或者是指任何人，通过其预处理、混合或其他处理，使废弃物自然属性或组成发生变化。

第 6 款

本法典意义上的废弃物持有人是指对废弃物具有实际控制权的任何自然人或法人。

第 7 款

废弃物处置包括废弃物再利用与废弃物处分。

第 8 款

危险废弃物是指经由基于本法典第 41 条第 2 句的法律条例所确定的废弃物。本法典意义上的非危险废弃物是指所有其他废弃物。

第 9 款

德国联邦政府获得以下授权：它可以基于执行欧共体法律文件的目的，在德国联邦参议院批准的前提下，通过法律条例的方式在附录 Ⅰ、Ⅱ A 或 Ⅱ B 中增加、删除或修改废弃物类别、处分程序或再利用程序。

第 10 款

本法典意义上的垃圾填埋场是指在地表或地下用于存放废弃物的处分设施（地上堆填区）或地下储藏区。用于存放废弃物的企业内部的废弃物处分设施也属于填埋场，在其中，废弃物产生者可以在产生地点进行废弃物处分。

第 11 款

惰性废弃物是指符合以下特征的矿物废料：其没有经受重大的物理、化学或生物变化，

其不溶解、不燃烧和未以其他方式发生物理的或化学的反应，不具生物降解性和不会以对环境或人类健康产生负面影响的方式对与其接触的其他材料造成妨碍。

废弃物总的可浸出性和污染物含量与渗滤液的生态毒性必须是微不足道的，尤其不得损害地表水与地下水的质量。德国联邦政府获得以下授权：通过听取相关方面意见（第 60 条），并在获得联邦参议院批准的前提下，以颁行法律条例的方式确定惰性废弃物。

第 12 款

本法典意义上的现有技术是指先进的程序、设施或操作方法的发展状态，它在总体上保障一项措施的实际适用性，以实现以下诸目标：限制向空气、水与土壤的排放量，确保系统安全性，确保无害环境的废弃物处置或除此以外用于避免或限制对环境的影响，以实现一项整体性的对环境的高保护标准。在确定技术状态方面，附录 III 所列的标准尤其应被考虑。

第 3a 条　电子通讯

只要基于本法典或根据本法典颁布的法律条例的规定指定使用书面形式，那么在电子形式没有获得明确准许的前提下，就不得使用电子形式。

第二编　废弃物的产生者和持有者以及处置者的原则与义务

第 4 条　循环经济原则

第 1 款

1. 首先，应当避免废弃物的产生，特别是通过减少其数量和危害性的方式来实现这一目的，

2. 其次，应当对于废弃物：

a）进行物质性利用，或者

b）予以利用，以达到获得能量目的（能量性利用）。

第 2 款

避免废弃物产生的措施尤其应当包括系统内置式的材料循环回收利用措施，降低废弃物产生的产品设计措施以及以购买产生较少废弃物与包含较少有害物质产品为导向的消费者行为。

第 3 款

废弃物物质性利用是替代原材料供给的行为，它包含从废弃物中提取材料的方式（辅助性原材料）或基于原初目的或其他目的使用废弃物物质属性的方式（直接进行能量回收方式除外）。一项物质性利用行为在以下情形下得以确认：如果基于经济视角，在考量在各类废弃物中所存在的杂质的前提下，一项措施的主要目的是为了利用废弃物而非清除有害物质的潜在影响，那么这项措施就构成物质性利用行为。

第 4 款

废弃物能量性利用是将废弃物作为替代性燃料的利用行为。虽然废弃物能量性利用居于

被优先考虑地位，但是这并不影响以处分废弃物为目的的热处理行为的实施，在生活垃圾处理领域尤其如此。对于上述两类措施予以分类的主要依据是措施的主要目的。基于具体废弃物考量，在该废弃物不与其他材料混杂的情形下，应当依据废弃物的种类与污染程度以及通过废弃物处理行为而产生的新的废弃物与出现的排放物，来确定相关措施的主要目的是利用废弃物还是处理废弃物。

第 5 款

循环经济也包括基于利用目的而对于废弃物实施的提供、放弃、收集、构建取送系统的搜集、运输、贮存与处理行为。

第 5 条　循环经济基本义务

第 1 款

废弃物抑制的义务是以本法典第 9 条以及根据第 23 条和第 24 条颁布的法律条例为基准。

第 2 款

废弃物的产生者或持有者负有依据本法典第 6 条所确定的标准条件利用其废弃物的义务。只要本法典没有作出其他规定，废弃物的再利用就应当优先于其处分。一项符合废弃物类型与性质的高质量的废弃物利用应当得到倡导。只要为了满足本法典第 4 条与第 5 条所确定的要求条件而具有必要性，就应当基于利用目的对于废弃物进行分类保存与处理。

第 3 款

废弃物的再利用，尤其是通过将其纳入产品中的再利用，必须符合规定地与无害地进行。再利用的进行是符合规定的，当其遵守本部法律条款和其他公法条款。再利用的进行是无害的，当依据废弃物的特性，污染的程度和利用的类型不会预期产生对公众利益的损害，尤其是在回收过程中不会产生有害物质的积聚。

第 4 款

废弃物的再利用义务必须得到履行，只要其技术上是可能的，经济上是可以承担的，尤其是对于在再利用时获取的原料或获取的能源来说已存在市场或可以创建市场。当为废弃物的再利用必须进行预处理时，此废弃物再利用亦被认为是技术上具有可能性的。经济上的可承担性是指再利用所造成的成本与废弃物处分所需成本相比较未处于不相当状态。

第 5 款

如果废弃物处分是符合环境承受能力的解决方案，那么本条第 2 款所规定的废弃物再利用就不应再被优先考虑。在此情形下，需要特别考虑以下因素：

1. 可以预期的排放量，

2. 保护自然资源的目的，

3. 需要投入的能源或可以获取的能源，和

4. 有害物质在产品、被利用的废弃物或从被利用废弃物中获取的产品中的累积。

第 6 款

在涉及以下类型废弃物的情形下，废弃物利用不应被优先考虑：这类废弃物直接或者通

常在研究或开发活动中产生。

第 6 条　物质性与能量性利用

第 1 款

废弃物能够：

1. 被物质性利用，或者

2. 被予以利用，以达到获得能量目的。

能够更好符合环境承受能力的废弃物利用类型应当被优先考虑。本法典第 5 条第 4 款在此获得相应适用。德国联邦政府获得以下授权：它可以在听取相关方面的意见（第 60 条），并获得联邦参议院批准的前提下，依据本法典第 5 条第 5 款所规定的标准与根据本条第 2 款所列明的要求，通过颁行法律条例的方式针对特定的废弃物类型确定物质性或能源性利用的优先适用性。

第 2 款

如果废弃物利用类型的优先适用性没有在本条第 1 款所规定的一项法律条例中作出规定，那么只有在以下情形下，本法典第 4 条第 4 款意义上的能量性利用才获准许：

1. 在没有掺杂其他材料的前提下，具体废弃物的热值至少达到 11 000 kJ/kg，

2. 燃烧效率至少达到 75%，

3. 产生的热量可以供自己使用或者提供给第三方使用，和

4. 从利用过程中产生的新的废弃物在尽最大可能的情形下，不需要进行进一步处理，就可予以贮存。

如果在第 1 句条目 2 至 4 所列明的前提条件得到满足，那么由可再生原材料产生的废弃物可以被能量性利用。

第 7 条　循环经济的要求基准

第 1 款

德国联邦政府获得以下授权，只要对于履行本法典第 5 条所规定的义务（尤其是确保无害利用的义务）来说具有必要性，德国联邦政府就可以在听取相关方面的意见（第 60 条），并获得联邦参议院批准的前提下，通过颁行法律条例的方式作出以下规定：

1. 依据废弃物的类型、属性与所含材质而在产品中限制特定废弃物的使用，或者限制特定废弃物作为产品的构成成分，

2. 确定关于废弃物分类存放、运输与贮存的要求，

3. 确定关于废弃物提供、放弃、收集与通过取送系统的搜集的要求，

4. 基于某些特定废弃物的类型、属性或数量考虑，这些废弃物的利用将以特定方式损害社会公共利益，尤其是将损害本法典第 10 条第 4 款所列明的法益保护对象。基于此，应当依据这些废弃物的来源领域、产生场所或最终产品来确定以下内容：

a）这些废弃物只被允许以特定数量或属性或基于特定目的而进入流通领域或被利用，

b）这些废弃物由于具有特定属性而不被允许进入流通领域，

5.（废止），

6.（废止）。

第 2 款

如果电厂废弃物、烟尘除硫设施产生的废石膏或者其他在接受矿产监督的企业产生的废弃物由于开矿技术原因、矿山安全原因或基于再利用目的而被投入使用，那么本条第 1 款所规定的法律条例可以确定对于这一使用的材质性要求。

第 3 款

通过本条第 1 款所规定的法律条例还可以确立特定程序，确立这类程序的目的是用于审查被确定的相关要求是否得到满足。此类程序尤其应当涵盖以下情形：

1. 证明或登记注册：

a）没有基于本法典第 44 条的指令，或者

b）偏离了本法典第 42 条与第 43 条所规定的特定要求，或者偏离了本法典第 45 条所规定的法律条例的特定要求而得到执行与提交，

2. 废弃物处置者在接收或转移废弃物时，必须经由特定的类型与方式对废弃物进行检查，并且必须将检查结果记录在证明文件或登记文件中，

3. 废弃物的运输者与处置者必须保有一个工作日志，在日志中必须对那些未被登记文件列入的有关工作运行的特定信息做出标注，

4. 废弃物产生者、持有者或处置者在接收或转移废弃物时，必须标明法规规定的要求，或者必须以特定方式记录废弃物或者为运输废弃物而配备的容器，

5. 样品的提取、参考样品的保留与储存以及为实现这一系列目的而应适用的程序，

6. 为了判定个别的物质或物质系列而必须采用的分析程序，

7. 义务人在实施条目 5 至 6 中所列的样品收集和分析过程中必须委托一个由主管州机关公开宣示的专家或一个由此机关公开宣示的职员，

如果在考虑本法典第 40 条至第 45 条所规定的监督措施或基于本法典第 45 条而颁行的法律条例所规定的监督措施的前提下，无法通过其他方式保障对于法规所提出要求的审查行为，那么只有在这种情形下，本款第 1 句条目 1 至 4 所规定的义务或者其他的并非由本款第 1 句条目 1 至 7 所规定的义务才应当得到强令执行。

第 4 款

由于本条第 3 款第 1 句条目第 5 至 7 的要求，任何人均可获知可供使用的通告。在此主要是指：

1. 在法律条例中注明通告的日期和详细标明依据来源，

2. 将通告按照建档要求在德国专利和商标局存档并在法律条例中对此予以标明。

第 5 款

依据本条第 1 款的规定，可以通过颁行法律条例方式，准许或者要求证明文件、登记文件与工作日志按照本条第 3 款第 1 句条目 1 至 3 的规定以电子化形式或者通过电子化方式

运作。

第 8 条　在农业施肥领域循环经济的要求基准

第 1 款

德国联邦环境、自然保护和核安全部在与德国食品、农业与消费者保护部取得一致意见并听取相关方面意见（第 60 条），有权在征得德国联邦参议院批准的前提下，通过颁行法律条例的方式，在农业领域确定符合本条第 2 款规定的以确保合规与无害利用为目标的要求基准。

第 2 款

如果被利用的废弃物是被作为《肥料法》第 1 条意义上的二次原料肥料或经济型肥料而使用于农业、林业或花圃土壤区域，那么在依据本条第 1 款规定而被颁行的法律条例中，可以对于包含有害物质的废弃物的递交与应用作出相关规定。此规定尤其应当包含以下内容：

1. 依据地产的特征标准，例如地产的类型与属性、应用地点、应用时间和自然地理位置，确定应予禁止或限制的内容，

2. 确定涉及废弃物或经济型肥料或地产的调查行为，确定对于这类物质进行预处理的措施或者适宜的其他措施，

3. 确定依据本法典第 7 条第 3 款至第 5 款规定对于相关要求进行审查的程序。如果《肥料法》第 1a 条意义上的良好专业实践标准被超越，那么前述规定亦适用于经济型肥料。

第 3 款

只要德国联邦环境、自然保护和核安全部没有依据授权颁布相关法律条例，各州政府就可以依据本条第 2 款规定颁布法律条例；各州政府可以通过颁布法律条例的方式将这一权力全部或部分转授给其他机构部门。

第 9 条设施运营者的义务

《德国联邦污染防治法》所规定的需要审批许可与不需要审批许可的设施的运营者都必须遵循《德国联邦污染防治法》的规定，在构建与运营设施过程中履行抑制、利用与清除处分废弃物的义务。

第 10 条　合乎公共利益的废弃物处分的原则

第 1 款

不再被利用的废弃物应当永久不再进入循环经济利用状态，并且应当为了社会公共利益而对其进行清除处分。

第 2 款

废弃物清除处分行为包括对于预备清除处分的废弃物进行的提供、放弃、搜集、运输、处理、存放与贮存。通过废弃物处理行为，应当降低废弃物的数量与有害性质。应当尽可能利用在处理与贮存废弃物时所产生的能量或废弃物。如果在废弃物处理与贮存时所产生的能量或废弃物能够被利月，而且这种利用只是隶属于清除处分目的之附属目的，那么废弃物处理与贮存行为亦可被视为废弃物清除处分行为。

第 3 款

废弃物应当在本国境内得到清除处分。欧洲议会与理事会在 2006 年 6 月 14 日发布的关于废弃物运输的欧共体第 1013/2006 号条例（欧盟官方公报，第 L 190 号，第 1 页）的当前适用版本与《废弃物运输法》的规定保持不变。

第 4 款

废弃物的清除处分不应危害社会公共利益。如果出现以下情况，那么就构成危害社会公共利益行为：

1. 危害人类健康，

2. 损害动物和植物，

3. 对水体和地产产生有害影响，

4. 通过大气污染或噪音而导致有害的环境影响，

5. 忽略区域规划的目标，未考虑区域规划的原则与其他要求，没有维护自然保护和景观维护以及城市建设的关联利益，

6. 危害或干扰公共安全和秩序。

第 11 条　废弃物处分的基本义务

第 1 款

只要在本法典第 13 条至第 18 条中没有作出其他规定，不再被利用的废弃物的产生者或持有者就有义务依据本法典第 10 条规定，按照对废弃物进行合乎公共利益清除处分的原则，实施废弃物清除处分行为。

第 2 款

只要对满足本法典第 10 条所规定的要求基准来说具有必需性，被清除处分的废弃物应当得到分类存放与处理。

第 12 条　废弃物处分的要求基准

第 1 款

德国联邦政府获得授权，它可以在听取相关方面意见（第 60 条），并在征得德国联邦参议院批准的前提下，通过颁行法律条例的方式，根据技术水平并按照废弃物的来源领域、产生场所以及种类、数量与属性确定针对废弃物清除处分的要求基准，从而达到履行本法典第 11 条所规定的义务的目的。此处所指的要求基准尤其应当包括以下内容：

1. 对于废弃物分类存放与处理的要求，

2. 对于废弃物提供、放弃、搜集、运输、存放与贮存的要求，

3. 依据本法典第 7 条第 3 款至第 5 款规定审查相关要求的程序。

第 2 款

为了执行本法典与依据本法典颁行的联邦各项法律条例，德国联邦政府应当在听取相关方面意见（第 60 条），并在征得德国联邦参议院批准的前提下，通过颁布一般性行政规定的方式，根据技术水平提出对于废弃物进行合乎环境承受能力的清除处分的要求基准。在此情

形下，还应对废弃物的收集、处理、存放与贮存程序进行规定，从而使这些程序通常能够发挥保障对废弃物进行合乎环境承受能力的清除处分的功用。

第 3 款

（废止）

第 13 条　交付义务

第 1 款

与本法典第 5 条第 2 款与第 11 条第 1 款规定迥异的是，如果私人生活领域的废弃物不再可能被利用或相关主体不再意图利用这类废弃物，那么这类废弃物的产生者或持有者具有义务将废弃物交付给基于州法承担废弃物处置义务的法人（公法处置者）。如果产生于其他来源领域的特定废弃物的产生者与持有者无法在自身运营的设施中清除处分废弃物，或者基于压倒性公共利益的要求而应当实施废弃物交付行为，那么本款第 1 句规定也适用于被清除处分的这类废弃物的产生者与持有者。

第 2 款

如果依据本法典第 16 条、第 17 条或第 18 条的规定，第三方主体或私人处置者已经被附加利用与处分废弃物的义务，那么向公法处置者交付废弃物的义务就不应予以确立。

第 3 款

在下列情形下，废弃物交付义务不应予以确立：

1. 依据本法典第 24 条颁行的法律条例的规定，确立回收或交回特定废弃物的义务的情形。其适用的前提条件是，依据本法典第 24 条第 2 款第 4 项规定，公法处置者不参与这类废弃物的回收事项；

1a. 涉及依据本法典第 25 条规定的为承担产品责任而应被自愿回收的废弃物的情形，其适用的前提条件是，依据本法典第 25 条第 3 款或第 6 款规定，实施回收的审查生产者或运营者已经获颁一项豁免决定文件或评估决定文件，

2. 涉及特定类型废弃物，这类废弃物通过公益收集而被合乎规定与无害利用，

3. 涉及特定类型废弃物，这类废弃物通过经营性收集而被合乎规定与无害利用，其适用前提条件是，能够向公法处置者证明可以通过经营性收集而实现废弃物合乎规定与无害利用，并且这一做法没有违背关键性公共利益。

条目 2 至 3 规定不适用于危险性废弃物。依据本法典第 7 条与第 24 条规定通过法律条例而确定的关于交付义务的特殊规定的效力不受影响。

第 4 款

为了确保进行合乎环境承受能力的废弃物处分，德国各州可以针对危险废弃物处分规定治理与交付义务。如果无法在其他方面为危险性废弃物的合乎规定利用提供保障，那么德国各州可以基于为废弃物合乎环境承受能力处置提供保障的目的，针对危险废弃物利用作出关于治理与交付义务的规定。在本款第 2 句中所述及的被利用的废弃物类型应在征得德国联邦参议院同意的前提下，由德国联邦政府通过法律条例形式予以确定。在本法典生效之前已经

由德国各州规定的关于危险废弃物利用治理义务的规定效力保持不变。如果依据本法典第16条、第17条或第18条规定，第三方主体或私人处置者被附加废弃物处置义务，那么这类主体无须承担治理或交付义务。

第 14 条　基于地产的容忍义务

第 1 款

如果涉及交付义务的废弃物在地产上产生，那么这类地产的所有者与持有者具有义务容忍在其地产上放置存放废弃物的必需容器以及对其地产的介入行为。其适用前提条件是这类存放以及介入行为的目的是为了收集废弃物与监管废弃物的分类存放与利用。

第 2 款

如果依据本法典第24条规定而颁行的一项法律条例对于废弃物的回收义务作出规定，而若干种回收与收集系统对于履行这一义务来说具有必要性，那么本条第1款规定相应适用于这些回收与收集系统。

第 15 条　公法处置者义务

第 1 款

公法处置者应当依据本法典第4条至第7条所规定的标准对在其管辖范围内产生并被转移交付的来自私人生活领域的废弃物或者具有其他来源领域的被预计处分的废弃物进行利用，或者公法处置者应当依据本法典第10条至第12条规定的标准对前述两类废弃物予以处分。如果依据本法典第5条第4款所列明的原因，特定废弃物应被交付处分，而基于公法处置者视角并不存在这类原因，那么公法处置者具有义务对这类废弃物进行利用。

第 2 款

如果依据本法典第16条、第17条或第18条规定，第三方主体或私人处置者被附加处置废弃物的义务，那么公法处置者应被免除对于来自非私人生活领域的其他来源领域的废弃物处置义务。

第 3 款

如果依据本法典第24条颁行的一项法律条例所规定的回收义务约束特定废弃物，并且在事实层面已经存在相对应的回收机构，那么公法处置者在征得主管机构同意的情形下可以不再施行相应的处置行为。如果来自于非私人生活领域的其他来源领域的预计被处分的废弃物由于其种类、数量或特性而无法与在生活领域产生的废弃物一同被处分，或者依据德国各州废弃物管理计划，通过其他处置者或第三方主体才可以保障合乎环境承受能力的废弃物处分的安全性，那么本款第1句规定也适用于来自于非私人生活领域的其他来源领域的预计被处分的废弃物。如果本款第1句与第2句规定的处置行为得以排除的前提条件不复存在，那么公法处置者可以在主管机构同意的前提下撤销对于废弃物处置的排除行为。

第 4 款

如果缺乏有效官方标志的卡车或挂车被停放在公共地面或接受建造的地面部分的外部区域，而且没有迹象表明存在对于这些车辆的处理行为或合乎规定的利用行为，并且在这些车辆被置放明晰可见的要求予以处理的文件之后一个月内，它们依旧没有被移除处理，那么本条第 1 款规定的义务也适用于这类卡车或挂车。

第 16 条　委任第三方

第 1 款

具有利用与处分废弃物义务的主体可以委任第三方主体代为履行其义务。在此情形下，具有利用与处分废弃物义务的主体对于履行其义务所应承担的责任保持不变，接受委任的第三方主体必须具备必要的可靠性质。

第 2 款

在下列情形下，主管机构可以依据申请，并在本法典第 15 条、第 17 条与第 18 条意义上的处置者同意的情况下将这些处置者承担的义务全部或部分转移委任给第三方：

1. 第三方主体具有专业知识、专业特质与可靠性质，

2. 被转移委任的义务履行获得确实保障，

3. 没有违反关键性公共利益。

将私人处置者义务转移委任给第三方主体的行为必须得到本法典第 15 条意义上的公法处置者的同意。如果申请提出者是本法典第 52 条第 1 款意义上的处置专业企业或者在本法典第 55a 条意义上的经审核后的营业地点经营的主体，那么主管机构在作出决定时必须对申请提出者的这类特征予以考量。

第 3 款

为了证明符合本条第 2 款所规定的前提条件，第三方主体尤其必须提交一项废弃物管理方案。该废弃物管理方案必须包括以下内容：

1. 关于被利用的或被处分的废弃物的种类、数量与存放的描述性信息，

2. 关于已经采取或计划实施的废弃物利用或处分措施的说明信息，

3. 关于已经作出规定的未来 5 年处置路径的阐释性信息，此类信息应当涵盖关于必要的位置规划与设备规划以及日程安排的描述性信息，

4. 涉及在联邦德国领域以外利用或处分第 1 项所列明的废弃物的专项说明信息。

在制定废弃物管理方案时，必须关注基于本法典第 29 条的涉及废弃物管理规划的规定。只要主管机构没有作出其他规定，废弃物管理方案首次制定适用期限为五年，之后每隔五年应当予以修订。除此以外，从义务被委任之后起算，在一年期届满时，应当制定与提交年度废弃物管理汇总报告，该报告应当包含在本款第 2 句条目 1 与条目 4 所列明的废弃物的种类、数量、存放与保留的描述性信息；主管机构可以批准与上述要求不同的汇总报告的制定与提交期限。在处置废弃物的情形下，应当在汇总报告制定与提交期限内，对废弃物缺乏利用可能性的情况作出专项阐释。

第 4 款

义务的被转托委任应当具有期限性。该被委任行为可以附加辅助性规定条款，特别是在涉及附条件准予委任、附义务或保留取消委任权力的情形下，被委任行为可以附加辅助性规

定条款。

第17条　联盟组织职责履行

第1款

来自手工业企业以及其他经济企业或者公共机构的废弃物的产生者与持有者可以组成联盟组织，这类联盟组织可以接受废弃物产生者或持有者的委托而履行其废弃物利用与处分的义务。本法典第16条第1款第2句与第3句在此情形下可获相应适用。

第2款

公法废弃物处置者与自治经济体可以为联盟组织的创建贡献力量，并可以加入这类联盟组织。

第3款

主管机构在征得本法典第15条意义上的公法废弃物处置者同意的情形下，可以基于这类废弃物处置者的申请，将废弃物产生者与持有者的义务全部或部分委托给联盟组织履行。这一委托行为适用的前提条件为：

1. 采用其他方法无法实现联盟组织的目的，

2. 被委托义务的履行能够得到确保，特别是能够保障与德国各州废弃物管理规划（本法典第29条）相符合的所委托任务范畴内的废弃物处分的安全性，

3. 没有触犯关键性公共利益。

本法典第16条第3款与第4款在此情形下可获相应适用。

第4款

在满足以下两项前提条件的情形下，主管机构在所委托任务范畴与联盟组织目标框架下，可以要求联盟组织在划定区域内承担处分一切废弃物的义务，特别是承担由其他产生者与持有者交付处分的废弃物的处分义务。这两项前提条件为：

1. 如此做有利于维护公共福利利益，

2. 废弃物产生者与持有者无法自行履行其义务。

第5款

联盟组织可以收取费用。收费标准必须获得主管机构的批准。

第6款

本法典第15条第1款与第3款相应适用于废弃物利用与处分义务的委托事宜。只要对于履行被委托的义务来说具有必需性，就应当要求联盟组织承担废弃物交付与容忍义务，本法典第13条第1款与第3款和第14条在此情形下可获相应适用。为了履行被委托的义务，联盟组织可以要求废弃物的产生者与持有者对废弃物进行分类存放并递送到特定的收集地点或处理设备所在之处。废弃物产生者与持有者自行处置废弃物的权利保持不受影响。

第18条　自治经济体职责履行

第1款

工商业协会、手工业协会与农业协会（自治经济体）可以创设特定机构，该类机构可以

接受废弃物产生者与持有者的委托而代为履行它们的废弃物利用与处分义务。本法典第 16 条第 1 款第 2 句与第 3 句规定在此情形下可得相应适用。

第 2 款

主管机构可以基于自治经济体的申请，在划定区域内将废弃物产生者与持有者的义务全部或部分委托给上述特定机构。本法典第 17 条第 3 款至第 6 款规定在此情形下可获相应适用。

第 19 条　废弃物管理方案与废弃物管理总结报告

本法典第 15 条意义上的公法处置者必须制定关于在其所涉领域内生成的或向其递交的废弃物的利用与处分的废弃物管理方案与废弃物管理总结报告。德国各州负责确定对于废弃物管理方案与废弃物管理总结报告的要求。

第 20 条

（废止）

第 21 条　基于具体情形的指令规定

为了施行本法典与基于本法典所颁行的条例，主管机构可以在个别情形下做出必要规定。

第三编　产品责任

第 22 条　产品责任

第 1 款

凡是开发、生产、加工、处理或者销售产品的主体，都必须承担产品责任，以实现循环经济的目的。为了承担履行产品责任，应当尽最大可能使产品的构造符合以下情形：在产品的生产与使用过程中减少废弃物的产生，并确保对产品使用之后生成的废弃物进行符合环境承受能力的利用与处分。

第 2 款

产品责任尤其包括以下内容：

1. 产品的开发、生产与流通应当使其符合以下特征：产品可重复使用，具有技术层面上的较长使用寿命，并且在使用后可进行符合规定的、无害的利用与合乎环境承受能力的处分，

2. 在产品生产过程中优先使用可利用性废弃物或二次辅助性原材料，

3. 对含有有害成分的产品进行标示，以确保能够对产品使用后残留的废弃物进行合乎环境承受能力的利用或处分，

4. 通过在产品上做出标示的方式对其回收、再使用与利用可能性或义务以及押金规定做出提示，

5. 对于产品与产品使用之后残留的废弃物进行回收，以及进行后续的利用或处分。

第 3 款

在基于本条第 1 款与第 2 款的产品责任范畴内，除了应当关注与本法典第 5 条第 4 款规定相匹配的关于诸要求的比例原则，还应当关注其他法律条款关于产品责任与环境保护的规定

· 319 ·

以及关于自由商品贸易的共同体法律规定。

第4款

德国联邦政府应当依据本法典第23条与第24条规定，通过颁布法律条例的方式确定基于本条第1款与第2款规定的必须承担产品责任的义务主体。它同时应当规定，适用于产品责任的产品类型与承担产品责任的方式与方法。

第23条　禁止，限制与标示

为了确定基于本法典第22条规定的要求，德国联邦政府获得授权，它可以在听取相关方面意见之后（本法典第60条），在征得联邦参议院同意的情形下，通过颁布法律条例的方式对于以下内容做出规定：

1. 对特定的产品而言，在特定情形下，尤其是指在其包装与容器具有特定性质或具有特定用途，并且能够确保其产生的废弃物得到合乎规定的利用或处分的情形下，它们才可以进入市场流通，

2. 对特定的产品而言，如果在对其处置过程中无法阻止有害物质的释放，或者只有在付出不成比例的高额费用的情形下才可阻止有害物质的释放，或者也无法通过其他方式取保实现合乎环境承受能力的处置，那么这些产品绝对不被允许进入市场流通，

3. 对于特定的产品而言，只有通过明显减轻废弃物处置负担的方式，尤其是指采取促进重复使用或利用的形式，才被允许进入市场流通，

4. 特定的产品必须通过特定方式予以标示，以确保特定目标的实现，尤其是确保相关主体在这些产品回收后，能够履行本法典第5条规定的基本义务（标示义务），

5. 对特定的产品而言，由于其在被按照规定使用后通常产生的废弃物中含有有害成分，因此只有在被做出特定标示的情形下才被允许进入市场流通。这种标示尤其应当向生产者、销售者或特定第三方提示返还回收的必要性，以确保废弃物得到具有必要性的特殊的利用或处分，

6. 对基于本法典第24条规定的附带回收或送回义务的特定产品而言，应当在送货或流通场所提示它们的收集可能性，或者在这些产品上做出相应的标示，

7. 对基于本法典第24条规定的应当被收取押金的特定产品而言，应当在这些产品上做出相应标示，并应在必要情形下注明押金额度。

第24条　收集与返还义务

第1款

为了确定基于本法典第22条规定的要求，德国联邦政府获得授权，它可以在听取相关方面意见（本法典第60条），并在征得联邦参议院同意的情形下，通过颁布法律条例的方式对于以下内容做出规定：

1. 生产者或销售者只有在提供返还回收可能性的情形下，才可以交付或交易特定产品，

2. 生产者或销售者必须确保特定产品通过合适的措施得到收集与回收，尤其可以经由收集制度或通过收取押金方式实现这一目标，

3. 生产者或销售者必须在交付场所或废弃物产生场所收集特定产品，

4. 生产者或销售者必须向本法典第15条、第17条或第18条意义上的州、主管机构或处置者出具关于被收集的废弃物的种类、数量、利用与处分的证明，同时留置与保存证明文件，并且必须基于要求出示证明文件。

第2款

为了确定基于本法典第22条规定的要求，以及为了补充确定废弃物产生者、持有者与本法典第15条、第17条与第18条意义上的处置者的义务，可以根据本条第1款规定，通过法律条例的形式，在循环经济框架下对于下列内容做出进一步规定：

1. 哪一主体必须承担收集、利用与处分被回收产品的费用，

2. 废弃物持有者必须将废弃物转递给基于本条第1款规定负有义务的生产者或销售者，

3. 转递的种类与方式，包括本法典第4条第5款意义上的供给、收集与运输措施以及在条目1下所述及的持有者的送回义务，

4. 本法典第15条、第17条与第18条意义上的处置者必须将废弃物的收集视为自身被委托的任务，为回收工作提供助益，并且将被收集的废弃物转递给基于本条第1款规定的义务主体。

第25条 自愿的收集

第1款

德国联邦政府在听取相关方面意见之后（本法典第60条），可以对废弃物的自愿收集确定目标，并且要求这些目标必须在一个合适的期限内得到实现。它应当在德国联邦公报上公布这些规定。

第2款

自愿收集产品或自愿收集在产品使用之后残留的废弃物的生产者与销售者必须在收集开始之前向主管机构通报此事。

第3款

基于本条第2款规定的主管机构应当根据申请免除特定的生产者或销售者基于本法典第43条规定的从处置危险废弃物直至终结废弃物回收的出具证明的义务以及基于本法典第49条规定的义务。此处所述的特定的生产者或销售者是指在由其生产的或销售的产品被使用成为危险废弃物之后，在其自身的设备或设施或者在由其委托的第三方主体的设备或设施中对前述废弃物进行自愿收集的生产者或销售者。本款前述的对义务的免除必须符合以下前提条件：

1. 为了履行本法典第22条意义上的产品责任范畴下的义务的履行而实施自愿收集，

2. 通过收集使本法典第4条与第5条意义上的循环经济的诸种目标得到促进，

3. 能够确保废弃物得到合乎规定的处置。

只要在免除义务决定中没有规定更早的时间点，基于本款第1句规定的收集行为最晚应当在废弃物被送交用于进一步处理的设备时终结。例外情形是，前述设备是用于暂时贮存废弃物的设备。要求免除义务的申请文件可以与本条第2款规定的通报文件统一提交。

第 4 款

只要没有获致请求的效力限制，基于本条第 3 款规定的免除行为效力就可适用于德意志联邦共和国。只要对于确保在本条第 3 款所列明的免除义务的前提条件的成立来说具有必要性，主管机构就可在发布免除义务决定时附带条件以及附带保留撤销权利的规定，或者附带义务与设定期限。主管免除事项的机构应当向在其领域内废弃物被收集的德国各州的主管机构各自发送一份关于免除决定的影印件。

第 5 款

直至本条第 3 款规定的收集完结之前，只要危险废弃物的生产制造者、持有者、运输者或处置者将废弃物交还给一个生产者或销售者，或者在后者的委托下处置废弃物（前提条件是依据本条第 3 款规定，在涉及此类废弃物的情形下，这种委托可以免除证明义务），那么它们就可以被免除基于本法典第 43 条规定的证明义务。本条第 4 款第 2 句规定在此情形下可以获得相应适用。

第 6 款

只要基于本条第 3 款第 1 句规定的前提条件得到满足，那么基于本条第 2 款规定的主管机构可以根据生产者或销售者的申请，确定一项通告性的废弃物收集行为，以履行基于本法典第 22 条规定的产品责任框架下的义务。本条第 4 款第 1 句至第 3 句规定在此情形下获得相应适用。

第 26 条 收集后持有者义务

依据基于本法典第 24 条规定的法律条例收集废弃物或自愿收集废弃物的生产者与销售者，应当履行基于本法典第 5 条与第 11 条规定的废弃物持有者的义务。

第四编 规划责任

第一章 规则与规划

第 27 条 处分规则

第 1 款

基于废弃物处分的目的，废弃物只可以在为此经过批准的设备或设施（废弃物处分设备）中获得处理、贮存或堆放。除此以外，基于处分目的，废弃物处理行为可以在不以废弃物处分为主要使用目标的设备中获得实施，这类设备应当获得基于《联邦污染防治法》第 4 条规定的许可。如果专门用于废弃物处分的设备属于不具重要性的设备，因而依据《联邦污染防治法》的规定而无须获得许可，并且基于本法典第 12 条第 1 款颁行的法律条例、《联邦污染防治法》第 23 条、本法典第 12 条第 2 款所涵摄的一般性行政条款没有做出其他的规定，那么基于处分目的而实施的废弃物贮存或处理行为也被允许在这类废弃物处分设备中予以实施。

第 2 款

主管机构在个案情形下，可以在保留撤销权的前提下准许对本条第 1 款第 1 句规定的例外豁免处理。其适用前提条件是：这种例外豁免处理不会损害社会公共利益。

第 3 款

德国各州政府可以通过颁行法律条例的方式，准许在本条第 1 款第 1 句意义上的设备之外进行特定废弃物或这类废弃物的特定数量的处分行为，其适用前提有二，即：其一，存在这样的需求；其二，不必担忧这么做将损害社会公共利益。在此情形下，它们也可以通过颁行法律条例方式规定前提条件与处分的类型与方式。德国各州政府可以通过颁行法律条例方式全部或部分地向其他机构委托此项权力。

第 28 条　处分的施行

第 1 款

主管机构可以为废弃物处分设备的运营者附加下列义务：要求该运营者必须在收取合理费用的情形下准许本法典第 11 条规定的处分义务主体以及本法典第 15 条、第 17 条与第 18 条意义上的处置者合用其废弃物处分设备。附加该义务的前提条件为：处分义务主体无法通过其他方式符合目的地处分废弃物或者只能以负担显著过高成本的方式处分废弃物，并且合用设备对于运营者来说是可以承受的。如果在费用问题上无法达成一致意见，那么应当由主管机构对此做出规定。只有在本法典法律条款没有做出相反规定的情形下，前述分配指派才可予以实施；依据本法典第 11 条规定，基本义务的履行必须得到确保。主管机构应当要求通过分配指派获益的主体提交废弃物管理方案，并将其作为做出决策的基本依据。经由本款第 1 句规定的负担义务主体的申请，通过分配指派获益的主体可以被附加以下义务：在予以分配指派的原因消失后仍然必须接受同种类型与同样数量的废弃物。

第 2 款

如果废弃物处分设备的运营者能够比本法典第 15 条、第 17 条与第 18 条意义上的处置者更加经济地处分废弃物，那么主管机构可以基于该设备运营者的申请，委托该设备运营者处分废弃物。此种委托行为可以附加以下义务：如果处置者无法处分剩余废弃物或者只有在承担不合比例的费用的情形下才可处分剩余废弃物，那么前述申请者应当对于在处置者原先涵盖区域内产生的废弃物进行处分，并收取处分的成本费用。如果前述申请者能够阐释它无法承担这一处分工作，那么本义务性规定不予适用。

第 3 款

主管机构可以对矿山开采企业的开采权利主体或者经营者以及在矿山开采中所使用的地产的所有者、持有者或以其他方式具有支配权者附加义务，要求它们容忍在其设备的发掘作业中或者在其地产领域内对于废弃物进行处分，亦可要求它们使这些场所的进入成为可能，并且在此情形下，如果具有确实必要，那么可以要求它们提供现有的运营设备或设施或这些设备设施的部件用于处分废弃物。由前述行为给前述主体造成的成本必须由处分义务主体承担，主管机构应当确定这一承担义务的内容。相对于废弃物处分的矿山开采的优先性不应当受到损害。容忍义务主体无须对于由废弃物处分导致的损害承担责任。

（附德国新旧循环经济法典最新译本）

第 4 款

依据 1998 年 8 月 25 日版的《关于禁止向公海倾倒废弃物与其他物体材料法》（联邦法律公报 I 第 2455 页）的规定，向公海倾倒废弃物以及在公海焚烧废弃物的行为应当被禁止。依据在本款第 1 句所列明的法典的规定，只有在考虑疏浚物各项内含成分的前提下，才可将疏浚物向公海倾倒。

第 29 条　废弃物管理规划

第 1 款

德国各州应当在它们的辖区内依据跨区域视野创设废弃物管理规划。废弃物管理规划应当包含以下内容：

1. 废弃物减量化与废弃物利用的目标，

2. 为了确保本国废弃物处分而必需的废弃物处分设备。

废弃物管理规划必须指明：

1. 获得批准的废弃物处分设备，

2. 关于最终贮存废弃物的废弃物处分设备（填埋场）以及其他废弃物处分设备的所需的合适地块。

这类规划可以进一步规定：哪一类主体属于预设的处置者，处分义务主体必须使用哪一种废弃物处分设备。

第 2 款

在阐明需求时，必须考虑到未来的至少十年之内的可以预期的发展。只要在阐明需求时具有必要性，就必须对废弃物管理方案与废弃物管理总结报告进行评估。

第 3 款

如果从基于规定的使用角度考量，一幅地块的位置、大小与性质与在规划区域内的废弃物管理目标相一致，并且没有明显违反社会公共福利利益，那么该地块可以被视为具有本条第 1 款第 3 句条目 2 意义上的适格性。基于本条第 1 款规定的地块指定行为不应作为在本法典第 31 条中所列明的废弃物处分设备涉及的规划确定程序或授权许可的前提条件。

第 4 款

在本条第 1 款第 3 句条目 2 与第 4 句规定意义上的指定行为可以经由阐释说明而对处分义务主体产生约束效力。

第 5 款

在废弃物管理规划制定当中，必须考量空间规划的目标，并关注空间规划的原则与其他需求。《空间规划法》第 7 条第 3 款第 1 句与第 2 句条目 3 规定的效力不受影响。

第 6 款

德国各州应当相互协调统一其废弃物管理规划。如果存在制定跨越一州领域的规划的必要性，那么相关各州应当在制定废弃物管理规划时相互之间共同协商确定要求与措施。

第 7 款

在制定废弃物管理规划时，应当让市镇或者市镇联合体与本法典第 15 条、第 17 条与第 18 条意义上的处置者参与其中。

第 8 款

本法典第 15 条意义上的公法处置者、本法典第 16 条至第 18 条意义上的由于接受委任而代替废弃物产生者或持有者履行废弃物处置义务的第三方主体以及私人处置者必须在主管机构提出要求的情形下，向主管机构提交由它们制定与更新的废弃物管理方案与废弃物管理总结报告，以供主管机构用于对废弃物管理规划的评估。本法典第 29a 条规定的效力不受影响。

第 9 款

德国各州负责规定涉及规划确定与约束力声明的程序。

第 10 款

首批规划应当在 1999 年 12 月 31 日前予以制定，并且每间隔五年被更新修订一次。

第 29a 条　废弃物管理规划的公众参与

在依据本法典第 29 条第 1 款规定制定或修订废弃物管理规划的情形下，公众应当经由主管机构得以参与其中。此处所指的制定或修订废弃物管理规划情形包括对于特定章节或特别的部分性规划（尤其是关于危险废弃物、废旧电池与蓄电池或包装与包装废弃物处置的特定章节或特别的部分性规划）进行制定或修订的情形。关于废弃物管理规划的制定或修订以及关于参与程序的信息应当在官方通告文件中予以公布或通过其他适当方式予以公布。基于接受审阅目的，新的或经过修订的废弃物管理规划的草案应当在一个月期限内获得陈列展示。如果自然人与法人以及其他组织（尤其是促进环保的组织）的利益或者基于组织章程规定的职责范围受到草案影响，那么他（它）们有机会在六个星期的期限内向主管机构提交书面意见，期限截止时间应当在基于本条第 2 句规定的告示性文件中予以告知。主管机构在做出采纳规划的决定时，应当合理考量公众在期限之内所提交的意见。主管机构应当在官方通告文件中或者通过其他合适的方式公示对于规划的采纳；在此情形下，应当通过汇总的形式通告参与程序的过程与做出相关决定的原因与考量。基于接受审阅目的，被采纳的规划应当向公众陈列展示，对于这一点应当在依据本条第 6 句规定的公共通告中予以指明。如果依据本法典第 29 条第 1 款规定，对于废弃物管理规划而言，应当基于《环境影响评估法》规定实施一项战略环境评估，那么本法典第 29a 条不予适用。本法典第 29a 条适用于在 2005 年 6 月 25 日之后启动的关于废弃物管理规划的制定或修订程序。

第二章　涉及废弃物处分设施的许可

第 30 条　合适地点的选定调查

第 1 款

如果主管机构的专员代表或本法典第 15 条、第 17 条与第 18 条意义上的废弃物处置者的专员代表为了选定调查建立填埋场的合适地点与放置向公众开放的废弃物处分设备的合适地点而进入除住宅以外的其他地产，并且实施调查、土壤与地下水测试或者其他类似工作，那么相关地产的所有者与有权使用者必须容忍这类行为。地产的所有者与有权使用者应当被事先告知关于前述主体进入地产并实施前述工作的意图。

第 2 款

主管机构与本法典第 15 条、第 17 条与第 18 条意义上的处置者必须在工作完结之后毫不迟延地恢复先前状态。这些主体可以提出以下要求：在进行选定调查工作时所建立的设施得以保持原状。只有在这类设施对于选定调查工作而言不再具有必需性的情形下，或者在设施建成后的两年时间内，相关决定没有得以做出，并且所有者或有权使用者已经向主管机构提出反对这类设施继续留存的意见的情形下，这类设施应当被处分拆除。

第 3 款

地产的所有者与有权使用者可以要求主管机构对由获得本条第 2 款规定允许的措施所导致的财产损失给予现金补偿。

第 31 条　规划确定与审批

第 1 款

关于贮存或处理待处分废弃物的固定废弃物处分设备的创设与运营，以及这类设备或其运营的重大改变，必须获得基于《联邦污染防治法》规定的审批。依据该法规定，前述行为不需要获得进一步授权批准。

第 2 款

填埋场的创设与运营以及这类设备或其运营的重大改变需要获得主管机构颁行的规划确定许可。在规划确定程序中，必须依据《环境影响评估法》规定进行环境影响评估。

第 3 款

只有在特定情形下，主管机构依据申请或依其职权才可不予制定规划确定决议，而是取而代之颁行规划授权许可，《行政程序法》第 74 条第 6 款的规定在此获得适用。这类特定情形包括：

1. 对于不具有重要性的填埋场的创设与运营提出申请，前提条件是：此创设与运营不会对在《环境影响评估法》第 2 条第 1 款第 2 句中所列明的保护对象产生显著负面影响，或者

2. 对于填埋场或其运营的重大改变提出申请，前提条件是：此改变不会对在《环境影响评估法》第 2 条第 1 款第 2 句中所列明的保护对象产生显著负面影响，或者

3. 对填埋场的创设与运营提出申请，而且该填埋场仅仅主要是用于新流程的开发与试用，并且在设备投入使用之后最长两年期限内，审批许可应当得以颁发。

禁止向贮存危险废弃物的设备颁发基于本款第 1 句条目 1 规定的规划审批许可；但可以在最长一年期限内，向贮存危险废弃物的设备颁发基于本款第 1 句条目 3 规定的规划审批许可。禁止向每天容量为十吨或以上，或者总容量为两万五千吨或以上的贮存非危险废弃物的填埋场进一步颁发基于本款第 1 句条目 1 规定的规划审批许可；这一规定不适用于贮存惰性废弃物的填埋场。如果涉及设备的改变不会对在《环境影响评估法》第 2 条第 1 款第 2 句中所列明的保护对象产生显著负面影响，并且符合促成这类保护对象大幅改善的目标，那么主

管机构应当实施审批许可程序。

第 4 款

《联邦污染防治法》第 15 条第 1 款与第 2 款在此可以获得相应适用。本款第 1 句规定也适用于本法典第 35 条所列明的填埋场。

第 5 款

项目执行者可以为了基于本条第 4 款规定的需要予以申报的改变行为而提出对于规划确定许可或规划审批许可的申请。

第 32 条　许可的颁发，提供保障，配套规定

第 1 款

基于本法典第 31 条第 2 款规定的规划确定决议或者基于本法典第 31 条第 3 款规定的审批许可只能在以下情形下得以做出：

1. 确保不得损害公共利益，特别是：

a）不能引发针对在本法典第 10 条第 4 款中所列明的保护对象的危险，

b）针对可能发生的对保护对象的损害已经采取预防措施，尤其是根据现有技术状态采取了建筑方面的、运营方面的或组织方面的措施，

c）能够富有经济性与效率性地使用能源，

2. 没有事实可以推导出以下结论：需要对创设、管理或监督填埋场运营或善后事宜的责任主体的可信性产生怀疑，

3. 相关主体与其他的人员应当掌握必需的专业知识技能，

4. 预计不会对其他主体的权利产生负面影响，

5. 具有约束力的被阐明的废弃物管理规划的确定性内容不得违反项目计划。

第 2 款

如果在本条第 1 款条目 3 规定中所述的对其他主体权利的负面影响能够通过附加义务或条件的方式而得到预防或抵消，或者受波及者并未对负面影响提出反对意见，那么这类负面影响不应视为与规划确定许可或审批许可的颁行相冲突。如果项目计划是服务于公共利益，那么本条第 1 款条目 3 不得适用。如果在这种情形下，规划确定许可得以颁行，那么应当通过现金方式对受波及者赔偿由此而遭受的财产损害。

第 3 款

主管机构可以要求填埋场所有者在设备停用之后承担安全职责或者采用具有同等效果的确保安全的手段，以实现生态再活化以及防止或消除对公共利益的损害。

第 4 款

如果对维护公共利益来说具有必要性，那么基于本条第 1 款规定的规划确定决议与审批许可可以在设定条件、附加义务与设置期限的情形下得以颁行。主管机构应当定期或者鉴于特定情况审查以下内容：基于本条第 1 款规定的规划确定决议与审批许可是否符合在最新版本的本条第 1 款条目 1 至 3 与条目 5 规定中所列明的要求。在规划确定决议被发布之后或者审

批许可被颁行之后，也依旧被允许添加、修改或补充关于填埋场或其运营的要求的义务性内容。德国联邦政府获得以下授权：它可以在听取相关方面的意见（本法典第60条），并获得联邦参议院批准的前提下，通过颁行法律条例的方式确定主管机构何时必须实施审查与发布基于本款第3句规定的义务性内容。

第33条　事前开始的许可

第1款

在规划确定或审批程序中，主管规划确定或审批许可颁行的部门可以在保留撤销权的情形下，在六个月的期限内准许在规划确定前或审批许可颁行前已经开始的建造填埋场的措施（包括对于检查填埋场的运营性能而言具有必需性的措施）。这一准许的适用被限定在以下情形：

1. 可以预期此项决定有利于项目执行者，

2. 事前开始颁发许可体现公共利益，

3. 项目执行者具有义务赔偿在决定做出前由于实施项目而导致的所有损失。在项目计划没有获得规划确定许可或者审批许可的情形下，项目执行者还具有义务恢复原先状态。

上述期限可以依据申请被延长六个月。

第2款

如果对于确保项目执行者履行其义务而言具有必要性，那么主管机构应当提出关于保障安全性的要求。

第34条　规划确定程序与其他行政程序

第1款

《德国行政程序法》第72条至第78条适用于规划确定程序。德国联邦政府获得授权，可在获得联邦参议院批准的情形下，通过颁行法律条例的方式规定规划确定与规划审批程序的更进一步的细节内容，此处所指的细节内容特别应当包括申请材料的种类与范围、基于本法典第31条第4款规定的通告程序的具体细节、基于本法典第36条第3款规定的停止运营确定程序与基于本法典第36条第5款规定的关于善后阶段完结的确定程序。

第2款

在授权审批程序范围内的异议意见可以在法律确定期限内通过书面的唯一方式得以提出。

第35条　现有的废弃物处分设备

第1款

主管机构可以对在1972年6月11日前已经运营的或者已经开始建造的填埋场的运营事宜下达设定期限、设置条件与附加义务的指令。如果通过设定义务、条件或者期限的方式不能阻止对公共利益的显著损害，那么主管机构可以全部或部分禁止这些设备的运营。

第2款

在《德国统一条约》第3条所列明的地区，主管机构可以对在1990年7月1日前已经运营或者已经开始建造的填埋场的建造与运营事宜下达设定期限、设置条件与附加义务的指令。

本条第 1 款第 2 句规定在此获得相应适用。

第 36 条　终止使用

第 1 款

填埋场所有者必须毫不迟延地向主管机构申报通告其终止使用设备的意图。该申报通告应当附加关于设备种类、范围与运营方式以及关于使生态再活化意图与保护公共利益其他预防措施的文件材料。

第 2 款

只要基于本法典第 31 条第 2 款规定的规划确定决议、基于本法典第 31 条第 3 款规定的审批许可、基于本法典第 35 条规定的条件与义务或者适用于填埋场的环境法律条款没有包含相应的规定，主管机构应当要求填埋场所有者承担以下义务：

1. 自身负担成本费用，使基于本条第 1 款规定的被填埋场所使用的地段实现生态再活化，

2. 自身负担成本费用，采取所有其他的必需的预防措施（包括在善后阶段的监测与管控措施），以确保在设备终止使用之后也能满足在本法典第 32 条第 1 款至第 3 款中所列明的要求，

3. 向主管机构申报所有可以推导出涉及显著负面环境影响线索的监测结果。

如果存在以下怀疑：基于本条第 1 款规定的终止使用的填埋场可能引发危害性的土壤改变或者对个人或社会公众造成其他危险，那么《德国联邦土壤保护法》的规定适用于相关的侦测、调查、评估与修复事宜。

第 3 款

主管机构必须确定终止使用程序的完结（终局性终止使用）。

第 4 款

基于本条第 1 款规定的义务也应当约束产生危险废弃物的设备所有者。

第 5 款

主管机构必须依据申请确定善后阶段的完结。

第 36a 条　排放声明

第 1 款

填埋场运营者具有下列义务：它必须在由主管机构确定的期限内或者在基于本条第 2 款规定的法律条例确定的时间点，向主管机构做出关于排放的种类、数量、空间分配与时间分隔以及关于退出条件的说明，此处所指的排放是指在特定时间期限内从设备中实施的排放（排放声明）；它必须依据基于本条第 2 款规定的法律条例确定的规则标准，根据最新状况补充排放声明。这一义务性规定不适用于特定的填埋场运营者，这些运营者的填埋场只可能在较小范围内实施排放。

第 2 款

德国联邦政府获得授权，可在获得联邦参议院批准的情形下，通过颁行法律条例的方式确定哪些填埋场应当适用关于排放声明的义务性规定以及提交排放声明的内容、范围、形式

与时间点，并规定在排放测定中应当被遵循的程序。在法律条例中也可以确定以下内容：哪些基于本条第 1 款第 2 句规定的运营者应当被豁免提交排放声明的义务。

第 3 款

《联邦污染防治法》第 27 条第 1 款第 2 句、第 2 款与第 3 款的规定获得相应适用。

第 4 款

基于本条第 1 款规定的关于提交排放声明的义务的产生与基于本条第 2 款规定的法律条例的生效具有同步性。

第 36b 条　信息咨询

基于本法典第 31 条第 2 款规定的规划确定决议、基于本法典第 31 条第 3 款规定的审批许可、基于本法典第 35 条规定的指令与所有的对于这些决定的否决与修正，以及在主管机构呈放的关于填埋场排放量的监测结果都必须依据《德国环境信息法》的规定，在除第 12 条规定的例外情形以外的其他情形下向公众开放。德国各州的相关法律条款适用于各州机构。

第 36c 条　关于填埋区要求基准的法律条例

第 1 款

德国联邦政府获得授权，它可以在听取相关方面的意见，并获得联邦参议院批准的前提下，通过颁行法律条例的方式规定以下内容：为了施行本法典第 32 条第 1 款、第 35 条与第 36 条以及为了执行欧洲共同体具有约束力的决议书，填埋场的建立、性质、运营、终止使用后状态与运营者自我监管必须满足基于本法典第 1 条所述目的之特定的要求基准，这特别是指以下情形：

1. 场所位置必须满足特定的要求基准，

2. 填埋场必须满足特定的运营性、组织性与技术性要求基准，

3. 基于贮存目的而进入填埋场的废弃物必须满足特定的要求基准，

4. 在填埋场实施的排放不得超过特定的限制值，

5. 在运营与善后阶段，运营者必须执行或委托他人执行特定的测量与监测措施，

6. 在以下情况下，运营者必须通过专家执行特定的测试：

a）在填埋场建造期间或运营之前，

b）在本法典第 31 条第 2 款或第 5 款意义上的填埋场运营或改变之后，

c）定期，

d）在填埋场终止使用之时或终止使用之后，

7. 运营者只有在通过主管机构的验收之后，才可以实施以下行为：

a）将填埋场投入运营，

b）实施运营的显著改变，

c）完结终止使用流程，

8. 必须采取哪些措施，以防止事故发生与限制其影响，

9. 在运营与善后阶段，运营者必须毫不迟延地向主管机构报告所有可以推导出涉及显著

负面环境影响线索的监测结果以及可能具有前述影响的事故情况，并且必须定期向主管机构提交关于在法律条例中规定的测量与监测措施的结果报告。

在确定要求基准时，应当特别关注可能发生的一个受保护对象所受的负面影响被转移给另一个受保护对象，应当从总体上确保实现关于环境的高度保护标准。

第 2 款

只要在一项法律条例生效之日，在规划确定决议书、审批许可或者州的法律条款中提出了较低的要求基准，那么就可以在该法律条例中确定以下内容：在指定的过渡期间终结之后，必须在多大程度上执行基于本条第 1 款规定的为了预防对本法典第 10 条第 4 款所述的受保护对象的损害而设定的要求基准。在确定过渡期间的持续时间与应予遵循的要求基准时，应当特别关注被贮存的废弃物的种类、数量与危险性，场所条件，填埋场排放物的种类、数量与危险性，以及填埋场的使用期限与技术特征。本款第 1 句与第 2 句的规定相应适用于在本法典第 35 条第 1 款与第 2 款中所列明的填埋场。

第 3 款

德国联邦政府获得授权，它可以在听取相关方面的意见，并在获得联邦参议院批准的前提下，通过颁行法律条例的方式规定以下内容：为了施行本法典第 32 条第 1 款条目 2 至 3 的规定以及为了实施欧洲共同体具有约束力的决议书，对于填埋场的建造、管理或运营监督承担责任的人员在可靠性与专业知识方面应当符合哪些要求基准，其他的工作人员在专门知识技能方面应当符合哪些要求基准。此处所规定的内容还应涵盖：前述主体的持续培训应当符合哪些要求基准。

第 4 款

德国联邦政府获得授权，它可以在获得联邦参议院批准的情形下，通过颁行法律条例的方式规定特定填埋场的所有者必须承担安全职责或者采用其他具有同等效果的确保安全手段，它亦可颁布涉及基于本法典第 32 条第 3 款规定的需要承担的安全职责或其他具有同等效果确保安全手段的种类、范围与程度的条款，并且它可确定承担安全职责或采用其他具有同等效果确保安全手段的强制性期限。

第 5 款

本法典第 7 条第 3 款规定相应适用于基于本条第 1 款至第 3 款规定的法律条例。

第 6 款

只要在 2001 年 8 月 3 日之前，德国各州已经颁布关于运营者自身监管的法律条款，那么这些法律条款在基于本条第 1 款规定的法律条例生效之前继续有效。

第 36d 条　废弃物贮存的成本

第 1 款

由运营者为了贮存废弃物而登记入账的私法性质的费用应当涵盖所有建造与运营填埋场的成本（包括运营者承担安全职责或者采用其他具有同等效果的确保安全手段而产生的成本），以及用于填埋场终止使用与善后处理的期限至少为三十年的预估成本。只要依据本款第 1 句规定的情形可以通过《德国环境框架法》第 4 条第 3 分条的豁免性规定得到确保，就应在计算费用时不再相应核定关于填埋场终止使用、善后处理以及安全职责承担的成本。

第 2 款

德国各州应当确保在州法的税收条款中执行 1999 年 4 月 26 日版的由欧共体理事会颁行的《欧共体第 1999/31 号关于废弃物填埋场指令》（ABl. EG Nr. L 182 S. 1，该指令简称为填埋场指令）第 10 条的规定。

第 3 款

在本条第 1 款至第 2 款列明的运营者与公法处置者必须将在本条第 1 款中列明的成本予以登记，并在由主管机构确定的期限内向该机构提供关于这类成本、已收取费用、公共费用与垫款的概述性报告。

第 4 款

本条第 1 款至第 3 款规定相应适用于在《联邦污染防治法》意义上的需要获得审批许可的设备的成本负担事宜，此处所述的成本被 1999 年 4 月 26 日版的由欧共体理事会颁行的《欧共体第 1999/31 号关于废弃物填埋场指令》（ABl. EG Nr. L 182 S. 1）的适用范围所涵盖。

第五编　销售促进

第 37 条　公共机关的义务

第 1 款

德国联邦各机构以及受德国联邦监督的公共法人、专项基金与其他的部门具有以下义务：通过自身措施为施行基于本法典第 1 条规定的目的提供助益。它们尤其应当在顾及本法典第 4 条与第 5 条规定的情形下，在设定工作流程、安排采购或使用材料与日用品时，在安排建造计划与其他委托事务时，对以下内容进行审查：是否以及在多大范围内使用以耐久性、可修理性与可重用性或可用性而著称的、与其他产品相比产生更少废弃物的或产生具有较少污染成分废弃物的或在生产时所产生的废弃物可回收利用的产品。

第 2 款

在本条第 1 款中列明的部门应当在各自可能范围内致力于使其所参加的私法性质团体遵循基于本条第 1 款规定的义务。

第 3 款

基于法律条款的规定或环境保护原因而针对产品或材料使用所设定的特别要求的效力保持不变。

第六编　信息告知义务

第38条　废弃物咨询义务

第1款

本法典第15条、第17条或第18条意义上的处置者在其被委托的任务范畴内进行自我管理时，具有在关于废弃物减量化、再利用与处分的可能性方面提供信息与咨询服务的义务。经济自律管理团体也有义务提供咨询服务。义务主体可以依据本法典第16条第1款的规定将其任务委托给第三方主体。

第2款

如果依据本法典规定具有废弃物处分义务的主体提出问询，那么主管机构必须向其提供关于现有适宜的废弃物处分设备的情况信息。

第39条　告知公众义务

德国各州应当向公众通告关于废弃物减量化与再利用已经实现的状态以及废弃物处分安全情况的信息。在遵循现行保密规定的情形下，该通告内容应当包含关于废弃物管理规划的总结性阐述与评估信息、与先前状况相比较的信息，以及关于下一期通告期限的预估信息。

第七编　监管

第40条　一般监管

第1款

依据本法典第23条与第24条颁行的法律条例所要求达到的废弃物减量化、废弃物再利用与处分事宜应当受到主管机构的监管。

第2款

在被提出要求的情形下，下列主体必须向监管机构专员提供关于运营、设备、设施与其他受监管对象的情况信息：

1. 废弃物产生者与持有者，

2. 处置义务承担主体，

3. 企业或设备的所有者或运营者以及先前的所有者或运营者，它们依据本法典附件ⅡA或ⅡB规定的程序处置废弃物或者已经处置废弃物完毕，此处所指的企业或设备包括已终止使用的企业或设备，

4. 设备所属机构或企业，它们的业务范围包括专业性收集或运输废弃物、为第三方主体提供涉及废弃物装运的专业性中介服务，或者专业性处理废弃物。

提供情况信息的义务主体必须允许主管机构所委派的专员进入地产、商业与工作场所，查阅文件资料，进行技术性调查与检查，以审查基于本法典第5条与第11条规定的其义务的

履行情况。如果为了预防对公共安全或秩序产生的紧急危险而有必要让专员进入提供情况信息的义务主体的住宅，那么该义务主体具有进一步的义务，必须允许专员进入其住宅，以实现前述目的。

第3款

再利用与废弃物处分设备的运营者，或者兼具废弃物再利用或处分用途的设备的运营者，必须开放其设备，提供实施监管所需的劳动力、工具与文件材料，并且必须依据主管机构的指令，接受对设备状况与运营情况的检查，同时承担检查成本费用。

第4款

如果提供情况信息的义务主体对某些问题做出的回答可能使自身或在《德国民事诉讼法》第383条第1款条目1至3项中所列举的亲属陷于刑事追诉的风险或者陷于《行政违法法》规定的相关程序的风险，那么该义务主体可以拒绝回答这些问题。

第41条　废弃物名称，危险废弃物

依据本法典的原则，应当对于危险废弃物的处置以及监管提出特别要求。为了执行欧洲共同体的法律文件，德国联邦政府获得授权，它可以在听取相关方面意见（本法典第60条），并在征得德国联邦参议院批准的前提下，通过颁行法律条例的方式，确定废弃物名称以及危险废弃物，并允许主管机构在个案情形下确定危险废弃物。

第42条　登记义务

第1款

在本法典附录ⅡA或ⅡB规定的程序中处置废弃物的设备或企业（处置者）的运营者，必须保存记录簿，该记录簿应当包含基于本法典附录ⅡA或ⅡB规定的操作记录，以下内容应被记录在簿：

1. 废弃物的数量、种类、来源，

2. 废弃物的确定、收集频率、运输方式以及处理类型。本项所述信息被记录在案的前提条件是这类信息对于确保合规处置来说具有重要性。

第2款

处理或存放废弃物的处置者必须将基于本条第1款规定的必要信息记录在簿，该必要信息尤其应当包括关于被处理或被存放废弃物得以鉴定的信息，它们也必须将进一步的废弃物处置信息记录在簿。前述记录行为必须予以施行的前提条件是：从废弃物处置设备的用途考量，这种记录行为对于确保合规处置来说具有必要性。本款第1句所述的处置者应当通过基于本法典第45条规定颁行的法律条例予以确定。

第3款

本条第1款规定的保存记录簿义务也约束危险废弃物的产生者、持有者、收集者与运输者。

第4款

在主管机构提出要求的情形下，记录簿应被提交或者记录簿包含的信息应当被呈报。

第 5 款

在基于本法典第 45 条颁行的法律条例没有规定更长期限的前提下，从各自在记录簿上登记或设定的日期起算，在记录簿上实施的关于危险废弃物处置凭据的登记或设定记录应当预计至少保存三年，而在记录簿上实施的关于危险废弃物运输凭据的登记或设定记录应当预计至少保存十二个月。

第 6 款

基于本条第 1 款至第 3 款的登记义务规定不适用于私人家庭。

第 43 条　证明义务

第 1 款

危险废弃物的产生者、持有者、收集者与处置者必须向主管机构提供关于危险废弃物合规处置的证明，并且产生者、持有者、收集者与处置者也必须在相互之间提供此类证明。该证明应当通过以下形式被提供：

1. 在处置开始之前，通过以下形式：由产生者、持有者或收集者出具的关于预期处置的声明，由废弃物处置者出具的接受声明以及由主管机构出具的关于准许预期处置的确认声明，

2. 在涉及已被实施的处置或处置部分环节的情形下，通过以下形式：由本款第 1 句规定的义务主体出具关于已被处置废弃物去向的声明。

第 2 款

基于本条第 1 款的关于证明义务的规定不适用于符合以下特征的由产生者或持有者在自身废弃物处置设备中进行的危险废弃物的处置：这些处置设备与产生这些将被处置废弃物的设备或场所位置具有紧密的空间与业务关联。基于本法典第 42 条规定的登记义务的效力保持不变。

第 3 款

在基于本法典第 24 条规定的需要依法收集或返还的产品或产品使用之后剩余的危险废弃物被收集或被返还完结之前，基于本条第 1 款的关于证明义务的规定不得适用。如果在规定返还或收集的条例中没有确定更早的时间点，那么最迟在产品或产品使用之后剩余危险废弃物被用于进一步处置的设备（临时存储废弃物的设备不在此列）接纳之时，应当视为产品或产品使用之后剩余危险废弃物的被收集或被返还程序完结。

第 4 款

基于本条第 1 款的关于证明义务的规定不适用于私人家庭。

第 44 条　基于具体情形的指令

第 1 款

主管机构可以下达指令，要求废弃物的产生者、持有者、收集者、运输者或处置者（私人家庭不在此列）实施以下行为：

1. 只要基于本法典第 42 条与第 43 条规定的义务并不存在，那么它们必须设置与提交记录簿或证明材料，或者必须通告记录簿包含的情况信息，

（附德国新旧循环经济法典最新译本）

2. 或者它们必须执行符合本法典第7条第3款规定的特定要求。

通过基于本款第1句规定的指令，也可以允许或指令以下行为：特别是证明材料与记录簿通过电子形式或利用电子方式得以设置。

第2款

如果废弃物持有者是本法典第52条第1款意义上的处置专业企业或者本法典第55a条意义上的经审核后的营业地点的企业，那么主管机构必须在基于本条第1款规定的指令中对此予以关注，它尤其必须在涉及关于证明义务范畴或内容的可能性限制方面对此予以关注。这尤其应当包含对于由环境鉴定专家所验证的和在参与欧盟生态管理与审核计划体系（EMAS）框架内所创建文档的关注。

第45条 对于证明材料与记录簿的要求

第1款

德国联邦政府在听取有关各方意见（本法典第60条），并在联邦参议院同意下，有权通过颁行法律条例方式，基于履行本法典第42条至第44条所定义务的目的对于证明材料、记录簿和来自记录簿特定信息通告的形式、内容以及执行与提交程序确定具体要求以及确定依据本法典第42条第2款第1句负有义务的设备或企业。在此法律条例中尤其可以确定以下内容：

1. 如果合规的处置总是得到确保，那么依据本法典第43条第1款第2句条目1规定的证明材料在指定期间届满后被确认或者确认被取消，

2. 如果合规的处置总是得到确保，那么对于特定小批量的依据废弃物类型和特性亦可以分别确定的物品，或者对于废弃物种类或废弃物群而言，特定的要求并不适用或应当予以矫正适用，

3. 如果合规的处置总是得到确保，那么主管机构在保留撤销权情形下可基于申请或因职权全部或部分豁免义务者运作管理证明材料或记录簿的义务，

4. 表现形式为依据内容与时间序列对规定的证明材料或在处置实践中通行的证明文件进行有序集合的记录簿需要被运行实施，

5. 证明材料和记录簿须至指定期限届满前被保存。

第2款

通过基于本条第1款规定的法律条例亦可对以下内容做出准许或指令：

1. 证明材料与记录簿须采用电子化形式或进行电子化运作，

2. 为了履行本款条目1所列的义务而必需的前提条件被创设与维持，以及

3. 向主管机构或相关证明义务承担者通告关于基于本款条目2规定的技术前提的特定说明，尤其是通告关于通信交流必需的设施的必要接收通道以及障碍的信息。

第46条—第48条

（废止）

第49条　运输授权许可

第1款

只有在获得主管机构授权许可（运输授权许可）的前提下，才可以收集与运输用于清除处分的废弃物。这一规定不适用于以下情形：

1. 本法典第15条、第17条与第18条意义上的处置者以及由这些处置者所委托的第三方主体，

2. 收集或运输未受有害物质污染的挖土垃圾、道路施工废料或者建筑拆迁废弃物，

3. 在主管机构根据申请或依据职权已经豁免本款第1句所规定的授权许可义务的前提下，在经济性企业所涉范围内收集或运输少量废弃物。

第2款

如果没有已知事实可以推导出对提出申请主体或负有运营管理与监督职责主体的可靠性的怀疑，并且收集者、运输者与由他（它）们所委托的第三方主体具有专门技能与和专业知识，那么授权许可就应得到颁发。如果基于保护社会公共利益的目标而具有附加义务的必要性，那么授权许可可以被附加义务。运输授权许可的颁发不能豁免以下义务：在开始收集或运输程序以前，依据基于本法典第12条、第24条与第48条颁行的法律条例的规定提交证明文件的义务。

第3款

德国联邦政府获得授权，它可在获得联邦参议院批准的前提下，通过颁行法律条例的方式，设定关于运输授权许可的申请材料以及形式与内容的条款。通过颁行法律条例，也可以规定对于基于本条第2款第1句规定的专门技能与专业知识的要求，预定以及确定义务条件。基于此，在特定情形下，授权许可的有效性取决于是否提交了由本条第2款第3句规定所列明的证明文件。

第4款

本条规定的授权许可适用于德意志联邦共和国领域。对此具有主管权限的是运输者或收集者主要注册登记地所在州的主管机构。

第5款

基于安全原因而颁行的涉及危险品运输的法律规定效力保持不变。

第6款

如果基于本条第1款规定的授权许可报批义务得以成立，那么在公共道路上运输废弃物的车辆必须挂上两块长40厘米，高至少为30厘米的矩形反光白色警示牌，这些警示牌必须被标上黑颜色的"A"字母（字母高度为20厘米，字母粗细度为2厘米）。在运输期间，警示牌应当垂直于车轴，被明显可见地挂于车辆的前部与后部，并且离地距离不高于1.5米。在使用挂车的情形下，第二块警示牌应当被挂于拖挂车厢的后部。车辆驾驶人员必须关注警示牌的安装事宜。

第50条　涉及经纪交易活动的授权许可与在其他情形下的授权许可

第1款

如果某主体自身不持有废弃物，但具有意图为第三方主体提供关于废弃物装运的经营性经纪交易服务，那么该主体必须获得主管机构颁发的授权许可。如果没有事实能够证明关于提出申请主体、负有企业运营（或者其分支、附属机构的运营）管理或监督职责的主体具有不可靠性的推测，那么授权许可应当得以颁发。主管机构在颁发授权许可时，可以对其作出内容层面的限制，并且附加义务。该限制内容或附加义务行为的适用前提是：该限制内容或附加义务行为对保护社会公众或环境来说具有实施必要性；基于同样的适用前提，也允许主管机构后续性增加、修改或补充义务条件。如果主管颁发授权许可的机构获知相应的事实，那么提出申请主体具有责任对这些事实提出答辩反驳。如果在授权许可颁发之后，相应的事实才为人所知，那么已经颁发的授权许可应被撤销。反对意见与撤销之诉不具有延缓性效力。

第2款

德国联邦政府获得授权，它可以在听取相关方面意见（本法典第60条），并在征得德国联邦参议院批准的前提下，通过颁行法律条例的方式，作出以下规定：

1. 收集或运输特定的再利用危险废弃物的主体在相应适用本法典第49条第1款至第5款的情形下，必须获得授权许可

2. 如果特定主体将特定的非危险废弃物或特定的危险废弃物投入流通领域或予以再利用，而依据本法典第4条至第7条的规定，为了保护社会公共福利利益，这些废弃物的无害化再利用必须满足特别的要求，那么该特定主体必须获得批准许可，或者该特定主体的可靠性或专门技能必须通过具体详细规定的程序得到证明。

第3款

如果基于本条第1款或第2款规定的授权许可不具必要性，那么在本法典第16条第1款意义上的接受委托的第三方主体必须向主管机构报告其业务活动。

第51条　无须授权许可的运输与经纪交易活动

第1款

在本法典第52条第1款意义上的处置专业企业与已经向主管机构申报准备从事处置活动并附带提交专业企业资质证明文件的主体，无须获得基于本法典第49条第1款与第50条第1款的规定的授权许可。

第2款

主管机构可以对于相关主体实施所申报的活动附加义务性要求，其适用前提是：附加义务性要求对于确保履行基于本法典第5条与第11条规定的义务来说具有必要性。如果具有已知事实表明以下内容：申报义务主体或者负有运营的管理与监督职责的主体的可靠性值得怀疑，或者基于本法典第5条与第11条规定的义务履行无法通过其他方式得以确保，那么主管机构必须禁止所申报活动的实施。

第 52 条　处置专业企业，处置者联合体

第 1 款

处置专业企业是指以下两类主体：有权使用基于本条第 3 款获得认证的处置者联合体所拥有的质量标志的主体，或者已经与技术监管组织签订了监管合同（该合同应当规定至少为期一年的监管事项）的主体。监管合同需要得到负责废弃物管理事项的州最高机构或者由该最高机构指定的机构的批准。该批准也可以普适性颁行。

第 2 款

德国联邦政府获得授权，它可以在听取相关方面意见（本法典第 60 条），并在征得德国联邦参议院批准的前提下，通过颁行法律条例的方式，规定对处置专业企业的要求。在此情形下，特别是以下要求可以得到规定：对专业知识的最低要求，对员工可靠性与充分责任保险事项予以证明的要求，对器械与装备的要求。此外，德国联邦政府也可以规定关于处置专业企业的特别认证制度，并可以对认证、撤销、收回与注销以及审查（包括审查机构与审查流程的设定与组成）的程序与前提条件作出规定。

第 3 款

处置者联合体必须获得负责废弃物管理事项的州最高机构或者由该最高机构指定的机构的认证。该认证可以被撤销，可以被撤销的特别情形包括"为了对抗具有危险性的限制竞争行为"而需要撤销认证的情形。处置者联合体应当依据由联邦环境、自然保护和核安全部在获得联邦参议院批准情形下所颁行的统一指令而实施活动。在这类指令中也可以对认证及认证撤销的前提条件与监管标志以及监管标志颁发与收回的形式作出规定。

第八编　企业组织，废弃物企业受托人和经审核后的公司享有的便捷化待遇

第 53 条　企业组织的通知义务

第 1 款

如果股份公司具有代表资格的机构由若干成员组成或者合伙公司有若干具有代表资格的股东，那么应向主管机构报告：依据商务职权规定，他们中何人应当为公司承担《联邦污染防治法》第 4 条规定意义上的需要审批的设备所有者的义务，或第 26 条意义上的设备持有者的义务。这些义务是根据本法典和基于本法典颁布的条例其应负的义务。所有机构成员或股东的总责任保持不变。

第 2 款

在《联邦污染防治法》第 4 条意义上的需要获得授权许可的设备的运营者，第 26 条意义上的持有者或者在它们的商务管理职权范围内依据第 1 款第 1 句规定应申报的人，须通告主管机构，以何种方式来保证旨在废弃物减量化、再利用和合乎环境承受能力的处分的法律规定和指令在企业中得到遵守。

第 54 条　废弃物企业受托人的任命

第 1 款

《联邦污染防治法》第 4 条意义上的需要获得授权许可的设备的运营者，通常会产生危险废弃物的设备的运营者，固定的分拣、再利用或废弃物处分设备的运营者以及第 26 条意义上的持有者，必须在满足适用前提的情形下聘任一位或若干位废弃物企业受托人（废弃物受托人），该适用前提为：鉴于设备的类型或规模，并基于以下因素而有必要这样做：

1. 在设备中产生、被利用或被处分的废弃物，

2. 涉及减量化、再利用或处分的技术性问题，或者

3. 产品或产物的适用性，在按规定使用期间或使用后引起合规的和无害的再利用或合乎环境承受能力的处分方面的问题。

联邦环境、自然保护和核安全部在听取有关各方意见（第 60 条），并在征得德国联邦参议院批准的前提下，可以通过发布法律条例的形式确定第 1 句规定的设备，该设备的运营者必须聘任废弃物受托人。

第 2 款

主管机构可以发布指令规定：第 1 款第 1 句规定的设备运营者在没有法律条例规定其需要聘任废弃物受托人的情况下，如果在个别情形下基于第 1 款第 1 句提及的观点具有聘任的必要性，那么该运营者亦须聘任一位或若干位废弃物受托人。

第 3 款

如果相关主体依据《联邦污染防治法》第 53 条规定聘任污染防治受托人或根据《水资源保护法》第 21a 条规定聘任水体保护受托人，那么这些被聘任人员亦可依据本法典执行废弃物受托人的任务和义务。

第 55 条　任务

第 1 款

废弃物企业受托人应为运营者和企业人员提供涉及与循环经济和废弃物处分相关联的重要事务的咨询服务。他具有权利和义务从事以下行为：

1. 对于废弃物从产生或运达到再利用或处分的路径进行监测，

2. 对于"本法典条款和基于本法典颁布的条例条款的遵循情况以及规定的条件和义务的满足情况"进行监测，特别是通过定期控制生产场地和在设备中产生、被利用或被处分的废弃物的种类和特性的方式实现监测目的，并通过报告所发现的不足之处与提出消除不足之处建议的方式实现监测目的，

3. 向企业人员宣传以下内容："在设备中产生、被利用或被处分的废弃物可能对公共利益产生的损害"与"在考虑对于废弃物减量化、再利用或处分的有效适用的法典与法律条例情形下防止对公共利益产生损害的设施和措施"，

4. 针对《联邦污染防治法》第 4 条意义上的需要获得授权许可的设备或经常性地产生危险废弃物的设备实施以下行为：

a）开发和引进环保性的与低废弃物含量的程序（包括对于废弃物的减量化、合规与无害再利用或合乎环境承受能力的处分程序），

b）开发和引进环保性的和低废弃物含量的产品，包括开发和引进在产品停止使用后的再使用、再利用或合乎环境承受能力处分的程序，

c）在开发和引进条目 a 和 b 所提及的程序时必须发挥参与效应，特别是基于循环经济与清除处分的理念对于程序和产品予以评估，

5．对涉及再利用或处分废弃物设备的程序的改进发挥作用。

第 2 款

废弃物受托人应当每年针对基于第 1 款条目 1 至 5 规定所做出的和准备采取的措施向运营者做出报告。

第 3 款

《联邦污染防治法》第 55 条至第 58 条相应适用于规制聘任义务者和废弃物受托人之间的关系。

第 55a 条　经审核后的公司享有的便捷化待遇

第 1 款

德国联邦政府在征得联邦参议院同意后，有权基于促进特定企业承担私人性自有责任的目的而以法律条例形式对审批程序中申请材料的内容做出便捷化处置以及做出监测法律方面的便捷化处置。此处所述的特定企业是指根据欧洲议会与理事会第 761/2001 号《关于组织机构自愿参加生态管理与审核计划体系的条例》（欧共体官方公报 L 114，第 1 页）第 6 条以及第 7 条第 2 款第 1 句在特定目录中予以登记的企业。前述立法措施得以实施的前提条件是：欧洲议会与理事会第 761/2001 号条例的相应要求与依据本法典或依据基于本法典颁布的法律条例规定的关于监测与申请材料的要求具有同质性，或者这一同质性依据本条规定通过法律条例形式得到确保。在此情况下，也可以确定使用和撤回便捷化处置或完全或部分中止便捷化处置案例情形的其他的前提条件，在此类案例中，获致使用便捷化处置的前提条件必须已不复存在。只有在满足以下条件："当环境评估者已经检查环境法规的遵循情况，没有发现偏离法规情形，并在有效声明中对此予以认证"的情形下，法律秩序方面的便捷化措施才可得以实施。此处所指的便捷化措施应当包括以下类型：

1．校准、调查、测试和测量，

2．测量报告以及其他的关于调查结果的报告和通知，

3．废弃物受托人的任务，

4．经营组织的通知义务，和

5．行政监测的频率。

第 2 款

德国联邦政府获得授权，可以在获得联邦参议院批准的情形下，通过颁行法律条例的方式，在符合第 1 款规定的前提下为处置专业企业确定在审批程序中的便捷化措施以及在监测

法律方面的便捷化措施。

第九编　最终条款

第56条　保密与数据保护

关于保密和数据保护的法规效力保持不变。

第57条　欧共体法律文件的实施

为了实施欧共体法律文件，并且为了实现本法典第1条中提及的宗旨目的，德国联邦政府在征得联邦参议院批准后，可颁布关于合规与无害再利用以及合乎环境承受能力处分的法律条例。在法律条例中亦可规定如何向民众宣传的事宜。

第58条　在联邦军队领域的执行

第1款

在联邦国防部业务范围内，本法典和基于本法典颁布的关于再利用和处分军事财产废弃物的条例的执行由联邦国防部和它所指定的部门负责。

第2款

如果出于国防的强制性原因或为了履行国家间义务而具有例外处置必要性，那么联邦国防部有权在联邦军队范围内，针对第1款规定意义上的废弃物再利用或处分行为而批准不符合本法典和根据本法典颁布的法律条例规定的例外处置事项。

第59条　在通过法律条例方面联邦议会的参与

根据本法典第6条第1款、第7条第1款条目1和条目4、第23条、第24条与第57条颁布的条例须报送联邦议会。在报送联邦议会前必须先报送联邦参议院。法律条例可以依照联邦议会的决议修改或被否决。联邦议会的决定须报送联邦政府。如果联邦议会从收到条例时间点起算，在三个议事星期内未做处理，那么需要将未做修改的条例报送联邦参议院。

第60条　听取有关方面的意见

如果规定在授权颁布法律条例和一般行政规定时需听取有关方面的意见，那么指的是听取各个有关的被选中的科学界、受影响者、有关经济界、主管废弃物经济的最高州机关、市镇和市镇联合会等代表团体的意见。

第61条　罚款条款

第1款

行政违法行为是指任何人有意或疏忽：

1. 将其不再利用的废弃物在本法典第27条第1款第1句规定的设备以外进行处理、贮存或堆放，

2. 违反本法典第27条第1款第1句的规定，在获得批准的废弃物处分设备以外对于将被处分的废弃物进行处理、贮存或堆放，

2a. 在没有获得基于本法典第31条第2款第1句规定的规划确定许可或没有获得基于本

法典第 31 条第 3 款第 1 句规定的规划授权许可的情形下，创设一个填埋场或者重大改变一个填埋场，

2b. 违反基于本法典第 32 条第 4 款第 1 句或第 3 句或 35 条第 1 款第 1 句或第 2 款第 1 句规定的可予执行的义务，

2c. 违反可予执行的义务，该义务与基于本法典第 33 条第 1 款第 1 句规定的审批许可具有关联性，

3. 在没有获得基于本法典第 49 条第 1 款第 1 句规定的授权许可情形下，对预计处分的废弃物进行收集或运输，或者违反基于本法典第 49 条第 2 款第 2 句规定的可予执行的义务，

4. 在没有获得基于本法典第 50 条第 1 款规定的授权许可的情形下，从事废弃物运输业务的中介活动，

5. 违反依据本法典第 6 条第 1 款、第 7 条第 1 款、第 7 条第 2 款或第 3 款第 1 句条目 1a 或条目 2 至 6 或条目 7 以及第 8 条第 2 款第 1 句条目 3、第 12 条第 1 款条目 3 或者第 36c 条第 5 款规定而颁行的法律条例，或者违反依据本法典第 8 条第 1 款或第 2 款第 1 句条目 1 或 2、第 8 条第 2 款第 2 句或第 3 款、第 12 条第 1 款条目 1 或 2、第 23 条、第 24 条、第 27 条第 3 款第 1 句与第 2 句、第 36c 条第 1 款第 1 句条目 1 至 5 以及条目 7、条目 8 或条目 9、第 49 条第 3 款或第 50 条第 2 款规定而颁行的法律条例，或者违反基于前述法律条例而发布的具有可执行性的指令，确定此类违法行为的前提条件是：前述法律条例对特定的事实状态指定了适用的罚款规定。

第 2 款

行政违法行为是指任何人有意或疏忽：

1. 违反本法典第 25 条第 2 款的规定，没有、没有正确地、没有全面地或者没有及时地进行报告，

2. 违反本法典第 30 条第 1 款第 1 句的规定，没有容忍允许他人进入地产或实施测量，或者进行土壤或地下水调查的行为，

2a. 违反本法典第 36 条第 1 款第 1 句的规定，没有或者没有正确地或者没有及时地进行报告，

2b. 违反本法典第 36a 条第 1 款第 1 句与基于第 36a 条第 2 款第 1 句而颁行的条例的规定，没有、没有正确地、没有全面地或没有及时地提交排放声明或没有、没有正确地、没有全面地或没有及时地补充排放声明，

3. 违反本法典第 40 条第 2 款第 1 句规定，没有、没有正确地、没有全面地或没有及时地发布信息，

4. 违反本法典第 40 条第 2 款第 2 句或第 3 句的规定，没有允许对于居住空间、商业或营业空间的不动产的进入、对于文件的查阅或技术性调查的开展或检查，

5. 违反本法典第 40 条第 3 款的规定，不提供劳动力、工具或文件材料，

6. 违反基于本法典第 40 条第 3 款、第 44 条第 1 句规定而颁行的可执行指令与基于本法

典第 45 条第 1 款第 1 句规定而颁行的法律条例或本法典第 54 条第 2 款的行为，

7. 违反本法典第 42 条第 1 款与第 42 条第 3 款或基于第 7 条第 3 款第 1 句条目 1b 而颁行的法律条例或第 45 条第 1 款第 1 句或第 2 句条目 2 或条目 4，没有、没有正确地或没有全面地进行登记，

8. 违反本法典第 42 条第 2 款第 1 句与基于第 45 条第 1 款第 1 句而颁行的法律条例没有、没有正确地、没有全面地或没有及时地记录说明，

9. 违反本法典第 42 条第 4 款与基于第 7 条第 3 款第 1 句条目 1b 而颁行的条例或本法典第 45 条第 1 款第 1 句或第 2 句第 2 条目没有、没有正确地、没有全面地或没有及时地提交登记册，或没有、没有正确地、没有全面地或没有及时地做出通知，

10. 违反本法典第 42 条第 5 款与基于本法典第 45 条第 1 款第 2 句条目 5 而颁行条例的规定，没有或没有在规定时期内保留登记记录，

11. 违反本法典第 43 条第 1 款与基于本法典第 45 条第 1 款第 1 句而颁行的法律条例的规定，亦违反基于本法典第 7 条第 3 款第 1 句条目 1b 或 45 条第 1 款第 2 句条目 2 而颁行的法律条例规定，没有、没有正确地、没有全面地或没有及时地提供证明，

12. 违反本法典第 49 条第 6 款规定，没有或没有以规定方式安装警示标志，

13. 违反本法典第 54 条第 1 款第 1 句与基于本法典第 54 条第 1 款第 2 句而颁行法律条例的规定，没有聘任废弃物受托人，

14. 违反基于本法典第 36c 第 1 款第 1 句条目 6 或 45 条第 1 款第 1 句或第 2 句条目 5 或第 45 条第 2 款条目 2 或 3 而颁行的法律条例的规定，或者违反基于前述条例而发布的可执行性指令的规定，确定该违法行为的前提条件是：前述法律条例对特定的事实状态指定了适用的罚款规定。

第 3 款

本法典第 1 款规定的行政违法行为可处以最高达 5 万欧元的罚款，第 2 款规定的行政违法行为可处以最高达 1 万欧元的罚款。

第 4 款

如果发生本法典第 1 款条目 3 与 5 或第 2 款条目 1、条目 6 至 12 与条目 14 规定的行政违法行为，并且发生注册登记地在国外的企业使用运输货物车辆从事废弃物运输的相关联的行为，那么《行政违法法》第 36 条第 1 款条目 1 意义上的行政主管部门应为联邦物质流通管理局。

第 62 条　没收

如果发生本法典第 61 条第 1 款条目 2、条目 2a、条目 2b、条目 2c、条目 3、条目 4 或条目 5 规定的行政违法行为，那么以下物品可被没收：

1. 与行政违法行为有关联的物品，或者

2. 用于或准备用于行政违法行为或被确定具有这种情况的物品。

《行政违法法》第 23 条规定适用于此。

第 63 条 主管部门

如果德国联邦州的法律没有作出相关规定，那么德国联邦州的政府或由其指定的部门有权确定主管本法典施行的机构。

第 63a 条 关于行政程序的规定

德国联邦州法律不得修改由本法典作出的或基于本法典而作出的关于行政程序的规定。

第 64 条 过渡规定

本法典第 5a 条与第 5b 条关于废弃物减量化与处置的规定保持效力不变。在基于本法典第 7 条与第 24 条而颁行的相应法律条例取代本法典第 5a 条与第 5b 条前述规定后，则前述规定丧失效力。

附录 I 废弃物类别

Q1 在下列类别中没有予以详细描述的生产或消费残留物

Q2 不合规格的产品

Q3 已经过期的产品

Q4 在并非有意识导致的事故中产生的废弃的或损失的产品或由其他的事故所产生的产品（包括在前述事故中被污染损害的任何材料、设备部件等）

Q5 由于有计划的行动而导致的被污染或被污损的材料（例如，净化残余物、包装材料、容器等）

Q6 不可使用的构成部件（例如，旧电池、残留催化剂等）

Q7 无法使用的物质（例如，被污染的酸、溶剂、硬盐等）

Q8 工业处理残留物（例如，炉渣、蒸馏残留物等）

Q9 由减少污染程序所产生的残留物（例如，洗涤器淤渣、空气过滤器残渣、用过的过滤器等）

Q10 在机械与切削成形流程中所产生的残留物（例如，车削和铣削片屑等）

Q11 在原材料提取与处理过程中产生的残留物（例如，在采矿业与石油生产等领域产生的残留物）

Q12 被污染的物质（例如，被 PCB 污染的油料等）

Q13 被法律禁止使用的任何种类的物质或产品

Q14 持有者不使用或者不再使用的产品（例如，在农业、家庭、办公、商业网点、工作坊等领域存在的前述产品）

Q15 在修复土壤过程中产生的被污染的物质或产品

Q16 不包含在上述任何类别之中的任何类型的废弃物质或产品

附录 II A 清除程序

本附录列明了在实践中得以应用的清除程序。依据欧洲经济共同体 1975 年 7 月 25 日版的《关于废弃物的第 75/442 号指令》（欧共体官方公报 第 L 194 号，第 39 页）第 4 条规定，在废弃物处分过程中，不得损害人类健康，也不得使用可能损害环境的程序或方法。此处所指的欧洲经济共同体 1975 年 7 月 25 日版的《关于废弃物的第 75/442 号指令》（欧共体官方公报第 L 194 号，第 39 页）先是通过欧洲经济共同体第 91/156 号指令（欧共体官方公报 第 L 78 号，第 32 页）得到修订，又通过欧洲经济共同体第 91/692 号指令得到最新修订，并通过欧共体委员会 1996 年 5 月 24 日版的第 96/350 号决定（欧共体官方公报第 L 135 号，第 32 页）得到修正。

D 1 地下或地上堆放（如填埋场）

D 2 地下处理（如在地下对液态或污泥废弃物进行生物降解）

D 3 灌注法（如将可泵送废弃物注射到钻孔、盐矿或天然空洞中）

D 4 露天存放法（如将液态或污泥废弃物存放在坑、池或泻湖中）

D 5 特别设计的填埋场（如堆放在密封的、分割的、相互隔离和与外界隔绝的独立的空间）

D 6 排放到水体中，海和洋除外

D 7 排放到海和洋中，包括堆放到海床

D 8 生物性处理，在本附录的其他地方没有规定并能产生用 D1 至 D12 列出的程序可以处置的化合物或混合物

D 9 化学/物理处理，在本附录的其他地方没有规定并能产生用 D1 至 D12 列出的程序可以处置的化合物或混合物（如蒸发，干燥，焙烧）

D 10 在陆地上焚烧

D 11 在海洋上焚烧

D 12 永久存储（如将容器放置在矿井）

D 13 综合或混合使用在 D1 至 D12 列出的程序

D 14 在使用 D1 至 D13 列出的程序之前的修复处理

D 15 存放直至使用在 D1 至 D14 列出的程序（不包括临时储存直至在废弃物产生区域的收集）

附录 II B　再利用程序

本附录列明了在实践中得以应用的再利用程序。依据欧洲经济共同体 1975 年 7 月 25 日版的《关于废弃物的第 75/442 号指令》（欧共体官方公报 第 L 194 号，第 39 页）第 4 条规定，在废弃物再利用过程中，不得损害人类健康，也不得使用可能损害环境的程序或方法。此处所指的欧洲经济共同体 1975 年 7 月 25 日版的《关于废弃物的第 75/442 号指令》（欧共体官方公报 第 L 94 号，第 39 页）先是通过欧洲经济共同体第 91/156 号指令（欧共体官方公报 第 L78 号，第 32 页）得到修订，又通过欧洲经济共同体第 91/692 号指令得到最新修订，并通过欧共体委员会 1996 年 5 月 24 日版的第 96/350 号决定（欧共体官方公报第 L135 号，第 32 页）得到修正。

R 1 主要作为燃料原料或获取能源的其他材料使用

R 2 溶剂回收与再生

R 3 不能做溶剂使用的有机物原料的再利用和回收（包括堆肥和其他生物转化程序）

R 4 金属和金属化合物的再利用和回收

R 5 其他无机物原料的再利用和回收

R 6 酸和碱的再生

R 7 洗涤剂成分回收

R 8 催化剂成分回收

R 9 废油提炼或其他的石油重复使用可能性

R 10 应用到地面上用于农业或生态改善

R 11 使用通过 R1 至 R10 列出的程序回收的废弃物

R 12 交换废弃物，以使废弃物通过 R1 至 R11 列出的程序得到处理

R 13 收集废弃物，以使废弃物通过 R1 至 R12 列出的程序得到处理（不包括临时储存直至在废弃物产生地的收集）

附录 III 现有技术确定的标准

在确定现有技术时，需考虑可能的措施成本与效益的比例关系以及防范和预防的基本原则，并聚焦于一个特定种类的设备，尤其是以下标准应被考虑：

1. 低废弃物含量技术之使用，

2. 较少危险性材料之使用，

3. 促进在各个单一程序中生产与使用的材料或者废弃物的回收和再利用，

4. 可比照的程序、设施和操作方法，其应在经营中已富有成效地被试用，

5. 技术和科学知识的进步，

6. 各种排放的种类、作用与数量，

7. 新的或现有的设备投入使用的日期，

8. 引入一个更好的、可使用的技术所需的时间，

9. 原材料的消耗和在各个单一程序中使用的原材料种类（包括水）以及能源效率，

10. 必要性，即尽可能地避免或减少排放整体影响及对人类和环境的危险，

11. 必要性，即防止事故发生和减少其对人类和环境的后果，

12. 相关信息，此信息或是由欧共体委员会依据 1996 年 9 月 24 日版《关于综合性预防与减少环境污染的欧共体理事会的第 96/61 号条例》（欧共体官方公报第 L 257 号，第 26 页）第 16 条第 2 款的规定公开发布的信息，或是由国际组织公开发布的信息。

德国循环经济国际条约附录

I. 《控制危险废物越境转移及其处置巴塞尔公约》

序　言

本公约缔约国，意识到危险废物和其他废物及其越境转移对人类和环境可能造成的损害，铭记着危险废物和其他废物的产生、其复杂性和越境转移的增长对人类健康和环境所造成的威胁日趋严重，又铭记着保护人类健康和环境免受这类废物的危害的最有效方法是把其产生的数量和（或）潜在危害程度减至最低限度，深信各国应采取必要措施，以保证危险废物和其他废物的管理包括其越境转移和处置符合保护人类健康和环境的目的，不论处置场所位于何处，注意到各国应确保产生者必须以符合环境保护的方式在危险废物和其他废物的运输和处置方面履行义务，不论处置场所位于何处，充分确认任何国家皆享有禁止来自外国的危险废物和其他废物进入其领土或在其领土内处置的主权权利，又确认人们日益盼望禁止危险废物的越境转移及其在其他国家特别是在发展中国家的处置，深信危险废物和其他废物应尽量在符合对环境无害的有效管理下，在废物产生国的国境内处置，又意识到这类废物从产生国到任何其他国家的越境转移应仅在进行此种转移不致危害人类健康和环境并遵照本公约各项规定的情况下才予以许可，认为加强对危险废物和其他废物越境转移的控制将起到鼓励其无害于环境的处置和减少其越境转移量的作用，深信各国应采取措施，适当交流有关危险废物和其他废物来往于那些国家的越境转移的资料并控制此种转移，注意到一些国际和区域协定已处理了危险货物过境方面保护和维护环境的问题，考虑到《联合国人类环境会议宣言》（1972 年，斯德哥尔摩）和联合国环境规划署（环境署）理事会 1987 年 6 月 17 日第 14/30 号决定通过的《关于危险废物环境无害管理的开罗准则和原则》、联合国危险物品运输问题专家委员会的建议（于 1957 年拟定后，每两年订正一次）、在联合国系统内通过的有关建议、宣言、文书和条例以及其他国际和区域组织内部所做的工作和研究，铭记着联合国大会第三十七届（1982 年）会议所通过的《世界大自然宪章》的精神、原则、目标和任务乃是保护人类环境和养护自然资源方面的道德准则，申明各国有责任履行其保护人类健康和维护环境的国际义务并按照国际法承担责任，确认在一旦发生对本公约或其任何议定书条款的重大违反事件时，则应适用有关的国际条约法的规定，意识到必须继续发展和实施无害于环境的低废技术、再循环方法、良好的管理制度，以便尽量减少危险废物和其他废物的产生，又意识到国际上日益关注严格控制危险废物和其他废物越境转移的必要性，以及必须尽量把这类转移减少到最低限度，对危险废物越境转移中存在的非法运输问题表示关切，并考虑到发展中国家管理危险废物和其他废物的能力有限，并确认有关必要按照开罗准则和环境署理事会关于促进环境保护技术的转让的第 14/16 号决定的精神，促进特别向发展中国家转让技术，以便对于本国产生的危险废物和其他废物进行无害管理，并确认应该按照有关的国际公约和建议从事危险废物和其他废物的运输，并深信危险废物和其他废物的越境转移应仅仅在此种废物的运输和最后处置对环境无害的情况下才给予许可，决心采取严格的控制措施来保护人类健康和环境，使其免受危险废物和其他废物的产生和管理可能造成的不利影响。

兹协议如下：

第 1 条　本公约的范围

1. 为本公约的目的，越境转移所涉下列废物即为"危险废物"：

（a）属于附件一所载任何类别的废物，除非它们不具备附件三所列的任何特性；

（b）任一出口、进口或过境缔约国的国内立法确定为或视为危险废物的不包括在（a）项内的废物。

2. 为本公约的目的，越境转移所涉载于附件二的任何类别的废物即为"其他废物"。

3. 由于具有放射性而应由专门适用于放射性物质的国际管制制度包括国际文书管辖的废物不属于本公约的范围。

4. 由船舶正常作业产生的废物，其排放已由其他国际文书作出规定者，不属于本公约的范围。

第 2 条　定　义

为本公约的目的：

1. "废物"是指处置的或打算予以处置的或按照国家法律规定必须加以处置的物质或物品；

2. "管理"是指对危险废物或其他废物的收集、运输和处置，包括对处置场所的事后处理；

3. "越境转移"是指危险废物或其他废物从一国的国家管辖地区移至或通过另一国的国家管辖地区的任何转移，或移至或通过不是任何国家的国家管辖地区的任何转移，但该转移须涉及至少两个国家；

4. "处置"是指本公约附件四所规定的任何作业；

5. "核准的场地或设施"是指经该场地或设施所在国的有关当局授权或批准从事危险废物或其他废物处置作业的场地或设施；

6. "主管当局"是指由一缔约国指定在该国认为适当的地理范围内负责接收第 6 条所规定关于危险废物或其他废物越境转移的通知及任何有关资料并负责对此类通知作出答复的一个政府当局；

7. "联络点"是指第五条所指一缔约国内负责接收和提交第十三和第十五条所规定的资料的一个实体；

8. "危险废物或其他废物的环境无害管理"是指采取一切可行步骤，确保危险废物或其他废物的管理方式将能保护人类健康和环境，使其免受这类废物可能产生的不利后果；

9. "在一国国家管辖下的区域"是指任何陆地、海洋或空间区域，在该区域范围内一国按照国际法就人类健康或环境的保护方面履行行政和管理上的责任；

10. "出口国"是指危险废物或其他废物越境转移起始或预定起始的缔约国；

11. "进口国"是指作为危险废物或其他废物进行或预定进行越境转移的目的地的缔约国，以便在该国进行处置，或装运到不属于任何国家管辖的区域内进行处置；

12. "过境国"是指危险废物或其他废物转移中通过或计划通过的除出口国或进口国之外的任何国家；

13. "有关国家"是指出口缔约国或进口缔约国，或不论是否缔约国的任何过境国；

14. "人"是指任何自然人或法人；

15. "出口者"是指安排危险废物或其他废物的出口、在出口国管辖下的任何人；

16. "进口者"是指安排危险废物或其他废物的进口、在进口国管辖下的任何人；

17. "承运人"是指从事危险废物或其他废物运输的任何人；

18. "产生者"是指其活动产生了危险废物或其他废物的任何人，或者如果不知此人为何人，则指拥有和（或）控制着那些废物的人；

19. "处置者"是指作为危险废物或其他废物装运的收货人并从事该废物处置作业的任何人；

20. "政治和（或）经济一体化组织"是指由一些主权国家组成的组织，它得到其成员国授权处理与本公约有关的事项，并经按照其内部程序正式授权签署、批准、接受、核准、正式确认或加入本公约；

21. "非法运输"是指第9条所指的对危险废物或其他废物的任何越境转移。

第3条 国家对危险废物的定义

1. 每一缔约国在成为本公约缔约国的六个月内，应将附件一和附件二所列之外的，但其国家立法视为或确定为危险废物的废物名单连同有关适用于这类废物的越境转移程序的任何规定通知本公约秘书处。

2. 每一缔约国应随后将它依据第1款提供的资料的任何重大变更情况通知秘书处。

3. 秘书处应立即将它依据第1款和第2款收到的资料通知所有缔约国。

4. 各缔约国应负责将秘书处递送的第3款之下的资料提供给本国的出口者。

第4条 一般义务

1. （a）各缔约国行使其权利禁止危险废物或其他废物进口处置时，应按照第13条的规定将其决定通知其他缔约国。

（b）各缔约国在接获按照以上（a）项发出的通知后，应禁止或不许可向禁止这类废物进口的缔约国出口危险废物和其他废物。

（c）对于尚未禁止进口危险废物和其他废物的进口国，在该进口国未以书面同意某一进口时，各缔约国应禁止或不许可此类废物的出口。

2. 各缔约国应采取适当措施：

（a）考虑到社会、技术和经济方面，保证将其国内产生的危险废物和其他废物减至最低限度；

（b）保证提供充分的处置设施用以从事危险废物和其他废物的环境无害管理，不论处置场所位于何处，在可能范围内，这些设施应设在本国领土内；

（c）保证在其领土内参与危险废物和其他废物管理的人员视需要采取步骤，防止在这类管理工作中产生危险废物和其他废物的污染，并在产生这类污染时，尽量减少其对人类健康和环境的影响；

（d）保证在符合危险废物和其他废物的环境无害和有效管理下，把这类废物越境转移减至最低限度，进行此类转移时，应保护环境和人类健康，免受此类转移可能产生的不利影响；

（e）禁止向属于一经济和（或）政治一体化组织而且在法律上完全禁止危险废物或其他废物进口的某一缔约国或一组缔约国，特别是发展中国家，出口此类废物，或者如果有理由相信此类废物不会按照缔约国第一次会议决定的标准以环境无害方式加以管理时，也禁止向上述国家进行此种出口；

（f）规定向有关国家提供附件五－A所要求的关于拟议的危险废物和其他废物越境转移的资料，详细说明拟议的转移对人类健康和环境的影响；

（g）如果有理由相信危险废物和其他废物将不会以对环境无害的方式加以管理时，防止此类废物的进口；

（h）直接地通过秘书处同其他缔约国和其他有关组织合作从事各项活动，包括传播关于危险废物和其他废物越境转移的资料，以期改善对这类废物的环境无害管理并防止非法运输。

3. 各缔约国认为危险废物或其他废物的非法运输为犯罪行为。

4. 各缔约国应采取适当的法律、行政和其他措施，以期实施本公约的各项规定，包括采取措施以防止和惩办违反本公约的行为。

5. 缔约国应不许可将危险废物或其他废物从其领土出口到非缔约国，亦不许可从一非缔约国进口到其领土。

6. 各缔约国协议不许可将危险废物或其他废物出口到南纬60℃以南的区域处置，不论此类废物是否涉及越境转移。

7. 各缔约国还应：

（a）禁止在其国家管辖下所有的人从事危险废物或其他废物的运输或处置工作，但得到授权或许可从事这类工作的人不在此限；

（b）规定涉及越境转移的危险废物和其他废物须按照有关包装、标签和运输方面普遍接受和承认的国际规则和标准进行包装、标签和运输，并应适当计及国际上公认的有关惯例；

（c）规定在危险废物和其他废物的越境转移中，从越境转移起点至处置地点皆须随附一份转移文件。

8. 每一缔约国应规定，拟出口的危险废物或其他废物必须以对环境无害的方式在进口国或他处处理。公约所涉废物的环境无害管理技术准则应由缔约国在其第一次会议上决定。

9. 各缔约国应采取适当措施，以确保危险废物和其他废物的越境转移仅在下列情况下才予以许可：

（a）出口国没有技术能力和必要的设施、设备能力或适当的处置场所以无害于环境而且有效的方式处置有关废物；

（b）进口国需要有关废物作为再循环或回收工业的原材料；

（c）有关的越境转移符合由缔约国决定的其他标准，但这些标准不得背离本公约的目标。

10. 产生危险废物的国家遵照本公约以环境无害方式管理此种废物的义务不得在任何情况下转移到进口国或过境国。

11. 本公约不妨碍一缔约国为了更好地保护人类健康和环境而实施与本公约条款一致并符合国际法规则的其他规定。

12. 本公约的任何规定不应在任何方面影响按照国际法确定的各国对其领海的主权，以及按照国际法各国对其专属经济区及其大陆架拥有的主权和管辖权，以及按照国际法规定并在各有关国际文书上反映的所有国家的船只和飞机所享有的航行权和自由。

13. 各缔约国应承担定期审查是否可能把输往其他国家尤其是发展中国家的危险废物和其他废物的数量和（或）污染潜力减低。

第 5 条 指定主管当局和联络点

各缔约国应为促进本公约的实施：

1. 指定或设立一个或一个以上主管当局以及一个联络点。过境国则应指定一个主管当局接受通知书。

2. 在本公约对本国生效后三个月内通知本公约秘书处，说明本国已指定哪些机构作为本国的联络点和主管当局。

3. 在作出变动决定的一个月内，将其有关根据以上第 2 款所指定机构的任何变动通知本公约秘书处。

第 6 条 缔约国之间的越境转移

1. 出口国应将危险废物或其他废物任何拟议的越境转移书面通知要求产生者或出口者通过出口国主管当局的渠道以书面通知有关国家的主管当局。该通知书应以进口国可接受的一种语文载列附件五－A所规定的声明和资料。仅需向每个有关国家发送一份通知书。

2. 进口国应以书面答复通知者，表示无条件或有条件同意转移、不允许转移或要求进一步资料。进口国最后答复的副本应送交有关缔约国的主管当局。

3. 出口缔约国在得到书面证实下述情况之前不应允许产生者或出口者开始越境转移：

（a）通知人已得到进口国的书面同意；并且

（b）通知人已得到进口国证实存在一份出口者与处置者之间的契约协议，详细说明对有关废物的环境无害管理办法。

4. 每一过境缔约国应迅速向通知人表示收到通知。它可在收到通知后60天内以书面答复通知人表示无条件或有条件同意转移、不允许转移或要求进一步资料。出口国在收到过境国的书面同意之前，应不准许开始越境转移。不过，如果在任何时候一缔约国决定对危险废物或其他废物的过境转移一般地或在特定条件下不要求事先的书面同意，或修改它在这方面的要求，该国应按照第 13 条立即将此决定通知其他缔约国。在后一情况下，如果在过境国收到某一通知后 60 天内，出口国尚未收到答复，出口国可允许通过该过境国进行出口。

5. 危险废物的越境转移在该废物只被：

（a）出口国的法律确定为或视为危险废物时，对进口者或处置者及进口国适用的本条第 9 款的各项要求应分别比照适用于出口者和出口国；

（b）进口国或进口和过境缔约国的法律确定为或视为危险废物时，对出口者和出口国适用的本条第 1、3、4、6 款应分别比照适用于进口者或处置者和进口国；

（c）过境缔约国的法律确定为或视为危险废物时，第 4 款的规定应对该国适用。

6. 出口国可经有关国家书面同意，在具有同一物理化学特性的危险废物或其他废物通过出口国的同一出口海关并通过进口国的同一进口海关——就过境而言，通过过境国的同一进口和出口海关——定期装运给同一个处置者的情况下，允许产生者或出口者使用一总通知。

7. 有关国家可书面同意使用第 6 款所指的总通知，但须提供某些资料，例如关于预定装运的危险废物或其他废物的确切数量或定期清单。

8. 第 6 款和第 7 款所指的总通知和书面同意可适用于最多在十二个月期限内的危险废物或其他废物的多次装运。

9. 各缔约国应要求每一个处理危险废物或其他废物越境转移的人在发送或收到有关危险废物时在运输文件上签名。缔约国还应要求处置者将他已收到危险废物的情况，并在一定时候将他完成通知书上说明的处置的情况通知出口者和出口国主管当局。如果出口国内部没有收到这类资料，出口国主管当局或出口者应将该情况通知进口国。

10. 本条所规定的通知和答复皆应递送有关缔约国的主管当局或有关非缔约国的适当政府当局。

11. 危险废物或其他危险废物的任何越境转移都应有保险、保证或进口或过境缔约国可能要求的其他担保。

第 7 条　从一缔约国通过非缔约国的越境转移

本公约第 6 条第 1 款应比照适用于从一缔约国通过非缔约国的危险废物或其他废物的越境转移。

第 8 条　再进口的责任

在有关国家遵照本公约规定已表示同意的危险废物或其他废物的越境转移未能按照契约的条件完成的情况下，如果在进口国通知出口国和秘书处之后 90 天内或在有关国家同意的另一期限内不能作出环境上无害的处置替代安排，出口国应确保出口者将废物运回出口国。为此，出口国和任何过境缔约国不应反对、妨碍或阻止该废物运回出口国。

第 9 条　非法运输

1. 为本公约的目的，任何下列情况的危险废物或其他废物的越境转移：

（a）没有依照本公约规定向所有有关国家发出通知；或

（b）没有依照本公约规定得到一个有关国家的同意；或

（c）通过伪造、谎报或欺诈而取得有关国家的同意；或

（d）与文件所列材料不符；或

（e）违反本公约以及国际法的一般原则，造成危险废物或其他废物的蓄意处置（例如倾卸），均应视为非法运输。

2. 如果危险废物或其他废物的越境转移由于出口者或产生者的行为而被视为非法运输，则出口国应确保在被告知此种非法运输情况后 30 天内或在有关国家可能商定的另一限期内，将有关的危险废物作出下述处理：

（a）由出口者或产生者或必要时由它自己运回出口国，如不可行，则

（b）按照本公约的规定另行处置。为此目的，有关缔约国不应反对、妨碍或阻止将那些废物退回出口国。

3. 如果危险废物或其他废物的越境转移由于进口者或处置者的行为而被视为非法运输，则进口国应确保在它知悉此种非法运输情况后 30 天内或在有关国家可能商定的另一限期内，由进口者或处置者或必要时由它自己将有关的危险废物以对环境无害方式加以处置。为此目的，有关的缔约国应进行必要的合作，以便以环境无害的方式处置此类废物。

4. 如果非法运输的责任既不能归于出口者或产生者，也不能归于进口者或处置者，则有关缔约国或其他适当的缔约国应通过合作，确保有关的危险废物尽快以对环境无害的方式在出口国或进口国或在其他适宜的地方进行处置。

5. 每一缔约国应采取适当的国家/国内立法，防止和惩办非法运输。各缔约国应为实现本条的目标而通力合作。

第 10 条　国际合作

1. 各缔约国应互相合作，以便改善和实现危险废物和其他废物的环境无害管理。

2. 为此，各缔约国应：

（a）在接获请求时，在双边或多边的基础上提供资料，以期促进危险废物和其他废物的环境无害管理，包括协调对危险废物和其他废物的适当管理的技术标准和规范；

（b）合作监测危险废物的管理对人类健康和环境的影响；

（c）在不违反其国家法律、条例和政策的情况下，合作发展和实施新的环境无害低废技术并改进现行技术，以期在可行范围内消除危险废物和其他废物的产生，求得确保其环境无害管理的更实际有效的方法，其中包括对采用这类新的或改良的技术所产生经济、社会和环境效果的研究；

（d）在不违反其国家法律、条例和政策的情况下，就转让涉及危险废物和其他废物无害环境管理的技术和管理体制方面积极合作。它们还应合作建立各缔约国特别是那些在这方面可能需要并要求技术援助的国家的技术能力；

（e）合作制定适当的技术准则和（或）业务规范。

3. 各缔约国应采取适当手段从事合作，以协助发展中国家执行第四条第 2 款（a）、（b）和（c）项。

4. 考虑到发展中国家的需要，鼓励各缔约国之间和有关国际组织之间进行合作，以促进特别是提高公众认识，发展对危险废物和其他废物的无害管理和采用新的低废技术。

第 11 条　双边、多边和区域协定

1. 尽管有第 4 条第 5 款的规定，各缔约国可同其他缔约国或非缔约国缔结关于危险废物或其他废物越境转移的双边、多边或区域协定或协议，只要此类协定或协议不减损本公约关于以对环境无害方式管理危险废物和其他废物的要求。这些协定或协议应特别考虑到发展中国家的利益，对无害于环境方面作出的规定不应低于本公约的有关规定。

2. 各缔约国应将第 1 款所指的任何双边、多边和区域协定和协议，以及它们在本公约对其生效之前缔结的旨在控制此类协定的缔约国之间的危险废物和其他废物越境转移的双边、多边和区域协定和协议通知秘书处。本公约各条款不应影响遵照此种协定进行的越境转移，只要此种协定符合本公约关于以对环境无害的方式管理危险废物的要求。

第 12 条　关于责任问题的协商

各缔约国应进行合作，以期在可行时尽早通过一项议定书，就危险废物和其他废物越境转移和处置所引起损害的责任和赔偿方面制定适当的规则和程序。

第 13 条　递送资料

1. 各缔约国应保证，一旦获悉危险废物和其他废物越境转移及其处置过程中发生意外，可能危及其他国家的人类健康和环境时，立即通知有关国家。

2. 各缔约国应通过秘书处彼此通知下列情况：

（a）依照第 5 条作出的关于指定主管当局和（或）联络点的更动；

（b）依照第三条作出的国家对于危险废物的定义的修改；和尽快告知，

（c）由它们作出的全部或局部不同意将危险废物或其他废物进口到它们国家管辖范围内的地区内处置的决定；

（d）由它们作出的、限制或禁止出口危险废物或其他废物的决定；

（e）由本条第 4 款所要求的任何其他资料。

3. 各缔约国在符合其国家法律和规章的情形下，应通过秘书处向依照第 15 条设立的缔约国会议于每个日历年年底以前提交一份关于前一日历年的报告，其中包括下列资料：

（a）它们依照第 5 条指定的主管当局和联络点；

（b）关于与它们有关的危险废物或其他废物的越境转移的资料，包括①所出口危险废物和其他废物的数量、种类、特性、目的地、过境国以及在对通知的答复中说明的处置方法；②所进口危险废物和其他废物的数量、种类和特性、来源及处置方法；③未按原定方式进行的处置；④为了减少危险废物或其他废物越境转移的数量而作出的努力；

（c）它们为了执行本公约而采取的措施；

（d）汇编的关于危险废物或其他废物的产生、运输和处置对人类健康和环境的影响的现有合格统计资料；

（e）依照本公约第 11 条缔定的双边、多边和区域协定及协议；

（f）危险废物和其他废物越境转移及处置过程中发生的意外事件，以及所采取的处理措施；

（g）在它们国家管辖范围内的地区采用的各种处置方法；

（h）为了发展出减少和（或）消除危险废物和其他废物的产生的技术而采取的措施；

（i）缔约国会议将视为有关的其他事项。

4. 各缔约国在符合其国家法律和条例的情况下，在某一缔约国认为其环境可能受到某一越境转移的影响而请求这样做时，应保证将关于危险废物或其他废物的任何越境转移的每一份通知及其答复的副本送交秘书处。

第14条 财务方面

1. 各缔约国同意，根据各区域和分区域的具体需要，应针对危险废物和其他废物的管理并使其产生减至最低限度，建立区域的或分区域的培训和技术转让中心。各缔约国应就建立适当的自愿性筹资机制作出决定。

2. 各缔约国应考虑建立一循环基金，以便对一些紧急情况给予临时支援，尽量减少由于危险废物和其他废物的越境转移或其处置过程中发生意外事故所造成的损害。

第15条 缔约国会议

1. 缔约国会议特此设立。缔约国会议的第一次会议应由联合国环境规划署执行主任于本公约生效后一年内召开。其后的缔约国会议常会应依照第一次会议所规定的时间按期举行。

2. 缔约国会议可于其认为必要的其他时间举行非常会议；如经任何缔约国书面请求，由秘书处将该项请求转致各缔约国后六个月内至少有1/3缔约国表示支持时，亦可举行非常会议。

3. 缔约国会议应以协商一致方式商定和通过其本身的和它可能设立的任何附属机构的议事规则和财务细则，以便确定特别是本公约下各缔约国的财务参与办法。

4. 各缔约国在其第一次会议上，应审议为协助履行其在本公约范围内保护和维护海洋环境方面的责任所需的任何其他措施。

5. 缔约国会议应不断地审查和评价本公约的有效执行，同时应：

（a）促进适当政策、战略和措施的协调，以尽量减少危险废物和其他废物对人类健康和环境的损害；

（b）视需要审议和通过对本公约及其附件的修正，除其他外，应考虑到现有的科技、经济和环境资料；

（c）参照本公约实施中以及第11条所设想的协定和协议的运作中所获的经验，审议并采取为实现本公约宗旨所需的任何其他行动；

（d）视需要审议和通过议定书；

（e）成立为执行本公约所需的附属机构。

6. 联合国及其各专门机构以及任何非本公约缔约国的国家，均可派观察员出席缔约国会议。任何其他组织或机构，无论是国家或国际性质、政府或非政府性质，只要在与危险废物或其他废物有关的领域具有资格，并通知秘书处愿意以观察员身份出席缔约国会议，在此情况下，除非有至少 1/3 的出席缔约国表示反对，都可被接纳参加。观察员的接纳与参加应遵照缔约国通过的议事规则处理。

7. 缔约国会议应于本公约生效三年后并至少在其后每六年对其有效性进行评价，并于认为必要时，参照最新的科学、环境、技术和经济资料，审议是否全部或局部禁止危险废物和其他废物的越境转移。

第 16 条　秘书处

1. 秘书处的职责如下：

（a）为第 15 条和第 17 条规定的会议作出安排并提供服务；

（b）根据按第 3 条、第 4 条、第 6 条、第 11 条和第 13 条收到的资料，根据从第 15 条规定成立的附属机构的会议得来的资料，以及在适当时根据有关的政府间和非政府实体提供的资料，编写和提交报告；

（c）就执行其本公约规定的职责进行的各项活动编写报告，提交缔约国会议；

（d）保证同其他有关的国际机构进行必要的协调，特别是为有效地执行其职责而订定所需的行政和契约安排；

（e）同各缔约国按本公约第 5 条规定设立的联络点和主管当局进行联系；

（f）汇编各缔约国批准可用来处置其危险废物和其他废物的本国场地和设施的资料并将此种资料分发各缔约国；

（g）从缔约国收取并向它们传递下列资料：技术援助和培训的来源；现有的科学和技术专门知识；咨询意见和专门技能的来源；和可得的资源情况，以期于接到请求时，就下列方面向缔约国提供援助：本公约通知事项的处理；危险废物和其他废物的管理；涉及危险废物和其他废物的环境无害技术，例如低废和无废技术；处置能力和场所的评估；危险废物和其他废物的监测；和紧急反应；

（h）根据请求，向缔约国提供具有该领域必要技术能力的顾问或顾问公司的资料，以便这些顾问或公司能够帮助它们审查某一越境转移通知，审查危险废物或其他废物的装运情况是否与有关的通知相符，和（或）在它们有理由认为有关废物的处理方式并非对环境无害时，审查拟议的危险废物或其他废物的处置设施是否不对环境造成危害。任何此种审查涉及的费用不应由秘书处承担；

（i）根据请求，帮助缔约国查明非法运输案件，并将它收到的有关非法运输的任何资料立即转告有关缔约国；

（j）在发生紧急情况时，与各缔约国以及与有关的和主管的国际组织和机构合作，以便提供专家和设备，迅速援助有关国家；

（k）履行缔约国会议可能决定的与本公约宗旨有关的其他职责。

2. 在依照第 15 条举行的缔约国会议第一次会议结束之前，由联合国环境规划署暂时履行秘书处职责。

3. 缔约国会议应在其第一次会议上从已经表示愿意执行本公约规定的秘书处职责的现有合格政府间组织之中指定某一组织作为秘书处。在这次会议上，缔约国会议还应评价临时秘书处特别是执行以上第1款所述职责的情况，并决定适宜于履行那些职责的组织结构。

第 17 条　公约的修改

1. 任何缔约国可对本公约提出修正案，议定书的任何缔约国可对该议定书提出修正案。这种修正，除其他外，应适当考虑到有关的科学和技术方面。

2. 对本公约的修正案应在缔约国会议的一次会议上通过。对任何议定书的修正应于该议定书的缔约国会议上通过。对本公约或任何议定书建议的任何修正案案文，除在有关议定书里另有规定外，应由秘书处至迟于准备通过修正案的会议六个月以前送交各缔约国。秘书处亦应将建议的修正送交本公约的签署国，以供参考。

3. 各缔约国应尽量以协商一致方式对本公约的任何修正达成协议。如果尽了一切努力谋求一致意见而仍然未能达成协议，则最后的办法是以出席并参加表决的缔约国的 3/4 多数票通过修正案。通过的修正应由保存人送交所有缔约国，供其批准、核准、正式确认或接受。

4. 以上第 3 款内说明的程序应适用于对任何议定书的修正，唯一不同的是这种修正的通过只需要出席并参加表决的缔约国的 2/3 多数票。

5. 修正的批准、核准、正式确认或接受文书应交保存人保存。依照以上第 3 款或第 4 款通过的修正，除非有关议定书里另有规定，应于保存人接得至少 3/4 接受修正的缔约国的批准、核准、正式确认或接受文书之后第 90 天，在接受修正的各缔约国之间开始生效。任何其他缔约国存放其对修正的批准、核准、正式确认或接受文书 90 天之后，修正对它生效。

6. 为本条的目的，"出席并参加表决的缔约国"一语，是指在场投赞成票或反对票的缔约国。

第 18 条　附件的通过和修正

1. 本公约或任何议定书的附件应成为本公约或该议定书的一个构成部分，因此，除非另有明确规定、凡提及本公约或其议定书时，亦包括其任何附件在内。这种附件只限于科学、技术和行政事项。

2. 除任何议定书就其附件另有规定者外，本公约的增补附件或一项议定书的附件的提出、通过和生效，应适用下列程序：

（a）本公约及其议定书的附件应依照第 17 条第 2 款、第 3 款和第 4 款规定的程序提出和通过；

（b）任何缔约国如果不能接受本公约的某一增补附件或其作为缔约国的任何议定书的某一附件，应于保存人就其通过发出通知之日起六个月内将此情况书面通知保存人。保存人应于接到任何此种通知后立即通知所有缔约国。一缔约国可于任何时间以接受文书代替此前的反对声明，有关附件即对它生效；

（c）在保存人发出通知之日起满六个月之后，该附件应即对未曾依照以上（b）项规定发出通知的本公约或任何有关议定书的所有缔约国生效。

3. 本公约附件或任何议定书附件的修正案的提出、通过和生效，应遵照本公约附件或议定书附件的提出、通过和生效所适用的同一程序。附件及其修正，除其他外，应适当考虑到有关的科学和技术方面。

4. 如果一个增补附件或对某一附件的修正，涉及对本公约或对任何议定书的修正，则该增补附件或修正后的附件应于对本公约或对该议定书的修正生效以后才能生效。

第 19 条　核　查

任何缔约国如有理由相信另一缔约国正在作出或已作出违背其公约义务的行为，可将该情况通知秘书处，并应同时立即直接地或通过秘书处通知被指控的一方。所有有关资料应由秘书处送交各缔约国。

第 20 条　争端的解决

1. 缔约国之间就本公约或其任何议定书的解释、适用或遵守方面发生争端时，有关缔约国应通过谈判或以它们自行选定的任何其他和平方式谋求争端的解决。

2. 如果有关缔约国无法以上款所述方式解决争端，在争端各方同意的情况下，应将争端提交国际法院或按照关于仲裁的附件六所规定的条件提交仲裁。不过，不能就将该争端提交国际法院或提交仲裁达成共同协议，并不免除争端各方以第 1 款所指方式继续谋求其解决的责任。

3. 在批准、接受、核准、正式确认或加入本公约时或其后的任何时候，一个国家或政治和（或）经济一体化组织可以声明，它承认对接受同样义务的任何缔约国而言，下列办法为强制性的当然办法并无须订立特别协定：

（a）将争端提交国际法院；和（或）

（b）按照附件六所规定的程序进行仲裁。此种声明应以书面通知秘书处，秘书处应转告各缔约国。

第 21 条　签　字

本公约应于 1989 年 3 月 22 日在巴塞尔，并从 1989 年 3 月 23 日起至 1989 年 6 月 30 日在伯尔尼瑞士外交部，并从 1989 年 7 月 1 日起至 1990 年 3 月 22 日在纽约联合国总部，开放供各国、由联合国纳米比亚理事会代表纳米比亚以及由各政治和（或）经济一体化组织签字。

第 22 条　批准、接受、正式确认或核准

1. 本公约须由各国和由联合国纳米比亚理事会代表纳米比亚批准、接受或核准并由各政治和（或）经济一体化组织正式确认或核准。批准、接受、正式确认或核准的文书应交由保存人保存。

2. 以上第 1 款所指的任何组织如成为本公约的缔约方而该组织并没有任何一个成员国是缔约国，则该缔约组织应受本公约规定的一切义务的约束。如这种组织的一个或更多个成员国是本公约的缔约国，则该组织及其成员国应就履行其本公约义务的各自责任作出决定。在这种情况下，该组织和成员国不应同时有权行使本公约规定的权利。

3. 以上第 1 款所指的组织应在其正式确认或核准文书中声明其对本公约所涉事项的职权

范围。这些组织也应将其职权范围发生任何重大变化的情况通知保存人，后者应转告各缔约国。

第 23 条 加入

1. 本公约应自公约签署截止日期起开放供各国、由联合国纳米比亚理事会代表纳米比亚以及由各政治和（或）经济一体化组织加入。加入书应交由保存人保存。

2. 上文第 1 款中所指的组织应在其加入文书内声明它们对本公约所涉事项的职权范围。这些组织也应将其职权范围发生任何重大变化的情况通知保存人。

3. 第 22 条第 2 款的规定应适用于加入本公约的经济一体化组织。

第 24 条 表决权

1. 除第 2 款之规定外，本公约每一缔约国应有一票表决权。

2. 各政治和（或）经济一体化组织对于按第 22 条第 3 款和第 23 条第 2 款规定属于其职权范围的事项行使表决权时，其票数相当于其作为本公约或有关议定书的缔约国的成员国数目。如果这些组织的成员国行使其表决权，则该组织就不应行使其表决权，反之亦然。

第 25 条 生效

1. 本公约应于第 20 份批准、接受、正式确认、核准或加入文书交存之日以后第 90 天生效。

2. 对于在交存第 20 份批准、接受、核准、正式确认或加入之日以后批准、接受、核准或正式确认公约或加入本公约的每一国家或政治和（或）经济一体化组织，本公约应于该国或该政治和（或）经济一体化组织的批准、接受、核准、正式确认或加入文书交存之日以后第 90 天生效。

3. 为以上第 1 款和第 2 款的目的，一个政治和（或）经济一体化组织交存的任何文书不应被视为该组织的成员国交存的文书以外的附加文书。

第 26 条 保留和声明

1. 不得对本公约作出任何保留或例外。

2. 本条第 1 款的规定并不排除某一国家或政治和（或）经济一体化组织在签署、批准、接受、核准或加入本公约时，除其他外，为使其法律和条例与本公约的规定协调一致而作出无论何种措辞或名称的宣言或声明，只要此种宣言或声明的意旨不是排除或改变本公约条款适用于该国时的法律效力。

第 27 条 退出

1. 在本公约对一缔约国生效之日起三年之后的任何时间，该缔约国经向保存人提出书面通知，得退出本公约。

2. 退出应在保存人接到退出通知起一年后生效，或在退出通知上指明的一个较后日期生效。

第 28 条 保存人

联合国秘书长为本公约及其任何议定书的保存人。

第 29 条　作准文本

本公约的阿拉伯文、中文、英文、法文、俄文和西班牙文原本均为作准文本。为此，下列全权代表，经正式授权，在本公约上签字，以昭信守。

一九八九年三月二十二日订于巴塞尔。

II.《关于在国际贸易中对某些危险化学品和农药采用事先知情同意程序的鹿特丹公约》

第 1 条　目标

本公约的目标是通过便利就国际贸易中的某些危险化学品的特性进行资料交流、为此类化学品的进出口规定一套国家决策程序并将这些决定通知缔约方，以促进缔约方在此类化学品的国际贸易中分担责任和开展合作，保护人类健康和环境免受此类化学品可能造成的危害，并推动以无害环境的方式加以使用。

第 2 条　定义

为本公约的目的：

（a）"化学品"是指一种物质，无论是该物质本身还是其混合物或制剂的一部分，无论是人工制造的还是取自大自然的，但不包括任何生物体。它由以下类别组成：农药（包括极为危险的农药制剂）和工业用化学品；

（b）"禁用化学品"是指为保护人类健康和环境而采取最后管制行动禁止其在一种或多种类别中的所有用途的化学品。它包括首次使用即未能获得批准或者已由工业界从国内市场上撤回或在国内审批过程中撤销对其作进一步审议且有明确证据表明采取此种行动是为了保护人类健康或环境的化学品；

（c）"严格限用的化学品"是指为保护人类健康或环境而采取最后管制行动禁止其在一种或多种类别中的几乎所有用途、但其某些特定用途仍获批准的化学品。它包括几乎其所有用途皆未能获得批准或者已由工业界从国内市场上撤回或在国内审批过程中撤销对其作进一步审议、且有明确证据表明采取此种行动是为了保护人类健康或环境的化学品；

（d）"极为危险的农药制剂"是指用作农药用途的、在使用条件下一次或多次暴露后即可在短时期内观察到对健康或环境产生严重影响的化学品；

（e）"最后管制行动"是指一缔约方为禁用或严格限用某一化学品而采取的且其后无须该缔约方再采取管制行动的行动；

（f）"进口"和"出口"，就其各自含义而言，是指化学品从一缔约方转移到另一缔约方，但不包括纯粹的过境运输；

（g）"缔约方"是指已同意受本公约约束且本公约已对其生效的国家或区域经济一体化组织；

（h）"区域经济一体化组织"是指一个特定区域的主权国家组成的组织，它已获得其成员国转让的处理本公约所规定事项的权限且已按照其内部程序已获得正式授权可以签署、批准、接受、核准或加入本公约；

（i）"化学品审查委员会"是指第 18 条第 6 款提及的附属机构。

第 3 条　公约的范围

本公约适用于

（a）禁用或严格限用的化学品；

（b）极为危险的农药制剂。

本公约不适用于

（a）麻醉药品和精神药物；

（b）放射性材料；

（c）废物；

（d）化学武器；

（e）药品，包括人用和兽用药品；

（f）用作食物添加剂的化学品；

（g）食物；

（h）其数量不可能影响人类健康或环境的化学品，但以下列情况为限：

（i）为了研究或分析而进口；

（ii）个人为自己使用而进口且就个人使用而言数量合理。

第 4 条　指定的国家主管部门

1. 各缔约方应制定一个或数个国家主管部门。国家主管部门应获得授权，在行使本公约所规定的行政职能时代表缔约方行事。

2. 各缔约方应力求确保国家主管部门有足够的资源以有效地履行其职责。

3. 各缔约方应在不迟于本公约对其生效之日将国家主管部门的名称和地址通知秘书处。各缔约方应在国家主管部门的名称和地址有变动时立即通知秘书处。

4. 秘书处应立即向缔约方通报其根据第 3 款收到的通知。

第 5 条　禁用或严格限用化学品的程序

1. 采取最后管制行动的各缔约方应将此类行动书面通知秘书处。这一通知应尽早发出、且在任何情况下不得迟于最后管制行动生效后 90 天，如有附件一所需提供的资料，则应包括这类资料。

2. 各缔约方应在本公约对其生效之日将届时已生效的最后管制行动书面通知秘书处，但已根据《经修正的伦敦准则》或《国际行为守则》提交了最后管制行动通知的各缔约方则无须再提交此种通知。

3. 秘书处应在收到第 1 款和第 2 款所述通知后应尽快、并在任何情况下不得迟于其后六个月核实通知是否包括附件一所需提供的资料。如果通知包括所需资料，秘书处应立即将所收到资料的摘要送交所有缔约方。如果通知未包括所需资料，它应将此情况通知发出通知的缔约方。

4. 秘书处应以每六个月向缔约方提交一份根据第 1 款和第 2 款收到的资料的概要，包括那些未载有附件一所需提供全部资料的通知的资料。

5. 秘书处在至少收到两个事先知情同一区域的每一个区域就一种特定的化学品发来的一份通知、并经其核实符合附件一的规定时，应将通知送交化学品审查委员会。事先知情同一区域的组成方式应在将由缔约方大会第一次会议以协商一致方式通过的一项决定中予以确定。

6. 化学品审查委员会应审查通知中所提供的资料，并应根据附件二规定的标准向缔约方大会建议是否应该对该化学品采用事先知情同意程序并因此将其列入附件三。

第6条　极为危险的农药制剂的程序

1. 任何发展中国家缔约方或经济转型国家缔约方在其境内遇到由极为危险的农药制剂在使用条件下造成的问题时，可建议秘书处将此极为危险的农药制剂列入附件三。在起草提案时，缔约方可利用任何来源的技术专业知识。提案应包括附件四第一部分所需提供的资料。

2. 秘书处应尽快且在任何情况下不得迟于收到第1款所述提案后六个月核实提案是否包括附件四第一部分所需提供的资料。如提案包括所需资料，秘书处应立即将所收到资料的摘要送交所有缔约方。如提案未包括所需资料，它应就此通知提出提案的缔约方。

3. 秘书处应就按第2款送交的提案收集附件四第二部分所规定的其它资料。

4. 在一种特定的极为危险的农药制剂符合上述第2款和第3款的规定时，秘书处应将提案和有关资料送交化学品审查委员会。

5. 化学品审查委员会应审查提案所提供的资料和所收集的其它资料，并应根据附件四第3部分所规定的标准，就是否应该对极为危险的农药制剂采用事先知情同意程序并因此将其列入附件三向缔约方大会提出建议。

第7条　将化学品列入附件三

1. 对于化学品审查委员会已决定建议列入附件三的每一种化学品，化学品审查委员会均应编制一份决定指导文件草案。决定指导文件应该至少以附件一或酌情以附件四所规定的资料为基础，并包括有关在最后管制行动所适用类别之外的一种类别中的化学品用途的资料。

2. 第1款中述及的建议应同决定指导文件草案一并呈交缔约方大会。缔约方大会应决定是否应该对有关化学品采用事先知情同意程序，并因此将其列入附件三和核准该决定指导文件草案。

3. 如果缔约方大会决定将某一化学品列入附件三并已核准有关的决定指导文件，秘书处应立即将这一资料送交所有缔约方。

第8条　自愿性事先知情同意程序中的化学品

缔约方大会如果确信在其第一次会议召开之前已列入自愿性事先知情同意程序、但不在附件三之列任何化学品已符合列入附件三的所有要求，则应在其第一次会议上决定将此化学品列入附件三。

第9条　将化学品从附件三删除

1. 如果一缔约方向秘书处提交了在决定将某一化学品列入附件三时尚未获得的资料且该资料表明根据附件二或酌情根据附件四有关标准可能不再有理由将该化学品列入附件三，秘书处应将该资料送交化学品审查委员会。

2. 化学品审查委员会应审查其根据第1款收到的资料。化学品审查委员会应为其根据附件二或酌情根据附件四的有关标准决定建议从附件三中删除的每一种化学品编制一份经修订的决定指导文件草案。

3. 第2款提及的建议应提交缔约方大会并附有经修订的决定指导文件。缔约方大会应决定是否应该从附件三中删除该化学品和核准经修订的决定指导草案。

4. 在缔约方大会决定从附件三中删除某一化学品和核准了经修订的决定指导文件时，秘书处应立即将这一资料送交所有缔约方。

第10条　附件三所列化学品进口的相关义务

1. 各缔约方应采取适当的立法或行政措施，以确保及时就附件三所列化学品的进口作出决定。

2. 各缔约方应在第7条第3款述及的决定指导文件发送后尽快且无论如何不得迟于发送日期后九个月就今后该化学品的进口向秘书处作出答复。如果缔约方修改其所作的回复，则应立即向秘书处提交经修改的回复。

3. 秘书处应在第2款中规定的时限期满时立即致函尚未作出回复的缔约方要求其作出回复。如该缔约方不能作出回复，秘书处应酌情协助其在第11条第2款最后一句所规定的时限内作出回复。

4. 根据第2款作出的回复应采取以下形式之一：

（a）根据立法或行政措施作出的最后决定：

（i）同意进口；

（ii）不同意进口；

（iii）同意在特定条件下的进口；

（b）临时回复，它可包括：

（i）同意在有特定条件或无特定条件的情况下进口或者不同意在暂时时期内进口的临时决定；

（ii）表示正在积极考虑作出最后决定的说明；

（iii）向秘书处或通知最后管制行动的缔约方提出提供进一步资料的要求；

（iv）向秘书处提出协助评估该化学品的要求。

5. 在第4款（a）或（b）项下作出的回复应与附件三中为该化学品列明的类别相关。

6. 最后决定应附有据以作出最后决定的任何立法或行政措施的说明。

7. 各缔约方应在不迟于本公约对其生效之日向秘书处送交其就附件三所列各种化学品作出的回复。已依照《经修正的伦敦准则》或《国际行为守则》作出此种回复的缔约方则无须另作回复。

8. 各缔约方应根据其立法或行政措施向其管辖范围内的有关各方提供本条作出的回复。

9. 根据以上第2款和第4款以及第11条第2款决定不同意进口某一化学品或只同意在特

定条件下进口该化学品的缔约方，如其尚未同时禁止或以同样条件限制下列情形，则应同时禁止或以同样条件限制：

（a）从任何来源进口该化学品；

（b）在国内生产供国内使用的该化学品。

10. 秘书处应每六个月将所收到的回复通报各缔约方。如有可能，此类通报应包括有关据以作出决定的立法或行政措施的资料。此外，秘书处还应向缔约方通报任何未能送交回复的情况。

第 11 条　附件三所列化学品出口的相关义务

1. 各出口缔约方应：

（a）采取适当的立法或行政措施，将秘书处根据第 10 条第 10 款送交的回复通知其管辖范围内的有关各方；

（b）采取适当的立法或行政措施，以确保其管辖范围内的出口商在不迟于秘书处根据第 10 条第 10 款向缔约方首次通报此类回复之日后六个月遵守每一回复中的规定；

（c）根据要求并酌情建议和协助进口缔约方：

（i）获取进一步资料以协助其根据第 10 条第 4 款和下列第 2 款（c）项采取行动；和

（ii）加强在化学品生命周期内对化学品进行安全管理的能力。

2. 各缔约方应确保不从其境内将附件三所列化学品出口到因特殊情况未送交回复或送交了一份未包括临时决定的临时回复的缔约方，除非：

（a）该化学品在进口时已作为化学品在进口缔约方注册登记；或

（b）有证据表明该化学品以前曾在进口缔约方境内使用过或进口过且没有采取过任何管制行动予以禁用；或

（c）出口商曾通过进口缔约方的指定国家主管部门要求给予明确同意且已获得了此种同意。进口缔约方应在 60 天内对此要求作出回复，并应立即将其决定通知秘书处。

本款所规定的出口缔约方的义务应从秘书处根据第 10 条第 10 款将一缔约方未送交回复或送交了一份未包括临时决定的临时回复的情况首次通报各缔约方之日起期满六个月时开始适用，并应适用一年。

第 12 条　出口通知

1. 缔约方从其境内出口其以禁用或严格限用的某一化学品时，应向进口缔约方发出出口通知。出口通知应包括附近五所述及的资料。

2. 在采取相应的最后管制行动之后，该化学品的出口通知应在其首次出口之前发出。此后，出口通知应在任何日历年内的首次出口之前发出。进口缔约方指定的国家主管部门可放弃在出口前发出通知的要求。

3. 在出口缔约方采取了一项导致该化学品的禁用或严格限用状况发生重大变化的最后管制行动后，该出口缔约方应发出经过更新的出口通知。

4. 进口缔约方应确认在采取最后管制行动后收到的首次出口通知。出口缔约方如果在发出出口通知 30 天之内未收到此种确认，则应发出第二次通知。出口缔约方应做出合理努力，以确保进口缔约方收到第二次通知。

5. 缔约方应在下列情况下停止履行第 1 款所规定的义务：

（a）该化学品已列入附件三；

（b）进口缔约方已根据第 10 条第 2 款就该化学品向秘书处作了回复；

（c）秘书处已根据第 10 条第 10 款向缔约方分发了回复。

第 13 条　出口化学品应附的资料

1. 缔约方大会应鼓励世界海关组织酌情为附件三所列各种化学品或各化学品类别指定特定的协调制度海关编码。在为此类化学品指定了编码的情况下，各缔约方应要求该化学品在出口时其装运文件中填有这一编码。

2. 在不损害进口缔约方任何要求的情况下，各缔约方应要求附件三所列化学品和在其境内禁用或严格限用的化学品在出口时均符合张贴标签的规定，以确保充分提供有关对人类健康或环境所构成和（或）危害的资料，同时顾及有关国际标准。

3. 在不损害进口缔约方任何要求的情况下，各缔约方可要求在其境内须遵守张贴环境或健康标签规定的化学品在出口时要符合张贴标签的规定，以确保充分提供有关对人类健康或环境所构成风险和（或）危害的资料，同时顾及有关国际标准。

4. 关于第 2 款所述用于职业目的的化学品，各出口缔约方应要求向每个进口商发送一份采用国际公认格式、并列有现有最新资料的安全数据单。

5. 标签和安全数据单上的资料应可能用进口缔约方的一种或多种正式语文填写。

第 14 条　资料交流

1. 各缔约方应酌情并根据本公约的目标，促进：

（a）交流有关本公约范围内化学品的科学、技术、经济和法律资料，包括毒理学、生态毒理学和安全性方面的资料；

（b）提供与本公约目标相关的国内管制行动方面的公开资料；

（c）酌情直接或通过秘书处向其它缔约方提供关于实质性地限制所涉化学品一种或多种用途的国内管制行动的资料。

2. 缔约方在根据本公约交流资料时，应依照共同商定的办法保护机密资料。

3. 为本公约的目的，以下资料不应视为机密资料：

（a）根据第 5 条和第 6 条分别提交的、附件一和附件四所述及的资料；

（b）第 13 条第 4 款述及的安全数据单上的资料；

（c）化学品的失效日期：

（d）关于预防措施的资料，包括危害类别、风险性质和有关安全性建议；

（e）毒理学和生态毒理学试验结果摘要。

4. 为本公约的目的，有关化学品的生产日期一般不应视为机密资料。

5. 任何缔约方如果需要有关附件三所列化学品经其领土过境转移方面的资料，则可向秘书处表明此种需要。秘书处应就此通知所有缔约方。

第 15 条　公约的实施

1. 各缔约方应采取可能必要的措施，建立和加强其国家基础设施和机构，以便有效地实施本公约。这些措施可酌情包括采取或修订国家立法或行政措施，并亦可包括：

（a）建立包括化学品安全资料在内的国家化学品登记机构和数据库；

（b）鼓励工业界采取主动行动，以提高化学品的安全程度；

（c）在考虑到第 16 条的规定的情况下，促进达成自愿协议。

2. 各缔约方应在切实可行的程度上确保公众有适当机会获得下列资料：化学品的处理和意外事故的管理以及比附件三所列化学品对人类健康或环境更安全的替代品。

3. 在次区域、区域和全球各级实施本公约时，各缔约方同意直接或酌情通过具有资格的国际组织开展合作。

4. 本公约中的任何规定均不得解释为限制缔约方采取比本公约所要求的更为严格地保护人类健康和环境的行动的权利，但此种行动须符合本公约的规定和国际法。

第 16 条　技术援助

缔约方在特别考虑到发展中国家和经济转型国家的需要的同时，应开展合作促进技术援助，以发展管理化学品所必需的基础设施和能力，从而能够实施本条约。拥有更先进的化学品管制规划的缔约方应该向其它缔约方提供技术援助，包括培训，以发展它们在化学品整个生命周期内对其进行管理的基础设施和能力。

第 17 条　不遵守情事

缔约方大会应尽快指定并通过用于确定不遵守本公约规定的情事和处理被查明处于不遵守状况的缔约方的程序和体制机制。

第 18 条　缔约方大会

1. 兹设立缔约方大会。

2. 缔约方大会第一次会议应在不迟于本公约生效后一年由环境署执行主任和粮农组织总干事共同召开。其后，缔约方大会的常会应按缔约方大会所确定的间隔时间定期召开。

3. 缔约方大会的非常会议可在缔约方大会认为必要的其它时间举行，或应任何缔约方的书面请求举行，但这一请求须得到至少 1/3 缔约方的支持。

4. 缔约方大会应以协商一致方式在其第一次会议上议定并通过缔约方大会和任何附属机构的议事规则和财务规则以及有关秘书处运作的财务规定。

5. 缔约方大会应不断审查和评价本公约的执行情况。它应履行公约为其指定的职责，为此目的，应：

（a）根据以下第 6 款的规定设立它认为执行公约所必需的附属机构；

（b）酌情与具有资格的国际组织以及政府间组织和非政府组织合作；

（c）考虑并采取为实现本公约的目标可能所需的任何其它行动。

6. 缔约方大会应在其第一次会议上设立一个附属机构，称为化学品审查委员会，以行使本公约为其指定的职责。在这方面：

（a）化学品审查委员会的成员应由缔约方大会任命。委员会成员应由限定人数的化学品管理方面的政府指定专家组成。委员会的成员应在公平地域分配的基础上任命，包括确保在发达国家与发展中国家缔约方之间达成平衡；

（b）缔约方大会应确定该委员会的职责范围、组织和运作方式；

（c）委员会应尽一切努力以协商一致方式提出建议。如果已尽了一切努力仍未达成协商一致意见，则作为最后手段，应尽出席并参加表决的成员的2/3多数票通过此类建议。

7. 联合国、其专门机构和国际原子能机构以及任何非本公约缔约方的国家均可作为观察员出席缔约方大会的会议。任何其他组织或机构，无论是国家或国际性质、政府或非政府性质，只要在本公约所涉事项方面具有资格，并通过秘书处愿意以观察员身份出席缔约方大会的会议，均可被接纳参加会议，除非至少1/3出席的缔约方反对。观察员的接纳和参加应遵守缔约方大会通过的议事规则。

第19条　秘书处

1. 兹设立秘书处。

2. 秘书处的职责应为：

（a）为缔约方大会及其附属机构的会议做出安排，并向它们提供所需的服务；

（b）根据要求，便利协助缔约方、特别是发展中国家缔约方和经济转型国家缔约方实施本公约；

（c）确保与其它有关的国际组织的秘书处进行必要的协调；

（d）在缔约方大会的全面指导下，达成有效履行其职责可能需要的行政和合同安排；

（e）履行本公约规定的其它秘书处职责以及缔约方大会可能确定的其它职责。

3. 本公约的秘书处职责应由环境署执行主任与粮农组织总干事共同履行，并通过遵循他们之间所商定的、并经缔约方大会核可的安排。

4. 如果缔约方大会认为秘书处没有履行其预期的职责，它可由出席并参加表决的缔约方3/4多数票决定将秘书处职责交给一个或多个其它具有资格的国际组织。

第20条　争端的解决

1. 缔约方应通过谈判或其选择的其它和平方式解决它们之间就本公约的解释或适用而产生的任何争端。

2. 非区域经济一体化组织的缔约方在批准、接受、核准或加入本公约时，或其后任何时候，可在交给保存人的一份书面文书中声明，关于本公约的解释或适用方面的任何争端、它承认在涉及接受同样义务的任何缔约方时，以下一种或两种争端解决方式具有强制性：

（a）按照将由缔约方大会尽早通过的、载于一附件中的程序进行仲裁；

（b）将争端提交国际法院。

3. 区域经济一体化组织的缔约方可就根据第2（a）款所述程序进行仲裁发表类似声明。

4. 根据第2款所作的声明，在依照其有效期失效之前，或在撤销声明的书面通知交存于保存人之后三个月内，应一直有效。

5. 除非争端各方另有协议，声明的失效、撤销声明的通知或作出新的声明，丝毫不得影响仲裁法庭或国际法院正在进行的审理。

6. 如果争端的双方尚未根据第 2 款接受相同程序或任何程序，且它们未能在一方通知另一方存在争端后十二个月内解决其争端，则该争端应根据争端任何一方的要求提交调解委员会并应提出载有建议的报告。与调解委员会有关的其它程序应列入最迟由缔约方大会第二次会议通过的一项附件中。

第 21 条　公约的修正

1. 任何缔约方均可对本公约提出修正案。

2. 本公约的修正案应在缔约方大会的会议上通过。提出的任何修正案案文均应由秘书处至少在拟议通过该修正案的会议之前六个月送交缔约方。秘书处还应将提出的修正案送交本公约签署方，并呈交保存人以供参考。

3. 缔约方应尽一切努力以协商一致的方式就对本公约提出的任何修正案达成协议。如为谋求协商一致已尽了一切努力而仍未达成协议，则作为最后手段，应以出席会议并参加表决的缔约方的 3/4 多数通过该修正案。

4. 该修正案应由保存人送交所有缔约方，供其批准、接受或核准。

5. 对修正案的批准、接受或核准应以书面形式通知保存人。依照第 3 款通过的修正案，应自至少 3/4 的缔约方交存批准、接受或核准之日后的第 90 天起对接受该修正案的缔约方生效。其后，该修正案应自任何其它缔约方交存批准、接受或核准该修正案的文书之日后的第 90 天起对其生效。

第 22 条　附件的通过和修正

1. 本公约的附件应成为本公约的组成部分，除非另有明文规定，凡提及本公约时，亦包括其任何附件在内。

2. 附件应限于程序、科学、技术或行政事项。

3. 下列程序应适用于本公约增补附件的提出、通过和生效：

（a）增补附件应根据第 21 条第 1 款、第 2 款和第 3 款规定的程序提出和通过；

（b）任何缔约方如果不能接受一项增补附件，则应在保存人就通过该增补附件发出通知之日起一年内将此情况书面通知保存人。保存人应在接到任何此类通知后立即通知所有缔约方。缔约方可随时撤销以前对某一增补附件提出的不接受通知，该附件即应根据以下第（c）项的规定对该缔约方生效；

（c）在保存人就通过一项增补附件发出通知之日起一年后，该附件应对未曾依以上第（b）项的规定提交通知的缔约方生效。

4. 除附件三外，本公约附件的修正案的提出、通过和生效均应遵守本公约增补附件的提出、通知和生效所采用的同一程序。

5. 下列程序适用于附件三的修正案的提出、通过和生效：

（a）附件三的修正案应根据第 5 条至第 9 条以及第 21 条第 2 款规定的程序提出和通过；

（b）缔约方大会应以协商一致的方式就通过问题作出决定；

（c）保存人应立即将修正附件三的决定通知缔约方。该修正案应放在该决定规定的日期对所有缔约方生效。

6. 如果一项增补附件对一项附件的修正案涉及对本公约的修正，则该增补附件或修正案应在对本公约的修正生效后方能生效。

第 23 条　表决权

1. 除以下第 2 款的规定外，本公约每一缔约方应有一票表决权。

2. 区域经济一体化组织对属于其权限范围内的事项行使表决权时，其票数应与其作为本公约缔约方的成员国数目相同。如果此类组织中的任何成员国行使表决权，则该组织就不应行使表决权，反之亦然。

3. 本公约的目的，"出席并参加表决的缔约方"是指出席会议并投赞成票或反对票的缔约方。

第 24 条　签署

本公约应于 1998 年 9 月 11 日在鹿特丹并自 1998 年 9 月 12 日至 1999 年 9 月 10 日在纽约联合国总部开放供所有国家和区域经济一体化组织签署。

第 25 条　批准、接受、核准或加入

1. 本公约须经各国和各区域经济一体化组织批准、接受或核准。本公约应从签署截止日之后开放供各国和各区域经济一体化组织加入。批准、接受、核准或加入书应存于保存人。

2. 任何成为本公约缔约方但其成员国却均未成为缔约方的区域经济一体化组织应受本公约规定的一切义务的结束。如果此类组织的一个或多个成员国为本公约的缔约方，则该组织及其成员国应决定各自在履行本公约义务方面的责任。在此种责任下，该组织及其成员国无权同时行使本公约所规定的权利。

3. 区域经济一体化组织应在其批准、接受、核准或加入书中声明其在本公约所规定事项上的权限。任何此类组织还将其权限范围的任何有关变更通知保存人，再由保存人通知各缔约方。

第 26 条　生效

1. 本公约应自第 50 份批准、接受核准或加入书交存之日后第 90 天起生效。

2. 对于在第 50 份批准、接受、核准或加入书交存之后批准、接受或核准或加入本公约的各国或各区域经济一体化组织，本公约应自该国或该区域经济一体化组织交存其批准、接受、核准或加入书之日后 90 天起生效。

3. 为第 1 款和第 2 款的目的，区域经济一体化组织所交存的任何文书不应视为该组织的成员国所交存文书之外的额外文书。

第 27 条　保留

不得对本公约作任何保留。

第 28 条 退出

1. 自本公约对一缔约方生效之日起三年后，该缔约方可随时向保存人发出书面通知，退出本公约。

2. 任何此种退出应在保存人收到退出通知之日起一年后生效，或在退出通知中可能指明的一个更晚日期生效。

第 29 条 保存人

联合国秘书长应为本公约保存人。

第 30 条 作准文本

本公约正本应交于联合国秘书长，其阿拉伯文、中文、英文、法文、俄文和西班牙文文本均为标准文本。

下列签署人，经正式授权，在本公约上签字，以昭信守。

一九九八年九月十日于鹿特丹。

III. 《关于持久性有机污染物的斯德哥尔摩公约》

第 1 条 目标

本公约的目标是，铭记《关于环境与发展的里约宣言》之原则 15 确立的预防原则，保护人类健康和环境免受持久性有机污染物的危害。

第 2 条 定义

为本公约的目的：

（a）"缔约方"是指已同意受本公约约束且本公约已对其生效的国家或区域经济一体化组织；

（b）"区域经济一体化组织"是指由一个特定区域的主权国家所组成的组织，它已由其成员国让渡处理本公约所规定事项的权限且已按照其内部程序获得正式授权可以签署、批准、接受、核准或加入本公约；

（c）"出席并参加表决的缔约方"是指出席会议并投赞成票或反对票的缔约方。

第 3 条 减少或消除源自有意生产和使用的排放

旨在减少或消除源自有意生产和使用的排放的措施

1. 每一缔约方应：

（a）禁止和/或采取必要的法律和行政措施，以消除：

（i）附件 A 所列化学品的生产和使用，但受限于该附件的规定；和

（ii）附件 A 所列化学品的进口和出口，但应与第 2 款的规定相一致；和

（b）依照附件 B 的规定限制该附件所列化学品的生产和使用。

2. 每一缔约方应采取措施确保：

（a）对于附件 A 或 B 所列化学品，只有在下列情况下才予进口：

（i）按第 6 条第 1 款（d）项规定为环境无害化处置进行的进口；或

（ii）附件 A 或 B 规定准许该缔约方为某一用途或目的而进口；

（b）对于目前在任何生产或使用方面享有特定豁免的附件 A 所列化学品，或目前在任何生产或使用方面享有特定豁免或符合可予接受用途的附件 B 所列化学品，在计及现行国际事先知情同意程序各条约所有相关规定的同时，只有在下列情况下才予出口：

（i）按第 6 条第 1 款（d）项规定为环境无害化处置进行的出口；

（ii）出口到按附件 A 或 B 规定获准使用该化学品的某一缔约方；或

（iii）向并非本公约缔约方、但已向出口缔约方提供了一份年度证书的国家出口。此种证书应具体列明所涉化学品的拟议用途，并表明该进口国家针对所进口的此种化学品承诺：

a. 采取必要措施减少或防止排放，从而保护人类健康和环境；

b. 遵守第 6 条第 1 款的规定；和

c. 酌情遵守附件 B 第二部分第 2 款的规定。

此种证书中还应包括任何适当的辅助性文件，诸如立法、规章、行政或政策指南等。出口缔约方应自收到该证书之日起 60 天内将之转交秘书处。

（c）如附件 A 所列某一化学品生产和使用之特定豁免对于某一缔约方已不再有效，则不得从该缔约方出口此种化学品，除非其目的是按第 6 条第 1 款（d）项规定进行环境无害化处置；

（d）为本款的目的，"非本公约缔约方国家"一语，就某一特定化学品而言，应包括那些尚未同意就该化学品受本公约约束的国家或区域经济一体化组织。

3. 业已针对新型农药或新型工业化学品制订了一种或一种以上管制和评估方案的每一缔约方应采取措施，以预防为目的，对那些参照附件 D 第 1 款所列标准显示出持久性有机污染物特性的新型农药或新型工业化学品的生产和使用实行管制。

4. 业已制订了关于农药和工业化学品的一种或一种以上管制和评估方案的每一缔约方应在对目前正在使用之中的农药和工业化学品进行评估时，酌情在这些方案中考虑到附件 D 第 1 款中所列标准。

5. 除非本公约另有规定，第 1 款和第 2 款不应适用于拟用于实验室规模的研究或用作参照标准的化学品。

6. 按照附件 A 享有某一特定豁免或按照附件 B 享有特定豁免或某一可接受用途的任何缔约方应采取适当措施，确保此种豁免或用途下的任何生产或使用都以防止或尽最大限度减少人类接触和向环境中排放的方式进行。对于涉及在正常使用条件下有意向环境中排放的任何豁免使用或可接受用途，应考虑到任何适用的标准和准则，把此种排放控制在最低程度。

第 4 条　特定豁免登记

1. 兹建立一个登记簿，用以列明享有附件 A 或 B 所列特定豁免的缔约方。登记簿不应用于列明那些对所有缔约方都适用的附件 A 或 B 规定的缔约方。登记簿应由秘书处负责保存并向公众开放。

2. 登记簿应包括：

（a）从附件 A 和 B 中复制的特定豁免类型的清单；

（b）享有附件 A 或 B 所列特定豁免的缔约方名单；和

（c）每一登记在册的特定豁免的终止日期清单。

3. 任何国家均可在成为缔约方时，以向秘书处发出书面通知的形式，登记附件 A 或 B 所列一种或多种的特定豁免。

4. 除非一缔约方在登记簿中另立一更早终止日期，或依照下述第 7 款被准予续展，否则，就某一特定化学品而言，所有特定豁免登记的有效期均应自本公约生效之日起五年后终止。

5. 缔约方大会第一次会议应就登记簿中条目的审查程序作出决定。

6. 在对登记簿中的条目进行审查之前，有关缔约方应向秘书处提交一份报告，说明其有必要继续得到该项豁免的理由。该报告应由秘书处分发给所有缔约方。应根据所得到的所有信息对所登记的各项豁免进行审查。缔约方大会可就此向所涉缔约方提出适当建议。

7. 缔约方大会可应所涉缔约方的请求，决定续展某一项特定豁免的终止日期，但最长不超过五年。缔约方大会在作出决定时，应迺当地考虑到发展中国家缔约方和经济转型国家缔约方的特殊情况。

8. 缔约方可随时向秘书处提交书面通知，从登记簿中撤销某一特定豁免条目。此种撤销应自该书面通知中所具体指定的日期开始生效。

9. 若某一特定类别的特定豁免已无任何登记在册的缔约方，则不得就该项豁免进行新的登记。

第 5 条　减少或消除源自无意生成的排放

每一缔约方应至少采取下列措施以减少附件 C 中所列的每一类化学物质的人为来源的排放总量，其目的是持续减少并在可行的情况下最终消除此类化学品：

（a）自本公约对该缔约方生效之日起两年内，作为第 7 条中所列明的实施计划的一个组成部分，制订并实施一项旨在查明附件 C 中所列化学物质的排放并说明其特点和予以处理以及便利实施以下第（b）项至第（e）项所规定的行动计划，或酌情制订和实施一项区域或分区域行动计划。此种行动计划应包括下列内容：

（i）考虑到附件 C 所确定的来源类别，对目前和预计的排放进行的评估，包括编制和保持排放来源清册和对排放量进行估算；

（ii）评估该缔约方对此种排放实行管理的有关法律和政策的成效；

（iii）考虑到本项第（i）和（ii）目所规定的评估，制定旨在履行本款所规定的义务的战略；

（iv）旨在促进这些战略的教育、培训和提高认识的措施；

（v）每五年对这些战略及其在履行本款所规定义务方面的成效进行审查，并将审查情况列入依照第 15 条提交的报告之中；

（vi）实施这一行动计划，包括其中列明的各种战略和措施的时间表。

（b）促进实行可尽快实现切实有效的方式切实减少排放量或消除排放源的可行和切合实

际的措施；

（c）考虑到附件 C 中关于防止和减少排放措施的一般性指南和拟由缔约方大会决定通过的准则，促进开发和酌情规定使用替代或改良的材料、产品和工艺，以防止附件 C 中所列化学品的生成和排放；

（d）按照行动计划的实施时间表，促进并要求针对来源类别中缔约方认定有必要在其行动计划内对之采取此种行动的新来源采用最佳可行技术，同时在初期尤应注重附件 C 第二部分所确定的来源类别。对于该附件第二部分所列类别中的新来源的最佳可行技术的使用，应尽快、并在不迟于本公约对该缔约方生效之日起四年内分阶段实施。就所确定的类别而言，各缔约方应促进采用最佳环境实践。在采用最佳可行技术和最佳环境实践时，各缔约方应考虑到附件 C 关于防止和减少排放措施的一般性指南和拟由缔约方大会决定予以通过的关于最佳可行技术和最佳环境实践的指南；

（e）依据其行动计划，针对以下来源，促进采用最佳可行技术和最佳环境实践：

（i）附件 C 第二部分所列来源类别范围内以及诸如附件 C 第三部分所列来源类别范围内的各种现有来源；

（ii）诸如附件 C 第三部分中所列来源类别中任一缔约方尚未依据本款（d）项予以处理的各种新来源。

在采用最佳可行技术和最佳环境实践时，缔约方应考虑到附件 C 中所列关于防止和减少排放措施的一般性指南和拟由缔约方大会决定予以通过的关于最佳可行技术和最佳环境实践的指南。

（f）为了本款和附件 C 之目的：

（i）"最佳可行技术"是指所开展的活动及其运作方式已达到最有效和最先进的阶段，从而表明该特定技术原则上具有切实适宜性，可为旨在防止和在难以切实可行地防止时，从总体上减少附件 C 第一部分中所列化学品的排放及其对整个环境的影响的限制排放奠定基础。在此方面：

（ii）"技术"包括所采用的技术以及所涉装置的设计、建造、维护、运行和淘汰的方式；

（iii）"可行"技术是指应用者能够获得的、在一定规模上开发出来的、并基于其成本和效益的考虑、在可靠的经济和技术条件下可在相关工业部门中采用的技术；和

（iv）"最佳"是指对整个环境实行高水平全面保护的最有效性。

（v）"最佳环境实践"是指环境控制措施和战略的最适当组合方式的应用。

（vi）"新的来源"是指至少自下列日期起一年之后建造或发生实质性改变的任何来源：

a. 本公约对所涉缔约方生效之日；或

b. 附件 C 的修正对所涉缔约方生效之日且所涉来源仅因该项修正而受本公约规定的约束。

（g）缔约方可使用排放限值或运行标准来履行其依照本款在最佳可行技术方面所作出的承诺。

第 6 条　减少或消除源自库存和废物的排放

1. 为确保以保护人类健康和环境的方式对由附件 A 或 B 所列化学品构成或含有此类化

品的库存、和由附件 A、B 或 C 所列某化学品构成、含有此化学品或受其污染的废物，包括即将变成废物的产品和物品实施管理，每一缔约方应：

（a）制订适当战略以便查明：

（i）由附件 A 或 B 所列化学品构成或含有此类化学品的库存；和

（ii）由附件 A、B 或 C 所列某化学品构成、含有此化学品或受其污染的正在使用中的产品和物品以及废物；

（b）根据（a）项所提及的战略，尽可能切实可行地查明由附件 A 或 B 所列化学品构成或含有此类化学品的库存；

（c）酌情以安全、有效和环境无害化的方式管理库存。除根据第 3 条第 2 款允许出口的库存之外，附件 A 或 B 所列化学品的库存，在按照附件 A 所列任何特定豁免或附件 B 所列特定豁免或可接受的用途已不再允许其使用之后，应被视为废物并应按照以下（d）项加以管理；

（d）采取适当措施，以确保此类废物、包括即将成为废物的产品和物品：

（i）以环境无害化的方式予以处置、收集、运输和储存；

（ii）以销毁其持久性有机污染物成分或使之发生永久质变的方式予以处置，从而使之不再显示出持久性有机污染物的特性；或在永久质变并非可取的环境备选方法或在其持久性有机污染物含量低的情况下，考虑到国际规则、标准和指南、包括那些将依照第 2 款制订的标准和方法以及涉及危险废物管理的有关全球和区域机制，以环境无害化的其他方式予以处置；

（iii）不得从事可能导致持久性有机污染物回收、再循环、再生、直接再利用或替代使用的处置行为；和

（iv）不得违反相关国际规则、标准和指南进行跨越国界的运输。

（e）努力制订用以查明受到附件 A、B 或 C 所列化学品污染的场址的适宜战略；如对这些场所进行补救，则应以环境无害化的方式进行。

2. 缔约方大会应与《控制危险废物越境转移及其处置巴塞尔公约》的有关机构密切合作，尤其要：

（a）制定进行销毁和永久质变的必要标准，以确保附件 D 第 1 款中所确定的持久性有机污染物特性不被显示；

（b）确定它们认可的上述对环境无害化的处置方法；和

（c）酌情制定附件 A、B 和 C 中所列化学物质的含量标准，以界定第 1 款（d）（ii）项中所述及的持久性有机污染物的低含量。

第 7 条　实施计划

1. 每一缔约方应：

（a）制定并努力执行旨在履行本公约所规定的各项义务的计划；

（b）自本公约对其生效之日起，两年内将其实施计划送交缔约方大会；和

（c）酌情按照缔约方大会决定所具体规定的方式定期审查和更新其实施计划。

2. 为便于制定、执行和更新其实施计划，各缔约方应酌情直接或通过全球、区域和分区域组织开展合作，并征求其国内的利益相关者、包括妇女团体和儿童保健团体的意见。

3. 各缔约方应尽力利用、并于必要时酌情将有关持久性有机污染物的国家实施计划纳入其可持续发展战略。

第 8 条　向附件 A、B 和 C 增列化学品

1. 任一缔约方均可向秘书处提交旨在将某一化学品列入本公约附件 A、B 和/或 C 的提案。提案中应包括附件 D 所规定的资料。缔约方在编制提案时可得到其他缔约方和/或秘书处的协助。

2. 秘书处应核实提案中是否包括附件 D 所规定的资料。如果秘书处认定提案中包括所规定的资料，则应将之转交持久性有机污染物审查委员会。

3. 审查委员会应以灵活而透明的方式审查提案和适用附件 D 所规定的筛选标准，同时综合兼顾和平衡地考虑到所提供的所有资料。

4. 如果审查委员会决定：

（a）它认定提案符合筛选标准，则应通过秘书处向所有缔约方和观察员通报该提案和委员会的评价，并请它们提供附件 E 所规定的资料；或

（b）它认定提案不符合筛选标准，则应通过秘书处就此通知所有缔约方和观察员，并向所有缔约方通报该提案和委员会的评价，并将该提案搁置。

5. 任一缔约方可再次向审查委员会提交曾被其根据上述第 4 款搁置的提案。再次提交的提案可包括该缔约方所关注的任何问题以及提请该委员会对之作进一步考虑的理由。如果经过这一程序后，审查委员会再次搁置该提案，该缔约方可对审查委员会的决定提出质疑，而缔约方大会应在下一届会议上考虑该事项。缔约方大会可根据附件 D 所列筛选标准并考虑到审查委员会的评价以及任一缔约方或观察员提交的补充资料，决定继续审议该提案。

6. 如果审查委员会认定提案符合筛选标准，或缔约方大会决定应继续审议该提案，则委员会应计及所收到的相关附加资料，对提案进行进一步的审查，并应根据附件 E 拟订风险简介草案。委员会应通过秘书处将风险简介草案提交所有缔约方和观察员，收集它们的技术性评议意见，并在计及这些意见后，完成风险简介的编写。

7. 如果审查委员会基于根据附件 E 所做的风险简介，决定：

（a）该化学品由于其远距离的环境迁移而可能导致对人类健康和/或环境的不利影响因而有理由对之采取全球行动，则应继续审议该提案。即使缺乏充分的科学确定性，亦不应妨碍继续对该提案进行审议。委员会应通过秘书处请所有缔约方和观察员提出与附件 F 所列各种考虑因素有关的资料。委员会继而应拟订一项风险管理评价报告，其中包括按照附件 F 对该化学品可能实行的管制措施进行的分析；或

（b）不应继续审议该项提案，则它应通过秘书处将风险简介提供给所有缔约方和观察员，并搁置该项提案。

8. 对根据上述第 7 款（b）项搁置的任何提案，缔约方均可要求缔约方大会考虑审查委员

会请提案缔约方和其他缔约方在不超过一年的期限内提供补充资料。在该期限之后，委员会应在所收到的任何资料的基础上，按缔约方大会决定的优先次序，根据上述第 6 款重新考虑该提案。如果经过这一程序之后，审查委员会再次搁置该提案，则所涉缔约方可对审查委员会的决定提出质疑，并应由缔约方大会在其下一届会议上考虑该事项。缔约方大会可根据按照附件 E 所编写的风险简介，并考虑到审查委员会的评价及任何缔约方和观察员提交的补充资料，决定继续审议该提案。如果缔约方大会决定应继续审议该提案，审查委员会则应编写风险管理评价报告。

9. 审查委员会应根据上述第 6 款所述风险简介和上述第 7 款（a）项或第 8 款所述风险管理评价，提出建议是否应由缔约方大会审议该化学品以便将其列入附件 A、B 和/或 C。缔约方大会在适当考虑到该委员会的建议、包括任何科学上的不确定性之后，根据预防原则，决定是否将该化学品列入附件 A、B 和/或 C，并为此规定相应的管制措施。

第 9 条　信息交流

1. 每一缔约方应促进或进行关于下列事项的信息交流：

（a）减少或消除持久性有机污染物的生产、使用和排放；和

（b）持久性有机污染物的替代品，包括有关其风险和经济与社会成本的信息。

2. 各缔约方应直接地或通过秘书处相互交流上述第 1 款所述信息。

3. 每一缔约方应指定一个负责交流此类信息的国家联络点。

4. 秘书处应成为一个有关持久性有机污染物的信息交换所，所交换的信息应包括由缔约方、政府间组织和非政府组织提供的信息。

5. 为本公约的目的，有关人类健康与安全和环境的信息不得视为机密性信息。依照本公约进行其他信息交流的缔约方应按相互约定，对有关信息保密。

第 10 条　公众宣传、认识和教育

1. 每一缔约方应根据其自身能力促进和协助：

（a）提高其政策制定者和决策者对持久性有机污染物问题的认识；

（b）向公众提供有关持久性有机污染物的一切现有信息，为此应考虑到第 9 条第 5 款的规定；

（c）制定和实施特别是针对妇女、儿童和文化程度低的人的教育和公众宣传方案，宣传关于持久性有机污染物及其对健康和环境所产生的影响，和替代品方面的知识；

（d）公众参与处理持久性有机污染物及其对健康和环境所产生的影响、并参与制定妥善的应对措施，包括使之有机会在国家一级对本公约的实施提供投入；

（e）对工人、科学家、教育人员以及技术和管理人员进行培训；

（f）在国家和国际层面编制并交流教育材料和宣传材料；和

（g）在国家和国际层面制定并实施教育和培训方案；

2. 每一缔约方应根据其自身能力，确保公众有机会得到上述第 1 款所述的公共信息，并确保随时对此种信息进行更新。

3. 每一缔约方应根据其自身能力，鼓励工业部门和专门用户促进和协助在国家层面以及适当时在次区域、区域和全球各层面提供上述第 1 款所述的信息。

4. 在提供关于持久性有机污染物及其替代品的信息时，缔约方可使用安全数据单、报告、大众媒体和其他通讯手段，并可在国家和区域层面建立信息中心。

5. 每一缔约方应积极考虑建立一些机制，例如建立污染物排放和转移的登记册等，用以收集和分发关于附件 A、B 或 C 所列化学品排放或处置年估算量方面的信息。

第 11 条　研究、开发和监测

1. 各缔约方应根据其自身能力，在国家和国际层面，就持久性有机污染物和其相关替代品，以及潜在的持久性有机污染物，鼓励和/或进行适当的研究、开发、监测与合作，包括：

（a）来源和向环境中排放的情况；

（b）在人体和环境中的存在、含量和发展趋势；

（c）环境迁移、转归和转化情况；

（d）对人类健康和环境的影响；

（e）社会经济和文化影响；

（f）排放量的减少和/或消除；和

（g）制订其生成来源清单的统一方法学和测算其排放量的分析技术。

2. 在按照上述第 1 款采取行动时，各缔约方应根据其自身能力：

（a）支持并酌情进一步发展旨在界定、从事、评估和资助研究、数据收集和监测工作的国际方案、网络和组织，并注意尽可能避免重复工作；

（b）支持旨在增强国家科学和技术研究能力、特别是增强发展中国家和经济转型国家的此种能力的国家和国际努力，并促进数据及分析结果的获取和交流；

（c）考虑发展中国家和经济转型国家各方面的关注和需要，特别是在资金和技术资源方面的关注和需要，并为提高它们参与以上（a）和（b）项所述活动的能力开展合作；

（d）开展研究工作，努力减轻持久性有机污染物对生育健康的影响；

（e）使公众得以及时和经常地获知本款所述的研究、开发和监测活动的结果；和

（f）针对在研究、开发和监测工作中所获的信息的储存和保持方面，鼓励和/或开展合作。

第 12 条　技术援助

1. 缔约方认识到，应发展中国家缔约方和经济转型国家缔约方的要求，向它们提供及时和适当的技术援助对于本公约的成功实施极为重要。

2. 缔约方应开展合作，向发展中国家缔约方和经济转型国家缔约方提供及时和适当的技术援助，考虑到它们的特殊需要，协助它们开发和增强履行本公约规定的各项义务的能力。

3. 在此方面，拟由发达国家缔约方以及由其他国家缔约方根据其能力提供的技术援助，应包括适当的和共同约定的与履行本公约所规定的各项义务有关的能力建设方面的技术援助。缔约方大会应在此方面提供进一步的指导。

4. 缔约方应酌情向发展中国家缔约方和经济转型国家缔约方提供与履行本公约有关的技术援助和促进相关的技术转让做出安排。这些安排应包括区域和次区域层面的能力建设和技术转让中心，以协助发展中国家缔约方和经济转型国家缔约方履行本公约规定的各项义务。缔约方大会应在此方面提供进一步的指导。

5. 缔约方应在本条的范畴内，在其为提供技术援助而采取的行动中充分顾及最不发达国家和小岛屿发展中国家的具体需要和特殊国情。

第 13 条　资金资源和机制

1. 每一缔约方承诺根据其自身的能力，并依照其国家计划、优先目标和方案，为那些旨在实现本公约目标的国家活动提供资金支持和激励。

2. 发达国家缔约方应提供新的和额外的资金资源，以便使发展中国家缔约方和经济转型国家缔约方得以偿付受援缔约方与参与第 6 款中所阐明的机制的实体之间共同商定的、为履行本公约为之规定的各项义务而采取的实施措施所涉全部增量成本。其他缔约方亦可在自愿基础上并根据其自身能力提供此种财政资源。同时亦应鼓励来自其他来源的捐助。在履行这些义务时，应考虑需要确保资金的充足性、可预测性和及时支付性，并考虑各捐助缔约方共同负担的重要性。

3. 发达国家缔约方以及其他缔约方亦可根据其自身能力，并按照其国家计划、优先事项和方案，通过其他双边、区域和多边来源或渠道向发展中国家缔约方和经济转型国家缔约方提供资金援助；发展中国家缔约方和经济转型国家缔约方可利用此种资金资源，以协助它们实施本公约。

4. 发展中国家缔约方在何种程度上有效地履行其在本公约下的各项承诺，将取决于发达国家缔约方有效地履行其在资金资源、技术援助和技术转让诸方面于本公约下所作出的承诺。在适当地考虑保护人类健康和环境的需要的同时，应充分考虑到可持续的经济和社会发展以及根除贫困是发展中国家缔约方的首要的和压倒一切的优先目标。

5. 缔约方在其供资行动中应充分顾及最不发达国家和小岛屿发展中国家的具体需要和特殊国情。

6. 兹确立一套以赠款或减让方式为协助发展中国家缔约方和经济转型国家缔约方实施本公约而向它们提供充足和可持续的资金资源的机制。为了本公约的目的，这一资金机制应酌情在缔约方大会的权力和指导之下行使职能，并向缔约方大会负责。这一资金机制的运作应委托给可由缔约方大会予以决定的一个或多个实体包括既有的国际实体进行。这一机制还可包括提供多边、区域和双边资金和技术援助的其他实体。对这一机制的捐助应属于依照第 2 款规定向发展中国家缔约方和经济转型国家缔约方提供的其他资金转让之外的额外捐助。

7. 依照本公约各项目标以及本条第 6 款的规定，缔约方大会应在第一次会议上通过拟向这一机制提供的适当指导，并应与参与资金机制的实体共同商定使此种指导发生效力的安排。此种指导尤其要涉及以下事宜：

（a）确定有关获得和使用资金资源的资格的政策、战略、方案优先次序以及明确和详细的标准和指南，包括对此种资源的使用进行的监督和定期评价；

（b）由参与实体定期向缔约方大会提交报告，汇报为实施与本公约的有关活动提供充分和可持续的资金的情况；

（c）促进从多种来源获得资金的办法、机制和安排；

（d）以可预测的和可确认的方式，且铭记逐步消除持久性有机污染物的可能需要持久的供资，确定实施本公约所必要的和可获得的供资额度的方法，以及应定期对这一额度进行审查的条件；和

（e）向有兴趣的缔约方提供需求评估帮助、现有资金来源以及供资形式方面信息的方法，以便于它们彼此相互协调。

8. 缔约方大会最迟应在第二次会议上，并嗣后定期审查依照本条确立的资金机制的成效、其满足发展中国家缔约方和经济转型国家缔约方不断变化的需要的能力、上述第 7 款述及的标准和指南、供资额度，以及受委托负责这一资金机制运作的实体的工作成效。缔约方大会应在此种审查的基础上，视需要为提高这一机制的成效采取适宜的行动，包括就为确保满足缔约方的需要而提供充分和可持续的资金的措施提出建议和指导。

第 14 条　临时资金安排

依照《关于建立经结构改组的全球环境基金的导则》运作的全球环境基金的组织结构，应自本公约开始生效之日起直至缔约方大会第一次会议这一时期内，或直至缔约方大会决定将依照第 13 条决定指定哪一组织结构来负责资金机制的运作时为止的这一时期内，临时充当受委托负责第 13 条所述资金机制运作的主要实体。全球环境基金的组织结构应考虑到可能需要为这一领域的工作做出新的安排，通过采取专门涉及持久性有机污染物的业务措施来履行这一职能。

第 15 条　报告

1. 每一缔约方应向缔约方大会报告其已为履行本公约规定所采取的措施和这些措施在实现本公约各项目标方面的成效。

2. 每一缔约方应向秘书处提供：

（a）关于其生产、进口和出口附件 A 和 B 所列每一种化学品的总量的统计数据，或对此种数据的合理估算；

（b）在切实可行的范围内，提供向它出口每一种此类物质的国家名单和接受它出口每一种此类物质的国家名单。

3. 此种报告应按拟由缔约方大会第一次会议确定的时间间隔和格式进行。

第 16 条　成效评估

1. 缔约方大会应自本公约生效之日起四年内，并嗣后按照缔约方大会所决定的时间间隔定期对本公约的成效进行评估。

2. 为便于此种评估的进行，缔约方大会应在其第一次会议上着手做出旨在使它获得关于附件 A、B 和 C 所列化学品的存在及在区域和全球环境中迁移情况的可比监测数据的安排。这

些安排：

（a）应由缔约方酌情在区域基础上并视其技术和资金能力予以实施，同时尽可能利用既有的监测方案和机制，并促进各种方法的一致性；

（b）考虑到各区域的具体情况及其开展监测活动的能力方面存在的差别，视需要予以补充；和

（c）应包括按照拟由缔约方大会具体规定的时间间隔向缔约方大会汇报在区域和全球层面开展监测活动的成果。

3. 上述第 1 款所述评估应根据现有的科学、环境、技术和经济信息进行，其中包括：

（a）根据第 2 款提供的报告和其他监测结果信息；

（b）依照第 15 条提交的国家报告；和

（c）依据第 17 条所订立的程序提供的不遵守情事方面的信息。

第 17 条　不遵守情事

缔约方大会应视实际情况尽快制定并批准用以确定不遵守本公约规定的情事和处理被查明不遵守本公约规定的缔约方的程序和组织机制。

第 18 条　争端解决

1. 缔约方应通过谈判或其自行选择的其他和平方式解决它们之间因本公约的解释或适用而产生的任何争端。

2. 非区域经济一体化组织的缔约方在批准、接受、核准或加入本公约时，或于其后任何时候，可在交给保存人的一份书面文书中声明，对于本公约的解释或适用方面的任何争端，承认在涉及接受同样义务的任何其他缔约方时，下列一种或两种争端解决方式具有强制性：

（a）按照拟由缔约方大会视实际情况尽早通过的、载于某一附件中的程序进行仲裁；

（b）将争端提交国际法院审理。

3. 若缔约方系区域经济一体化组织，则它可对按照第 2 款（a）项所述程序作出的裁决，发表类似的声明。

4. 根据第 2 款或第 3 款所作的声明，在其中所规定的有效期内或自其撤销声明的书面通知交存于保存人之后三个月内，应一直有效。

5. 除非争端各方另有协议，声明的失效、撤销声明的通知或作出新的声明不得在任何方面影响仲裁庭或国际法院正在进行的审理。

6. 如果争端各方尚未根据第 2 款接受同样的程序或任何程序，且它们未能在一方通知另一方它们之间存在争端后的十二个月内解决其争端，则应根据该争端任何一方的要求将之提交调解委员会。调解委员会应提出附有建议的报告。调解委员会的增补程序应列入最迟将在缔约方大会第二次会议上予以通过的一项附件之中。

第 19 条　缔约方大会

1. 兹设立缔约方大会。

2. 缔约方大会第一次会议应在本公约生效后一年内由联合国环境规划署执行主任召集。

（附德国新旧循环经济法典最新译本）

此后，缔约方大会的例会应按缔约方大会所确定的时间间隔定期举行。

3. 缔约方大会的特别会议可在缔约方大会认为必要的其他时间举行，或应任何缔约方的书面请求并得到至少 1/3 缔约方的支持而举行。

4. 缔约方大会应在其第一次会议上以协商一致方式议定、并通过缔约方大会及其任何附属机构的议事规则和财务细则以及有关秘书处运作的财务规定。

5. 缔约方大会应不断审查和评价本公约的实施情况。它应履行本公约为其指定的各项职责，并应为此目的：

（a）除第 6 款中所作规定之外，设立它认为实施本公约所必需的附属机构；

（b）酌情与具有资格的国际组织以及政府间组织和非政府组织开展合作；和

（c）定期审查根据第 15 条向缔约方提供的所有资料，包括审查第 3 条第 2 款（b）（iii）项的成效；

（d）考虑并采取为实现本公约各项目标可能需要的任何其他行动。

6. 缔约方大会应在其第一次会议上设立一个名为持久性有机污染物审查委员会的附属机构，以行使本公约为其指定的职能。在此方面：

（a）持久性有机污染物审查委员会的成员应由缔约方大会予以任命。委员会应由政府指定的化学品评估或管理方面的专家组成。委员会成员应在公平地域分配的基础上予以任命。

（b）缔约方大会应就该委员会的职责范围、组织和运作方式作出决定；且

（c）该委员会应尽一切努力以协商一致方式通过其建议。如果为谋求协商一致已尽了一切努力而仍未达成一致，则为最后手段，应以出席并参加表决的成员的 2/3 多数票通过此类建议。

7. 缔约方大会应在其第三次会议上评价是否继续需要实施第 3 条第 2 款（b）项规定的程序及其成效。

8. 联合国及其专门机构、国际原子能机构以及任何非本公约缔约方的国家均可作为观察员出席缔约方大会的会议。任何其他组织或机构，无论是国家或国际性质、政府或非政府性质，只要在本公约所涉事项方面具有资格，并已通知秘书处愿意以观察员身份出席缔约方大会的会议，均可被接纳参加会议，除非有至少 1/3 的出席缔约方对此表示反对。观察员的接纳和参加会议应遵守缔约方大会所通过的议事规则。

第 20 条　秘书处

1. 兹设立秘书处。

2. 秘书处的职能应为：

（a）为缔约方大会及其附属机构的会议作出安排并为之提供所需的服务；

（b）根据要求，为协助缔约方，特别是发展中国家缔约方和经济转型国家缔约方实施本公约提供便利；

（c）确保与其他有关国际组织的秘书处进行必要的协调；

（d）基于按照第 15 条收到的信息以及其他可用信息，定期编制和向缔约方提供报告；

（e）在缔约方大会的全面指导下，作出为有效履行其职能所需的行政和合同安排；以及

（f）履行本公约所规定的其他秘书处职能以及缔约方大会可能为之确定的其他职能。

3. 本公约的秘书处职能应由联合国环境规划署执行主任履行，除非缔约方大会以出席会议并参加表决的缔约方的 3/4 多数决定委托另一个或几个国际组织来履行此种职能。

第 21 条　公约的修正

1. 任何缔约方均可对本公约提出修正案。

2. 本公约的修正案应在缔约方大会的会议上通过。对本公约提出的任何修正案案文均应由秘书处至少在拟议通过该项修正案的会议举行之前六个月送交各缔约方。秘书处还应将该项提议的修正案送交本公约所有签署方，并呈交保存人阅存。

3. 缔约方应尽一切努力以协商一致的方式就对本公约提出的任何修正案达成协议。如为谋求协商一致已尽了一切努力而仍未达成协议，则作为最后手段，应以出席会议并参加表决的缔约方的 3/4 多数票通过该修正案。

4. 该修正案应由保存人送交所有缔约方，供其批准、接受或核准。

5. 对修正案的批准、接受或核准应以书面形式通知保存人。依照上述第 3 款通过的修正案，应自至少 3/4 的缔约方交存批准、接受或核准文书之日后的第 90 天起对接受该修正案的各缔约方生效。其后任何其他缔约方自交存批准、接受或核准修正案的文书后的第 90 天起，该修正案即开始对其生效。

第 22 条　附件的通过和修正

1. 本公约的各项附件构成本公约不可分割的组成部分，除非另有明文规定，凡提及本公约时，亦包括其所有附件在内。

2. 任何增补附件应仅限于程序、科学、技术或行政事项。

3. 下列程序应适用于本公约任何增补附件的提出、通过和生效：

（a）增补附件应根据第 21 条第 1 款、第 2 款和第 3 款规定的程序提出和通过；

（b）任何缔约方如不能接受某一增补附件，则应在保存人就通过该增补附件发出通知之日起一年内将此种情况书面通知保存人。保存人应在接获任何此类通知后立即通知所有缔约方。缔约方可随时撤销先前对某一增补附件提出的不予接受的通知，据此该附件即应根据（c）项的规定对该缔约方生效；和

（c）在保存人就通过一项增补附件发出通知之日起一年后，该附件便应对未曾依（b）项规定提交通知的本公约所有缔约方生效。

4. 对附件 A、B 或 C 的修正案的提出、通过和生效均应遵守本公约增补附件的提出、通过和生效所采用的相同程序，但如果任何缔约方已按照第 25 条第 4 款针对关于附件 A、B 或 C 的修正案作出了声明，则这些修正案便不得对该缔约方生效，在此种情况下，任何此种修正案应自此种缔约方向保存人交存了其批准、接受、核准或加入此种修正案的文书后第 90 天起开始对之生效。

5. 下列程序应适用于对附件 D、E 或 F 的修正案的提出、通过和生效：

（a）修正案应按照第 21 条第 1 款和第 2 款所列程序提出；

（b）缔约方应以协商一致方式就附件 D、E 或 F 的修正案作出决定；和

（c）保存人应迅速将修正附件 D、E 或 F 的决定通知各缔约方。该修正案应在该项决定所确定的日期对所有缔约方生效。

6. 如果一项增补附件或对某一附件的修正案与对本公约的一项修正案相关联，则该增补附件或修正案不得在本公约的该项修正案之前生效。

第 23 条　表决权

1. 除第 2 款规定外，本公约每一缔约方均应拥有一票表决权。

2. 区域经济一体化组织对属于其权限范围内的事项行使表决权时，其票数应与其作为本公约缔约方的成员国数目相同。如果此类组织的任何成员国行使表决权，则该组织便不得行使表决权，反之亦然。

第 24 条　签署

本公约应于 2001 年 5 月 23 日在斯德哥尔摩，并自 2001 年 5 月 24 日至 2002 年 5 月 22 日在纽约联合国总部开放供所有国家和区域经济一体化组织签署。

第 25 条　批准、接受、核准或加入

1. 本公约须经各国和各区域经济一体化组织批准、接受或核准。本公约应从签署截止之日后开放供各国和各区域经济一体化组织加入。批准、接受、核准或加入书应交存于保存人。

2. 任何已成为本公约缔约方，但其成员国却均未成为缔约方的区域性经济一体化组织应受本公约下一切义务的约束。如果此类组织的一个或多个成员国为本公约的缔约方，则该组织及其成员国便应决定其各自在履行公约义务方面的责任。在此种情况下，该组织及其成员国无权同时行使本公约所规定的权利。

3. 区域经济一体化组织应在其批准、接受、核准或加入书中声明其在本公约所规定事项上的权限。任何此类组织还应将其权限范围的任何有关变更通知保存人，再由保存人通知各缔约方。

4. 任何缔约方均可在其批准、接受、核准或加入文书中作出如下声明：就该缔约方而言，对附件 A、B 或 C 的任何修正案，只有在其针对该项修正案交存了其批准、接受、核准或加入文书之后才能对其生效。

第 26 条　生效

1. 本公约应自第 50 份批准、接受、核准或加入文书交存之日后第 90 天起生效。

2. 对于在第 50 份批准、接受、核准或加入的文书交存之后批准、接受、核准或加入本公约的每一国家或区域经济一体化组织，本公约应自该国或该区域经济一体化组织交存其批准、接受、核准或加入文书之日后第 90 天起生效。

3. 为第 1 款和第 2 款的目的，区域经济一体化组织所交存的任何文书不应视为该组织成员国所交存文书之外的额外文书。

第 27 条 保留

不得对本公约作任何保留。

第 28 条 退出

1. 自本公约对一缔约方生效之日起三年后，该缔约方可随时向保存人发出书面通知，退出本公约。

2. 任何此种退出应在保存人收到退出通知之日起一年后生效，或在退出通知中可能指定的一个更晚日期生效。

第 29 条 保存人

联合国秘书长应为本公约保存人。

第 30 条 作准文本

本公约正本应交存于联合国秘书长，其阿拉伯文、中文、英文、法文、俄文和西班牙文文本同等作准。

下列签字人，经正式授权，在本公约上签字，以昭信守。

公元二〇〇一年五月二十二日谨订于斯德哥尔摩。

我国主要循环经济法律附录

I. 《中华人民共和国循环经济促进法》

(2008 年 8 月 29 日第十一届全国人民代表大会常务委员会第四次会议通过)

目 录

第一章 总 则

第二章 基本管理制度

第三章 减量化

第四章 再利用和资源化

第五章 激励措施

第六章 法律责任

第七章 附 则

第一章 总 则

第一条 为了促进循环经济发展，提高资源利用效率，保护和改善环境，实现可持续发展，制定本法。

第二条 本法所称循环经济，是指在生产、流通和消费等过程中进行的减量化、再利用、资源化活动的总称。

本法所称减量化，是指在生产、流通和消费等过程中减少资源消耗和废物产生。

本法所称再利用，是指将废物直接作为产品或者经修复、翻新、再制造后继续作为产品使用，或者将废物的全部或者部分作为其他产品的部件予以使用。

本法所称资源化，是指将废物直接作为原料进行利用或者对废物进行再生利用。

第三条 发展循环经济是国家经济社会发展的一项重大战略，应当遵循统筹规划、合理布局，因地制宜、注重实效，政府推动、市场引导，企业实施、公众参与的方针。

第四条 发展循环经济应当在技术可行、经济合理和有利于节约资源、保护环境的前提下，按照减量化优先的原则实施。

在废物再利用和资源化过程中，应当保障生产安全，保证产品质量符合国家规定的标准，并防止产生再次污染。

第五条 国务院循环经济发展综合管理部门负责组织协调、监督管理全国循环经济发展工作；国务院环境保护等有关主管部门按照各自的职责负责有关循环经济的监督管理工作。

县级以上地方人民政府循环经济发展综合管理部门负责组织协调、监督管理本行政区域的循环经济发展工作；县级以上地方人民政府环境保护等有关主管部门按照各自的职责负责有关循环经济的监督管理工作。

第六条 国家制定产业政策，应当符合发展循环经济的要求。

县级以上人民政府编制国民经济和社会发展规划及年度计划，县级以上人民政府有关部门编制环境保护、科学技术等规划，应当包括发展循环经济的内容。

第七条 国家鼓励和支持开展循环经济科学技术的研究、开发和推广，鼓励开展循环经济宣传、教育、科学知识普及和国际合作。

第八条 县级以上人民政府应当建立发展循环经济的目标责任制，采取规划、财政、投资、政府采购等措施，促进循环经济发展。

第九条 企业事业单位应当建立健全管理制度，采取措施，降低资源消耗，减少废物的产生量和排放量，提高废物的再利用和资源化水平。

第十条 公民应当增强节约资源和保护环境意识，合理消费，节约资源。

国家鼓励和引导公民使用节能、节水、节材和有利于保护环境的产品及再生产品，减少废物的产生量和排放量。

公民有权举报浪费资源、破坏环境的行为，有权了解政府发展循环经济的信息并提出意见和建议。

第十一条 国家鼓励和支持行业协会在循环经济发展中发挥技术指导和服务作用。县级以上人民政府可以委托有条件的行业协会等社会组织开展促进循环经济发展的公共服务。

国家鼓励和支持中介机构、学会和其他社会组织开展循环经济宣传、技术推广和咨询服务，促进循环经济发展。

第二章 基本管理制度

第十二条 国务院循环经济发展综合管理部门会同国务院环境保护等有关主管部门编制全国循环经济发展规划，报国务院批准后公布施行。设区的市级以上地方人民政府循环经济发展综合管理部门会同本级人民政府环境保护等有关主管部门编制本行政区域循环经济发规划，报本级人民政府批准后公布施行。

循环经济发展规划应当包括规划目标、适用范围、主要内容、重点任务和保障措施等，并规定资源产出率、废物再利用和资源化率等指标。

第十三条　县级以上地方人民政府应当依据上级人民政府下达的本行政区域主要污染物排放、建设用地和用水总量控制指标，规划和调整本行政区域的产业结构，促进循环经济发展。

新建、改建、扩建建设项目，必须符合本行政区域主要污染物排放、建设用地和用水总量控制指标的要求。

第十四条　国务院循环经济发展综合管理部门会同国务院统计、环境保护等有关主管部门建立和完善循环经济评价指标体系。

上级人民政府根据前款规定的循环经济主要评价指标，对下级人民政府发展循环经济的状况定期进行考核，并将主要评价指标完成情况作为对地方人民政府及其负责人考核评价的内容。

第十五条　生产列入强制回收名录的产品或者包装物的企业，必须对废弃的产品或者包装物负责回收；对其中可以利用的，由各该生产企业负责利用；对因不具备技术经济条件而不适合利用的，由各该生产企业负责无害化处置。

对前款规定的废弃产品或者包装物，生产者委托销售者或者其他组织进行回收的，或者委托废物利用或者处置企业进行利用或者处置的，受托方应当依照有关法律、行政法规的规定和合同的约定负责回收或者利用、处置。

对列入强制回收名录的产品和包装物，消费者应当将废弃的产品或者包装物交给生产者或者其委托回收的销售者或者其他组织。

强制回收的产品和包装物的名录及管理办法，由国务院循环经济发展综合管理部门规定。

第十六条　国家对钢铁、有色金属、煤炭、电力、石油加工、化工、建材、建筑、造纸、印染等行业年综合能源消费量、用水量超过国家规定总量的重点企业，实行能耗、水耗的重点监督管理制度。

重点能源消费单位的节能监督管理，依照《中华人民共和国节约能源法》的规定执行。

重点用水单位的监督管理办法，由国务院循环经济发展综合管理部门会同国务院有关部门规定。

第十七条　国家建立健全循环经济统计制度，加强资源消耗、综合利用和废物产生的统计管理，并将主要统计指标定期向社会公布。

国务院标准化主管部门会同国务院循环经济发展综合管理和环境保护等有关主管部门建立健全循环经济标准体系，制定和完善节能、节水、节材和废物再利用、资源化等标准。

国家建立健全能源效率标识等产品资源消耗标识制度。

第三章　减量化

第十八条　国务院循环经济发展综合管理部门会同国务院环境保护等有关主管部门，定期发布鼓励、限制和淘汰的技术、工艺、设备、材料和产品名录。

禁止生产、进口、销售列入淘汰名录的设备、材料和产品，禁止使用列入淘汰名录的技术、工艺、设备和材料。

第十九条 从事工艺、设备、产品及包装物设计，应当按照减少资源消耗和废物产生的要求，优先选择采用易回收、易拆解、易降解、无毒无害或者低毒低害的材料和设计方案，并应当符合有关国家标准的强制性要求。

对在拆解和处置过程中可能造成环境污染的电器电子等产品，不得设计使用国家禁止使用的有毒有害物质。禁止在电器电子等产品中使用的有毒有害物质名录，由国务院循环经济发展综合管理部门会同国务院环境保护等有关主管部门制定。

设计产品包装物应当执行产品包装标准，防止过度包装造成资源浪费和环境污染。

第二十条 工业企业应当采用先进或者适用的节水技术、工艺和设备，制定并实施节水计划，加强节水管理，对生产用水进行全过程控制。

工业企业应当加强用水计量管理，配备和使用合格的用水计量器具，建立水耗统计和用水状况分析制度。

新建、改建、扩建建设项目，应当配套建设节水设施。节水设施应当与主体工程同时设计、同时施工、同时投产使用。

国家鼓励和支持沿海地区进行海水淡化和海水直接利用，节约淡水资源。

第二十一条 国家鼓励和支持企业使用高效节油产品。

电力、石油加工、化工、钢铁、有色金属和建材等企业，必须在国家规定的范围和期限内，以洁净煤、石油焦、天然气等清洁能源替代燃料油，停止使用不符合国家规定的燃油发电机组和燃油锅炉。

内燃机和机动车制造企业应当按照国家规定的内燃机和机动车燃油经济性标准，采用节油技术，减少石油产品消耗量。

第二十二条 开采矿产资源，应当统筹规划，制定合理的开发利用方案，采用合理的开采顺序、方法和选矿工艺。采矿许可证颁发机关应当对申请人提交的开发利用方案中的开采回采率、采矿贫化率、选矿回收率、矿山水循环利用率和土地复垦率等指标依法进行审查；审查不合格的，不予颁发采矿许可证。采矿许可证颁发机关应当依法加强对开采矿产资源的监督管理。

矿山企业在开采主要矿种的同时，应当对具有工业价值的共生和伴生矿实行综合开采、合理利用；对必须同时采出而暂时不能利用的矿产以及含有有用组分的尾矿，应当采取保护措施，防止资源损失和生态破坏。

第二十三条 建筑设计、建设、施工等单位应当按照国家有关规定和标准，对其设计、建设、施工的建筑物及构筑物采用节能、节水、节地、节材的技术工艺和小型、轻型、再生产品。有条件的地区，应当充分利用太阳能、地热能、风能等可再生能源。

国家鼓励利用无毒无害的固体废物生产建筑材料，鼓励使用散装水泥，推广使用预拌混凝土和预拌砂浆。

禁止损毁耕地烧砖。在国务院或者省、自治区、直辖市人民政府规定的期限和区域内，禁止生产、销售和使用粘土砖。

第二十四条　县级以上人民政府及其农业等主管部门应当推进土地集约利用，鼓励和支持农业生产者采用节水、节肥、节药的先进种植、养殖和灌溉技术，推动农业机械节能，优先发展生态农业。

在缺水地区，应当调整种植结构，优先发展节水型农业，推进雨水集蓄利用，建设和管护节水灌溉设施，提高用水效率，减少水的蒸发和漏失。

第二十五条　国家机关及使用财政性资金的其他组织应当厉行节约、杜绝浪费，带头使用节能、节水、节地、节材和有利于保护环境的产品、设备和设施，节约使用办公用品。国务院和县级以上地方人民政府管理机关事务工作的机构会同本级人民政府有关部门制定本级国家机关等机构的用能、用水定额指标，财政部门根据该定额指标制定支出标准。

城市人民政府和建筑物的所有者或者使用者，应当采取措施，加强建筑物维护管理，延长建筑物使用寿命。对符合城市规划和工程建设标准，在合理使用寿命内的建筑物，除为了公共利益的需要外，城市人民政府不得决定拆除。

第二十六条　餐饮、娱乐、宾馆等服务性企业，应当采用节能、节水、节材和有利于保护环境的产品，减少使用或者不使用浪费资源、污染环境的产品。

本法施行后新建的餐饮、娱乐、宾馆等服务性企业，应当采用节能、节水、节材和有利于保护环境的技术、设备和设施。

第二十七条　国家鼓励和支持使用再生水。在有条件使用再生水的地区，限制或者禁止将自来水作为城市道路清扫、城市绿化和景观用水使用。

第二十八条　国家在保障产品安全和卫生的前提下，限制一次性消费品的生产和销售。具体名录由国务院循环经济发展综合管理部门会同国务院财政、环境保护等有关主管部门制定。

对列入前款规定名录中的一次性消费品的生产和销售，由国务院财政、税务和对外贸易等主管部门制定限制性的税收和出口等措施。

第四章　再利用和资源化

第二十九条　县级以上人民政府应当统筹规划区域经济布局，合理调整产业结构，促进企业在资源综合利用等领域进行合作，实现资源的高效利用和循环使用。

各类产业园区应当组织区内企业进行资源综合利用，促进循环经济发展。

国家鼓励各类产业园区的企业进行废物交换利用、能量梯级利用、土地集约利用、水的分类利用和循环使用，共同使用基础设施和其他有关设施。

新建和改造各类产业园区应当依法进行环境影响评价，并采取生态保护和污染控制措施，确保本区域的环境质量达到规定的标准。

第三十条　企业应当按照国家规定，对生产过程中产生的粉煤灰、煤矸石、尾矿、废石、废料、废气等工业废物进行综合利用。

第三十一条 企业应当发展串联用水系统和循环用水系统，提高水的重复利用率。

企业应当采用先进技术、工艺和设备，对生产过程中产生的废水进行再生利用。

第三十二条 企业应当采用先进或者适用的回收技术、工艺和设备，对生产过程中产生的余热、余压等进行综合利用。

建设利用余热、余压、煤层气以及煤矸石、煤泥、垃圾等低热值燃料的并网发电项目，应当依照法律和国务院的规定取得行政许可或者报送备案。电网企业应当按照国家规定，与综合利用资源发电的企业签订并网协议，提供上网服务，并全额收购并网发电项目的上网电量。

第三十三条 建设单位应当对工程施工中产生的建筑废物进行综合利用；不具备综合利用条件的，应当委托具备条件的生产经营者进行综合利用或者无害化处置。

第三十四条 国家鼓励和支持农业生产者和相关企业采用先进或者适用技术，对农作物秸秆、畜禽粪便、农产品加工业副产品、废农用薄膜等进行综合利用，开发利用沼气等生物质能源。

第三十五条 县级以上人民政府及其林业主管部门应当积极发展生态林业，鼓励和支持林业生产者和相关企业采用木材节约和代用技术，开展林业废弃物和次小薪材、沙生灌木等综合利用，提高木材综合利用率。

第三十六条 国家支持生产经营者建立产业废物交换信息系统，促进企业交流产业废物信息。

企业对生产过程中产生的废物不具备综合利用条件的，应当提供给具备条件的生产经营者进行综合利用。

第三十七条 国家鼓励和推进废物回收体系建设。

地方人民政府应当按照城乡规划，合理布局废物回收网点和交易市场，支持废物回收企业和其他组织开展废物的收集、储存、运输及信息交流。

废物回收交易市场应当符合国家环境保护、安全和消防等规定。

第三十八条 对废电器电子产品、报废机动车船、废轮胎、废铅酸电池等特定产品进行拆解或者再利用，应当符合有关法律、行政法规的规定。

第三十九条 回收的电器电子产品，经过修复后销售的，必须符合再利用产品标准，并在显著位置标识为再利用产品。

回收的电器电子产品，需要拆解和再生利用的，应当交售给具备条件的拆解企业。

第四十条 国家支持企业开展机动车零部件、工程机械、机床等产品的再制造和轮胎翻新。

销售的再制造产品和翻新产品的质量必须符合国家规定的标准，并在显著位置标识为再制造产品或者翻新产品。

第四十一条 县级以上人民政府应当统筹规划建设城乡生活垃圾分类收集和资源化利用

设施，建立和完善分类收集和资源化利用体系，提高生活垃圾资源化率。

县级以上人民政府应当支持企业建设污泥资源化利用和处置设施，提高污泥综合利用水平，防止产生再次污染。

第五章　激励措施

第四十二条　国务院和省、自治区、直辖市人民政府设立发展循环经济的有关专项资金，支持循环经济的科技研究开发、循环经济技术和产品的示范与推广、重大循环经济项目的实施、发展循环经济的信息服务等。具体办法由国务院财政部门会同国务院循环经济发展综合管理等有关主管部门制定。

第四十三条　国务院和省、自治区、直辖市人民政府及其有关部门应当将循环经济重大科技攻关项目的自主创新研究、应用示范和产业化发展列入国家或者省级科技发展规划和高技术产业发展规划，并安排财政性资金予以支持。

利用财政性资金引进循环经济重大技术、装备的，应当制定消化、吸收和创新方案，报有关主管部门审批并由其监督实施；有关主管部门应当根据实际需要建立协调机制，对重大技术、装备的引进和消化、吸收、创新实行统筹协调，并给予资金支持。

第四十四条　国家对促进循环经济发展的产业活动给予税收优惠，并运用税收等措施鼓励进口先进的节能、节水、节材等技术、设备和产品，限制在生产过程中耗能高、污染重的产品的出口。具体办法由国务院财政、税务主管部门制定。

企业使用或者生产列入国家清洁生产、资源综合利用等鼓励名录的技术、工艺、设备或者产品的，按照国家有关规定享受税收优惠。

第四十五条　县级以上人民政府循环经济发展综合管理部门在制定和实施投资计划时，应当将节能、节水、节地、节材、资源综合利用等项目列为重点投资领域。

对符合国家产业政策的节能、节水、节地、节材、资源综合利用等项目，金融机构应当给予优先贷款等信贷支持，并积极提供配套金融服务。

对生产、进口、销售或者使用列入淘汰名录的技术、工艺、设备、材料或者产品的企业，金融机构不得提供任何形式的授信支持。

第四十六条　国家实行有利于资源节约和合理利用的价格政策，引导单位和个人节约和合理使用水、电、气等资源性产品。

国务院和省、自治区、直辖市人民政府的价格主管部门应当按照国家产业政策，对资源高消耗行业中的限制类项目，实行限制性的价格政策。

对利用余热、余压、煤层气以及煤矸石、煤泥、垃圾等低热值燃料的并网发电项目，价格主管部门按照有利于资源综合利用的原则确定其上网电价。

省、自治区、直辖市人民政府可以根据本行政区域经济社会发展状况，实行垃圾排放收费制度。收取的费用专项用于垃圾分类、收集、运输、贮存、利用和处置，不得挪作他用。

国家鼓励通过以旧换新、押金等方式回收废物。

第四十七条　国家实行有利于循环经济发展的政府采购政策。使用财政性资金进行采购的，应当优先采购节能、节水、节材和有利于保护环境的产品及再生产品。

第四十八条 县级以上人民政府及其有关部门应当对在循环经济管理、科学技术研究、产品开发、示范和推广工作中做出显著成绩的单位和个人给予表彰和奖励。

企业事业单位应当对在循环经济发展中做出突出贡献的集体和个人给予表彰和奖励。

第六章 法律责任

第四十九条 县级以上人民政府循环经济发展综合管理部门或者其他有关主管部门发现违反本法的行为或者接到对违法行为的举报后不予查处，或者有其他不依法履行监督管理职责行为的，由本级人民政府或者上一级人民政府有关主管部门责令改正，对直接负责的主管人员和其他直接责任人员依法给予处分。

第五十条 生产、销售列入淘汰名录的产品、设备的，依照《中华人民共和国产品质量法》的规定处罚。

使用列入淘汰名录的技术、工艺、设备、材料的，由县级以上地方人民政府循环经济发展综合管理部门责令停止使用，没收违法使用的设备、材料，并处五万元以上二十万元以下的罚款；情节严重的，由县级以上人民政府循环经济发展综合管理部门提出意见，报请本级人民政府按照国务院规定的权限责令停业或者关闭。

违反本法规定，进口列入淘汰名录的设备、材料或者产品的，由海关责令退运，可以处十万元以上一百万元以下的罚款。进口者不明的，由承运人承担退运责任，或者承担有关处置费用。

第五十一条 违反本法规定，对在拆解或者处置过程中可能造成环境污染的电器电子等产品，设计使用列入国家禁止使用名录的有毒有害物质的，由县级以上地方人民政府产品质量监督部门责令限期改正；逾期不改正的，处二万元以上二十万元以下的罚款；情节严重的，由县级以上地方人民政府产品质量监督部门向本级工商行政管理部门通报有关情况，由工商行政管理部门依法吊销营业执照。

第五十二条 违反本法规定，电力、石油加工、化工、钢铁、有色金属和建材等企业未在规定的范围或者期限内停止使用不符合国家规定的燃油发电机组或者燃油锅炉的，由县级以上地方人民政府循环经济发展综合管理部门责令限期改正；逾期不改正的，责令拆除该燃油发电机组或者燃油锅炉，并处五万元以上五十万元以下的罚款。

第五十三条 违反本法规定，矿山企业未达到经依法审查确定的开采回采率、采矿贫化率、选矿回收率、矿山水循环利用率和土地复垦率等指标的，由县级以上人民政府地质矿产主管部门责令限期改正，处五万元以上五十万元以下的罚款；逾期不改正的，由采矿许可证颁发机关依法吊销采矿许可证。

第五十四条 违反本法规定，在国务院或者省、自治区、直辖市人民政府规定禁止生产、销售、使用粘土砖的期限或者区域内生产、销售或者使用粘土砖的，由县级以上地方人民政府指定的部门责令限期改正；有违法所得的，没收违法所得；逾期继续生产、销售的，由地方人民政府工商行政管理部门依法吊销营业执照。

　　第五十五条　违反本法规定，电网企业拒不收购企业利用余热、余压、煤层气以及煤矸石、煤泥、垃圾等低热值燃料生产的电力的，由国家电力监管机构责令限期改正；造成企业损失的，依法承担赔偿责任。

　　第五十六条　违反本法规定，有下列行为之一的，由地方人民政府工商行政管理部门责令限期改正，可以处五千元以上五万元以下的罚款；逾期不改正的，依法吊销营业执照；造成损失的，依法承担赔偿责任：

　　（一）销售没有再利用产品标识的再利用电器电子产品的；

　　（二）销售没有再制造或者翻新产品标识的再制造或者翻新产品的。

　　第五十七条　违反本法规定，构成犯罪的，依法追究刑事责任。

　　第七章　附　则

　　第五十八条　本法自 2009 年 1 月 1 日起施行。

　　II. 《中华人民共和国固体废物污染环境防治法》

　　（1995 年 10 月 30 日第八届全国人民代表大会常务委员会第十六次会议通过，1995 年 10 月 30 日中华人民共和国主席令第 58 号公布，自 1996 年 4 月 1 日施行，后于 2004 年 12 月 29 日修订。）

　　目　录

　　第一章　总　则

　　第一条　为了防治固体废物污染环境，保障人体健康，维护生态安全，促进经济社会可持续发展，制定本法。

　　第二条　本法适用于中华人民共和国境内固体废物污染环境的防治。

　　固体废物污染海洋环境的防治和放射性固体废物污染环境的防治不适用本法。

　　第三条　国家对固体废物污染环境的防治，实行减少固体废物的产生量和危害性、充分合理利用固体废物和无害化处置固体废物的原则，促进清洁生产和循环经济发展。

国家采取有利于固体废物综合利用活动的经济、技术政策和措施，对固体废物实行充分回收和合理利用。

国家鼓励、支持采取有利于保护环境的集中处置固体废物的措施，促进固体废物污染环境防治产业发展。

第四条 县级以上人民政府应当将固体废物污染环境防治工作纳入国民经济和社会发展计划，并采取有利于固体废物污染环境防治的经济、技术政策和措施。

国务院有关部门、县级以上地方人民政府及其有关部门组织编制城乡建设、土地利用、区域开发、产业发展等规划，应当统筹考虑减少固体废物的产生量和危害性、促进固体废物的综合利用和无害化处置。

第五条 国家对固体废物污染环境防治实行污染者依法负责的原则。

产品的生产者、销售者、进口者、使用者对其产生的固体废物依法承担污染防治责任。

第六条 国家鼓励、支持固体废物污染环境防治的科学研究、技术开发、推广先进的防治技术和普及固体废物污染环境防治的科学知识。

各级人民政府应当加强防治固体废物污染环境的宣传教育，倡导有利于环境保护的生产方式和生活方式。

第七条 国家鼓励单位和个人购买、使用再生产品和可重复利用产品。

第八条 各级人民政府对在固体废物污染环境防治工作以及相关的综合利用活动中作出显著成绩的单位和个人给予奖励。

第九条 任何单位和个人都有保护环境的义务，并有权对造成固体废物污染环境的单位和个人进行检举和控告。

第十条 国务院环境保护行政主管部门对全国固体废物污染环境的防治工作实施统一监督管理。国务院有关部门在各自的职责范围内负责固体废物污染环境防治的监督管理工作。

县级以上地方人民政府环境保护行政主管部门对本行政区域内固体废物污染环境的防治工作实施统一监督管理。县级以上地方人民政府有关部门在各自的职责范围内负责固体废物污染环境防治的监督管理工作。

国务院建设行政主管部门和县级以上地方人民政府环境卫生行政主管部门负责生活垃圾清扫、收集、贮存、运输和处置的监督管理工作。

第二章 固体废物污染环境防治的监督管理

第十一条 国务院环境保护行政主管部门会同国务院有关行政主管部门根据国家环境质量标准和国家经济、技术条件，制定国家固体废物污染环境防治技术标准。

第十二条 国务院环境保护行政主管部门建立固体废物污染环境监测制度，制定统一的监测规范，并会同有关部门组织监测网络。

大、中城市人民政府环境保护行政主管部门应当定期发布固体废物的种类、产生量、处置状况等信息。

第十三条 建设产生固体废物的项目以及建设贮存、利用、处置固体废物的项目，必须依法进行环境影响评价，并遵守国家有关建设项目环境保护管理的规定。

第十四条 建设项目的环境影响评价文件确定需要配套建设的固体废物污染环境防治设施，必须与主体工程同时设计、同时施工、同时投入使用。固体废物污染环境防治设施必须经原审批环境影响评价文件的环境保护行政主管部门验收合格后，该建设项目方可投入生产或者使用。对固体废物污染环境防治设施的验收应当与对主体工程的验收同时进行。

第十五条 县级以上人民政府环境保护行政主管部门和其他固体废物污染环境防治工作的监督管理部门，有权依据各自的职责对管辖范围内与固体废物污染环境防治有关的单位进行现场检查。被检查的单位应当如实反映情况，提供必要的资料。检察机关应当为被检查的单位保守技术秘密和业务秘密。

检察机关进行现场检查时，可以采取现场监测、采集样品、查阅或者复制与固体废物污染环境防治相关的资料等措施。检查人员进行现场检查，应当出示证件。

第三章 固体废物污染环境的防治

第一节 一般规定

第十六条 产生固体废物的单位和个人，应当采取措施，防止或者减少固体废物对环境的污染。

第十七条 收集、贮存、运输、利用、处置固体废物的单位和个人，必须采取防扬散、防流失、防渗漏或者其他防止污染环境的措施；不得擅自倾倒、堆放、丢弃、遗撒固体废物。

禁止任何单位或者个人向江河、湖泊、运河、渠道、水库及其最高水位线以下的滩地和岸坡等法律、法规规定禁止倾倒、堆放废弃物的地点倾倒、堆放固体废物。

第十八条 产品和包装物的设计、制造，应当遵守国家有关清洁生产的规定。国务院标准化行政主管部门应当根据国家经济和技术条件、固体废物污染环境防治状况以及产品的技术要求，组织制定有关标准，防止过度包装造成环境污染。

生产、销售、进口依法被列入强制回收目录的产品和包装物的企业，必须按照国家有关规定对该产品和包装物进行回收。

第十九条 国家鼓励科研、生产单位研究、生产易回收利用、易处置或者在环境中可降解的薄膜覆盖物和商品包装物。

使用农用薄膜的单位和个人，应当采取回收利用等措施，防止或者减少农用薄膜对环境的污染。

第二十条 从事畜禽规模养殖应当按照国家有关规定收集、贮存、利用或者处置养殖过程中产生的畜禽粪便，防止污染环境。

禁止在人口集中地区、机场周围、交通干线附近以及当地人民政府划定的区域露天焚烧秸秆。

第二十一条 对收集、贮存、运输、处置固体废物的设施、设备和场所，应当加强管理和维护，保证其正常运行和使用。

第二十二条 在国务院和国务院有关主管部门及省、自治区、直辖市人民政府划定的自然保护区、风景名胜区、饮用水水源保护区、基本农田保护区和其他需要特别保护的区域内，禁止建设工业固体废物集中贮存、处置的设施、场所和生活垃圾填埋场。

第二十三条 转移固体废物出省、自治区、直辖市行政区域贮存、处置的，应当向固体废物移出地的省、自治区、直辖市人民政府环境保护行政主管部门提出申请。移出地的省、自治区、直辖市人民政府环境保护行政主管部门应当经接受地的省、自治区、直辖市人民政府环境保护行政主管部门同意后，方可批准转移该固体废物出省、自治区、直辖市行政区域。未经批准的，不得转移。

第二十四条 禁止中华人民共和国境外的固体废物进境倾倒、堆放、处置。

第二十五条 禁止进口不能用作原料或者不能以无害化方式利用的固体废物；对可以用作原料的固体废物实行限制进口和自动许可进口分类管理。

国务院环境保护行政主管部门会同国务院对外贸易主管部门、国务院经济综合宏观调控部门、海关总署、国务院质量监督检验检疫部门制定、调整并公布禁止进口、限制进口和自动许可进口的固体废物目录。

禁止进口列入禁止进口目录的固体废物。进口列入限制进口目录的固体废物，应当经国务院环境保护行政主管部门会同国务院对外贸易主管部门审查许可。进口列入自动许可进口目录的固体废物，应当依法办理自动许可手续。

进口的固体废物必须符合国家环境保护标准，并经质量监督检验检疫部门检验合格。

进口固体废物的具体管理办法，由国务院环境保护行政主管部门会同国务院对外贸易主管部门、国务院经济综合宏观调控部门、海关总署、国务院质量监督检验检疫部门制定。

第二十六条 进口者对海关将其所进口的货物纳入固体废物管理范围不服的，可以依法申请行政复议，也可以向人民法院提起行政诉讼。

第二节 工业固体废物污染环境的防治

第二十七条 国务院环境保护行政主管部门应当会同国务院经济综合宏观调控部门和其他有关部门对工业固体废物对环境的污染作出界定，制定防治工业固体废物污染环境的技术政策，组织推广先进的防治工业固体废物污染环境的生产工艺和设备。

第二十八条 国务院经济综合宏观调控部门应当会同国务院有关部门组织研究、开发和推广减少工业固体废物产生量和危害性的生产工艺和设备，公布限期淘汰产生严重污染环境的工业固体废物的落后生产工艺、落后设备的名录。

生产者、销售者、进口者、使用者必须在国务院经济综合宏观调控部门会同国务院有关部门规定的期限内分别停止生产、销售、进口或者使用列入前款规定的名录中的设备。生产工艺的采用者必须在国务院经济综合宏观调控部门会同国务院有关部门规定的期限内停止采用列入前款规定的名录中的工艺。

列入限期淘汰名录被淘汰的设备，不得转让给他人使用。

第二十九条 县级以上人民政府有关部门应当制定工业固体废物污染环境防治工作规划，

推广能够减少工业固体废物产生量和危害性的先进生产工艺和设备，推动工业固体废物污染环境防治工作。

第三十条　产生工业固体废物的单位应当建立、健全污染环境防治责任制度，采取防治工业固体废物污染环境的措施。

第三十一条　企业事业单位应当合理选择和利用原材料、能源和其他资源，采用先进的生产工艺和设备，减少工业固体废物产生量，降低工业固体废物的危害性。

第三十二条　国家实行工业固体废物申报登记制度。

产生工业固体废物的单位必须按照国务院环境保护行政主管部门的规定，向所在地县级以上地方人民政府环境保护行政主管部门提供工业固体废物的种类、产生量、流向、贮存、处置等有关资料。

前款规定的申报事项有重大改变的，应当及时申报。

第三十三条　企业事业单位应当根据经济、技术条件对其产生的工业固体废物加以利用；对暂时不利用或者不能利用的，必须按照国务院环境保护行政主管部门的规定建设贮存设施、场所，安全分类存放，或者采取无害化处置措施。

建设工业固体废物贮存、处置的设施、场所，必须符合国家环境保护标准。

第三十四条　禁止擅自关闭、闲置或者拆除工业固体废物污染环境防治设施、场所；确有必要关闭、闲置或者拆除的，必须经所在地县级以上地方人民政府环境保护行政主管部门核准，并采取措施，防止污染环境。

第三十五条　产生工业固体废物的单位需要终止的，应当事先对工业固体废物的贮存、处置的设施、场所采取污染防治措施，并对未处置的工业固体废物作出妥善处置，防止污染环境。

产生工业固体废物的单位发生变更的，变更后的单位应当按照国家有关环境保护的规定对未处置的工业固体废物及其贮存、处置的设施、场所进行安全处置或者采取措施保证该设施、场所安全运行。变更前当事人对工业固体废物及其贮存、处置的设施、场所的污染防治责任另有约定的，从其约定；但是，不得免除当事人的污染防治义务。

对本法施行前已经终止的单位未处置的工业固体废物及其贮存、处置的设施、场所进行安全处置的费用，由有关人民政府承担；但是，该单位享有的土地使用权依法转让的，应当由土地使用权受让人承担处置费用。当事人另有约定的，从其约定；但是，不得免除当事人的污染防治义务。

第三十六条　矿山企业应当采取科学的开采方法和选矿工艺，减少尾矿、矸石、废石等矿业固体废物的产生量和贮存量。

尾矿、矸石、废石等矿业固体废物贮存设施停止使用后，矿山企业应当按照国家有关环境保护规定进行封场，防止造成环境污染和生态破坏。

第三十七条　拆解、利用、处置废弃电器产品和废弃机动车船，应当遵守有关法律、法规的规定，采取措施，防止污染环境。

第三节 生活垃圾污染环境的防治

第三十八条 县级以上人民政府应当统筹安排建设城乡生活垃圾收集、运输、处置设施，提高生活垃圾的利用率和无害化处置率，促进生活垃圾收集、处置的产业化发展，逐步建立和完善生活垃圾污染环境防治的社会服务体系。

第三十九条 县级以上地方人民政府环境卫生行政主管部门应当组织对城市生活垃圾进行清扫、收集、运输和处置，可以通过招标等方式选择具备条件的单位从事生活垃圾的清扫、收集、运输和处置。

第四十条 对城市生活垃圾应当按照环境卫生行政主管部门的规定，在指定的地点放置，不得随意倾倒、抛撒或者堆放。

第四十一条 清扫、收集、运输、处置城市生活垃圾，应当遵守国家有关环境保护和环境卫生管理的规定，防止污染环境。

第四十二条 对城市生活垃圾应当及时清运，逐步做到分类收集和运输，并积极开展合理利用和实施无害化处置。

第四十三条 城市人民政府应当有计划地改进燃料结构，发展城市煤气、天然气、液化气和其他清洁能源。

城市人民政府有关部门应当组织净菜进城，减少城市生活垃圾。

城市人民政府有关部门应当统筹规划，合理安排收购网点，促进生活垃圾的回收利用工作。

第四十四条 建设生活垃圾处置的设施、场所，必须符合国务院环境保护行政主管部门和国务院建设行政主管部门规定的环境保护和环境卫生标准。

禁止擅自关闭、闲置或者拆除生活垃圾处置的设施、场所；确有必要关闭、闲置或者拆除的，必须经所在地县级以上地方人民政府环境卫生行政主管部门和环境保护行政主管部门核准，并采取措施，防止污染环境。

第四十五条 从生活垃圾中回收的物质必须按照国家规定的用途或者标准使用，不得用于生产可能危害人体健康的产品。

第四十六条 工程施工单位应当及时清运工程施工过程中产生的固体废物，并按照环境卫生行政主管部门的规定进行利用或者处置。

第四十七条 从事公共交通运输的经营单位，应当按照国家有关规定，清扫、收集运输过程中产生的生活垃圾。

第四十八条 从事城市新区开发、旧区改建和住宅小区开发建设的单位，以及机场、码头、车站、公园、商店等公共设施、场所的经营管理单位，应当按照国家有关环境卫生的规定，配套建设生活垃圾收集设施。

第四十九条 农村生活垃圾污染环境防治的具体办法，由地方性法规规定。

第四章 危险废物污染环境防治的特别规定

第五十条 危险废物污染环境的防治，适用本章规定；本章未作规定的，适用本法其他有关规定。

第五十一条　国务院环境保护行政主管部门应当会同国务院有关部门制定国家危险废物名录，规定统一的危险废物鉴别标准、鉴别方法和识别标志。

第五十二条　对危险废物的容器和包装物以及收集、贮存、运输、处置危险废物的设施、场所，必须设置危险废物识别标志。

第五十三条　产生危险废物的单位，必须按照国家有关规定制定危险废物管理计划，并向所在地县级以上地方人民政府环境保护行政主管部门申报危险废物的种类、产生量、流向、贮存、处置等有关资料。

前款所称危险废物管理计划应当包括减少危险废物产生量和危害性的措施以及危险废物贮存、利用、处置措施。危险废物管理计划应当报产生危险废物的单位所在地县级以上地方人民政府环境保护行政主管部门备案。

本条规定的申报事项或者危险废物管理计划内容有重大改变的，应当及时申报。

第五十四条　国务院环境保护行政主管部门会同国务院经济综合宏观调控部门组织编制危险废物集中处置设施、场所的建设规划，报国务院批准后实施。

县级以上地方人民政府应当依据危险废物集中处置设施、场所的建设规划组织建设危险废物集中处置设施、场所。

第五十五条　产生危险废物的单位，必须按照国家有关规定处置危险废物，不得擅自倾倒、堆放；不处置的，由所在地县级以上地方人民政府环境保护行政主管部门责令限期改正；逾期不处置或者处置不符合国家有关规定的，由所在地县级以上地方人民政府环境保护行政主管部门指定单位按照国家有关规定代为处置，处置费用由产生危险废物的单位承担。

第五十六条　以填埋方式处置危险废物不符合国务院环境保护行政主管部门规定的，应当缴纳危险废物排污费。危险废物排污费征收的具体办法由国务院规定。

危险废物排污费用于污染环境的防治，不得挪作他用。

第五十七条　从事收集、贮存、处置危险废物经营活动的单位，必须向县级以上人民政府环境保护行政主管部门申请领取经营许可证；从事利用危险废物经营活动的单位，必须向国务院环境保护行政主管部门或者省、自治区、直辖市人民政府环境保护行政主管部门申请领取经营许可证。具体管理办法由国务院规定。

禁止无经营许可证或者不按照经营许可证规定从事危险废物收集、贮存、利用、处置的经营活动。

禁止将危险废物提供或者委托给无经营许可证的单位从事收集、贮存、利用、处置的经营活动。

第五十八条　收集、贮存危险废物，必须按照危险废物特性分类进行。禁止混合收集、贮存、运输、处置性质不相容而未经安全性处置的危险废物。

贮存危险废物必须采取符合国家环境保护标准的防护措施，并不得超过一年；确需延长期限的，必须报经原批准经营许可证的环境保护行政主管部门批准；法律、行政法规另有规定的除外。

禁止将危险废物混入非危险废物中贮存。

第五十九条 转移危险废物的，必须按照国家有关规定填写危险废物转移联单，并向危险废物移出地设区的市级以上地方人民政府环境保护行政主管部门提出申请。移出地设区的市级以上地方人民政府环境保护行政主管部门应当经接受地设区的市级以上地方人民政府环境保护行政主管部门同意后，方可批准转移该危险废物。未经批准的，不得转移。

转移危险废物途经移出地、接受地以外行政区域的，危险废物移出地设区的市级以上地方人民政府环境保护行政主管部门应当及时通知沿途经过的设区的市级以上地方人民政府环境保护行政主管部门。

第六十条 运输危险废物，必须采取防止污染环境的措施，并遵守国家有关危险货物运输管理的规定。

禁止将危险废物与旅客在同一运输工具上载运。

第六十一条 收集、贮存、运输、处置危险废物的场所、设施、设备和容器、包装物及其他物品转作他用时，必须经过消除污染的处理，方可使用。

第六十二条 产生、收集、贮存、运输、利用、处置危险废物的单位，应当制定意外事故的防范措施和应急预案，并向所在地县级以上地方人民政府环境保护行政主管部门备案；环境保护行政主管部门应当进行检查。

第六十三条 因发生事故或者其他突发性事件，造成危险废物严重污染环境的单位，必须立即采取措施消除或者减轻对环境的污染危害，及时通报可能受到污染危害的单位和居民，并向所在地县级以上地方人民政府环境保护行政主管部门和有关部门报告，接受调查处理。

第六十四条 在发生或者有证据证明可能发生危险废物严重污染环境、威胁居民生命财产安全时，县级以上地方人民政府环境保护行政主管部门或者其他固体废物污染环境防治工作的监督管理部门必须立即向本级人民政府和上一级人民政府有关行政主管部门报告，由人民政府采取防止或者减轻危害的有效措施。有关人民政府可以根据需要责令停止导致或者可能导致环境污染事故的作业。

第六十五条 重点危险废物集中处置设施、场所的退役费用应当预提，列入投资概算或者经营成本。具体提取和管理办法，由国务院财政部门、价格主管部门会同国务院环境保护行政主管部门规定。

第六十六条 禁止经中华人民共和国过境转移危险废物。

第五章 法律责任

第六十七条 县级以上人民政府环境保护行政主管部门或者其他固体废物污染环境防治工作的监督管理部门违反本法规定，有下列行为之一的，由本级人民政府或者上级人民政府有关行政主管部门责令改正，对负有责任的主管人员和其他直接责任人员依法给予行政处分；构成犯罪的，依法追究刑事责任：

（一）不依法作出行政许可或者办理批准文件的；

（二）发现违法行为或者接到对违法行为的举报后不予查处的；

（三）有不依法履行监督管理职责的其他行为的。

第六十八条 违反本法规定，有下列行为之一的，由县级以上人民政府环境保护行政主管部门责令停止违法行为，限期改正，处以罚款：

（一）不按照国家规定申报登记工业固体废物，或者在申报登记时弄虚作假的；

（二）对暂时不利用或者不能利用的工业固体废物未建设贮存的设施、场所安全分类存放，或者未采取无害化处置措施的；

（三）将列入限期淘汰名录被淘汰的设备转让给他人使用的；

（四）擅自关闭、闲置或者拆除工业固体废物污染环境防治设施、场所的；

（五）在自然保护区、风景名胜区、饮用水水源保护区、基本农田保护区和其他需要特别保护的区域内，建设工业固体废物集中贮存、处置的设施、场所和生活垃圾填埋场的；

（六）擅自转移固体废物出省、自治区、直辖市行政区域贮存、处置的；

（七）未采取相应防范措施，造成工业固体废物扬散、流失、渗漏或者造成其他环境污染的；

（八）在运输过程中沿途丢弃、遗撒工业固体废物的。

有前款第一项、第八项行为之一的，处五千元以上五万元以下的罚款；有前款第二项、第三项、第四项、第五项、第六项、第七项行为之一的，处一万元以上十万元以下的罚款。

第六十九条 违反本法规定，建设项目需要配套建设的固体废物污染环境防治设施未建成、未经验收或者验收不合格，主体工程即投入生产或者使用的，由审批该建设项目环境影响评价文件的环境保护行政主管部门责令停止生产或者使用，可以并处十万元以下的罚款。

第七十条 违反本法规定，拒绝县级以上人民政府环境保护行政主管部门或者其他固体废物污染环境防治工作的监督管理部门现场检查的，由执行现场检查的部门责令限期改正；拒不改正或者在检查时弄虚作假的，处二千元以上二万元以下的罚款。

第七十一条 从事畜禽规模养殖未按照国家有关规定收集、贮存、处置畜禽粪便，造成环境污染的，由县级以上地方人民政府环境保护行政主管部门责令限期改正，可以处五万元以下的罚款。

第七十二条 违反本法规定，生产、销售、进口或者使用淘汰的设备，或者采用淘汰的生产工艺的，由县级以上人民政府经济综合宏观调控部门责令改正；情节严重的，由县级以上人民政府经济综合宏观调控部门提出意见，报请同级人民政府按照国务院规定的权限决定停业或者关闭。

第七十三条 尾矿、矸石、废石等矿业固体废物贮存设施停止使用后，未按照国家有关环境保护规定进行封场的，由县级以上地方人民政府环境保护行政主管部门责令限期改正，可以处五万元以上二十万元以下的罚款。

第七十四条 违反本法有关城市生活垃圾污染环境防治的规定，有下列行为之一的，由县级以上地方人民政府环境卫生行政主管部门责令停止违法行为，限期改正，处以罚款：

（一）随意倾倒、抛撒或者堆放生活垃圾的；

（二）擅自关闭、闲置或者拆除生活垃圾处置设施、场所的；

（三）工程施工单位不及时清运施工过程中产生的固体废物，造成环境污染的；

（四）工程施工单位不按照环境卫生行政主管部门的规定对施工过程中产生的固体废物进行利用或者处置的；

（五）在运输过程中沿途丢弃、遗撒生活垃圾的。

单位有前款第一项、第三项、第五项行为之一的，处五千元以上五万元以下的罚款；有前款第二项、第四项行为之一的，处一万元以上十万元以下的罚款。个人有前款第一项、第五项行为之一的，处二百元以下的罚款。

第七十五条 违反本法有关危险废物污染环境防治的规定，有下列行为之一的，由县级以上人民政府环境保护行政主管部门责令停止违法行为，限期改正，处以罚款：

（一）不设置危险废物识别标志的；

（二）不按照国家规定申报登记危险废物，或者在申报登记时弄虚作假的；

（三）擅自关闭、闲置或者拆除危险废物集中处置设施、场所的；

（四）不按照国家规定缴纳危险废物排污费的；

（五）将危险废物提供或者委托给无经营许可证的单位从事经营活动的；

（六）不按照国家规定填写危险废物转移联单或者未经批准擅自转移危险废物的；

（七）将危险废物混入非危险废物中贮存的；

（八）未经安全性处置，混合收集、贮存、运输、处置具有不相容性质的危险废物的；

（九）将危险废物与旅客在同一运输工具上载运的；

（十）未经消除污染的处理将收集、贮存、运输、处置危险废物的场所、设施、设备和容器、包装物及其他物品转作他用的；

（十一）未采取相应防范措施，造成危险废物扬散、流失、渗漏或者造成其他环境污染的；

（十二）在运输过程中沿途丢弃、遗撒危险废物的；

（十三）未制定危险废物意外事故防范措施和应急预案的。

有前款第一项、第二项、第七项、第八项、第九项、第十项、第十一项、第十二项、第十三项行为之一的，处一万元以上十万元以下的罚款；有前款第三项、第五项、第六项行为之一的，处二万元以上二十万元以下的罚款；有前款第四项行为的，限期缴纳，逾期不缴纳的，处应缴纳危险废物排污费金额一倍以上三倍以下的罚款。

第七十六条 违反本法规定，危险废物产生者不处置其产生的危险废物又不承担依法应当承担的处置费用的，由县级以上地方人民政府环境保护行政主管部门责令限期改正，处代为处置费用一倍以上三倍以下的罚款。

第七十七条 无经营许可证或者不按照经营许可证规定从事收集、贮存、利用、处置危险废物经营活动的，由县级以上人民政府环境保护行政主管部门责令停止违法行为，没收违法所得，可以并处违法所得三倍以下的罚款。

不按照经营许可证规定从事前款活动的，还可以由发证机关吊销经营许可证。

第七十八条　违反本法规定，将中华人民共和国境外的固体废物进境倾倒、堆放、处置的，进口属于禁止进口的固体废物或者未经许可擅自进口属于限制进口的固体废物用作原料的，由海关责令退运该固体废物，可以并处十万元以上一百万元以下的罚款；构成犯罪的，依法追究刑事责任。进口者不明的，由承运人承担退运该固体废物的责任，或者承担该固体废物的处置费用。

逃避海关监管将中华人民共和国境外的固体废物运输进境，构成犯罪的，依法追究刑事责任。

第七十九条　违反本法规定，经中华人民共和国过境转移危险废物的，由海关责令退运该危险废物，可以并处五万元以上五十万元以下的罚款。

第八十条　对已经非法入境的固体废物，由省级以上人民政府环境保护行政主管部门依法向海关提出处理意见，海关应当依照本法第七十八条的规定作出处罚决定；已经造成环境污染的，由省级以上人民政府环境保护行政主管部门责令进口者消除污染。

第八十一条　违反本法规定，造成固体废物严重污染环境的，由县级以上人民政府环境保护行政主管部门按照国务院规定的权限决定限期治理；逾期未完成治理任务的，由本级人民政府决定停业或者关闭。

第八十二条　违反本法规定，造成固体废物污染环境事故的，由县级以上人民政府环境保护行政主管部门处二万元以上二十万元以下的罚款；造成重大损失的，按照直接损失的百分之三十计算罚款，但是最高不超过一百万元，对负有责任的主管人员和其他直接责任人员，依法给予行政处分；造成固体废物污染环境重大事故的，并由县级以上人民政府按照国务院规定的权限决定停业或者关闭。

第八十三条　违反本法规定，收集、贮存、利用、处置危险废物，造成重大环境污染事故，构成犯罪的，依法追究刑事责任。

第八十四条　受到固体废物污染损害的单位和个人，有权要求依法赔偿损失。

赔偿责任和赔偿金额的纠纷，可以根据当事人的请求，由环境保护行政主管部门或者其他固体废物污染环境防治工作的监督管理部门调解处理；调解不成的，当事人可以向人民法院提起诉讼。当事人也可以直接向人民法院提起诉讼。

国家鼓励法律服务机构对固体废物污染环境诉讼中的受害人提供法律援助。

第八十五条　造成固体废物污染环境的，应当排除危害，依法赔偿损失，并采取措施恢复环境原状。

第八十六条　因固体废物污染环境引起的损害赔偿诉讼，由加害人就法律规定的免责事由及其行为与损害结果之间不存在因果关系承担举证责任。

第八十七条　固体废物污染环境的损害赔偿责任和赔偿金额的纠纷，当事人可以委托环境监测机构提供监测数据。环境监测机构应当接受委托，如实提供有关监测数据。

（附德国新旧循环经济法典最新译本）

第六章　附　则

第八十八条　本法下列用语的含义：

（一）固体废物，是指在生产、生活和其他活动中产生的丧失原有利用价值或者虽未丧失利用价值但被抛弃或者放弃的固态、半固态和置于容器中的气态的物品、物质以及法律、行政法规规定纳入固体废物管理的物品、物质。

（二）工业固体废物，是指在工业生产活动中产生的固体废物。

（三）生活垃圾，是指在日常生活中或者为日常生活提供服务的活动中产生的固体废物以及法律、行政法规规定视为生活垃圾的固体废物。

（四）危险废物，是指列入国家危险废物名录或者根据国家规定的危险废物鉴别标准和鉴别方法认定的具有危险特性的固体废物。

（五）贮存，是指将固体废物临时置于特定设施或者场所中的活动。

（六）处置，是指将固体废物焚烧和用其他改变固体废物的物理、化学、生物特性的方法，达到减少已产生的固体废物数量、缩小固体废物体积、减少或者消除其危险成分的活动，或者将固体废物最终置于符合环境保护规定要求的填埋场的活动。

（七）利用，是指从固体废物中提取物质作为原材料或者燃料的活动。

第八十九条　液态废物的污染防治，适用本法；但是，排入水体的废水的污染防治适用有关法律，不适用本法。

第九十条　中华人民共和国缔结或者参加的与固体废物污染环境防治有关的国际条约与本法有不同规定的，适用国际条约的规定；但是，中华人民共和国声明保留的条款除外。

第九十一条　本法自 2005 年 4 月 1 日起施行。

III.《中华人民共和国清洁生产促进法》

（2002 年 6 月 29 日第九届全国人民代表大会常务委员会第二十八次会议通过，根据 2012 年 2 月 29 日第十一届全国人民代表大会常务委员会第二十五次会议《关于修改〈中华人民共和国清洁生产促进法〉的决定》修正）

目　录

第一章　总　则

第一条　为了促进清洁生产，提高资源利用效率，减少和避免污染物的产生，保护和改善环境，保障人体健康，促进经济与社会可持续发展，制定本法。

第二条　本法所称清洁生产，是指不断采取改进设计、使用清洁的能源和原料、采用先进的工艺技术与设备、改善管理、综合利用等措施，从源头削减污染，提高资源利用效率，减少或者避免生产、服务和产品使用过程中污染物的产生和排放，以减轻或者消除对人类健康和环境的危害。

第三条　在中华人民共和国领域内，从事生产和服务活动的单位以及从事相关管理活动的部门依照本法规定，组织、实施清洁生产。

第四条　国家鼓励和促进清洁生产。国务院和县级以上地方人民政府，应当将清洁生产促进工作纳入国民经济和社会发展规划、年度计划以及环境保护、资源利用、产业发展、区域开发等规划。

第五条　国务院清洁生产综合协调部门负责组织、协调全国的清洁生产促进工作。国务院环境保护、工业、科学技术、财政部门和其他有关部门，按照各自的职责，负责有关的清洁生产促进工作。

县级以上地方人民政府负责领导本行政区域内的清洁生产促进工作。县级以上地方人民政府确定的清洁生产综合协调部门负责组织、协调本行政区域内的清洁生产促进工作。县级以上地方人民政府其他有关部门，按照各自的职责，负责有关的清洁生产促进工作。

第六条　国家鼓励开展有关清洁生产的科学研究、技术开发和国际合作，组织宣传、普及清洁生产知识，推广清洁生产技术。

国家鼓励社会团体和公众参与清洁生产的宣传、教育、推广、实施及监督。

第二章　清洁生产的推行

第七条　国务院应当制定有利于实施清洁生产的财政税收政策。

国务院及其有关部门和省、自治区、直辖市人民政府，应当制定有利于实施清洁生产的产业政策、技术开发和推广政策。

第八条　国务院清洁生产综合协调部门会同国务院环境保护、工业、科学技术部门和其他有关部门，根据国民经济和社会发展规划及国家节约资源、降低能源消耗、减少重点污染物排放的要求，编制国家清洁生产推行规划，报经国务院批准后及时公布。

国家清洁生产推行规划应当包括：推行清洁生产的目标、主要任务和保障措施，按照资源能源消耗、污染物排放水平确定开展清洁生产的重点领域、重点行业和重点工程。

国务院有关行业主管部门根据国家清洁生产推行规划确定本行业清洁生产的重点项目，制定行业专项清洁生产推行规划并组织实施。

县级以上地方人民政府根据国家清洁生产推行规划、有关行业专项清洁生产推行规划，按照本地区节约资源、降低能源消耗、减少重点污染物排放的要求，确定本地区清洁生产的重点项目，制定推行清洁生产的实施规划并组织落实。

第九条　中央预算应当加强对清洁生产促进工作的资金投入，包括中央财政清洁生产专项资金和中央预算安排的其他清洁生产资金，用于支持国家清洁生产推行规划确定的重点领域、重点行业、重点工程实施清洁生产及其技术推广工作，以及生态脆弱地区实施清洁生产的项目。中央预算用于支持清洁生产促进工作的资金使用的具体办法，由国务院财政部门、清洁生产综合协调部门会同国务院有关部门制定。

县级以上地方人民政府应当统筹地方财政安排的清洁生产促进工作的资金，引导社会资金，支持清洁生产重点项目。

第十条 国务院和省、自治区、直辖市人民政府的有关部门，应当组织和支持建立促进清洁生产信息系统和技术咨询服务体系，向社会提供有关清洁生产方法和技术、可再生利用的废物供求以及清洁生产政策等方面的信息和服务。

第十一条 国务院清洁生产综合协调部门会同国务院环境保护、工业、科学技术、建设、农业等有关部门定期发布清洁生产技术、工艺、设备和产品导向目录。

国务院清洁生产综合协调部门、环境保护部门和省、自治区、直辖市人民政府负责清洁生产综合协调的部门、环境保护部门会同同级有关部门，组织编制重点行业或者地区的清洁生产指南，指导实施清洁生产。

第十二条 国家对浪费资源和严重污染环境的落后生产技术、工艺、设备和产品实行限期淘汰制度。国务院有关部门按照职责分工，制定并发布限期淘汰的生产技术、工艺、设备以及产品的名录。

第十三条 国务院有关部门可以根据需要批准设立节能、节水、废物再生利用等环境与资源保护方面的产品标志，并按照国家规定制定相应标准。

第十四条 县级以上人民政府科学技术部门和其他有关部门，应当指导和支持清洁生产技术和有利于环境与资源保护的产品的研究、开发以及清洁生产技术的示范和推广工作。

第十五条 国务院教育部门，应当将清洁生产技术和管理课程纳入有关高等教育、职业教育和技术培训体系。

县级以上人民政府有关部门组织开展清洁生产的宣传和培训，提高国家工作人员、企业经营管理者和公众的清洁生产意识，培养清洁生产管理和技术人员。

新闻出版、广播影视、文化等单位和有关社会团体，应当发挥各自优势做好清洁生产宣传工作。

第十六条 各级人民政府应当优先采购节能、节水、废物再生利用等有利于环境与资源保护的产品。

各级人民政府应当通过宣传、教育等措施，鼓励公众购买和使用节能、节水、废物再生利用等有利于环境与资源保护的产品。

第十七条 省、自治区、直辖市人民政府负责清洁生产综合协调的部门、环境保护部门，根据促进清洁生产工作的需要，在本地区主要媒体上公布未达到能源消耗控制指标、重点污染物排放控制指标的企业的名单，为公众监督企业实施清洁生产提供依据。

列入前款规定名单的企业，应当按照国务院清洁生产综合协调部门、环境保护部门的规定公布能源消耗或者重点污染物产生、排放情况，接受公众监督。

第三章　清洁生产的实施

第十八条　新建、改建和扩建项目应当进行环境影响评价，对原料使用、资源消耗、资源综合利用以及污染物产生与处置等进行分析论证，优先采用资源利用率高以及污染物产生量少的清洁生产技术、工艺和设备。

第十九条　企业在进行技术改造过程中，应当采取以下清洁生产措施：

（一）采用无毒、无害或者低毒、低害的原料，替代毒性大、危害严重的原料；

（二）采用资源利用率高、污染物产生量少的工艺和设备，替代资源利用率低、污染物产生量多的工艺和设备；

（三）对生产过程中产生的废物、废水和余热等进行综合利用或者循环使用；

（四）采用能够达到国家或者地方规定的污染物排放标准和污染物排放总量控制指标的污染防治技术。

第二十条　产品和包装物的设计，应当考虑其在生命周期中对人类健康和环境的影响，优先选择无毒、无害、易于降解或者便于回收利用的方案。

企业对产品的包装应当合理，包装的材质、结构和成本应当与内装产品的质量、规格和成本相适应，减少包装性废物的产生，不得进行过度包装。

第二十一条　生产大型机电设备、机动运输工具以及国务院工业部门指定的其他产品的企业，应当按照国务院标准化部门或者其授权机构制定的技术规范，在产品的主体构件上注明材料成分的标准牌号。

第二十二条　农业生产者应当科学地使用化肥、农药、农用薄膜和饲料添加剂，改进种植和养殖技术，实现农产品的优质、无害和农业生产废物的资源化，防止农业环境污染。

禁止将有毒、有害废物用作肥料或者用于造田。

第二十三条　餐饮、娱乐、宾馆等服务性企业，应当采用节能、节水和其他有利于环境保护的技术和设备，减少使用或者不使用浪费资源、污染环境的消费品。

第二十四条　建筑工程应当采用节能、节水等有利于环境与资源保护的建筑设计方案、建筑和装修材料、建筑构配件及设备。

建筑和装修材料必须符合国家标准。禁止生产、销售和使用有毒、有害物质超过国家标准的建筑和装修材料。

第二十五条　矿产资源的勘查、开采，应当采用有利于合理利用资源、保护环境和防止污染的勘查、开采方法和工艺技术，提高资源利用水平。

第二十六条　企业应当在经济技术可行的条件下对生产和服务过程中产生的废物、余热等自行回收利用或者转让给有条件的其他企业和个人利用。

第二十七条　企业应当对生产和服务过程中的资源消耗以及废物的产生情况进行监测，并根据需要对生产和服务实施清洁生产审核。

有下列情形之一的企业，应当实施强制性清洁生产审核：

（一）污染物排放超过国家或者地方规定的排放标准，或者虽未超过国家或者地方规定的排放标准，但超过重点污染物排放总量控制指标的；

（二）超过单位产品能源消耗限额标准构成高耗能的；

（三）使用有毒、有害原料进行生产或者在生产中排放有毒、有害物质的。

污染物排放超过国家或者地方规定的排放标准的企业，应当按照环境保护相关法律的规定治理。

实施强制性清洁生产审核的企业，应当将审核结果向所在地县级以上地方人民政府负责清洁生产综合协调的部门、环境保护部门报告，并在本地区主要媒体上公布，接受公众监督，但涉及商业秘密的除外。

县级以上地方人民政府有关部门应当对企业实施强制性清洁生产审核的情况进行监督，必要时可以组织对企业实施清洁生产的效果进行评估验收，所需费用纳入同级政府预算。承担评估验收工作的部门或者单位不得向被评估验收企业收取费用。

实施清洁生产审核的具体办法，由国务院清洁生产综合协调部门、环境保护部门会同国务院有关部门制定。

第二十八条 本法第二十七条第二款规定以外的企业，可以自愿与清洁生产综合协调部门和环境保护部门签订进一步节约资源、削减污染物排放量的协议。该清洁生产综合协调部门和环境保护部门应当在本地区主要媒体上公布该企业的名称以及节约资源、防治污染的成果。

第二十九条 企业可以根据自愿原则，按照国家有关环境管理体系等认证的规定，委托经国务院认证认可监督管理部门认可的认证机构进行认证，提高清洁生产水平。

第四章 鼓励措施

第三十条 国家建立清洁生产表彰奖励制度。对在清洁生产工作中做出显著成绩的单位和个人，由人民政府给予表彰和奖励。

第三十一条 对从事清洁生产研究、示范和培训，实施国家清洁生产重点技术改造项目和本法第二十八条规定的自愿节约资源、削减污染物排放量协议中载明的技术改造项目，由县级以上人民政府给予资金支持。

第三十二条 在依照国家规定设立的中小企业发展基金中，应当根据需要安排适当数额用于支持中小企业实施清洁生产。

第三十三条 依法利用废物和从废物中回收原料生产产品的，按照国家规定享受税收优惠。

第三十四条 企业用于清洁生产审核和培训的费用，可以列入企业经营成本。

第五章 法律责任

第三十五条 清洁生产综合协调部门或者其他有关部门未依照本法规定履行职责的，对直接负责的主管人员和其他直接责任人员依法给予处分。

第三十六条 违反本法第十七条第二款规定，未按照规定公布能源消耗或者重点污染物产生、排放情况的，由县级以上地方人民政府负责清洁生产综合协调的部门、环境保护部门按照职责分工责令公布，可以处十万元以下的罚款。

第三十七条　违反本法第二十一条规定，未标注产品材料的成分或者不如实标注的，由县级以上地方人民政府质量技术监督部门责令限期改正；拒不改正的，处以五万元以下的罚款。

第三十八条　违反本法第二十四条第二款规定，生产、销售有毒、有害物质超过国家标准的建筑和装修材料的，依照产品质量法和有关民事、刑事法律的规定，追究行政、民事、刑事法律责任。

第三十九条　违反本法第二十七条第二款、第四款规定，不实施强制性清洁生产审核或者在清洁生产审核中弄虚作假的，或者实施强制性清洁生产审核的企业不报告或者不如实报告审核结果的，由县级以上地方人民政府负责清洁生产综合协调的部门、环境保护部门按照职责分工责令限期改正；拒不改正的，处以五万元以上五十万元以下的罚款。

违反本法第二十七条第五款规定，承担评估验收工作的部门或者单位及其工作人员向被评估验收企业收取费用的，不如实评估验收或者在评估验收中弄虚作假的，或者利用职务上的便利谋取利益的，对直接负责的主管人员和其他直接责任人员依法给予处分；构成犯罪的，依法追究刑事责任。

第六章　附　则

第四十条　本法自 2003 年 1 月 1 日起施行。

Ⅳ.《中华人民共和国环境保护税法》

（2016 年 12 月 25 日第十二届全国人民代表大会常务委员会第二十五次会议通过）

目　录

第一章　总　则
第二章　计税依据和应纳税额
第三章　税收减免
第四章　征收管理
第五章　附　则

第一章　总　则

第一条　为了保护和改善环境，减少污染物排放，推进生态文明建设，制定本法。

第二条　在中华人民共和国领域和中华人民共和国管辖的其他海域，直接向环境排放应税污染物的企业事业单位和其他生产经营者为环境保护税的纳税人，应当依照本法规定缴纳环境保护税。

第三条　本法所称应税污染物，是指本法所附《环境保护税税目税额表》、《应税污染物和当量值表》规定的大气污染物、水污染物、固体废物和噪声。

第四条　有下列情形之一的，不属于直接向环境排放污染物，不缴纳相应污染物的环境保护税：

（附德国新旧循环经济法典最新译本）

（一）企业事业单位和其他生产经营者向依法设立的污水集中处理、生活垃圾集中处理场所排放应税污染物的；

（二）企业事业单位和其他生产经营者在符合国家和地方环境保护标准的设施、场所贮存或者处置固体废物的。

第五条 依法设立的城乡污水集中处理、生活垃圾集中处理场所超过国家和地方规定的排放标准向环境排放应税污染物的，应当缴纳环境保护税。

企业事业单位和其他生产经营者贮存或者处置固体废物不符合国家和地方环境保护标准的，应当缴纳环境保护税。

第六条 环境保护税的税目、税额，依照本法所附《环境保护税税目税额表》执行。

应税大气污染物和水污染物的具体适用税额的确定和调整，由省、自治区、直辖市人民政府统筹考虑本地区环境承载能力、污染物排放现状和经济社会生态发展目标要求，在本法所附《环境保护税税目税额表》规定的税额幅度内提出，报同级人民代表大会常务委员会决定，并报全国人民代表大会常务委员会和国务院备案。

第二章 计税依据和应纳税额

第七条 应税污染物的计税依据，按照下列方法确定：

（一）应税大气污染物按照污染物排放量折合的污染当量数确定；

（二）应税水污染物按照污染物排放量折合的污染当量数确定；

（三）应税固体废物按照固体废物的排放量确定；

（四）应税噪声按照超过国家规定标准的分贝数确定。

第八条 应税大气污染物、水污染物的污染当量数，以该污染物的排放量除以该污染物的污染当量值计算。每种应税大气污染物、水污染物的具体污染当量值，依照本法所附《应税污染物和当量值表》执行。

第九条 每一排放口或者没有排放口的应税大气污染物，按照污染当量数从大到小排序，对前三项污染物征收环境保护税。

每一排放口的应税水污染物，按照本法所附《应税污染物和当量值表》，区分第一类水污染物和其他类水污染物，按照污染当量数从大到小排序，对第一类水污染物按照前五项征收环境保护税，对其他类水污染物按照前三项征收环境保护税。

省、自治区、直辖市人民政府根据本地区污染物减排的特殊需要，可以增加同一排放口征收环境保护税的应税污染物项目数，报同级人民代表大会常务委员会决定，并报全国人民代表大会常务委员会和国务院备案。

第十条 应税大气污染物、水污染物、固体废物的排放量和噪声的分贝数，按照下列方法和顺序计算：

（一）纳税人安装使用符合国家规定和监测规范的污染物自动监测设备的，按照污染物自动监测数据计算；

（二）纳税人未安装使用污染物自动监测设备的，按照监测机构出具的符合国家有关规定和监测规范的监测数据计算；

（三）因排放污染物种类多等原因不具备监测条件的，按照国务院环境保护主管部门规定的排污系数、物料衡算方法计算；

（四）不能按照本条第一项至第三项规定的方法计算的，按照省、自治区、直辖市人民政府环境保护主管部门规定的抽样测算的方法核定计算。

第十一条　环境保护税应纳税额按照下列方法计算：

（一）应税大气污染物的应纳税额为污染当量数乘以具体适用税额；

（二）应税水污染物的应纳税额为污染当量数乘以具体适用税额；

（三）应税固体废物的应纳税额为固体废物排放量乘以具体适用税额；

（四）应税噪声的应纳税额为超过国家规定标准的分贝数对应的具体适用税额。

第三章　税收减免

第十二条　下列情形，暂予免征环境保护税：

（一）农业生产（不包括规模化养殖）排放应税污染物的；

（二）机动车、铁路机车、非道路移动机械、船舶和航空器等流动污染源排放应税污染物的；

（三）依法设立的城乡污水集中处理、生活垃圾集中处理场所排放相应应税污染物，不超过国家和地方规定的排放标准的；

（四）纳税人综合利用的固体废物，符合国家和地方环境保护标准的；

（五）国务院批准免税的其他情形。

前款第五项免税规定，由国务院报全国人民代表大会常务委员会备案。

第十三条　纳税人排放应税大气污染物或者水污染物的浓度值低于国家和地方规定的污染物排放标准百分之三十的，减按百分之七十五征收环境保护税。纳税人排放应税大气污染物或者水污染物的浓度值低于国家和地方规定的污染物排放标准百分之五十的，减按百分之五十征收环境保护税。

第四章　征收管理

第十四条　环境保护税由税务机关依照《中华人民共和国税收征收管理法》和本法的有关规定征收管理。

环境保护主管部门依照本法和有关环境保护法律法规的规定负责对污染物的监测管理。

县级以上地方人民政府应当建立税务机关、环境保护主管部门和其他相关单位分工协作工作机制，加强环境保护税征收管理，保障税款及时足额入库。

第十五条　环境保护主管部门和税务机关应当建立涉税信息共享平台和工作配合机制。

环境保护主管部门应当将排污单位的排污许可、污染物排放数据、环境违法和受行政处罚情况等环境保护相关信息，定期交送税务机关。

税务机关应当将纳税人的纳税申报、税款入库、减免税额、欠缴税款以及风险疑点等环境保护税涉税信息，定期交送环境保护主管部门。

第十六条 纳税义务发生时间为纳税人排放应税污染物的当日。

第十七条 纳税人应当向应税污染物排放地的税务机关申报缴纳环境保护税。

第十八条 环境保护税按月计算，按季申报缴纳。不能按固定期限计算缴纳的，可以按次申报缴纳。

纳税人申报缴纳时，应当向税务机关报送所排放应税污染物的种类、数量，大气污染物、水污染物的浓度值，以及税务机关根据实际需要要求纳税人报送的其他纳税资料。

第十九条 纳税人按季申报缴纳的，应当自季度终了之日起十五日内，向税务机关办理纳税申报并缴纳税款。纳税人按次申报缴纳的，应当自纳税义务发生之日起十五日内，向税务机关办理纳税申报并缴纳税款。

纳税人应当依法如实办理纳税申报，对申报的真实性和完整性承担责任。

第二十条 税务机关应当将纳税人的纳税申报数据资料与环境保护主管部门交送的相关数据资料进行比对。

税务机关发现纳税人的纳税申报数据资料异常或者纳税人未按照规定期限办理纳税申报的，可以提请环境保护主管部门进行复核，环境保护主管部门应当自收到税务机关的数据资料之日起十五日内向税务机关出具复核意见。税务机关应当按照环境保护主管部门复核的数据资料调整纳税人的应纳税额。

第二十一条 依照本法第十条第四项的规定核定计算污染物排放量的，由税务机关会同环境保护主管部门核定污染物排放种类、数量和应纳税额。

第二十二条 纳税人从事海洋工程向中华人民共和国管辖海域排放应税大气污染物、水污染物或者固体废物，申报缴纳环境保护税的具体办法，由国务院税务主管部门会同国务院海洋主管部门规定。

第二十三条 纳税人和税务机关、环境保护主管部门及其工作人员违反本法规定的，依照《中华人民共和国税收征收管理法》、《中华人民共和国环境保护法》和有关法律法规的规定追究法律责任。

第二十四条 各级人民政府应当鼓励纳税人加大环境保护建设投入，对纳税人用于污染物自动监测设备的投资予以资金和政策支持。

第五章 附 则

第二十五条 本法下列用语的含义：

（一）污染当量，是指根据污染物或者污染排放活动对环境的有害程度以及处理的技术经济性，衡量不同污染物对环境污染的综合性指标或者计量单位。同一介质相同污染当量的不同污染物，其污染程度基本相当。

（二）排污系数，是指在正常技术经济和管理条件下，生产单位产品所应排放的污染物量的统计平均值。

（三）物料衡算，是指根据物质质量守恒原理对生产过程中使用的原料、生产的产品和产生的废物等进行测算的一种方法。

第二十六条 直接向环境排放应税污染物的企业事业单位和其他生产经营者，除依照本法规定缴纳环境保护税外，应当对所造成的损害依法承担责任。

第二十七条 自本法施行之日起，依照本法规定征收环境保护税，不再征收排污费。

第二十八条 本法自 2018 年 1 月 1 日起施行。

参考文献

中文参考文献

1. 牛文元："循环经济：实现可持续发展的理想经济模式"，载《中国科学院院刊》2004 年第
   6 期。

2. 段宁："物质代谢与循环经济"，载《中国环境科学》2005 年第 3 期。

3. 何灵巧："国外循环经济立法比较分析及对我国的启示"，载《科技与法律》2005 年第
   3 期。

4. 谢家平、孔令丞："基于循环经济的工业园区生态化研究"，载《中国工业经济》2005 年第
   4 期。

5. 孙佑海："循环经济法的基本框架和主要制度论纲"，载《法商研究》2007 年第 3 期。

6. 贾庆军："浅析发达国家循环经济法的构建及我国的借鉴"，载《经济前沿》2008 年第
   7 期。

7. 张墨、朱坦："'十二五'时期转变经济发展方式、促进循环经济的关键政策研究"，载
   《生态经济》2011 年第 8 期。

8. 孙佑海、李丹、杨朝霞：《循环经济法律保障机制研究》，中国法制出版社 2013 年版。

9. 诸大建、朱远："生态文明背景下循环经济理论的深化研究"，载《中国科学院院刊》2013
   年第 2 期。

10. 袁丽静："价值链视角下的循环经济技术创新机制及其政策研究"，载《宏观经济研究》
    2013 年第 9 期。

11. 陆学、陈兴鹏："循环经济理论研究综述"，载《中国人口·资源与环境》2014 年第 S2 期。

12. 翟巍："论德国循环经济法律制度"，载《理论界》2015 年第 5 期。

外文参考文献

1. Bayerisches Staatsministerium für Umwelt und Gesundheit, Gesetz zur Förderung der Kreislauf-
   wirtschaft und Sicherung derumweltverträglichen Bewirtschaftung von Abfällen（Kreislaufwirtschafts-
   gesetz-KrWG）- Erläuterungen, Erläuterungstext zum KrWG, Stand：September 2012.

2. BDE/ITAD/VDMA, Branchenbild der deutschen Kreislaufwirtschaft, https：//www. prognos. com/
   uploads/tx_atwpubdb/20160524_Branchenbild-2016_Prognos. pdf, Stand：26. 02. 2017.

3. BDI, Ressourceneffizienz in der Kreislaufwirtschaft, http：//bdi. eu/artikel/news/ressourceneffi-

zienz-in-der-kreislaufwirtschaft/#, Stand: 22. 12. 2015.

4. BMEL, Kategorisierung von tierischen Nebenprodukten, http: //www. bmel. de/DE/Tier/Tierge-sundheit/TierischeNebenprodukte/_ texte/TierischeNebenprodukteKategorie. html#doc4022728body Text2, Stand: 18. 03. 2017.

5. BMEL, Beseitigung und Verwendung, http: //www. bmel. de/DE/Tier/Tiergesundheit/Tierisch-eNebenprodukte/nebenprodukte_ node. html, Stand: 18. 03. 2017.

6. BMEL, Rechtsgrundlagen, http: //www. bmel. de/DE/Tier/Tiergesundheit/TierischeNebenproduk-te/nebenprodukte_ node. html, Stand: 18. 03. 2017.

7. BMEL, Tierische Nebenprodukte, http: //www. bmel. de/DE/Tier/Tiergesundheit/TierischeNeben produkte/nebenprodukte_ node. html, Stand: 17. 03. 2017.

8. BMUB, Abfallvermeidungsprogramm, http: //www. bmub. bund. de, Stand: 02. 11. 2015.

9. BMUB, Altöl-Gesetzgebung, http: //www. bmub. bund. de/themen/wasser-abfall-boden/abfall-wirtschaft/abfallarten-abfallstroeme/altoel/altoel-gesetzgebung/, Stand: 04. 03. 2017.

10. BMUB, Deutsches RessourceneffizienzprogrammII, S. 1ff. , http: //www. bmub. bund. de, Stand: März 2016.

11. BMUB, Eckpunkte des neuen Kreislaufwirtschaftsgesetzes, Stand: März 2012.

12. BMUB, Entwurf eines nationalen Ressourceneffizienzprogramms, http: //neress. de/fileadmin/media/files/Progress/ProgRess-Entwurf_ Version_ 3. 0_ final. pdf, Stand: 14. 04. 2013.

13. BMUB, Heizöl News-Informationen zum aktuellen Heizölpreis und Ölpreis, Stand: 31. 03. 2013.

14. BMUB, Hintergrund: Die Abfallrahmenrichtlinie, http: //www. bmub. bund. de, Stand: 17. 02. 2009.

15. BMUB, Überblick zum Deutschen Ressourceneffizienzprogramm, Stand: Juli, 2012.

16. BMUB, Umwelt schützen und Wettbewerbsfähigkeit verbessern, http: //www. bmub. bund. de, Stand: 02. 03. 2016.

17. BMWi, Entsorgungs-und Kreislaufwirtschaft, www. bmwi. de, Stand: 05. 09. 2016.

18. BMZ（Bundesministerium für wirtschaftliche Zusammenarbeit und Entwicklung）/BMU（Bundesministerium für Umwelt, Naturschutz und Reaktorsicherheit）（ohne Jahr）: Die Post-2015-Agenda für nachhaltige Entwicklung: Gemeinsame globale Herausforderungen, Interessen und Ziele. Bericht der Bundesregierung zu Ausgangslage und Perspektiven; Online: http: //www. bmz. de/de/zentrales_ downloadarchiv/grundsaetze_ und_ ziele/bericht_bureg_agenda_post2015_1. pdf.

19. Bundesministerium der Justiz und für Verbraucherschutz, Gesetz für den Ausbau erneuerbarer Energien（Erneuerbare-Energien-Gesetz-EEG 2017）, http: //www. gesetze-im-internet. de/eeg_ 2014/_ _ 1. html, Stand: 25. 03. 2017.

20. Bundesministerium für wirtschaftliche Zusammenarbeit und Entwicklung（BMZ）, Konzepte nach-haltiger Abfall-und Kreislaufwirtschaft, https: //www. giz. de/de/weltweit/15109. html, Stand:

26. 02. 2017.

21. Bundesregierung, Verordnungüber die umweltverträgliche Ablagerung von Siedlungsabfällen（Abfallablagerungsverordnung-AbfAblV）, Ein Service des Bundesministeriums der Justiz in Zusammenarbeit mit der juris GmbH-www. juris. de, Stand：31. 03. 2017.

22. Bundestag, Erneuerbares Energien Gesetz 2000（EEG 2000）, http：//www. gesetze-im-internet. de/bundesrecht/eeg/gesamt. pdf, Stand：31. 03. 2017.

23. Bundestag, Erneuerbares Energien Gesetz 2004（EEG 2004）, https：//www. clearingstelle-eeg. de/files/private/active/0/eeg04_ 061107. pdf, Stand：31. 03. 2017.

24. Bundestag, Erneuerbares Energien Gesetz 2009（EEG 2009）, https：//www. clearingstelle-eeg. de/files/EEG_ 2009_ juris_ Stand_ 110721. pdf, Stand：31. 03. 2017.

25. Bundestag, Erneuerbare-Energien-Gesetz 2012（EEG 2012）, https：//www. erneuerbare-energien. de/EE/Redaktion/DE/Gesetze-Verordnungen/gesetz_ fuer_ den_ vorrang_ erneuerbarer_ energien. pdf?_ _ blob = publicationFile&v = 1, Stand：31. 03. 2017.

26. Bundestag, Erneuerbare-Energien-Gesetz 2014（EEG 2014）, https：//www. erneuerbare-energien. de/EE/Redaktion/DE/Gesetze-Verordnungen/eeg_ 2014. pdf?_ _ blob = publication File&v = 7, Stand：31. 03. 2017.

27. Bundestag, Erneuerbare-Energien-Gesetz 2017（EEG 2017）, https：//www. bgbl. de/xaver/bgbl/start. xav? startbk = Bundesanzeiger_ BGBl#_ _ bgbl_ _ % 2F% 2F ∗ % 5B% 40attr_ id% 3D% 27bgbl116s2258. pdf% 27% 5D_ _ 1490580305474, Stand：31. 03. 2017.

28. Carus, M. /Raschka, A.（2012）：Stoffliche Nutzung von Biomasse-Basisdaten für Deutschland, Europa und die Welt. Erster Teilbericht zum UFOPLAN-F + E-Projekt „ Ökologische Innovationspolitik-mehr Ressourceneffizienz und Klimaschutz durch nachhaltige stoffliche Nutzung von Biomasse"（FKZ 3710 93 109）; Hürth; Online：file：//office. dir/files/Benutzer/brausens/UserData/Downloads/12-01-23_ Stoffliche_ Nutzung_ von_ Biomasse_ nova% 20（1）. pdf. 29. Das UBA, Abfallwirtschaft in Deutschland, https：//www. umweltbundesamt. de/themen/abfall-ressourcen/abfallwirtschaft, Stand：26. 02. 2017.

30. Das UBA, Kunststoffabfälle, https：//www. umweltbundesamt. de/daten/abfall-kreislaufwirtschaft/entsorgung-verwertung-ausgewaehlter-abfallarten/kunststoffabfaelle # textpart-4, Stand：21. 02. 2017.

31. EG, Richtlinie 2008/98/EG vom 19. November 2008, Amtsblatt der EU, L312/6, 22. 11. 2008.

32. EU, Rahmen der Europäschen Union für staatliche Beihilfen in Form von Ausgleichsleistungen für die Erbringung öffentlicher Dienstleistungen（2011）, ABl. der EU C 8 vom 11. Januar 2012.

33. EU, RICHTLINIE 2008/98/EG DES EUROPÄISCHEN PARLAMENTS UND DES RATES vom 19. November 2008, http：//www. wattzweipunktnull. de/fileadmin/content/pdf/Energiewerk/Abfallrahmenrichtlinie_ 2008_ 98_ eg. pdf, Stand：19. 03. 2017.

34. EU, Vertragüber die Arbeitsweise der Europäischen Union, https：//dejure. org/gesetze/AEUV/192. html, Stand：19. 03. 2017.

35. EuGH, U. v. 6. Juli 1982, Rs. 188 bis 190/80, Slg. 1982, 02545, Rn. 26 - Französische Republik.

36. EuGH, U. v. 16. Juni 1987, Rs. 118/85, Slg. 1987, 02599, Rn. 9 ff - Kommission/Italienische Republik.

37. EuGH, U. v. 23. April 1991, Rs. C–41/90, Slg. 1991, I–01979, Rn. 21–Klaus Hoefner und Fritz Elser.

38. EuGH, U. v. 17. Februar 1993, Rs. C–159/91 und C–160/91, Slg. 1993, I–06637, Rn. 17–Christian Poucet.

39. EuGH, U. v. 23. Mai 2000, Rs. C–209/98, Slg. 2000, I–3743, Rn. 75 –Entreprenørforenin gens Affalds.

40. EuGH, U. v. 17. Mai 2001, Rs. C–340/99, Slg. 2001, I–04109, Rn. 56–TNT Traco SpA.

41. Europäische Kommission, Beschluss der Kommission über die Anwendung von Artikel 106 Absatz 2 des Vertrags über die Arbeitsweise der Europäischen Union auf staatliche Beihilfen in Form von Ausgleichsleistungen zugunsten bestimmter Unternehmen, die mit der Erbringung von Dienstleistungen von allgemeinem wirtschaftlichem Interesse betraut sind, ABl. der EU L 7 vom 11. Januar 2012.

42. Europäische Kommission, Grünbuch zu einer europäischen Strategie für Kunststoffabfälle in der Umwelt, Brüssel, den 7. 3. 2013ʻ, COM （2013） 123 final.

43. Europäische Kommission, Leitlinien für staatliche Umweltschutz–und Energiebeihilfen 2014–2020, http：//eur–lex. europa. eu/legal–content/DE/TXT/PDF/? uri = CELEX：52014 XC0628 （01）, Stand：21. 03. 2017.

44. Europäische Kommission, Mitteilung der Kommission über die Anwendung der Beihilfevorschriften der Europäischen Union auf Ausgleichsleistungen für die Erbringung von Dienstleistungen von allgemeinem wirtschaftlichem Interesse, ABl. der EU C 8 vom 11. Januar 2012.

45. Europäische Kommission, Mitteilung der Kommission zur Mitteilung zu Auslegungsfragen betreffend Abfall und Nebenprodukte, Brüssel, den 21. 2. 2007, KOM （2007）.

46. Europäische Kommission, Pressemitteilung, Staatliche Beihilfen：Kommission genehmigt Ausschreibungsregelung für erneuerbare Energien in Deutschland, Brüssel, 20. Dezember 2016.

47. Europäische Kommission, Richtlinie 2006/111/EG der Kommission vom 16. November 2006 über die Transparenz der finanziellen Beziehungen zwischen den Mitgliedstaaten und den öffentlichen Unternehmen sowie über die finanzielle Transparenz innerhalb bestimmter Unternehmen, ABl. der EU L 318 vom 17. November 2006.

48. Europäische Kommission, Verordnung （EU） Nr. 360/2012 der Kommission vom 25. April 2012

über die Anwendung der Artikel 107 und 108 des Vertrags über die Arbeitsweise der Europäischen Union auf Deminimis – Beihilfen an Unternehmen, die Dienstleistungen von allgemeinem wirtschaftlichem Interesse erbringen, ABl. der EU L 114 vom 26. April 2012.

49. Europäisches Parlament, Entschließung vom 20. 04. 2004, ABl. C 104 E vom 30. 4. 2004.

50. Fachagentur Nachwachsende Rohstoffe e. V. （FNR）, Bioabfallverordnung （BioAbfV）, https：//bioenergie. fnr. de/rahmenbedingungen/gesetze – verordnungen – richtlinien/gesetzeslage/bioabfallverordnung/, Stand：04. 03. 2017.

51. Feuerhake, Rechtsschutz im Umweltrecht, Norderstedt, 2006.

52. Frenz, Grenzen des Abfallbegriffs nach dem neuen Kreislaufwirtschaftsgesetz, NVwZ 2012, 1590ff.

53. Friedrich, EU erzwingt neues Kreislaufwirtschaftsgesetz, ZRP 2011, 108ff. Heuer, Abfallüberwachung in der Kreislaufwirtschaft, NVwZ, 1999, 624ff.

54. Karpenstein, Dr. U. , Schink, Dr. A. （2011）：EU–und verfassungsrechtliche Rahmenbedingungen der Einführung einer einheitlichen Wertstofftonne. Gutachten im Auftrag des Bundesministeriums für Umwelt, Naturschutz und Reaktorsicherheit （FKZ UM 10 31 952）; Online：http：// www. bmub. bund. de/fileadmin/bmuimport/files/pdfs/allgemein/application/pdf/um_ 10_ 31_ 952_ wertstofftonne_ bf. pdf.

55. Kopp, Kreislaufwirtschaft Altauto：Altautoverordnung und Freiwillige Selbstverpflichtung, NVwZ, 1998, 1279ff.

56. Kothe, Kreialaufwirtschafts–und Abfallrecht, NVwZ, 1997, 987ff.

57. Läpple, Abfall – und kreislaufwirtschaftlicher Transformationsprozess in Deutschland und in China： Analyse – Vergleich – Übertragbarkeit, Dissertation, Heidelberg, 2007.

58. Land Brandenburg, Ministerium für Umwelt, Gesundheit und Verbraucherschutz, Neues Kreislaufwirtschaftsgesetz, Potsdam, den 30. Mai 2012.

59. Marnich, Das „ Almunia–Paket “ aus kommunaler Sicht, http：//www. dstgb. de/dstgb/Home/ Kommunalreport/Archiv% 202013/Europ% C3% A4isches% 20Beihilfenrecht% 20in% 20der% 20kommunalen% 20Praxis/DStGB–Vortrag% 20EU–Beihilfenrecht% 20DAWI–Almunia–Paket. pdf, Stand：04. 02. 2015.

60. Meilensteine, 90er Jahre – Wende zur Kreislaufwirtschaft, http：//www. remondis. de/aktuell/remondis–aktuell–archiv/2011/remondis–aktuell–032011/aktuelles/90er–jahre–wende–zur–kreislaufwirtschaft/, Stand：20. 03. 2013.

61. Monopolkommission, Wettbewerbsfragen der Kreislauf – und Abfallwirtschaft. Sondergutachten der Monopolkommission gemäß. § 44Abs. 1 Satz 4 GWB, 2003.

62. NABU, Zum Abfallvermeidungsprogramm des Bundes unter Beteiligung der Länder （Entwurf vom25. 4. 2013）, http：//www. ebelt – beratung. de/Abfallvermeidungsprogramm_ NABU. pdf, Stand：31. 03. 2017.

63. Nathani, Modellierung des Strukturwandels beim Übergang zu einer materialeffizienten Kreislauf-wirtschaft, Heidelberg, 2003.

64. Niedersächsischen Landesamt für Verbraucherschutz und Lebensmittelsicherheit, Rechtliche Bestimmungen und Leitlinien zur Beseitigung tierischer Nebenprodukte, http：// www. tierseucheninfo. niedersachsen. de/service/rechtsvorschriften/beseitigung _ tierischer _ nebenprodukte/rechtliche–bestimmungen–und–leitlinien–zur–beseitigung–tierischer–nebenprodukte –21700. html, Stand：31. 03. 2017.

65. Niedersächsischen Landesamt für Verbraucherschutz und Lebensmittelsicherheit, Rechtliche Bestimmungen zur Afrikanischen Schweinepest, http：//www. tierseucheninfo. niedersachsen. de/ startseite/service/rechtsvorschriften/afrikanische_ schweinepest/rechtliche–bestimmungen–zur–afri-kanischen–schweinepest–121748. html, Stand：31. 03. 2017.

66. o. A. , Rechtliche Bedeutung des Art. 20a GG, http：//www. uni – trier. de/fileadmin/fb5/prof/ OEF002/SS_ 2009/Lehrveranstaltung_ Graduiertenkolleg/Rechtliche_ Bedeutung_ des_ Art. _ 20_ a_ GG. pdf. , Stand：05. 09. 2010.

67. Petersen, Entwicklungen des Kreislaufwirtschaftsrechts – Die neue Abfallrahmenrichtlinie – Aus-wirkungen auf das Kreislaufwirtschafts – und Abfallgesetz, NVwZ 2009, 1063ff.

68. Petersen, Doumet, Stöhr：Das neue Kreislaufwirtschaftsgesetz, NVwZ, 2012, 521ff.

69. Pogoda, BeihilfenR, https：//johannespogoda. files. wordpress. com/2013/06/skript – beihilfenr – 2013–06–26. pdf, Stand：26. 06. 2013.

70. Raedeker, Kreislaufwirtschaft, Herten, 2006.

71. Reinhart, Das neue Kreislaufwirtschafts–und Abfallrecht, NVwZ, 1997, 471ff.

72. Reschke, Das neue Recht der Kreislaufwirtschaft, ZUR, 2012, 642ff.

73. Rittner/Dreher, Europäisches und deutsches Wirtschaftsrecht, Heidelberg, 2008.

74. Runkel, BauGB §38, in：Ernst/Zinkahn/Bielenberg/Krautzberger, Baugesetzbuch, 106. Ergän zungslieferung, 2012.

75. Scherzberg, Wozu und wie überhaupt noch öffentliches Recht? Berlin, 2003.

76. Schütte /Winkler, Aktuelle Entwicklungen im Bundesumweltrecht, ZUR 2011, 329ff.

77. Senatsverwaltung für Wirtschaft, Technologie und Forschung, Hilfestellung für die beihilferechtliche Beurteilung von Zuwendungen–Eine kurze Überblicksdarstellung–, Stand：05. 2013.

78. Statistisches Bundesamt (2016)：Umweltökonomische Gesamtrechnungen. Nachhaltige Entwicklung in Deutschland. Daten zu den Indikatoren zu Umwelt und Ökonomie. Ausgabe 2015; Wiesbaden; Online：https：//www. destatis. de/DE/Publikationen/Thematisch/UmweltoekonomischeGesamtrechnungen/Um weltindikatoren/IndikatorenPDF_ 5850024. html.

79. STMUV, Tierische Nebenprodukte：Definition, Verwendung und Beseitigung, http：//www. stmuv. bayern. de/themen/gewerbe/lebensmittel/tierische_ nebenprodukte/index. htm, Stand：18. 03. 2017.

80. Sydow，Johanna/Bongardt，Benjamin，ProgRess II—mit Sicherheit über die planetarischen Grenzen hinaus，Ein Gastkommentar von Johanna Sydow（Germanwatch）und Benjamin Bongardt（Nabu）zum neuen Ressourceneffizienzprogramm ProgRess II der Bundesregierung，https：//germanwatch. org/en/node/12044，Stand：03. 2016.

81. Tabasaran，Abfallwirtschaft，Abfalltechnik：Siedlungsabfälle. Berlin：Ernst & Sohn Verlag，1994.

82. Thärichen，Holger，Die Rolle der Kommunen und der Hersteller im Rahmen der Produktverantwortung，http：//www. vivis. de/phocadownload/2014_evv/2014_EvV_29_36_Thaerichen. pdf，Stand：02. 03. 2017.

83. Thomé-Kozmiensky，Kreislaufwirtschaft. Berlin：EF-Verlag，1994.

84. Thomé-Kozmiensky，Materialrecycling durch Abfallaufbereitung. Berlin：EFVerlag für Energie-und Umwelttechnik，1992.

85. Tiltmann，Handbuch Abfallwirtschaft und Recycling. Braunschweig/ Wiesbaden：Vieweg，1993.

86. UBA（Umweltbundesamt）（Hrsg. ）（2011d）：Abschlussbericht. Planspiel zur Fortentwicklung der Verpackungsverordnung. Teilvorhaben 3：Planspiel. UBA-Texte 60/2011（FKZ 3710 93 313 3）；DessauRoßlau；Online：http：//www. umweltbundesamt. de/publikationen/planspiel-zur-fortentwicklungverpackungsverordnung-1.

87. UBA（Umweltbundesamt）（Hrsg. ）（2012a）：Analyse und Fortentwicklung der Verwertungsquoten für Wertstoffe. Sammel-und Verwertungsquoten für Verpackungen und stoffgleiche Nichtverpackungen als Lenkungsinstrument zur Ressourcenschonung. UBA-Texte 40/2012（FKZ 3711 33 316）；DessauRoßlau；Online：http：//www. umweltbundesamt. de/publikationen/analyse-fortentwicklungverwertungsquoten-fuer.

88. VDI Verein Deutscher Ingenieure e. V. ，ProgRess II：VDI begrüßt Fortführung des Ressourceneffizienz-Programms，http：//recyclingportal. eu/Archive/21670，Stand：4. 03. 2016.

89. Verbraucherzentrale Bundesverband e. V. ，Ressourceneffizienzprogramm II（ProgRess II），Stellungnahme des Verbraucherzentrale Bundesverbands，http：//www. vzbv. de/sites/default/files/downloads/Ressourcen-Effizienz-Programm-ProgRess_II-Stellungnahme-vzbv-2015-09-14. pdf，Stand：14. 09. 2015.

90. Vetter/Dolde，Abgrenzung von Abfallverwertung und Abfallbeseitigung nach dem Kreislaufwirtschafts-/Abfallgesetz，NVwZ，1998，378ff.

91. WB，Stellungnahme des Wissenschaftlichen Beirats beim Bundesministerium für Wirtschaft und Technologie vom Februar 2012，Wege zu einer wirksamen Klimapolitik（PDF；574 kB）.

92. Wiemer/Kern，Biologische Abfallbehandlung（Bd. I u. II）. Witzenhausen：M. I. C. Baeza-Verlag，1993（Bd. I）bzw. 1995（Bd. II）.

93. Wiemer/Kern，Herstellerforum Bioabfall. Witzenhausen：M. I. C. Baeza-Verlag，1995ATV-Handbuch：Mechanische und biologische Verfahren der Abfallbehandlung. Berlin：Ernst & Sohn，2002.

94. Wiki, Abfall, Stand: 22. 12. 2015.

95. Wiki, Abfallablagerungsverordnung, Stand: 06. 03. 2017.

96. Wiki, Abfallrecht (Deutschland), Stand: 08. 11. 2015.

97. Wiki, Abfallverzeichnis-Verordnung, Stand: 08. 11. 2015.

98. Wiki, Altfahrzeug-Verordnung, Stand: 22. 12. 2015.

99. Wiki, Altholzverordnung, Stand: 18. 09. 2016.

100. Wiki, Duales System Deutschland, Stand: 26. 12. 2015.

101. Wiki, Elektronisches Abfallnachweisverfahren, Stand: 29. 12. 2015.

102. Wiki, Entsorgungsfachbetriebeverordnung, Stand: 11. 03. 2017.

103. Wiki, Erneuerbare Energien, Stand: 26. 03. 2017.

104. Wiki, Erneuerbare-Energien-Gesetz, Stand: 17. 03. 2017.

105. Wiki, Extended producer responsibility, Stand: 04. 04. 2016.

106. Wiki, Gefährliche Abfälle, Stand: 26. 02. 2017.

107. Wiki, Gewerbeabfallverordnung, Stand: 11. 03. 2017.

108. Wiki, Green Economy, Stand: 07. 11. 2015.

109. Wiki, Klärschlamm, Stand: 22. 09. 2016.

110. Wiki, Kreislaufwirtschaft, Stand: 07. 11. 2015.

111. Wiki, Mülltrennung, Stand: 19. 09. 2016.

112. Wiki, The Blue Economy, Stand: 07. 11. 2015.

113. Wiki, Umweltrecht, Stand: 05. 09. 2016.

114. Wiki, Verpackungsverordnung, Stand: 22. 09. 2016.

115. Wirtschaftslexikon 24, Kreislaufwirtschaft, http: //www. wirtschaftslexikon24. net/d/kreislauf-wirtschaft/kreislaufwirtschaft. htm, Stand: 20. 03. 2013.

116. Wirtschaftslexikon 24, kreislaufwirtschafts – und – abfallgesetz, http: //www. wirtschaf tslexikon24. net/d/kreislaufwirtschafts – und – abfallgesetz/kreislaufwirtschafts – und – abfallgesetz. htm, Stand: 20. 03. 2013.

后 记

艰难困苦，玉汝于成。本书是我的首部循环经济法专著。它不但提炼与升华了我多年以来在循环经济法领域的研究心得与成果，而且基于域外借鉴视角系统阐释了最为先进的德国循环经济法律制度及其附属配套制度的概念定义、内容构成、基本特征与发展趋向。

本书的写作经历了一个漫长与艰难的构思、撰写、修订过程，前后历时四年。在此期间，遭遇的困难与障碍一度让我产生无助感与挫败感，但在克服这些困难与障碍的历程中，我也收获了雨后天霁的欣然与喜悦，而且我的循环经济法律学术视野也因此得到拓展，原有知识储备获得了系统更新。

在本书写作期间，聪慧美丽的女儿翟江岳呱呱落地，为我与妻子张云玉带来莫大喜悦。为了能够尽心尽责照顾女儿，妻子毅然辞去了原先前程似锦的工作，为我们的家庭作出了巨大牺牲。在此，我要衷心感谢妻子为家庭的付出与对我的支持与爱护，她与女儿翟江岳的陪伴宛若漫漫黑夜中的皎洁月光，使我在为撰写书稿而冥思苦想的过程中亦能感受到内心的清静与温馨。

本书付梓之后，即将迎接学界前辈、同仁与读者的批判、赞许抑或淡然置之。无论以上何种评价，都将成为鞭策我严谨治学与继续前行的动力。靡不有初，鲜克有终。本书绝非我循环经济法律研究的收山之作。以本书写作为契机，我将在循环经济法领域继续精耕细作，尽心尽力撰写出新的具有创新价值与反映实践需求的专著与论文，希冀能够为我国循环经济法律体系的优化与更新贡献绵薄之力。

是为后记。

翟 巍

2017 年 3 月